中國國家圖書館編

國家圖書館藏敦煌遺書

第一百三十七册　北敦一五〇〇一號——北敦一五〇五一號

北京圖書館出版社

圖書在版編目(CIP)數據

國家圖書館藏敦煌遺書·第一百三十七册/中國國家圖書館編;任繼愈主編.—北京:北京圖書館出版社,2010.12

ISBN 978-7-5013-3699-9

Ⅰ.國… Ⅱ.①中…②任… Ⅲ.敦煌學—文獻 Ⅳ.K870.6

中國版本圖書館 CIP 數據核字(2010)第 208844 號

書　　名　國家圖書館藏敦煌遺書·第一百三十七册
著　　者　中國國家圖書館編　任繼愈主編
責任編輯　徐　蜀　孫　彦
封面設計　李　璀

出　　版　北京圖書館出版社　(100034　北京西城區文津街7號)
發　　行　010-66139745　66151313　66175620　66126153
　　　　　66174391(傳真)　66126156(門市部)
E-mail　btsfxb@nlc.gov.cn(郵購)
Website　www.nlcpress.com → 投稿中心
經　　銷　新華書店
印　　刷　北京文津閣印務有限責任公司

開　　本　八開
印　　張　54.5
版　　次　2011年3月第1版第1次印刷
印　　數　1-250册(套)

書　　號　ISBN 978-7-5013-3699-9/K·1662
定　　價　990.00圓

編輯委員會

主　編　任繼愈
常務副主編　方廣錩
副　主　編　李際寧　張志清
編委（按姓氏筆畫排列）　王克芬　王姿怡　吳玉梅　周春華　陳　穎　黄　霞（常務）　黄　建　程佳羽　劉玉芬

出版委員會

主　任　詹福瑞
副主任　陳　力
委　員（按姓氏筆畫排列）　李　健　姜　紅　郭又陵　徐　蜀　孫　彦

攝製人員（按姓氏筆畫排列）

于向洋　王富生　王遂新　谷韶軍　張　軍　張紅兵　張　陽　曹　宏　郭春紅　楊　勇　嚴　平

原件修整人員（按姓氏筆畫排列）

朱振彬　杜偉生　李　英　胡玉清　胡秀菊　張　平　劉建明

目錄

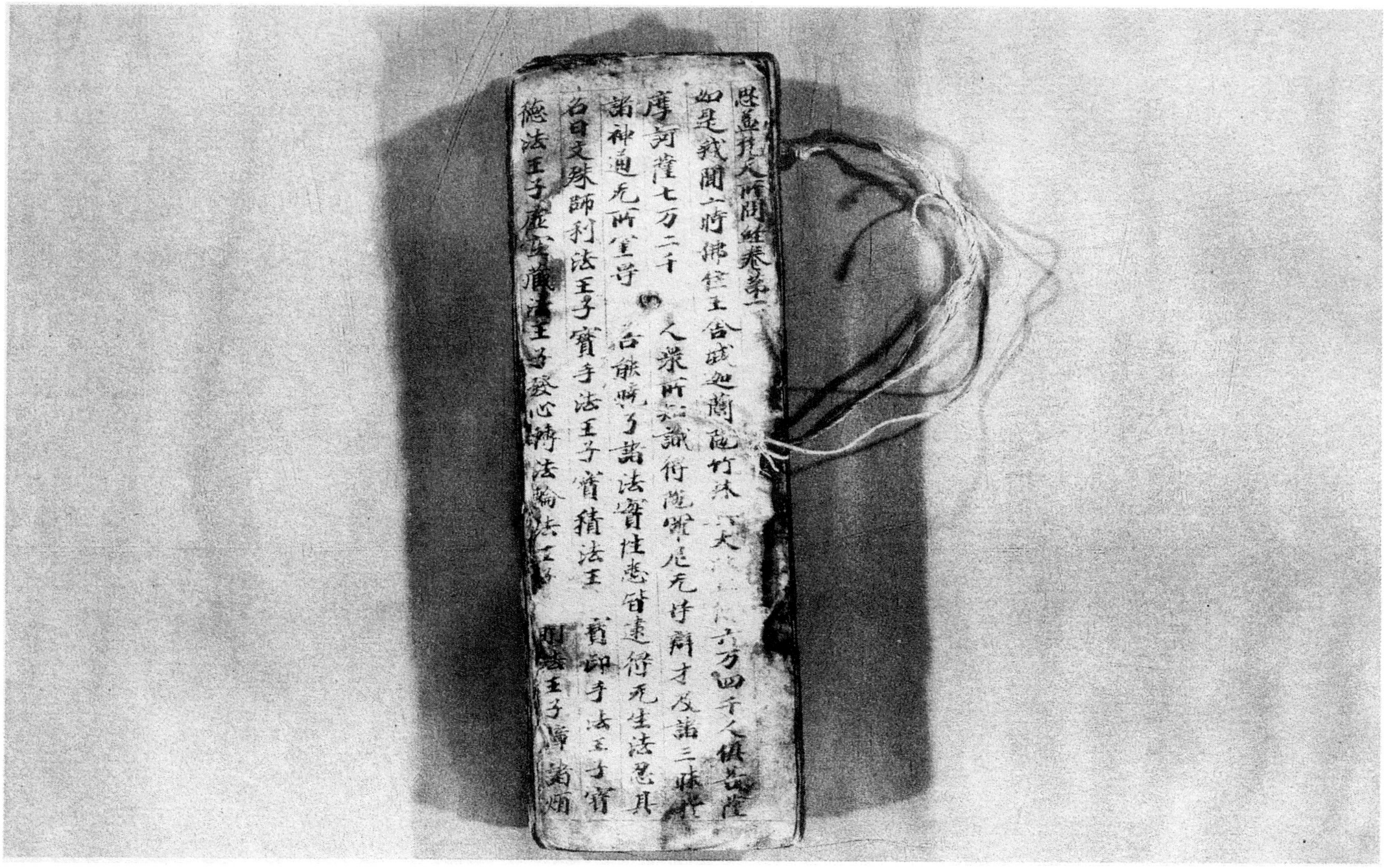

BD15001 號　梵夾裝形態　　（4–1）

BD15001 號　梵夾裝形態　　（4–2）

BD15001 號　梵夾裝形態　　（4–3）

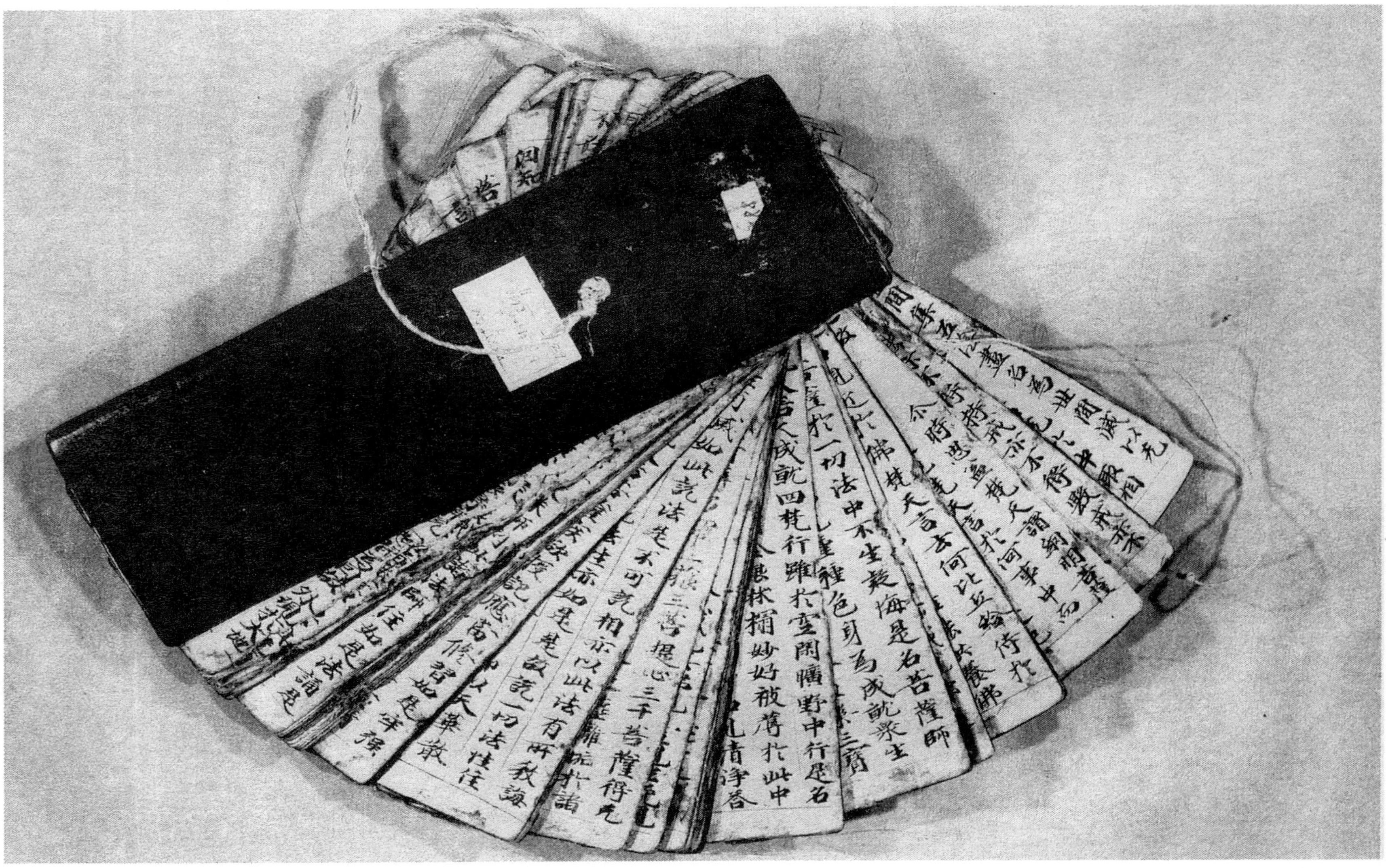

BD15001 號　梵夾裝形態　　（4–4）

思益梵天所問經卷第一
如是我聞一時佛住王舍城迦蘭陀竹林與大比丘衆六万四千人俱菩薩
摩訶薩七万二千　人衆所知識得陀羅尼无礙辯才及諸三昧
諸神通无所畏　善能曉了諸法實性悉皆速得无生法忍其
名曰文殊師利法王子寶手法王子寶積法王　寶印手法王子寶
德法王子[illegible]藏法王子[illegible]發心轉法輪法王子[illegible]王子斷諸煩

BD15001 號 A1　思益梵天所問經卷一　（223–1）

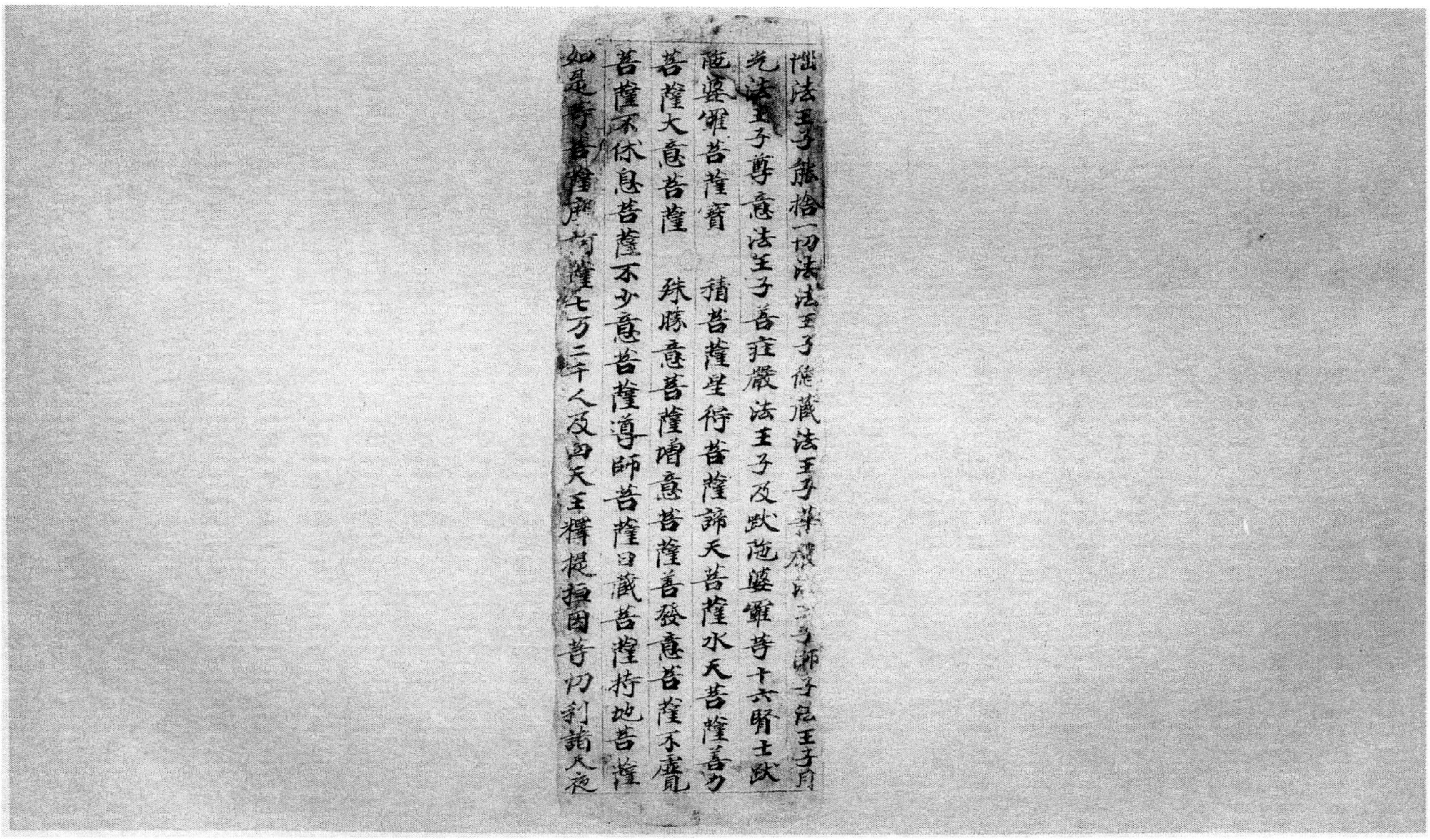

惱法王子能捨一切法法王子德藏法王子華嚴法王子師子法王子月
光法王子尊意法王子善莊嚴法王子及跋陀婆羅等十六賢士跋
陀婆羅菩薩寶　積菩薩星得菩薩帝天菩薩水天菩薩善力
菩薩大意菩薩　殊勝意菩薩增意菩薩善發意菩薩不虛見
菩薩不休息菩薩不少意菩薩導師菩薩日藏菩薩持地菩薩
如是等菩薩摩訶薩七万二千人及四天王釋提桓因普切利諸天夜

BD15001 號 A1　思益梵天所問經卷一　（223–2）

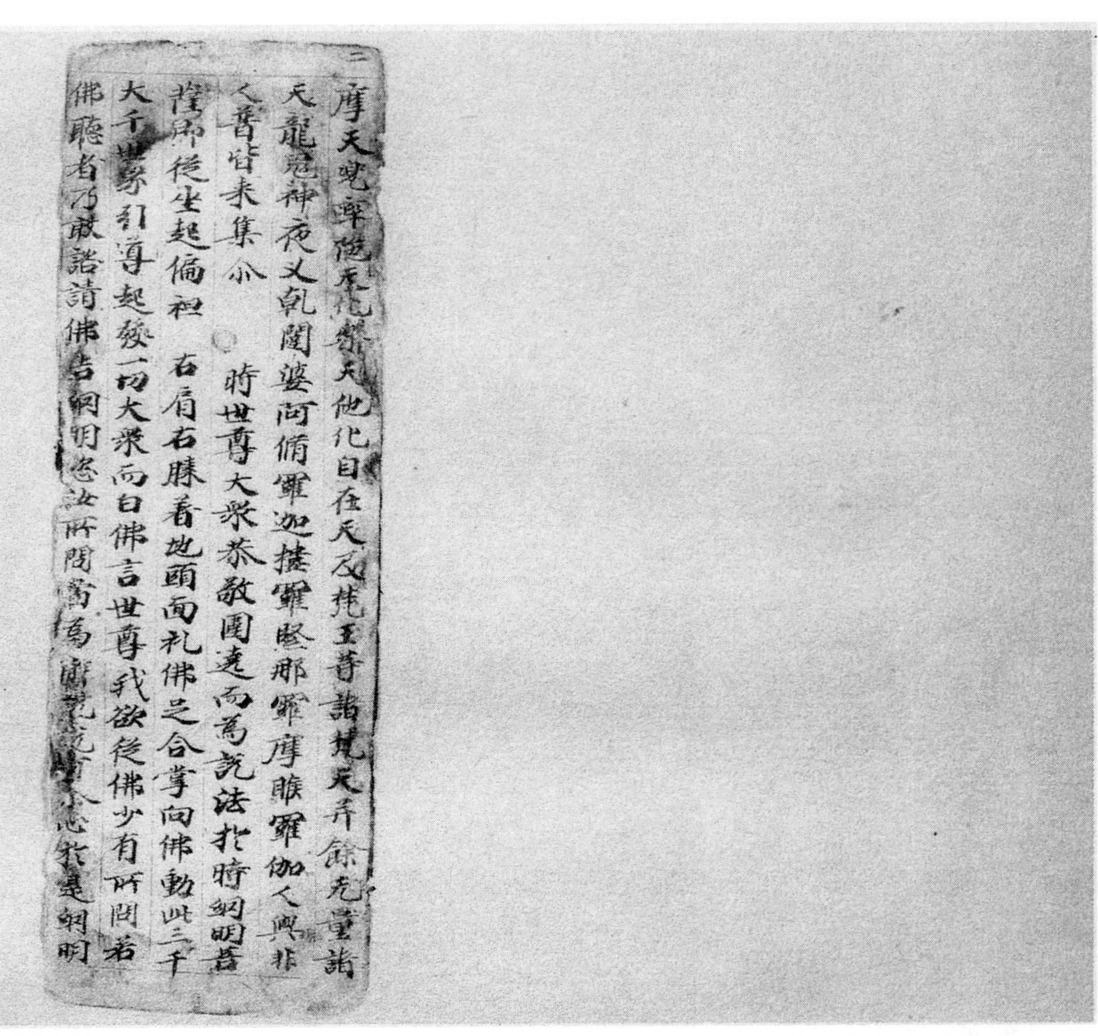

摩天兜率陀天化樂天他化自在天及梵王等諸梵天等餘无量諸
天龍鬼神夜叉乾闥婆阿脩羅迦樓羅緊那羅摩睺羅伽人與非
人普皆來集會　尒時世尊大衆恭敬圍遶而為說法於時網明菩
薩即從坐起偏袒右肩右膝著地頭面禮佛之合掌向佛動此三千
大千世界引導起發一切大衆而白佛言世尊我欲從佛少有所問若
佛聽者乃敢諮請佛告網明恣汝所問當為汝說令汝心喜是網明

BD15001 號 A1　思益梵天所問經卷一　（223–3）

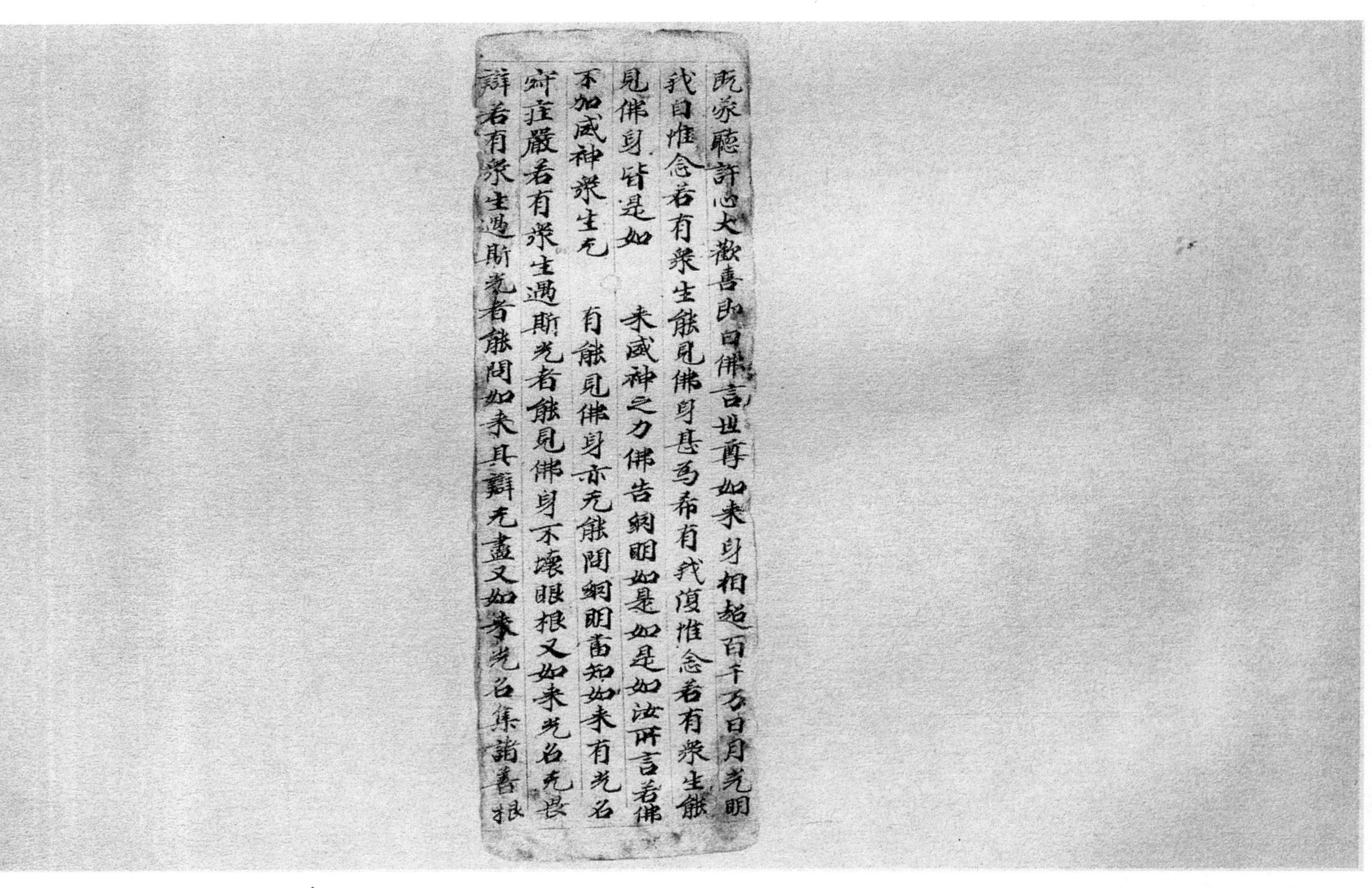

既蒙聽許心大歡喜即白佛言世尊如來身相超百千万日月光明
我自惟念若有衆生能見佛身甚為希有我復惟念若有衆生能
見佛身皆是如來威神之力佛告網明如是如是如汝所言若佛
不加威神衆生无有能見佛身亦无能問網明當知如來有光名
寂莊嚴若有衆生遇斯光者能見佛身不壞眼根又如來光名甚
辯若有衆生遇斯光者能問如來具辯无盡又如來光名集諸善根

BD15001 號 A1　思益梵天所問經卷一　（223–4）

三

若有衆生過斯光者能問如來轉輪聖王行業因緣又如來光名淨莊
嚴若有衆生過斯光者能問如來天帝釋行業因緣又如來光名得
自在若有衆生過 斯光者能問如來梵天王行業因緣又如來光名
離煩惱若有衆生 過斯光者能問如來聲聞乘所行之道又如來
光名善遠離若有衆生過斯光者能問如來辟支佛所行之道又如來
光名無畏智若有衆生過斯光者能問如來大乘佛事又如來光名

BD15001 號 A1　思益梵天所問經卷一　（223–5）

為往無佛來去時是□光照衆生遇者命終生天又如來光名一切
莊嚴若佛入滅放斯光明衆生遇者得歡喜樂一切嚴飾是具莊嚴
其城城中寶藏 從地踊出又如來光名曰震動佛以此光能動無
量無邊世界又如 來光名曰生樂佛以此光能滅地獄衆生苦惱又
如來光名曰上意佛以此光能令畜生不相惱害又如來光名曰涼樂
佛以此光能滅餓鬼飢渴熱惱又如來光名曰明淨佛以此光使盲者

BD15001 號 A1　思益梵天所問經卷一　（223–6）

得視又来光名曰聽聽佛以此光能令衆生聾者得聽又如来光名曰
慚愧佛以此光能令衆生狂者得正又如来光名曰止息佛以此光能
令衆生捨十不善道安住十善道又如来光名曰離惡佛以此
光能令邪見衆生皆得正見又如来光名曰能捨佛以此光能破衆
生慳貪之心令行布施又如来光名曰无惱熱佛以此光能令毁禁衆生
皆得持戒又如来光名曰安利佛以此光能令瞋恨衆生皆行忍辱

BD15001號A1　思益梵天所問經卷一　（223–7）

又如来光名曰勤脩佛以此光能令懈怠衆生皆行精進又如来光名
曰一心佛以此光能令妄念衆生皆得禪定又如来光名曰能解佛以
此光能令愚癡衆生皆得智慧又如来光名曰清淨佛以此光
能令不信衆生皆得淨信又如来光名曰能持佛以此光能令
少聞衆生皆得多聞又如来光名曰威儀佛以此光能令无慚衆生皆
得慚愧又如来光名曰安隱佛以此光能令多欲衆生斷除婬欲又如来

BD15001號A1　思益梵天所問經卷一　（223–8）

五

光名曰歡喜佛以此光能令多怒衆生斷除瞋恚如來光名曰照明
佛以此光能令多癡衆生斷除愚癡又如來光名曰遍行佛以此光能
令等分衆生斷　除等分又如來光名亦一切色佛以此光能令
衆生皆見佛身光。量種色網明當知如來若以一劫若減一劫說此
光明力用名號不可窮盡尒時網明菩薩白佛言未曾有也世尊如
來身者即是无量光明之藏說法方便亦不可思議世尊我自昔來

未曾聞此光明名號如我解佛所說義趣若有菩薩聞斯光明名號
信心清淨皆得如是光明之身世尊唯願今日放諸菩薩光令他方
菩薩善問難者　見斯光已發心來此娑婆世界尒時世尊受網明
菩薩請已即放光　明照此三千大千世界普及十方无量佛土於是
諸方无量百千万億菩薩見斯光已皆來至此娑婆世界時東方過七
十二恒河沙佛土有國名清潔佛號曰日月光如來應供正遍知今現在

六其佛土有菩薩梵天名曰思益住不退轉見此光已到日月光佛所頭
面作禮白佛言世尊我欲詣娑婆世界釋迦牟尼佛所奉見供養親近
諮文彼佛亦復　欲見我等其佛告言便往梵天今正是時彼娑
婆國有若千千億　諸菩薩集汝應以十法遊於彼土何等為十於
毀於譽心無增減聞善聞惡心無分別於諸愚智等以悲心於上中下
眾生之類意常平等於輕毀供養心無有二於他闕失不見其過見

BD15001 號 A1　思益梵天所問經卷一　(223–11)

種種乘皆是一乘聞三惡道亦勿驚畏於諸菩薩生如來想佛出五
濁生希有想梵天汝當以此十法遊彼世界思益梵天白佛言世尊我
不敢於如來前作　師子吼我所能行佛自知之今當以此十法於彼
世界一心修行尒　時日月光佛國有諸菩薩白佛言世尊我得
大利不生如是惡眾生中其佛告言善男子勿作是語所以者何若
菩薩於此國中百千億劫淨修梵行不如彼土從旦至食無瞋导

BD15001 號 A1　思益梵天所問經卷一　(223–12)

七

心具福爲勝即時有万二千菩薩與思益梵天俱共發來而作是言
我等亦欲以此千法遊彼世界見釋迦牟尼佛於是思益梵天與万二
千菩薩俱於彼　佛土忽然不現譬如壯士屈申臂頃到娑婆世界
釋迦牟尼佛所却　住一面尒時佛告網明菩薩汝見是思益梵天不
唯然已見網明當知思益梵天於諸正問菩薩中爲最第一於諸菩
分別諸法菩薩中爲最第一於諸說隨宜經意菩薩中爲最第一於諸

BD15001 號 A1　思益梵天所問經卷一　（223–13）

慈心菩薩中爲最第一於諸悲心菩薩中爲最第一於諸喜心菩薩
中爲最第一於諸捨心菩薩中爲最第一於諸軟語菩薩中爲最第
一於諸不瞋惡菩　薩中爲最第一於諸先意問訊菩薩中爲最
第一於諸決疑　菩薩中爲最第一尒時思益梵天與万二千菩
薩俱頭面礼佛足右繞三匝合掌向佛以偈讚曰
世尊大名稱　普聞於十方　在所諸如來　无不稱歎者　有諸餘淨國　无三惡道名

BD15001 號 A1　思益梵天所問經卷一　（223–14）

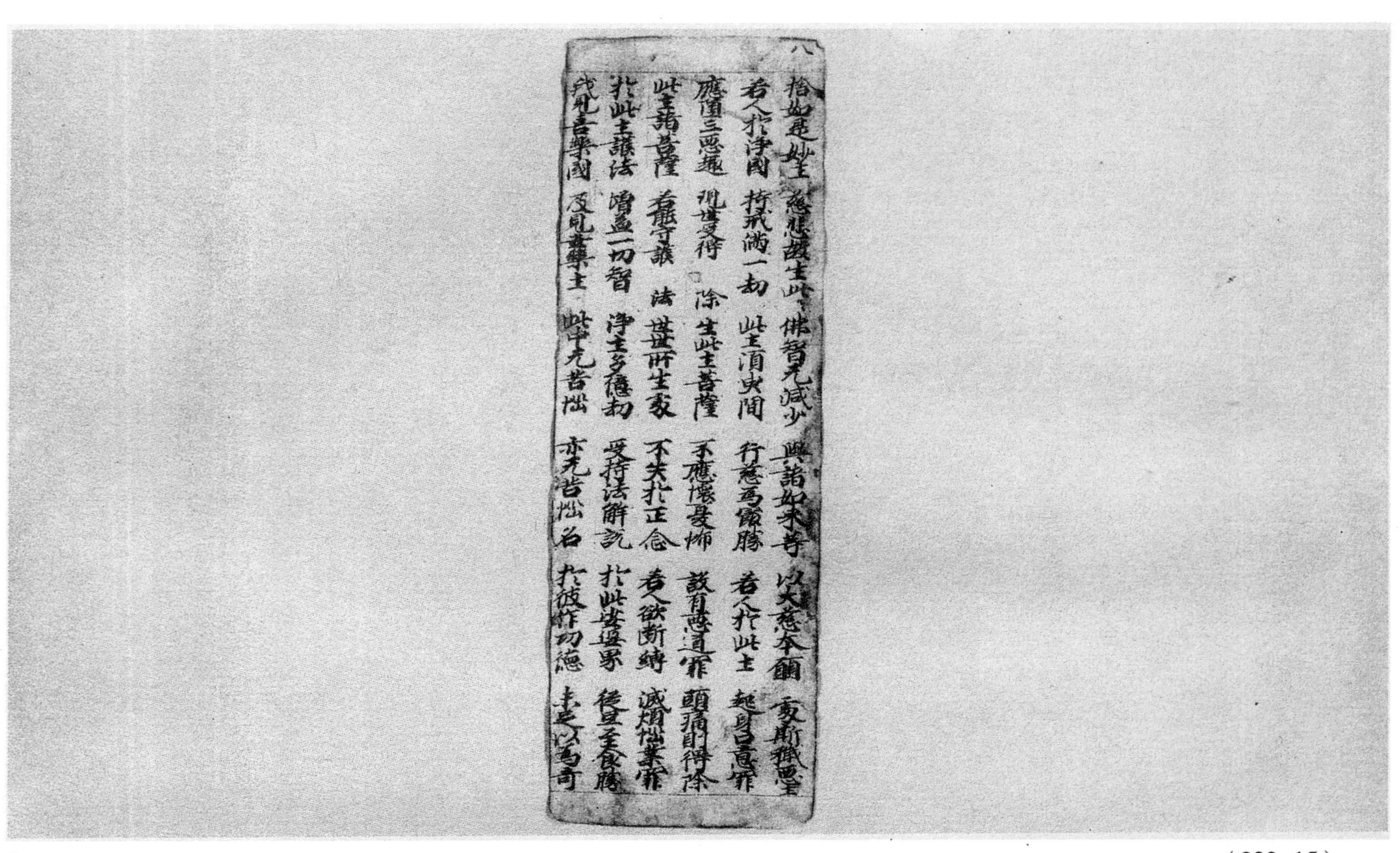

八

捨如是妙土 慈悲故生此 佛智无減少 與諸如來等 以大慈本願 更斯穢惡土

若人於淨國 持戒滿一劫 此土須臾間 行慈為最勝 若人於此土 起身口意罪

應墮三惡趣 現世受得除 生此土菩薩 不應懷憂怖 設有惡道罪 頭痛則得除

此土諸菩薩 若能守護法 世世所生處 不失於正念 若人欲斷縛 滅煩惱業罪

於此土護法 增益一切智 淨土多億劫 受持法解說 於此娑婆界 從旦至食勝

我見喜樂國 及見喜樂主 此中无苦惱 亦无苦惱名 於彼作功德 未足以為奇

BD15001 號 A1　思益梵天所問經卷一　（223-15）

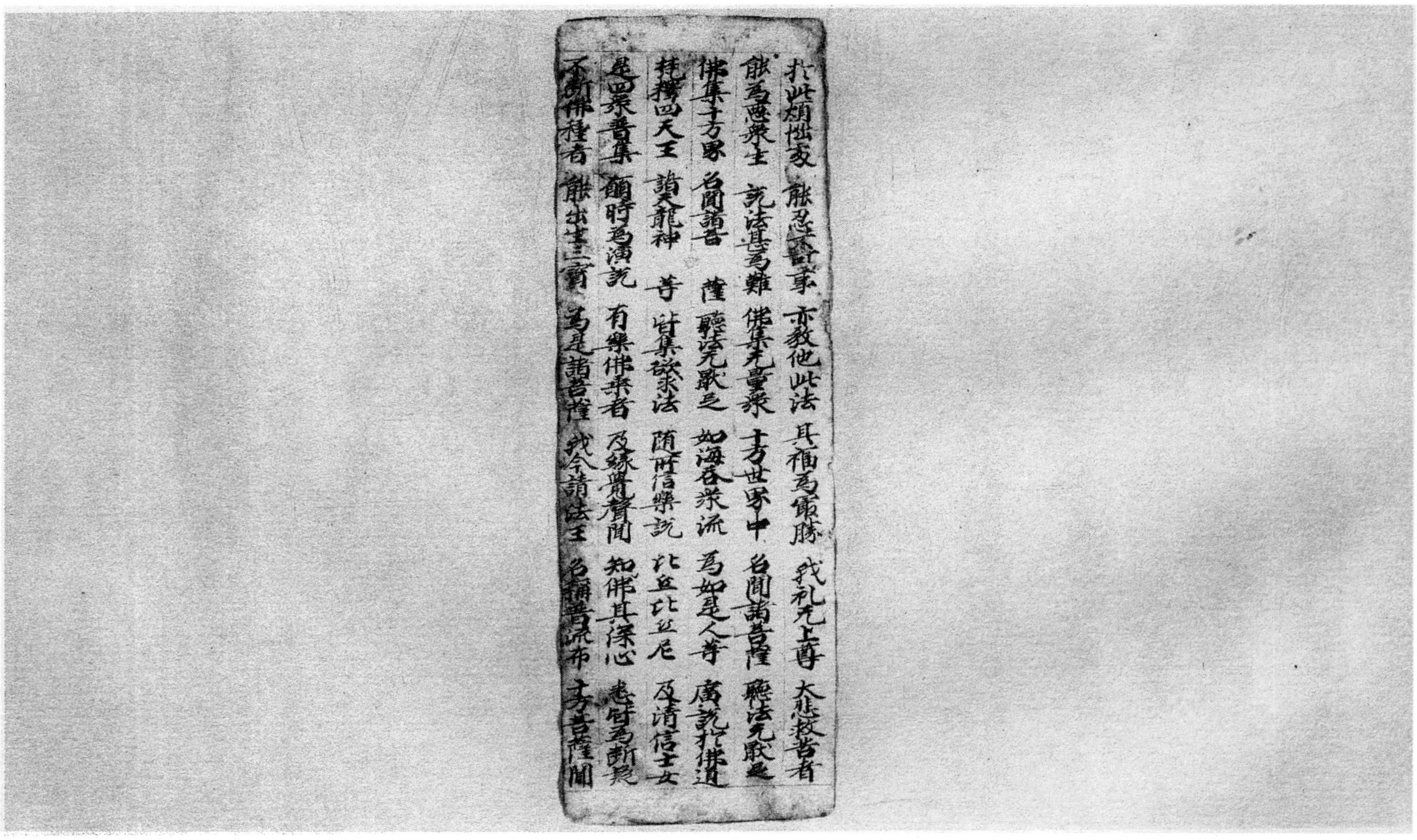

於此煩惱處 能忍惡事 亦教他此法 其福為最勝 我礼无上尊 大悲救苦者

能為惡衆生 說法甚為難 佛集无量衆 十方世界中 名聞諸菩薩 聽法无厭足

佛集十方界 名聞諸菩薩 聽法无厭足 如海吞衆流 為如是人等 廣說於佛道

梵釋四天王 諸天龍神 等皆集聽法 隨所信樂說 比丘比丘尼 及清信士女

是四衆普集 爾時為演說 有樂佛乘者 及緣覺聲聞 知佛其深心 悉皆為斷疑

不斷佛種者 能出生三寶 為是諸菩薩 我今請法王 名稱普流布 十方菩薩聞

BD15001 號 A1　思益梵天所問經卷一　（223-16）

九
皆悉共來集　為說无上道　此无上大法　二乘所不及　我等信力故　得入如是法
不可思議慧　非我等所及　佛雖无疲惓　我今有所請　悔過於世尊　願說菩提道
尒時思益梵天說　此偈已白佛言世尊何謂菩薩其心堅固而无疲
惓何謂菩薩所言　決定而不中悔何謂菩薩增長善根何謂菩薩
无所怖畏威儀不動何謂菩薩成就白法何謂菩薩善知從一地至一地何
謂菩薩於衆生中善知方便何謂菩薩善化衆生何謂菩薩世世不失

BD15001 號 A1　思益梵天所問經卷一　（223–17）

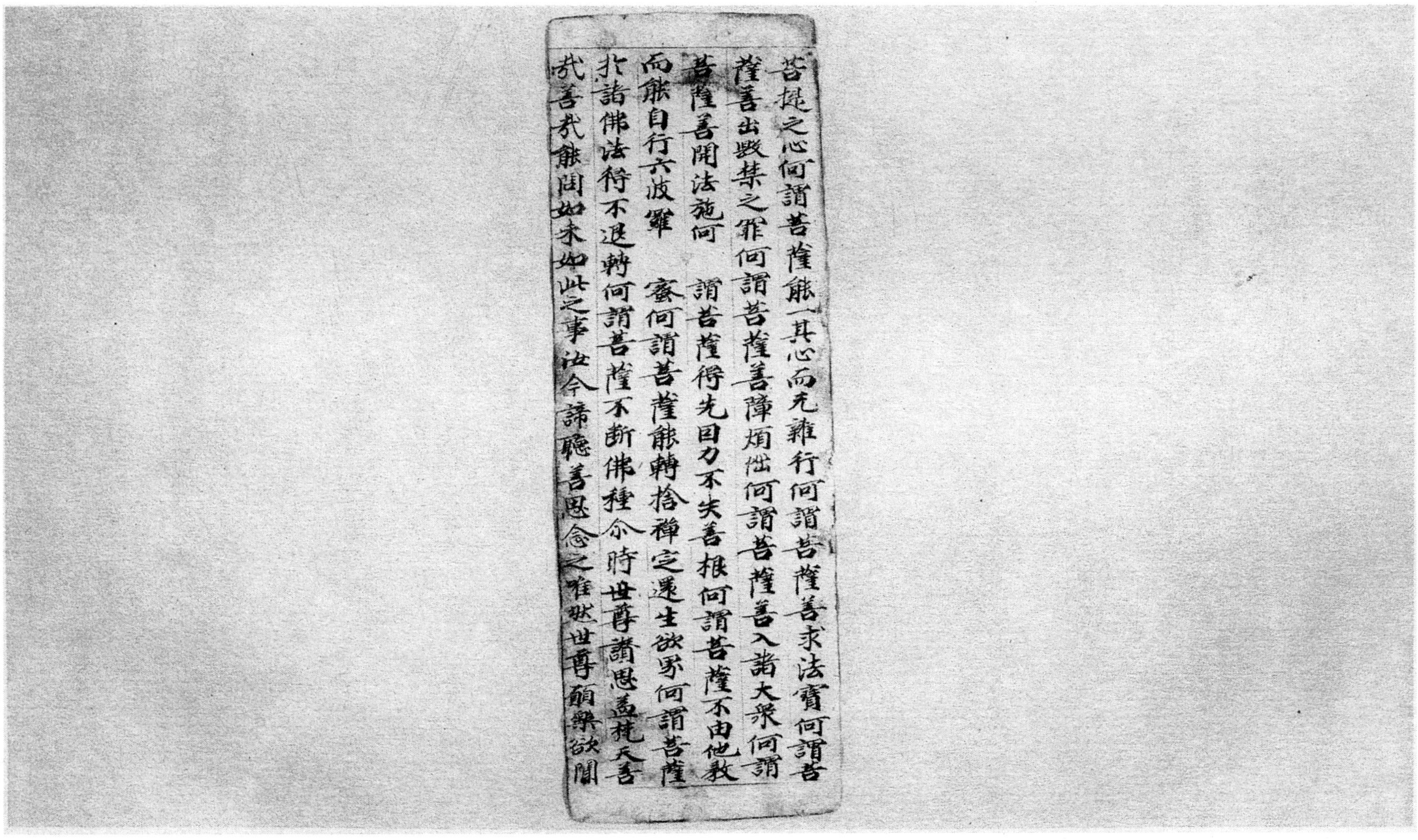

菩提之心何謂菩薩能一其心而无雜行何謂菩薩善求法寶何謂菩
薩善出毀禁之罪何謂菩薩善障煩惱何謂菩薩善入諸大衆何謂
菩薩善開法施何　謂菩薩得先因力不失善根何謂菩薩不由他教
而能自行六波羅　蜜何謂菩薩能轉捨禪定還生欲界何謂菩薩
於諸佛法得不退轉何謂菩薩不斷佛種尒時世尊讚思益梵天善
哉善哉能問如來如此之事汝今諦聽善思念之唯然世尊願樂欲聞

BD15001 號 A1　思益梵天所問經卷一　（223–18）

十

佛告思益梵天菩薩有四法堅固其心而不疲倦何等為四一者於諸衆
生起大悲心二者精進不懈三者信解生死如夢四者正思惟佛之智慧
菩薩有此四法堅　固其心而不疲倦梵天菩薩有四法所言決定而不
中悔何等四一者　決定說諸法无我二者決定說諸生處无可樂者
三者決定常讚大乘四者決定說罪福業不失是為四梵天菩薩有四
法增長善根何等為四一者持戒二者多聞三者布施四者出家是為

BD15001 號 A1　思益梵天所問經卷一　（223–19）

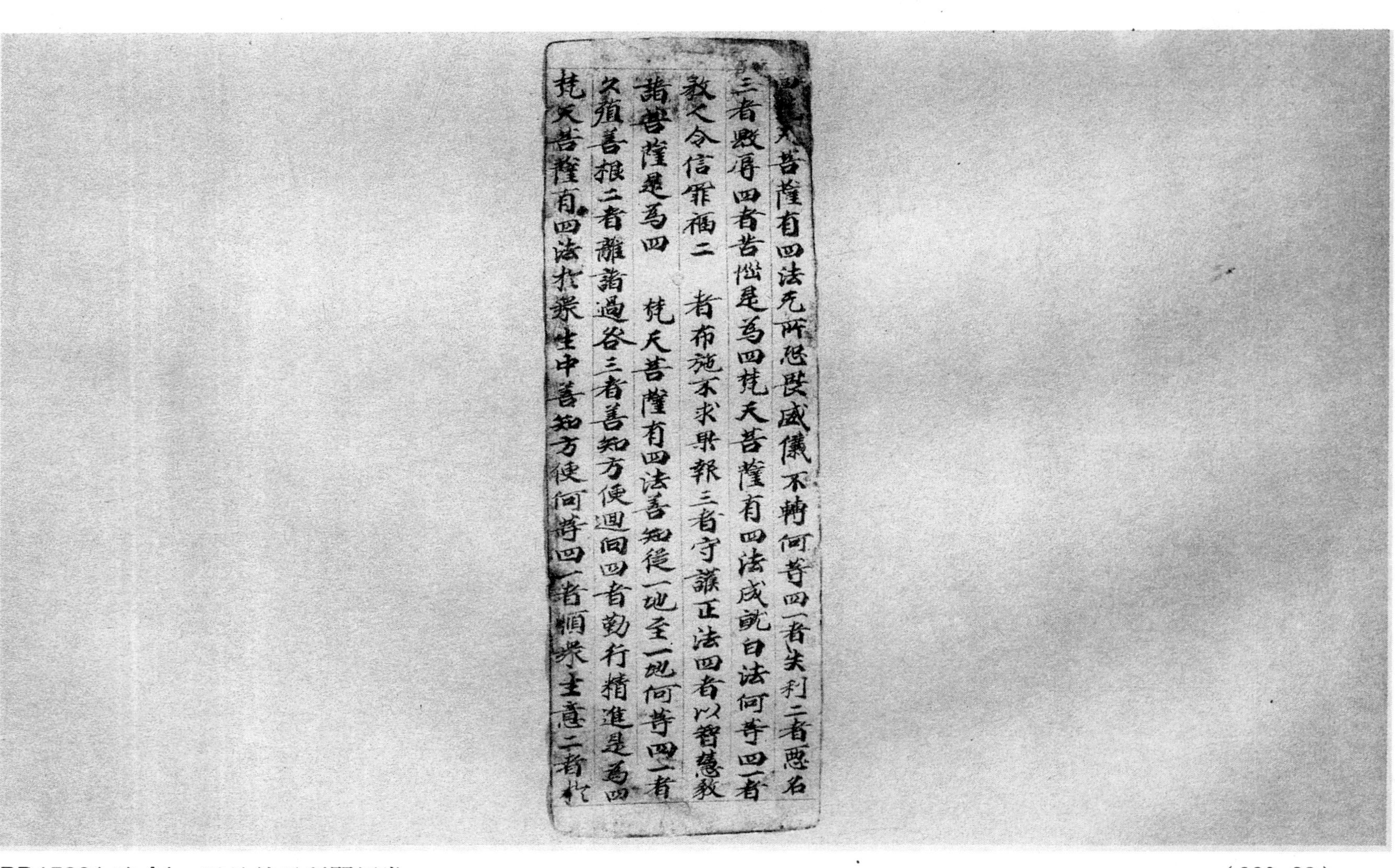
四梵天菩薩有四法无所恐畏威儀不轉何等四一者失利二者惡名
三者毀辱四者苦惱是為四梵天菩薩有四法成就白法何等四一者
教人令信罪福二　者布施不求果報三者守護正法四者以智慧教
諸菩薩是為四　梵天菩薩有四法善知從一地至一地何等四一者
久殖善根二者離諸過咎三者善知方便迴向四者勤行精進是為四
梵天菩薩有四法於衆生中善知方便何等四一者順衆生意二者於

BD15001 號 A1　思益梵天所問經卷一　（223–20）

他功德起隨喜心三者悔過除罪四者勸請諸佛是爲四梵天菩薩有
四法善化衆生何等四一者常求安利衆生二者自捨已樂三者心和忍
辱四者除捨憍 慢是爲四梵天菩薩有四法世世不失菩提之心
何等四一者常憶 念佛二者所作功德常爲菩提三者親近善知
識四者稱揚大乘是爲四梵天菩薩有四法能一其心而无雜行何
等四一者離聲聞心二者離辟支佛心三者求法无厭四者如所聞法

BD15001 號 A1　思益梵天所問經卷一　（223–21）

廣爲人說是爲四梵天菩薩有四法善求法寶何等爲四一者扵法
中生寶想以難得故二者扵法中生藥想療衆病故三者扵法中
生財利想以不失 故四者扵法中生滅一切苦想至涅槃故是爲四
梵天菩薩有四法 善出毀禁之罪何等四一者得无生法忍以諸法
无來故二者得无滅忍以諸法无去故三者得因緣忍知諸法因緣生
故四者得无住忍无異心相續故是爲四梵天菩薩有四法善障煩惱

BD15001 號 A1　思益梵天所問經卷一　（223–22）

土

何等四一者正憶念二者淨諸根三者得善法力四者獨處遠離是爲四
梵天菩薩有四法善入諸大衆何等四一者求法不求勝二者恭敬心无
憍慢三者唯求法　利不自顯現四者教入善法不求名利是爲四梵
天菩薩有四法善　開法施何等四一者守護於法二者自益智慧亦
益他人三者行善人法四者示人始淨是爲四梵天菩薩有四法得先
因力不失善根何等四一者見他人闕不以爲過二者於瞋恚人常脩慈

心三者常說諸法因緣四者常念菩提是爲四梵天菩薩有四法不由
他教而能自行六波羅蜜何等四一者以施導人二者不說他人毀禁
之罪三者善知　攝法教化衆生四者信解深法是爲四梵天菩
薩有四法能轉　捨禪定還生欲界何等四一者其心柔軟二者得
諸善根力三者不捨一切衆生四者善脩智慧方便之力是爲四梵天菩
薩有四法於諸佛法得不退轉何等四一者受无量生死二者供養无

无量諸佛三者修行无量慈心四者信解无量佛法是為四梵天菩薩
有四法不斷佛種何等四一者不退本願二者言必施行三者大欲精進
四者深心行於佛　道是為菩薩有四法不斷佛種說是諸四法時
三万二千天及人皆發阿耨多羅三藐三菩提心五千人得无生法忍十
方諸來菩薩供養於佛所散天花周遍三千大千世界積至于膝
尒時網明菩薩問思益梵天言佛說汝於正問菩薩中為最第一何

BD15001 號 A1　思益梵天所問經卷一　（223–25）

謂菩薩所問為正問邪梵天言網明若菩薩以彼我問名為邪問分
別法問名為邪問若无彼我問名為正問不分別法問名為正問又
網明以生故問名　為邪問以滅故問名為邪問以住故問名為邪
問若不以生故問　不以滅故問不以住故問名為正問又網明若
菩薩為垢故問名為邪問為淨故問名為邪問為生死故問名為邪
問為出生死故問名為邪問為涅槃故問名為邪問若不為垢淨故問

BD15001 號 A1　思益梵天所問經卷一　（223–26）

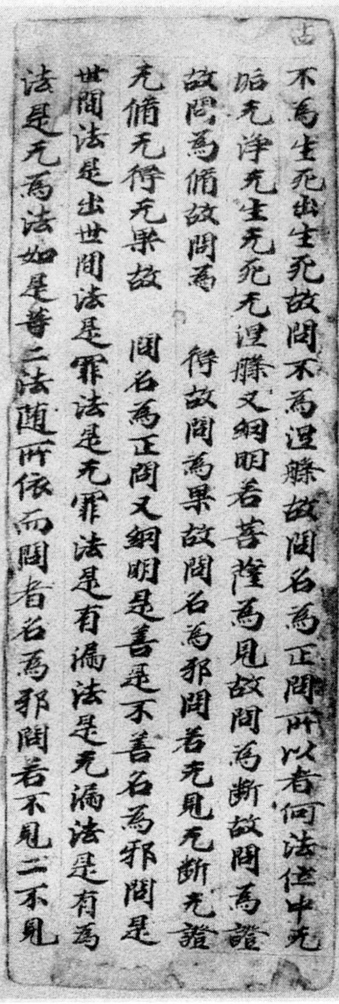

不為生死出生死故問不為涅槃故問名為正問所以者何法位中无
垢无淨无生无死无涅槃又網明若菩薩為見故問為斷故問為證
故問為脩故問為　得故問為果故問名為邪問若无見无斷无證
无脩无得无果故　問名為正問又網明是善是不善名為邪問是
世間法是出世間法是罪法是无罪法是有漏法是无漏法是有為
法是无為法如是等二法隨所依而問者名為邪問若不見二不見

BD15001 號 A1　思益梵天所問經卷一　（223–27）

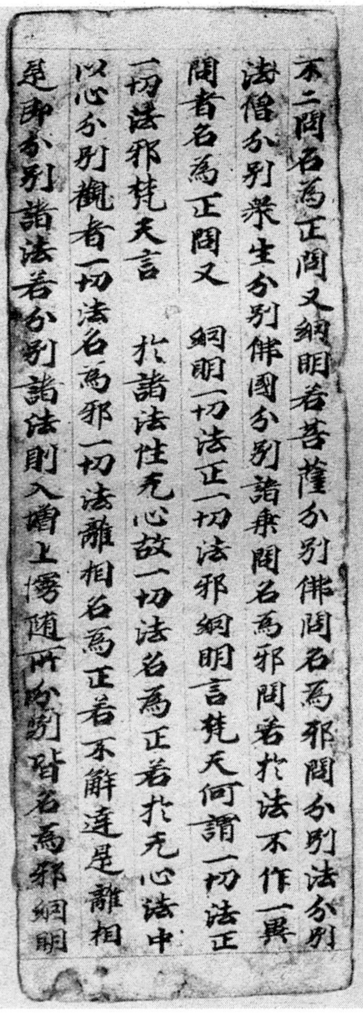

不二問名為正問又網明若菩薩分別佛問名為邪問分別法分別
法僧分別衆生分別佛國分別諸乘問名為邪問若於法不作一異
問者名為正問又　網明一切法正一切法邪網明言梵天何謂一切法正
一切法邪梵天言　於諸法性无心故一切法名為正若於无心法中
以心分別觀者一切法名為邪一切法離相名為正若不解達是離相
是即分別諸法若分別諸法則入增上慢隨所分別皆名為邪網明

BD15001 號 A1　思益梵天所問經卷一　（223–28）

言何謂爲諸法正性梵天言諸法離自性離欲際是名正性網明言
少有能解如是正性梵天言是正性不一不多網明若有善男子善女人
能如是知諸法正　性者已知者今知者當知是人无有法已得无
有法今得无有法　當得所以者何佛説无得无分別名爲所作已
辨相者人聞是諸法正性勤行精進是名如説脩行不從一地至一地若
不從一地至一地是人不在生死不在涅槃所以者何諸佛不得生死

BD15001 號 A1　思益梵天所問經卷一　（223–29）

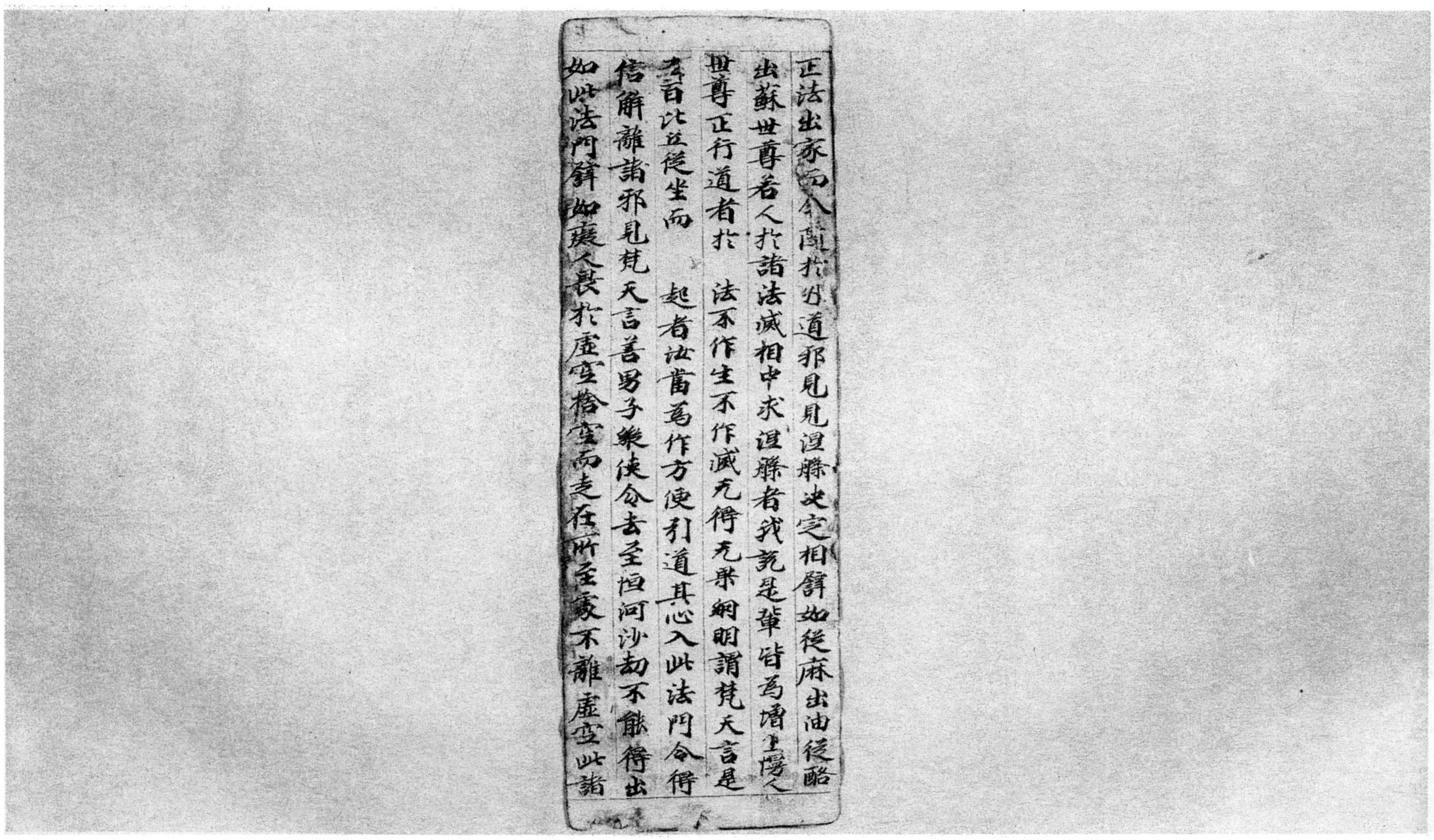

正法出家而今墮於外道邪見見涅槃決定相譬如從麻出油從酪
出蘇世尊若人於諸法滅相中求涅槃者我説是輩皆爲增上慢人
世尊正行道者於　法不作生不作滅无得无果網明謂梵天言是
五百比丘從坐而　起者汝當爲作方便引道其心入此法門令得
信解離諸邪見梵天言善男子縱使令去至恒河沙劫不能得出
如此法門譬如癡人畏於虛空捨空而走在所至處不離虛空此諸

BD15001 號 A1　思益梵天所問經卷一　（223–30）

七
比丘亦復如是雖復遠去不出空相不出无相相不出无作相又如一人求
索虛空東西馳走言我欲得空我欲得空是人但說虛空名字而不
得空於空中行　而不見空此諸比丘亦復如是欲求涅槃行涅
槃中而不得涅　槃所以者何涅槃者但有名字猶如虛空但有
名字不可得取涅槃亦復如是但有名字而不可得尒時五百比丘
聞說是經不受諸法漏盡心得解脫得阿羅漢道作是言世尊若

BD15001 號 A1　思益梵天所問經卷一　（223–31）

人於諸法畢竟滅相中求涅槃者則於其人佛不出世世尊我等
今者非凡夫非學非无學不在生死不在涅槃所以者何佛出世故
名為遠離一切動　念戲論尒時長老舍利弗謂諸比丘汝今得正
智為已利耶五百　比丘言長老舍利弗我等今者得諸煩惱不可
作而舍、作利弗言何故說此諸比丘言知諸煩惱實相故言得諸煩惱
涅槃是无作性我等已證故說不可作而作舍利弗言善哉善哉汝等

BD15001 號 A1　思益梵天所問經卷一　（223–32）

天
今有住於福田能消供養諸比丘言大師世尊尚不能消諸供養何况我
等舍利弗言何故說此諸比丘言世尊知見法性性常淨故於是思益梵
天白佛言世尊誰　應受供養佛告梵天不為世法之所牽者世尊
誰能消供養佛言　於法无所取者世尊誰為世間福田佛言不壞
菩提性者世尊誰為衆生善知識佛言於一切衆生不捨慈心者世
尊誰知報佛恩佛言不斷佛種者世尊誰能供養佛佛言能通達无

生際者世尊誰能親近佛佛言乃至失命因緣不毀禁者世尊誰能
恭敬佛佛言善覆六根者世尊誰名財富佛言成就七財者世尊誰名
知足佛言得出世間　智慧者世尊誰為遠離佛言於三界中无所願
者世尊誰為具足　佛言能斷一切諸結使者世尊誰為樂人佛言无
貪著者世尊誰无貪著佛言知見五陰者世尊誰度欲河佛言能捨六
入者世尊誰住彼岸佛言能知諸道平等者世尊何謂菩薩能為施

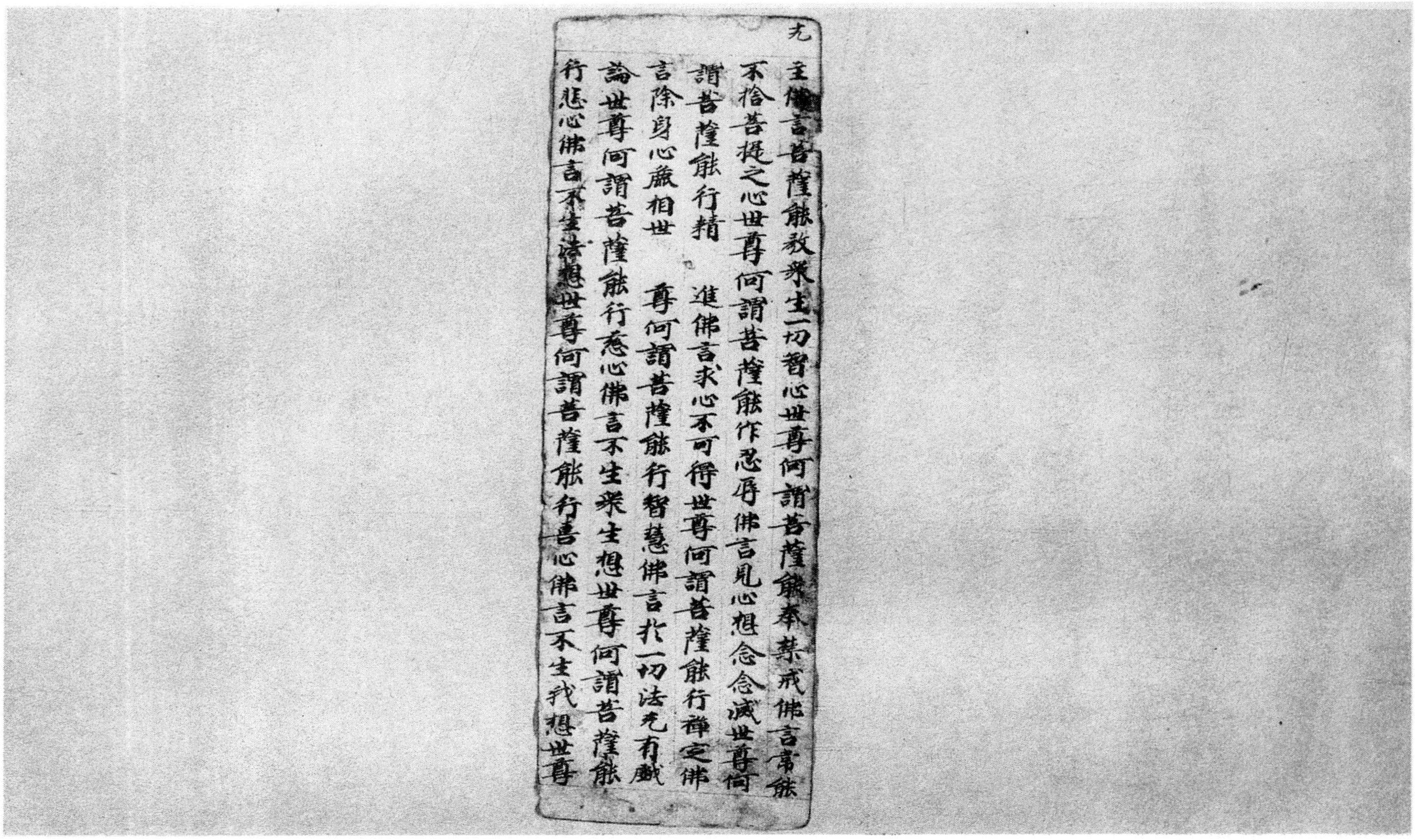

无

主佛言菩薩能教衆生一切智心世尊何謂菩薩能奉禁戒佛言常能
不捨菩提之心世尊何謂菩薩能作忍辱佛言見心相念念滅世尊何
謂菩薩能行精　進佛言求心不可得世尊何謂菩薩能行禪定佛
言除身心麁相世　尊何謂菩薩能行智慧佛言於一切法无有戲
論世尊何謂菩薩能行慈心佛言不生衆生想世尊何謂菩薩能
行悲心佛言不生法想世尊何謂菩薩能行喜心佛言不生我想世尊

BD15001 號 A1　思益梵天所問經卷一　（223–35）

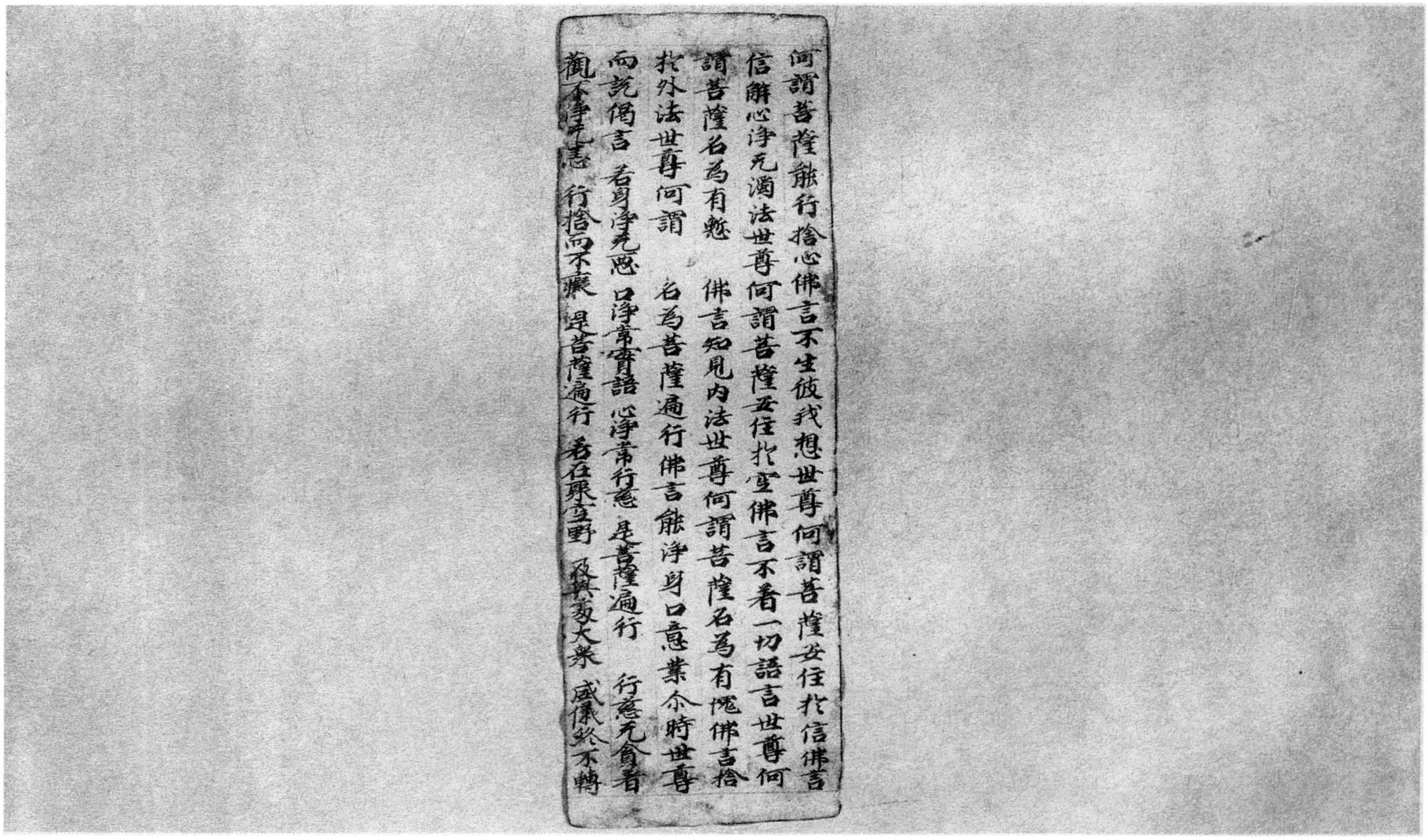

何謂菩薩能行捨心佛言不生彼我想世尊何謂菩薩安住於信佛言
信解心淨无濁法世尊何謂菩薩安住於空佛言不着一切語言世尊何
謂菩薩名為有慙　佛言知見內法世尊何謂菩薩名為有愧佛言捨
於外法世尊何謂　名為菩薩遍行佛言能淨身口意業尒時世尊
而說偈言　若身淨无惡　口淨常實語　心淨常行慈　是菩薩遍行　行慈无貪着
觀不淨无恚　行捨而不癡　是菩薩遍行　若在聚落野　及與在大衆　威儀終不轉

BD15001 號 A1　思益梵天所問經卷一　（223–36）

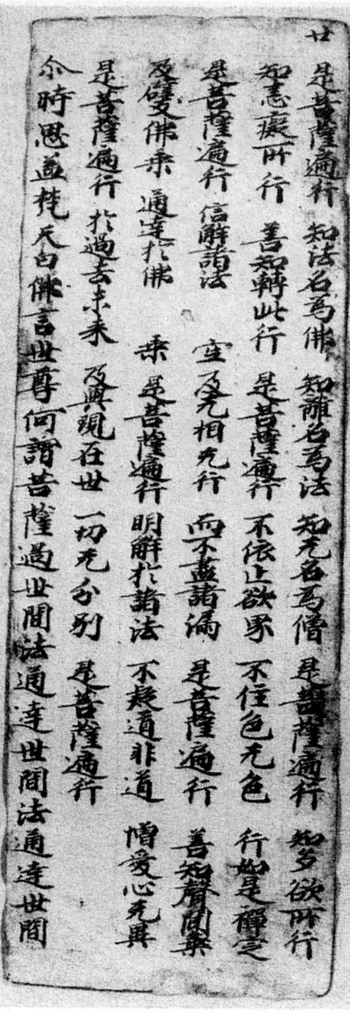

廿

是菩薩遍行　知法名爲佛　知離名爲法　知无名爲僧　是菩薩遍行　知多欲所行

知恚癡所行　善知轉此行　是菩薩遍行　不依止欲界　不住色无色　行如是禪定

是菩薩遍行　信解諸法空　及无相无行　而不盡諸漏　是菩薩遍行　善知聲聞乘

及緣覺佛乘　通達於佛乘　是菩薩遍行　明解於諸法　不疑道非道　憎愛心无異

是菩薩遍行　於過去未來　及與現在世　一切无分別　是菩薩遍行

尒時思益梵天白佛言世尊何謂菩薩過世間法通達世間法通達世間

BD15001 號 A1　思益梵天所問經卷一　（223–37）

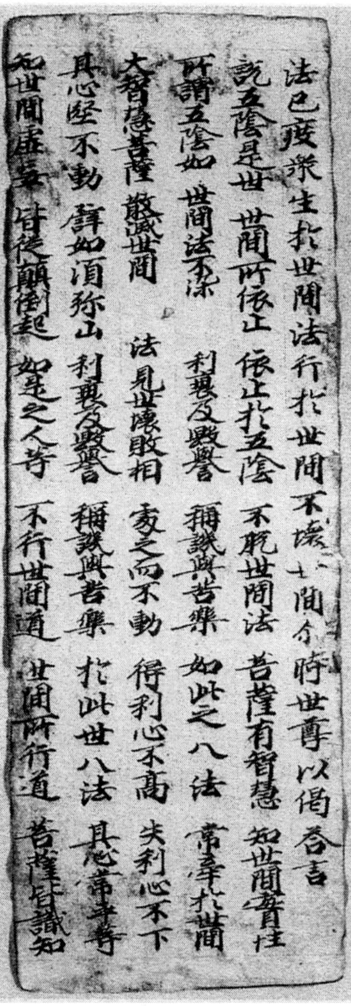

法已度衆生於世間法行於世間不壞世間尒時世尊以偈答言

說五陰是世　世間所依止　依止於五陰　不脫世間法　菩薩有智慧　知世間實性

所謂五陰如　世間法不染　利衰及毀譽　稱譏與苦樂　如此之八法　常牽於世間

大智慧菩薩　散滅世間法　見世壞敗相　處之而不動　得利心不高　失利心不下

其心堅不動　譬如須弥山　利衰及毀譽　稱譏與苦樂　於此世八法　其心常平等

知世間虛妄　皆從顛倒起　如是之人等　不行世間道　世間所行道　菩薩皆識知

BD15001 號 A1　思益梵天所問經卷一　（223–38）

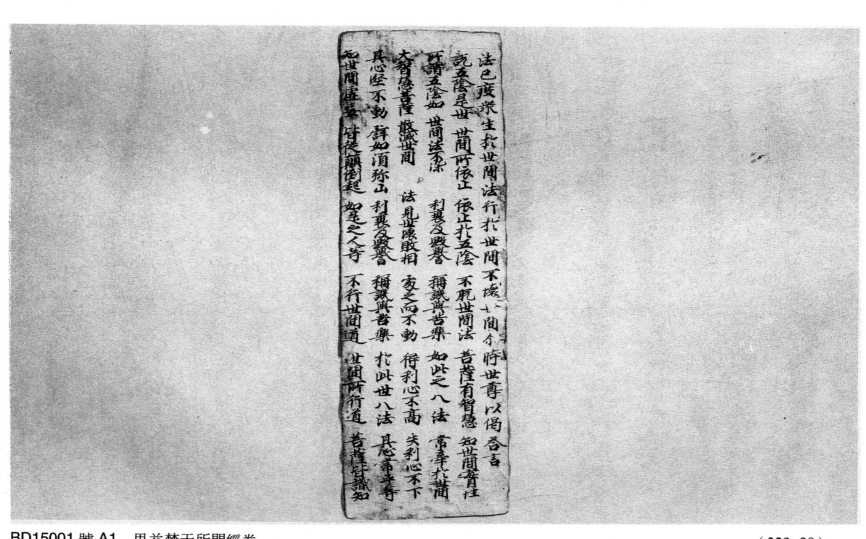

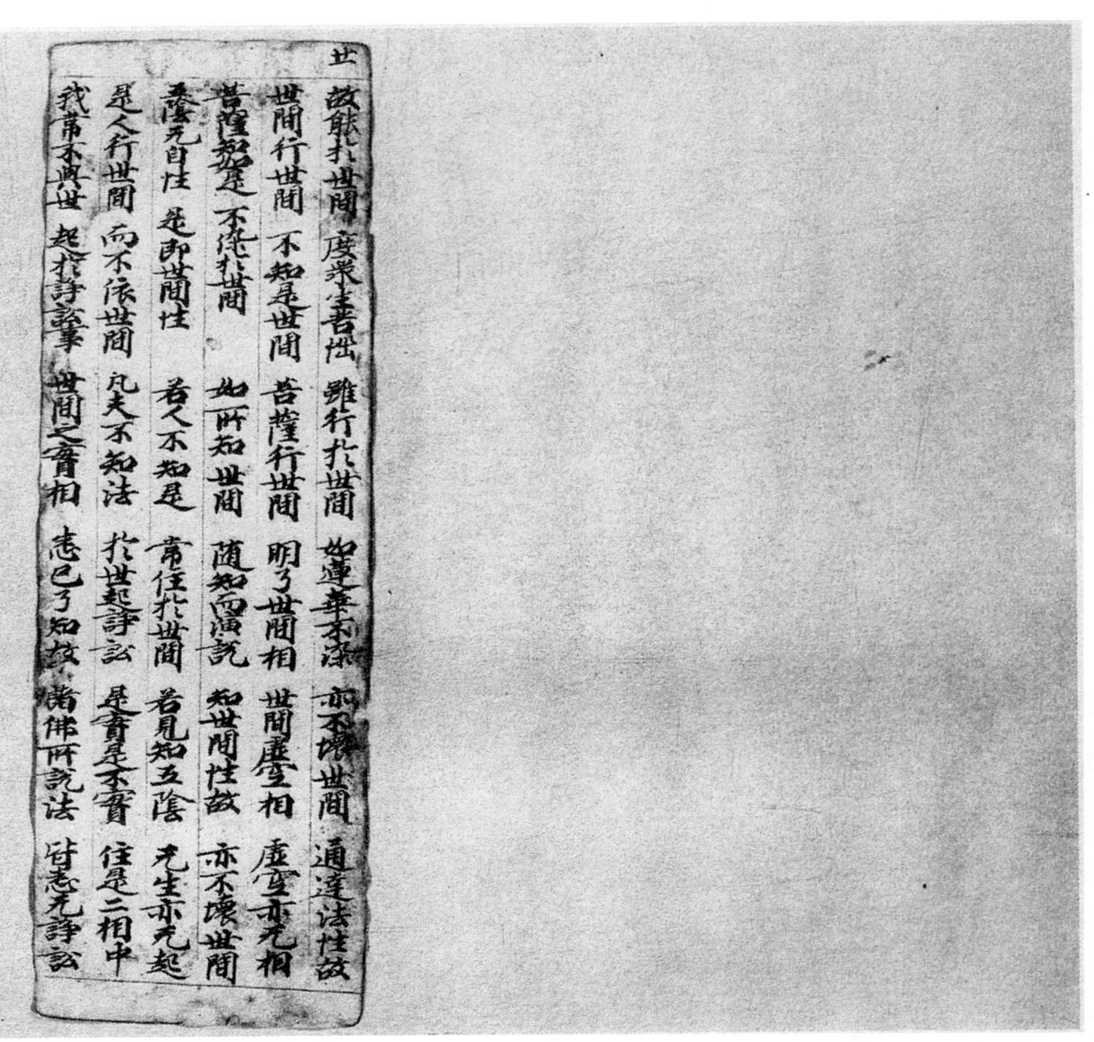

廿

故能扵世間　度衆生苦惱　雖行扵世間　如蓮華不染　亦不壞世間　通達法性故

世間行世間　不知是世間　菩薩行世間　明了世間相　世間虛空相　虛空亦无相

菩薩如是知　不染扵世間　如所知世間　隨知而演說　知世間性故　亦不壞世間

五陰无自性　是即世間性　若人不知是　常住扵世間　若見知五陰　无生亦无起

是人行世間　而不依世間　凡夫不知法　扵世起諍訟　是實是不實　住是二相中

我常不與世　起扵諍訟事　世間之實相　悉已了知故　諸佛所說法　皆悉无諍訟

BD15001 號 A1　思益梵天所問經卷一　　（223–39）

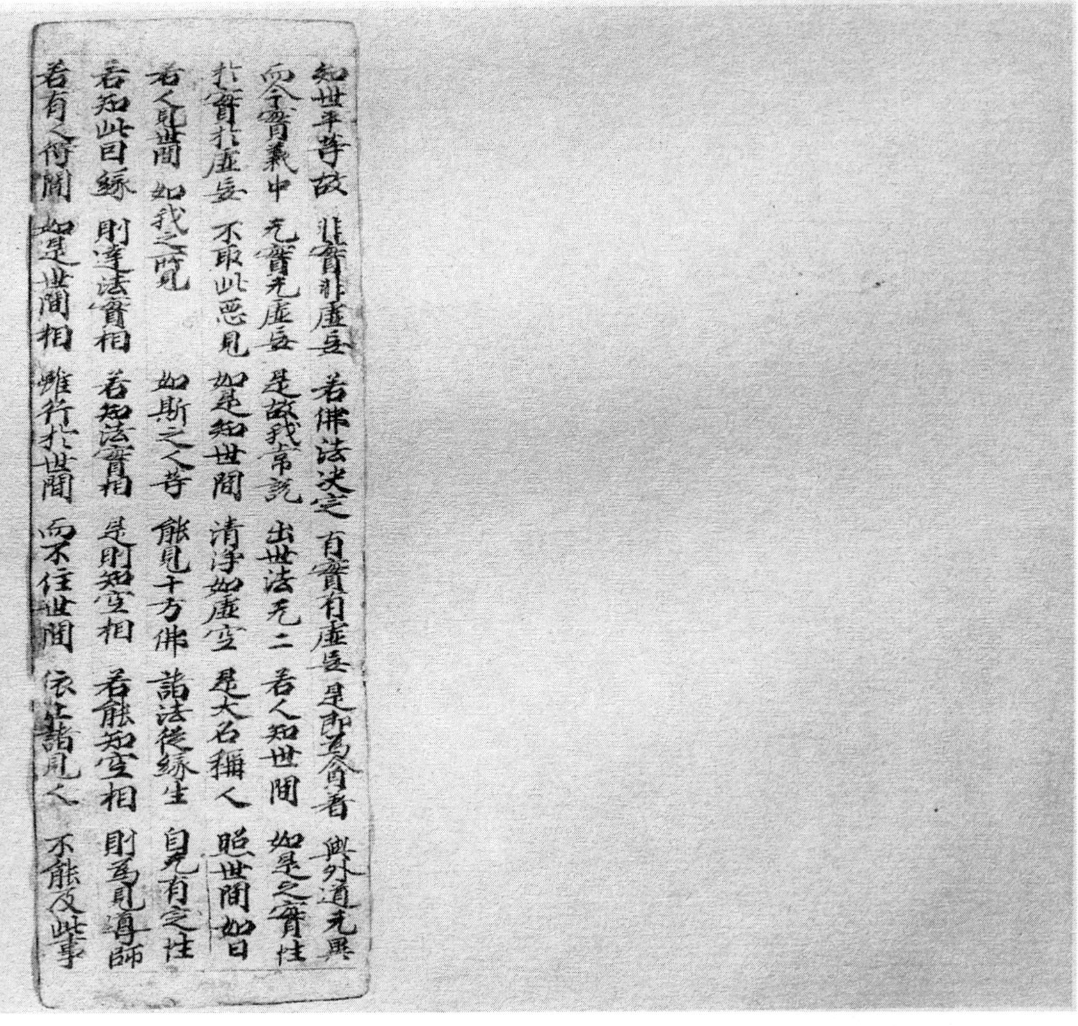

知世平等故　非實非虛妄　若佛法决定　有實有虛妄　是即爲貪著　與外道无異

而今實義中　无實无虛妄　是故我常說　出世法无二　若人知世間　如是之實性

扵實扵虛妄　不取此惡見　如是知世間　清淨如虛空　是大名稱人　照世間如日

若人見世間　如我之所見　如斯之人等　能見十方佛　諸法從緣生　自无有定性

若知此因緣　則達法實相　若知法實相　是則知空相　若能知空相　則爲見導師

若有人得聞　如是世間相　雖行扵世間　而不住世間　依止諸見人　不能及此事

BD15001 號 A1　思益梵天所問經卷一　　（223–40）

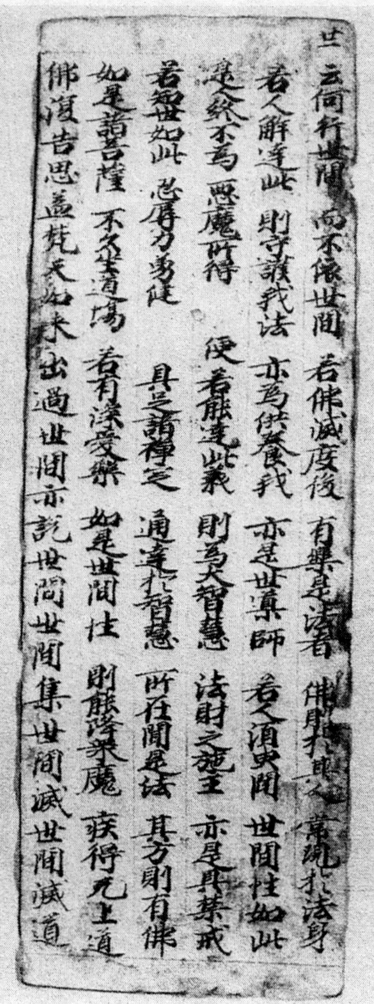

廿一 云何行世間　而不依世間　若佛滅度後　有樂是法者　佛雖於泥洹　常現於法身
若人解達此　則守護我法　亦為供養我　亦是世導師　若人須臾聞　世間性如此
是終不為　惡魔所得　便當能達此義　則為大智慧　法財之施主　亦是具禁戒
若知世如此　忍辱力多聞　具足諸禪定　通達於智慧　所在聞是法　其方則有佛
如是諸菩薩　不久坐道場　若有深愛樂　如是世間性　則能降眾魔　疾得无上道
佛復告思益梵天如來出過世間亦說世間世間集世間滅世間滅道

BD15001 號 A1　思益梵天所問經卷一　（223–41）

梵天五陰名為世間貪著五陰名為世間集五陰盡名為世間滅以无
二法求五陰名為世間滅道又梵天所言五陰但有言說於中取相
分別生見而說是　名世間不捨是見是名世間集是見自相是名
世間滅隨以何道　不取是見是名世間滅道梵天以是因緣故我
為外道仙人說言仙人於汝身中即說世間世間集世間滅世間滅道
尒時思益梵天白佛言世尊所說四聖諦何等是真聖諦梵天若不

BD15001 號 A1　思益梵天所問經卷一　（223–42）

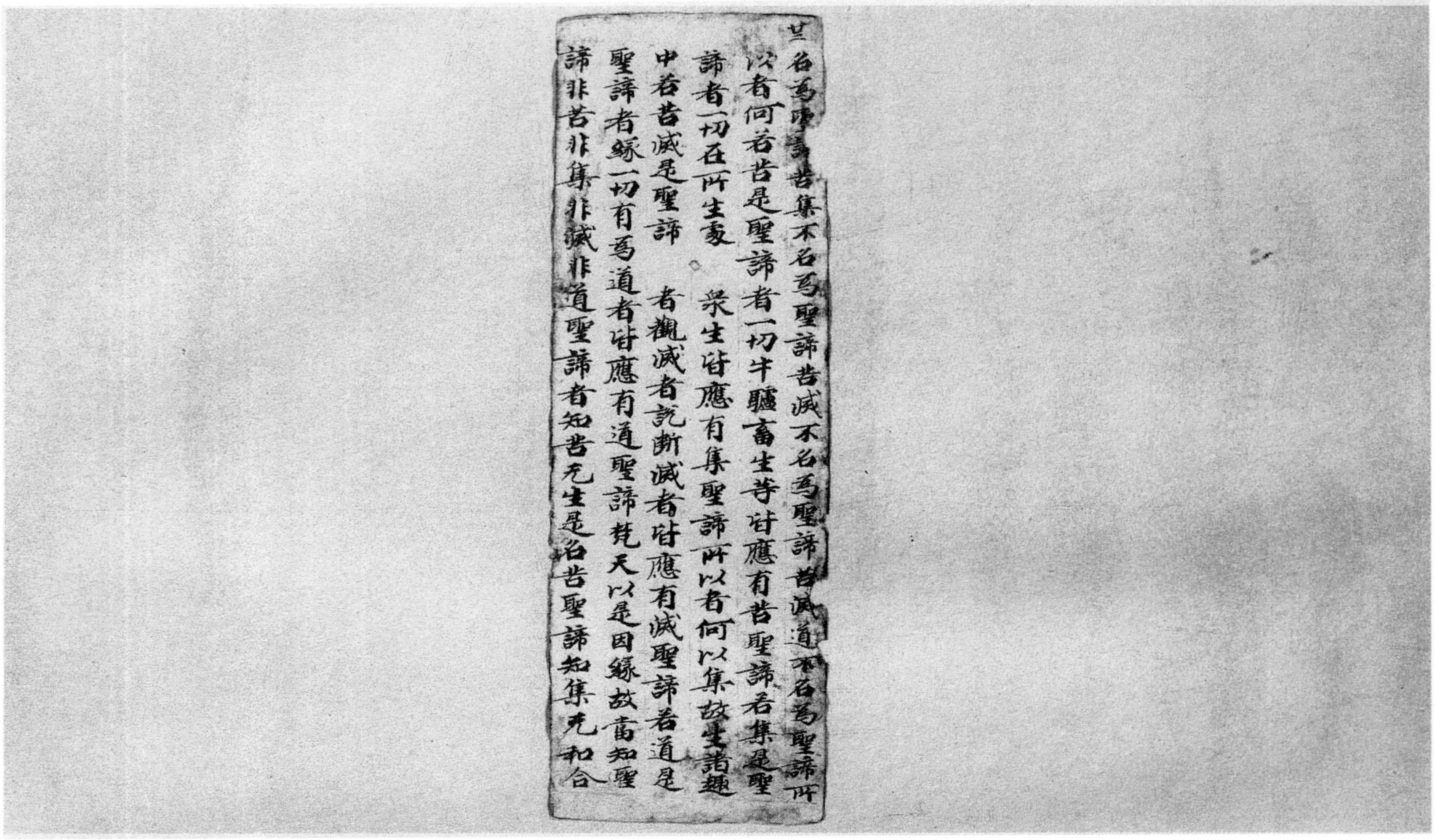

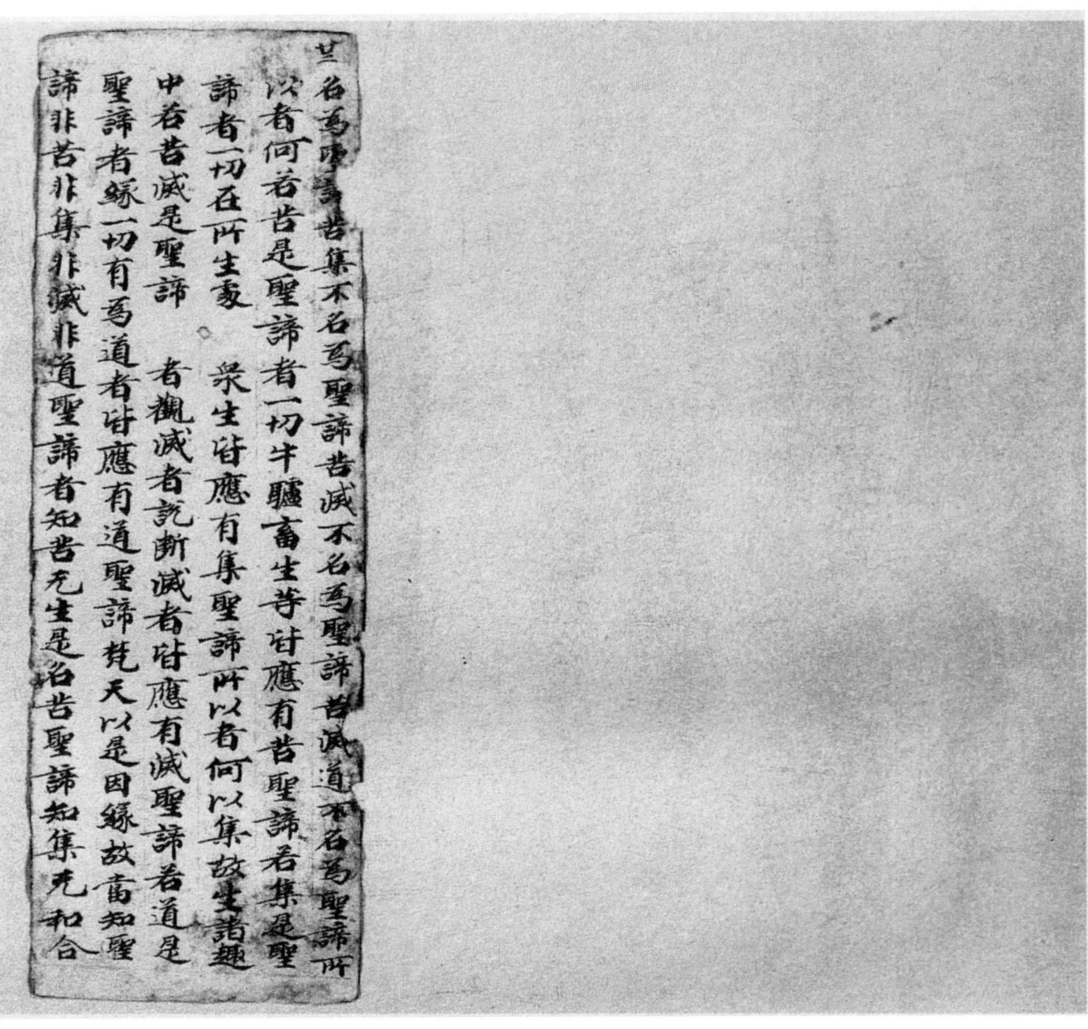
苦名爲聖諦苦集不名爲聖諦苦滅不名爲聖諦苦滅道不名爲聖諦所
以者何若苦是聖諦者一切牛驢畜生等皆應有苦聖諦若集是聖
諦者一切在所生處衆生皆應有集聖諦所以者何以集故生諸趣
中若苦滅是聖諦　者觀滅者説斷滅者皆應有滅聖諦若道是
聖諦者緣一切有爲道者皆應有道聖諦梵天以是因緣故當知聖
諦非苦非集非滅非道聖諦者知苦无生是名苦聖諦知集无和合

BD15001 號 A1　思益梵天所問經卷一　（223–43）

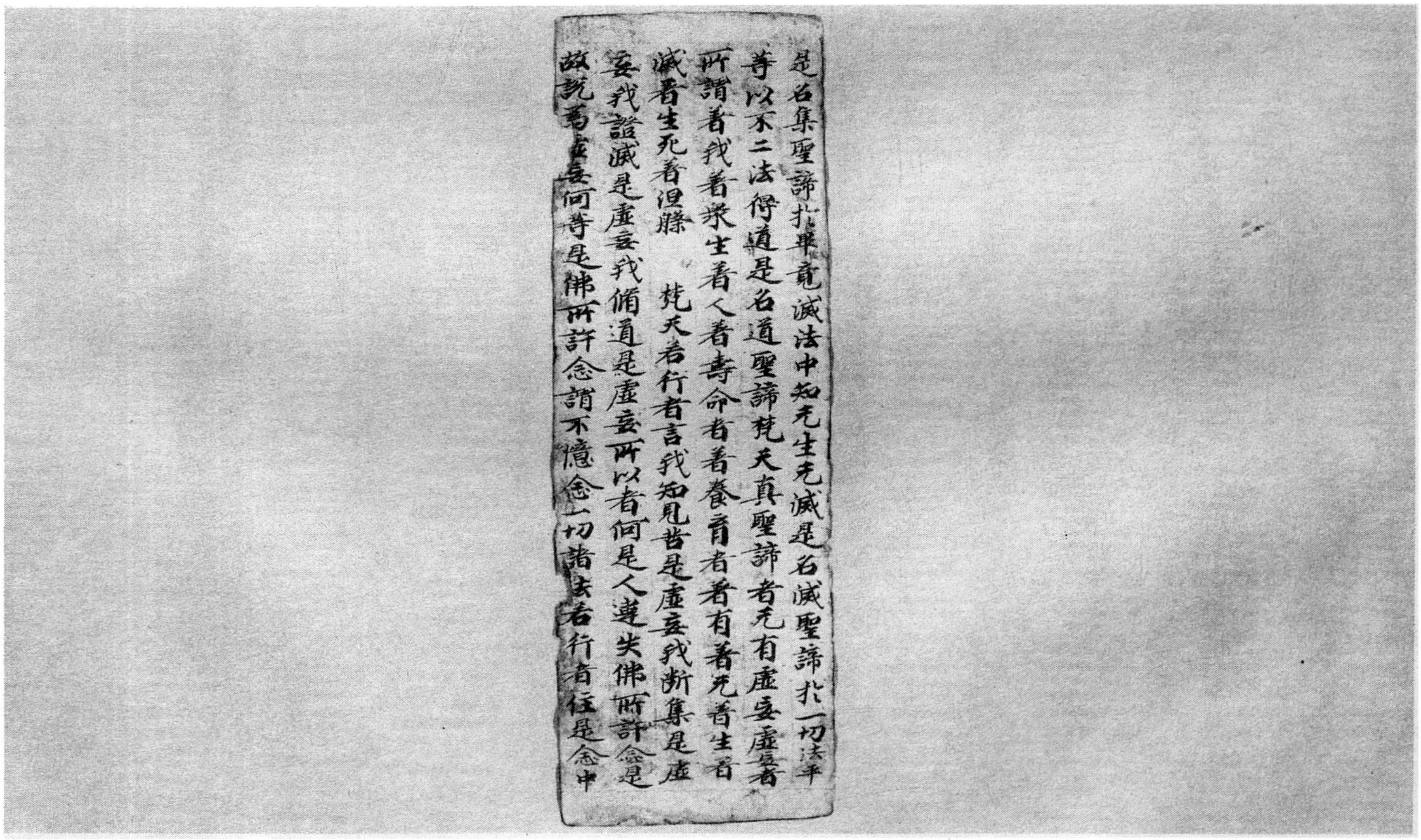

是名集聖諦於畢竟滅法中知无生无滅是名滅聖諦於一切法平
等以不二法得道是名道聖諦梵天真聖諦者无有虛妄虛妄者
所謂著我著衆生著人著壽命者著養育者著有著无著生著
滅著生死著涅槃　梵天若行者言我知見苦是虛妄我斷集是虛
妄我證滅是虛妄我脩道是虛妄所以者何是人違失佛所許念是
故説爲虛妄何等是佛所許念謂不憶念一切諸法若行者住是念中

BD15001 號 A1　思益梵天所問經卷一　（223–44）

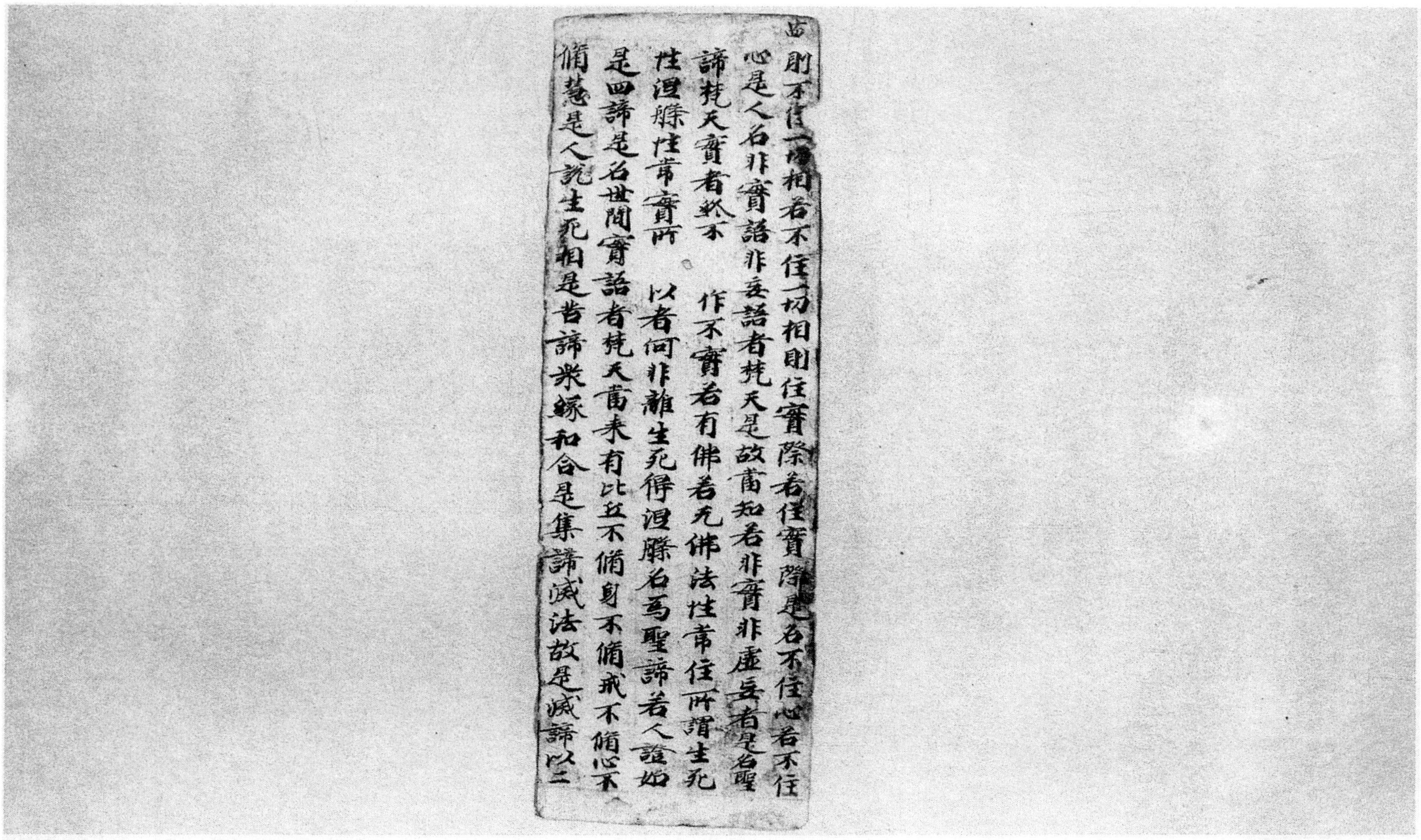

出
則不住一切相若不住一切相則住實際若住實際是名不住心若不住
心是人名非實語非妄語者梵天是故當知若非實非虛妄者是名聖
諦梵天實者於不　作不實若有佛若无佛法性常住所謂生死
性涅槃性常實所　以者何非離生死得涅槃名為聖諦若人證如
是四諦是名世間實語者梵天當來有比丘不脩身不脩戒不脩心不
脩慧是人說生死相是苦諦衆緣和合是集諦滅法故是滅諦以二

BD15001 號 A1　思益梵天所問經卷一　（223–45）

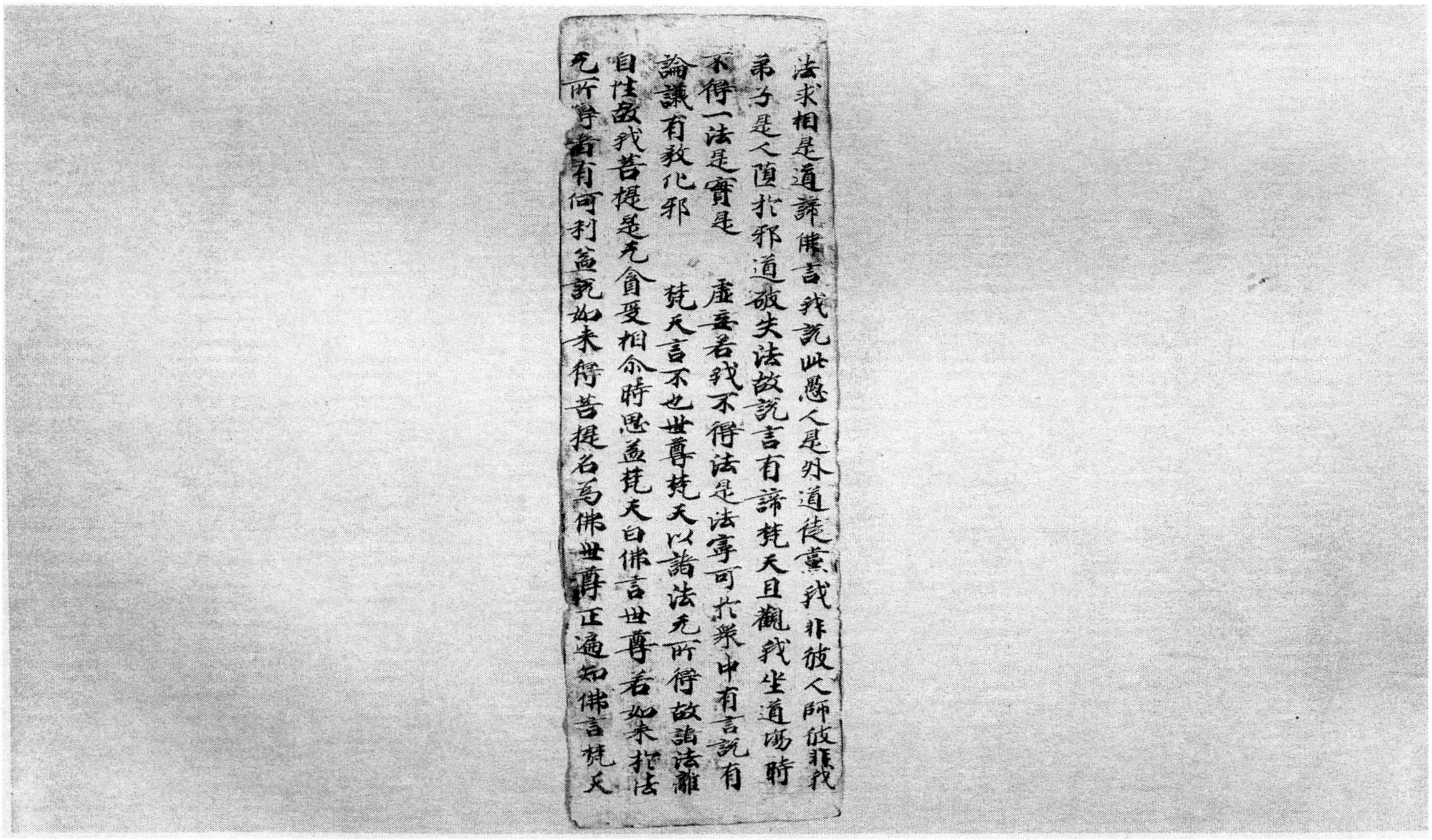

法求相是道諦佛言我說此愚人是外道徒黨我非彼人師彼非我
弟子是人墮於邪道破失法故說言有諦梵天且觀我坐道場時
不得一法是實是　虛妄若我不得法是法寧可於衆中有言說有
論議有教化邪　梵天言不也世尊梵天以諸法无所得故諸法離
自性故我菩提是无貪愛相尒時思益梵天白佛言世尊若如來於法
无所得者有何利益說如來得菩提名為佛世尊正遍知佛言梵天

BD15001 號 A1　思益梵天所問經卷一　（223–46）

荃

扵汝意云何我諸所得法若有為若无為是法為實為虛妄耶梵
天言是法虛妄非實扵汝意云何若法虛妄非實是法為有為无
梵天言世尊若法　虛妄是法不應說有不應說无扵汝意云何若法
非有非无是法有　得者不梵天言无有得者梵天如來坐道場時唯
得虛妄顛倒所起煩惱畢竟空性以无所得故得以无所知故知所以者
何我所得法不可見不可聞不可覺不可識不可取不可著不可說不

BD15001 號 A1　思益梵天所問經卷一　（223–47）

可難出過一切法相无語无說无有文字无言說道梵天此法如是猶
如虛空汝欲扵如是法中得利益耶梵天言不也世尊諸佛如來甚
為希有成就未曾　有法深入大慈大悲得如是寂滅相法而以文
字言說教人令得　世尊具有聞是能信解者當知是人不從小功
德來世尊是法一切世間之所難信所以者何世間貪著實而是法
无實无虛妄世間貪著法而是法无法无非法世間貪著涅槃而是

BD15001 號 A1　思益梵天所問經卷一　（223–48）

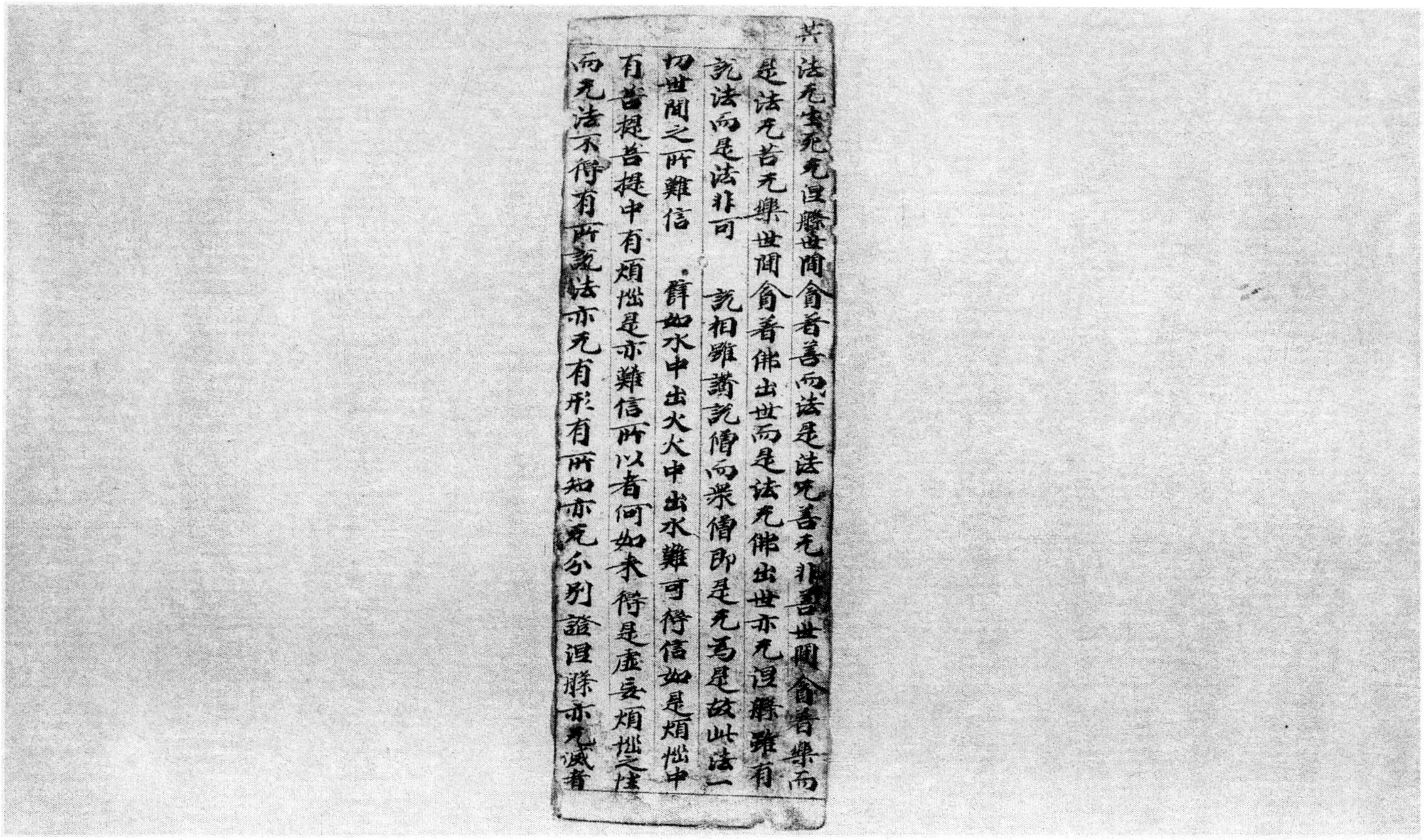

共

法无生无死无涅槃世間貪著善而法是法无善无非善世間貪著樂而
是法无苦无樂世間貪著佛出世而是法无佛出世亦无涅槃雖有
說法而是法非可說相雖讚說僧而衆僧即是无為是故此法一
切世間之所難信　譬如水中出火火中出水難可得信如是煩惱中
有菩提菩提中有煩惱是亦難信所以者何如來得是虛妄煩惱之性
而无法不得有所說法亦无有形有所知亦无分別證涅槃亦无滅者

BD15001 號 A1　思益梵天所問經卷一　（223–49）

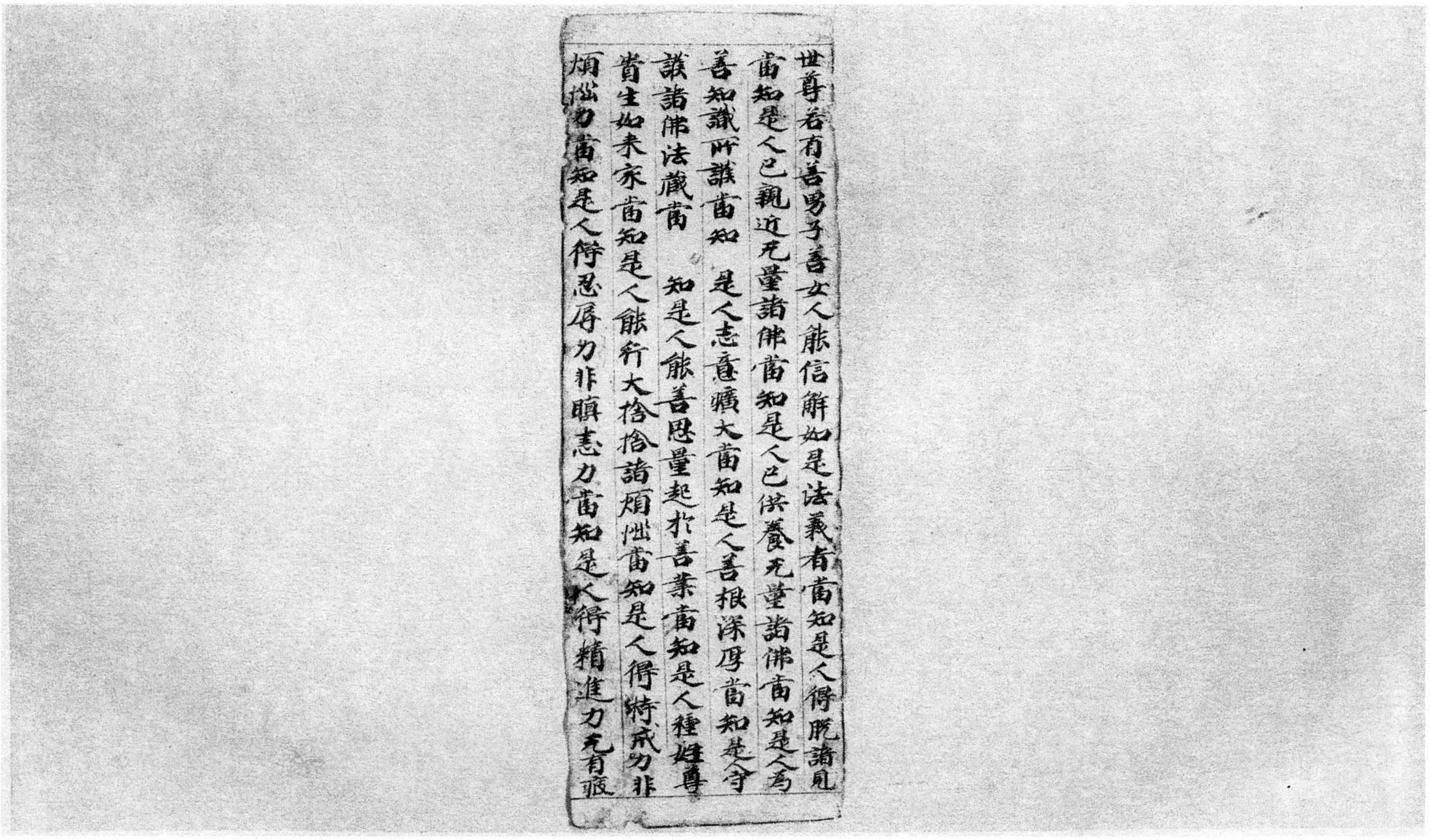

世尊若有善男子善女人能信解如是法義者當知是人得脫諸見
當知是人已親近无量諸佛當知是人已供養无量諸佛當知是人為
善知識所護當知　是人志意廣大當知是人善根深厚當知是人守
護諸佛法藏當　知是人能善思量起於善業當知是人種姓尊
貴生如來家當知是人能行大捨捨諸煩惱當知是人得持戒力非
煩惱力當知是人得忍辱力非瞋恚力當知是人得精進力无有疲

BD15001 號 A1　思益梵天所問經卷一　（223–50）

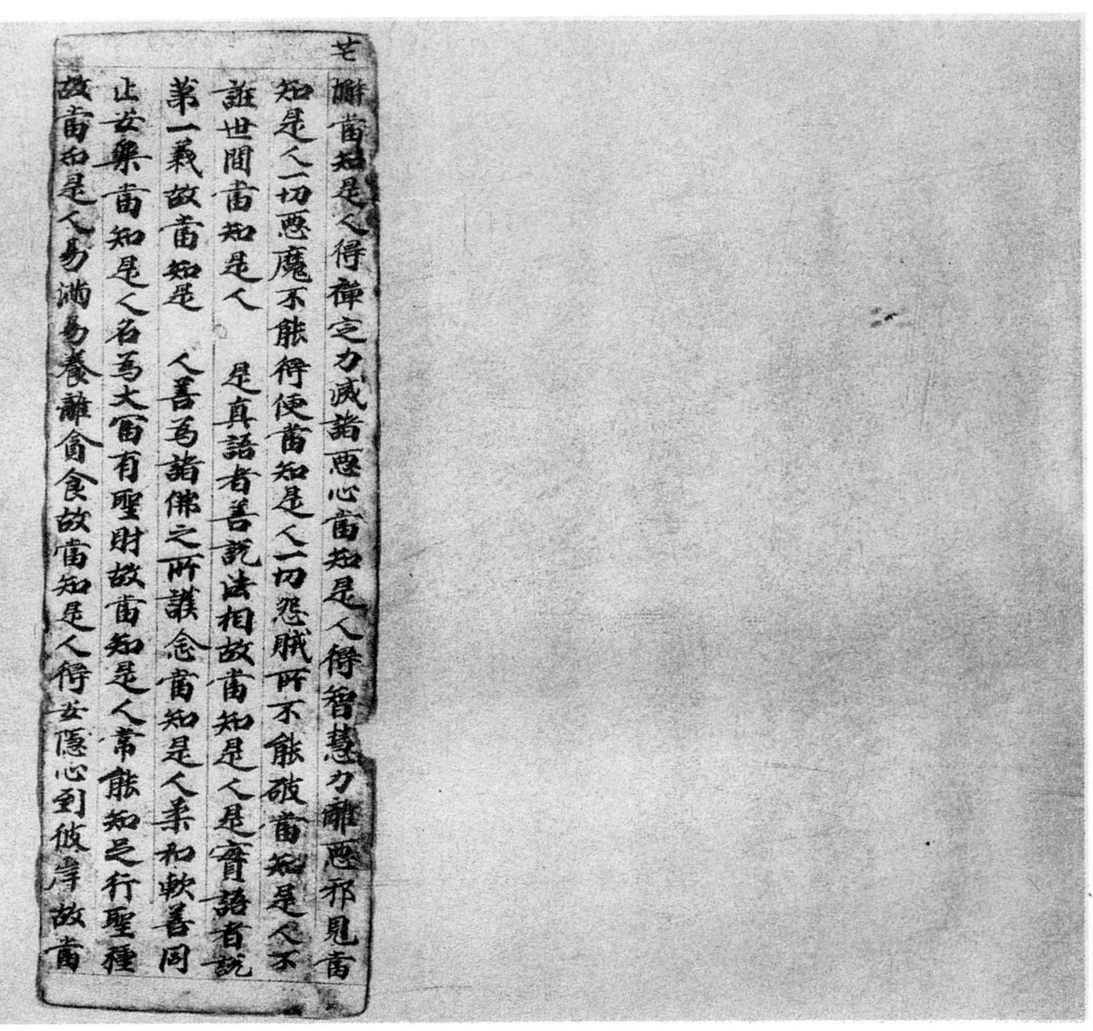
芒
斷當知是人得禪定力滅諸惡心當知是人得智慧力離惡邪見當
知是人一切惡魔不能得便當知是人一切怨賊所不能破當知是人不
誑世間當知是人 是真語者善說法相故當知是人是實語者說
第一義故當知是 人善為諸佛之所護念當知是人柔和軟善同
止安樂當知是人名為大富有聖財故當知是人常能知足行聖種
故當知是人易滿易養離貪食故當知是人得安隱心到彼岸故當

BD15001號A1　思益梵天所問經卷一　　（223-51）

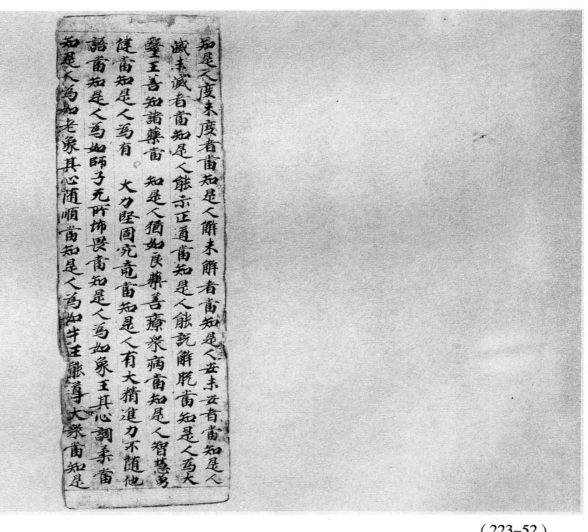

知是人度未度者當知是人解未解者當知是人安未安者當知是人
滅未滅者當知是人能示正道當知是人能說解脫當知是人為大
醫王善知諸藥當 知是人猶如良藥善療眾病當知是人智慧勇
健當知是人為有 大力堅固究竟當知是人有大精進力不隨他
語當知是人為如師子無所怖畏當知是人為如象王其心調柔當
知是人為如老象其心隨順當知是人為如牛王能導大眾當知是

BD15001號A1　思益梵天所問經卷一　　（223-52）

是人爲大勇健能破魔怨當知是人爲大丈夫象衆无畏當知是人无所畏難得无畏法故當知是人无所畏難説真諦法故當知是人具清白法如月盛滿當知是人智慧光照猶如日明當知是人除諸闇冥猶如執炬當知是人樂行捨心離諸憎愛當知是人載育衆生猶如地當知是人洗諸塵垢猶如水當知是人燒諸動念猶如火當知是人於法无障猶如風當知是人其心不動猶

BD15001號A1　思益梵天所問經卷一　（223–53）

如須彌當知是人其心堅固如金剛山當知是人一切外道競勝論者所不能動當知是人一切聲聞辟支佛所不能測當知是人多饒法寶猶如大海當知是人煩惱不亂如波陁羅當知是人求法无厭當知是人以智慧知是當知是人能轉法輪如轉輪王當知是人色身殊妙如天帝釋當知是人心得自在如梵天王當知是人説法音聲猶如雷震當知是人降法甘露猶如時雨當知是

BD15001號A1　思益梵天所問經卷一　（223–54）

是人能增長充滿根力覺分當知是人已度生死洪流當知是人入佛
智慧當知是人近佛菩提當知是人能多學問无與等者當知
是人无有量已過　量當知是人智慧辯才无有障㝵當知是人
憶念堅固得陀　羅尼當知是人知諸衆生深心所行當知是人
得智慧力正觀諸法故當知是人勤行精進去利世間當知是人
超出於世當知是人不可汙涤猶如蓮華當知是人不為世法所覆

BD15001 號 A1　思益梵天所問經卷一　（223–55）

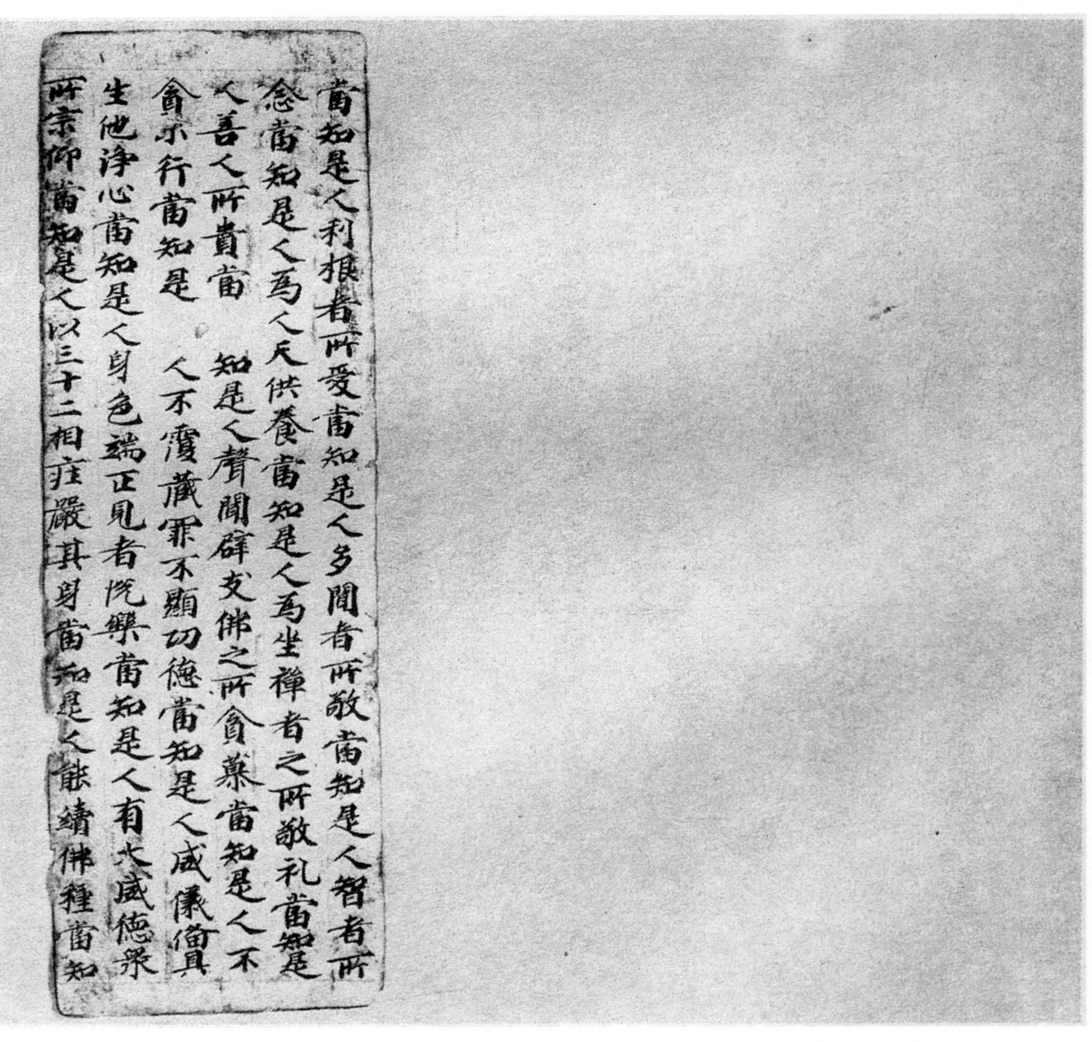
當知是人利根者所愛當知是人多聞者所敬當知是人智者所
念當知是人為人天供養當知是人為坐禪者之所敬礼當知是
人善人所貴當　知是人聲聞辟支佛之所貪慕當知是人不
貪不行當知是　人不覆藏罪不顯功德當知是人威儀備具
生他淨心當知是人身色端正見者悅樂當知是人有大威德衆
所宗仰當知是人以三十二相莊嚴其身當知是人能續佛種當知

BD15001 號 A1　思益梵天所問經卷一　（223–56）

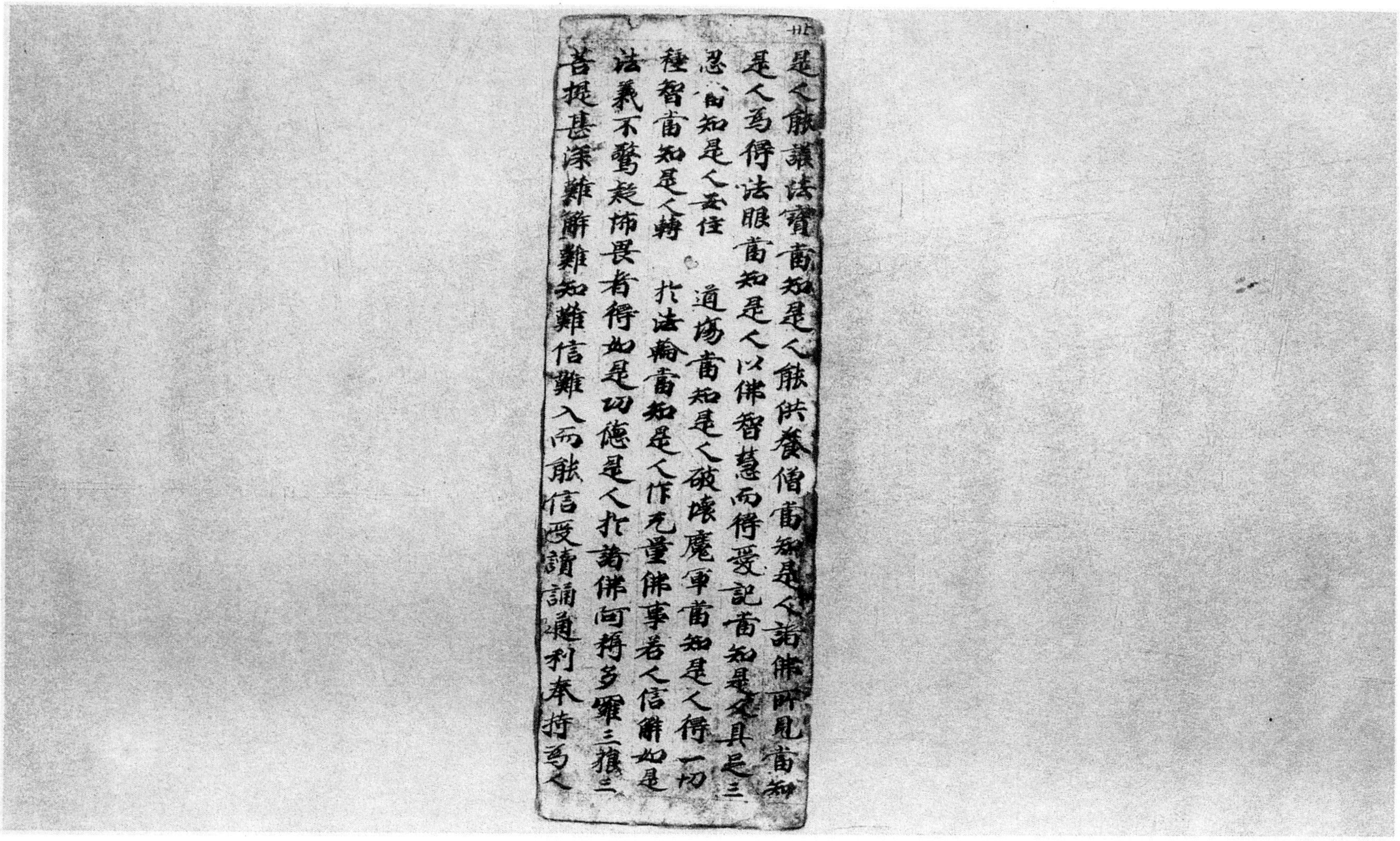

卅

是人能護法寶當知是人能供養僧當知是人諸佛所見當知
是人爲得法眼當知是人以佛智慧而得受記當知是人具足三
忍當知是人安住 道場當知是人破壞魔軍當知是人得一切
種智當知是人轉 於法輪當知是人作无量佛事若人信解如是
法義不驚怖畏者得如是功德是人於諸佛阿耨多羅三藐三
菩提甚深難解難知難信難入而能信受讀誦通利奉持爲人

BD15001 號 A1　思益梵天所問經卷一　（223–57）

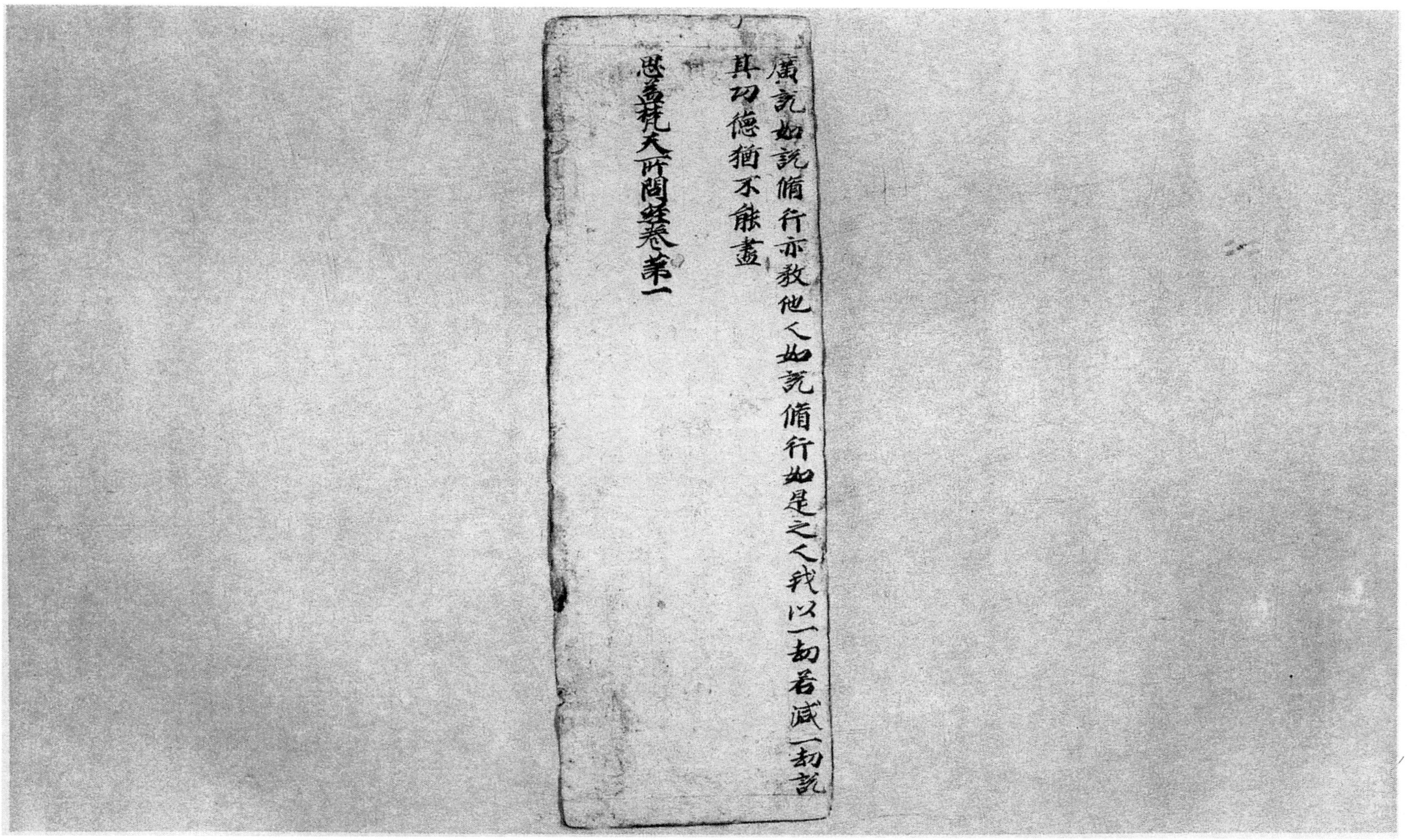

廣說如說脩行亦教他人如說脩行如是之人我以一劫若減一劫說
其功德猶不能盡

思益梵天所問經卷第一

BD15001 號 A1　思益梵天所問經卷一　（223–58）

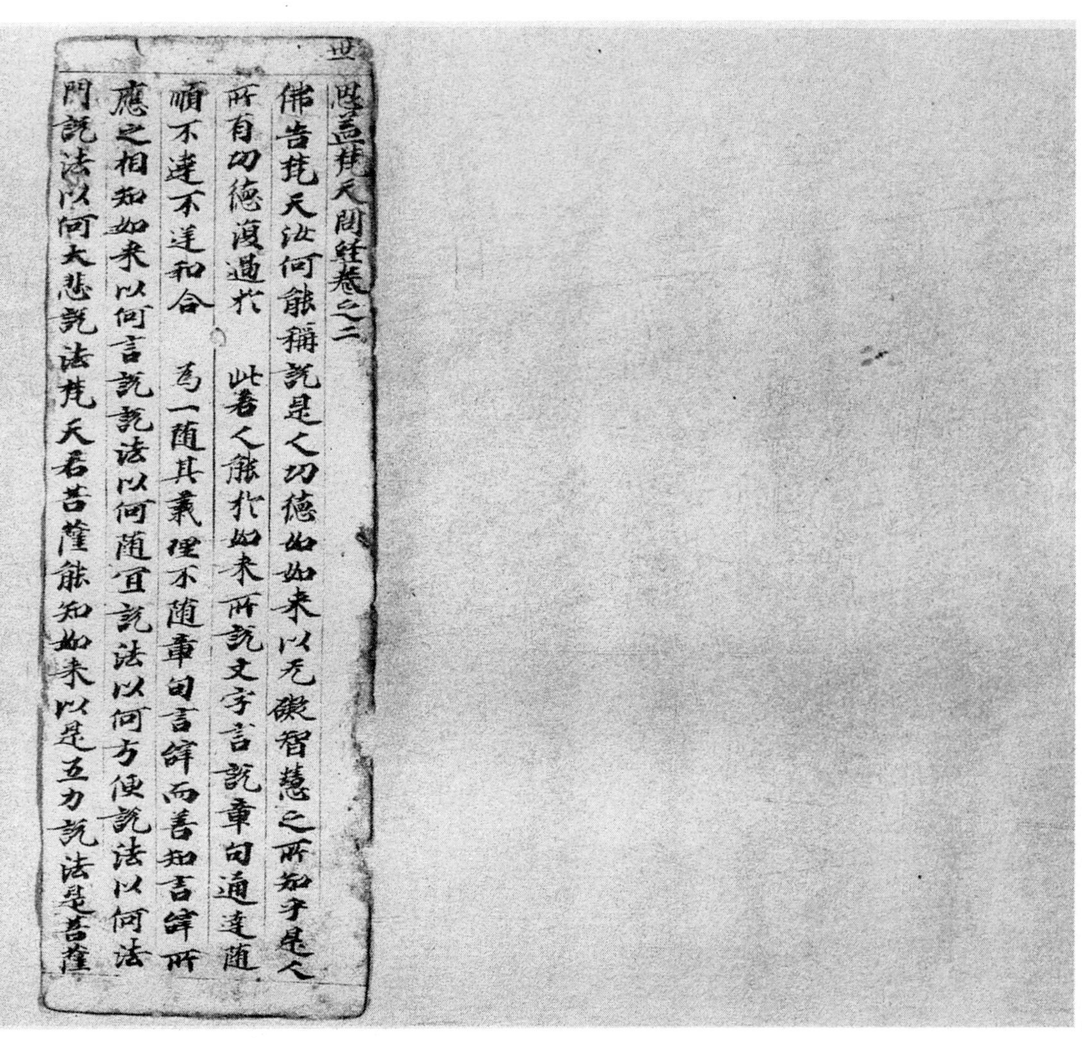

廿

思益梵天問經卷之二

佛告梵天汝何能稱說是人功德如如来以无礙智慧之所知矛是人所有功德復過於此善人能於如来所說文字言說章句通達隨順不違不逆和合為一隨其義理不隨章句言辭而善知言辭所應之相知如来以何言說說法以何隨宜說法以何方便說法以何法門說法以何大悲說法梵天若菩薩能知如来以是五力說法是菩薩

BD15001 號 A2　思益梵天所問經卷二　（223–59）

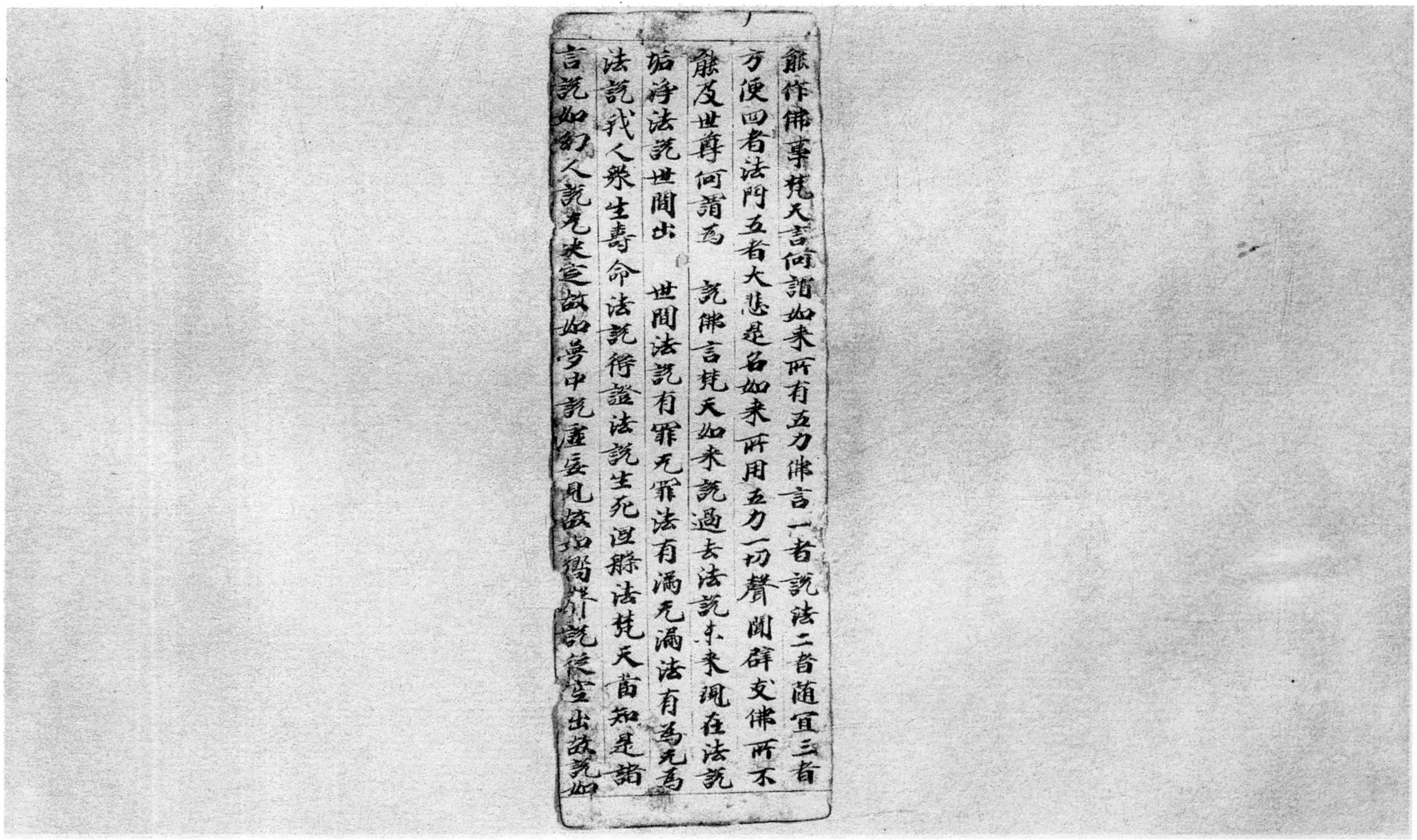

能作佛事梵天言何謂如来所有五力佛言一者說法二者隨宜三者方便四者法門五者大悲是名如来所用五力一切聲聞辟支佛所不能及世尊何謂為說佛言梵天如来說過去法說未来現在法說垢淨法說世間出世間法說有罪无罪法有漏无漏法有為无為法說我人衆生壽命法說得證法說生死涅槃法梵天當知是諸言說如幻人說无決定故如夢中說虛妄見故如響聲說從空出故說如

BD15001 號 A2　思益梵天所問經卷二　（223–60）

世
歎衆緣和合故說如鏡中像回不入鏡故說如野馬顛倒見故說如虛
空无生滅故當知是說為无所說諸法相不可說故梵天若菩薩能知此
諸說者雖有一切　言說而於諸法无所貪著以不貪著故得无礙辯
才以是辯才若恒　河沙劫說法无盡无礙諸有言說不壞法性亦復
不著不壞法性梵天是名如來說也梵天言世尊何謂隨宜佛言如來
或垢法說淨淨法說垢菩薩於此應知如來隨宜所說梵天何謂垢法

BD15001 號 A2　思益梵天所問經卷二　（223–61）

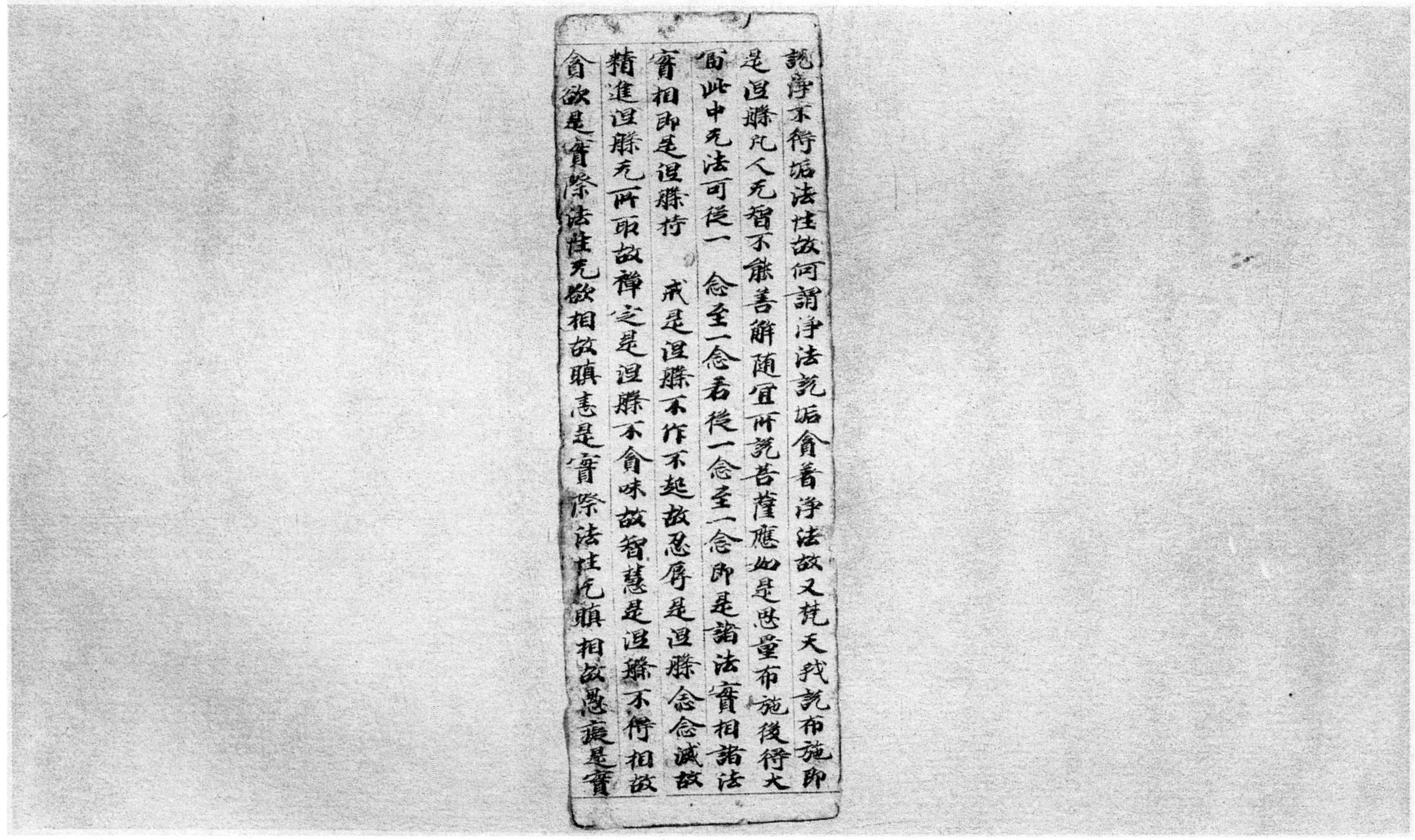

說淨不得垢法性故何謂淨法說垢貪著淨法故又梵天我說布施即
是涅槃凡人无智不能善解隨宜所說菩薩應如是思量布施後得大
富此中无法可從一　念至一念若從一念至一念即是諸法實相諸法
實相即是涅槃持　戒是涅槃不作不起故忍辱是涅槃念念滅故
精進涅槃无所取故禪定是涅槃不貪味故智慧是涅槃不得相故
貪欲是實際法性无欲相故瞋恚是實際法性无瞋相故愚癡是實

BD15001 號 A2　思益梵天所問經卷二　（223–62）

世
際法性无癡相故生死是涅槃无退无生故涅槃是生死以會者實
語是虛妄生語見故虛妄是實語為增上慢人故又梵天如來以隨
宜故或自說我是　說常邊者或自說我是說斷邊者或自說我
是說无作者或自　說我是耶見者或自說我是不信者或自說我
是不知報恩者或自說我是貪吐者或自說我是不受者如來无有如
此諸事而有此說當知是為隨宜所說欲令衆生捨增上慢故若菩薩

BD15001 號 A2　思益梵天所問經卷二　（223–63）

善通達如來隨宜說者若聞佛出時便信受亦衆生善業色身果報
故若聞佛不出亦信受諸佛法性身故若聞佛說法亦信受為喜
樂文字衆生故若　聞佛不說法亦信受諸法位性以不可說故若聞
有涅槃亦信受滅　顛倒所起煩惱故若聞无涅槃亦信受諸法无生
滅相故若聞有衆生亦信受入世諦門故若聞无衆生亦信受入第
一義故梵天菩薩如是善知如來隨宜所說於諸音聲无礙无畏亦能

BD15001 號 A2　思益梵天所問經卷二　（223–64）

益利益无量衆生　世尊何謂方便佛言如来爲衆生説布施得
富持戒得生天忍辱得端政精進得具諸功德禪定得法喜智慧
得捨諸煩惱多　聞得智慧故行十善道得人天福樂故慈悲
喜捨得生梵世故　禪定得如實智慧故如實智慧得道果故學
地得无學地故辟支佛地得消諸供養故佛地得无量智慧故涅
槃得滅一切苦惱故梵天我如是方便爲衆生説是法如来實不得

BD15001 號 A2　思益梵天所問經卷二　（223–65）

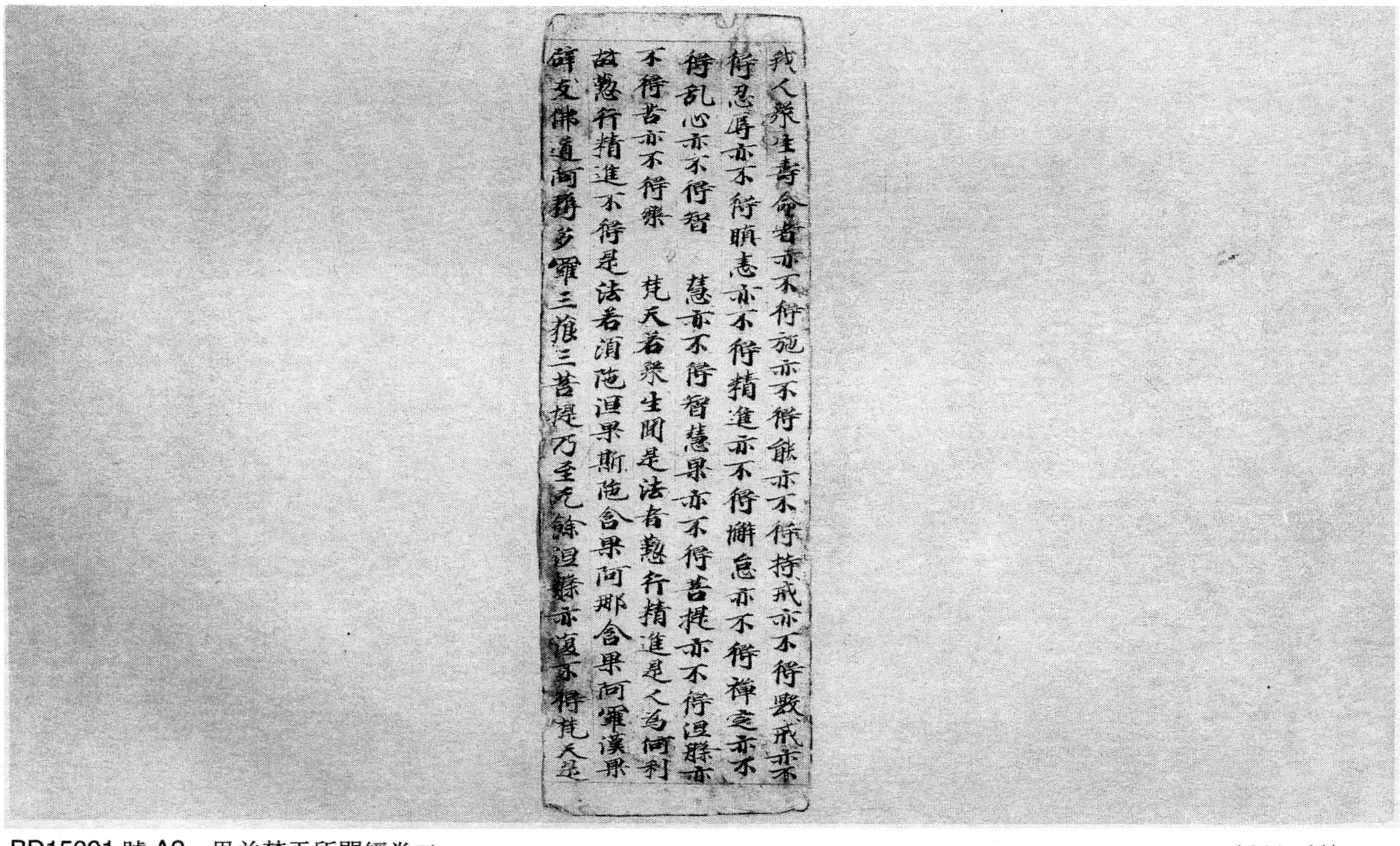

我人衆生壽命者亦不得施亦不得慳亦不得持戒亦不得毀戒亦不
得忍辱亦不得瞋恚亦不得精進亦不得懈怠亦不得禪定亦不
得亂心亦不得智　慧亦不得智慧果亦不得菩提亦不得涅槃亦
不得苦亦不得樂　梵天若衆生聞是法者懃行精進是人爲何利
故懃行精進不得是法者須陀洹果斯陀含果阿那含果阿羅漢果
辟支佛道阿耨多羅三藐三菩提乃至无餘涅槃亦復不得梵天是

BD15001 號 A2　思益梵天所問經卷二　（223–66）

世

普華言信佛說一切法是滅盡相不舍利弗言然一切法皆滅盡相我
信是說普華言若然者舍利弗常不能聽法所以者何一切法常滅
盡相舍利弗言汝　能不起于定而說法耶普華言頗有一法非是
定耶舍利弗言无也普華言是故當知一切凡夫常在於定舍利弗言
以何定故一切凡夫常在定耶普華言以不壞法性三昧故舍利弗言
若然者凡夫聖人无有差別普華言如是如是我不欲令凡夫聖人有

BD15001號 A2　思益梵天所問經卷二　（223–67）

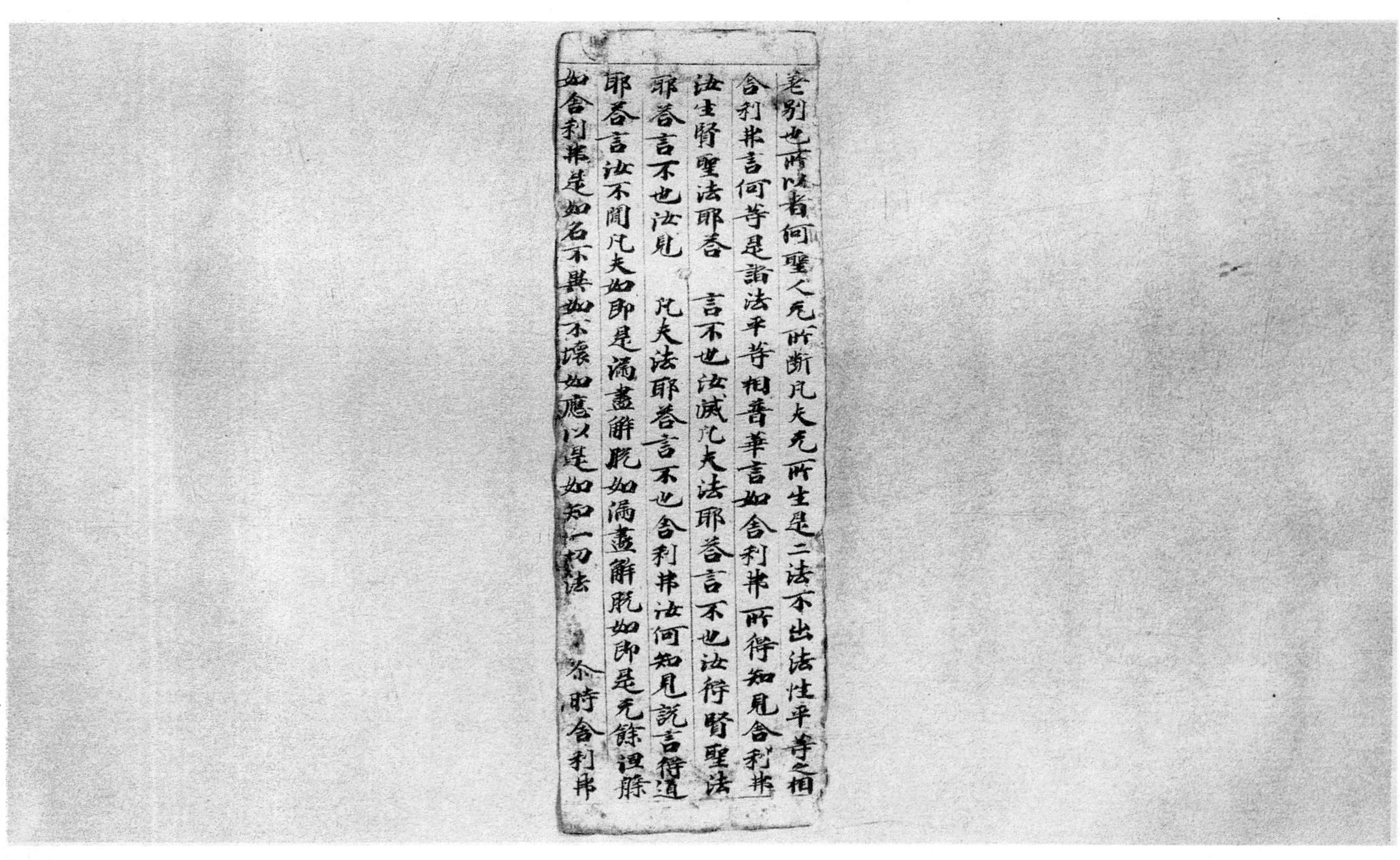
差別也所以者何聖人无所斷凡夫无所生是二法不出法性平等之相
舍利弗言何等是諸法平等相普華言如舍利弗所得知見舍利弗
汝生賢聖法耶荅言不也汝滅凡夫法耶荅言不也汝得賢聖法
耶荅言不也汝見凡夫法耶荅言不也舍利弗汝何知見說言得道
耶荅言汝不聞凡夫如即是漏盡解脫如漏盡解脫如即是无餘涅槃
如舍利弗是如名不異如不壞如應以是如知一切法　尒時舍利弗

BD15001號 A2　思益梵天所問經卷二　（223–68）

白佛言世尊譬如大火一切諸天皆是燒相如是諸善男子所說法皆入法
性佛告舍利弗如汝所言是諸善男子所說法皆入法性尒時網明菩
薩謂舍利弗佛說　仁者於智慧人中為最第一以何智慧得第一
耶舍利弗言所謂聲聞因緣得解以是智慧說我於中為第一耳非
謂菩薩網明言智慧是戲論相耶答言不也網明言智慧非平等相
耶答言是也網明言今仁者得平等智慧云何說智慧有量答言善

BD15001 號 A2　思益梵天所問經卷二　（223–69）

男子以法性相故智慧无量隨人法性多少故智慧有量網明言无量
法終不作有量仁者何故說智慧有量即時舍利弗嘿然不答
尒時長老大迦葉　承佛聖旨白佛言世尊是網明菩薩以何因緣
號網明乎佛告網　明善男子觀汝福報光明令諸天人一切世間皆
得歡喜其有福德因緣者當發菩提心於是網明即受佛教偏袒右
肩從右手赤白莊嚴抓指間放大光明普照十方无量无邊阿僧祇佛

BD15001 號 A2　思益梵天所問經卷二　（223–70）

世國皆悉通達其中地獄畜生餓鬼盲聾瘖瘂手足拘躄老病苦痛貪欲
瞋恚愚癡裸形醜陋貧窮飢渴囹圄繫閉田宅垂死慳貪破戒瞋恚
懈怠亂念无慧　少於聞見无慚无愧墮邪見網如是等衆生遇
斯光者皆得快樂　无有衆生爲貪欲瞋恚愚癡憍慢憂愁懷恨
等之所惱也其在佛前大會之衆菩薩摩訶薩天龍夜叉乾闥婆等
及比丘比丘尼優婆塞優婆夷衆是諸衆生同一金色與佛无異有卌

BD15001號 A2　思益梵天所問經卷二　（223–71）

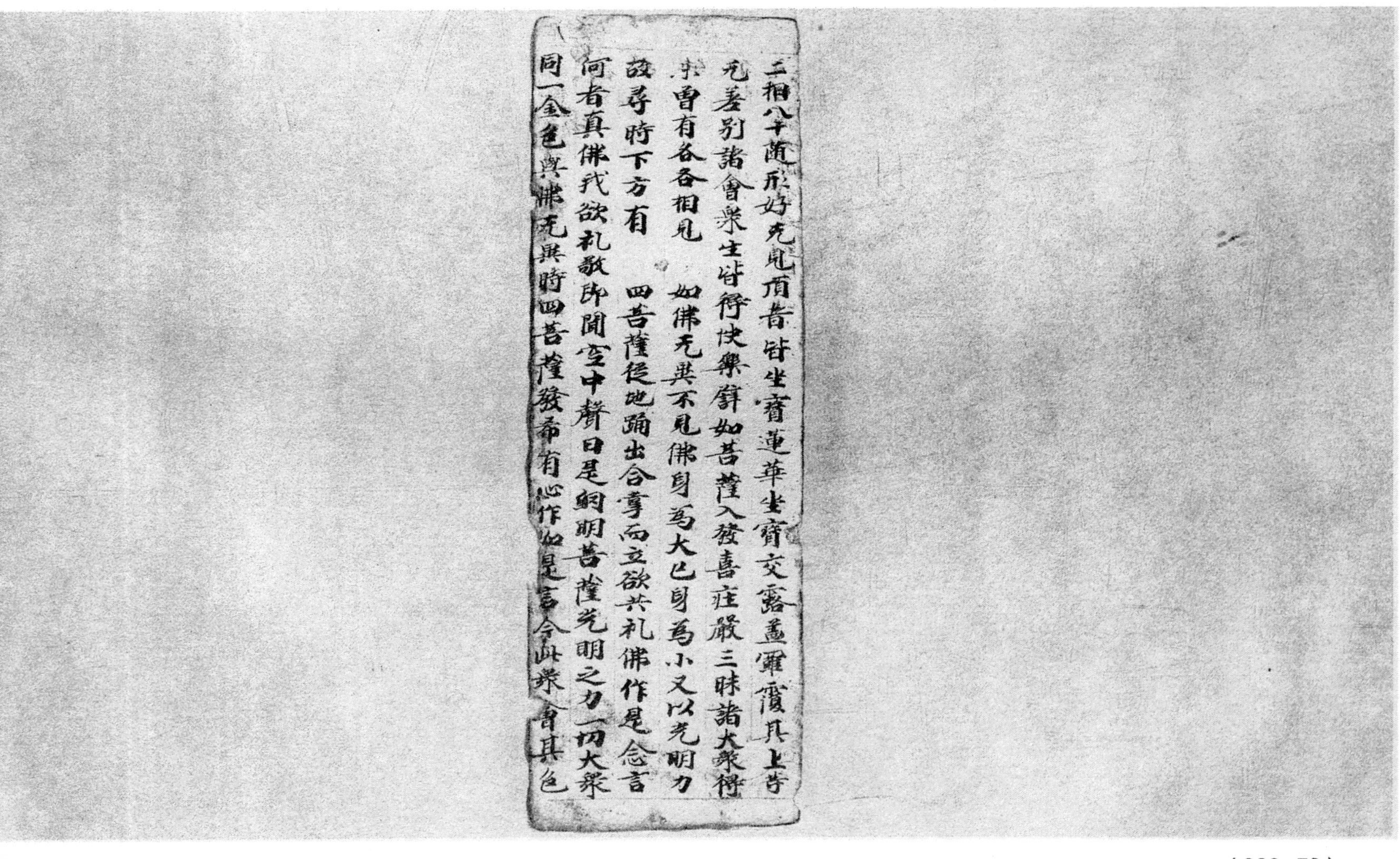
二相八十隨形好光見面普皆坐寶蓮華坐寶交露蓋羅覆其上皆
无差別諸會衆生皆得快樂譬如菩薩入發喜莊嚴三昧諸大衆得
未曾有各各相見　如佛无異不見佛身爲大已身爲小又以光明力
故尋時下方有　四菩薩從地踊出合掌而立欲共禮佛作是念言
何者真佛我欲禮敬即聞空中聲曰是網明菩薩光明之力一切大衆
同一金色與佛无異時四菩薩發希有心作如是言今此衆會其色

BD15001號 A2　思益梵天所問經卷二　（223–72）

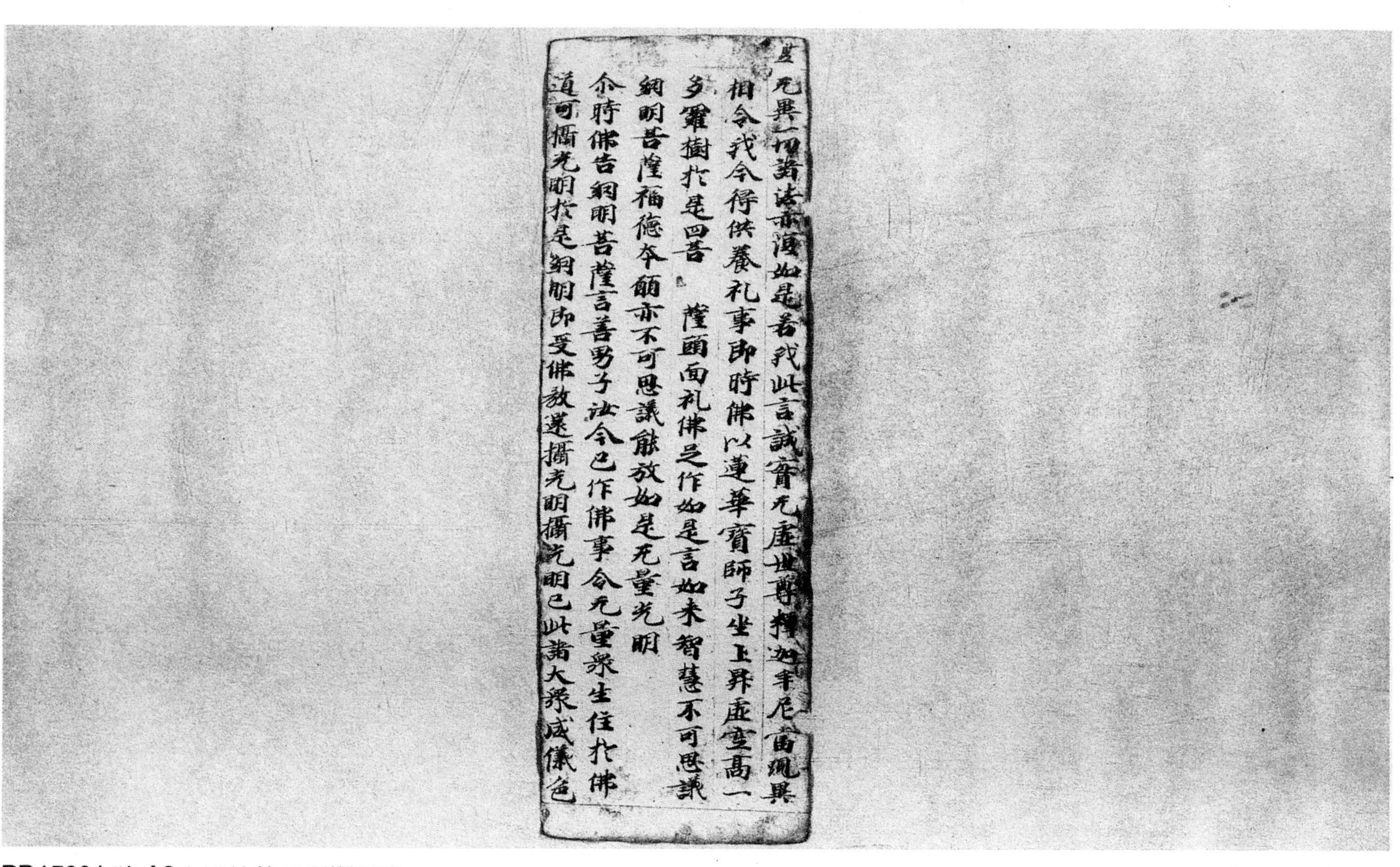
是无異一切諸法亦復如是者我此言誠實无虛世尊釋迦牟尼當現異
相令我今得供養礼事即時佛以蓮華寶師子坐上昇虛空高一
多羅樹於是四菩　薩頭面礼佛足作如是言如來智慧不可思議
網明菩薩福德本願亦不可思議能放如是无量光明
尒時佛告網明菩薩言善男子汝今已作佛事令无量衆生住於佛
道可攝光明於是網明即受佛教還攝光明攝光明已此諸大衆咸儀色

BD15001 號 A2　思益梵天所問經卷二　（223–73）

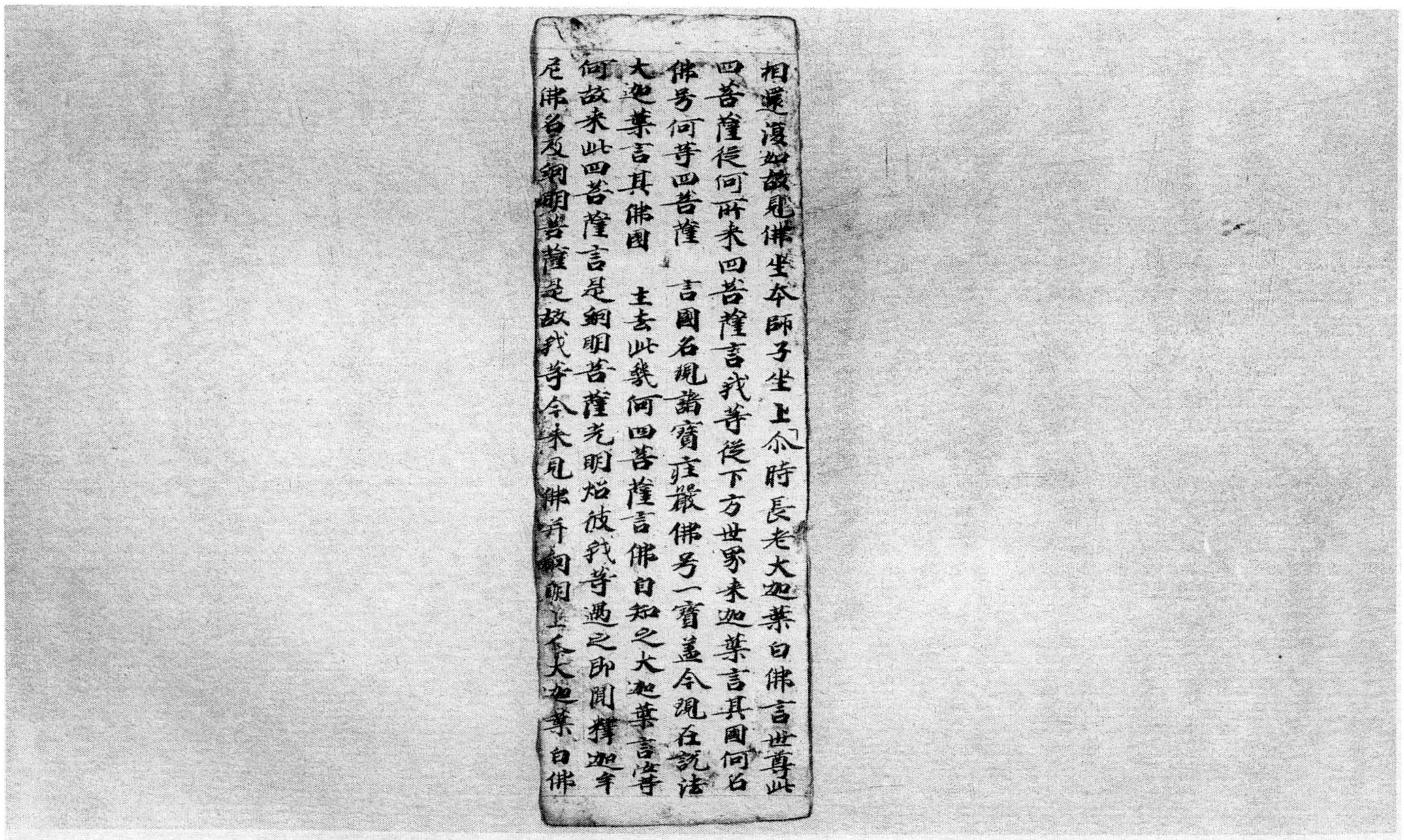

相還復如故見佛坐本師子坐上尒時長老大迦葉白佛言世尊此
四菩薩從何所來四菩薩言我等從下方世界來迦葉言其國何名
佛号何等四菩薩　言國名現諸寶莊嚴佛号一寶蓋今現在說法
大迦葉言其佛國　土去此幾何四菩薩言佛自知之大迦葉言汝等
何故來此四菩薩言是網明菩薩光明照彼我等遇之即聞釋迦牟
尼佛名及網明菩薩是故我等今來見佛并網明士大迦葉白佛

BD15001 號 A2　思益梵天所問經卷二　（223–74）

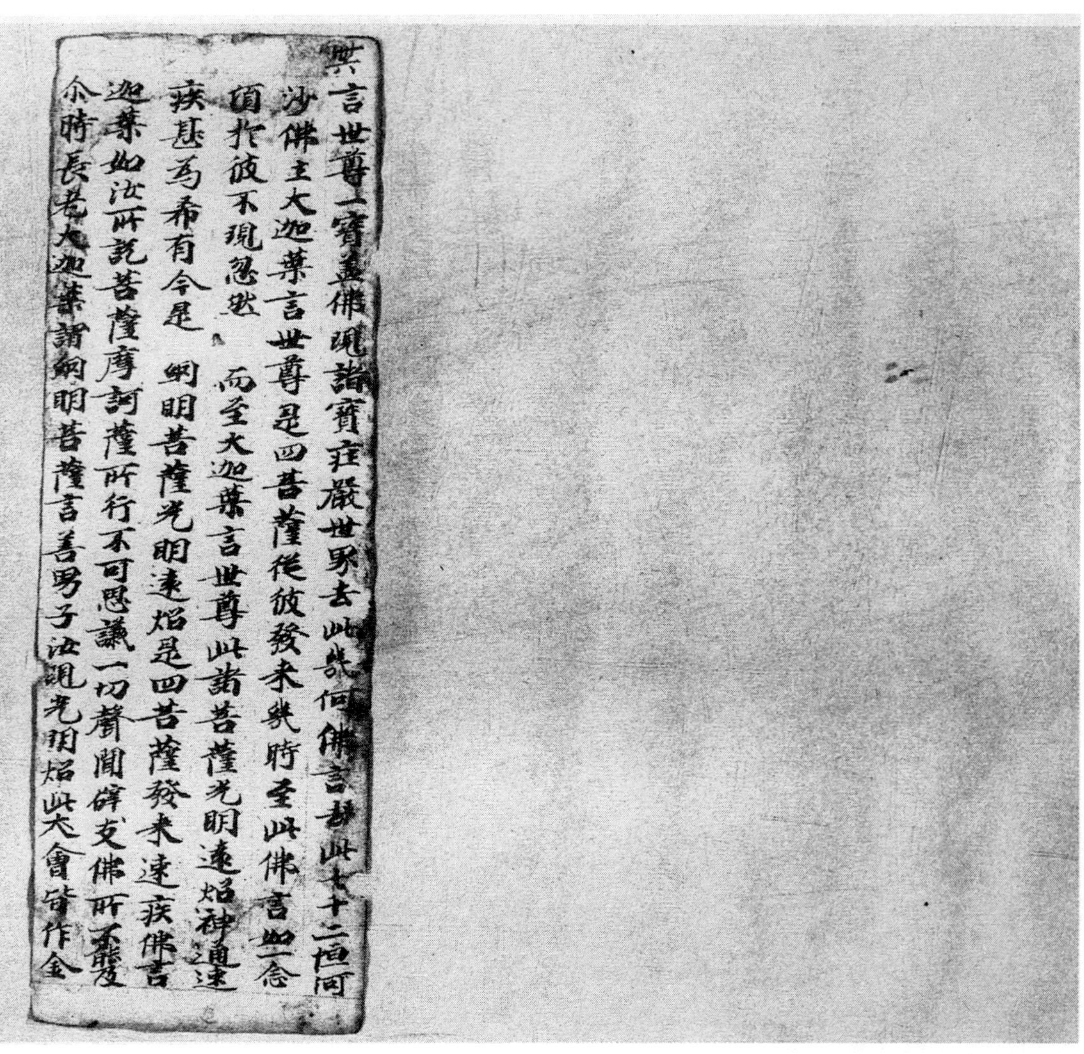

其言世尊一寶盖佛現諸寶莊嚴世界去此幾何佛言去此七十二恒河
沙佛土大迦葉言世尊是四菩薩從彼發來幾時至此佛言如一念
頃於彼不現忽然　而至大迦葉言世尊此諸菩薩光明遠焰神通速
疾甚為希有今是　網明菩薩光明遠焰是四菩薩發來速疾佛言
迦葉如汝所說菩薩摩訶薩所行不可思議一切聲聞辟支佛所不能及
爾時長老大迦葉謂網明菩薩言善男子汝現光明焰此大會皆作金

BD15001 號 A2　思益梵天所問經卷二　（223–75）

色以何因緣網明言長老大迦葉可問世尊當為汝說即時大迦葉從
白佛佛言迦葉是網明菩薩成佛時其會大衆同一金色咸共信樂一
切智慧其佛國土　乃至无聲聞辟支佛名唯有清淨諸菩薩摩訶
薩會大迦葉白佛　言世尊生彼菩薩當知如佛佛言如汝所說生彼
菩薩當知如佛於是會中四万四千人皆發阿耨多羅三藐三菩提心
已願生彼國白佛言世尊若網明菩薩得成佛時我等當生其國

BD15001 號 A2　思益梵天所問經卷二　（223–76）

世尒時長老大迦葉白佛言世尊網明菩薩幾時當得阿耨多羅三藐三
菩提佛言迦葉汝自問網明幾時當得阿耨多羅三藐三菩提於是
大迦葉問網明菩　薩言善男子仁者幾時當得阿耨多羅三藐
三菩提網明言大迦　葉若有問幻所化人汝幾時當得阿耨多羅三藐
三菩提是幻人當云何荅大迦葉言善男子幻所化人无決定相當何所
荅網明言大迦葉一切諸法亦如幻所化人決定相誰可問言汝幾時當成

BD15001 號 A2　思益梵天所問經卷二　（223–77）

阿耨多羅三藐三菩提大迦葉言善男子幻所化人離於自相无異无
別无所志願汝亦如是耶若如是者汝云何能利益无量衆生網明言
阿耨多羅三藐三　菩提即是一切衆生性即是幻性幻性即是一切
法性於是法中我　不見有利不見无利大迦葉言善男子汝令不令
衆生信菩提耶網明言諸佛菩提有住相耶大迦葉言无也網明言
故我不令衆生住菩提亦不令住聲聞辟支佛道大迦葉言善男子汝

BD15001 號 A2　思益梵天所問經卷二　（223–78）

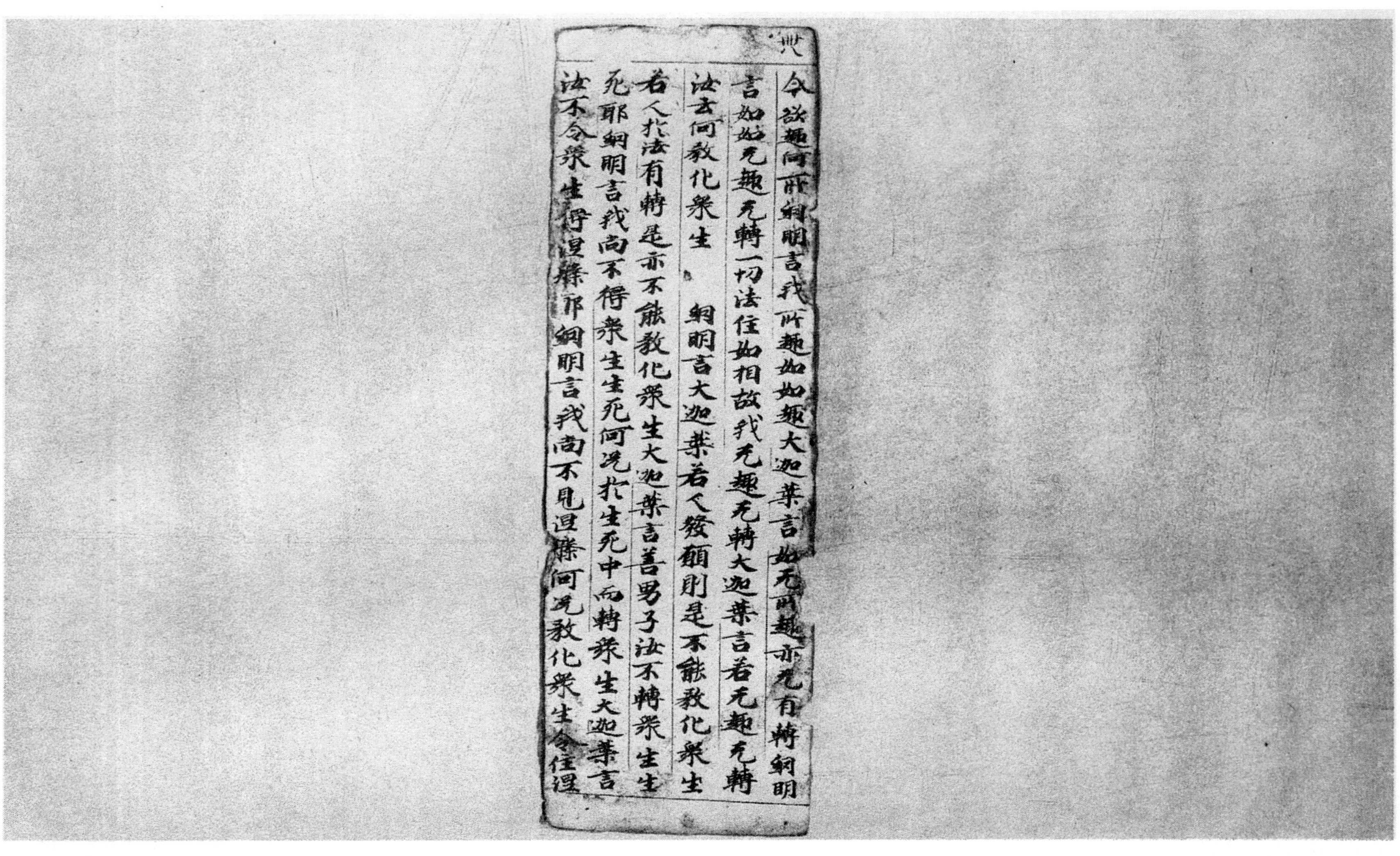

卌

令欲趣何所網明言我所趣如如趣大迦葉言如无所趣亦无有轉網明
言如如无趣无轉一切法住如相故我无趣无轉大迦葉言若无趣无轉
汝云何教化衆生　網明言大迦葉若人發願則是不能教化衆生
若人於法有轉是亦不能教化衆生大迦葉言善男子汝不轉衆生生
死耶網明言我尚不得衆生生死何況於生死中而轉衆生大迦葉言
汝不令衆生得涅槃耶網明言我尚不見涅槃何況教化衆生令住涅

BD15001 號 A2　思益梵天所問經卷二　　(223–79)

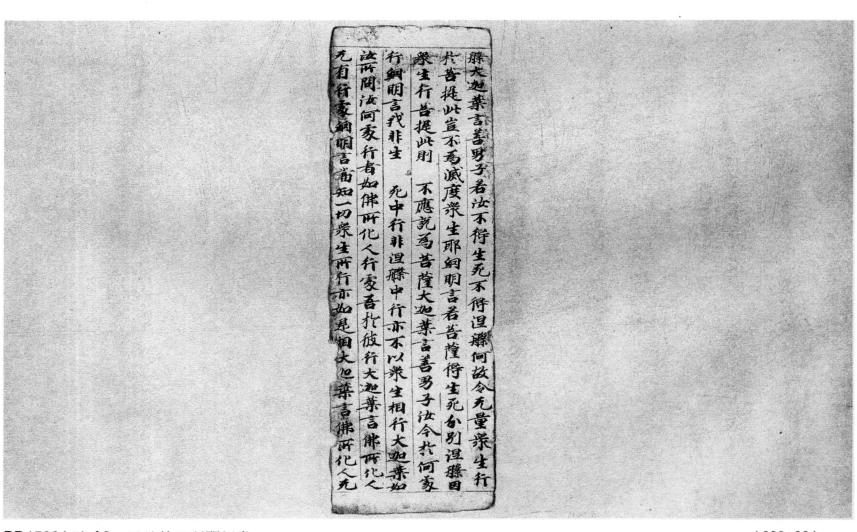

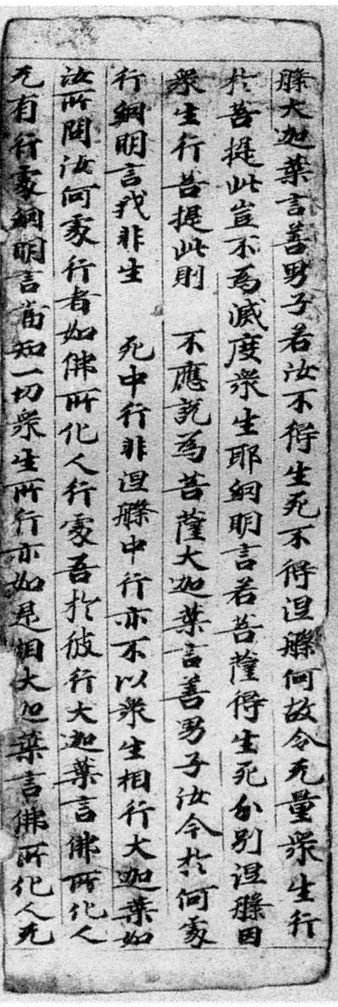

槃大迦葉言善男子若汝不得生死不得涅槃何故令无量衆生行
於菩提此豈不爲滅度衆生耶網明言若菩薩得生死分別涅槃田
衆生行菩提此則　不應說爲菩薩大迦葉言善男子汝今於何處
行網明言我非生　死中行非涅槃中行亦不以衆生相行大迦葉如
汝所問汝何處行者如佛所化人行處吾於彼行大迦葉言佛所化人
无有行處網明言當知一切衆生所行亦如是相大迦葉言佛所化人无

BD15001 號 A2　思益梵天所問經卷二　　(223–80)

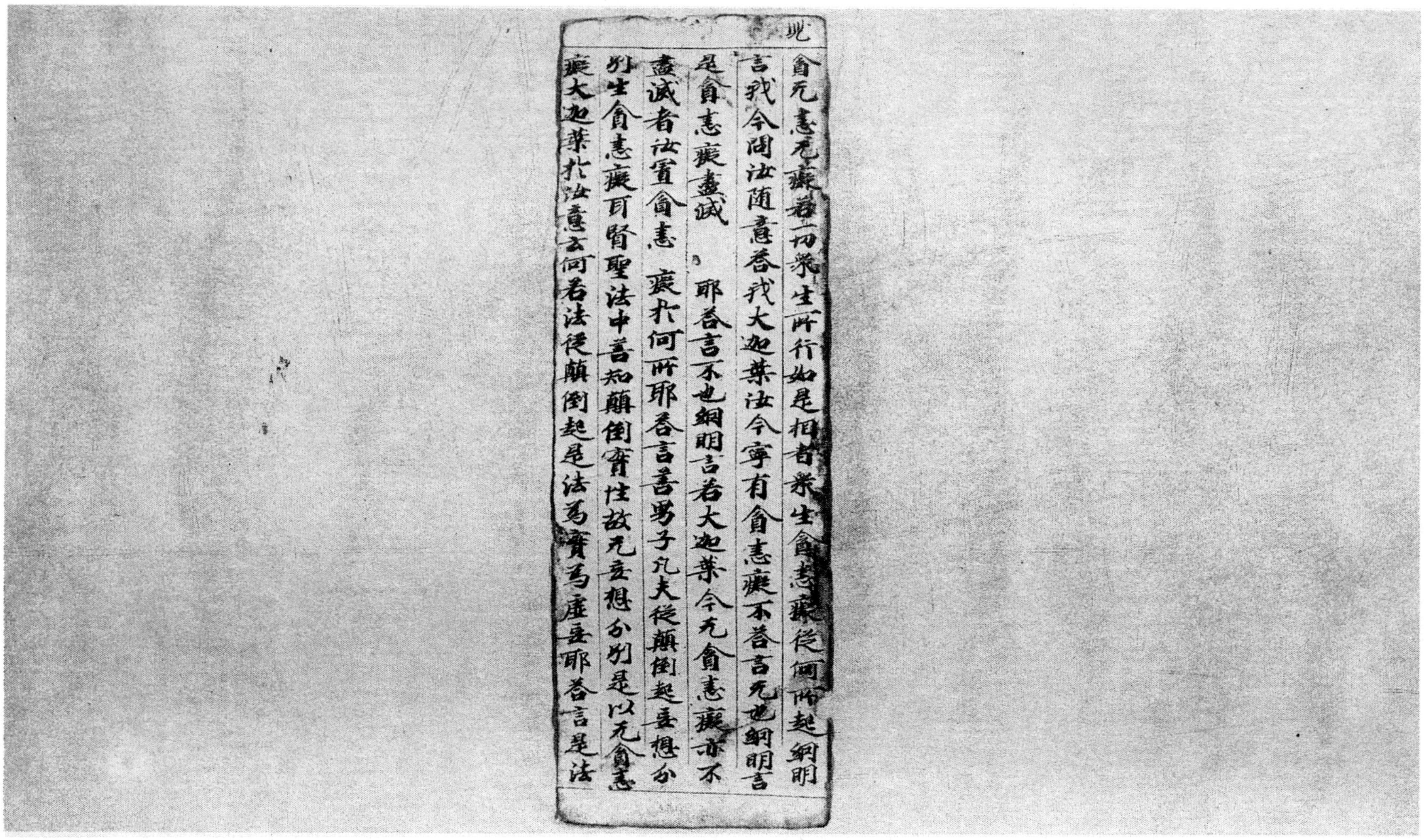

晛

貪无恚无癡若一切衆生所行如是相者衆生貪恚癡從何所起網明
言我今問汝隨意荅我大迦葉汝今寧有貪恚癡不荅言无也網明言
是貪恚癡盡滅 耶荅言不也網明言若大迦葉今无貪恚癡亦不
盡滅者汝寧貪恚 癡於何所耶荅言善男子凡夫從顛倒起妄想分
别生貪恚癡而賢聖法中善知顛倒實性故无妄想分别是以无貪恚
癡大迦葉於汝意云何若法從顛倒起是法為實為虛妄耶荅言是法

BD15001號A2　思益梵天所問經卷二　（223–81）

虛妄非是實耶網明言若法非實可令實耶荅言不耶網明言若法
非實仁者欲於是中得貪恚癡耶荅言不也網明言若然者何所是貪
恚癡能惱衆生者 荅言善男子若尒者一切法從本已來離貪恚癡
相網明言以是故 我說一切法相如佛所化說是法時四万四千菩薩得
柔順法忍 尒時長老大迦葉白佛言世尊若網明菩薩所見衆生
不應復畏墮三惡道若聞網明所說法者魔不得便若為網明所教化

BD15001號A2　思益梵天所問經卷二　（223–82）

辛
者不畏墮聲聞辟支佛道世尊爾說網明功德莊嚴國土佛言迦葉是
網明菩薩在在國土遊行之處利益无量衆生迦葉汝見網明所放光明
不答言已見佛言　若三千大千世界滿中芥子尚可筭數令網明光
明令諸衆生住菩　提者不可數也迦葉是網明菩薩所放光明饒益
尚尒何況說法汝今諦聽我當粗略說其功德迦葉是網明菩薩過七百
六十万阿僧祇劫當得作佛号普光自在王如來應正遍知世界名曰集

BD15001號A2　思益梵天所問經卷二　（223–83）

妙功德佛趣菩提樹時國中諸魔魔民悉皆正定於阿耨多羅三藐
三菩提其佛國土以真琉璃寶為地地平如掌柔濡細滑如迦陵伽衣
處處皆以衆寶莊　嚴无三惡道亦无八難其國廣長皆以妙寶蓮華
色香具好以為校　飾普光自在王如來有无量菩薩僧善修无量
法門得无量自在神通皆以光明莊嚴其身得諸陀羅尼藏无礙辯
才善能說法光明神力皆悉通達能破魔怨斷惱念慧諸妙功德以修

BD15001號A2　思益梵天所問經卷二　（223–84）

至其心彼佛國土无有女人其諸菩薩皆於寶蓮華中結跏趺坐自然化生
以禪樂爲食諸所須物經行之處房舍牀蹹園林浴池應念即至迦葉
是普光自在王如來不以文字說法但放光明照諸菩薩光觸其身
即得无生法忍復 照十方通達无礙令諸衆生得離煩惱又其光明
常出世二種清淨法音何等世二謂諸法空无衆見故諸法无相離分別
故諸法无作出三界故諸法離欲性寂滅故諸法離瞋无有礙故諸法

BD15001號A2　思益梵天所問經卷二　（223–85）

離癡无闇冥故諸法无所從來本无性故諸法无所去无所至故諸法
不住无所依故諸法過三世去來現在无所有故諸法无異其性一故諸
法不生離於報故 諸法无業業報作者不可得故諸法不作无所
起故諸法无起爲 性故諸法无爲離生滅故諸法真不從和合生故
諸法實一道門故諸法无衆生衆生不可得故諸法无我第一義故諸
法鈍无所知故諸法捨離憎愛故諸法離煩惱无有熱故諸法无垢性

BD15001號A2　思益梵天所問經卷二　（223–86）

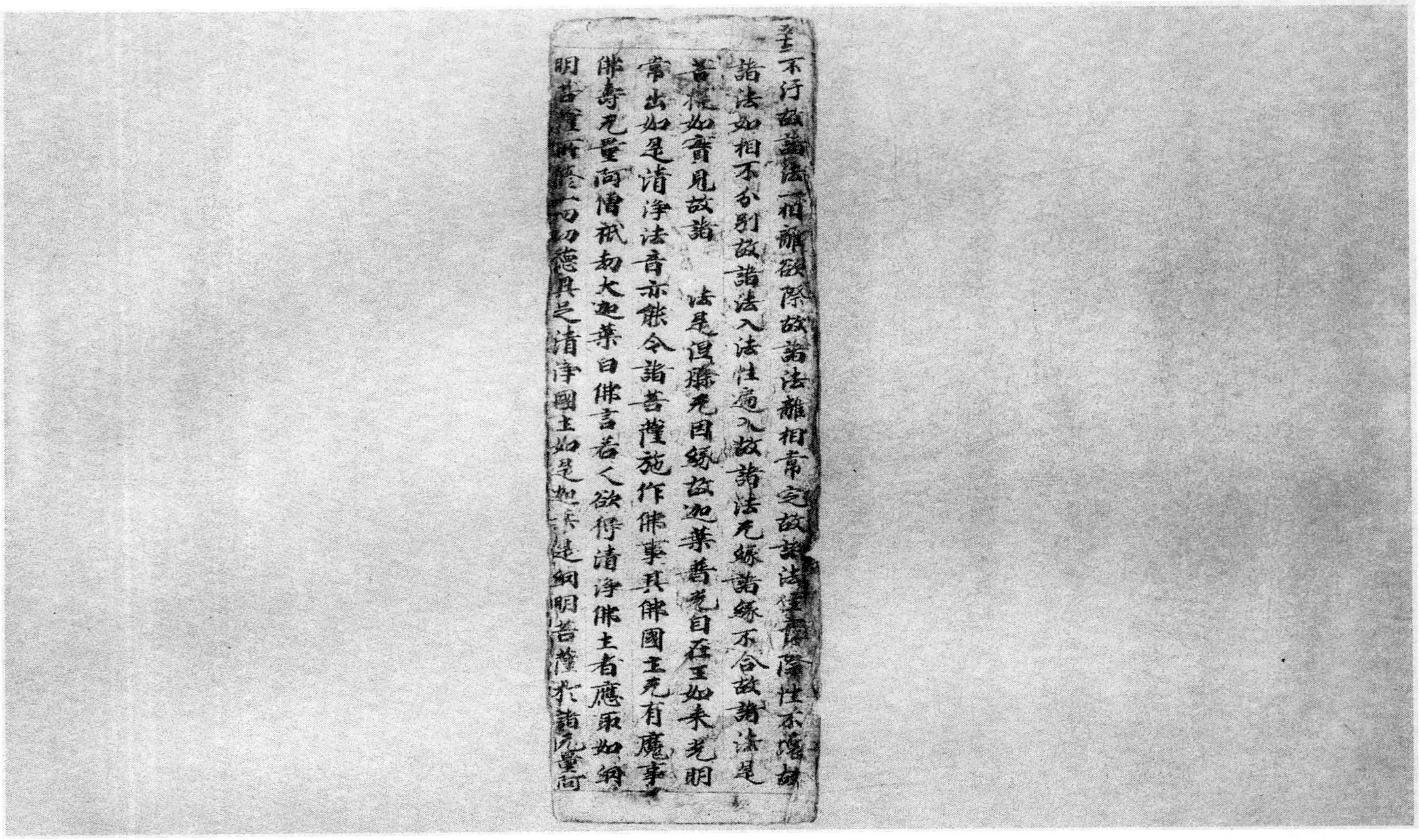

不行故諸法一相離欲際故諸法離相常定故諸法住實際性不壞故
諸法如相不分別故諸法入法性遍入故諸法无緣諸緣不合故諸法是
菩提如實見故諸　法是但緣无因緣故迦葉譬如自在王如來光明
常出如是清淨法音亦能令諸菩薩施作佛事其佛國土无有魔事
佛壽无量阿僧祇劫大迦葉白佛言若人欲得清淨佛土者應取如網
明菩薩所修一切德具足清淨國土如是如來是網明菩薩於諸无量阿

BD15001 號 A2　思益梵天所問經卷二　（223–87）

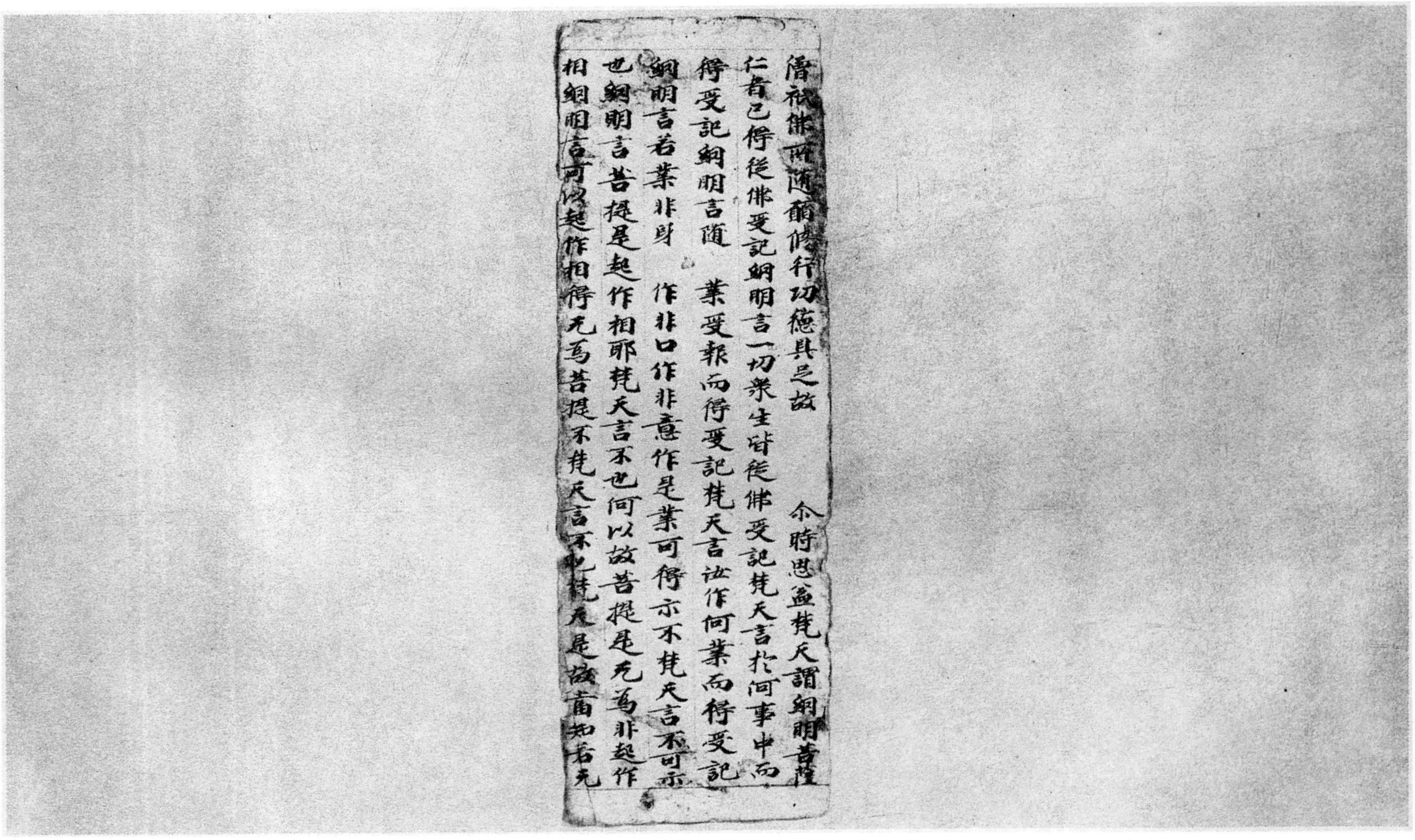

僧祇佛所隨願修行功德具足故　　尒時思益梵天謂網明菩薩
仁者已得從佛受記網明言一切衆生皆從佛受記梵天言於何事中而
得受記網明言隨　業受報而得受記梵天言汝作何業而得受記
網明言若業非身　作非口作非意作是業可得亦不梵天言不可示
也網明言菩提是起作相耶梵天言不也何以故菩提是无爲非起作
相網明言可以起作相得无爲菩提不梵天言不也梵天是故當知若无

BD15001 號 A2　思益梵天所問經卷二　（223–88）

並業報无諸行无起諸行是名菩提如菩提性得亦如是如得性受記亦
如是不可以起作法而得受記梵天言善男子汝不行六波羅蜜然後
得受記耶網明言　如汝所說菩薩行六波羅蜜而得受記梵天若菩
薩捨一切煩惱名爲檀波羅蜜於諸法无所起名爲尸羅波羅蜜於
諸法无所傷名爲羼提波羅蜜於諸法離相名爲毗梨耶波羅蜜於
諸法无所住名爲禪波羅蜜於諸法无戲論名爲般若波羅蜜梵天

BD15001 號 A2　思益梵天所問經卷二　　（223–89）

菩薩如是行六波羅蜜於何處行梵天言无處行也所以者何凡所有
行皆是不行若行即是不行若不行即是行梵天以是故當知无所
行是菩提如汝所　問汝得受菩提記者如如法性得受記我受記
亦如是梵天言善　男子如如法性无受記網明言諸菩薩受記
相皆亦如是如如如法性　尒時思益梵天白佛言世尊菩薩以
何行諸佛授阿耨多羅三藐三菩提記佛言若菩薩不行生法不

BD15001 號 A2　思益梵天所問經卷二　　（223–90）

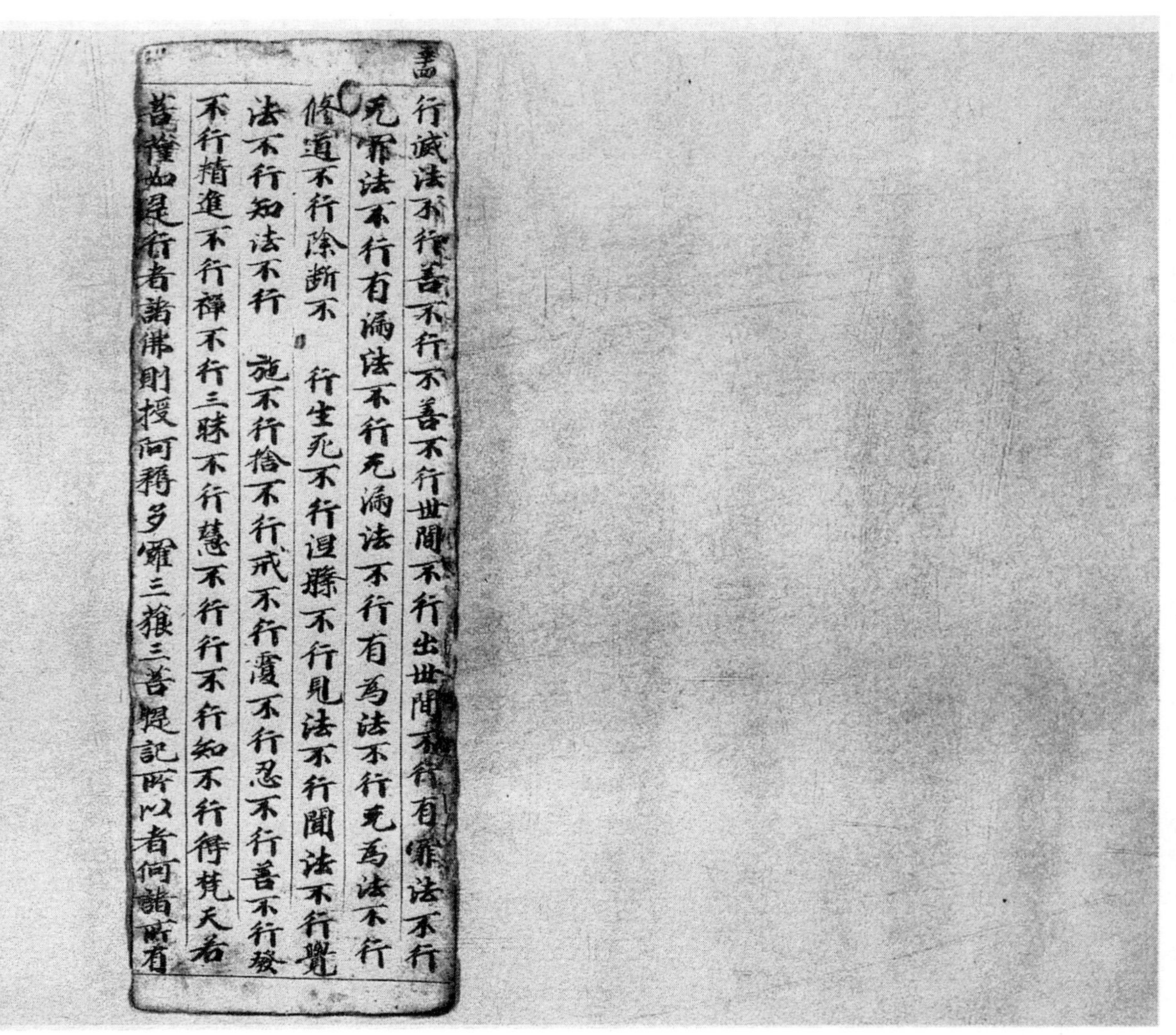
行滅法不行善不行不善不行世間不行出世間不行有罪法不行
无罪法不行有漏法不行无漏法不行有為法不行无為法不行
修道不行除斷不　行生死不行涅槃不行見法不行聞法不行覺
法不行知法不行　施不行捨不行戒不行覆不行忍不行善不行發
不行精進不行禪不行三昧不行慧不行行不行知不行得梵天若
菩薩如是行者諸佛則授阿耨多羅三藐三菩提記所以者何諸所有

BD15001 號 A2　思益梵天所問經卷二　　(223–91)

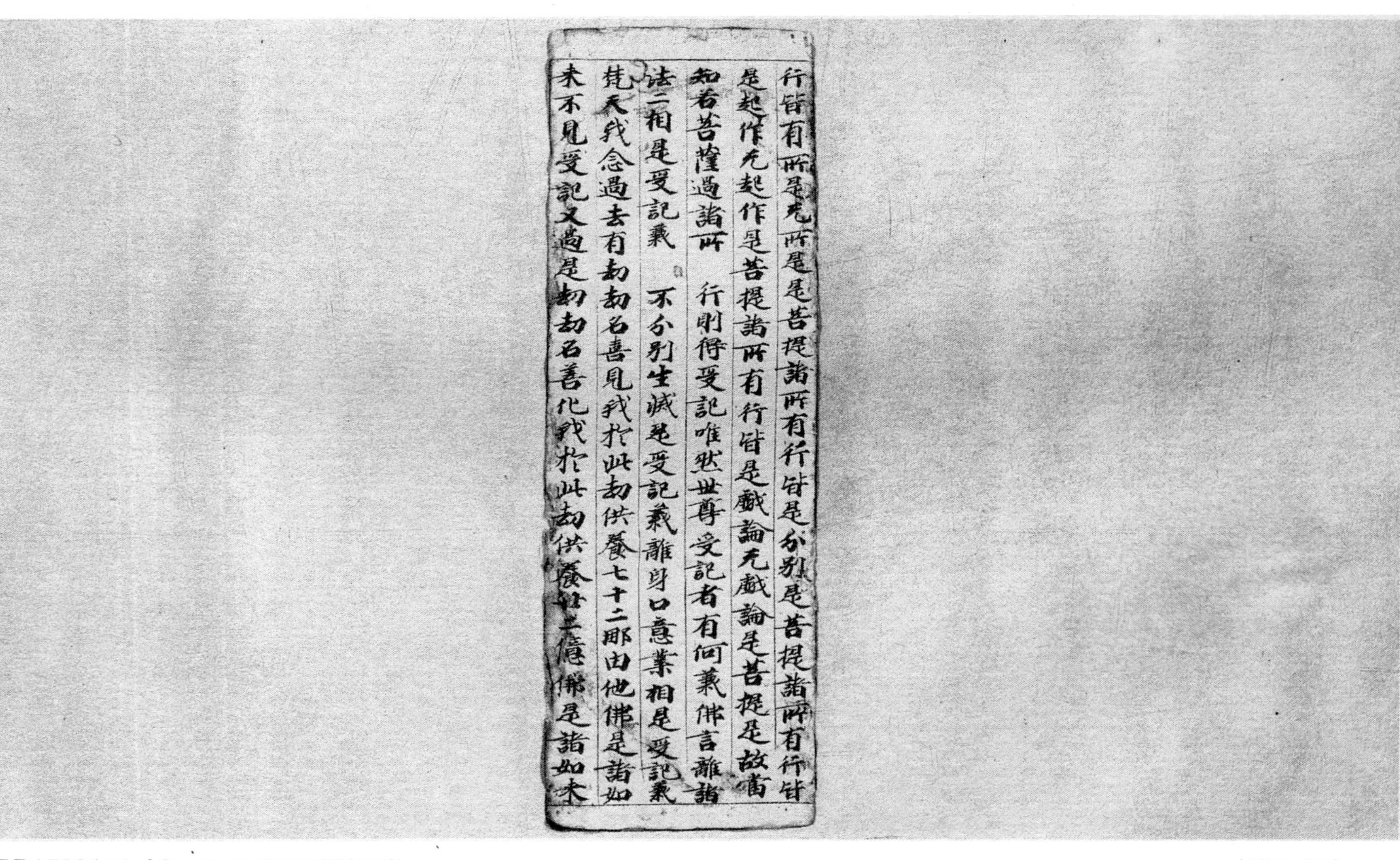
行皆有所起无所起是菩提諸所有行皆是分別是菩提諸所有行皆
是戲論无戲論是菩提是故當
知若菩薩過諸所　行則得受記唯然世尊受記者有何義佛言離諸
法二相是受記義　不分別生滅是受記義離身口意業相是受記義
梵天我念過去有劫劫名喜見我於此劫供養七十二那由他佛是諸如
來不見受記又過是劫劫名善化我於此劫供養[illegible]三億佛是諸如來

BD15001 號 A2　思益梵天所問經卷二　　(223–92)

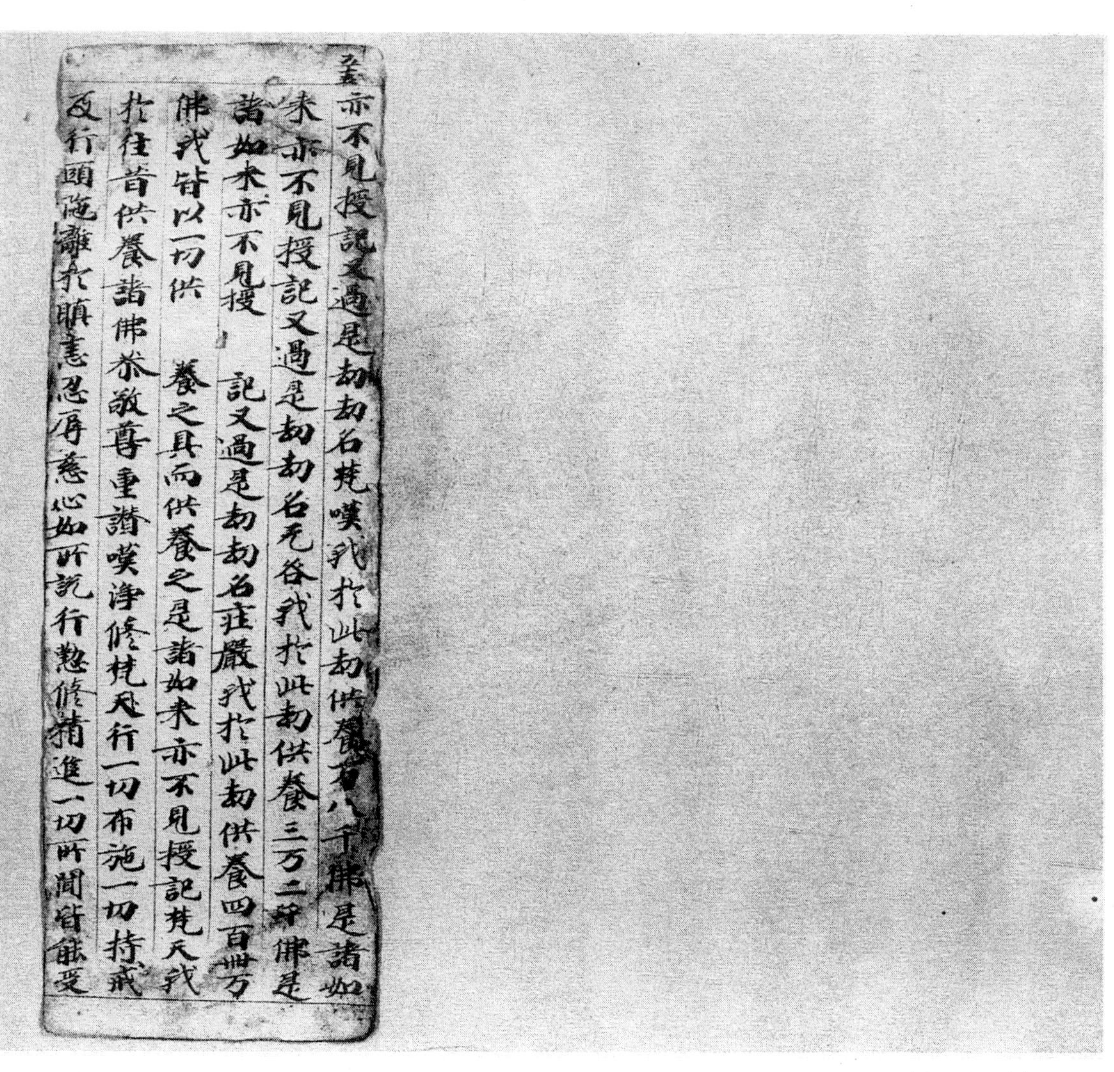

來亦不見授記又過是劫劫名梵嘆我於此劫供養萬八千佛是諸如
來亦不見授記又過是劫劫名无咎我於此劫供養三万二千佛是
諸如來亦不見授　記又過是劫劫名莊嚴我於此劫供養四百卌万
佛我皆以一切供　養之具而供養之是諸如來亦不見授記梵天我
於往昔供養諸佛恭敬尊重讚嘆淨修梵行一切布施一切持戒
及行頭陀離於瞋恚忍辱慈心如所說行懃修精進一切所聞皆能受

BD15001 號 A2　思益梵天所問經卷二　（223–93）

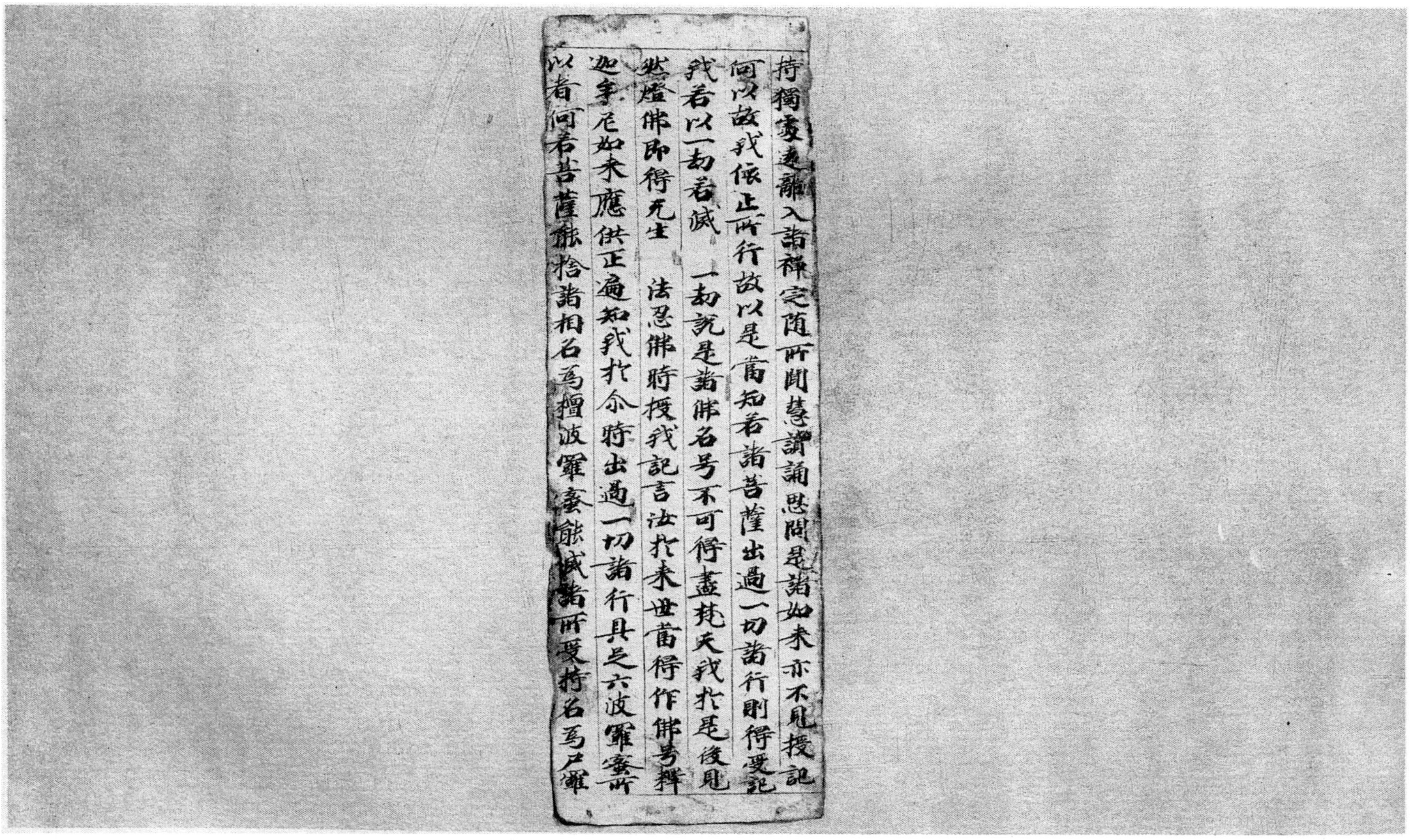

持獨處遠離入諸禪定隨所聞慧讀誦思問是諸如來亦不見授記
何以故我依止所行故以是當知若諸菩薩出過一切諸行則得受記
我若以一劫若減　一劫說是諸佛名号不可得盡梵天我於是後見
然燈佛即得无生　法忍佛時授我記言汝於來世當得作佛号釋
迦牟尼如來應供正遍知我於尒時出過一切諸行具足六波羅蜜所
以者何若菩薩能捨諸相名爲檀波羅蜜能滅諸所受持名爲尸羅

BD15001 號 A2　思益梵天所問經卷二　（223–94）

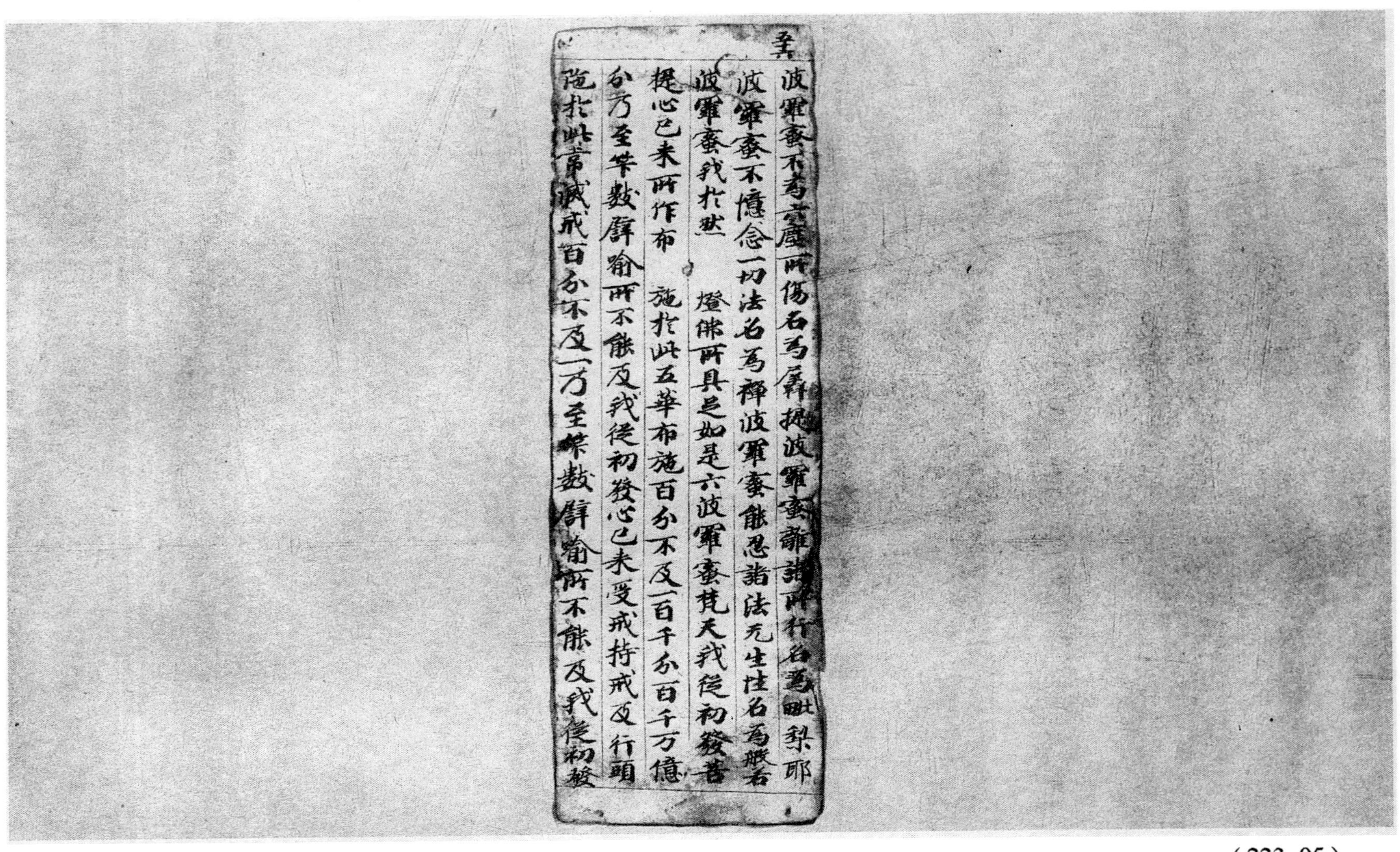
波羅蜜不為煩惱所傷名為羼提波羅蜜離諸所行名為毗梨耶
波羅蜜不憶念一切法名為禪波羅蜜能忍諸法无生性名為般若
波羅蜜我於然燈佛所具足如是六波羅蜜梵天我從初發菩
提心已來所作布施於此五華布施百分不及一百千分百千万億
分乃至筭數譬喻所不能及我從初發心已來受戒持戒及行頭
陁於此常戒百分不及一万至筭數譬喻所不能及我從初發

BD15001號 A2　思益梵天所問經卷二　（223–95）

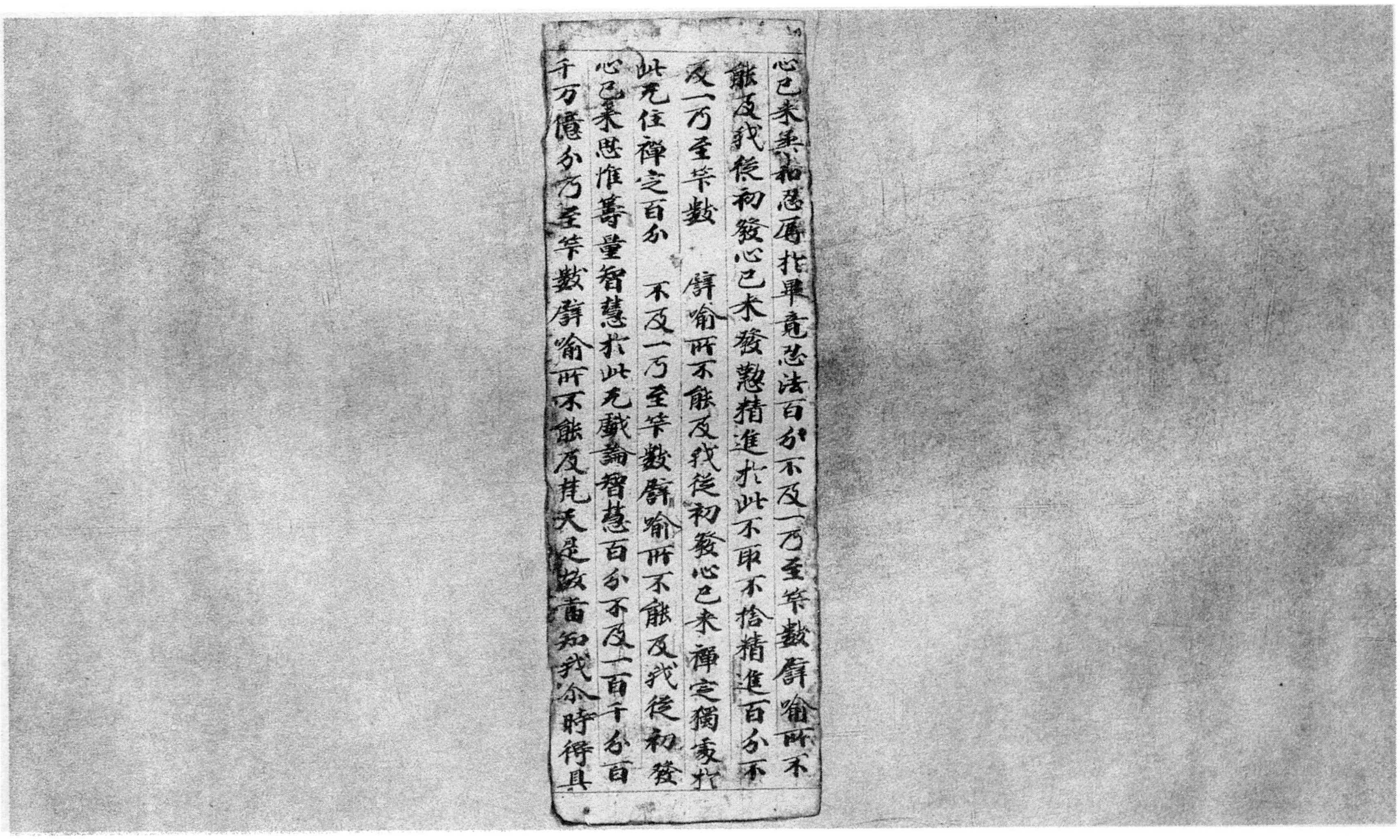

心已來集和忍辱於畢竟忍法百分不及一万至筭數譬喻所不
能及我從初發心已來發懃精進於此不取不捨精進百分不
及一万至筭數譬喻所不能及我從初發心已來禪定獨處於
此无住禪定百分不及一万至筭數譬喻所不能及我從初發
心已來思惟籌量智慧於此无戲論智慧百分不及一百千分百
千万億分乃至筭數譬喻所不能及梵天是故當知我尒時得具

BD15001號 A2　思益梵天所問經卷二　（223–96）

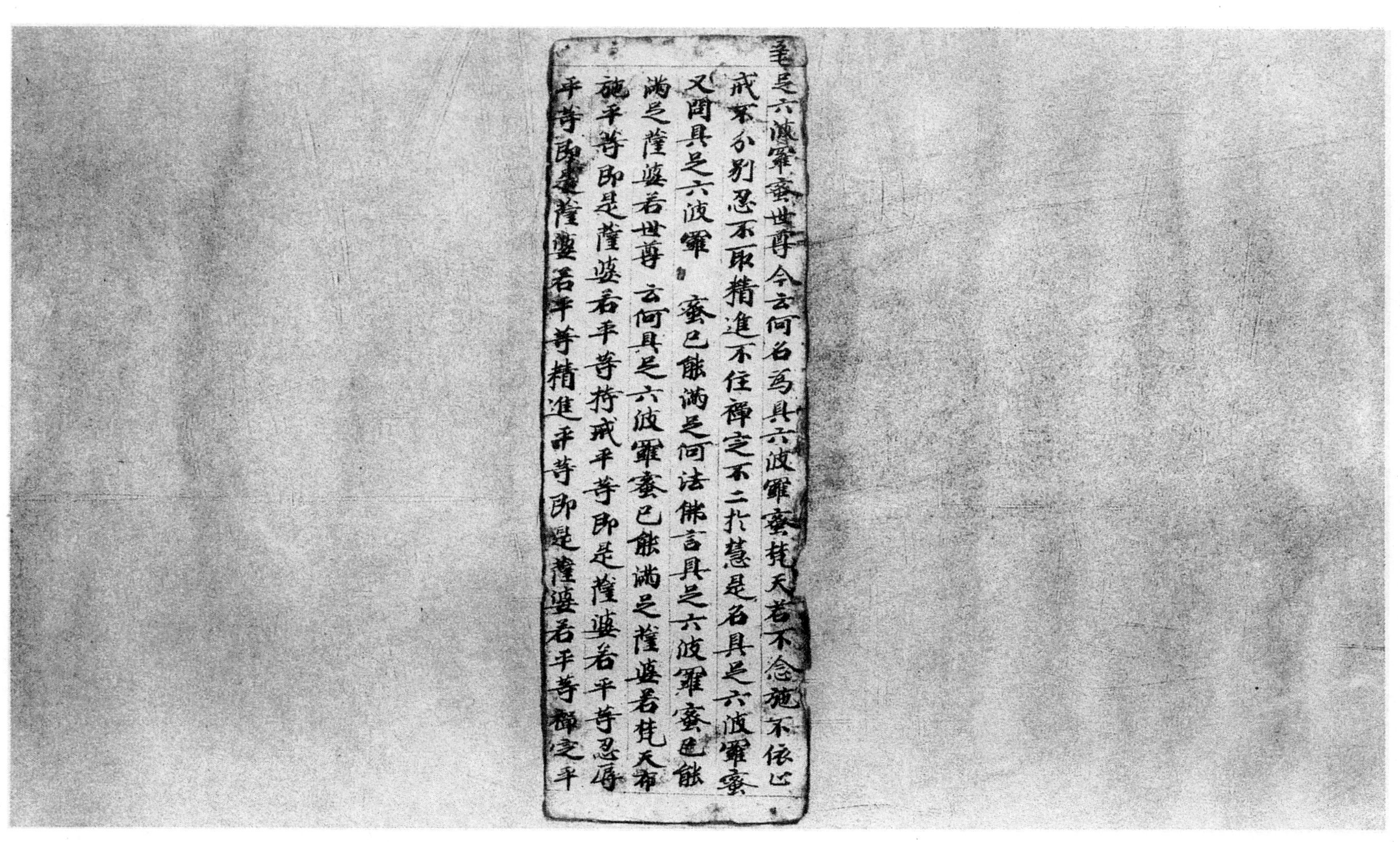
足是六波羅蜜世尊今云何名爲具六波羅蜜梵天若不念施不依以
戒不分別忍不取精進不住禪定不二於慧是名具足六波羅蜜
又問具足六波羅　蜜已能滿足何法佛言具足六波羅蜜已能
滿足薩婆若世尊　云何具足六波羅蜜已能滿足薩婆若梵天布
施平等即是薩婆若平等持戒平等即是薩婆若平等忍辱
平等即是薩婆若平等精進平等即是薩婆若平等禪定平

BD15001 號 A2　思益梵天所問經卷二　（223–97）

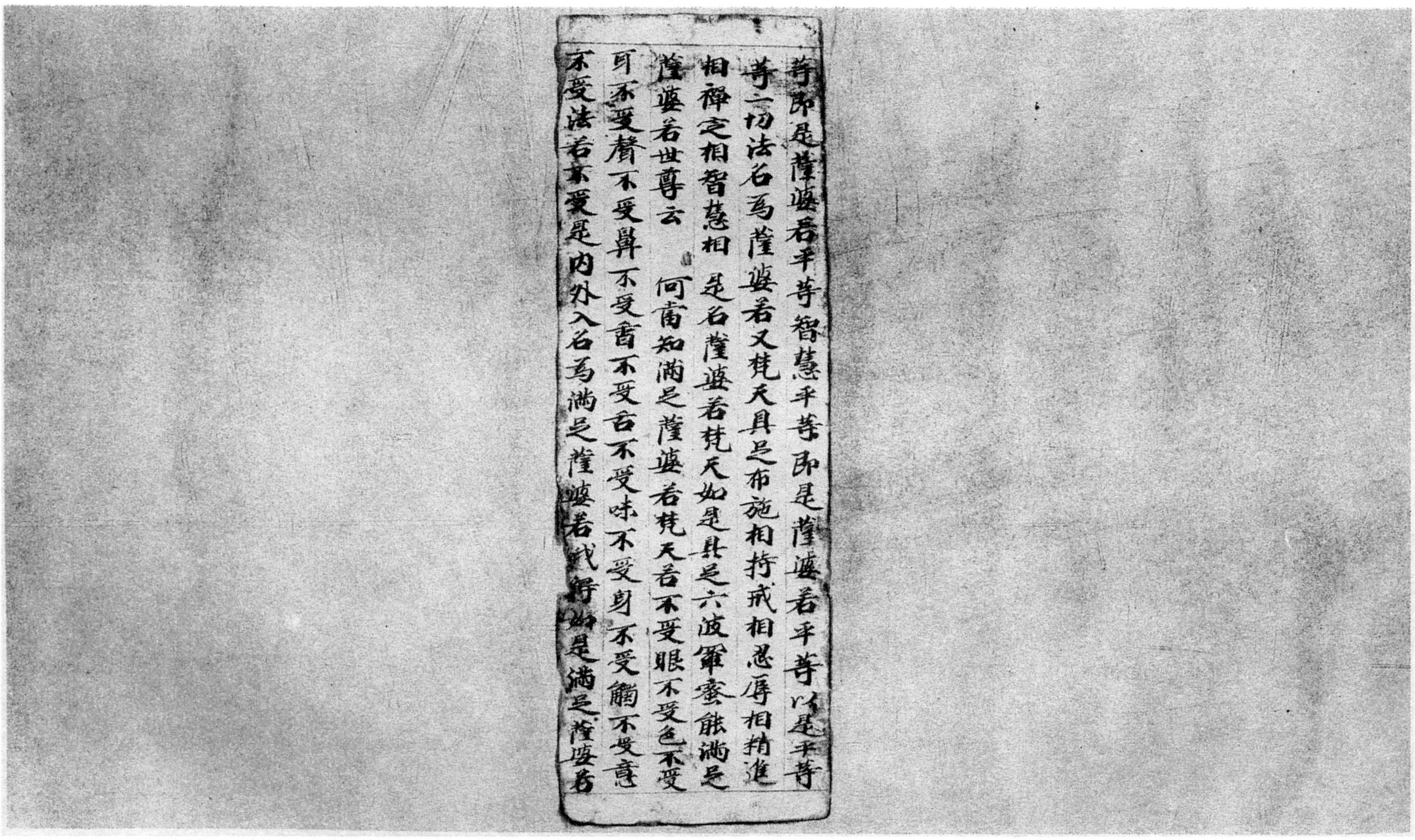

等即是薩婆若平等智慧平等即是薩婆若平等以是平等
等一切法名爲薩婆若又梵天具足布施相持戒相忍辱相精進
相禪定相智慧相　是名薩婆若梵天如是具足六波羅蜜能滿足
薩婆若世尊云　何當知滿足薩婆若梵天若不受眼不受色不受
耳不受聲不受鼻不受香不受舌不受味不受身不受觸不受意
不受法若不受是內外入名爲滿足薩婆若我等如是滿足薩婆若

BD15001 號 A2　思益梵天所問經卷二　（223–98）

義於眼无所著於色耳聲鼻香舌味身觸意法无所著是故如來名
為无礙知見薩婆若梵天薩婆若於法无所受何以故以无用故无
用即是无所有　　義无有義即是空如虛空義同虛空相空相
即是薩婆若是　　故於法无所受梵天譬如一切所作皆因虛空而
虛空无所依如是諸智慧皆從薩婆若出而薩婆若无所依梵天
白佛言世尊所說薩婆若薩婆若者為何謂也梵天一切所行是智

BD15001 號 A2　思益梵天所問經卷二　　（223–99）

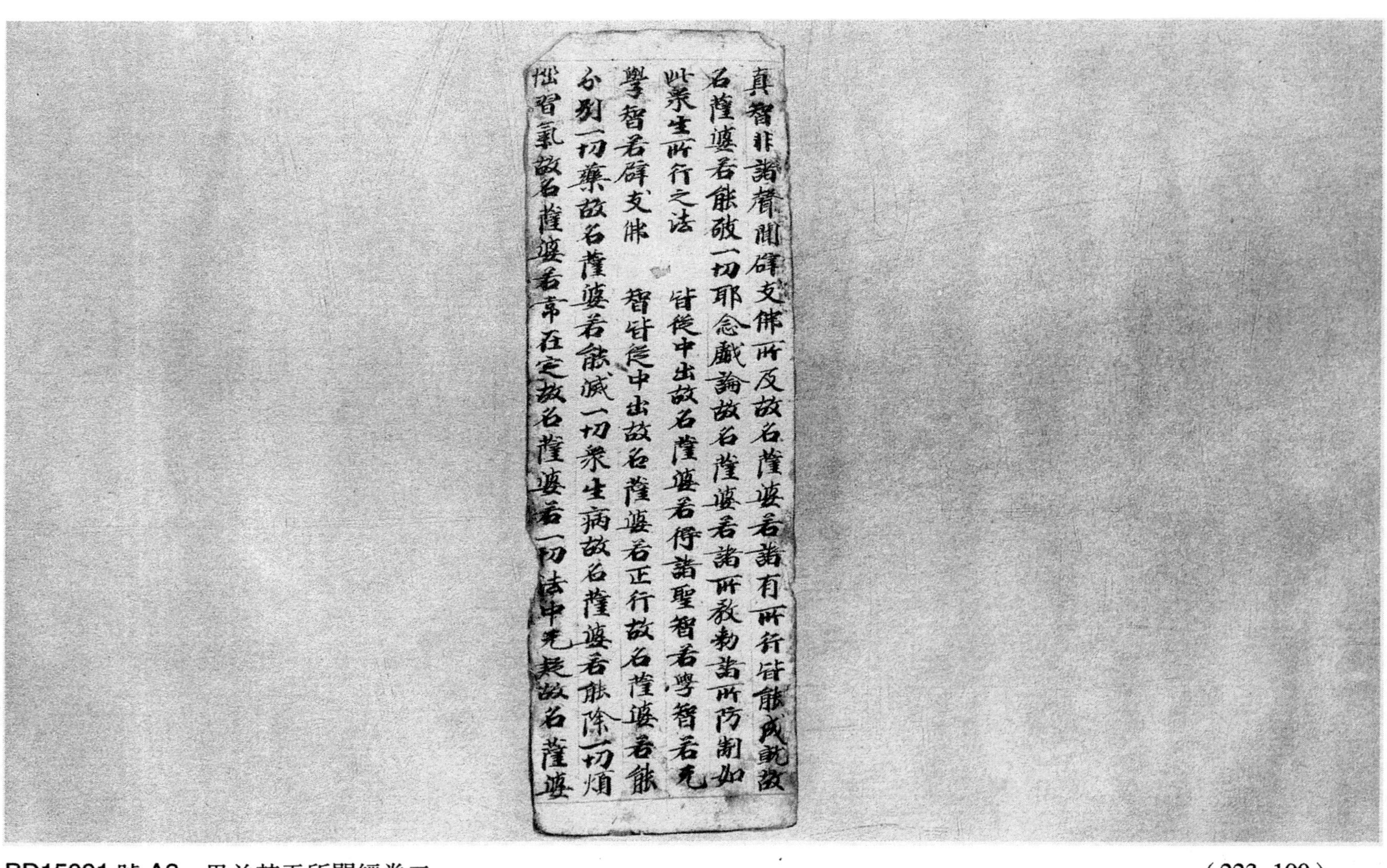
真智非諸聲聞辟支佛所及故名薩婆若諸有所行皆能成就故
名薩婆若能破一切耶念戲論故名薩婆若諸所教勅諸所防制如
此衆生所行之法　皆從中出故名薩婆若得諸聖智者學智者无
學智者辟支佛　智皆從中出故名薩婆若正行故名薩婆若能
分別一切藥故名薩婆若能滅一切衆生病故名薩婆若能除一切煩
惱習氣故名薩婆若常在定故名薩婆若一切法中无疑故名薩婆

BD15001 號 A2　思益梵天所問經卷二　　（223–100）

義菩一切世間出世間智慧皆從中出故名薩婆若菩知一切智慧方便
相故名薩婆若尒時思益梵天白佛言世尊未曾有也世尊諸佛如
來智慧甚深心　无所緣而知一切衆生心心所行世尊薩婆若行
如是无量功德其　誰善男子善女人不發阿耨多羅三藐三菩提心
於是網明菩薩白佛言世尊若有菩薩悕望功德利而發菩提心者
不名為發大乘也所以者何一切法无功德利以无對處故世尊菩薩

BD15001 號 A2　思益梵天所問經卷二　（223–101）

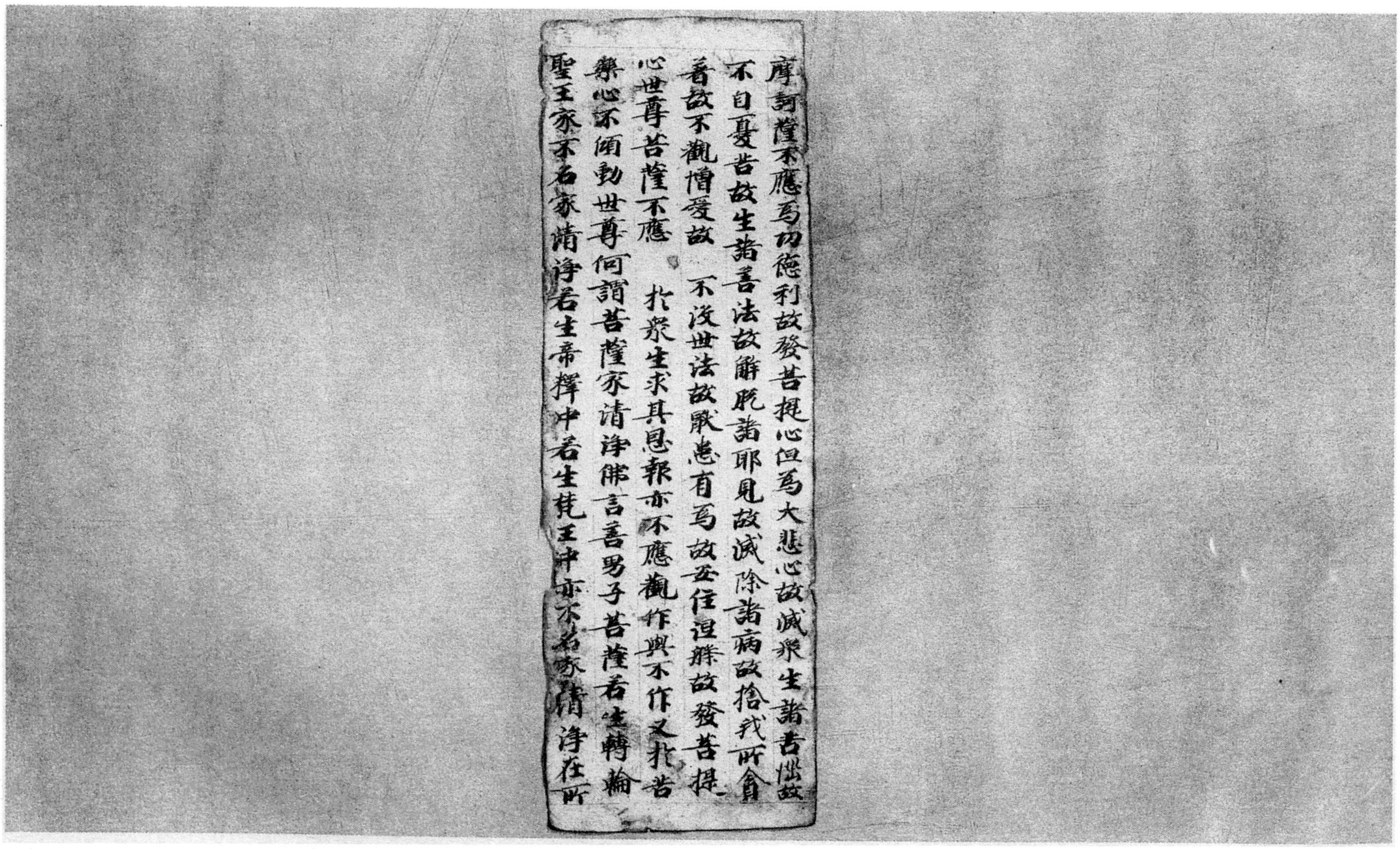

摩訶薩不應為功德利故發菩提心但為大悲心故滅衆生諸苦惱故
不自憂苦故生諸善法故解脫諸耶見故滅除諸病故捨我所貪
著故不觀憎愛故　不沒世法故厭患有為故安住涅槃故發菩提
心世尊菩薩不應　於衆生求其恩報亦不應觀作與不作又於菩
提心不傾動世尊何謂菩薩家清淨佛言善男子菩薩若生轉輪
聖王家不名家清淨若生帝釋中若生梵王中亦不名家清淨在所

BD15001 號 A2　思益梵天所問經卷二　（223–102）

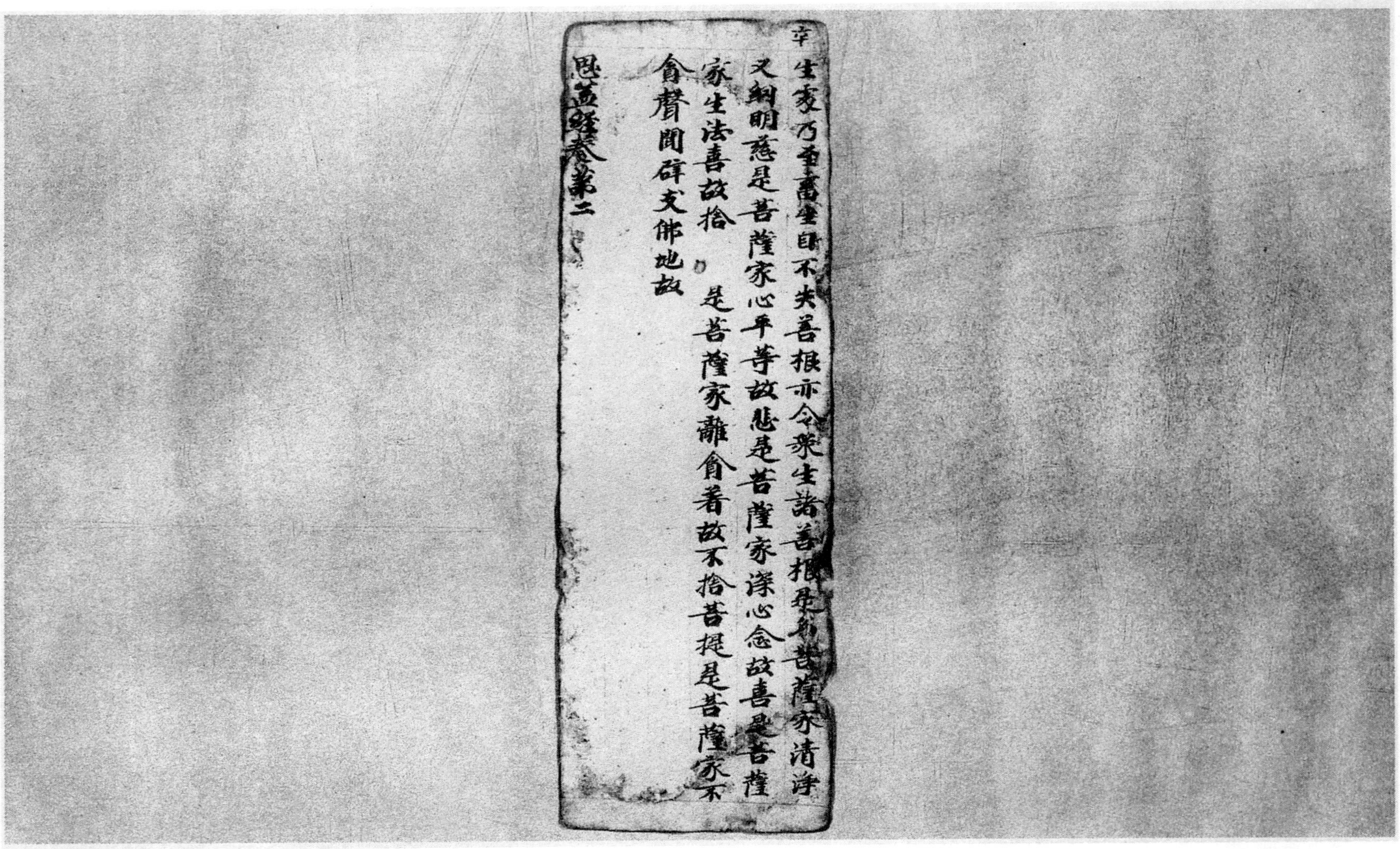

辛

生處乃至盡壽不失善根亦令衆生諸善根究竟菩薩家清淨

又網明慈是菩薩家心平等故悲是菩薩家深心念故喜是菩薩

家生法喜故捨　是菩薩家離貪著故不捨菩提是菩薩家不

貪聲聞辟支佛地故

思益經卷第二

BD15001 號 A2　思益梵天所問經卷二　（223-103）

BD15001 號 A2　思益梵天所問經卷二　（223-104）

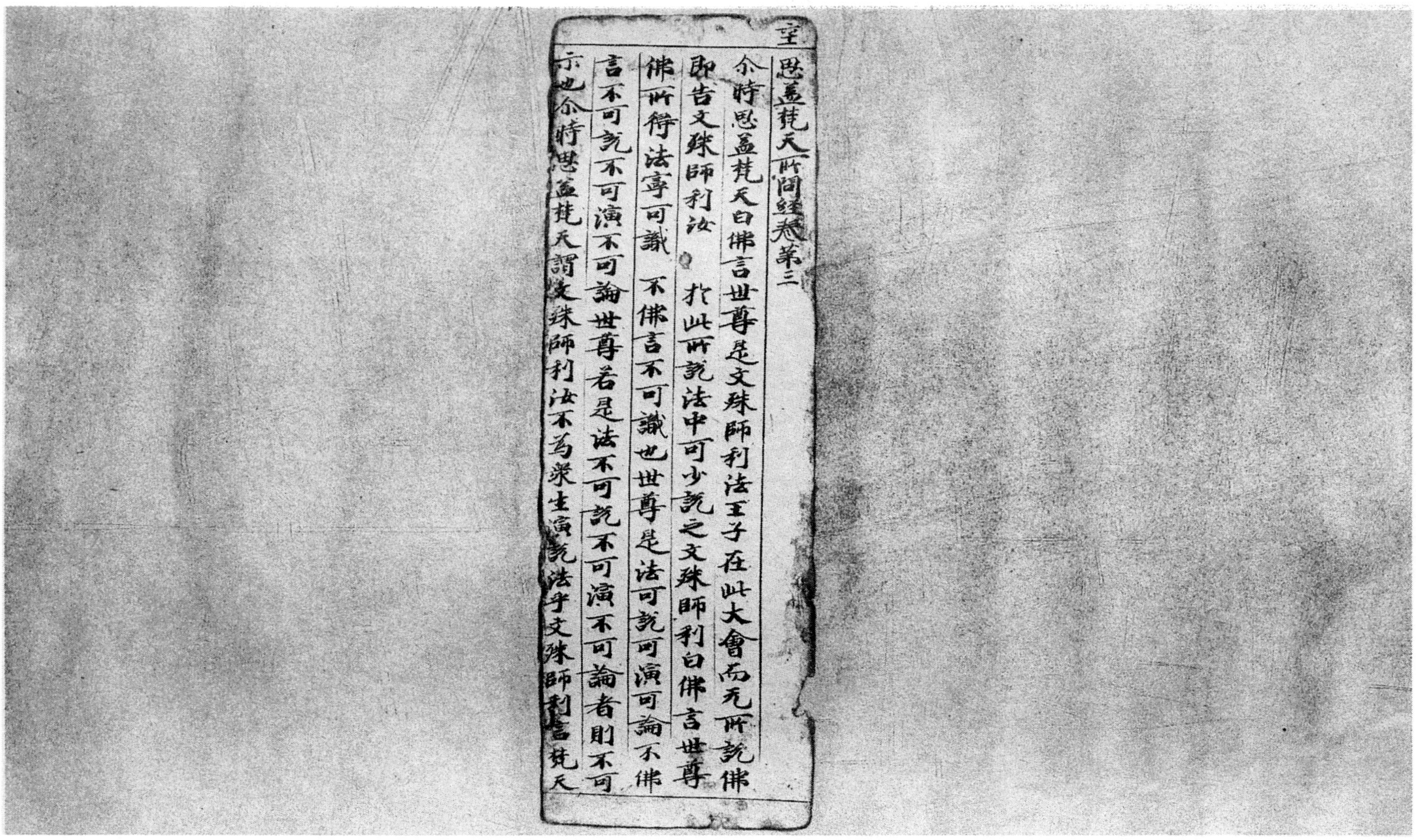

室

思益梵天所問經卷第三
尒時思益梵天白佛言世尊是文殊師利法王子在此大會而无所說佛
即告文殊師利汝　於此所說法中可少說之文殊師利白佛言世尊
佛所得法寧可識　不佛言不可識也世尊是法可說可演可論不佛
言不可說不可演不可論世尊若是法不可說不可演不可論者則不可
示也尒時思益梵天謂文殊師利汝不為衆生演說法乎文殊師利言梵天

BD15001 號 A3　思益梵天所問經卷三　（223–105）

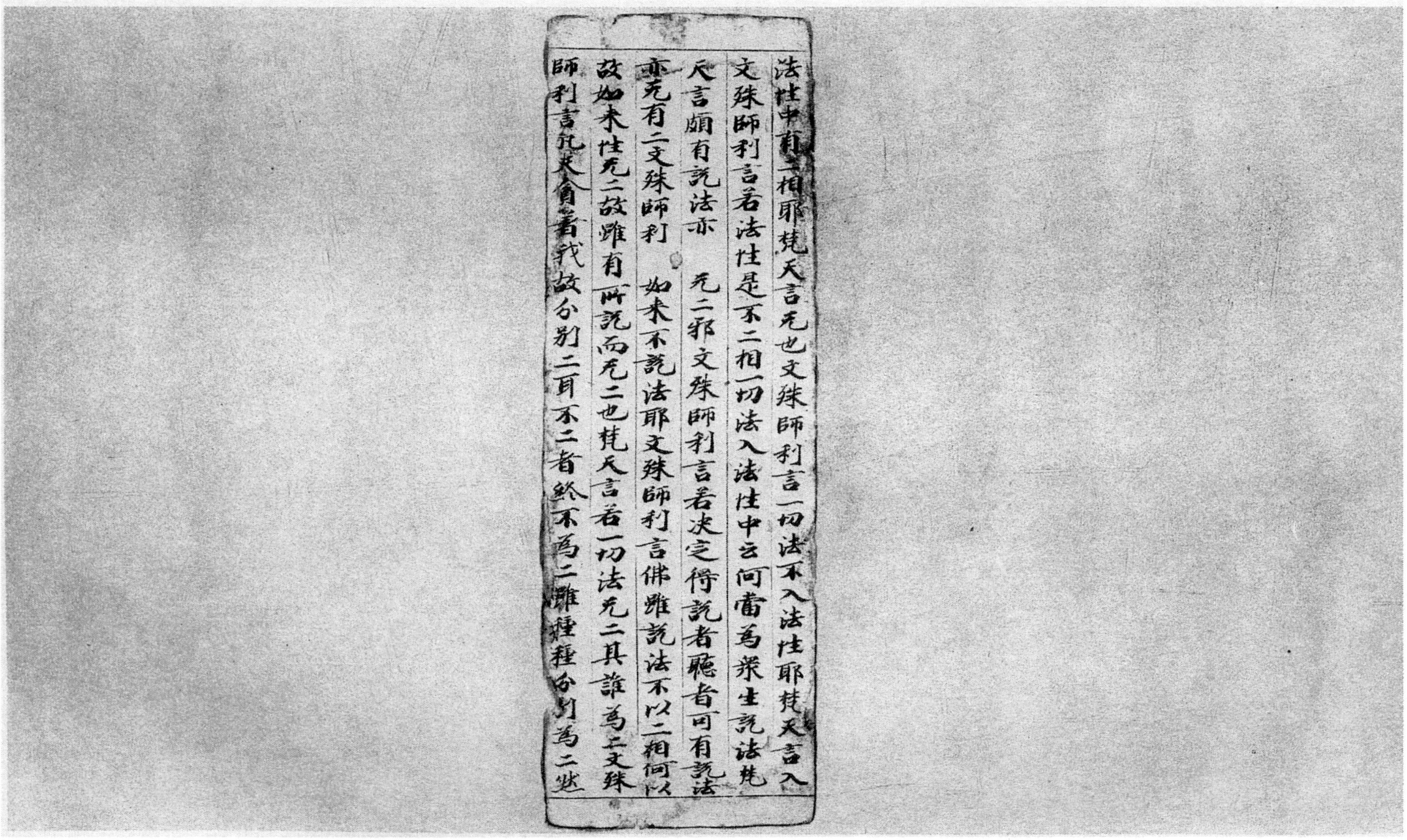

法性中有二相耶梵天言无也文殊師利言一切法不入法性耶梵天言入
文殊師利言若法性是不二相一切法入法性中云何當為衆生說法梵
天言頗有說法亦　无二耶文殊師利言若决定得說者聽者可有說法
亦无有二文殊師利　如来不說法耶文殊師利言佛雖說法不以二相何以
故如来性无二故雖有所說而无二也梵天言若一切法无二其誰為二文殊
師利言凡夫貪著我故分別二耳不二者終不為二雖種種分別為二然

BD15001 號 A3　思益梵天所問經卷三　（223–106）

至其實際无有二相梵天言云何識无二法文殊師利言若无二可識則非
无二所以者何无二相者不可識也梵天二即是識業不可識法佛所說也
是法不尒如所說　何以故是法无文字故文殊師利佛所說法欲何所
至文殊師利言如　來說法至无所至梵天言佛所說法不至涅槃耶
文殊師利言涅槃中可得至耶梵天言涅槃无來處无至處文殊師利言
如是佛所說法至无所至梵天言是法誰聽答言如所說梵天言云何如

BD15001 號 A3　思益梵天所問經卷三　（223–107）

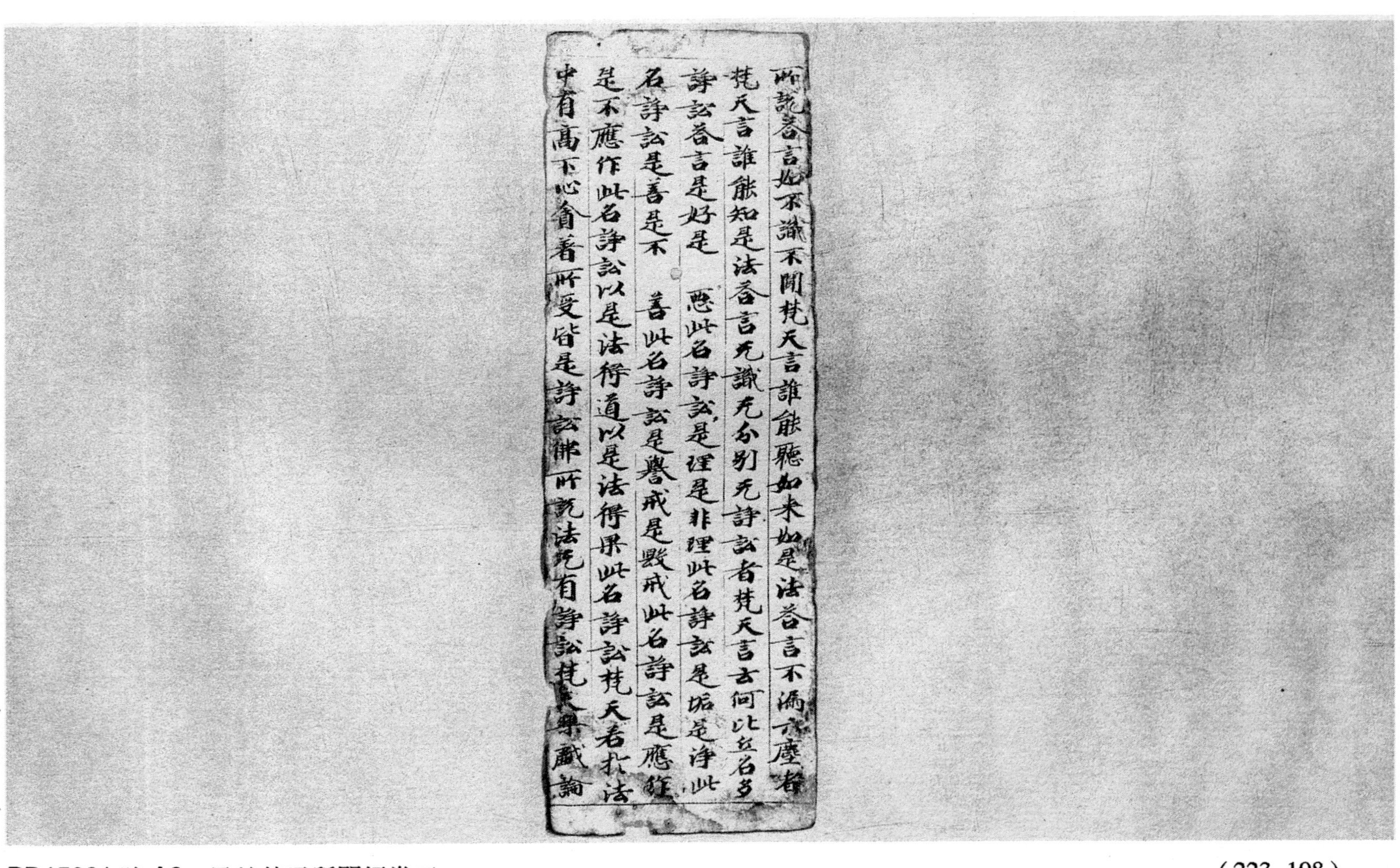
所說答言如不識不聞梵天言誰能聽如來如是法答言不漏六塵者
梵天言誰能知是法答言无識无分別无諍訟者梵天言云何比丘名多
諍訟答言是好是　惡此名諍訟是理是非理此名諍訟是垢是淨此
名諍訟是善是不　善此名諍訟是譽戒是毀戒此名諍訟是應作
是不應作此名諍訟以是法得道以是法得果此名諍訟梵天若於法
中有高下心貪著所受皆是諍訟佛所說法无有諍訟梵天[illegible]樂戲論

BD15001 號 A3　思益梵天所問經卷三　（223–108）

諍者无不諍訟業諍訟者无沙門法業沙門法者无有妄想貪著梵天言
云何比丘隨佛語隨佛教荅言若比丘稱讚毀辱其心不動是名隨佛
教若比丘不隨文字語言是名隨佛語又比丘滅一切諸相是名隨
佛教不違於義是名隨佛語若比丘守護於法是名隨佛教不違佛
語是名隨佛語梵天言云何比丘能守護法荅言若比丘不違平等不
壞法性是名能守護法梵天言云何比丘親近於佛荅言若比丘於諸

BD15001 號 A3 思益梵天所問經卷三 （223–109）

法中不見有法若近若遠是名親近於佛梵天言云何比丘給侍於
佛荅言若比丘身口意无所作是名給侍於佛梵天言誰能供養佛
荅言不起福業不起无動業者梵天言誰能見佛荅言不著肉眼
不著慧眼是名能見佛梵天言誰能見法荅言不違諸因緣法者
梵天言誰能順見諸因緣法荅言不起平等不見平等所生相者梵天
言誰得真智荅言不生不滅諸漏者梵天言誰能隨學如來荅言

BD15001 號 A3 思益梵天所問經卷三 （223–110）

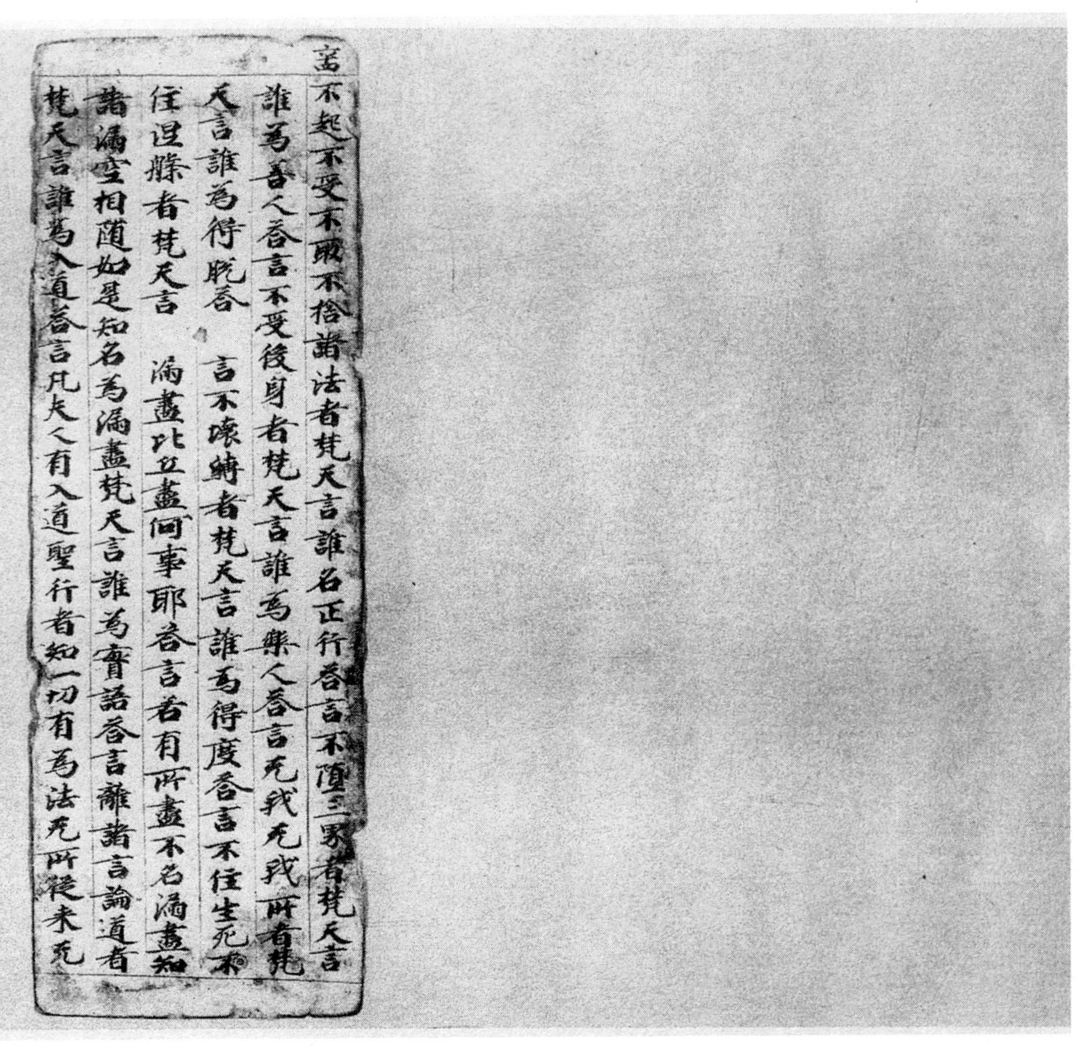
滅不起不受不取不捨諸法者梵天言誰名正行答言不墮三界者梵天言
誰爲吾人答言不受後身者梵天言誰爲樂人答言无我无我所者梵
天言誰爲得脫答言不壞縛者梵天言誰爲得度答言不住生死不
住涅槃者梵天言漏盡比丘盡何事耶答言若有所盡不名漏盡知
諸漏空相隨如是知名爲漏盡梵天言誰爲實語答言離諸言論道者
梵天言誰爲入道答言凡夫人有入道聖行者知一切有爲法无所從來无

BD15001 號 A3　思益梵天所問經卷三　（223–111）

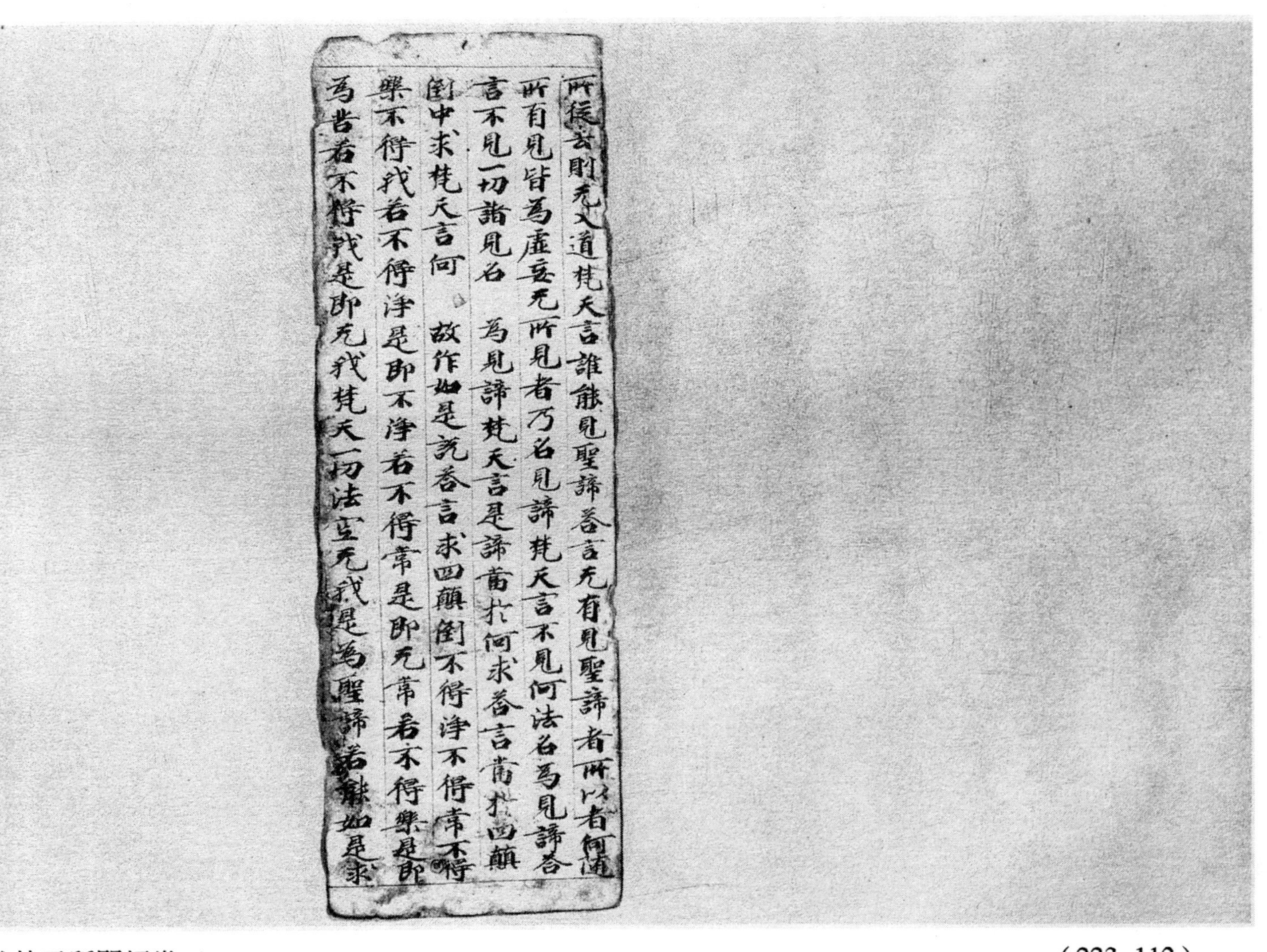
所從去則无入道梵天言誰能見聖諦答言无有見聖諦者所以者何適
所有見皆爲虛妄无所見者乃名見諦梵天言不見何法名爲見諦答
言不見一切諸見名爲見諦梵天言是諦當於何求答言當於四顛
倒中求梵天言何故作如是說答言求四顛倒不得淨不得常不得
樂不得我若不得淨是即不淨若不得常是即无常若不得樂是即
爲苦若不得我是即无我梵天一切法空无我是爲聖諦若能如是求

BD15001 號 A3　思益梵天所問經卷三　（223–112）

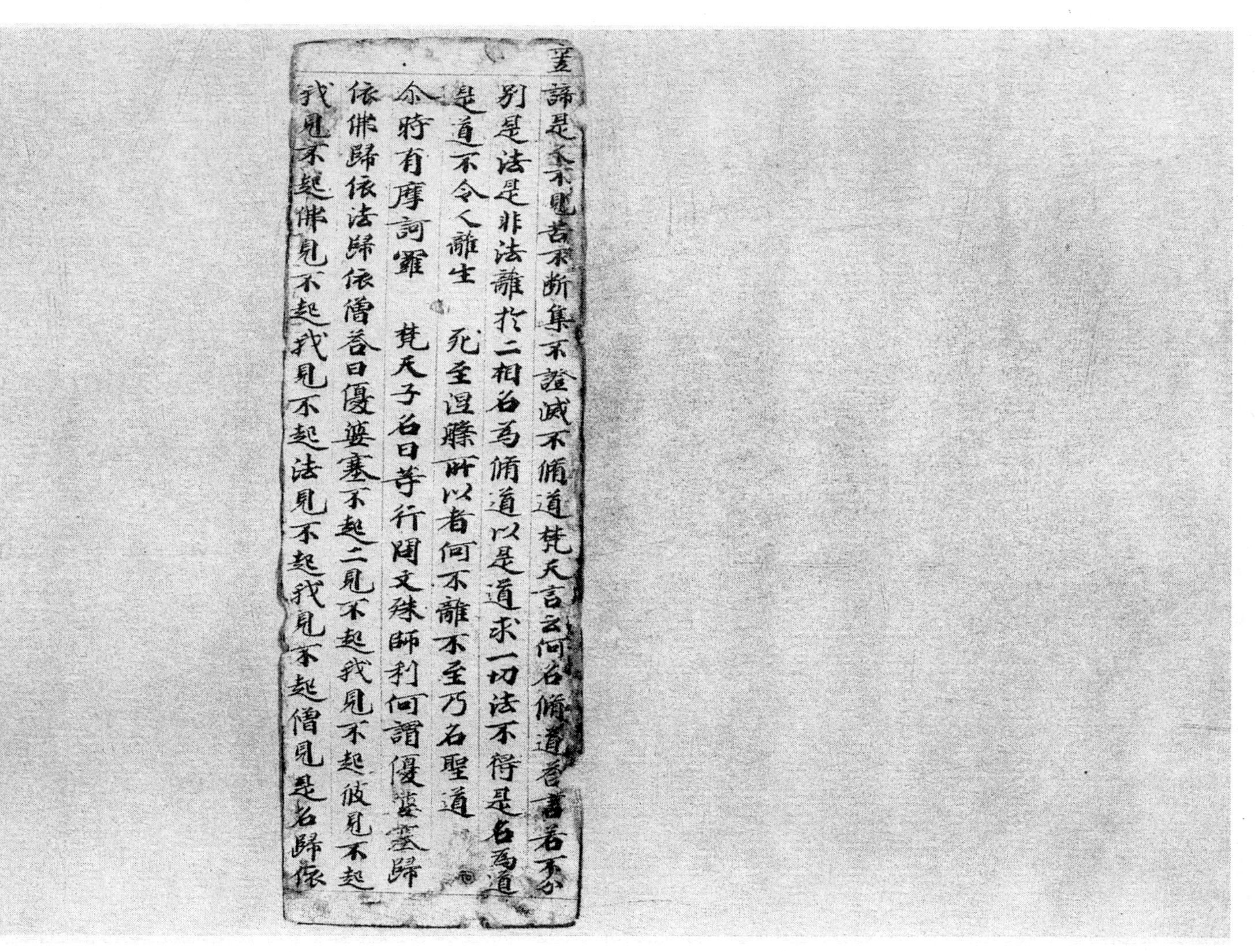

諦是人不見苦不斷集不證滅不脩道梵天言云何名脩道答言若不分
別是法是非法離於二相名爲脩道以是道求一切法不得是名爲道
是道不令人離生死至涅槃所以者何不離不至乃名聖道
尒時有摩訶羅梵天子名曰等行問文殊師利何謂優婆塞歸
依佛歸依法歸依僧答曰優婆塞不起二見不起我見不起彼見不起
我見不起佛見不起我見不起法見不起我見不起僧見是名歸依

BD15001 號 A3　思益梵天所問經卷三　（223–113）

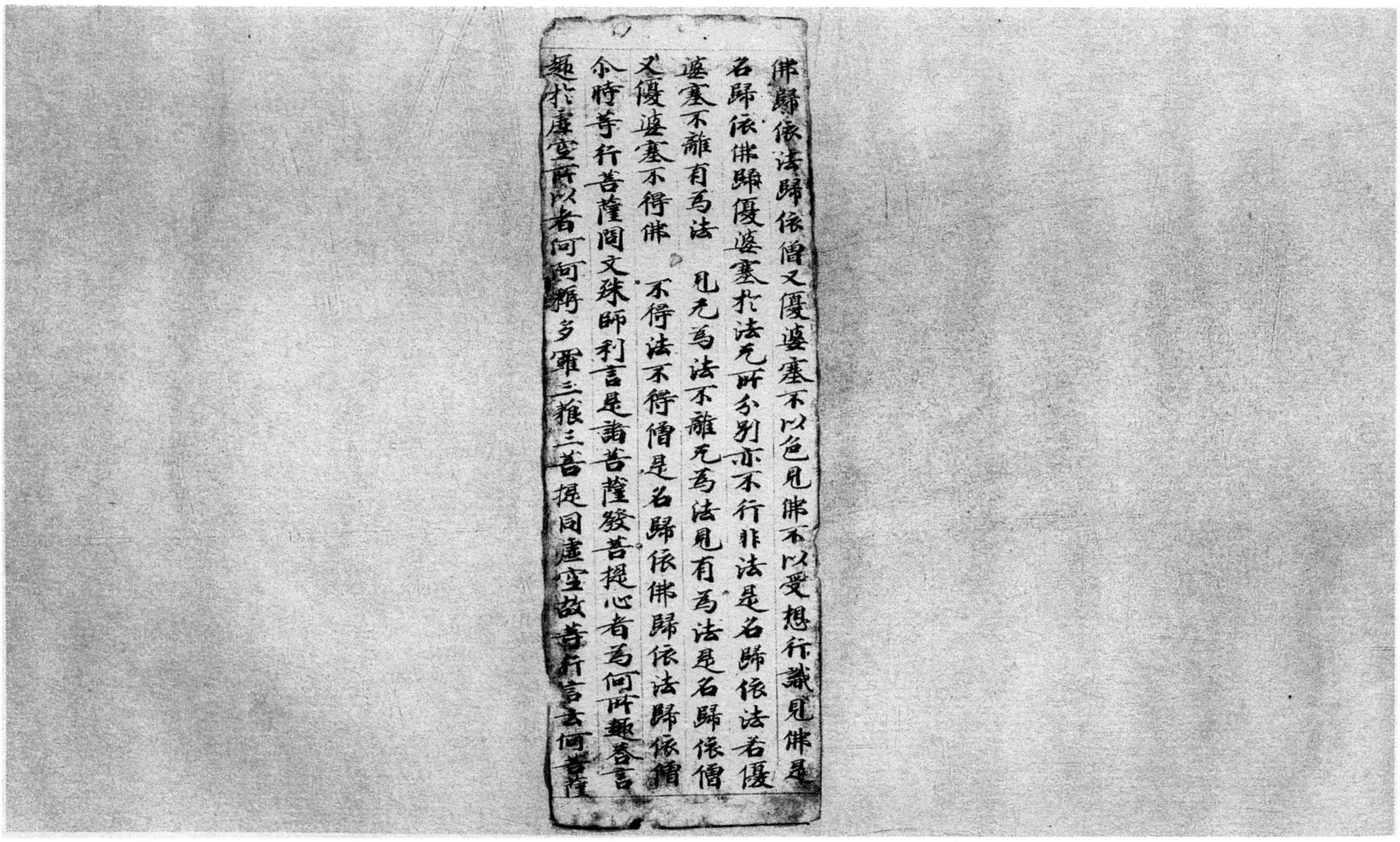

佛歸依法歸依僧又優婆塞不以色見佛不以受想行識見佛是
名歸依佛歸優婆塞於法无所分別亦不行非法是名歸依法若優
婆塞不離有爲法見无爲法不離无爲法見有爲法是名歸依僧
又優婆塞不得佛不得法不得僧是名歸依佛歸依法歸依僧
尒時等行菩薩問文殊師利言是諸菩薩發菩提心者爲何所趣答言
趣於虛空所以者何阿耨多羅三藐三菩提同虛空故等行言云何菩薩

BD15001 號 A3　思益梵天所問經卷三　（223–114）

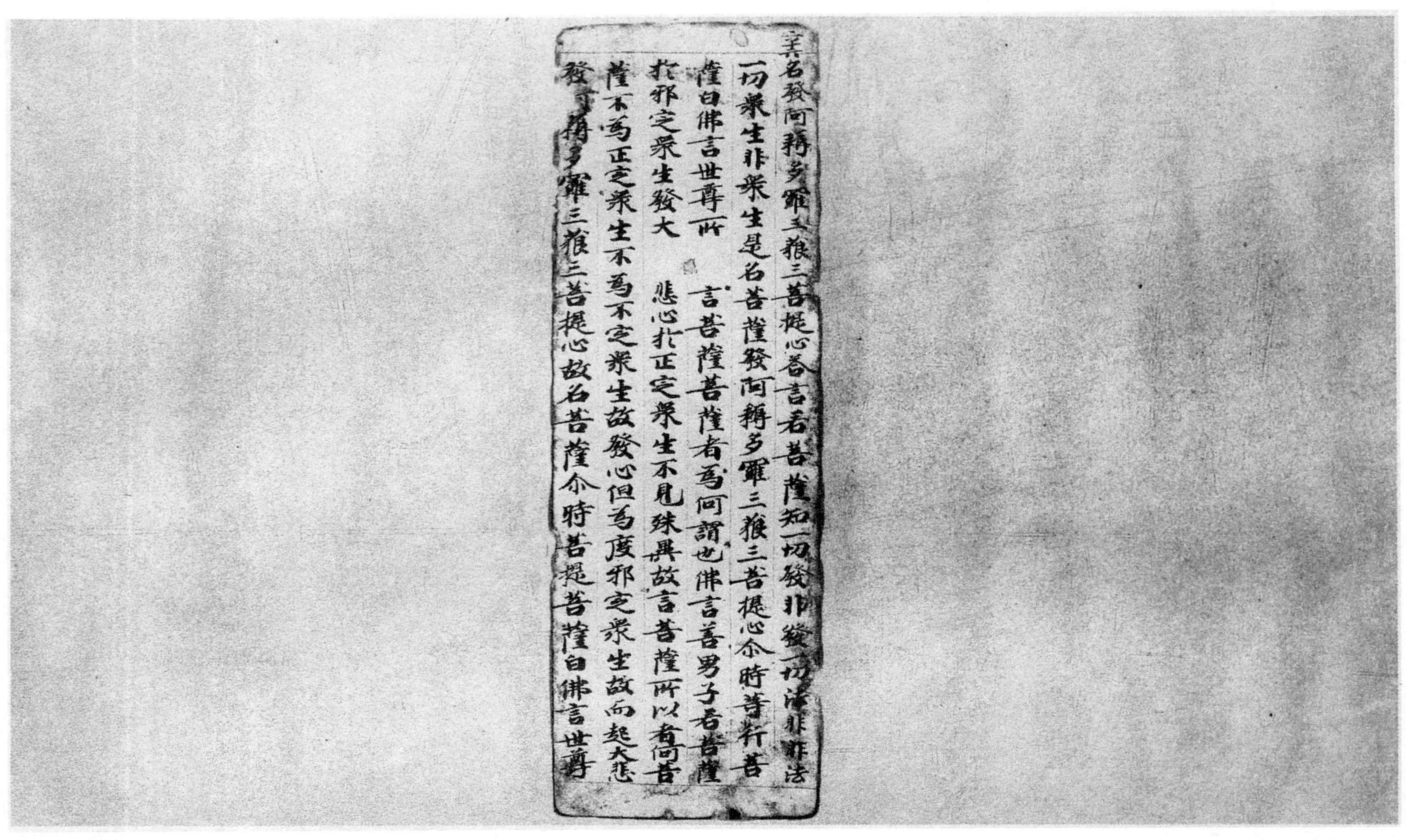

菩薩名發阿耨多羅三藐三菩提心答言若菩薩知一切發非發一切法非法
一切衆生非衆生是名菩薩發阿耨多羅三藐三菩提心尒時普行菩
薩白佛言世尊所　言菩薩菩薩者爲何謂也佛言善男子若菩薩
於邪定衆生發大　悲心於正定衆生不見殊異故言菩薩所以者何菩
薩不爲正定衆生不爲不定衆生故發心但爲度邪定衆生故而起大悲
發阿耨多羅三藐三菩提心故名菩薩尒時菩提菩薩白佛言世尊

BD15001 號 A3　思益梵天所問經卷三　（223–115）

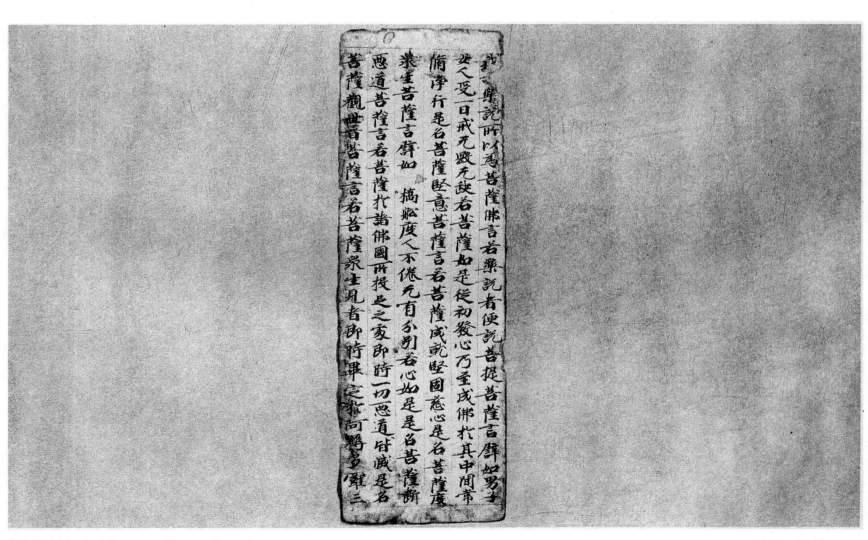

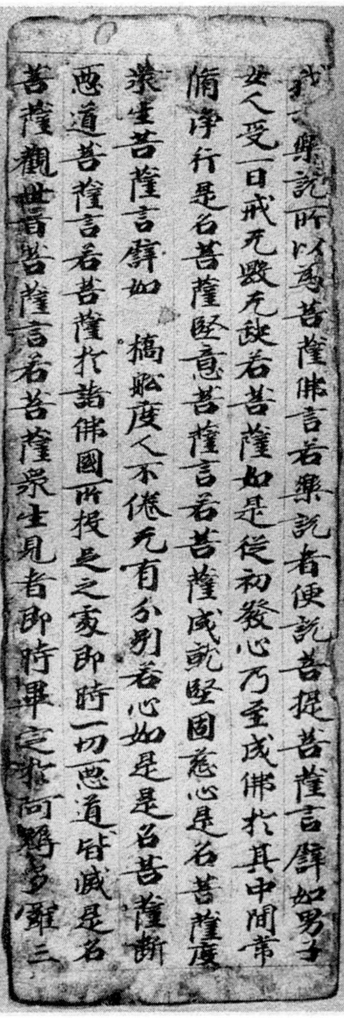

我亦樂說所以爲菩薩佛言若樂說者便說菩提菩薩言譬如男子
女人受一日戒无毀无缺若菩薩如是從初發心乃至成佛於其中間常
脩淨行是名菩薩堅意菩薩言若菩薩成就堅固慈心是名菩薩度
衆生菩薩言譬如　橋船度人不倦无有分別若心如是是名菩薩斷
惡道菩薩言若菩薩於諸佛國所投足之處即時一切惡道皆滅是名
菩薩觀世音菩薩言若菩薩衆生見者即時畢定於阿耨多羅三

BD15001 號 A3　思益梵天所問經卷三　（223–116）

多羅三藐三菩提又稱其名者得免衆苦是名菩薩得大勢菩薩言若菩薩
所授是處振動三千大千世界及魔宮殿是名菩薩无疲惓菩薩言
若恒河沙等劫為一日一夜以是卅日為月十二月為歲以是歲數若
過百千億劫得值一佛如是於恒河沙等佛所行諸梵行脩集
功德然後受阿耨多羅三藐三菩提記心不休息无有疲惓是名菩
薩導師菩薩言若菩薩於墮邪道衆生生大悲心令入正道不求

BD15001 號 A3　思益梵天所問經卷三　　(223–117)

恩報是名菩薩須彌山菩薩言若菩薩於一切法无所分別如須彌
山一於衆色是名菩薩那羅延菩薩言若菩薩不為一切煩惱所壞
是名菩薩心力菩薩言若菩薩以心思惟一切諸法无有錯謬是名
菩薩師子遊步自在菩薩言若菩薩於諸論中不怖不畏得諸
法忍能使一切外道怖畏是名菩薩不可思議菩薩言若菩薩知心
相不可思議无所思惟分別是名菩薩善寂天子言若菩薩能於一

BD15001 號 A3　思益梵天所問經卷三　　(223–118)

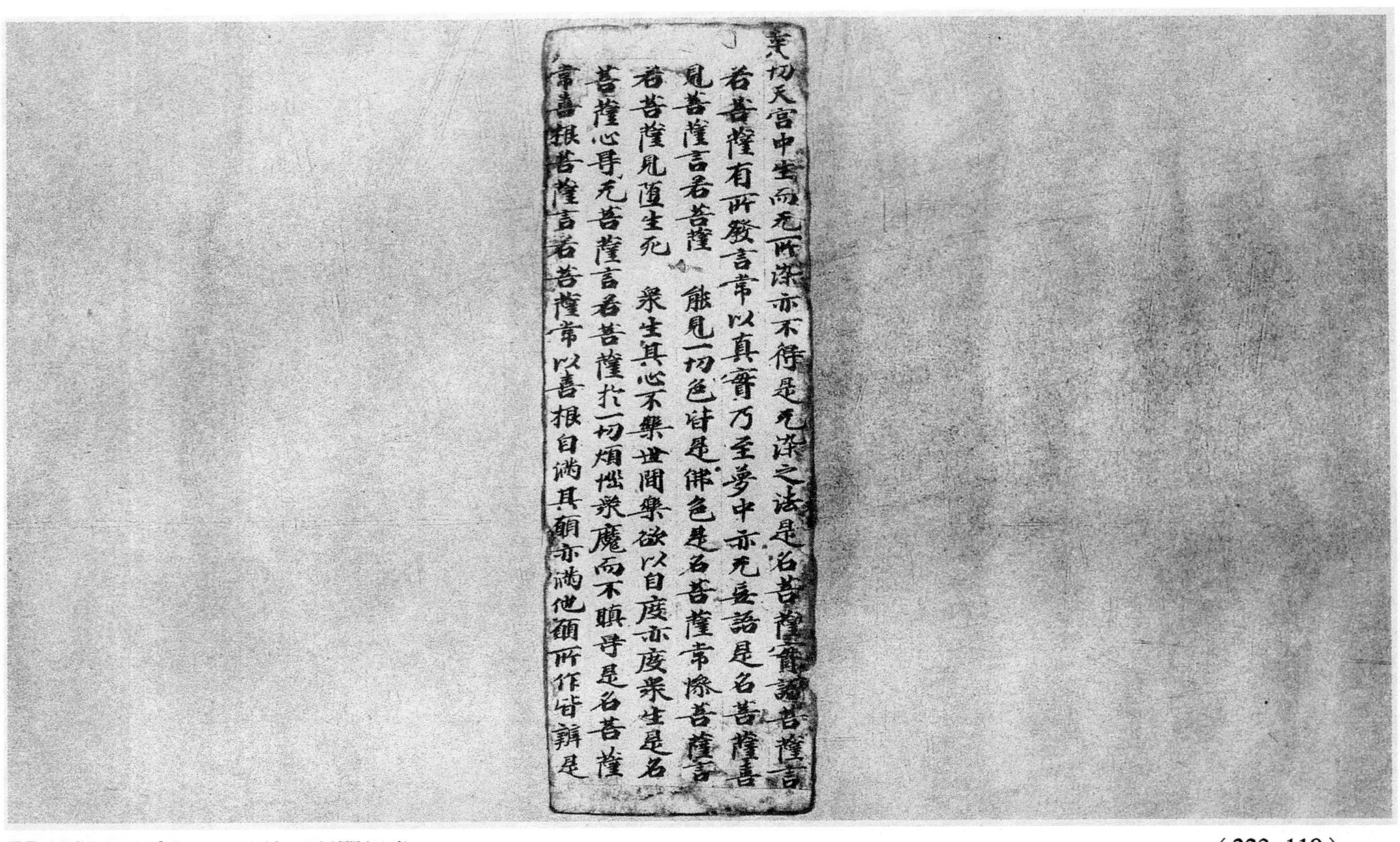

於一切天宮中生而无所染亦不得是无染之法是名菩薩實語菩薩言
若菩薩有所發言常以真實乃至夢中亦无妄語是名菩薩喜
見菩薩言若菩薩　能見一切色皆是佛色是名菩薩常慘菩薩言
若菩薩見墮生死　衆生其心不樂世間樂欲以自度亦度衆生是名
菩薩心㝵无菩薩言若菩薩於一切煩惱衆魔而不瞋㝵是名菩薩
常喜根菩薩言若菩薩常以喜根自滿其願亦滿他願所作皆辦是

BD15001 號 A3　思益梵天所問經卷三　　(223–119)

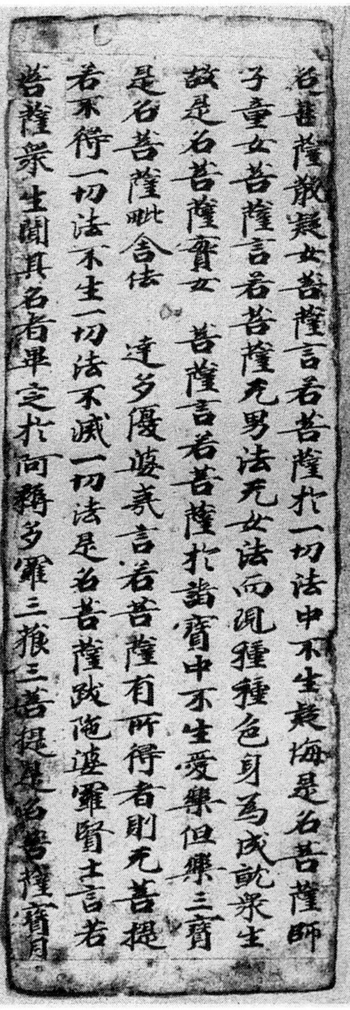

名菩薩散疑女菩薩言若菩薩於一切法中不生疑悔是名菩薩師
子童女菩薩言若菩薩无男法无女法而現種種色身爲成就衆生
故是名菩薩寶女　菩薩言若菩薩於諸寶中不生愛樂但樂三寶
是名菩薩毗舍法　達多優婆夷言若菩薩有所得者則无菩提
若不得一切法不生一切法不滅一切法是名菩薩跋陁婆羅賢士言若
菩薩衆生聞其名者畢定於阿耨多羅三藐三菩提是名菩薩寶月

BD15001 號 A3　思益梵天所問經卷三　　(223–120)

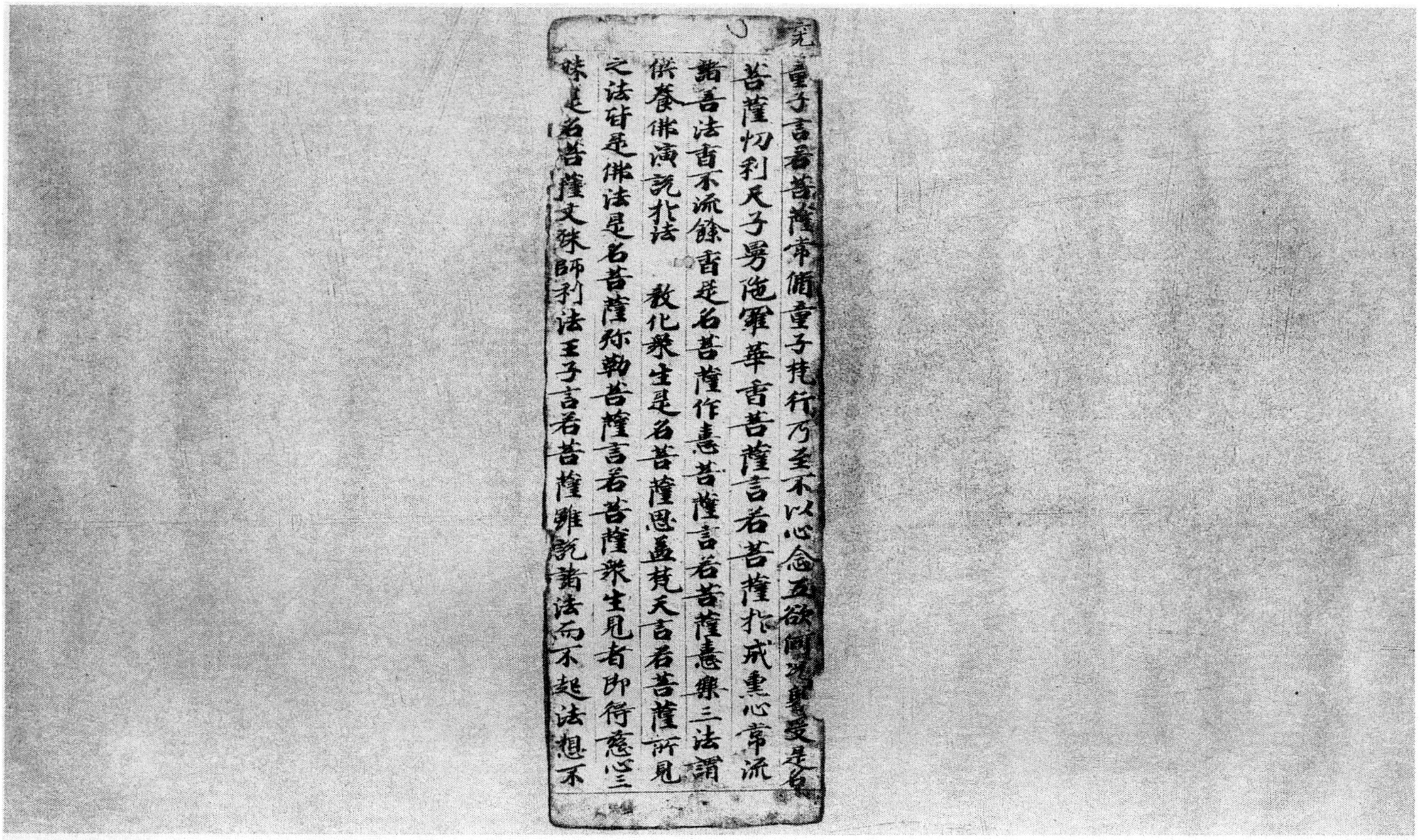

究

童子言若菩薩常脩童子梵行乃至不以心念五欲何况身受是名
菩薩忉利天子男陁羅華香菩薩言若菩薩於戒熏心常流
諸善法香不流餘香是名菩薩作意菩薩言若菩薩意樂三法謂
供養佛演說於法　教化衆生是名菩薩思益梵天言若菩薩所見
之法皆是佛法是名菩薩彌勒菩薩言若菩薩衆生見者即得慈心三
昧是名菩薩文殊師利法王子言若菩薩雖說諸法而不起法想不

BD15001號 A3　思益梵天所問經卷三　(223–121)

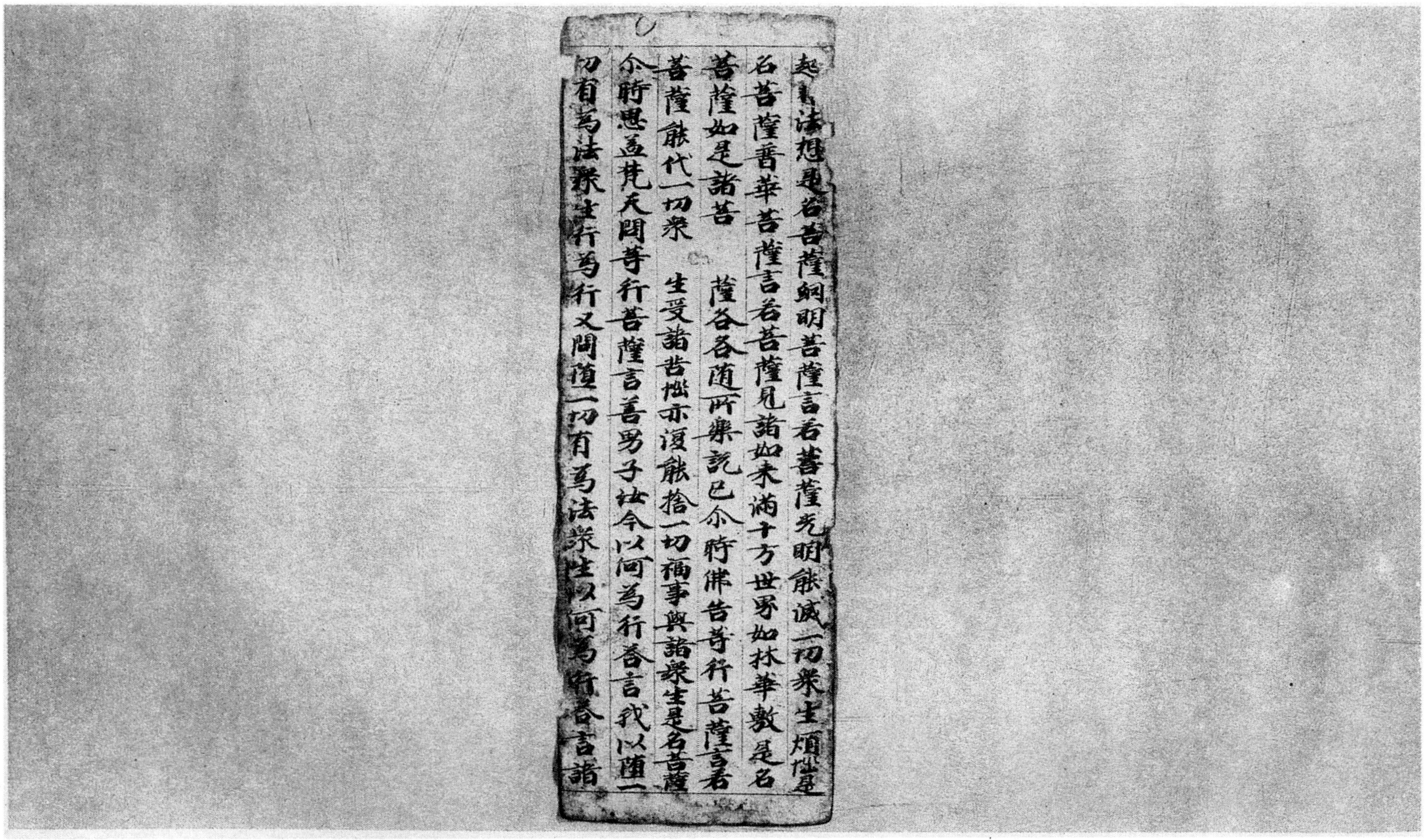

起非法想是名菩薩網明菩薩言若菩薩光明能滅一切衆生煩惱是
名菩薩香華菩薩言若菩薩見諸如來滿十方世界如林華敷是名
菩薩如是諸菩　薩各各隨所樂說已尒時佛告普行菩薩言若
菩薩能代一切衆　生受諸苦惱亦復能捨一切福事與諸衆生是名菩薩
尒時思益梵天問普行菩薩言善男子汝今以何為行答言我以隨一
切有為法衆生行為行又問隨一切有為法衆生以何為行答言諸

BD15001號 A3　思益梵天所問經卷三　(223–122)

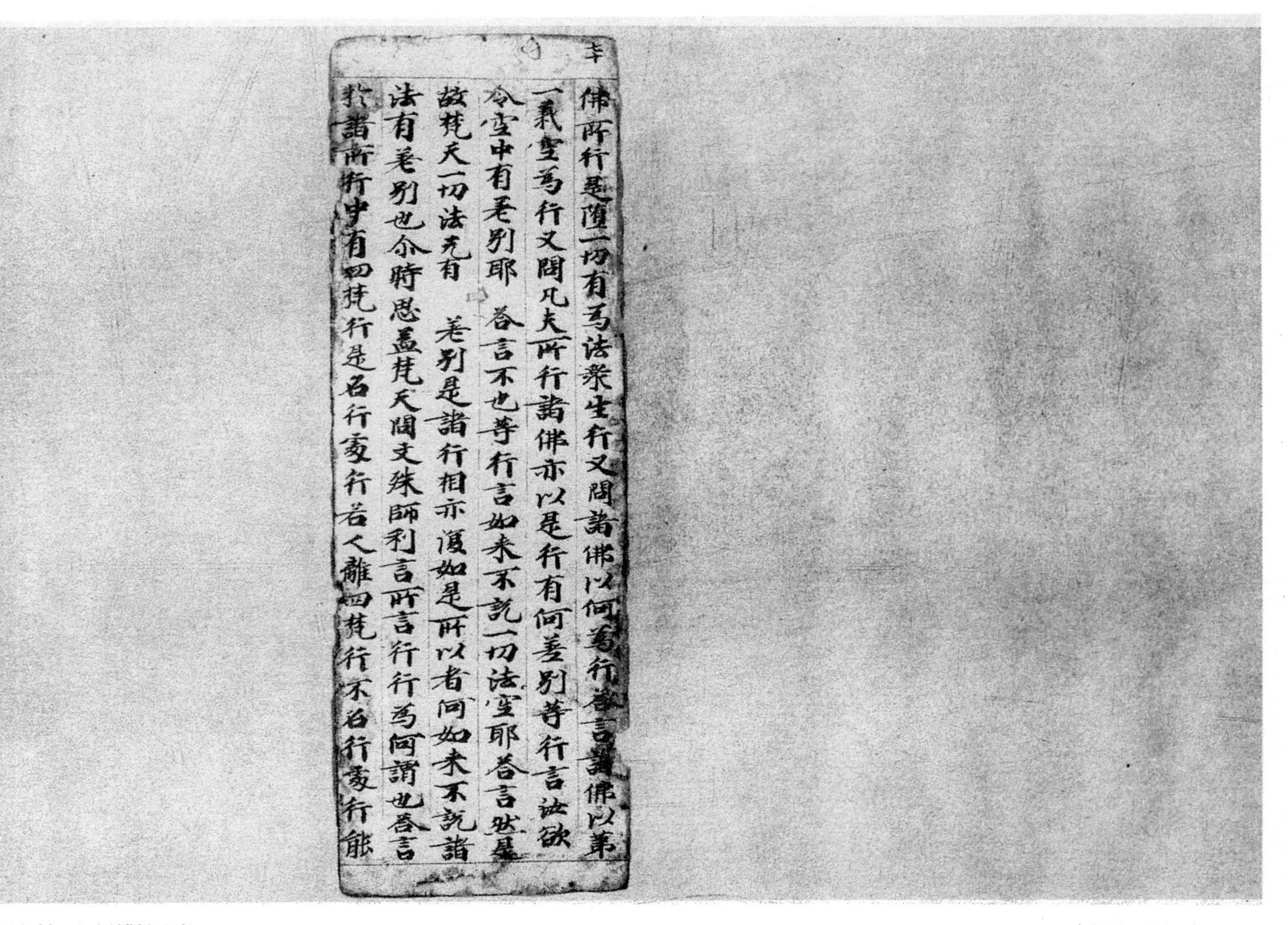

佛所行是隨一切有爲法衆生行又問諸佛以何爲行答言諸佛以第
一義空爲行又問凡夫所行諸佛亦以是行有何差別答言汝欲
令空中有差別耶　答言不也善行言如來不説一切法空耶答言然是
故梵天一切法无有　差別是諸行相亦復如是所以者何如來不説諸
法有差別也尒時思益梵天問文殊師利言所言行行爲何謂也答言
於諸所行中有四梵行是名行處行若人離四梵行不名行處行能

BD15001 號 A3　思益梵天所問經卷三　（223–123）

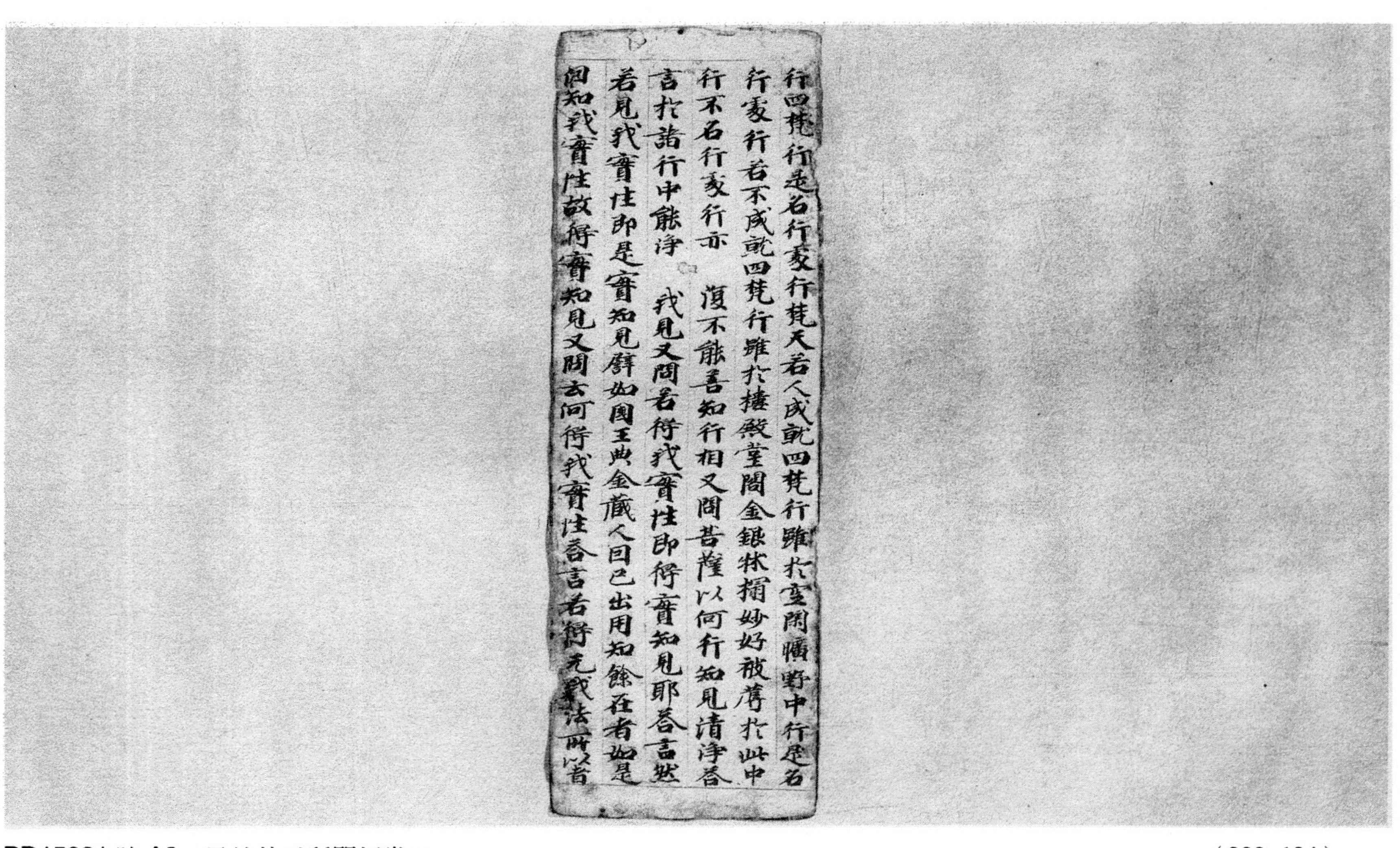

行四梵行是名行處行梵天若人成就四梵行雖於空閑曠野中行是名
行處行若不成就四梵行雖於樓殿堂閣金銀牀褥妙好被蓐於此中
行不名行處行亦　復不能善知行相又問菩薩以何行知見清淨答
言於諸行中能淨　我見又問若得我實性即得實知見耶答言然
若見我實性即是實知見譬如國王典金藏人回已出用知餘在者如是
因知我實性故得實知見又問云何得我實性答言若得无我法所以者

BD15001 號 A3　思益梵天所問經卷三　（223–124）

主

何我畢竟无根本无決定故若能如是知者是名得我實性又問如我解
文殊師利所說義以見我故即是見佛所以者何見我性即是佛性文
殊師利誰能見佛　荅言不壞我見者所以者何我見即是法見法
見能見佛又問頗　有无所行名為正行耶荅言有若不行而有為
法是名正行又問云何行名為正行荅言若不為見故行不為斷不為
證不為滿故行是名正行又問慧眼為見何法荅言若有所見不名

BD15001 號 A3　思益梵天所問經卷三　（223–125）

慧眼慧眼不見有為法不見无為法所以者何有為法皆虛妄分別无
虛妄分別相是名慧眼无為法空无所有過諸道眼是故慧眼亦不
見无為法又問頗　有回緣正行比丘不得道果耶荅言有正行中无
道无果无行无得　无有得果差別梵天无所得故乃名為得若有所
得當知是為增上慢〻正行者无增上慢无增上慢則无行无得又問得
何法故名為得道荅言若法不自生不他生亦不從緣生從本以來常

BD15001 號 A3　思益梵天所問經卷三　（223–126）

主无有生得是法故説名得道又問若法不生爲何所得答言若知法不
生即名爲得是故佛説若見諸有爲法不生相即入正位又問云何名正位
答言我及涅槃等　不作二是名正位又行平等故名爲正位以平等出諸
煩惱故名正位入了　義中故名正位除一切憶念故名正位尒時世尊讚
文殊師利言善哉善哉快説此言誠如所説説是法時七千比丘不受諸
法漏盡心得解脱三万二千諸天遠塵離垢得法眼淨千千人離欲得定

BD15001號A3　思益梵天所問經卷三　（223-127）

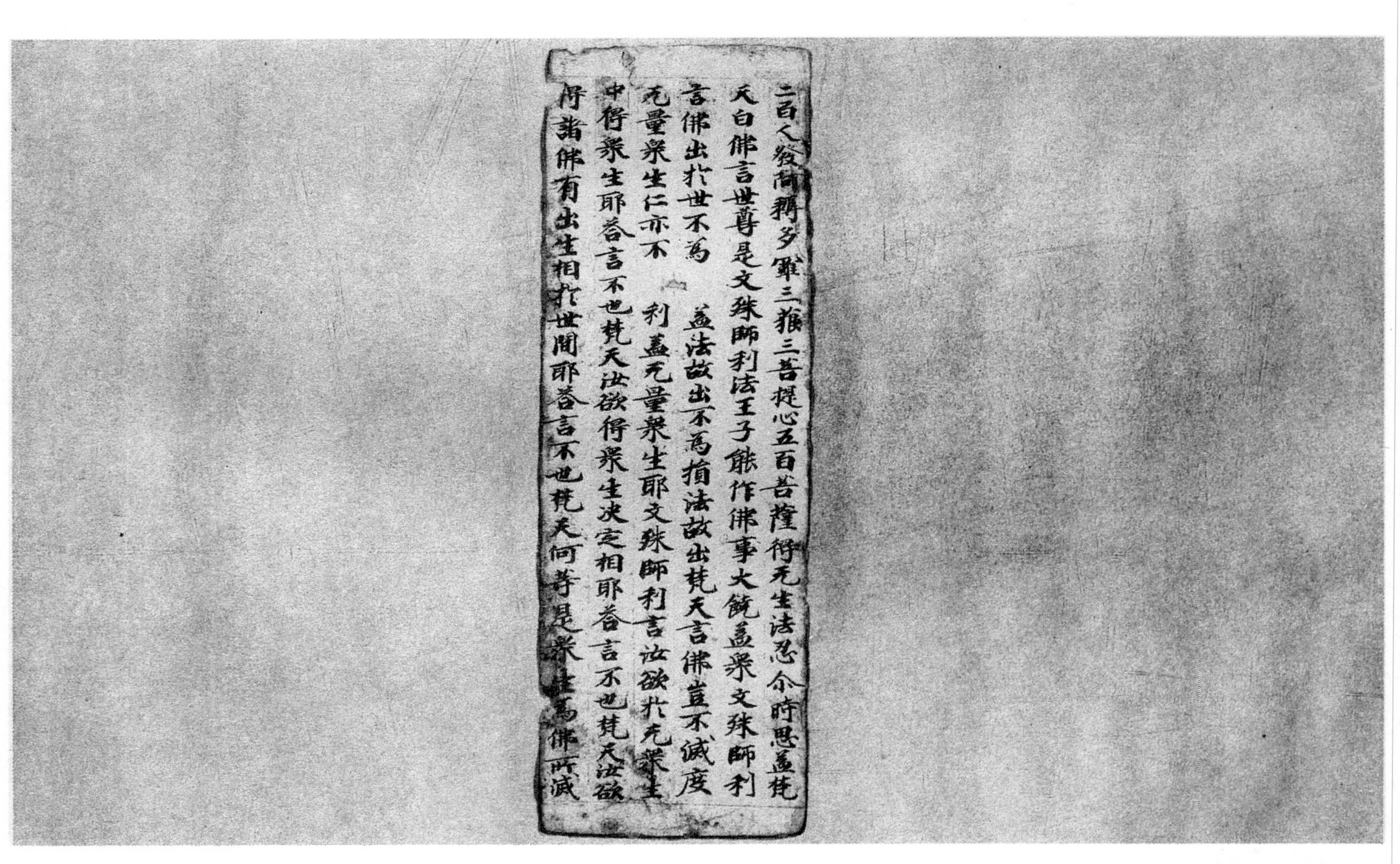
二百人發阿耨多羅三藐三菩提心五百菩薩得无生法忍尒時思益梵
天白佛言世尊是文殊師利法王子能作佛事大饒益衆文殊師利
言佛出於世不爲　益法故出不爲損法故出梵天言佛豈不滅度
无量衆生仁亦不　利益无量衆生耶文殊師利言汝欲於无衆生
中得衆生耶答言不也梵天汝欲得衆生決定相耶答言不也梵天汝欲
得諸佛有出生相於世間耶答言不也梵天何等是衆生爲佛所滅

BD15001號A3　思益梵天所問經卷三　（223-128）

度者梵天言如仁所說義无生死无涅槃文殊師利言如是諸佛世尊不
得生死不得涅槃佛諸弟子得解脫者亦不得生死不得涅槃所以者
何是涅槃是生死但假名字有言說可實无生死往來滅度得涅槃
又問誰能信是法　者答言於諸法中无貪著者又問若貪著者於
何貪著答言若貪著者貪著虛妄梵天若貪著是實者終无增上
慢以實貪著虛妄故行者知之而不貪著若不貪著則无有流若无有

BD15001號 A3　思益梵天所問經卷三　(223–129)

流則无往來生死若无往來生死是則滅度又問何故說言滅度答言
滅度者名為衆緣不和合若无明不和合諸行因緣則不起諸行若不
起諸行是名為滅　不起相是畢竟滅得是道故則无生處如是名
為四聖諦尒時普　行菩薩謂文殊師利如汝所說皆為真實答言一
切言說皆為真實又問虛妄言說亦真實耶答言如是所以者何是諸
言說皆為虛妄无處无方若法皆虛妄无處无方是故一切言說皆是

BD15001號 A3　思益梵天所問經卷三　(223–130)

眞實善男子提婆達語如來語无異无別所以者何一切言說皆是如來
言說不出如故一切言說有所說事皆以无所說故得有所說是以一切
言說皆等文字同 故文字无念故文字空故普行言如來不說凡夫
語言賢聖語言耶 文殊師利言然以文字說凡夫語言亦以文字說賢
聖語言如是善男子諸文字有分別是凡夫語言是賢聖語言耶普
行言不也文殊師利言如諸文字无分別一切賢聖亦无分別是故賢

BD15001號 A3　思益梵天所問經卷三　（223–131）

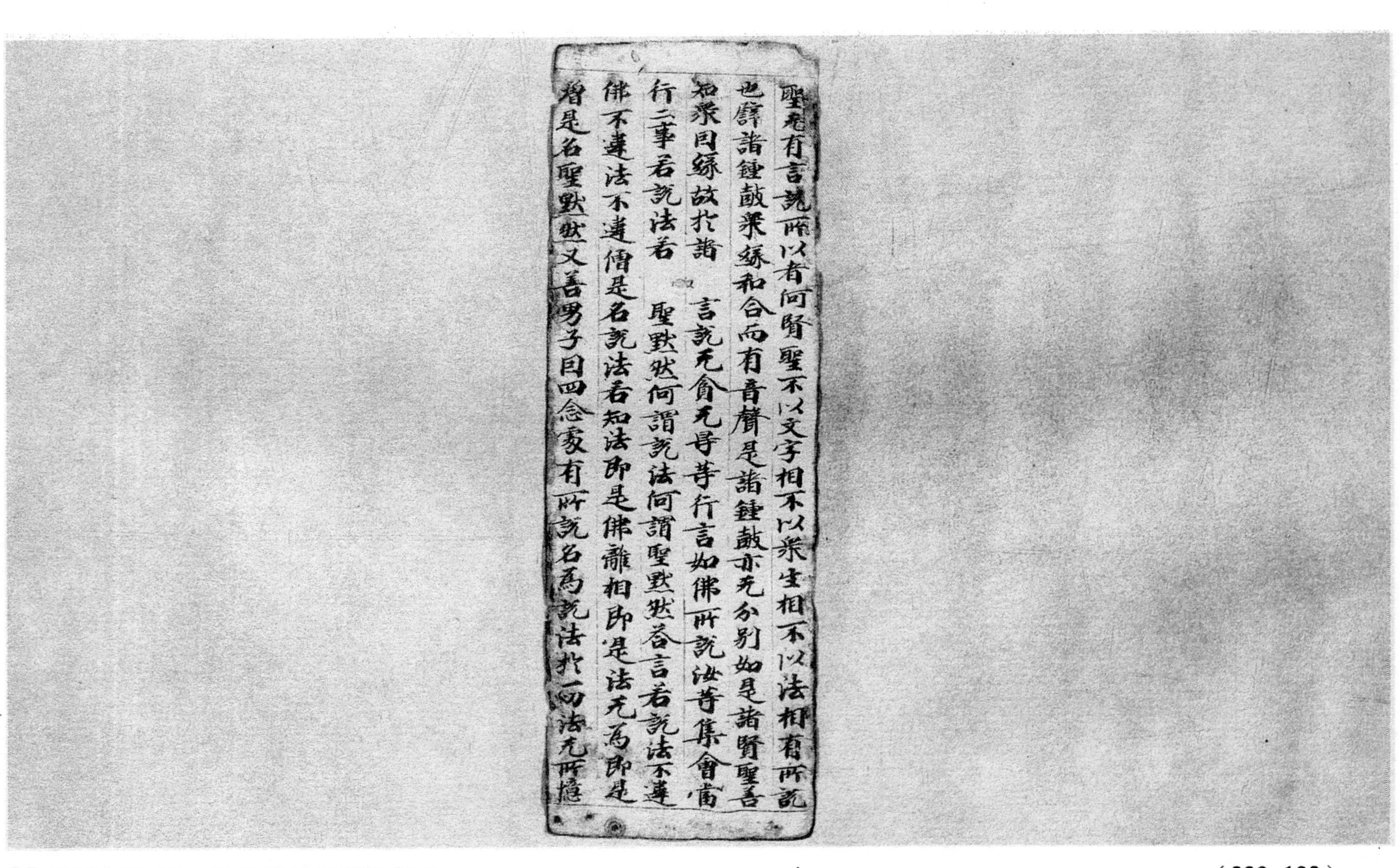
聖无有言說所以者何賢聖不以文字相不以衆生相不以法相有所說
也辟諸鍾鼓衆緣和合而有音聲是諸鍾鼓亦无分別如是諸賢聖言
知衆因緣故於諸 言說无貪无著普行言如佛所說汝等集會當
行二事若說法若 聖默然何謂說法何謂聖默然答言若說法不違
佛不違法不違僧是名說法若知法即是佛離相即是法无爲即是
僧是名聖默然又善男子因四念處有所說名爲說法於一切法无所憶

BD15001號 A3　思益梵天所問經卷三　（223–132）

十五念名聖默然曰四正勤有所說名為說法以諸法等不作善不作非善
名聖默然曰四如意是有所說名為說法若不起身心名聖默然曰五
根五力有所說名為說法若不隨他語有所信為不取不捨故分部諸
法一心安住无念念　中斷一切法常定性斷一切戲論慧名聖默然曰七
菩提分有所說名為說法若常行捨心无所分別无增无減名聖默
然曰八聖道分有所說名為說法若知諸法相如栰喻不依法不依非

BD15001號A3　思益梵天所問經卷三　（223–133）

法名聖默然善男子於是卅七助道法若能開解演說名為說法若
身證是法亦不離身見法亦不離法見身於是觀中不見二相不見不
二相如是現前知　見而亦不見名聖默然又善男子若不妄想著我
不妄想著彼不妄　想著法有所說名為說法若至不可說相離一切
言說音聲得不動處入離相心名聖默然又善男子若知一切衆生諸
根利鈍而教誨之名為說法常入於定心不散亂名聖默然等行言說

BD15001號A3　思益梵天所問經卷三　（223–134）

三六

辭文殊師利所說義一切聲聞辟支佛无有說法亦无聖黙然所以者
何不能了知一切衆生諸根利鈍亦復不能常在於定文殊師利若有
真實問何等是　世間說法者何等是世間聖黙然者則當爲說
諸佛是也所以者　何諸佛善能分別一切衆生諸根利鈍亦常在
定佛告文殊師利如是如是如等行所說唯諸如來有此二法尒時
須菩提白佛言世尊我親從佛聞汝等集會當行二事若說法若

BD15001 號 A3　思益梵天所問經卷三　（223–135）

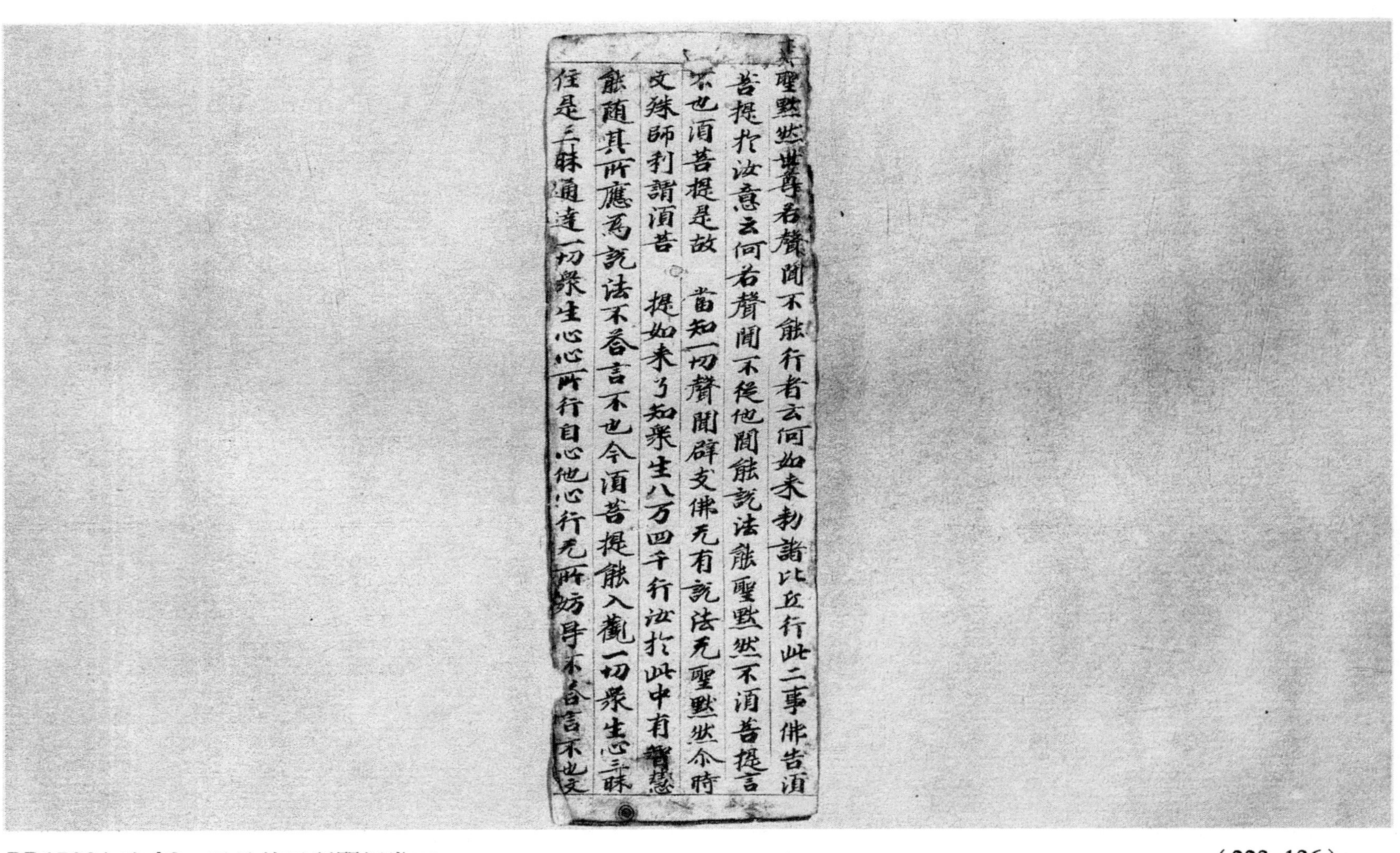
三七

聖黙然世尊若聲聞不能行者云何如來勅諸比丘行此二事佛告須
菩提於汝意云何若聲聞不從他聞能說法能聖黙然不須菩提言
不也須菩提是故　當知一切聲聞辟支佛无有說法无聖黙然尒時
文殊師利謂須菩　提如來了知衆生八万四千行法於此中有智慧
能隨其所應爲說法不答言不也今須菩提能入觀一切衆生心三昧
住是三昧通達一切衆生心心所行自心他心行无所妨㝵不答言不也文

BD15001 號 A3　思益梵天所問經卷三　（223–136）

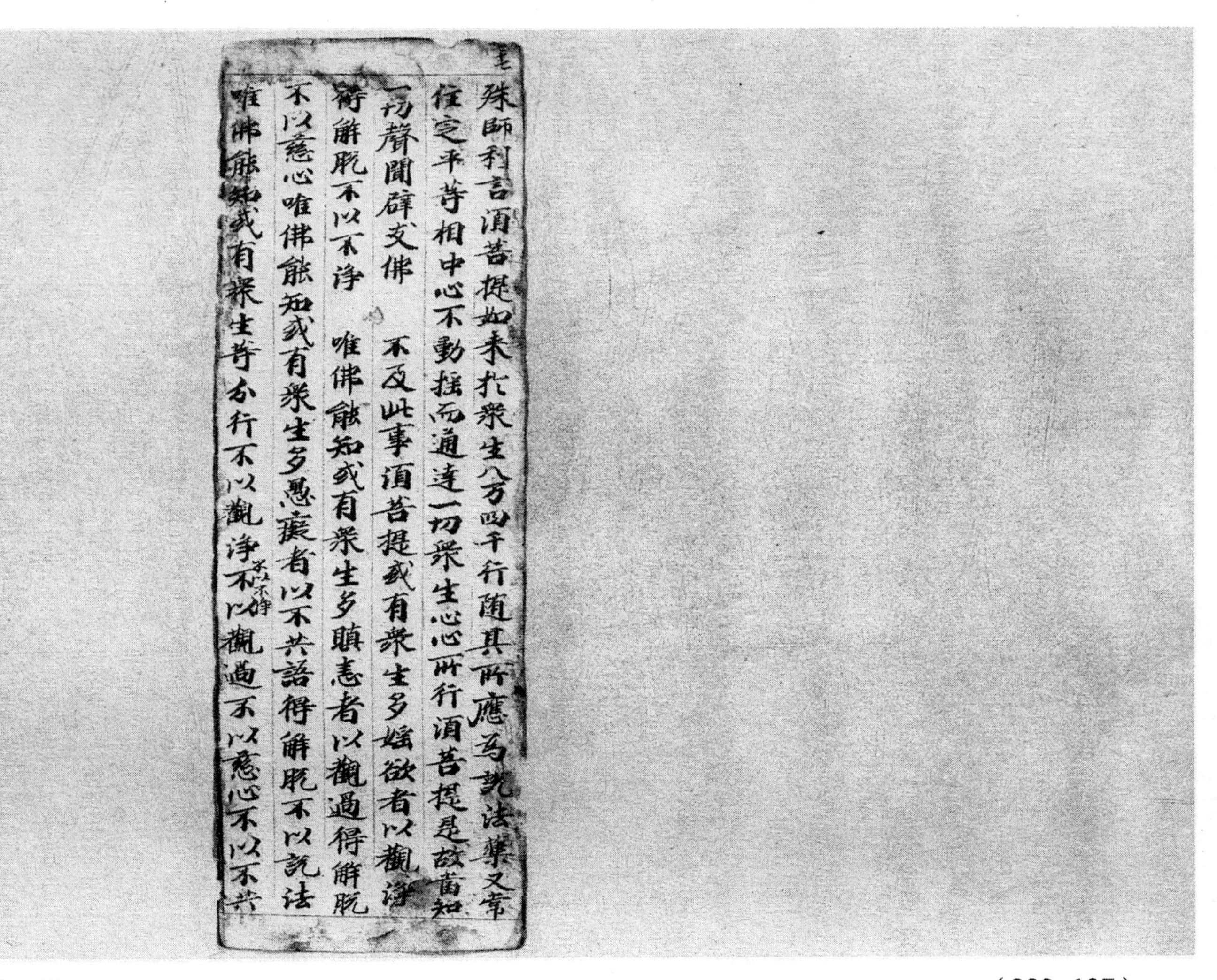

殊師利言須菩提如来於衆生八万四千行隨其所應為説法樂文章
住定平等相中心不動揺而通達一切衆生心心所行須菩提是故當知
一切聲聞辟支佛　不及此事須菩提或有衆生多婬欲者以觀淨
得解脱不以不淨　唯佛能知或有衆生多瞋恚者以觀過得解脱
不以慈心唯佛能知或有衆生多愚癡者以不共語得解脱不以説法
唯佛能知或有衆生等分行不以觀淨不以不淨不以觀過不以慈心不以不共

BD15001號A3　思益梵天所問經卷三　(223–137)

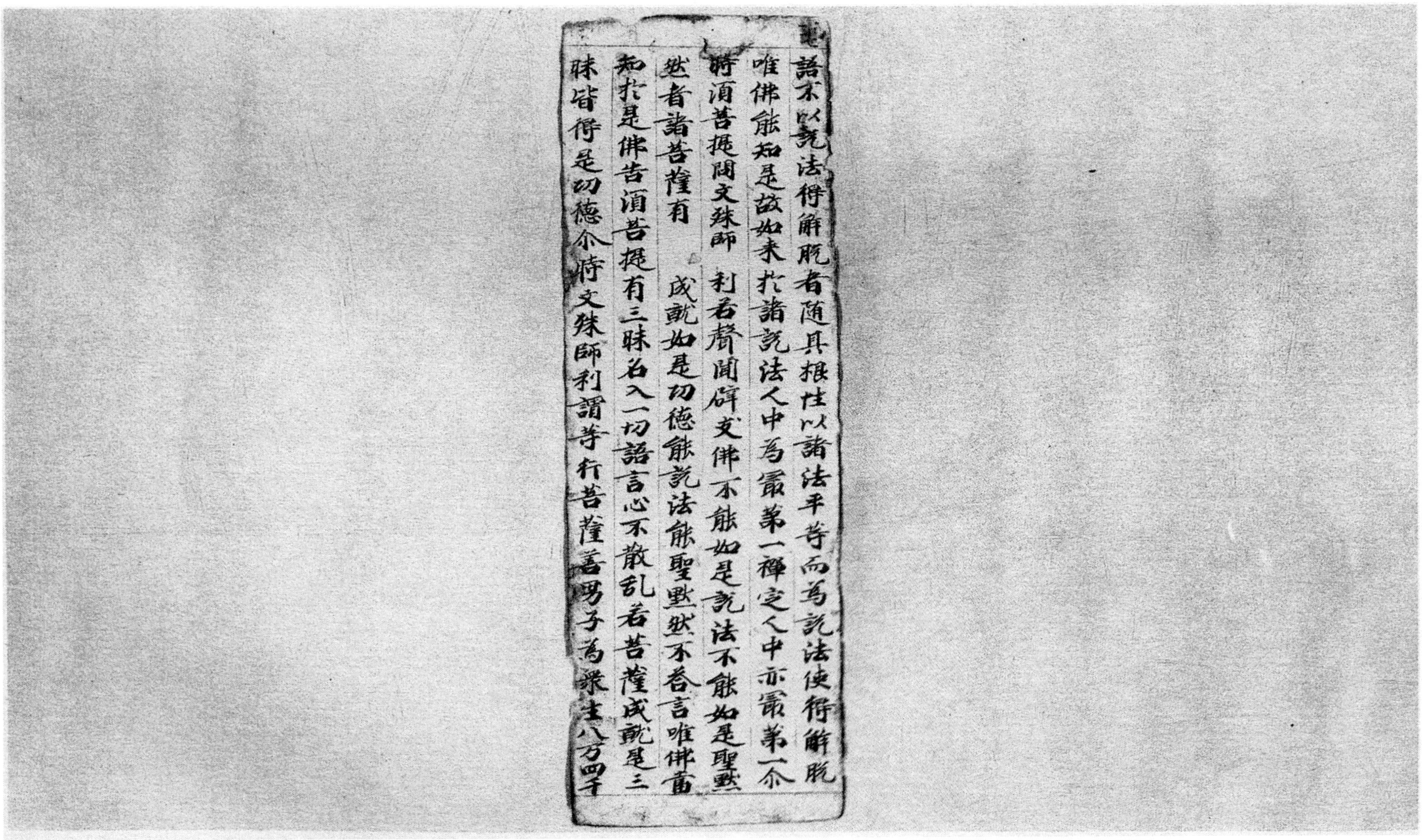

語不以説法得解脱者隨其根性以諸法平等而為説法使得解脱
唯佛能知是故如来於諸説法人中為冣第一禪定人中亦冣第一尒
時須菩提問文殊師　利若聲聞辟支佛不能如是説法不能如是聖默
然者諸菩薩有　成就如是功德能説法能聖默然不答言唯佛當
知於是佛告須菩提有三昧名入一切語言心不散乱若菩薩成就是三
昧皆得是功德尒時文殊師利謂等行菩薩善男子為衆生八万四千

BD15001號A3　思益梵天所問經卷三　(223–138)

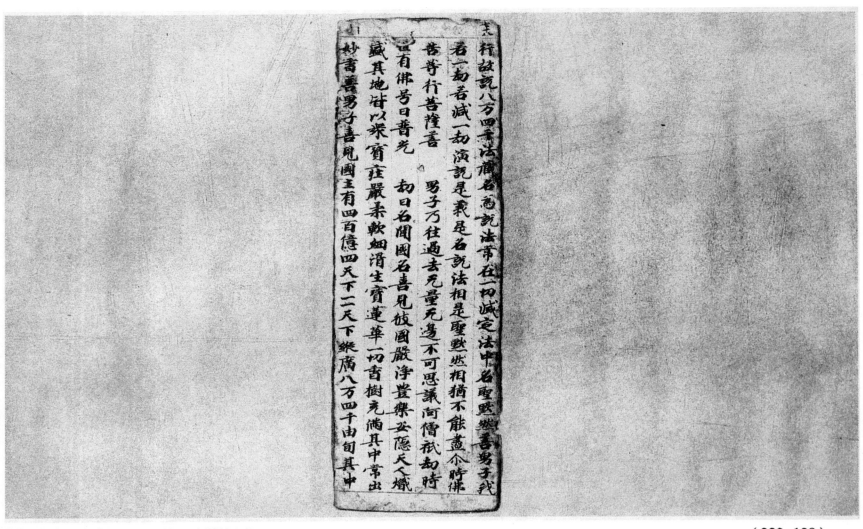

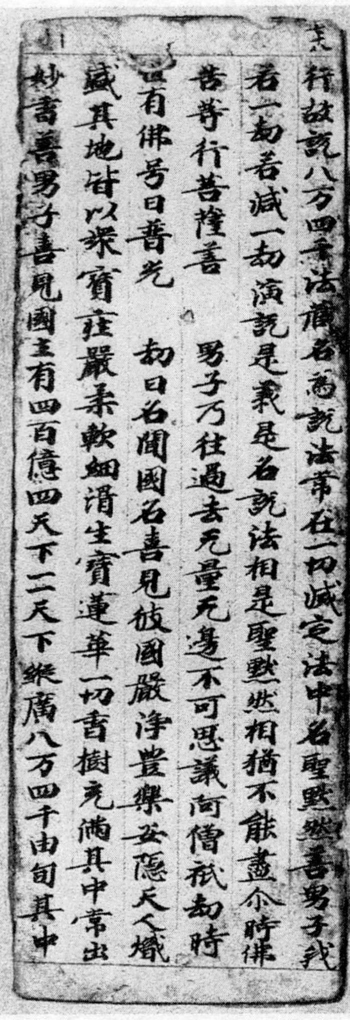

行故說八万四千法藏名爲說法常在一切滅定法中名聖默然善男子我
若一劫若減一劫演說是義是名說法相是聖默然相猶不能盡尒時佛
告等行菩薩善男子乃往過去无量无邊不可思議阿僧祇劫時
世有佛号曰普光劫曰名聞國名喜見彼國嚴淨豐樂安隱天人熾
盛其地皆以衆寶莊嚴柔軟細滑生寶蓮華一切香樹充滿其中常出
妙香善男子喜見國土有四百億四天下一一天下縱廣八万四千由旬其中

BD15001 號 A3　思益梵天所問經卷三　（223–139）

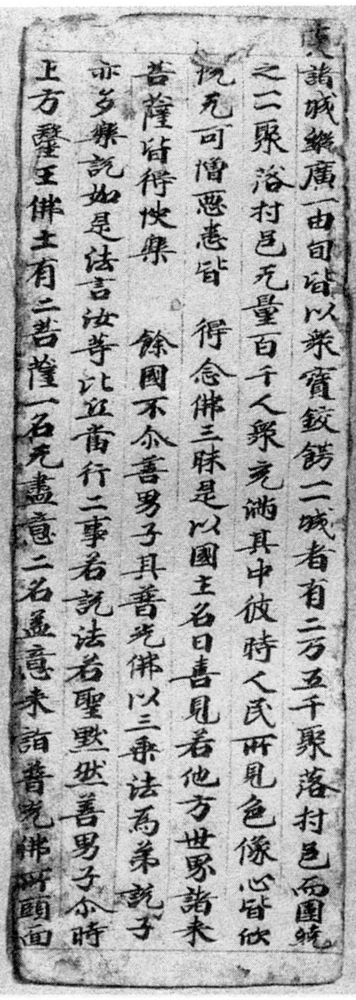

諸城縱廣一由旬皆以衆寶挍餝二城者有二万五千聚落村邑而圍繞
之二聚落村邑无量百千人衆充滿其中彼時人民所見色像心皆欣
悅无可憎惡恚皆得念佛三昧是以國主名曰喜見若他方世界諸來
菩薩皆得快樂餘國不尒善男子其普光佛以三乘法爲弟子說
亦多樂說如是法言汝等比丘當行二事若說法若聖默然善男子尒時
上方豐王佛土有二菩薩一名无盡意二名益意來詣普光佛所頭面

BD15001 號 A3　思益梵天所問經卷三　（223–140）

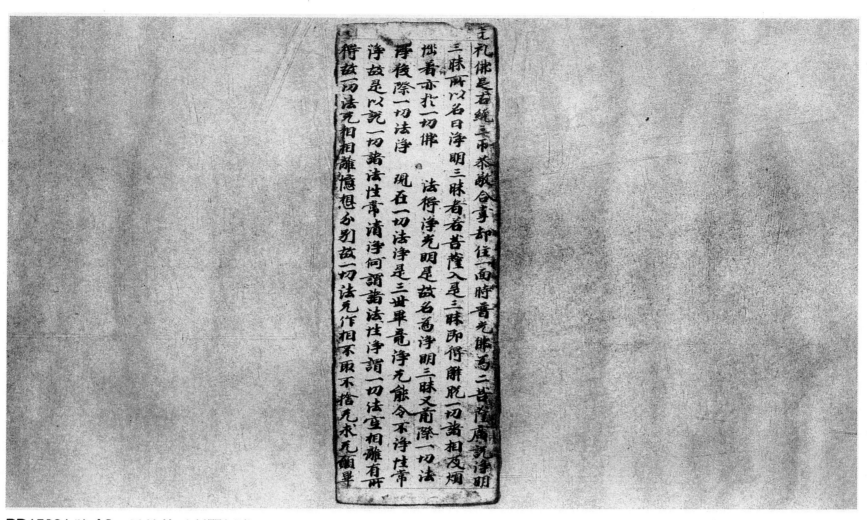

无礼佛足右繞三帀恭敬合掌却住一面時普光佛為二菩薩廣說淨明
三昧所以名曰淨明三昧者若菩薩入是三昧即得解脫一切諸相及煩
惱着亦於一切佛　法得淨光明是故名為淨明三昧又前際一切法
淨後際一切法淨　現在一切法淨是三世畢竟淨无能令不淨性常
淨故是以說一切諸法性常清淨何謂諸法性淨謂一切法空相離有所
得故一切法无相相離憶想分別故一切法无作相不取不捨无求无願畢

BD15001 號 A3　思益梵天所問經卷三　（223–141）

无竟離自性故是名性常清淨以是常淨相知生死性即是涅槃涅槃性
即是一切法性是故說心性常清淨善男子譬如虛空若受垢汙无有
是處心性如亦是　若有垢汙无有是處又如虛空雖為烟塵雲霧
覆曀不明不淨而　不能染汙虛空之性設染汙者不可復淨以虛空
實不染汙還見清淨凡夫心亦如是雖邪憶念起諸煩惱然其心性不可
垢汙設垢汙者不可復淨以心相實不垢汙性常明淨是故心得解脫

BD15001 號 A3　思益梵天所問經卷三　（223–142）

善男子是名入淨明三昧門彼二菩薩聞是三昧於諸法中得不可思
議法光明尒時无盡意菩薩白普光如來言世尊我等已聞淨明三
昧當以何行行此　法門佛告无盡意善男子汝等當行二行若說
法若聖默然時二　菩薩從佛受教頭面礼佛足繞三帀而出趣一園
林自以神力化作寶樓於中循行時有梵天名曰妙光與七万二千梵俱
來至其所頭面礼足問二菩薩善男子普光如來言說汝等比丘集會

BD15001 號 A3　思益梵天所問經卷三　（223–143）

當行二事若說法若聖默然善男子何謂說法何謂聖默然二菩薩
言汝今善聽我當少說唯有如來乃通達耳於是二菩薩以二句義
爲諸梵衆廣分別　說時七万二千梵皆得无生法忍妙光梵天得普
明三昧是二菩薩　於七万六千歲以无㝵辯力荅其所問不擶不
息分別二句手相問荅而不窮盡於是普光如來在虛空中作如是
言善男子勿於文字言說而起諍訟凡諸言說皆空如響汝所問荅亦

BD15001 號 A3　思益梵天所問經卷三　（223–144）

如是汝等二人皆得无导辯才及无盡陁羅尼若於一劫若百劫說此二
句辯不可盡善男子佛法是寂滅相第一之義此中无有文字不可得說
諸所言說皆无義　利是故汝等當隨此義勿隨文字是二菩薩聞佛
教已默然而止佛　告等行以是當知菩薩若以辯才說法於百千万
劫若過百千万劫不可窮盡又告等行於意云何彼二菩薩豈異人乎
勿造斯觀无盡意者今文殊師利是益意菩薩者今汝身是妙光梵天

BD15001號A3　思益梵天所問經卷三　（223–145）

者今思益梵天是尒時等行菩薩白佛言未曾有也世尊諸佛菩提
爲大饒益如所說行精進衆生世尊其懈怠不能如說行者雖值百
千万佛无能爲也　當知從勤精進得出菩提尒時文殊師利謂等
行菩薩善男子汝　知菩薩云何行名勤精進答言若菩薩能得聖
道名勤精進又問云何行能得聖道答言若於諸法无所分別如是行
者能得聖道又問云何名得聖道已答言若行者於平等中見諸法

BD15001號A3　思益梵天所問經卷三　（223–146）

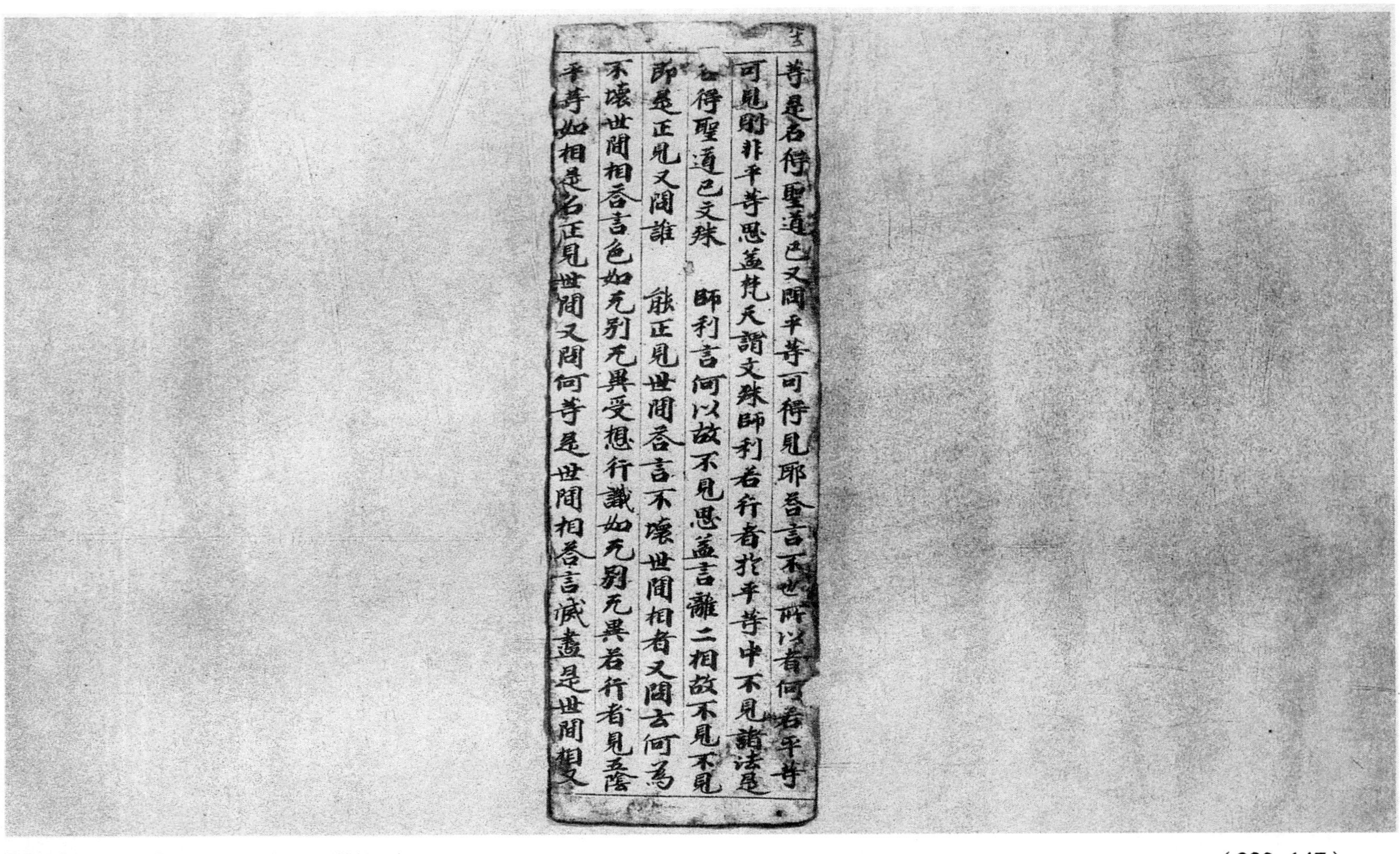

等是名得聖道也又問平等可得見耶答言不也所以者何若平等
可見則非平等思益梵天謂文殊師利若行者於平等中不見諸法是
名得聖道也文殊　師利言何以故不見思益言離二相故不見不見
即是正見又問誰　能正見世間答言不壞世間相者又問云何爲
不壞世間相答言色如无別无異受想行識如无別无異若行者見五陰
平等如相是名正見世間又問何等是世間相答言滅盡是世間相又

BD15001 號 A3　思益梵天所問經卷三　（223–147）

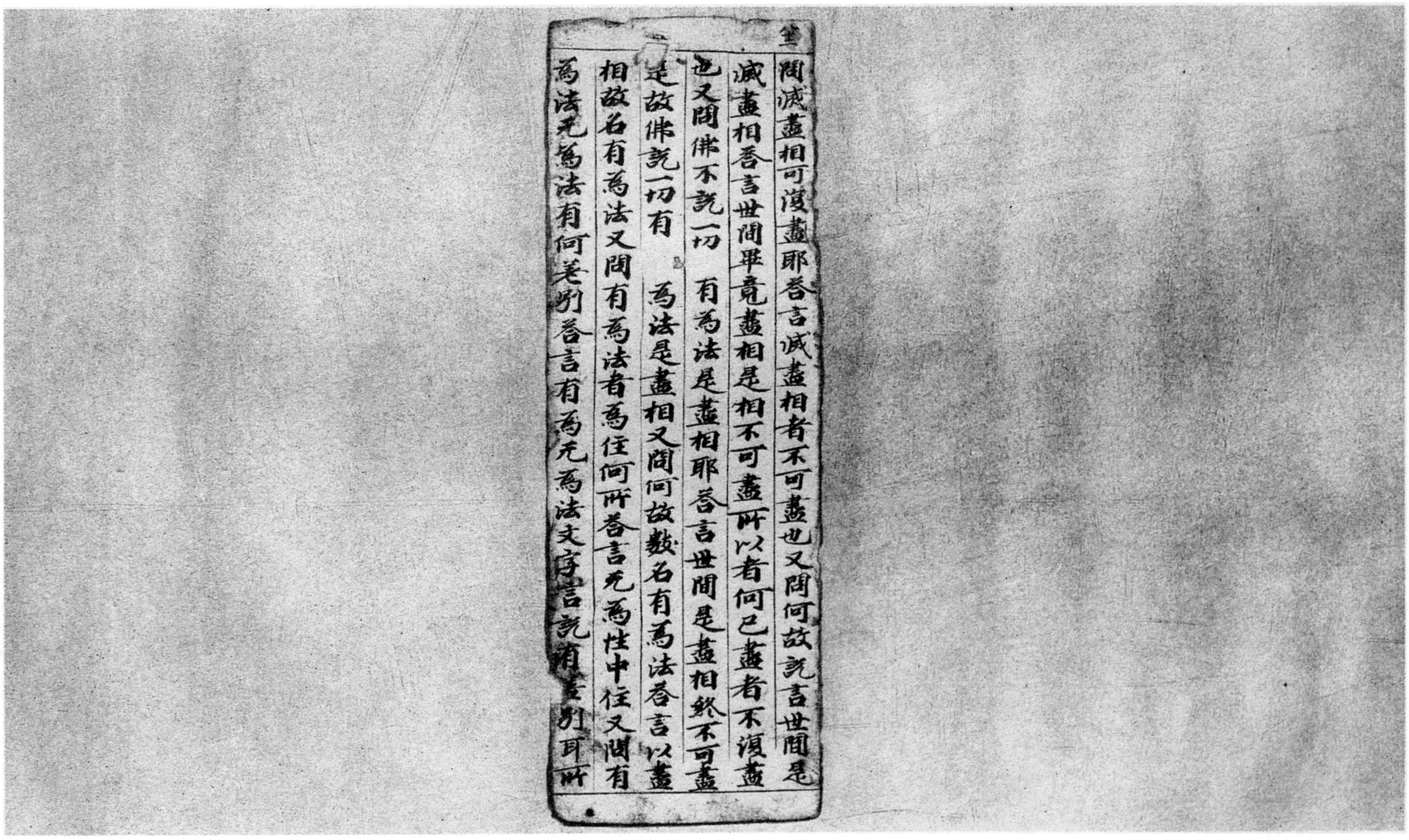

問滅盡相可復盡耶答言滅盡相者不可盡也又問何故說言世間是
滅盡相答言世間畢竟盡相是相不可盡所以者何已盡者不復盡
也又問佛不說一切　有爲法是盡相耶答言世間是盡相然不可盡
是故佛說一切有　爲法是盡相又問何故數名有爲法答言以盡
相故名有爲法又問有爲法者爲住何所答言无爲性中住又問有
爲法无爲法有何差別答言有爲无爲法文字言說有差別耳所

BD15001 號 A3　思益梵天所問經卷三　（223–148）

全三

以者何以文字言說言是有為是无為若求有為无為實相則无差
別以實相无差別故又問衞等是諸法實相義答言一切法平等无
有差別是諸法　實相義又問何等為義答言以文字說令人得
解故名為義所　以者何實相義者不如文字所說諸佛雖以文
字有所言說而於實法无所增減文殊師利一切言說皆非言說是故
佛語名不可說諸佛不可以言相說故又問云何得說佛相答言諸佛

BD15001 號 A3　思益梵天所問經卷三　（223–149）

全三

如來不可以色身說相不可以卅二相說相不可以諸功德法說相又問
諸佛可離色身卅二相諸功德法而說相耶答言不也所以者何色
身如卅二相如諸功　德法如諸佛不所是如亦非離如如是可說佛
相不失如相故又　問諸佛世尊得何等故号名為佛答言諸佛世
尊通達諸法性相如故說名為佛正遍知者於是等行菩薩白佛
言世尊何謂菩薩發行大乘尒時世尊以偈答言

BD15001 號 A3　思益梵天所問經卷三　（223–150）

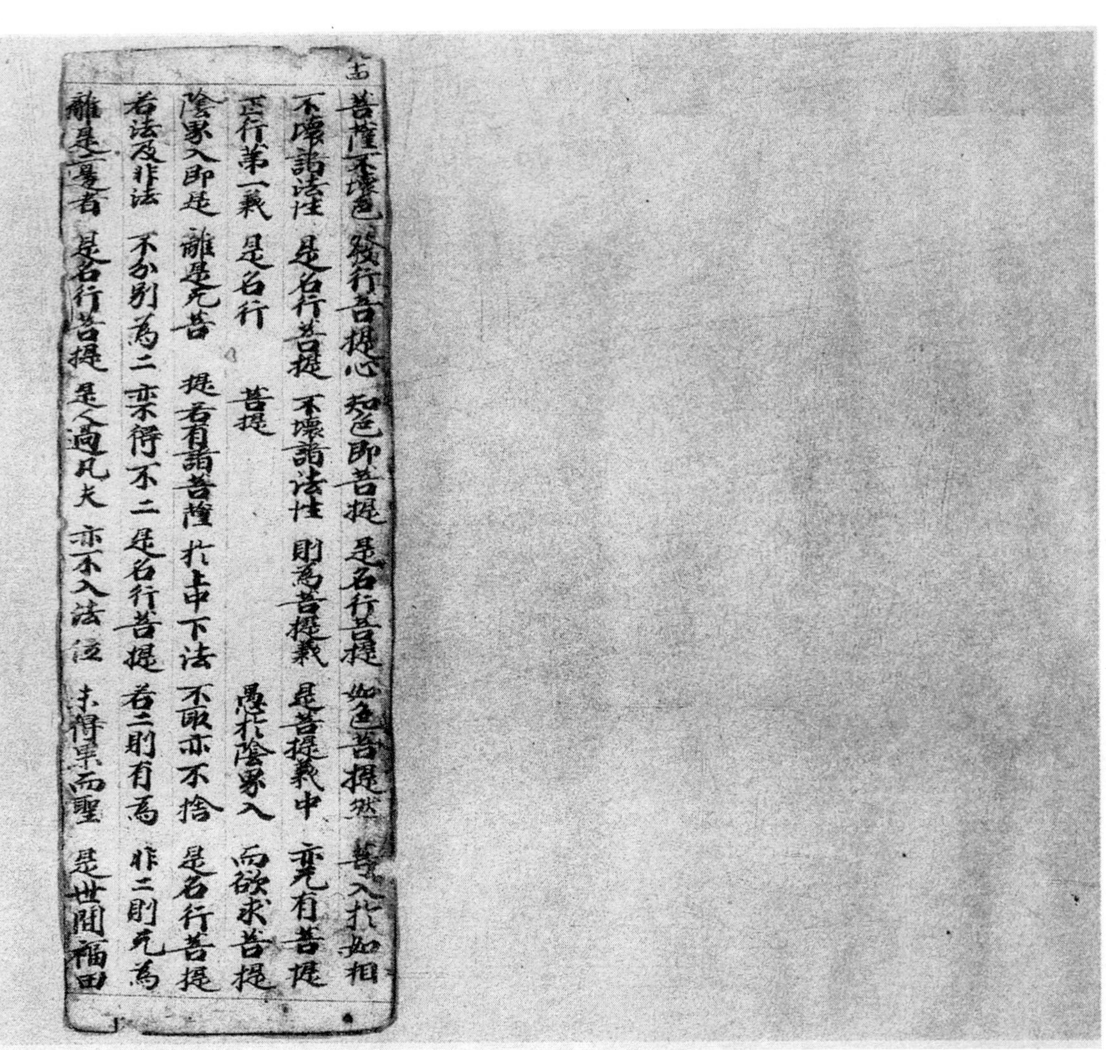

BD15001 號 A3　思益梵天所問經卷三　（223–151）

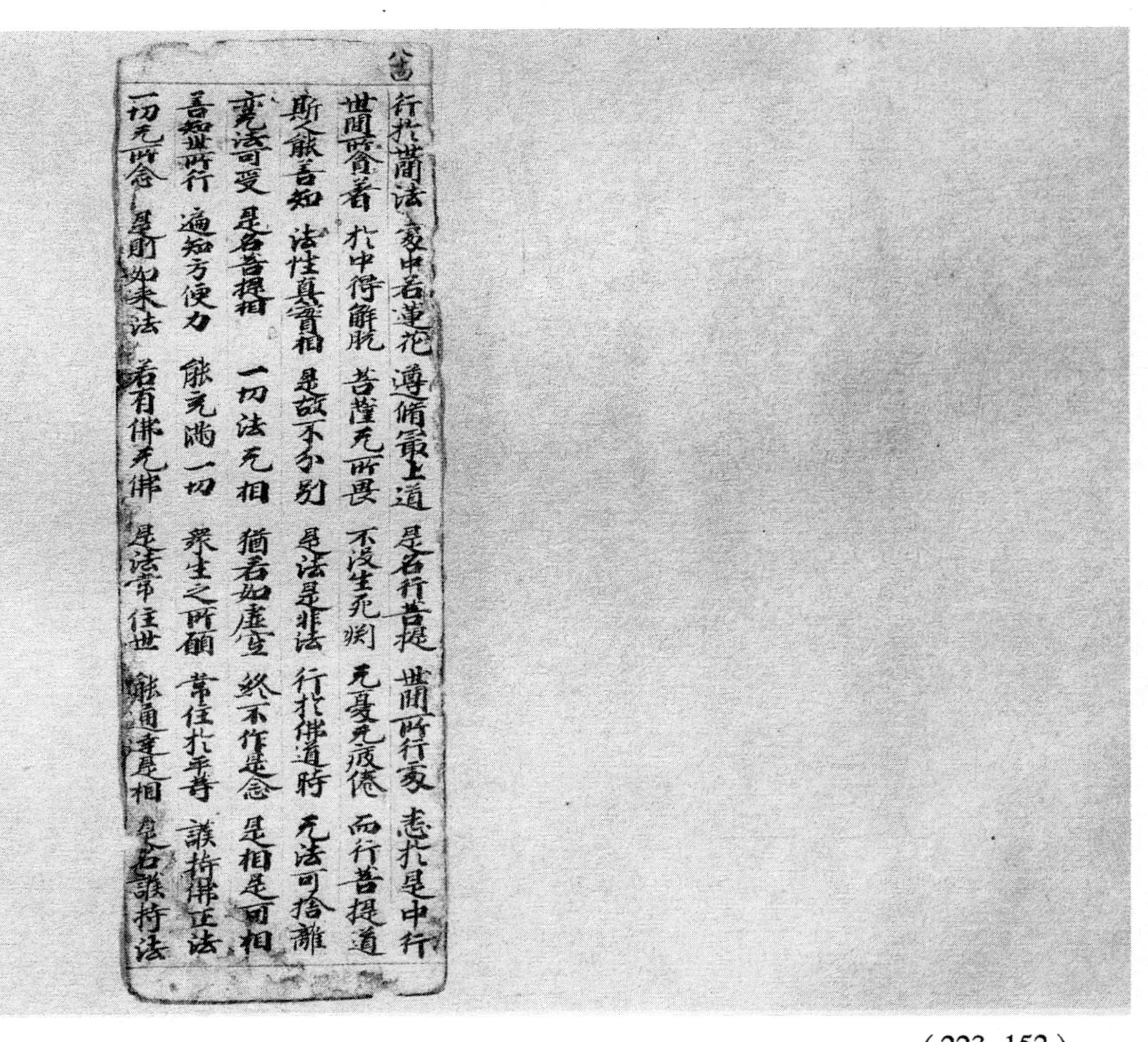

BD15001 號 A3　思益梵天所問經卷三　（223–152）

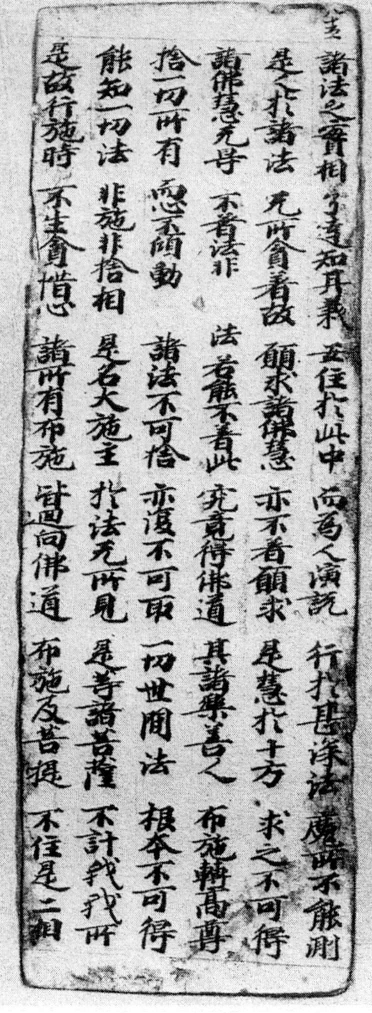

諸法之實相 悉達知其義 安住於此中 而為人演說 行於甚深法 魔所不能制
是人於諸法 无所貪著故 願求諸佛慧 亦不著願求 是慧於十方 求之不可得
諸佛慧无量 不著法非法 若能不著此 究竟得佛道 其諸樂善人 布施轉高尊
捨一切所有 心意不傾動 諸法不可捨 亦復不可取 一切世間法 根本不可得
能知一切法 非施非捨相 是名大施主 於法无所見 是等諸菩薩 不計我我所
是故行施時 不生貪惜心 諸所有布施 皆迴向佛道 布施及菩提 不住是二相

BD15001 號 A3　思益梵天所問經卷三　（223–153）

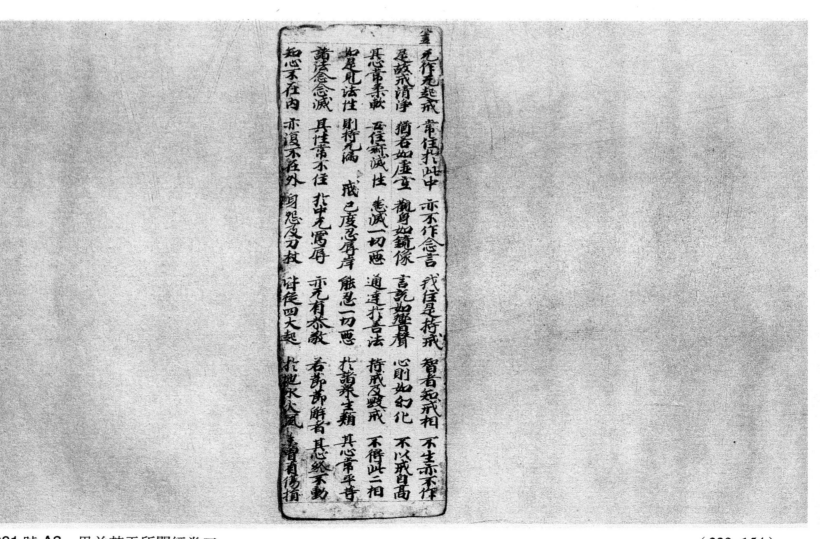

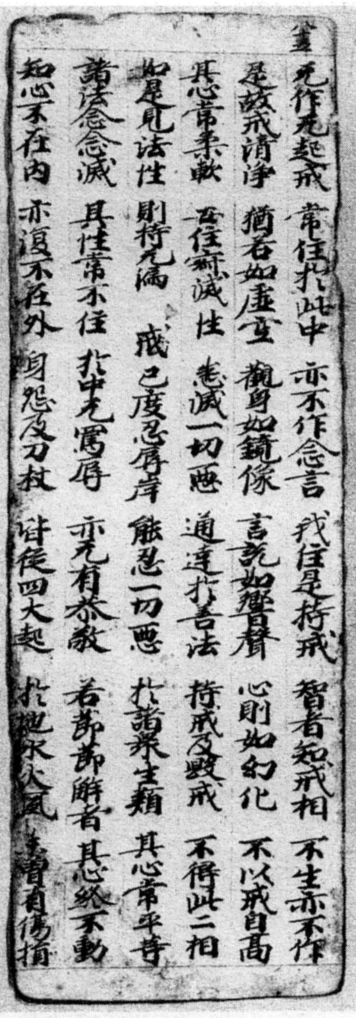

无作无起戒 常住於此中 亦不作念言 我住是持戒 智者知戒相 不生亦不作
是故戒清淨 猶若如虛空 觀身如鏡像 言說如響聲 心則如幻化 不以戒自高
其心常柔軟 安住寂滅性 悉滅一切惡 通達於善法 持戒及毀戒 不得此二相
如是見法性 則持无漏戒 已度忍辱岸 能忍一切惡 於諸眾生類 其心常平等
諸法念念滅 其性常不住 於中无罵辱 亦无有恭敬 若節節解者 其心終不動
知心不在內 亦復不在外 身怨及刀杖 皆從四大起 於地水火風 未曾有傷損

BD15001 號 A3　思益梵天所問經卷三　（223–154）

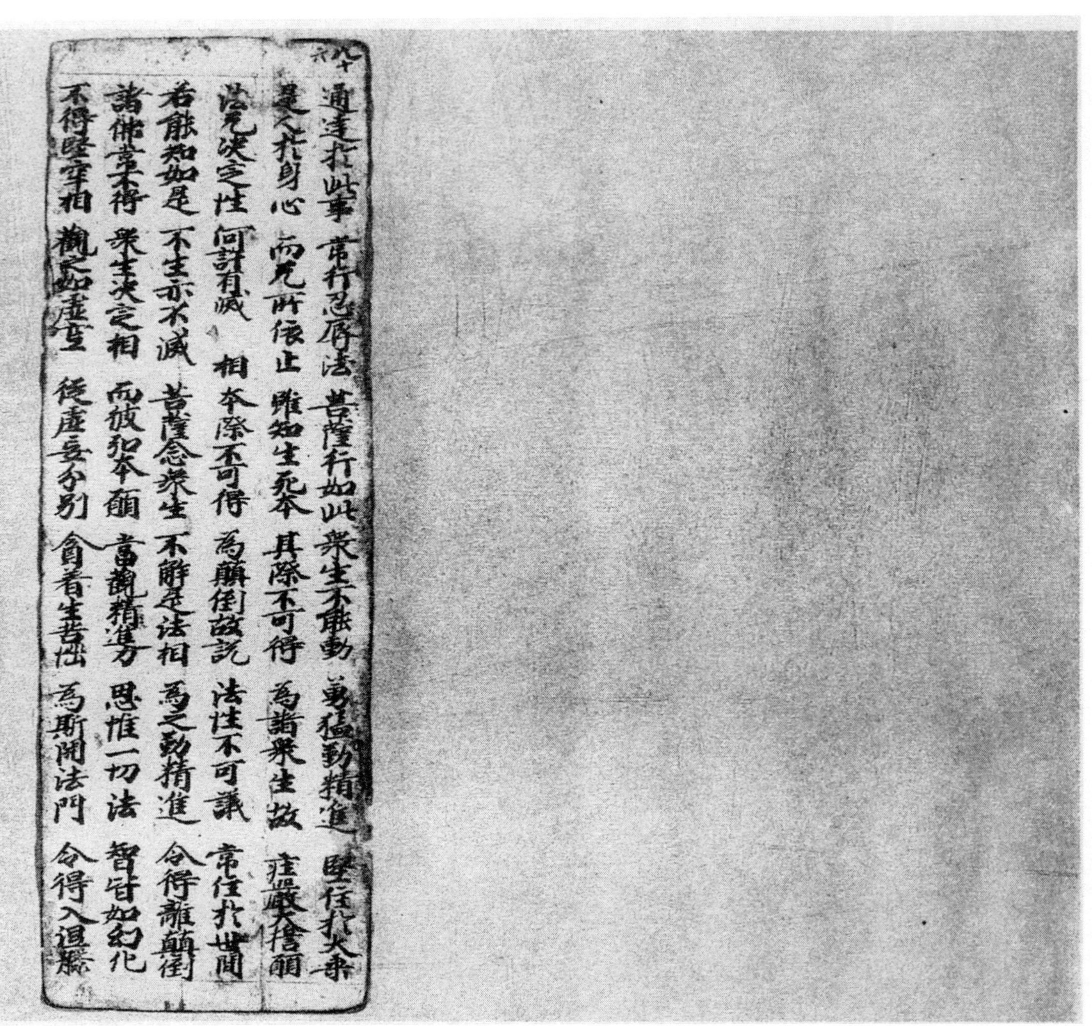

通達於此事　常行忍辱法　菩薩行如此　眾生不能動眾德勤精進　壁住於火聚

是人於身心　而無所依止　雖如生死本　其際不可得　為斷眾生故　莊嚴大僧那常光決定性　何討有滅　相本際不可得　為顛倒故說　法住不可議　常住於世間若能知如是　不生亦不滅　菩薩念眾生　不著是法相　為之勤精進　令得離顛倒諸佛常不得　眾生決定相　而彼染本纏　當為精進方　思惟一切法　智皆如幻化不得堅實相　觀如虛空　德慮妄分別　會者生善出　為斯聞法門　令得入道慧

BD15001 號 A3　思益梵天所問經卷三　　（223–155）

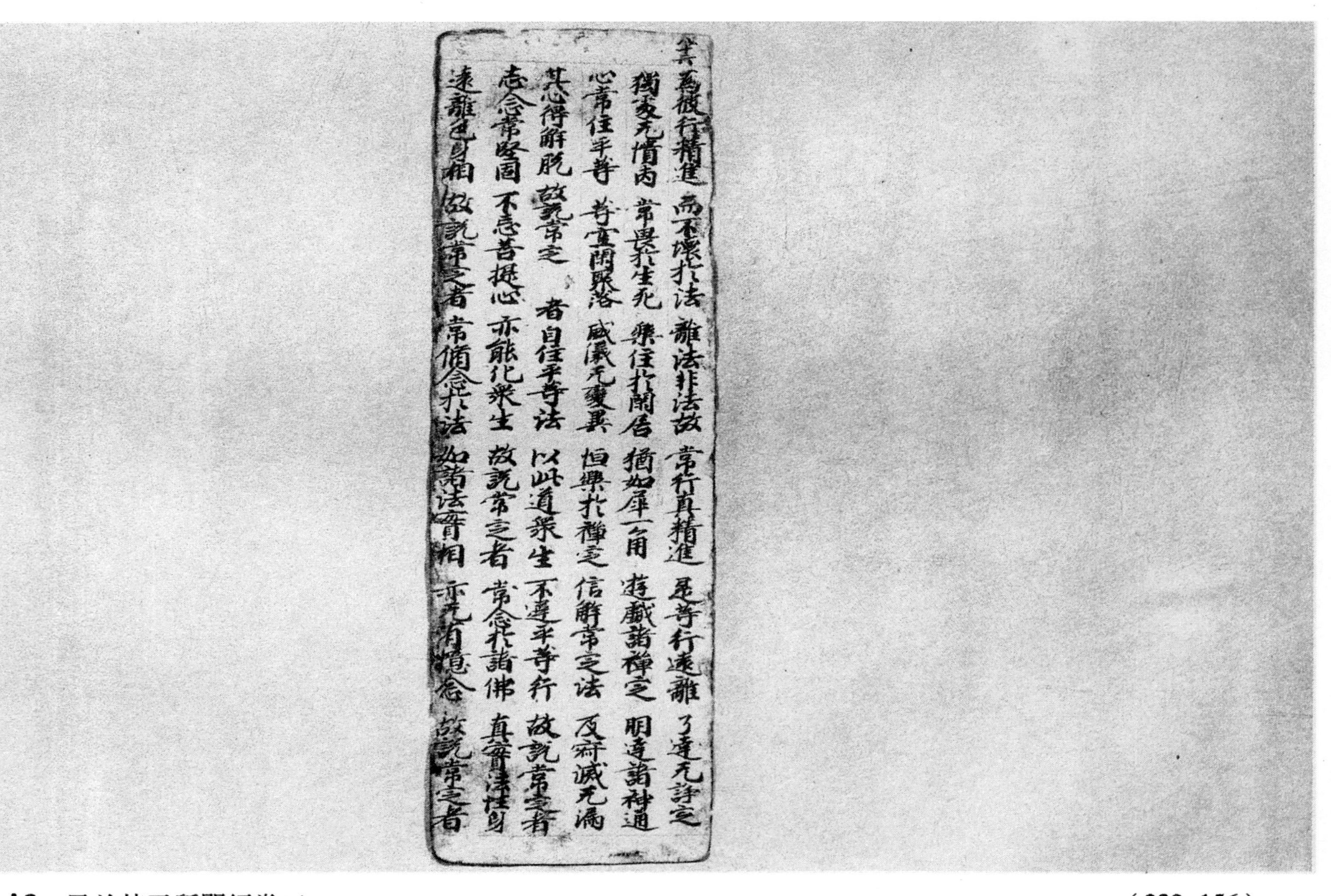

BD15001 號 A3　思益梵天所問經卷三　　（223–156）

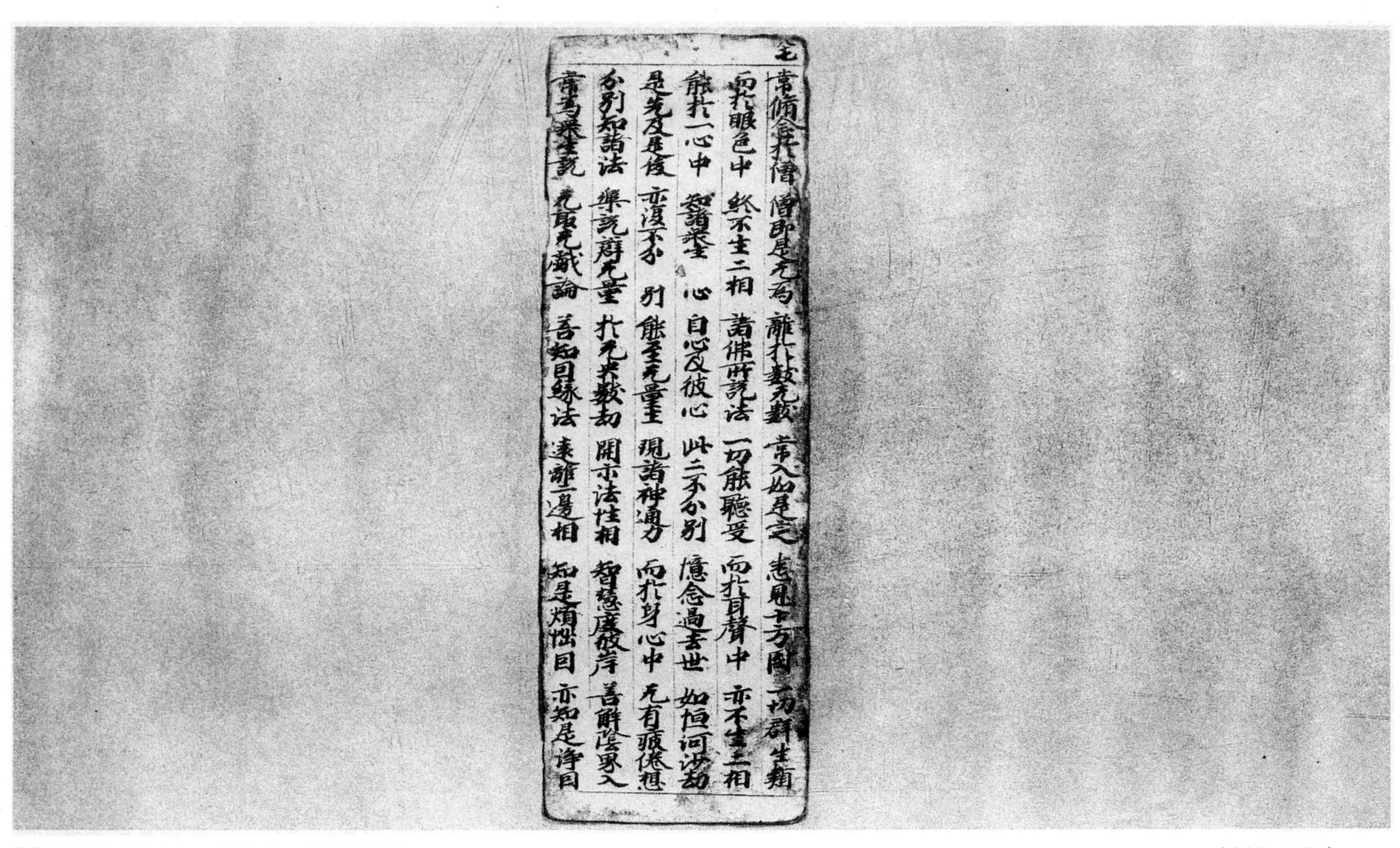

常修於无諍　諍即是无為　離於數无數　常入如是定　悉見十方國　一切群生類
而於眼色中　終不生二相　諸佛所說法　一切能聽受　而於耳聲中　亦不生二相
能於一心中　知諸衆生心　自心及彼心　此二不分別　憶念過去世　如恒河沙劫
是先及是後　亦復不分別　能至无量土　現諸神通力　而於身心中　无有疲倦想
分別知諸法　樂說辯无量　於无央數劫　開示法性相　智慧度彼岸　善解陰界入
常為衆生說　无取无戲論　善知因緣法　遠離二邊相　知是煩惱因　亦知是淨因

BD15001 號 A3　思益梵天所問經卷三　（223–157）

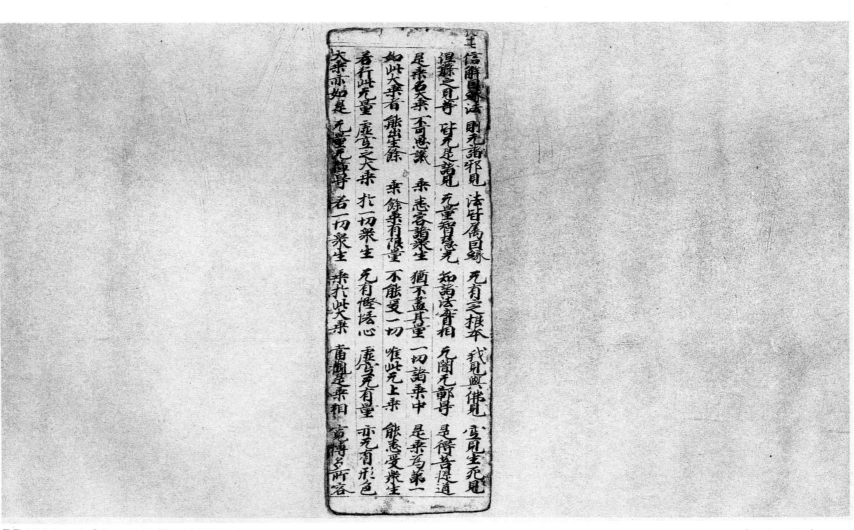

信解因緣法　則无諸邪見　法皆屬因緣　无有定根本　我見與佛見　空見生死見
涅槃之見等　皆无是諸見　无量智慧光　知諸法實相　无闇无鄣等　是得菩提道
是乘名大乘　不可思議乘　悉容諸衆生　猶不盡其量　一切諸乘中　是乘為第一
如此大乘者　能出生餘乘　餘乘有限量　不能受一切　唯此无上乘　能悉受衆生
若行此无量　虛空之大乘　於一切衆生　无有慳悋心　虛空无有量　亦无有形色
大乘亦如是　无量无邊等　若一切衆生　乘於此大乘　當觀是乘相　寬博之所容

BD15001 號 A3　思益梵天所問經卷三　（223–158）

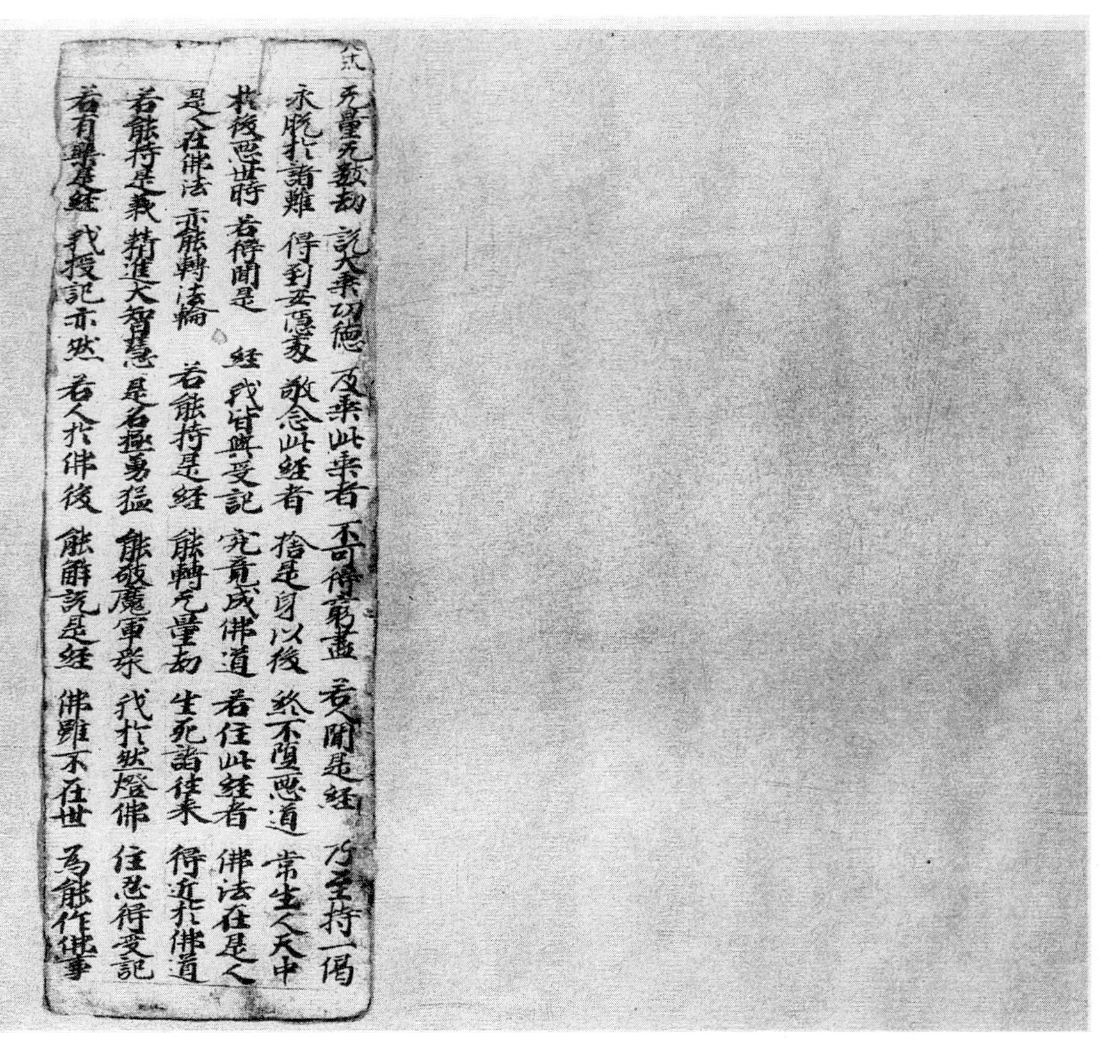
无量无數劫　說大乘功德　及乘此乘者　不可得窮盡　若人聞是經　乃至持一偈
永脫於諸難　得到安隱處　敬念此經者　捨是身以後　終不墮惡道　常生人天中
於後惡世時　若得聞是經　我皆與受記　究竟成佛道　若住此經者　佛法在是人
是人在佛法　亦能轉法輪　若能持是經　能轉无量劫　生死諸往來　得近於佛道
若能持是義　精進大智慧　是名極勇猛　能破魔軍衆　我於然燈佛　往悉得受記
若有解是經　我授記亦然　若人於佛後　能解說是經　佛雖不在世　為能作佛事

BD15001 號 A3　思益梵天所問經卷三　（223–159）

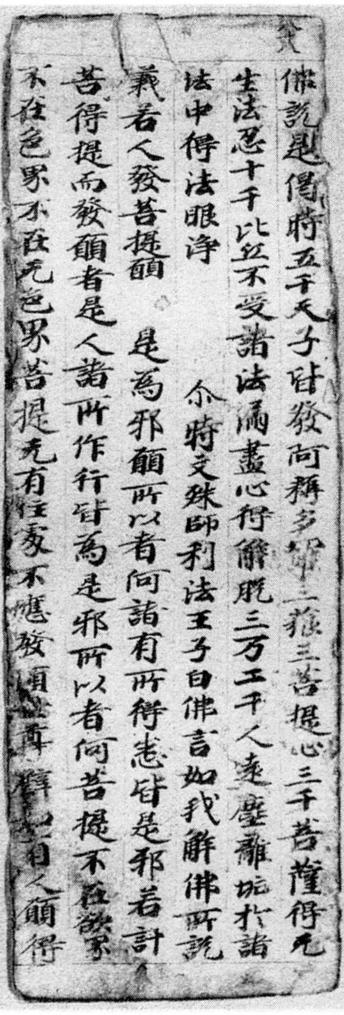

佛說是偈時，五千天子皆發阿耨多羅三藐三菩提心，三千菩薩得无
生法忍，十千比丘不受諸法漏盡心得解脫，三万二千人遠塵離垢於諸
法中得法眼淨。　尒時文殊師利法王子白佛言：如我解佛所說
義，若人發菩提願，是為邪願。所以者何？諸有所得悉皆是邪。若計
菩得提而發願者，是人諸所作行皆為是邪。所以者何？菩提不在欲界，
不在色界，不在无色界。菩提无有住處，不應發願。世尊，若有人願得

BD15001 號 A3　思益梵天所問經卷三　（223–160）

无虛空可得空不能言不也世尊菩薩亦復如是發同虛空相菩提之願
即是發空願菩提出過三世非是受相不可願也若菩薩起二相發菩提
心在是念生死與　菩提異耶見與菩提異涅槃與菩提異是則不行
菩提道也　尒時思益梵天謂文殊師利菩薩云何行名菩提行答
言若菩薩行一切法而於法无所行是名菩提行所以者何出過一切所行是
行菩提又問云何出過一切所行是行菩提答言離眼耳鼻舌身意諸緣

BD15001號A3　思益梵天所問經卷三　（223–161）

相是名出過一切所行又問出過有何義答言不出過平等所以者何一切法
平等即是菩提又問云何是發菩提願答言當如菩提又問云何為菩
提答言菩提非過　去非未來非現在是故菩薩應以三世清淨心發菩
提願梵天如過去　未來現在法從本已來常不生不生故不可說如是
發願无所發願是發一切願所以者何以是行道能得薩婆若又問何
故說言薩婆若答言悉知一切真智慧故名薩婆若又問何等是真智

BD15001號A3　思益梵天所問經卷三　（223–162）

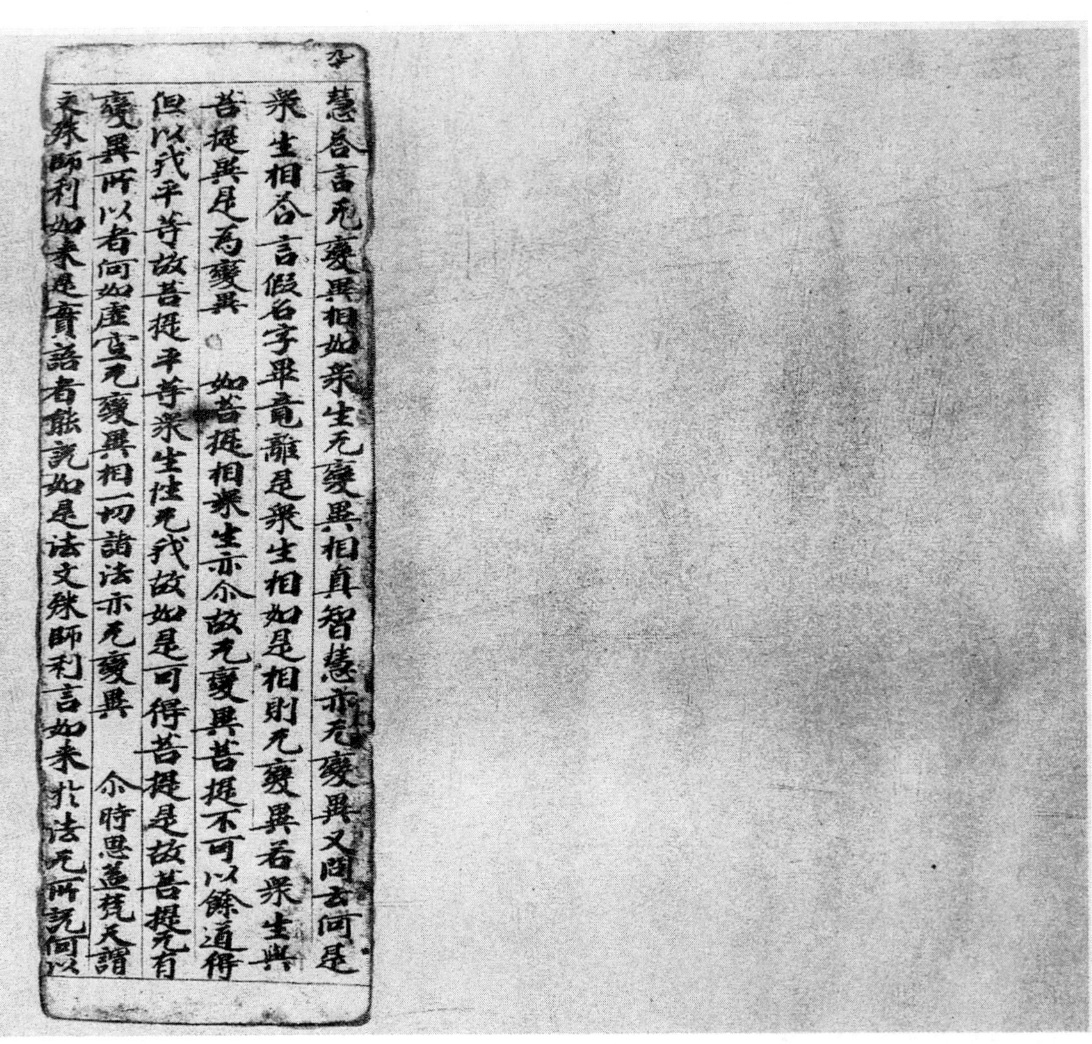
慧答言无變異相如衆生无變異相真智慧亦无變異又問云何是
衆生相答言假名字畢竟離是衆生相如是相則无變異若衆生與
菩提異是為變異　如菩提相衆生亦尒故无變異菩提不可以餘道得
但以我平等故菩提平等衆生性无我故如是可得菩提是故菩提无有
變異所以者何如虛空无變異相一切諸法亦无變異　尒時思益梵天謂
文殊師利如來是實語者能說如是法文殊師利言如來於法无所說何以

BD15001 號 A3　思益梵天所問經卷三　（223–163）

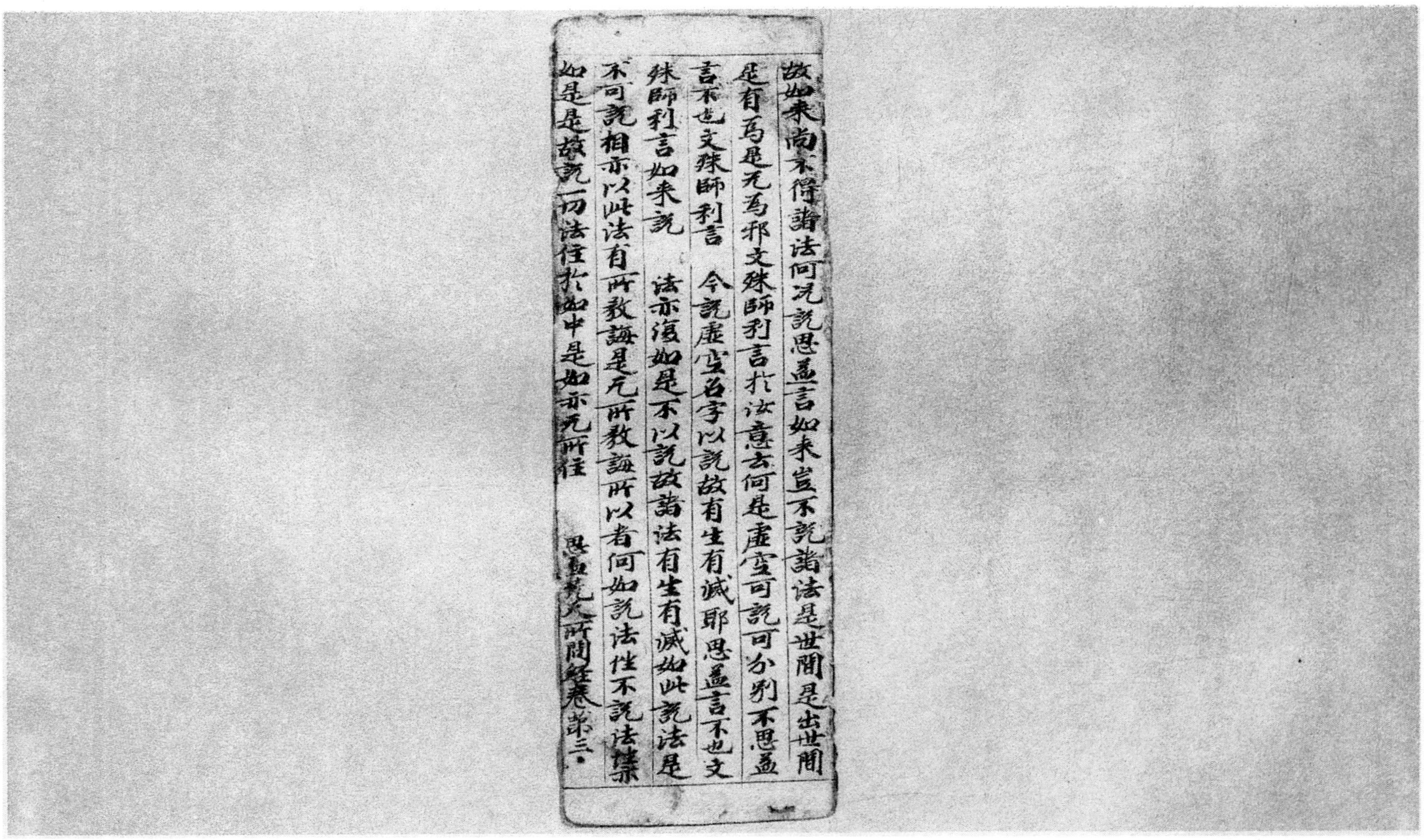

故如來尚不得諸法何況說思益言如來豈不說諸法是世間是出世間
是有為是无為耶文殊師利言於汝意云何是虛空可說可分別不思益
言不也文殊師利言　今說虛空名字以說故有生有滅耶思益言不也文
殊師利言如來說　法亦復如是不以說故諸法有生有滅如此說法是
不可說相亦以此法有所教誨是无所教誨所以者何如說法性不說法樣
如是是故說一切法住於如中是如亦无所住　思益梵天所問經卷第三

BD15001 號 A3　思益梵天所問經卷三　（223–164）

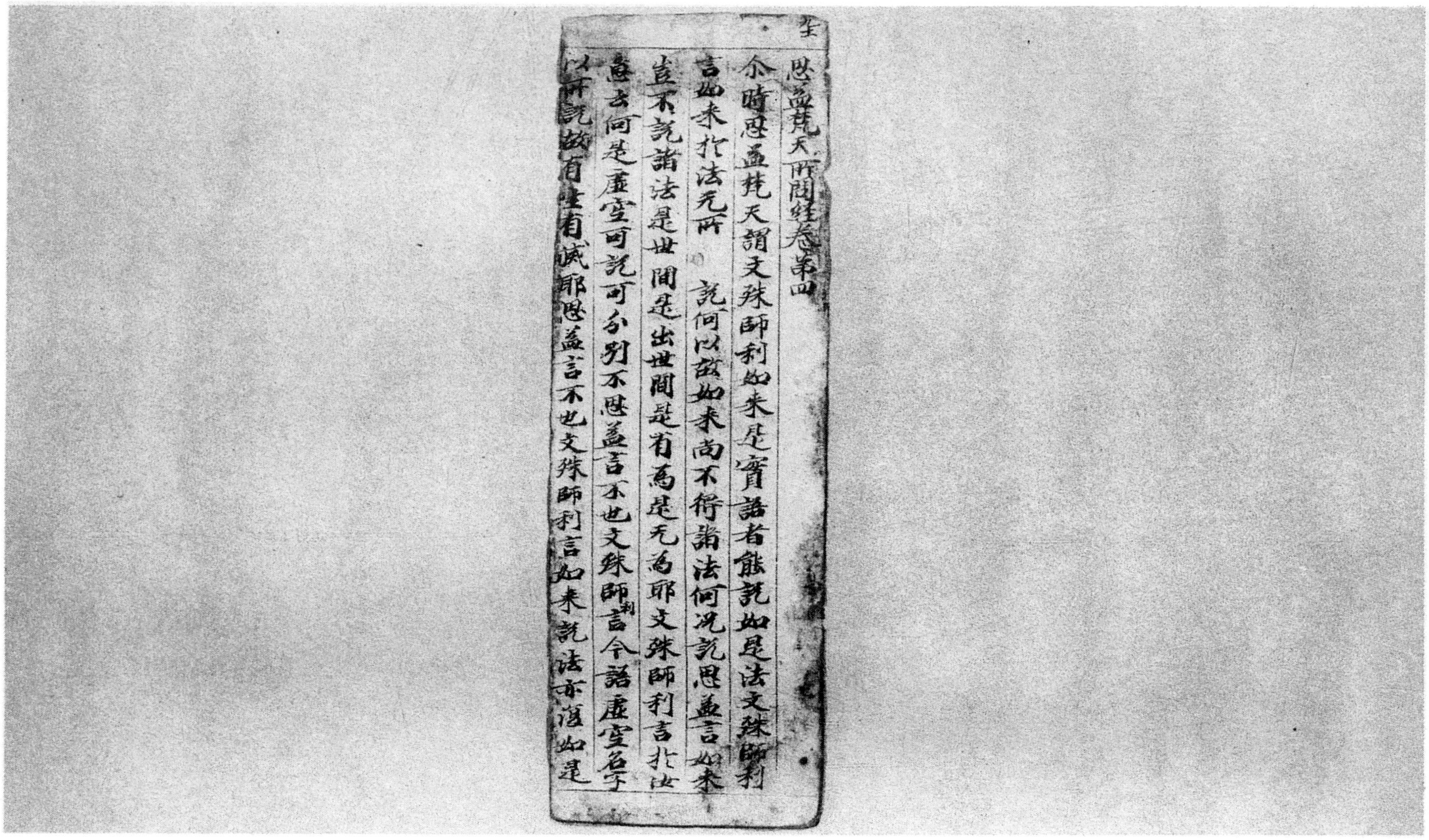

思益梵天所問經卷第四

尒時思益梵天謂文殊師利如來是實語者能說如是法文殊師利
言如來於法无所　說何以故如來尚不得諸法何況說思益言如來
豈不說諸法是世間是出世間是有為是无為耶文殊師利言於汝
意云何是虛空可說可分別不思益言不也文殊師利言今諸虛空名字
以所說故有生有滅耶思益言不也文殊師利言如來說法亦復如是

BD15001 號 A4　思益梵天所問經卷四　（223–165）

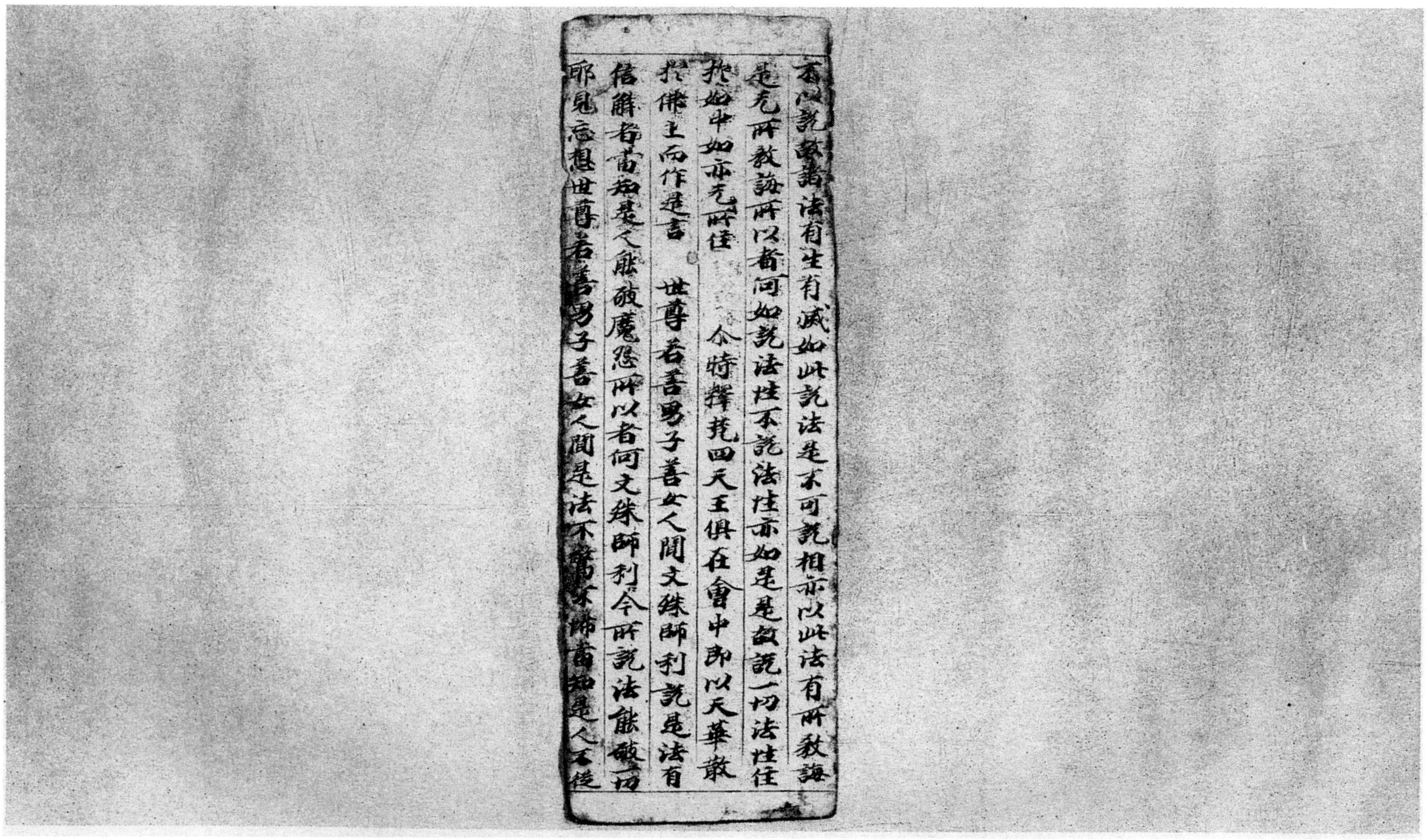

不以所說故諸法有生有滅如此說法是不可說相亦以此法有所教誨
是无所教誨所以者何如說法性不說法性亦如是是故說一切法性住
於如中如亦无所住　尒時釋梵四天王俱在會中即以天華散
於佛上而作是言　世尊若善男子善女人聞文殊師利說是法有
信解者當知是人能破魔怨所以者何文殊師利今所說法能破一切
邪見忘想世尊若善男子善女人聞是法不驚不怖當知是人不從

BD15001 號 A4　思益梵天所問經卷四　（223–166）

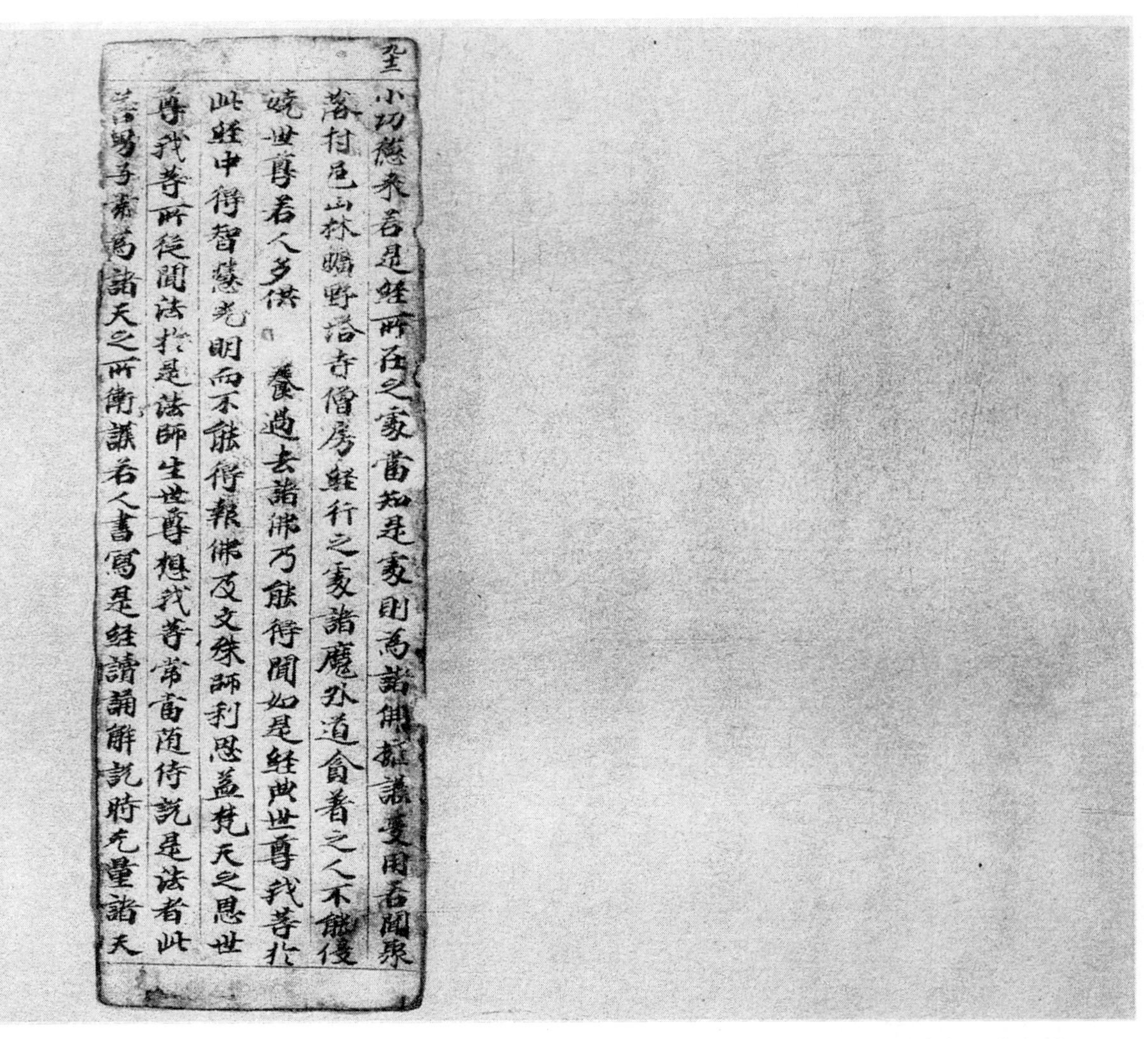

小功德來者是經所在之處當知是處則爲諸佛攝護受用若聞衆
落村邑山林曠野塔寺僧房經行之處諸魔外道貪著之人不能侵
嬈世尊若人多供　養過去諸佛乃能得聞如是經典世尊我等於
此經中得智慧光明而不能得報佛及文殊師利思益梵天之恩世
尊我等所從聞法於是法師生世尊想我等常當隨侍說是法者此
善男子善爲諸天之所衛護若人書寫是經讀誦解說時無量諸天

BD15001 號 A4　思益梵天所問經卷四　　（223–167）

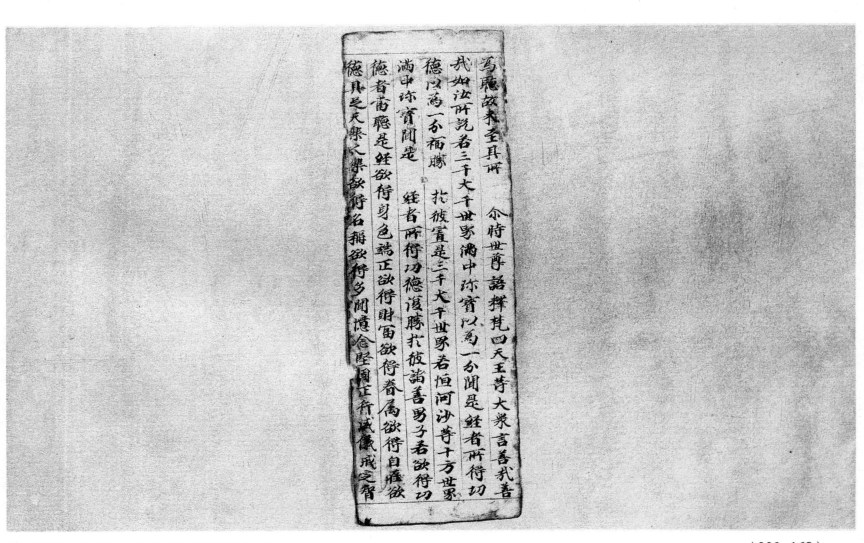

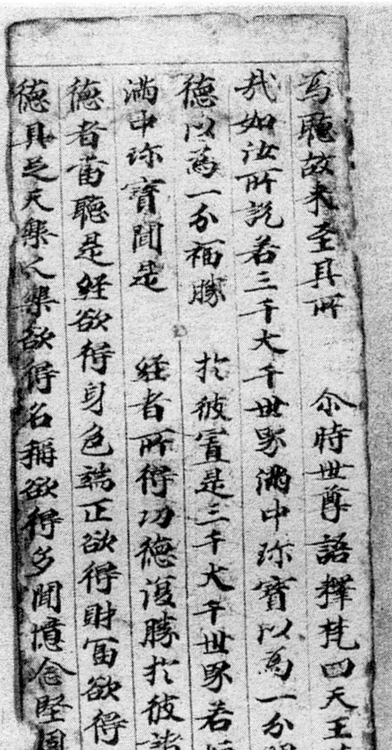

爲聽故來至其所　尒時世尊語釋梵四天王等大衆言善哉善
哉如汝所說若三千大千世界滿中珍寶以爲一分聞是經者所得功
德以爲一分福勝　於彼實是三千大千世界若恒河沙等十方世界
滿中珍寶聞是　經者所得功德復勝於彼諸善男子若欲得功
德者當聽是經欲得身色端正欲得財富欲得眷屬欲得自在欲
德具足天樂人樂欲得名稱欲得多聞憶念堅固正行威儀戒定智

BD15001 號 A4　思益梵天所問經卷四　　（223–168）

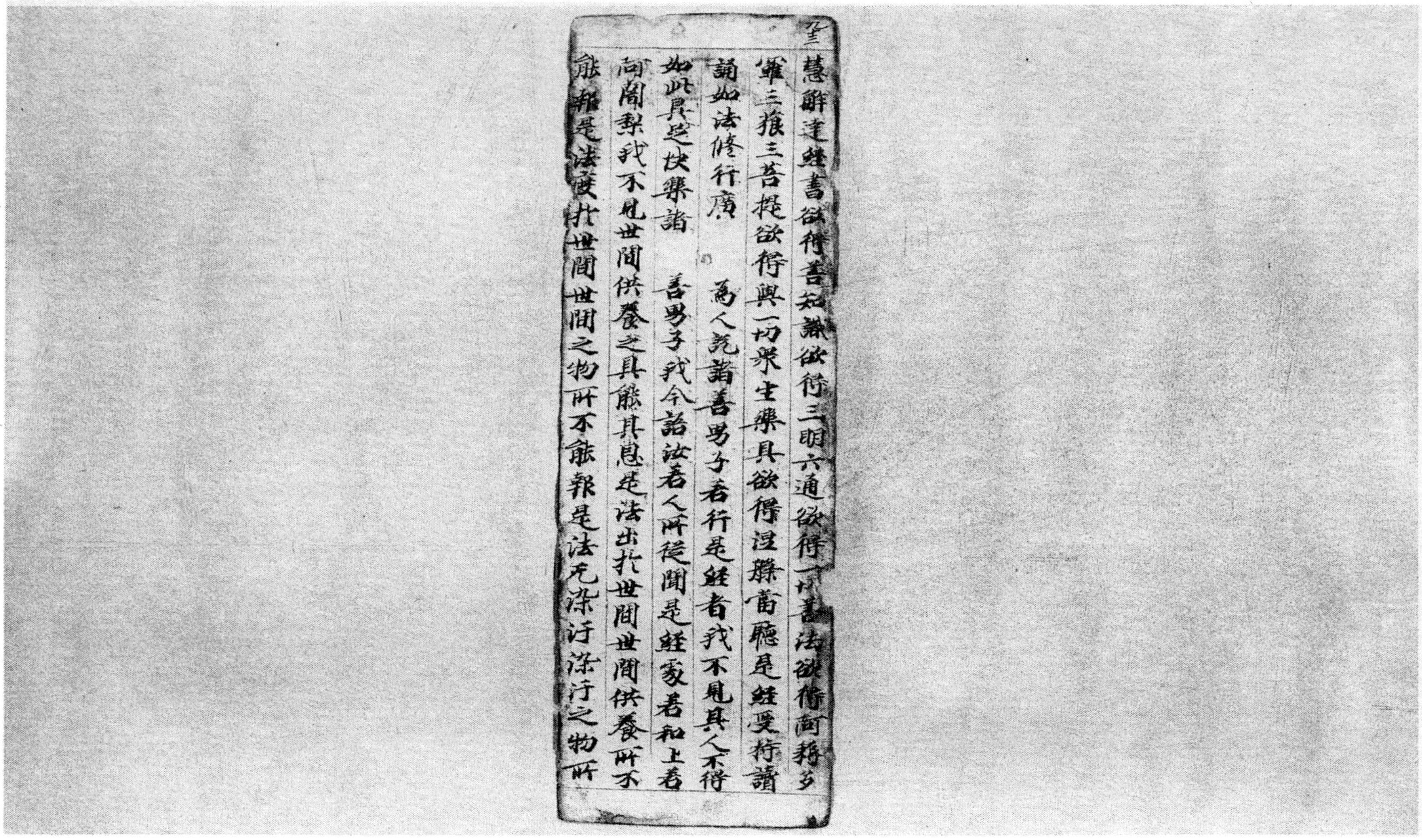

慧辯達經書欲得善知識欲得三明六通欲得一切善法欲得阿耨多羅三藐三菩提欲得與一切眾生樂具欲得涅槃當聽是經受持讀誦如法修行廣為人說諸善男子若行是經者我不見其人不得如此具足快樂諸善男子我今語汝若人所從聞是經處若和上若阿闍梨我不見世間供養之具能報其恩是法出於世間世間供養所不能報是法度於世間世間之物所不能報是法無染汙染汙之物所

BD15001號 A4　思益梵天所問經卷四　（223-169）

不能報諸善男子是法餘無能報唯有一事如說修行者人於此法中能如說修行者是名能報師恩亦為恭敬於師淨畢報恩是則不空食人信施是為順如來語順如來教是名越度諸流是名為過諸險道是名為建立勝幢是名為破敵陣是名師子之王無所畏故是名為為王心柔軟故是名牛王外道論師無能壞故是名醫王能療一切眾生病故是名為無所驚怖能說甚深法故是名為能具足捨諸

BD15001號 A4　思益梵天所問經卷四　（223-170）

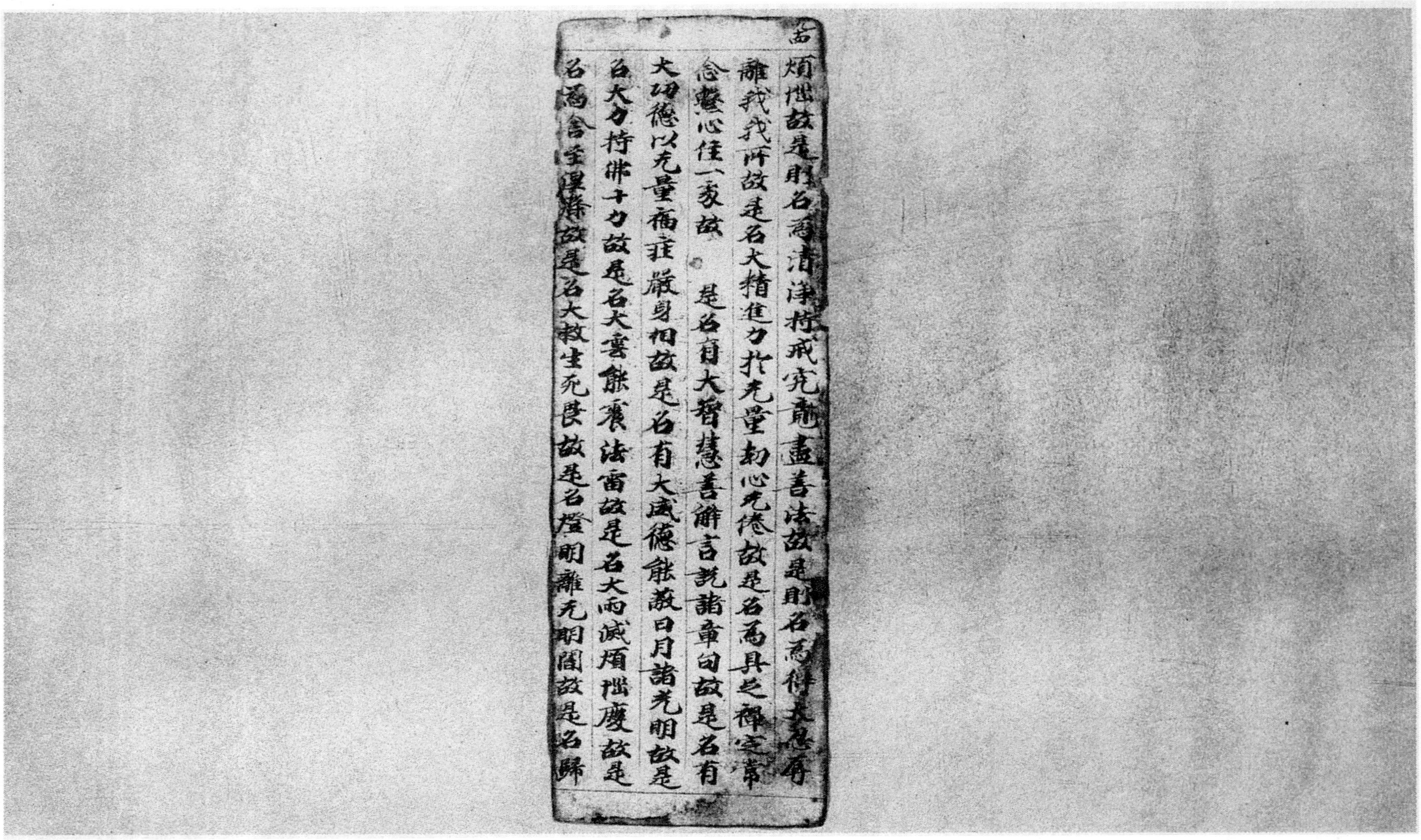

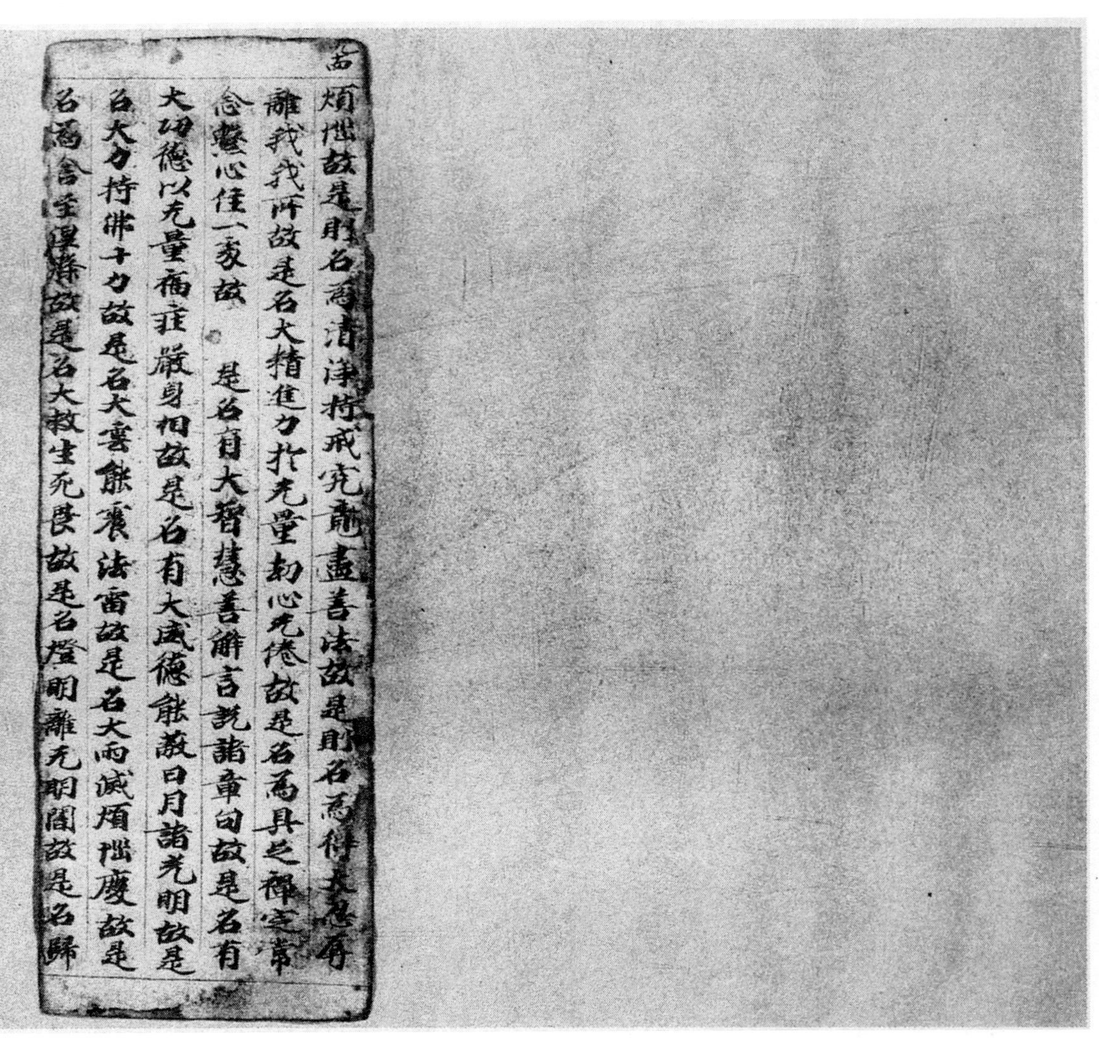
惱
煩惱故是則名爲清淨持戒究竟盡善法故是則名爲得大忍辱
離我我所故是名大精進力於無量劫心無倦故是名爲具足禪定常
念繫心住一處故　是名有大智慧善辯言說諸章句故是名有
大功德以無量福莊嚴身相故是名有大威德能蔽日月諸光明故是
名大力持佛十力故是名大雲能震法雷故是名大雨滅煩惱塵故是
名爲含寶涅槃故是名大救生死畏故是名燈明離無明闇故是名歸

BD15001 號 A4　思益梵天所問經卷四　　（223–171）

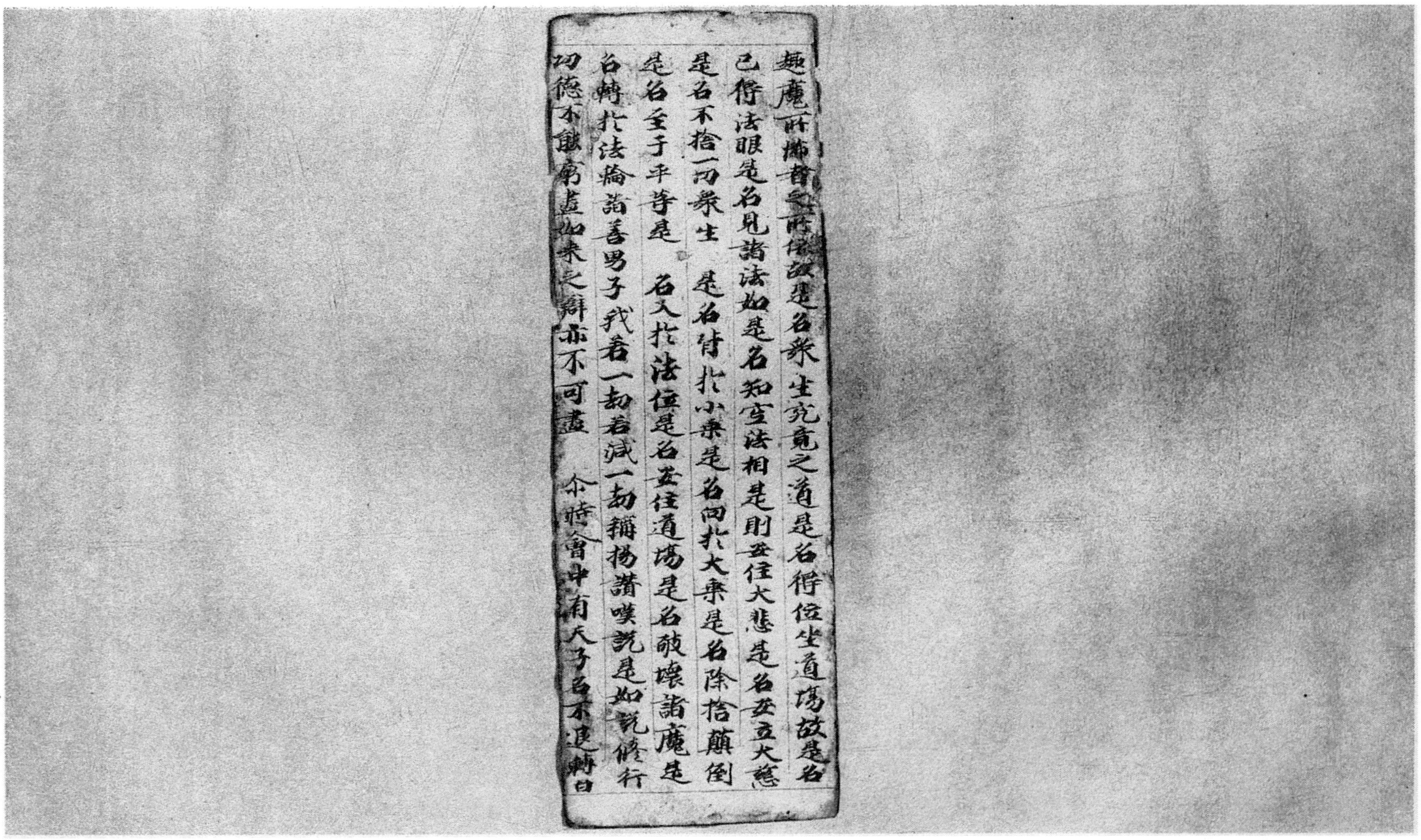

趣魔所攝者之所依故是名衆生究竟之道是名得位坐道場故是名
已得法眼是名見諸法如是名知實法相是則安住大悲是名安立大慈
是名不捨一切衆生　是名背於小乘是名向於大乘是名除捨顛倒
是名至于平等是　名入於法位是名安住道場是名破壞諸魔是
名轉於法輪諸善男子我若一劫若減一劫稱揚讚嘆說是如說修行
功德不能窮盡如來之辯亦不可盡　尒時會中有天子名不退轉白

BD15001 號 A4　思益梵天所問經卷四　　（223–172）

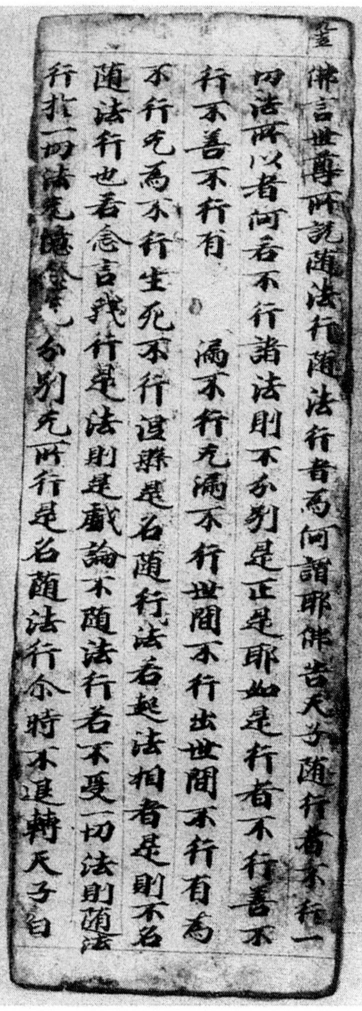

佛言世尊所說隨法行隨法行者為何謂耶佛告天子隨行者不行一
切法所以者何若不行諸法則不分別是正是耶如是行者不行善不
行不善不行有　漏不行无漏不行世間不行出世間不行有為
不行无為不行生死不行涅槃是名隨行法若起法相者是則不名
隨法行也若念言我行是法則是戲論不隨法行者不受一切法則隨法
行於一切法无憶念分別无所行是名隨法行尒時不退轉天子白

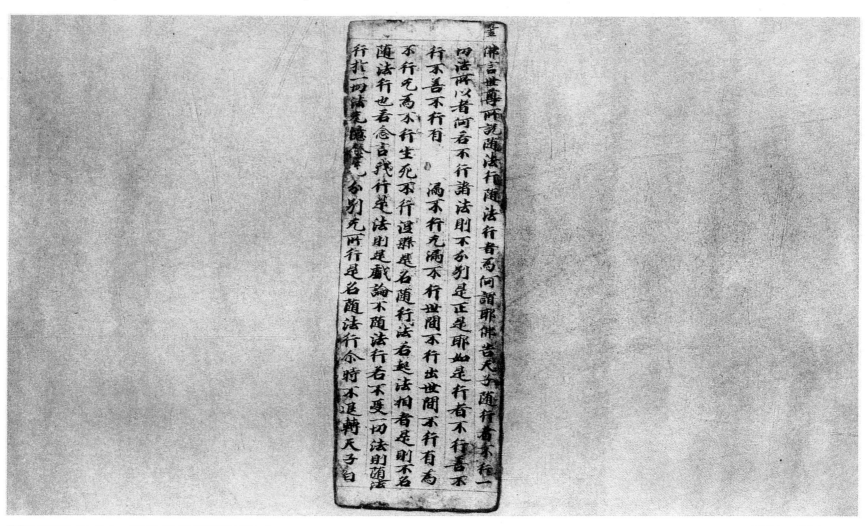

BD15001 號 A4　思益梵天所問經卷四　（223–173）

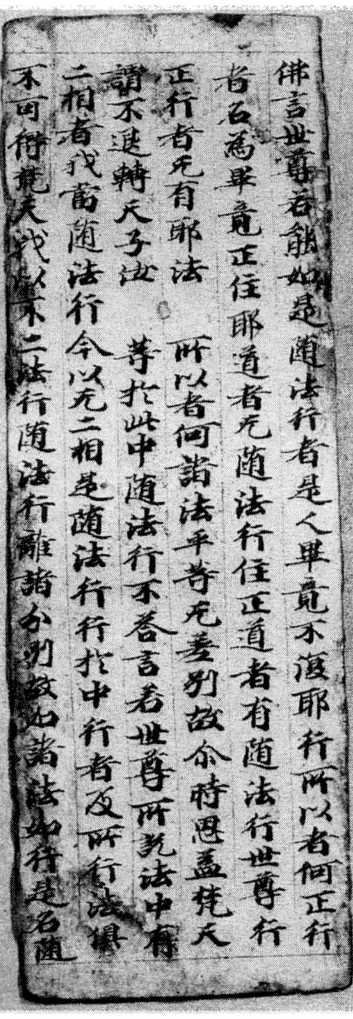

佛言世尊若能如是隨法行者是人畢竟不復耶行所以者何正行
者名為畢竟正住耶道者无隨法行住正道者有隨法行世尊行
正行者无有耶法　所以者何諸法平等无差別故尒時思益梵天
謂不退轉天子汝　等於此中隨法行不答言若世尊所說法中有
二相者我當隨法行今以无二相是隨法行行於中行者及所行法得
不可得梵天我以不二法行隨法行離諸分別故如諸法如行是名隨

BD15001 號 A4　思益梵天所問經卷四　（223–174）

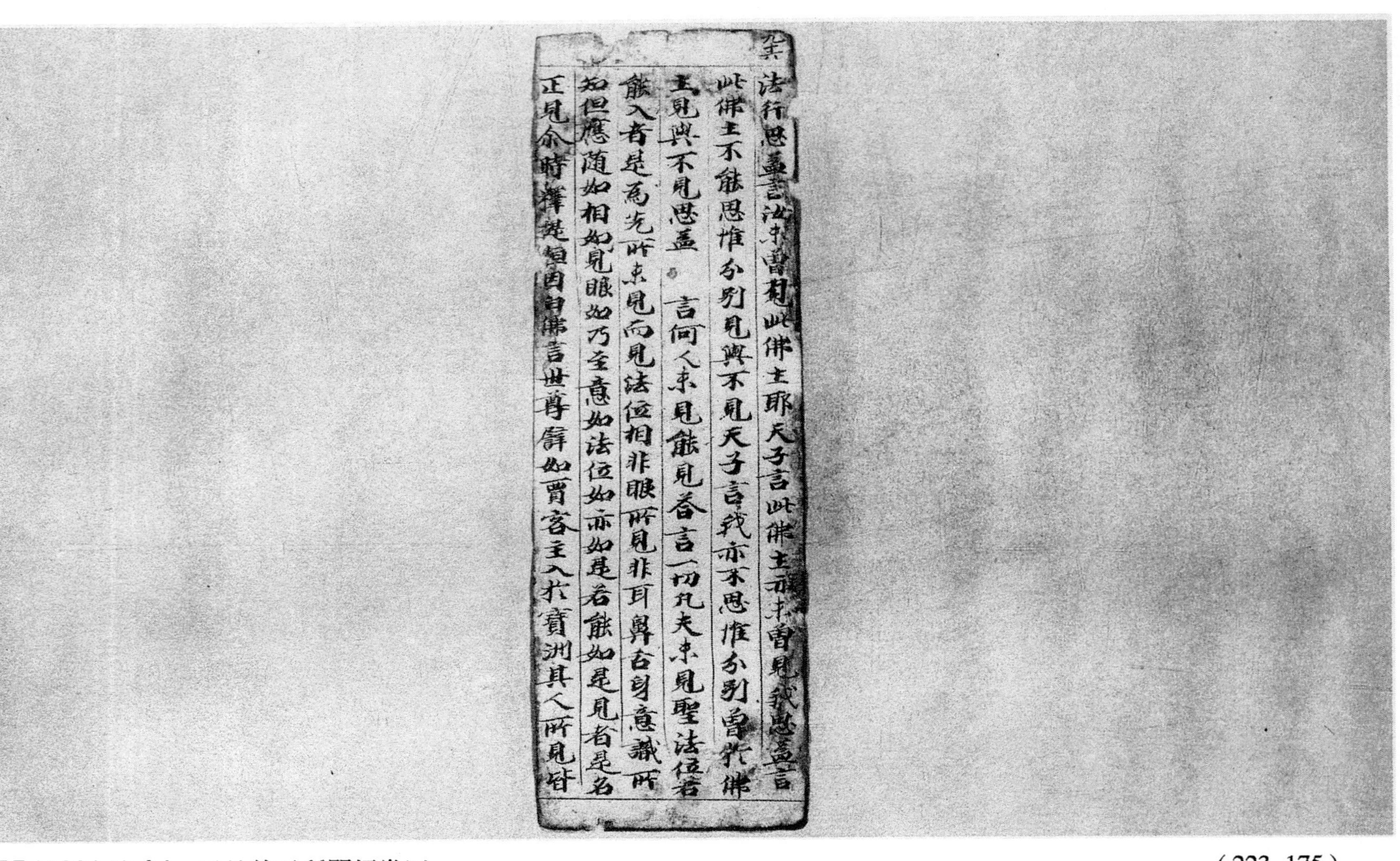

法行思益言汝未曾見此佛土耶天子言此佛土亦未曾見我思益言
此佛土不能思惟分別見與不見天子言我亦不思惟分別曾於佛
土見與不見思益　言何人未見能見答言一切凡夫未見聖法位者
能入者是為先所未見而見法位相非眼所見非耳鼻舌身意識所
知但應隨如相如見眼如乃至意如法位如亦如是若能如是見者是名
正見尒時釋提桓因白佛言世尊譬如賈客主入於寶洲其人所見皆

BD15001號 A4　思益梵天所問經卷四　（223–175）

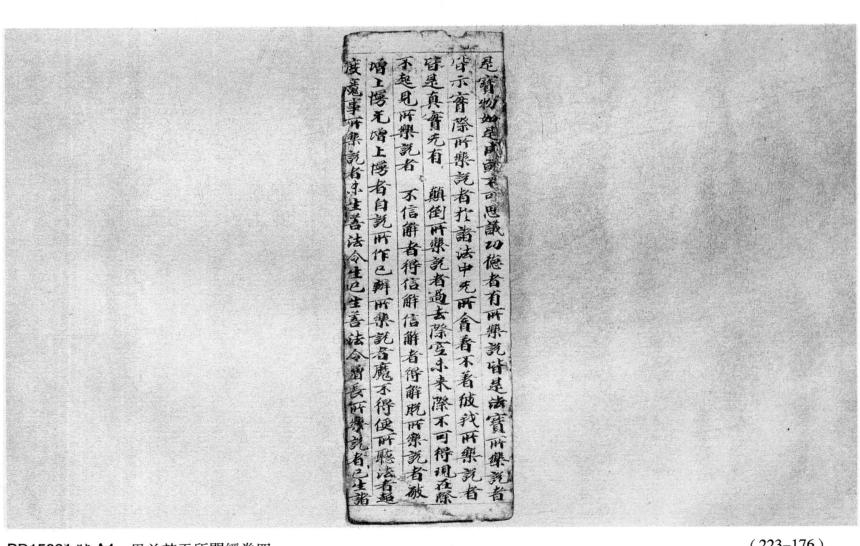

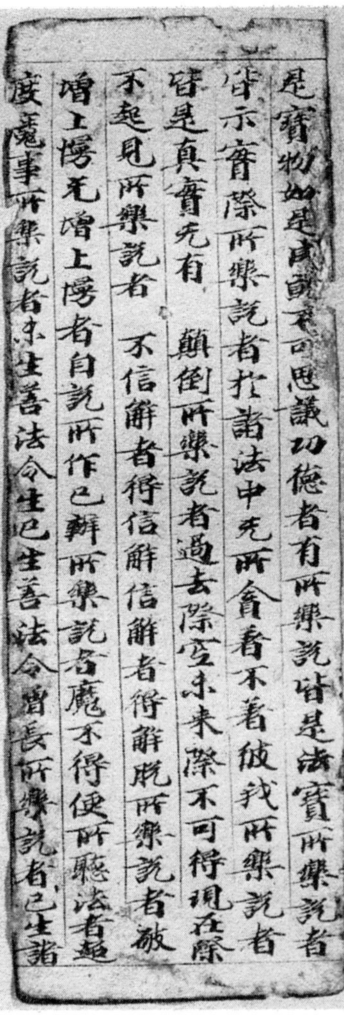

是寶物如是成就不可思議功德者有所樂說皆是法寶所樂說者
皆示實際所樂說者於諸法中无所貪著不著彼我所樂說者
皆是真實无有　顛倒所樂說者過去際空未來際不可得現在際
不起見所樂說者　不信解者得信解信解者得解脫所樂說者敬
增上慢无增上慢者自說所作已辦所樂說者魔不得便所聽法者起
度魔事所樂說者未生善法令生已生善法令增長所樂說者已生諸

BD15001號 A4　思益梵天所問經卷四　（223–176）

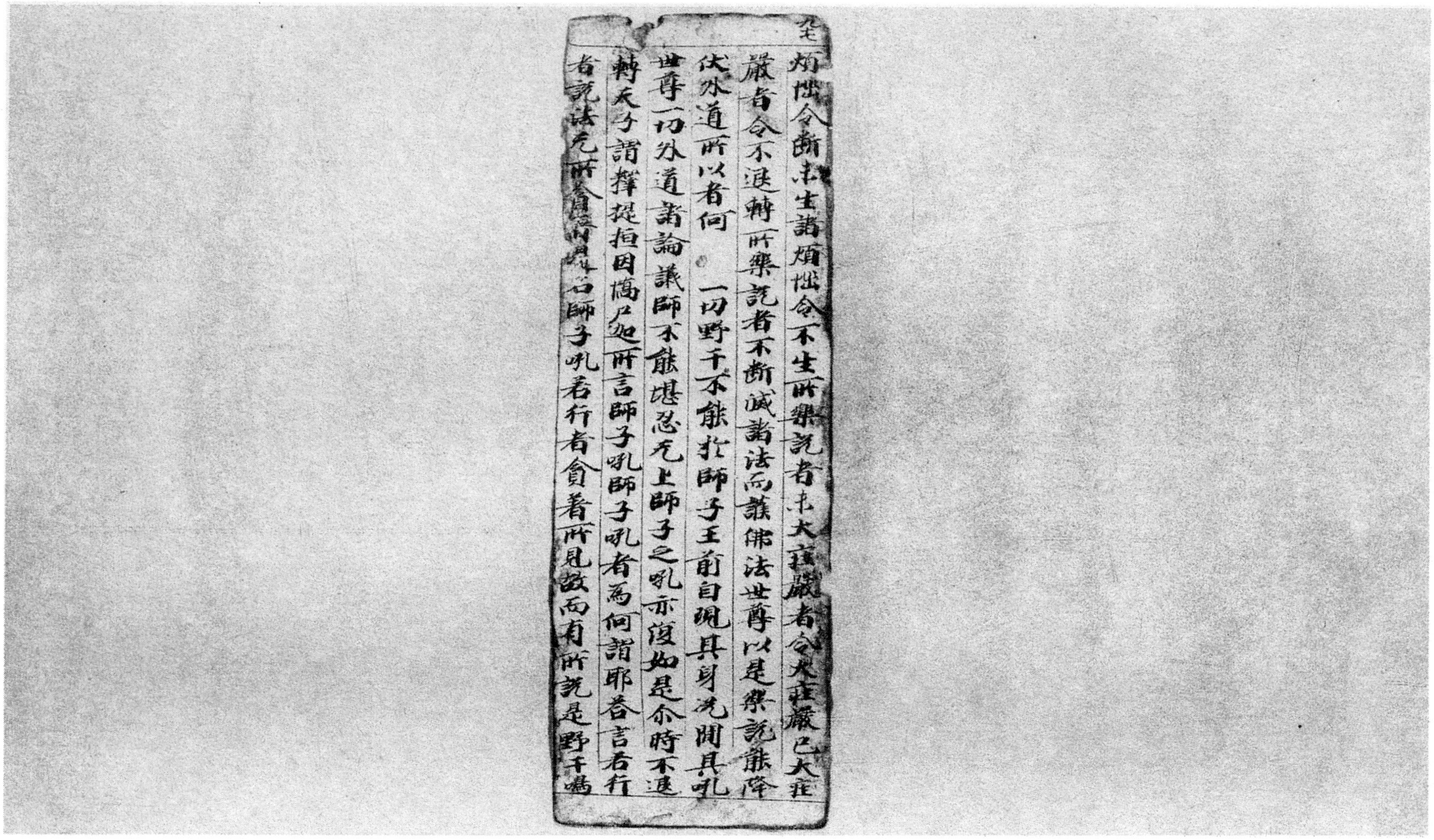

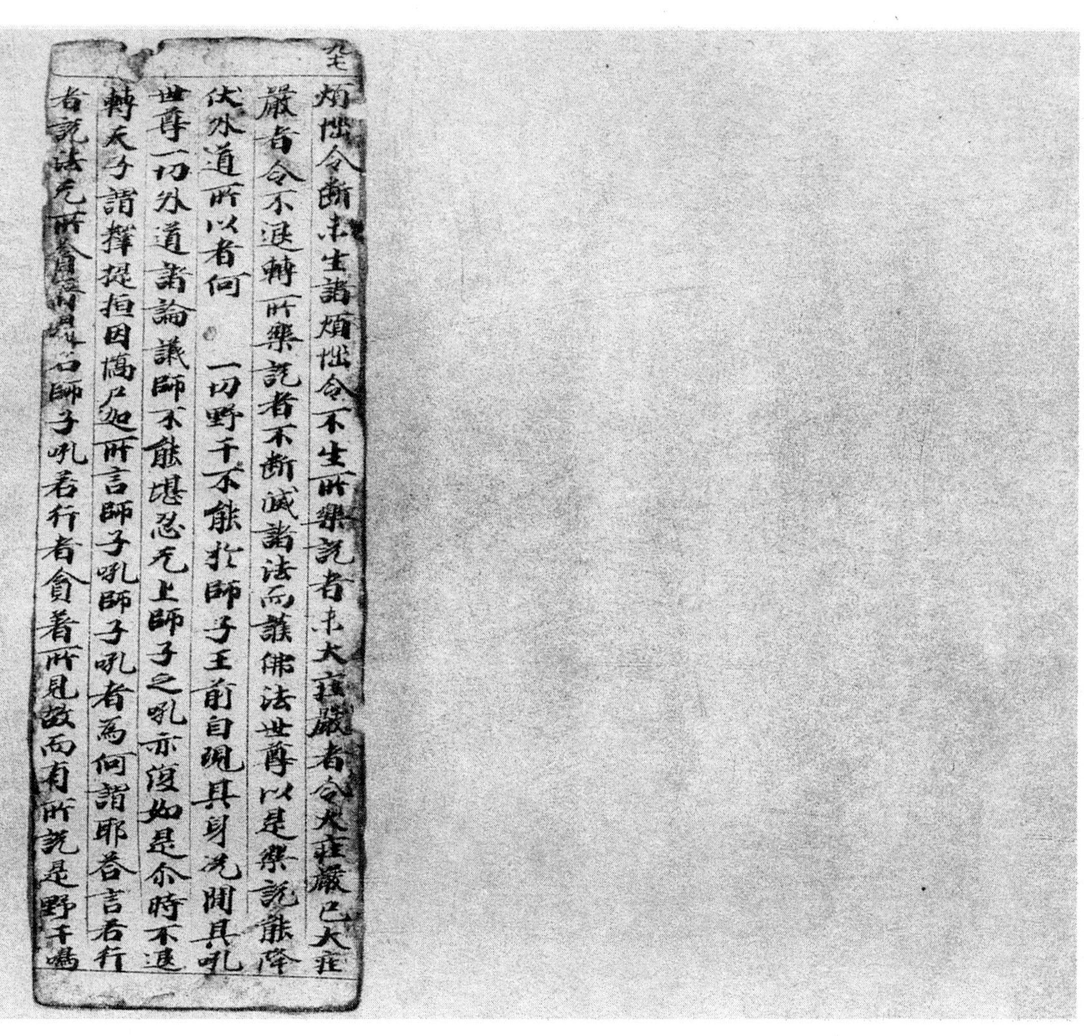

煩惱令斷未生諸煩惱令不生所樂說者未大莊嚴者令大莊嚴已大莊
嚴者令不退轉所樂說者不斷滅諸法而護佛法世尊以是樂說能降
伏外道所以者何　一切野干不能於師子王前自現其身況聞其吼
世尊一切外道諸論議師不能堪忍无上師子之吼亦復如是尒時不退
轉天子謂釋提桓因憍尸迦所言師子吼師子吼者為何謂耶荅言若行
者說法无所貪着所見名師子吼若行者貪着所見故而有所說是野干鳴

BD15001 號 A4　思益梵天所問經卷四　(223–177)

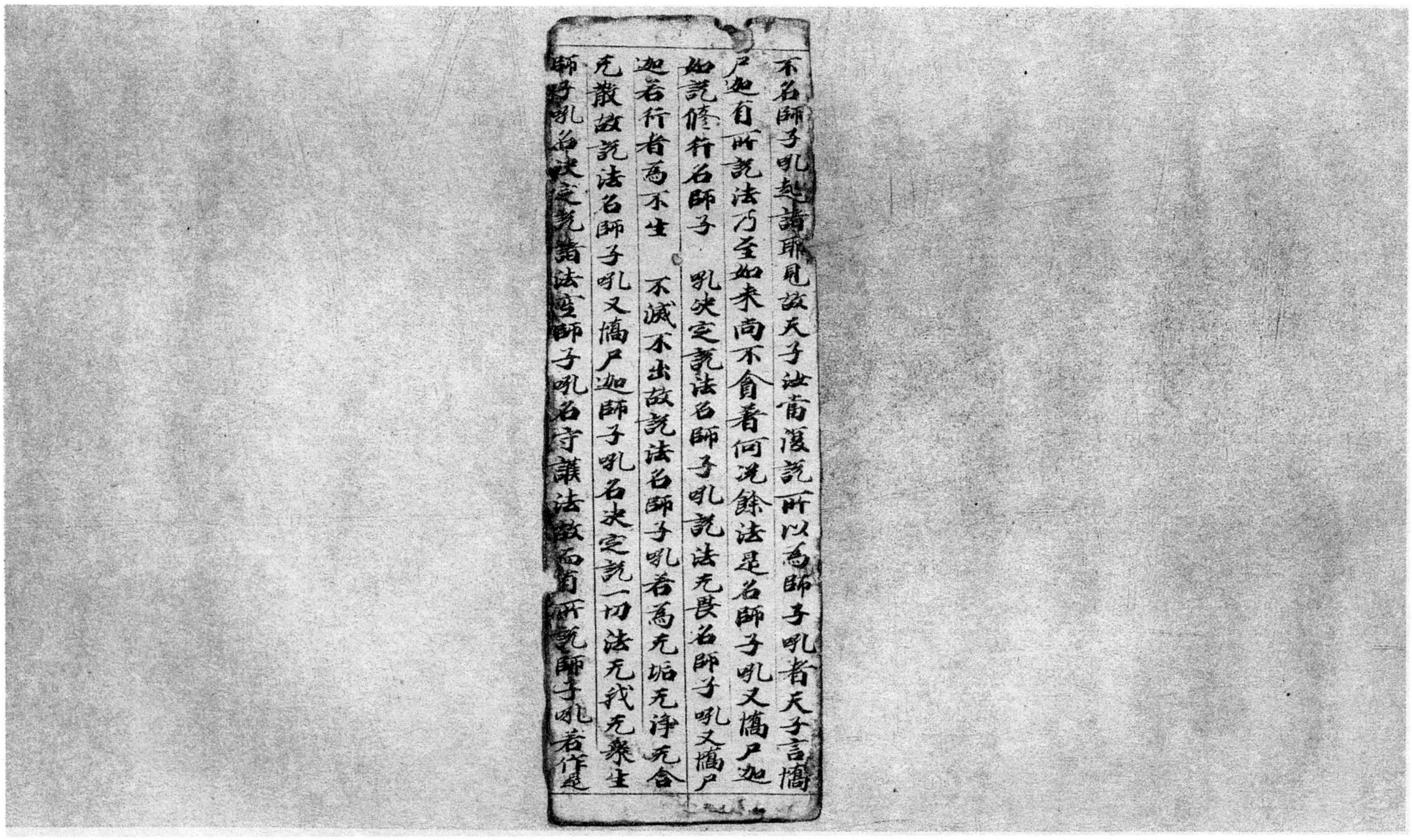

不名師子吼起諸耶見故天子汝當復說所以為師子吼者天子言憍
尸迦有所說法乃至如來尚不貪着何況餘法是名師子吼又憍尸迦
如說修行名師子吼決定說法名師子吼說法无畏名師子吼又憍尸
迦若行者為不生　不滅不出故說法名師子吼者為无垢无淨无合
无散故說法名師子吼又憍尸迦師子吼名決定說一切法无我无衆生
師子吼名決定說諸法空師子吼名守護法故而有所說師子吼者作是

BD15001 號 A4　思益梵天所問經卷四　(223–178)

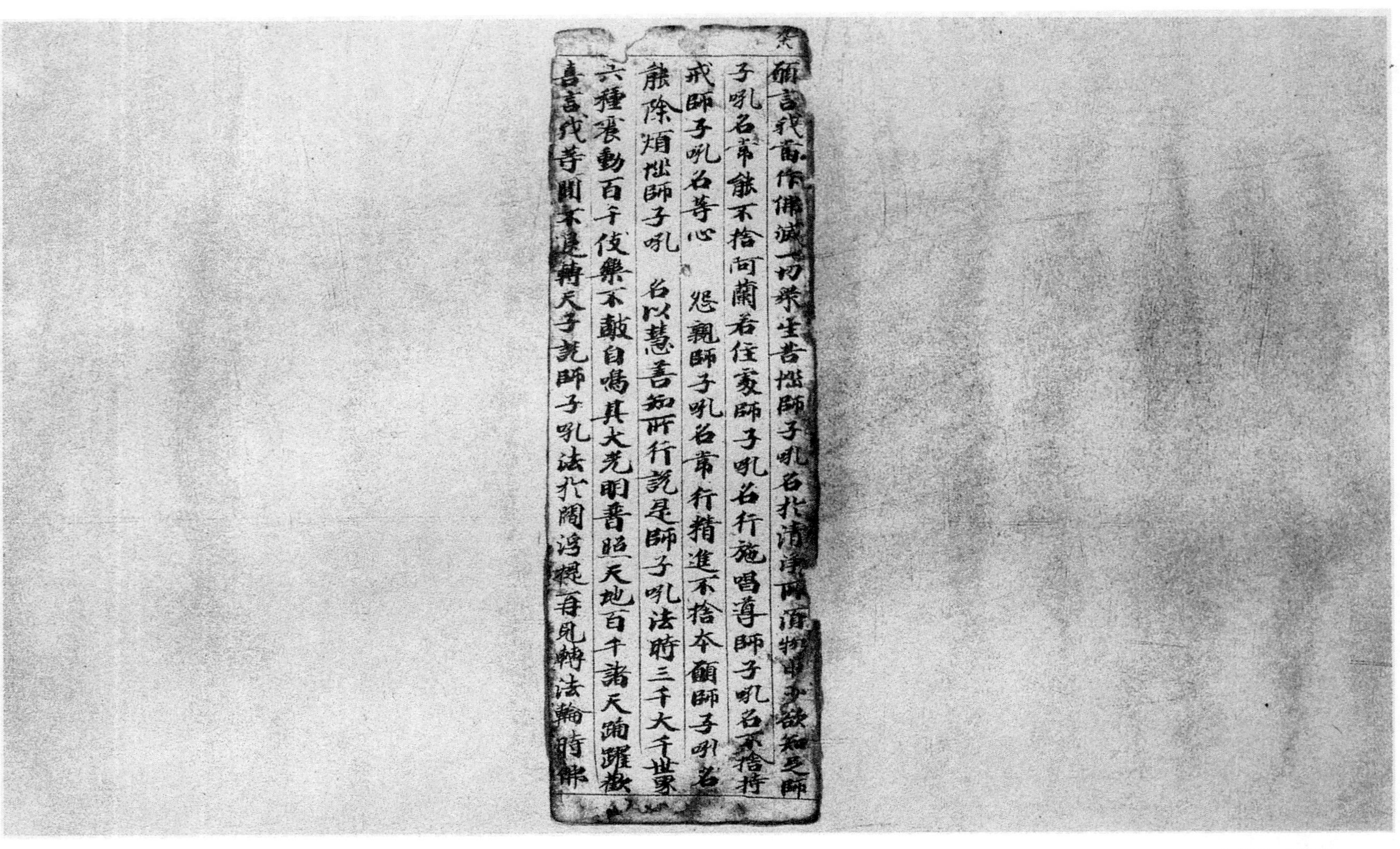

願言我當作佛滅一切衆生苦惱師子吼名於清淨所須物中少欲知足師
子吼名常能不捨阿蘭若住處師子吼名行施唱導師子吼名不捨持
戒師子吼名等心　怨親師子吼名常行精進不捨本願師子吼名
能除煩惱師子吼　名以慧善知所行說是師子吼法時三千大千世界
六種震動百千伎樂不鼓自鳴其大光明普照天地百千諸天踊躍歡
喜言我等聞未曾轉天子說師子吼法於閻浮提再見轉法輪時佛

BD15001 號 A4　思益梵天所問經卷四　（223–179）

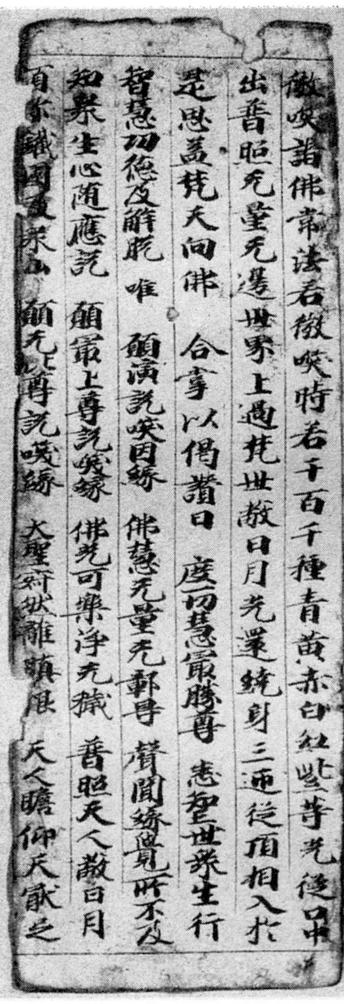

微笑諸佛常法若微笑時若干百千種青黃赤白紅紫等光從口中
出普照无量无邊世界上過梵世蔽日月光還繞身三匝從頂相入於
是思益梵天向佛　合掌以偈讚曰　度一切慧最勝尊　悉知世衆生行
智慧功德及解脫　唯　願演說笑因緣　佛慧无量无邊尊　聲聞緣覺所不及
知衆生心隨應說　願最上尊說笑緣　佛光可樂淨无穢　普照天人蔽日月
百千鐵圍及衆山　願无上尊說笑緣　大聖籌量離瞋恨　天人瞻仰无厭足

BD15001 號 A4　思益梵天所問經卷四　（223–180）

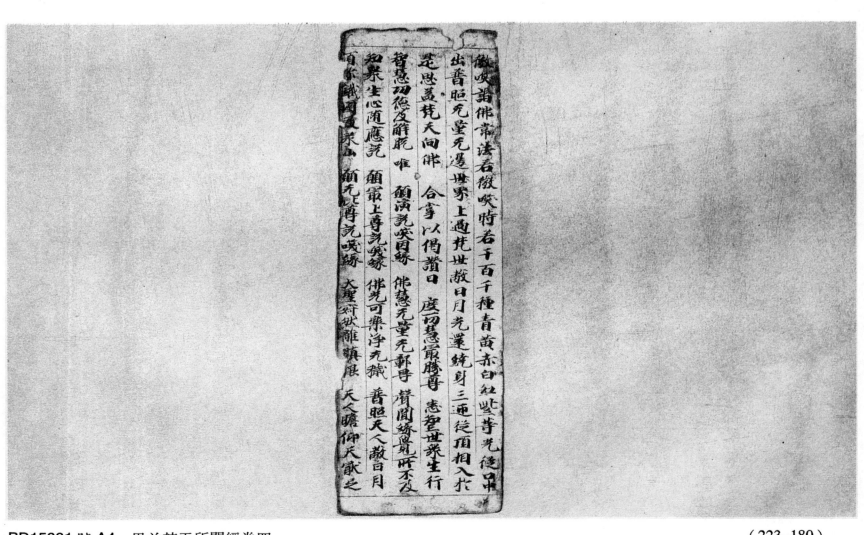

无一切音聲得快樂　願為分別咲因緣　通達諸法空无我　水沫泡焰无所有
水中月影虛空相　願以妙音說咲緣　離分別相諸耶見　了空无相及无作
常樂禪定寂然法　願說放斯淨光緣　不著文字言音聲　說无依法及衆生
彼各自謂為我說　願神通智說咲緣　佛為醫王滅衆病　那羅延力救世者
照信燈明究竟道　天人供養說咲緣　尒時佛告思益梵天汝見是不退
轉天子不唯然已見梵天此不退轉天子從今已後過三百廿万阿僧祇

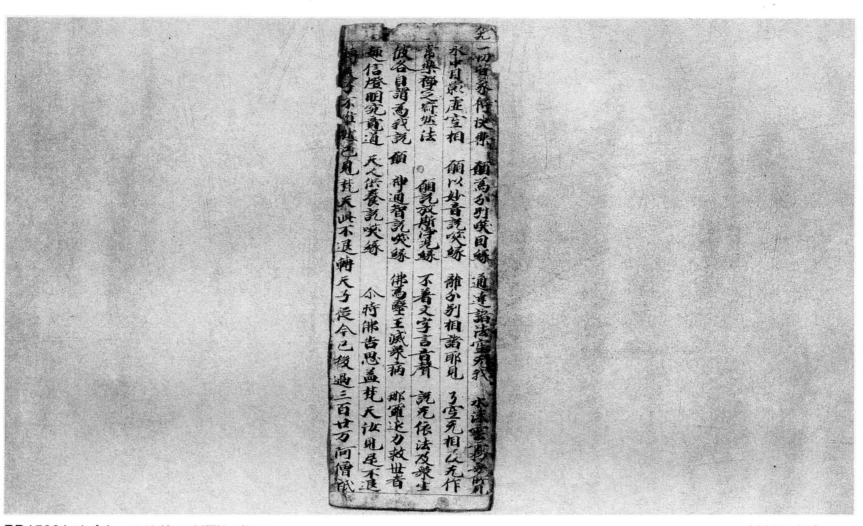

BD15001 號 A4　思益梵天所問經卷四　（223–181）

劫當得作佛號須弥燈王如來應供正遍知明行足善逝世間解无
上士調御丈夫天人師佛世尊世界名妙化劫名梵嘆其佛國土以閻
浮檀金琉璃為地純以菩薩為僧无諸魔怨所須之物應念即
至佛壽无量不可計數於是思益梵天謂不退轉天子如來今者
授人者記天子言梵天如與如法性授記與我受記亦復如是思益言
如法性不可授記天子言如法性不可授記者當知一切菩薩授記亦復如

BD15001 號 A4　思益梵天所問經卷四　（223–182）

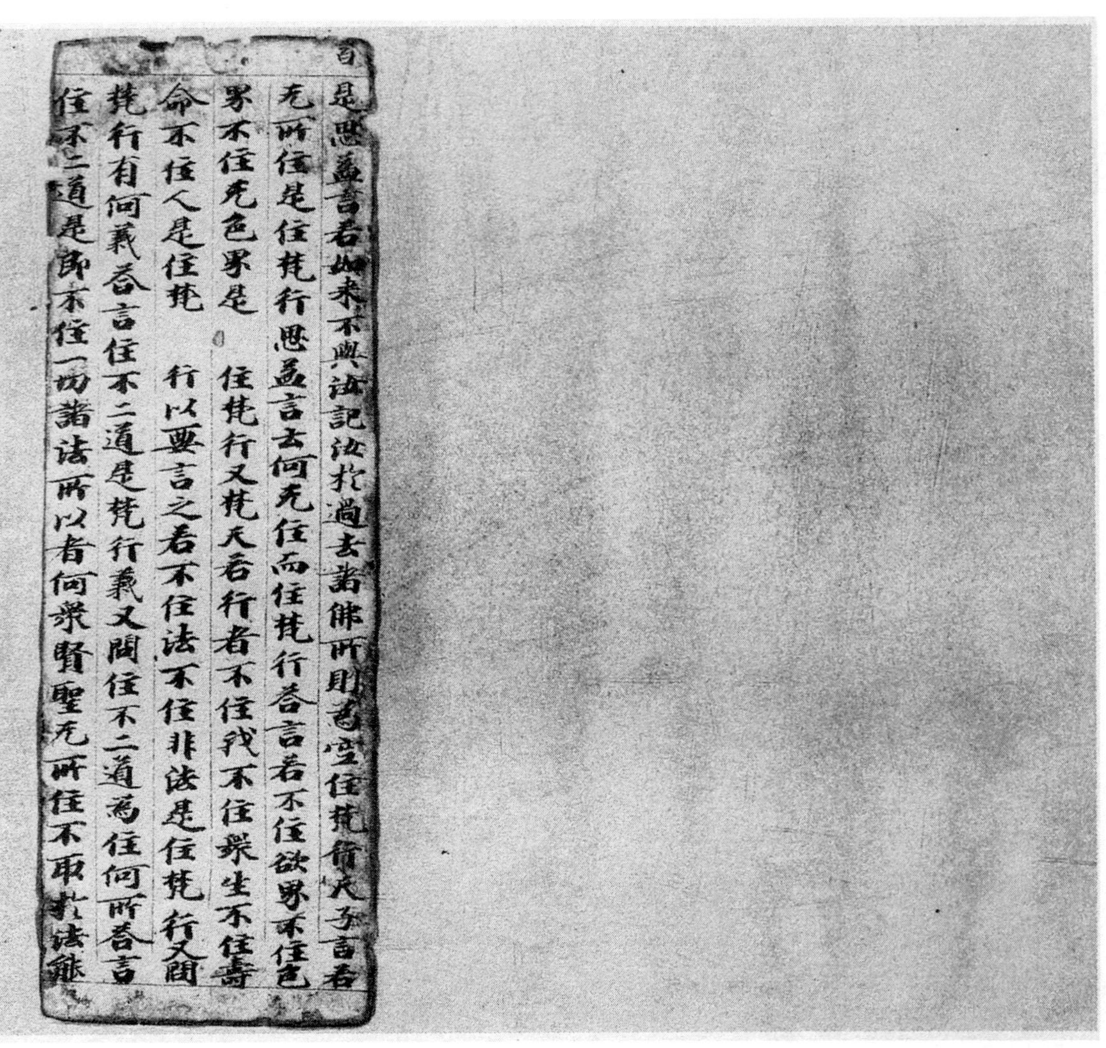

百
是思益言若如来不與汝記汝於過去諸佛所則為空住梵行天子言若
无所住是住梵行思益言云何无住而住梵行荅言若不住欲界不住色
界不住无色界是　住梵行又梵天若行者不住我不住衆生不住壽
命不住人是住梵　行以要言之若不住法不住非法是住梵行又問
梵行有何義荅言住不二道是梵行義又問住不二道為住何所荅言
住不二道是即不住一切諸法所以者何衆賢聖无所住不取於法雖

BD15001 號 A4　思益梵天所問經卷四　　（223–183）

渡衆流又問云何為修道荅言不墮有不墮无亦不分別是有是无
習如是者名為修道又問以何法修道荅言不以見聞覺知法不
以得不以證於一　切法无相无亦名為修道又問何謂菩薩牢強
精進荅言若菩　薩於諸法不見一相不見異相是名菩薩牢強
精進大莊嚴也於諸法不壞法性故於諸法无著无斷无增无減不見
垢淨出於法性是名菩薩第一精進所謂身无所退心无所起於是世

BD15001 號 A4　思益梵天所問經卷四　　（223–184）

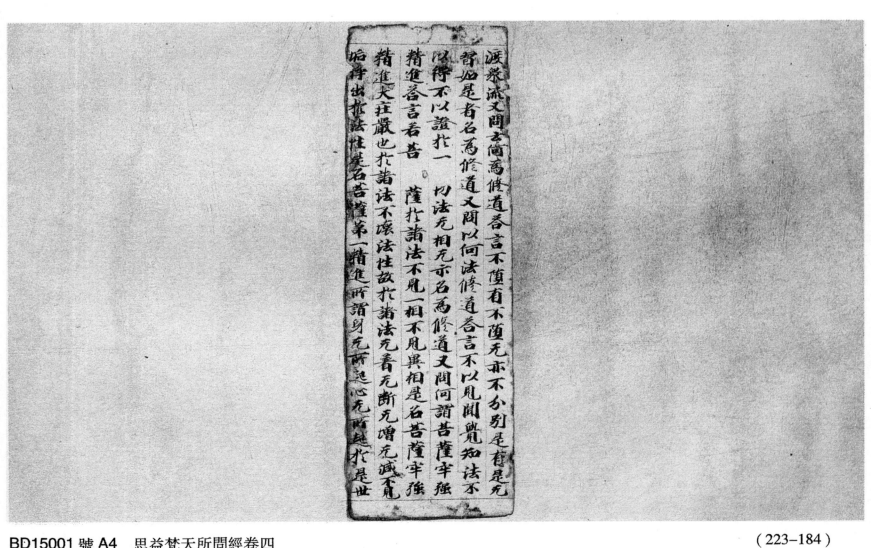

尊猶不退轉天子言善哉善哉諸已語思益梵天言如此天子所說
身无所起心无所起是為第一牢強精進梵天我念宿世一切所行牢
強精進持戒頭陀於諸師長供養恭敬在空閑處專精行道讀
誦多聞慈念衆生給其所須一切難行苦行殷勤精進而過去諸佛
不見授阿耨多羅三藐三菩提記所以者何我住身口心起精進相故梵
天我後得如天子所說牢強精進故然燈佛授我記言汝於來世當得

BD15001號 A4　思益梵天所問經卷四　(223–185)

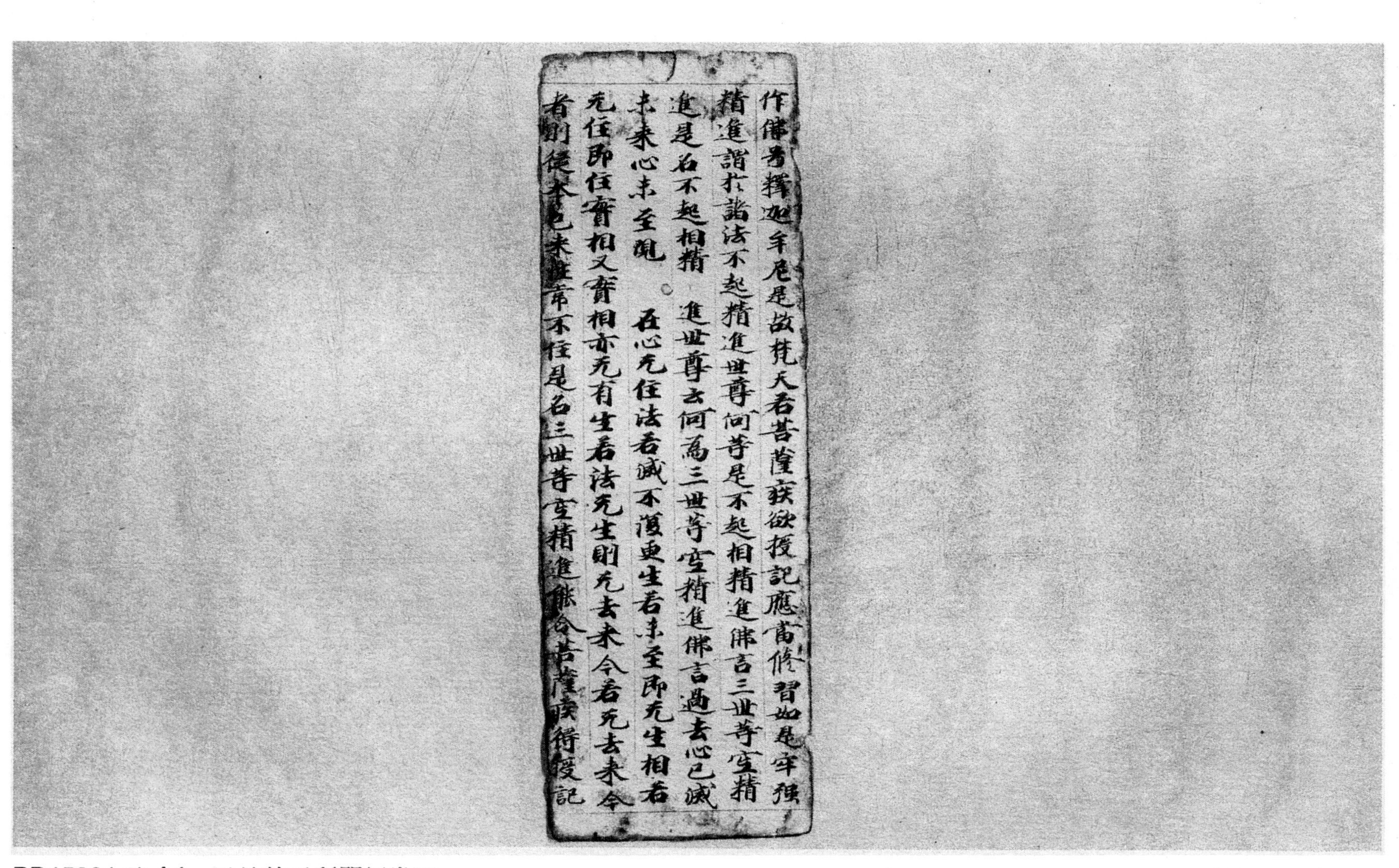
作佛号釋迦牟尼是故梵天若菩薩疾欲授記應當修習如是牢強
精進謂於諸法不起精進世尊何等是不起相精進佛言三世等空精
進是名不起相精進世尊云何為三世等空精進佛言過去心已滅
未來心未至現在心无住法若滅不復更生若未至即无生相若
无住即住實相又實相亦无有生若法无生即无去來今若无去來今
者則從本已來無有不住是名三世等空精進能令菩薩疾得授記

BD15001號 A4　思益梵天所問經卷四　(223–186)

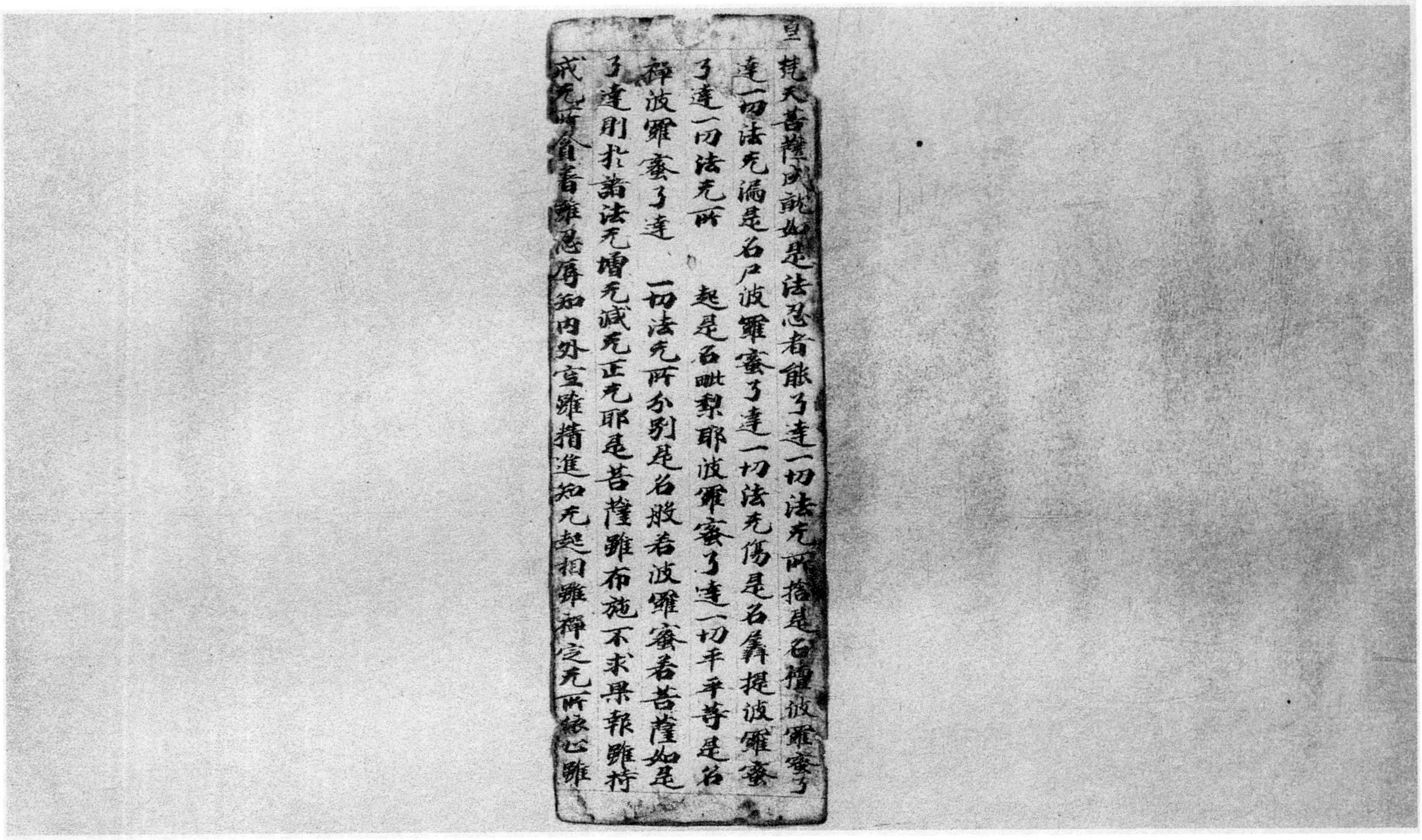

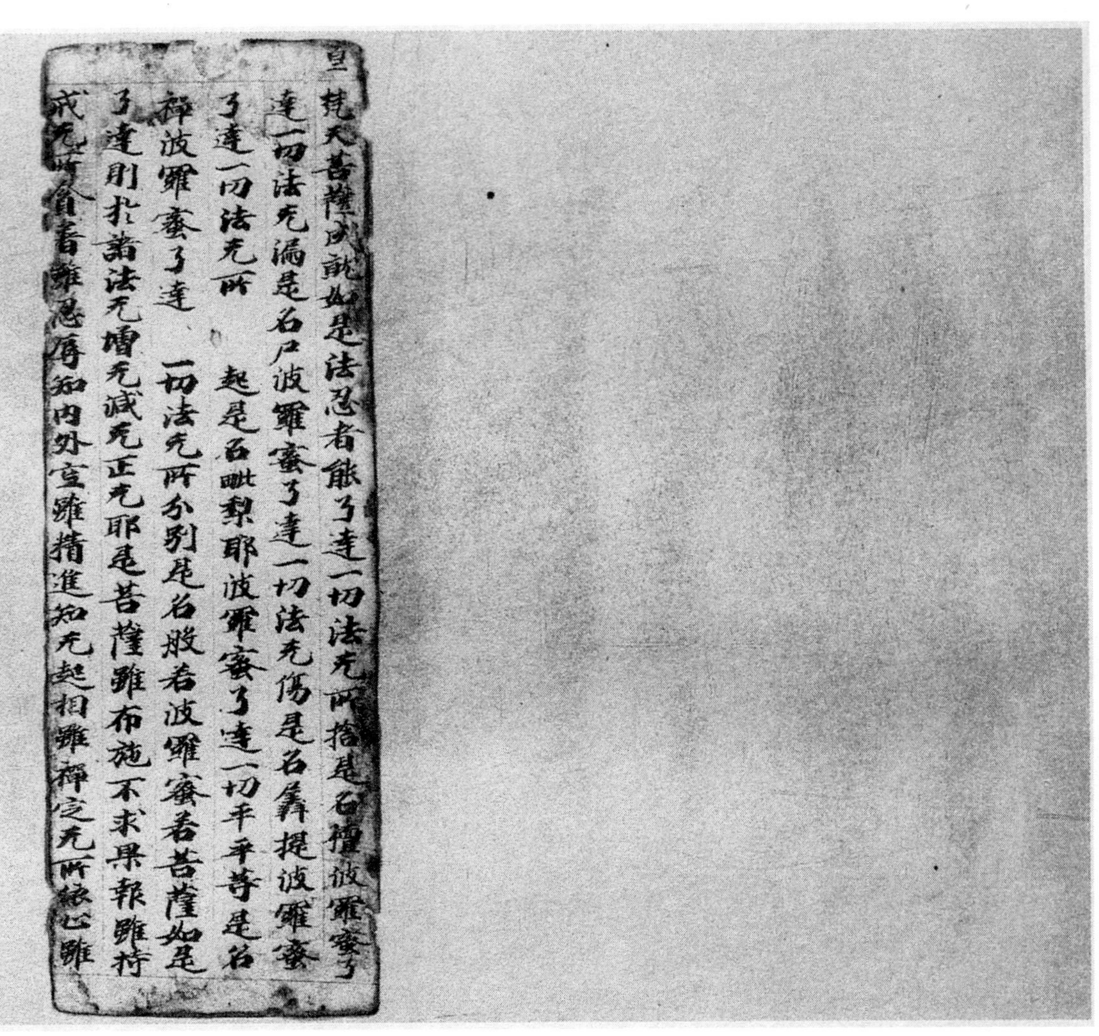
亘
梵天菩薩成就如是法忍者能了達一切法无所捨是名檀波羅蜜了
達一切法无漏是名尸波羅蜜了達一切法无傷是名羼提波羅蜜
了達一切法无所　起是名毗梨耶波羅蜜了達一切平平等是名
禪波羅蜜了達　一切法无所分別是名般若波羅蜜者菩薩如是
了達則於諸法无增无減无正无耶是菩薩雖布施不求果報雖持
戒无所貪著雖忍辱知內外空雖精進知无起相雖禪定无所緣心雖

BD15001號A4　思益梵天所問經卷四　（223–187）

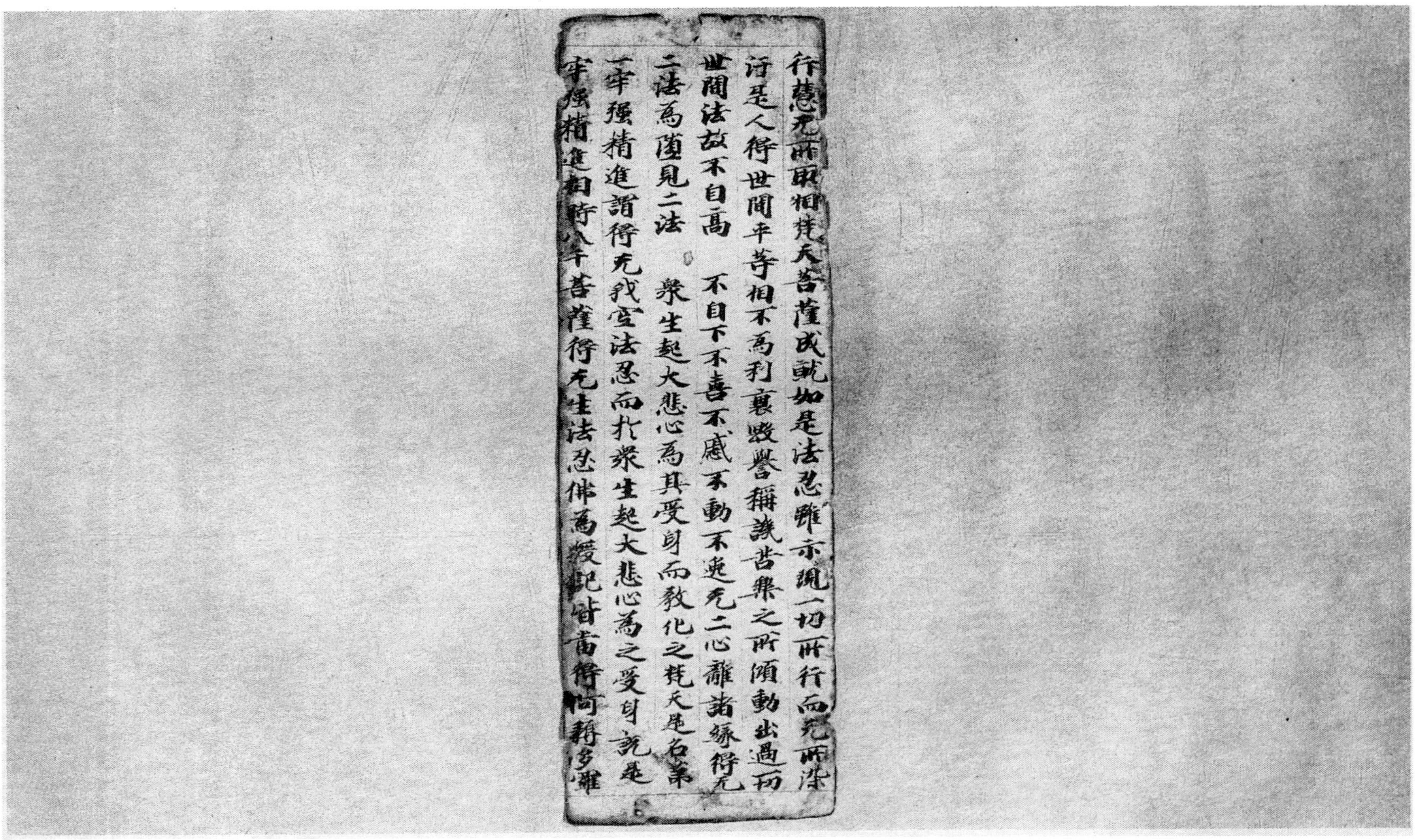

行慧无所取相梵天菩薩成就如是法忍雖示現一切所行而无所染
污是人得世間平等相不為利衰毀譽稱譏苦樂之所傾動出過
世間法故不自高　不自下不喜不慼不動不退无二心離諸緣得无
二法為墮見二法　眾生起大悲心為其受身而教化之梵天是名第
一牢強精進謂得无我空法忍而於眾生起大悲心為之受身說是
牢強精進相時八千菩薩得无生法忍佛為授記皆當得阿耨多羅

BD15001號A4　思益梵天所問經卷四　（223–188）

羅三藐三菩提皆於賢王佛成佛道皆同一号号曰精進 尒時大迦葉
白佛言世尊譬諸大龍若欲雨時雨於大海此諸菩薩亦復如是以大
法雨雨菩薩心佛 言迦葉如汝所說諸大龍王所以不雨閻浮提者
非有悋也但以其地 不堪受故所以者何大龍所雨澍如車軸若其雨
者是閻浮提及城邑聚落山林陂池悉皆漂流如澍棗葉是故大龍
不雨大雨於閻浮提如是迦葉此諸菩薩所以不雨法雨於餘衆生者

BD15001 號 A4　思益梵天所問經卷四　　（223–189）

亦无慳心以其器不堪受如是等法是故此諸菩薩但於甚深智慧
无量大海菩薩心中雨如是等不思議无上法雨迦葉又如大海堪受
大雨澍如車軸不 增不減此諸菩薩亦復如是若於一劫若復百
劫若聽若說其 法湛然不增不減迦葉又如大海百川衆流入其
中者同一鹹味此諸菩薩亦復如是聞種種法種種論議皆能信
解爲一味迦葉又如大海澄淨无垢濁水流入即皆清潔此諸菩薩

BD15001 號 A4　思益梵天所問經卷四　　（223–190）

品亦復如是淨諸結恨塵勞之垢迦葉又如大海甚深无底此諸菩薩
亦復如是能思惟入无量衆生心法故名為甚深一切聲聞辟支佛不
能測故名為无　底迦葉又如大海集无量水此諸菩薩亦復如是
集无量法无量智慧是故說諸菩薩心如大海迦葉又如大海積聚
種種无量珍寶此諸菩薩亦復如是入種種法門集諸法寶種種行
道出生无量法寶之聚迦葉又如大海有三種寶一者少價二者有價

BD15001 號 A4　思益梵天所問經卷四　（223–191）

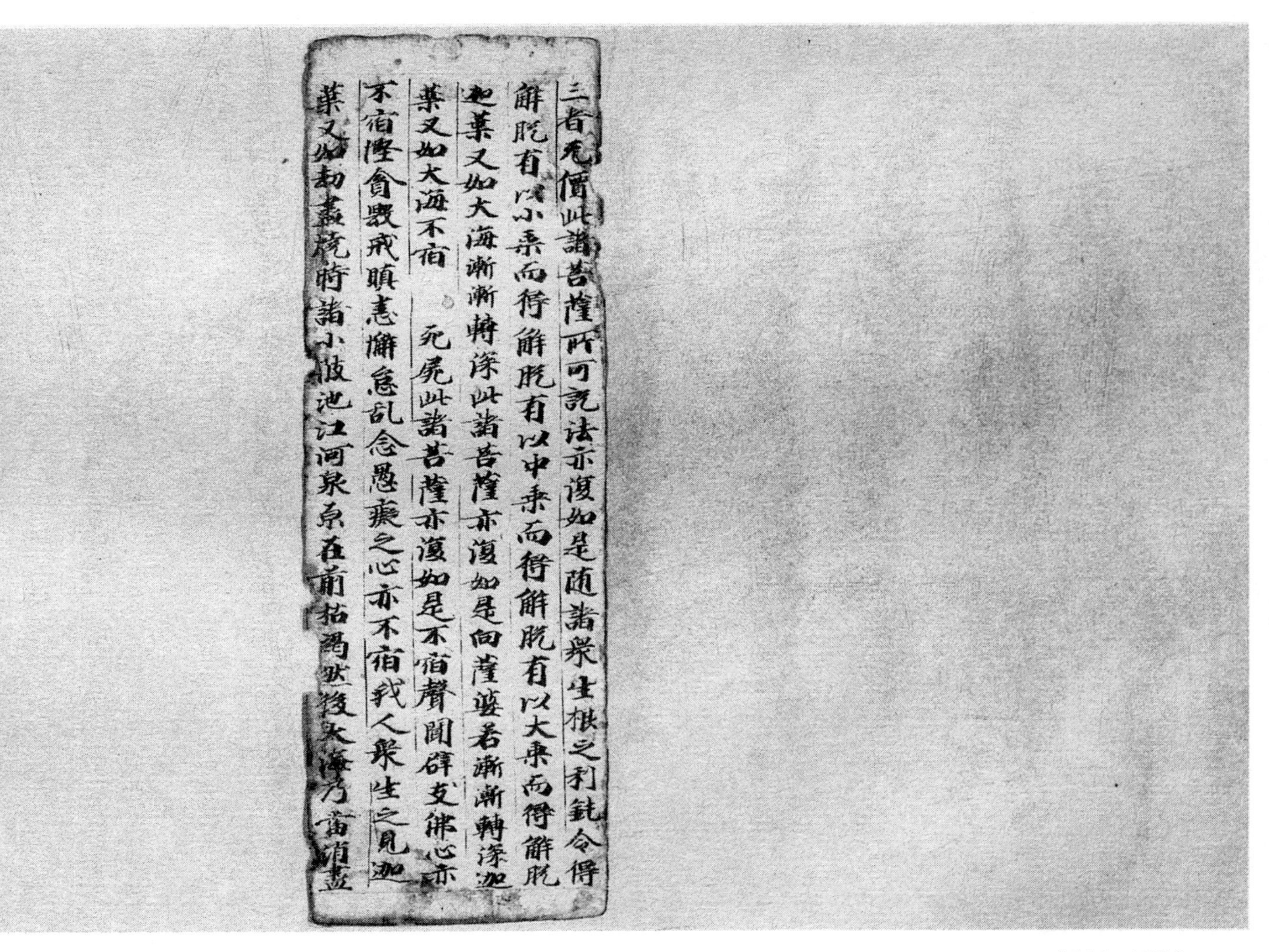
三者无價此諸菩薩所可說法亦復如是隨諸衆生根之利鈍令得
解脫有以小乘而得解脫有以中乘而得解脫有以大乘而得解脫
迦葉又如大海漸漸轉深此諸菩薩亦復如是向薩婆若漸漸轉深迦
葉又如大海不宿　死屍此諸菩薩亦復如是不宿聲聞辟支佛心亦
不宿慳貪毀戒瞋恚懈怠亂念愚癡之心亦不宿我人衆生之見迦
葉又如劫盡燒時諸小陂池江河泉原在前枯竭然後大海乃當消盡

BD15001 號 A4　思益梵天所問經卷四　（223–192）

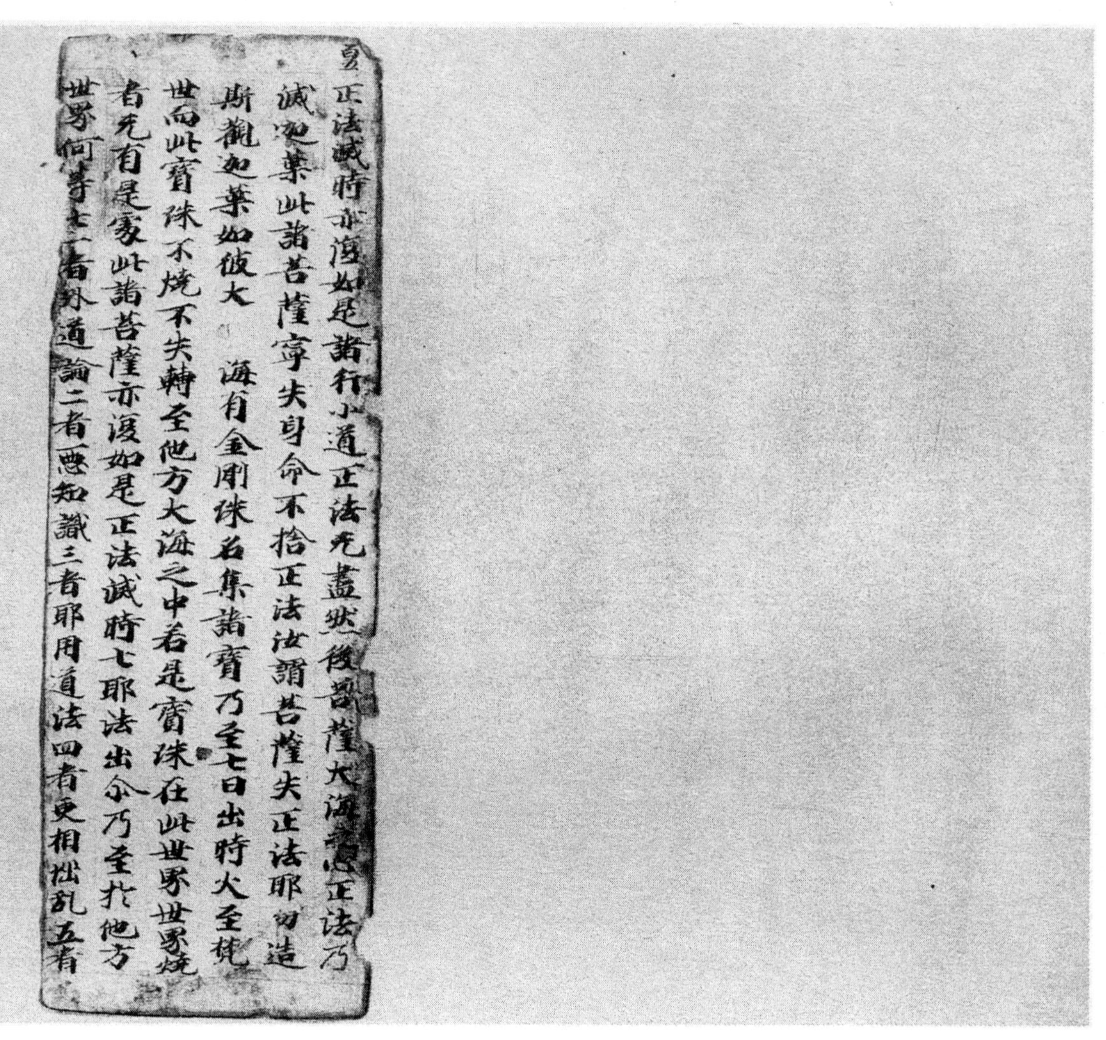

亖正法滅時亦復如是諸行小道正法充盡然後菩薩大海[illegible]正法乃
滅迦葉此諸菩薩寧失身命不捨正法汝謂菩薩失正法耶勿造
斯觀迦葉如彼大　海有金剛珠名集諸寶乃至七日出時火至梵
世而此寶珠不燒不失轉至他方大海之中若是寶珠在此世界世界燒
者无有是處此諸菩薩亦復如是正法滅時七耶法出尒乃至於他方
世界何等七一者外道論二者惡知識三者耶用道法四者更相撓亂五者

BD15001 號 A4　思益梵天所問經卷四　（223–193）

入耶見稠林六者不循福德七者无有得道此七惡出時是諸菩薩知
諸衆生不可得度尒乃至於他方佛國不離見佛聞法教化衆生增
長善根迦葉又如　大海爲无量衆生之所依止此諸菩薩亦復如
是衆生依止得三　種樂人樂天樂涅槃之樂迦葉又如大海醎不可
飲此諸菩薩亦復如是諸魔外道不能呑滅於是大迦葉白佛言世
尊大海雖深尚可測量此諸菩薩不可測量也佛告迦葉三千大千世

BD15001 號 A4　思益梵天所問經卷四　（223–194）

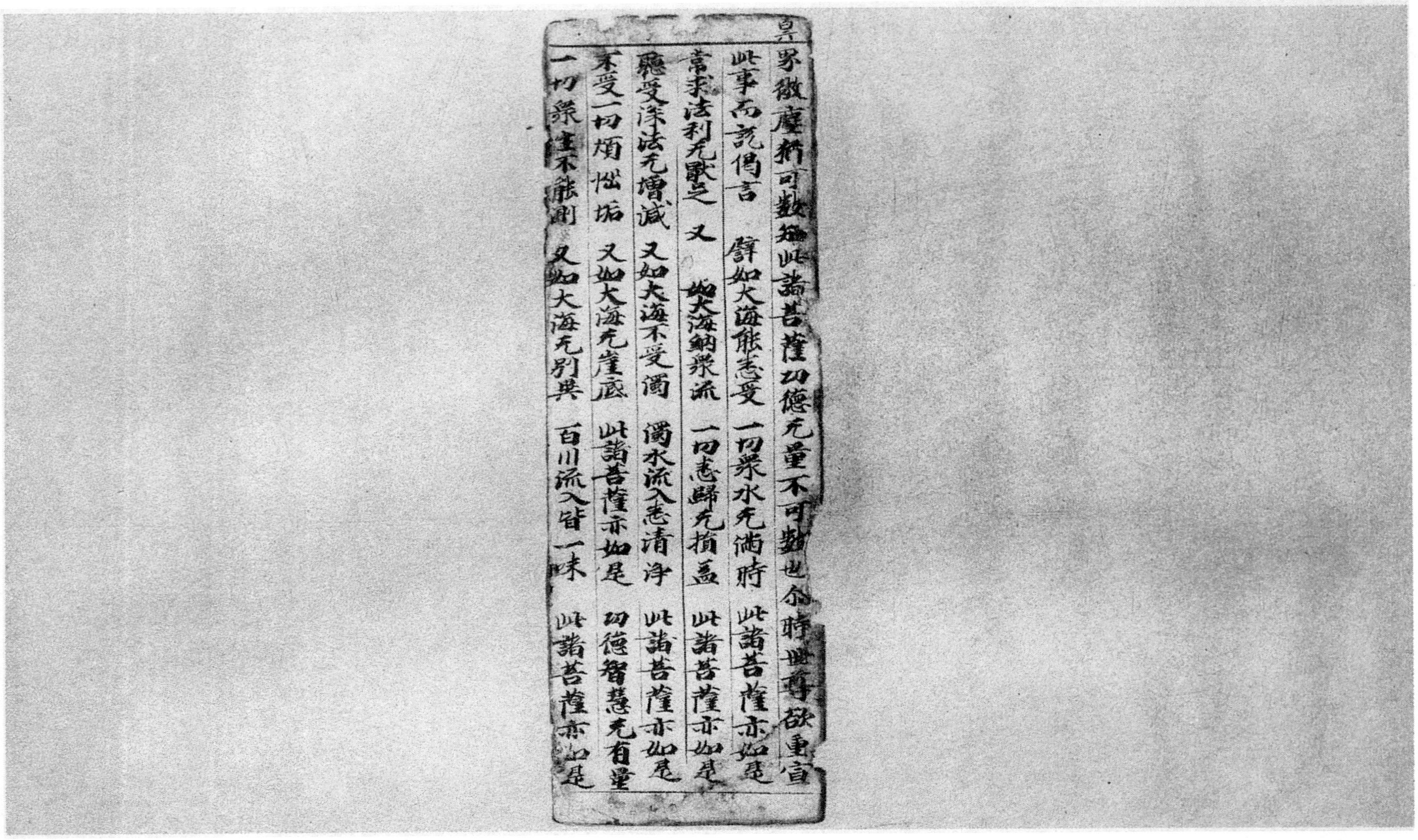

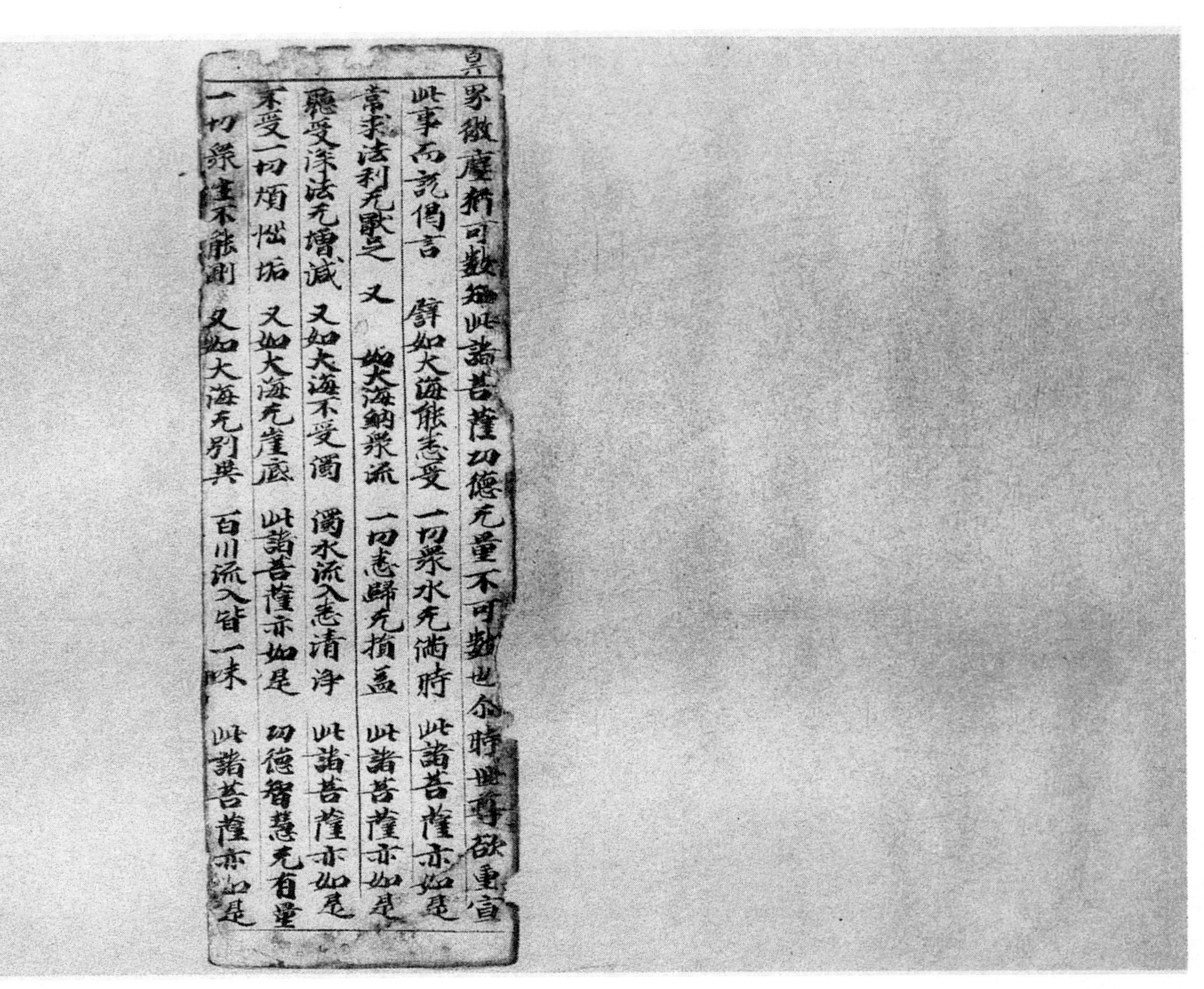

眾微塵者可數知此諸菩薩功德无量不可數也尒時世尊欲重宣
此事而說偈言　譬如大海能悉受　一切衆水无滿時　此諸菩薩亦如是
喜求法利无猒足　又　如大海納衆流　一切悉歸无損益　此諸菩薩亦如是
聽受深法无增減　又如大海不受濁　濁水流入悉清淨　此諸菩薩亦如是
不受一切煩惱垢　又如大海无崖底　此諸菩薩亦如是　功德智慧无有量
一切衆生不能測　又如大海无別異　百川流入皆一味　此諸菩薩亦如是

BD15001號 A4　思益梵天所問經卷四　（223–195）

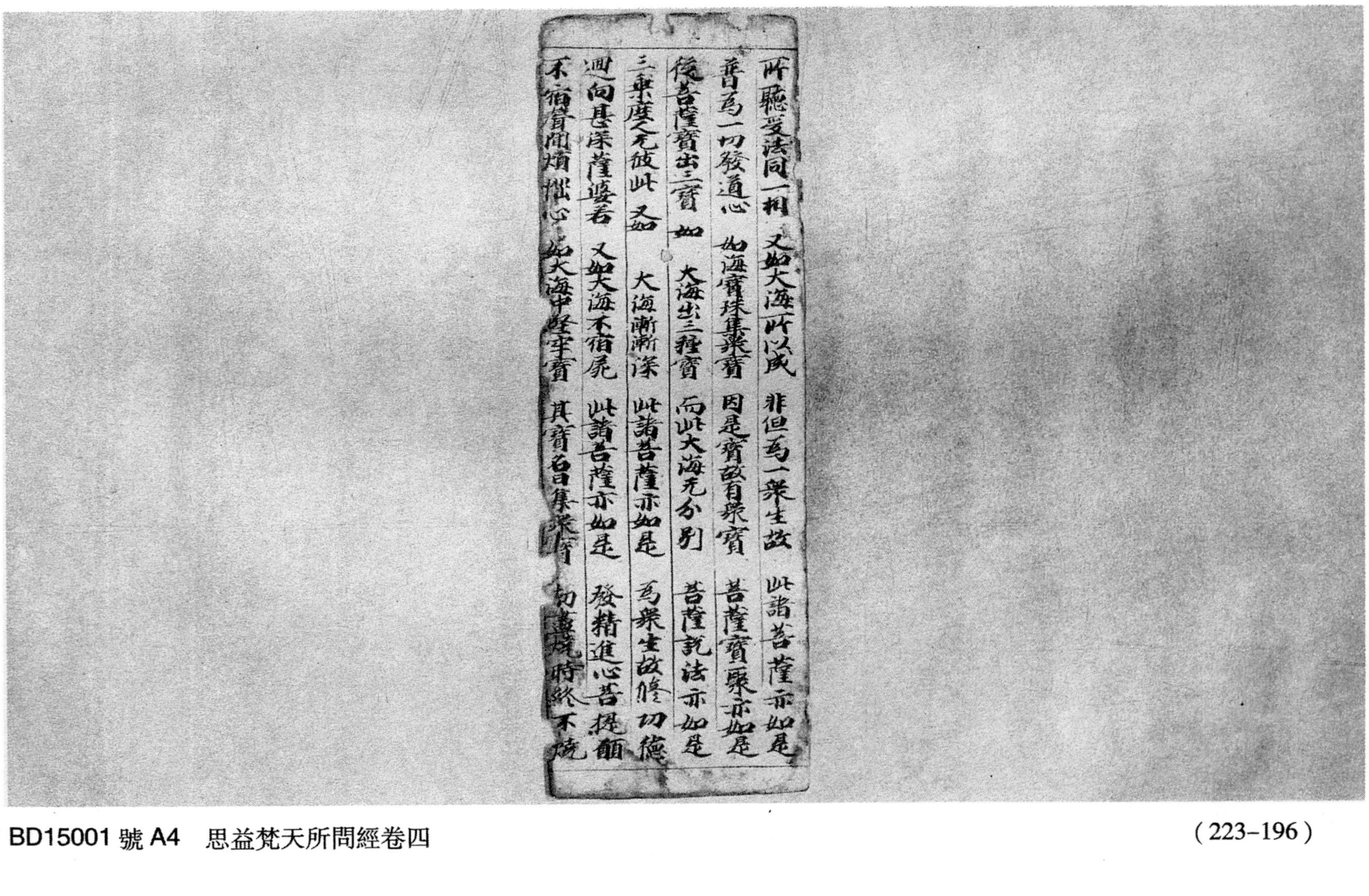

所聽受法同一相　又如大海所以咸　非但爲一衆生故　此諸菩薩亦如是
普爲一切發道心　如海寶珠集衆寶　因是寶故有衆寶　菩薩寶聚亦如是
從菩薩寶出三寶　如大海出三種寶　而此大海无分別　菩薩說法亦如是
三乘塵之无彼此　又如大海漸漸深　此諸菩薩亦如是　爲衆生故修功德
迴向甚深薩婆若　又如大海不宿屍　此諸菩薩亦如是　發精進心菩提願
不宿聲聞煩惱心　如大海中堅牢寶　其寶名日集衆寶　劫盡燒時終不燒

BD15001號 A4　思益梵天所問經卷四　（223–196）

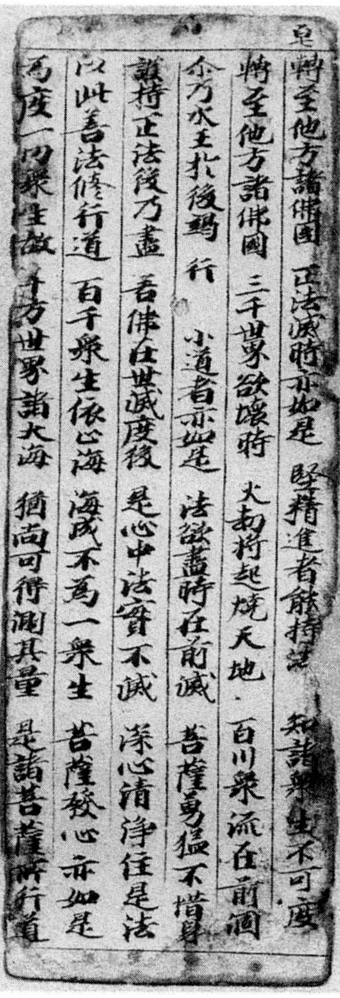

是時至他方諸佛國　正法滅時亦如是　堅精進者能持法　知諸衆生不可度
轉至他方諸佛國　三千世界欲壞時　火劫將起燒天地　百川衆流在前涸
今乃水王於後竭　行小道者亦如是　法欲盡時在前滅　菩薩勇猛不惜身
護持正法後乃盡　吾佛在世滅度後　是心中法實不滅　深心清淨住是法
以此善法修行道　百千衆生依心海　海滅不為一衆生　菩薩發心亦如是
為度一切衆生故　十方世界諸大海　猶尚可得測其量　是諸菩薩所行道

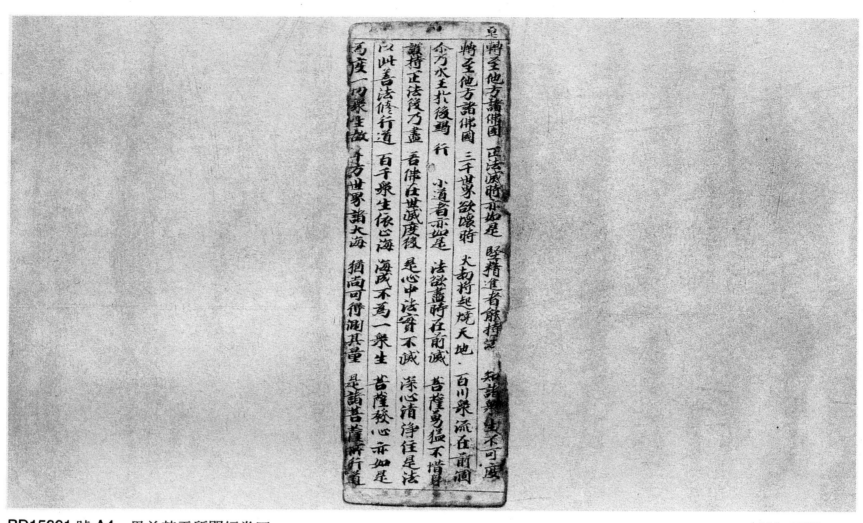

BD15001 號 A4　思益梵天所問經卷四　（223–197）

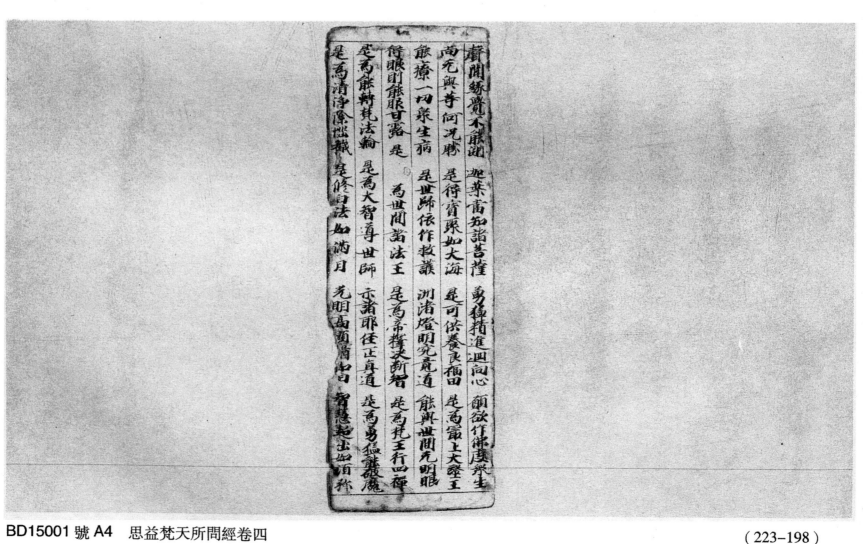

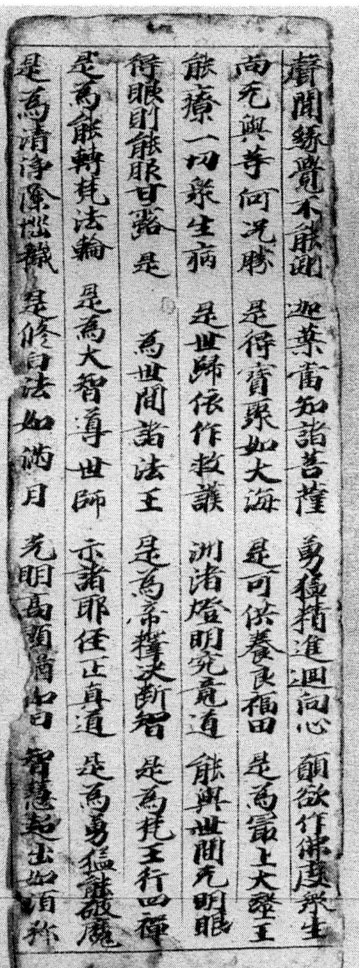

聲聞緣覺不能測　迦葉當知諸菩薩　勇猛精進迴向心　願欲作佛度衆生
尚无與等何况勝　是得寶聚如大海　是可供養良福田　是為富上大醫王
能療一切衆生病　是世師依作救護　洲渚燈明究竟道　能與世間光明眼
得眼能眼甘露是　為世間諸法王　是為帝釋決斷智　是為梵王行四禪
是為能轉梵法輪　是為大智導世師　亦諸耶住正真道　是為勇猛能破魔
是為清淨除惱熱　善修白法如滿月　光明高顯猶如日　智慧起出如百千

BD15001 號 A4　思益梵天所問經卷四　（223–198）

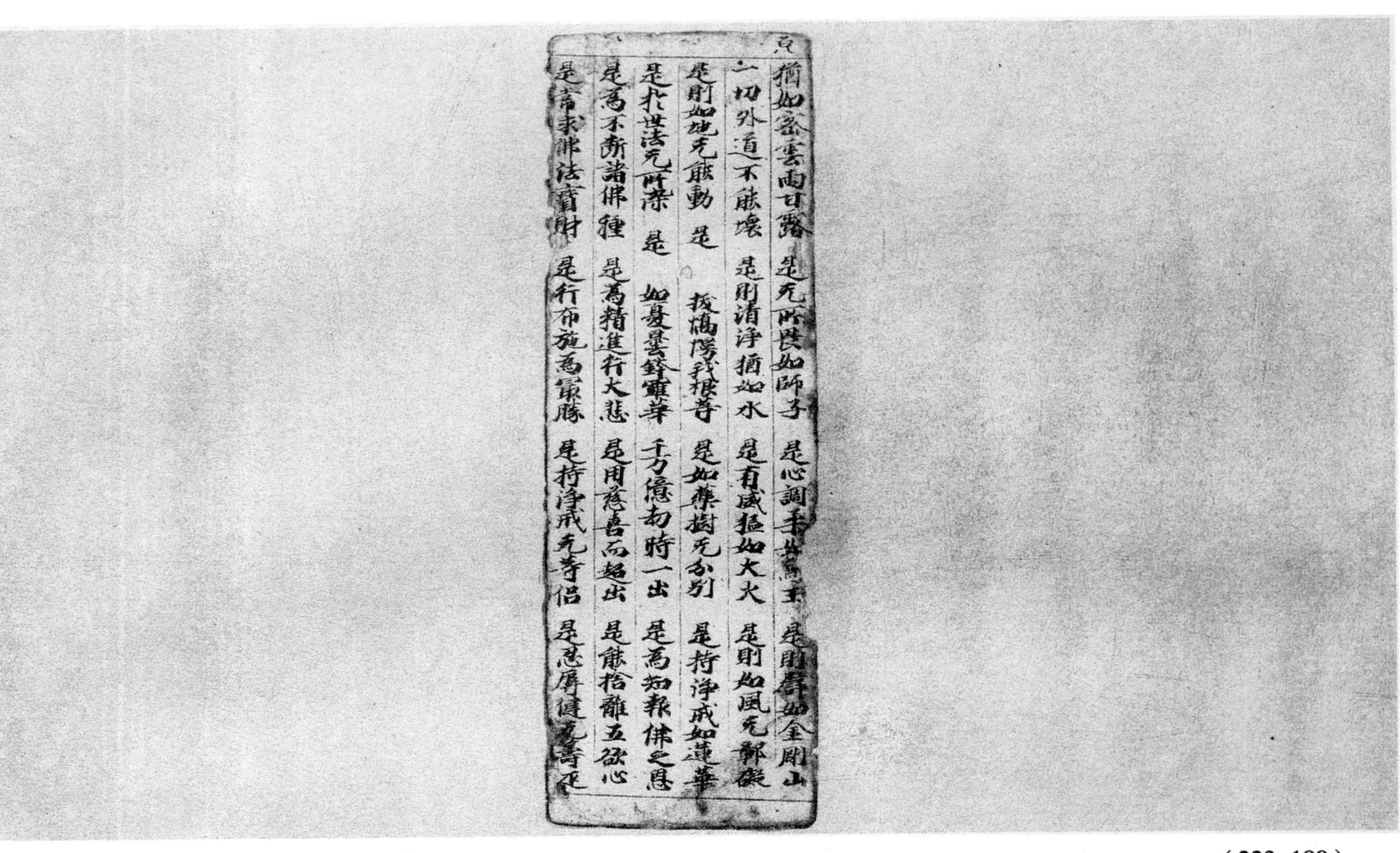

猶如密雲雨甘露　是无所畏如師子　是心調柔如象王　是則壽如金剛山
一切外道不能壞　是則清淨猶如水　是有威猛如大火　是則如風无鄣礙
是則如地无能動　是　拔憍慢我根普　是如藥樹无分別　是持淨戒如蓮華
是於世法无所染　是　如優曇鉢羅華　千万億劫時一出　是為知報佛之恩
是為不斷諸佛種　是為精進行大悲　是用慈喜而超出　是能捨離五欲心
是常求佛法寶財　是行布施為最勝　是持淨戒无等侶　是忍辱健无等疋

BD15001 號 A4　思益梵天所問經卷四　　（223–199）

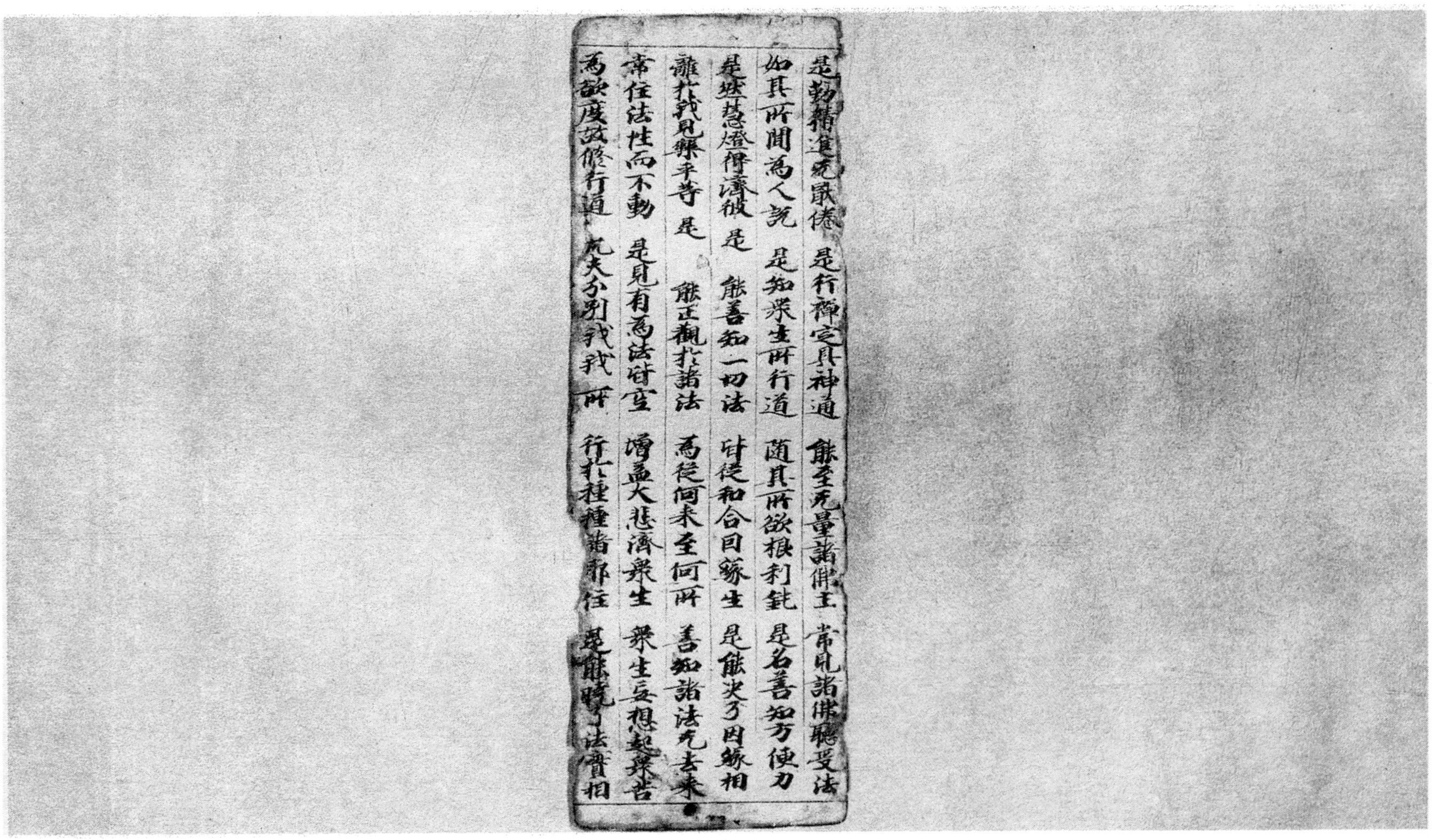

是勤精進无懈惓　是行禪定具神通　能至无量諸佛土　常見諸佛聽受法
如其所聞為人說　是知衆生所行道　隨其所欲根利鈍　是名善知方便力
是燃慧燈滑濟彼　是　能善知一切法　皆從和合因緣生　是能決了因緣相
離於我見衆生等　是　能正觀於諸法　為從何來至何所　善知諸法无去來
常住法性而不動　是見有為法皆空　增益大悲濟衆生　衆生妄想起衆苦
為欲度故修行道　凡夫分別我我所　行於種種諸邪住　是能曉了法實相

BD15001 號 A4　思益梵天所問經卷四　　（223–200）

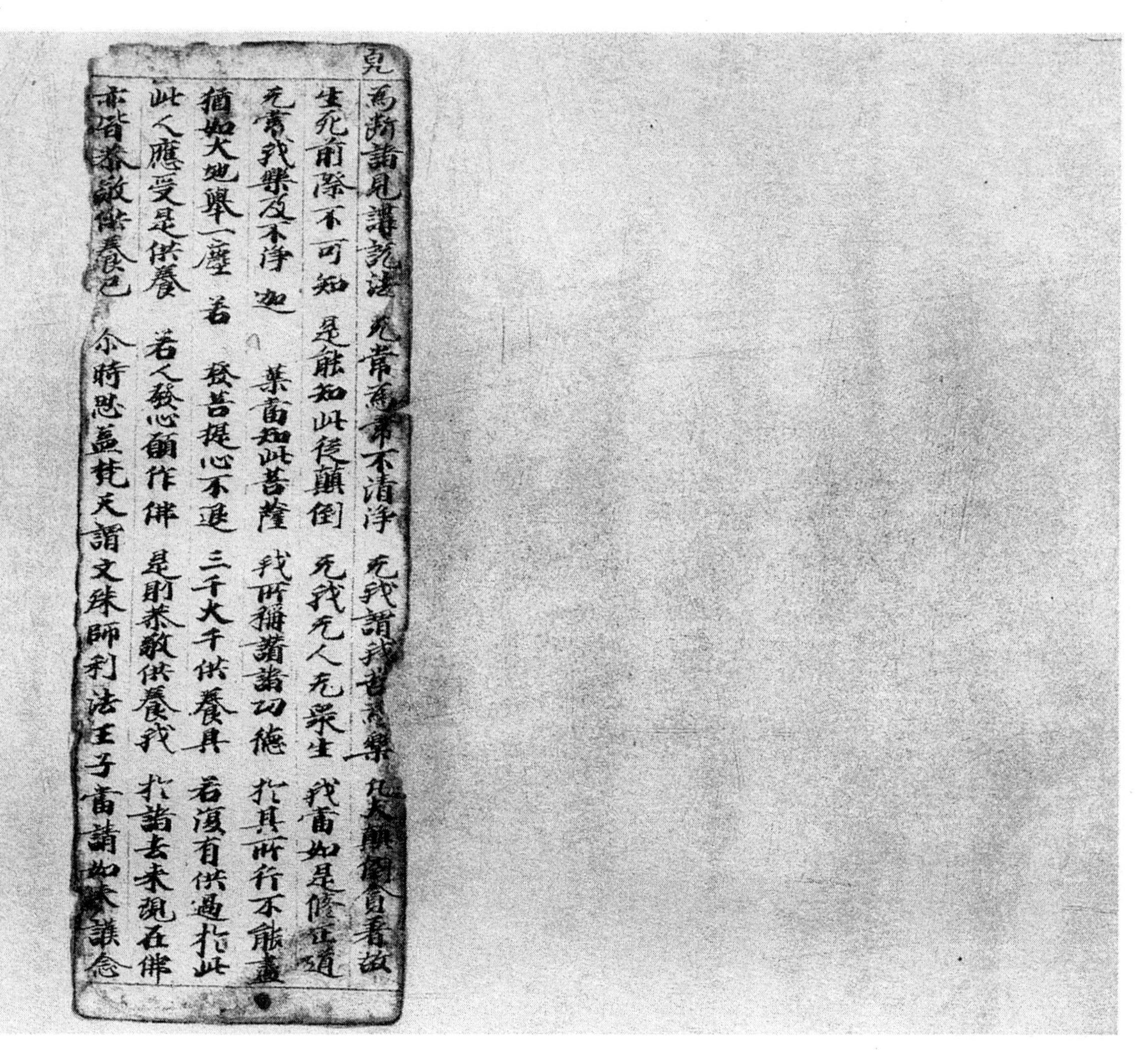

見
爲斷諸見講說法　无常爲常不清淨　无我謂我苦爲樂　凡夫顛倒貪著故
生死前際不可知　是能知此從顛倒　无我无人无衆生　我當如是修正道
无常我槃及不淨　迦葉當知此菩薩　我所稱讚諸功德　於其所行不能盡
猶如大地舉一塵　若發菩提心不退　三千大千供養具　若復有供過於此
此人應受是供養　若人發心願作佛　是則恭敬供養我　於諸去來現在佛
亦皆恭敬供養已　尒時思益梵天謂文殊師利法王子當諸如來護念

BD15001 號 A4　思益梵天所問經卷四　　（223–201）

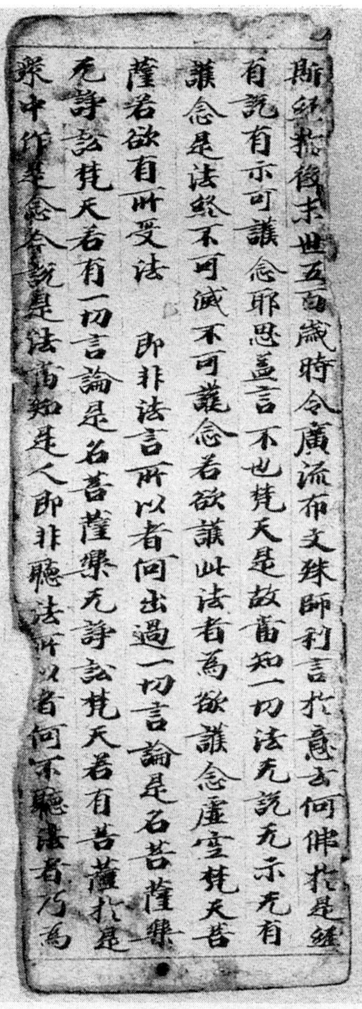

斯經於後末世五百歲時令廣流布文殊師利言於意云何佛於是經
有說有示可護念耶思益言不也梵天是故當知一切法无說无示无有
護念是法終不可滅不可護念若欲護此法者爲欲護念虛空梵天菩
薩若欲有所受法　即非法言所以者何出過一切言論是名菩薩衆
无諍訟梵天若有一切言論是名菩薩衆无諍訟梵天若有菩薩於是
衆中作是念令說是法當知是人即非聽法所以者何不聽法者乃爲

BD15001 號 A4　思益梵天所問經卷四　　（223–202）

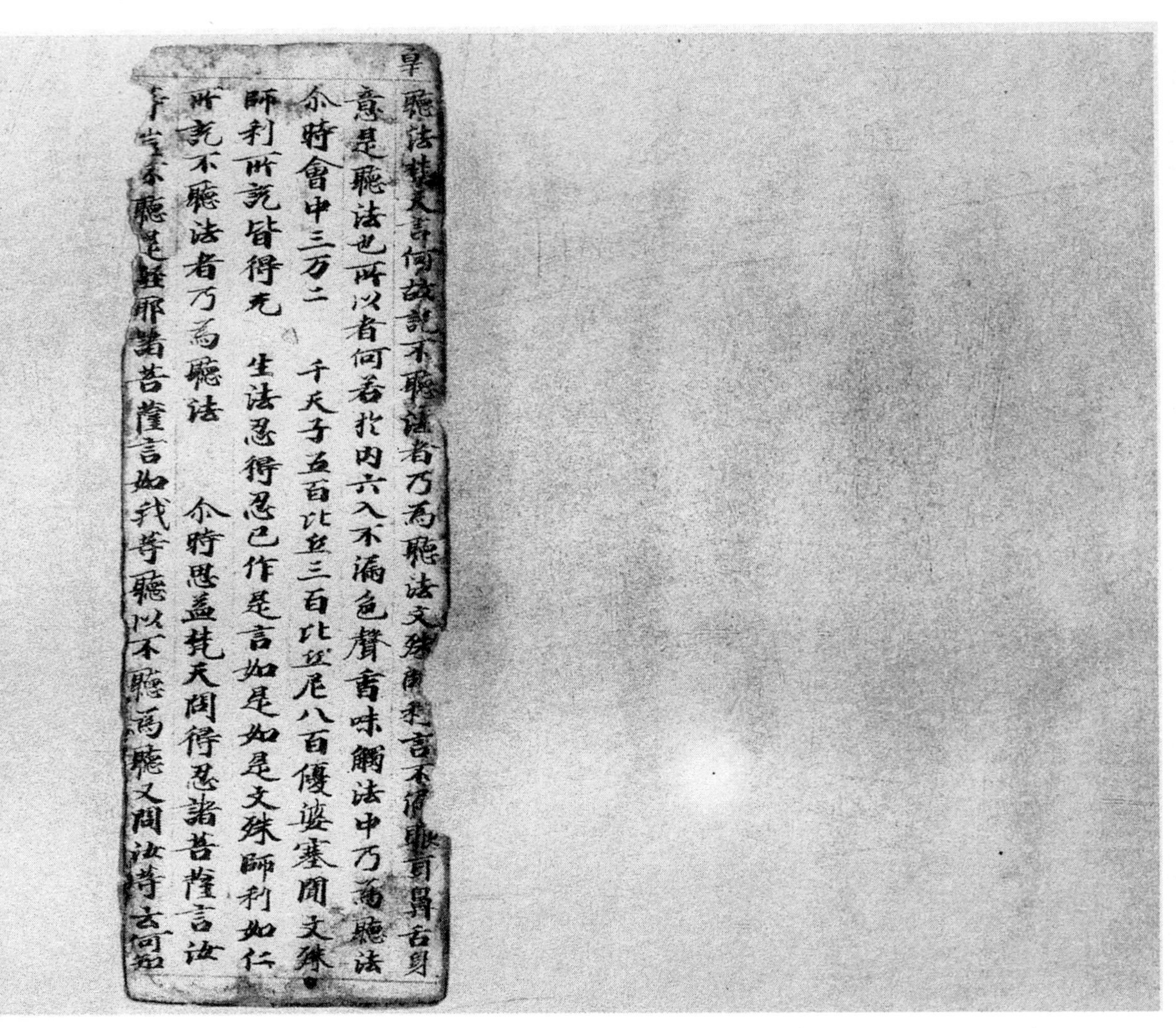

卑聽法梵天言何故說不聽法者乃爲聽法文殊師利言不以眼耳鼻舌身
意是聽法也所以者何若於內六入不漏色聲香味觸法中乃爲聽法
尒時會中三万二千天子五百比丘三百比丘尼八百優婆塞聞文殊
師利所說皆得无生法忍得忍已作是言如是如是文殊師利如仁
所說不聽法者乃爲聽法　尒時思益梵天問得忍諸菩薩言汝
等云何聽是經耶諸菩薩言如我等聽以不聽爲聽又問汝等云何知

BD15001號 A4　思益梵天所問經卷四　　（223–203）

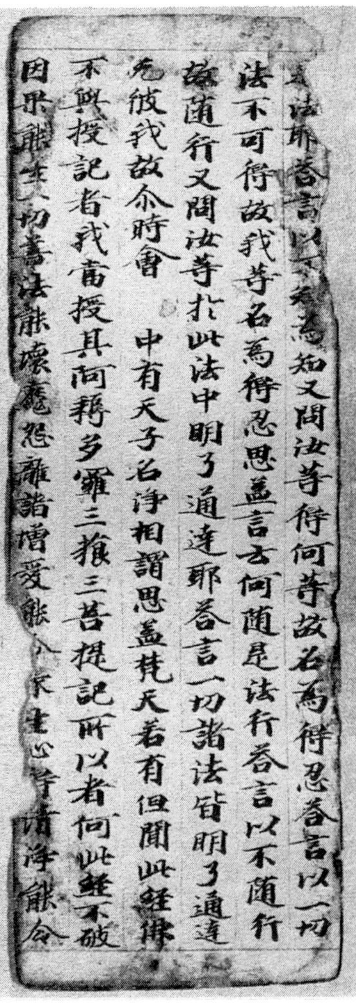

是法耶答言以不知爲知又問汝等得何等故名爲得忍答言以一切
法不可得故我等名爲得忍思益言云何隨是法行答言以不隨行
故隨行又問汝等於此法中明了通達耶答言一切諸法皆明了通達
无彼我故尒時會　中有天子名淨相謂思益梵天若有但聞此經能
不與授記者我當授其阿耨多羅三藐三菩提記所以者何此經不破
因果能生一切善法能壞魔怨離諸憎愛能令衆生心得清淨能令

BD15001號 A4　思益梵天所問經卷四　　（223–204）

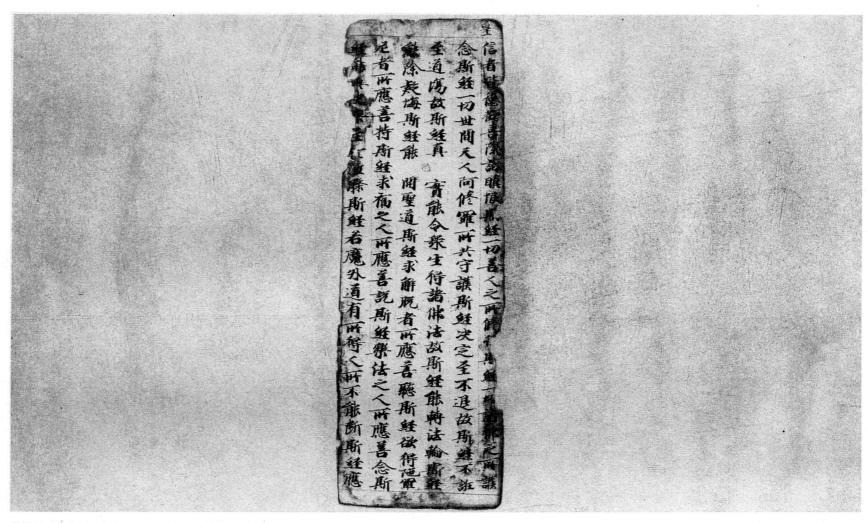

皇
信者[illegible][illegible][illegible][illegible]瞋恨斯經一切善人之所[illegible]斯經一[illegible][illegible]佛之所護
念斯經一切世間天人阿修羅所共守護斯經決定至不退故斯經不誑
至道場故斯經真實能令衆生得諸佛法故斯經能轉法輪斯經
能除疑悔斯經能 開聖道斯經求解脱者所應善聽斯經欲得阿羅
漢者所應善持斯經求福之人所應善説斯經樂法之人所應善念斯
經[illegible][illegible][illegible][illegible][illegible][illegible]除斯經若魔外道有所得人所不能斷斯經應

BD15001 號 A4　思益梵天所問經卷四　（223–205）

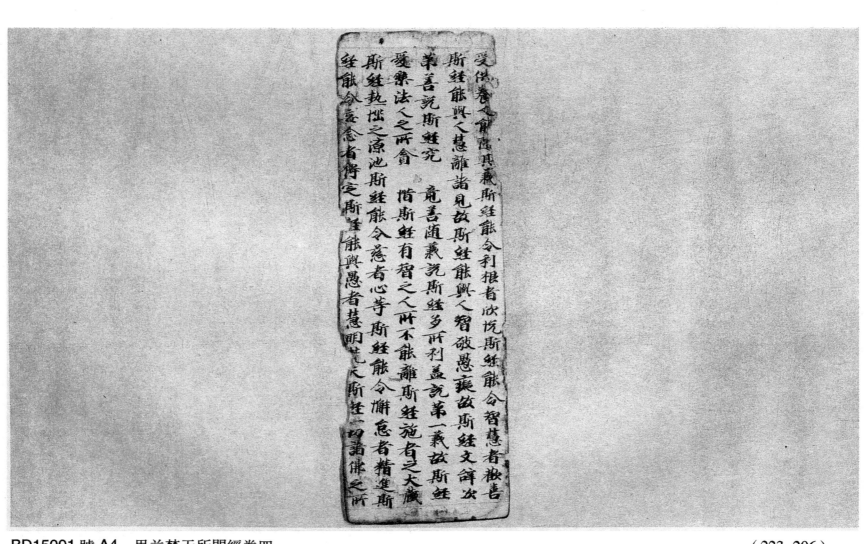

受供養人[illegible][illegible]其義斯經能令利根者欣悦斯經能令智慧者歡喜
斯經能與人慧離諸見故斯經能與人智破愚癡故斯經文辭次
第善説斯經究竟善隨義説斯經多所利益説第一義故斯經
愛樂法人之所會 指斯經有智之人所不能離斯經施者之大藏
斯經熱惱之涼池斯經能令慈者心等斯經能令懈怠者精進斯
經能令忘念者得定斯經能與愚者慧明[illegible]人斯經一切諸佛之所

BD15001 號 A4　思益梵天所問經卷四　（223–206）

貴重淨相天子說是法時三千大千世界皆大震動佛即讚言善哉善哉
天子如汝所說　尒時思益梵天白佛言世尊是天子曾於過去
諸佛所聞是經耶　佛言是天子已於六十四億諸佛所得聞是經過
四万二千劫當得作　佛号寶莊嚴國名多寶於其中間有諸佛出皆
得供養亦聞是經梵天是諸比丘比丘尼優婆塞優婆夷諸天龍
鬼神在此會中得法忍者皆當得生多寶國土　尒時淨相天

BD15001 號 A4　思益梵天所問經卷四　（223–207）

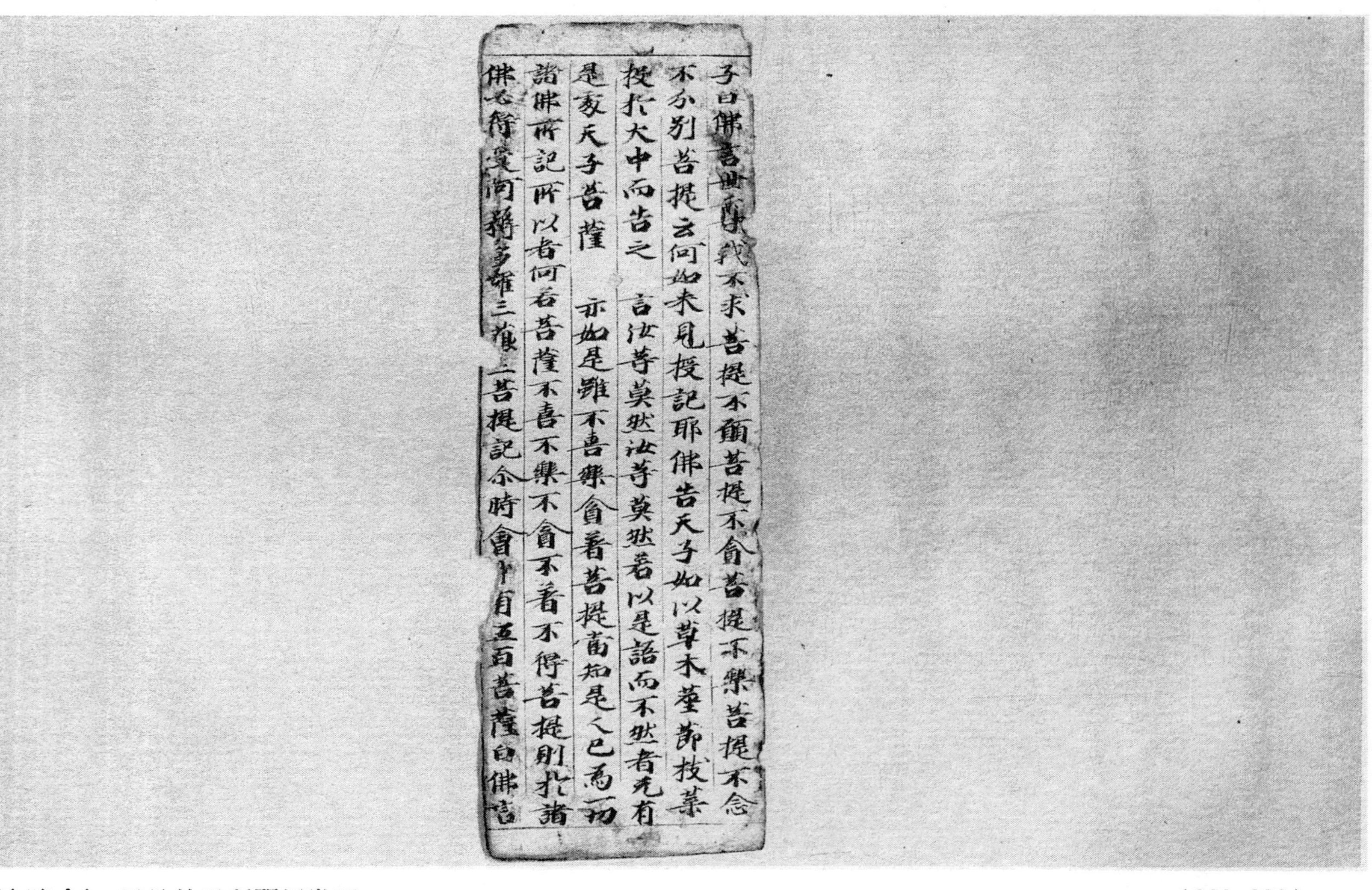

子白佛言世尊我不求菩提不爲菩提不念菩提不樂菩提不念
不分別菩提云何如來見授記耶佛告天子如以草木莖節枝葉
投於火中而告之　言汝等莫然汝等莫然若以是語而不然者无有
是處天子菩薩　亦如是雖不喜樂貪著菩提當知是人已爲一切
諸佛所記所以者何若菩薩不喜不樂不貪不著不得菩提則於諸
佛必得受阿耨多羅三藐三菩提記尒時會中有五百菩薩白佛言

BD15001 號 A4　思益梵天所問經卷四　（223–208）

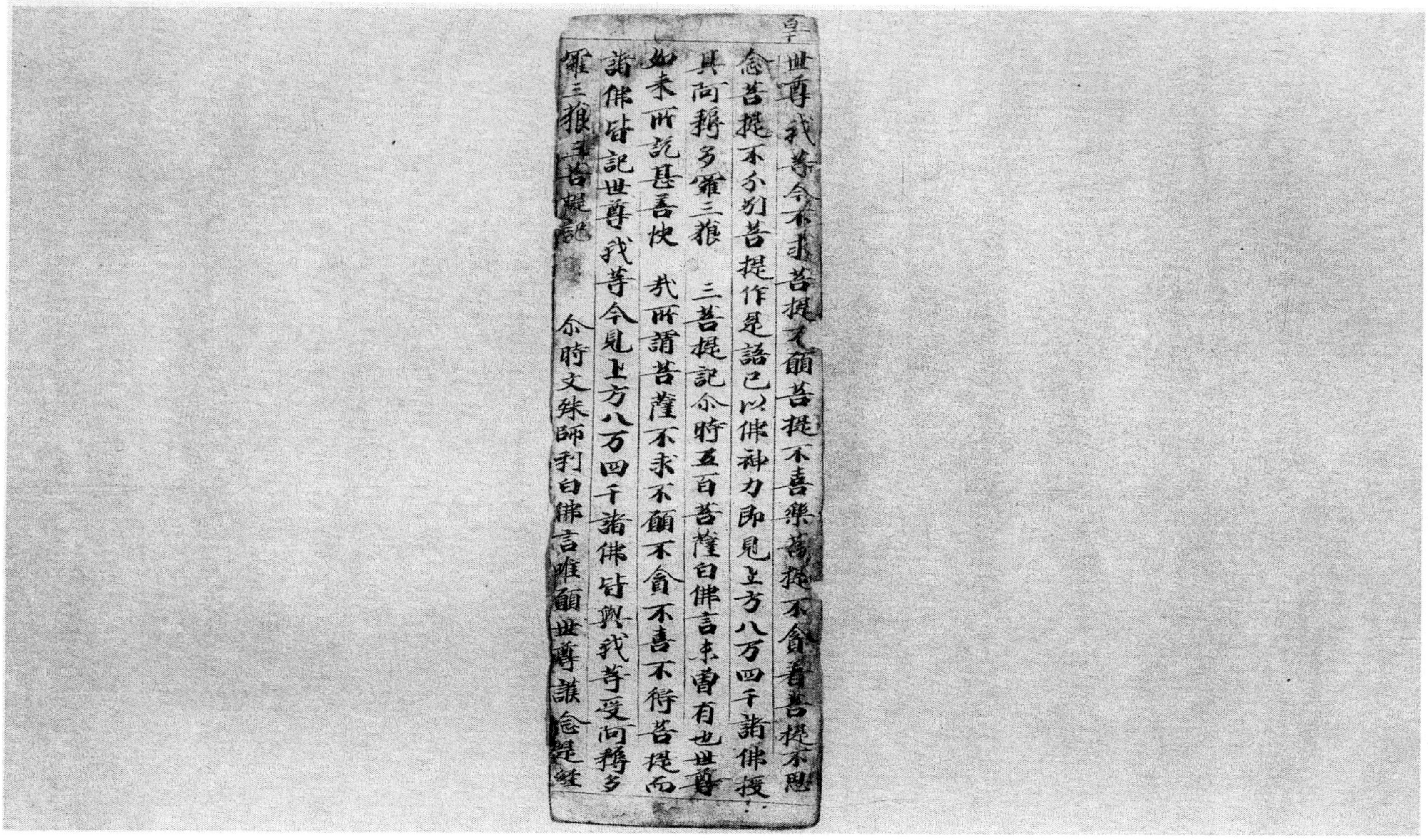

世尊我等今不求菩提又願菩提不喜樂菩提不貪著菩提不思
念菩提不分別菩提作是語已以佛神力即見上方八万四千諸佛授
其阿耨多羅三藐　三菩提記尒時五百菩薩白佛言未曾有也世尊
如來所說甚善快　我所謂菩薩不求不願不貪不喜不得菩提而
諸佛皆記世尊我等今見上方八万四千諸佛皆與我等受阿耨多
羅三藐三菩提記　尒時文殊師利白佛言唯願世尊護念是經

BD15001 號 A4　思益梵天所問經卷四　（223–209）

於當來世後五百歲廣宣流布此閻浮提令得久住又令大莊嚴善
男子善女人咸得聞之設魔事種種起而能不隨魔若魔民亦不得
其便以受持是經　故終不退失阿耨多羅三藐三菩提
尒時佛告文殊師　利如是如是汝今善聽欲令此經久住故當為汝
說呪諸天龍夜叉乾闥婆鳩槃荼等呪術若法師誦持此呪則能致
諸天龍夜叉乾闥婆阿修羅迦樓羅緊那羅摩睺羅伽等常隨護

BD15001 號 A4　思益梵天所問經卷四　（223–210）

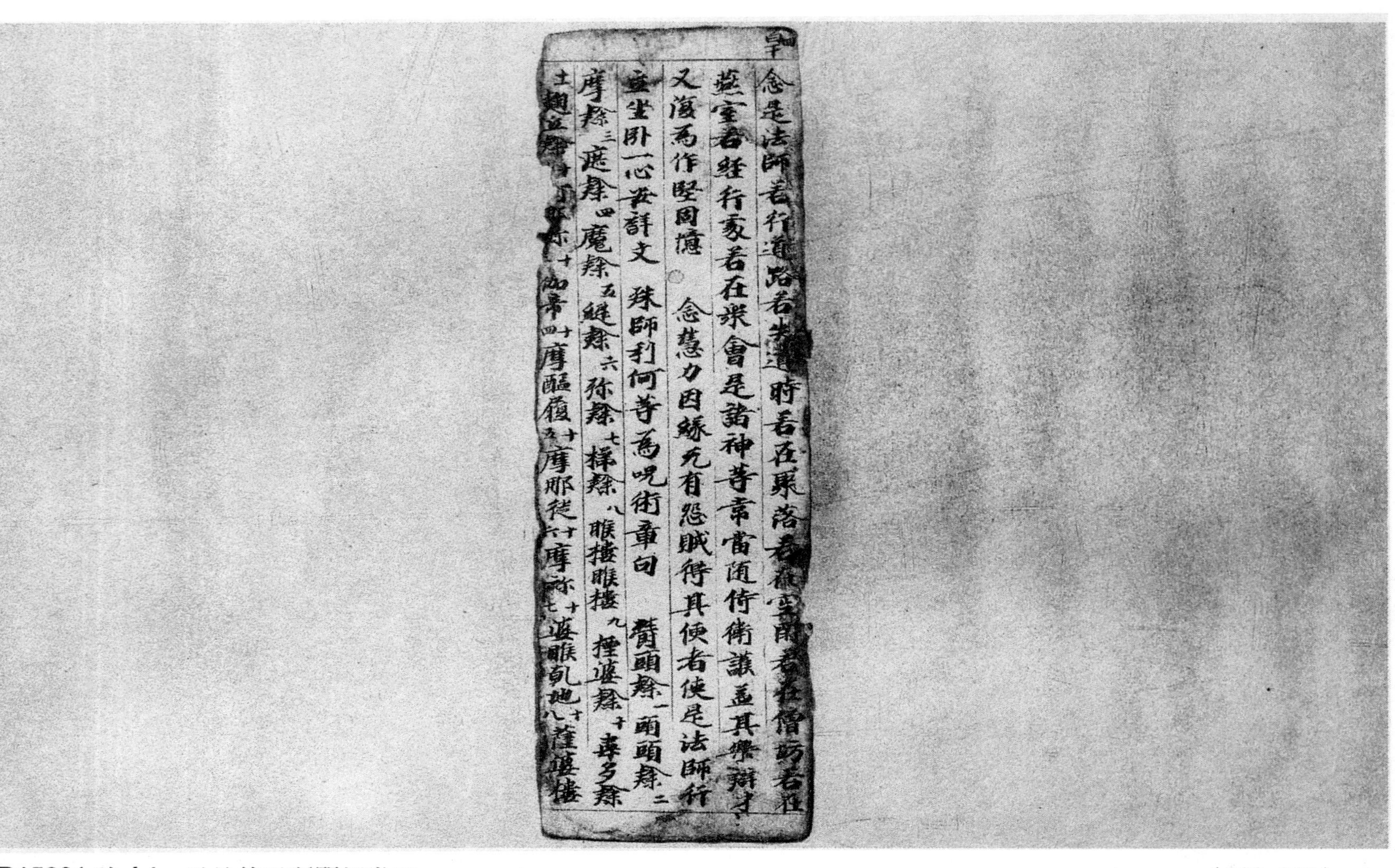

BD15001 號 A4　思益梵天所問經卷四　　（223–211）

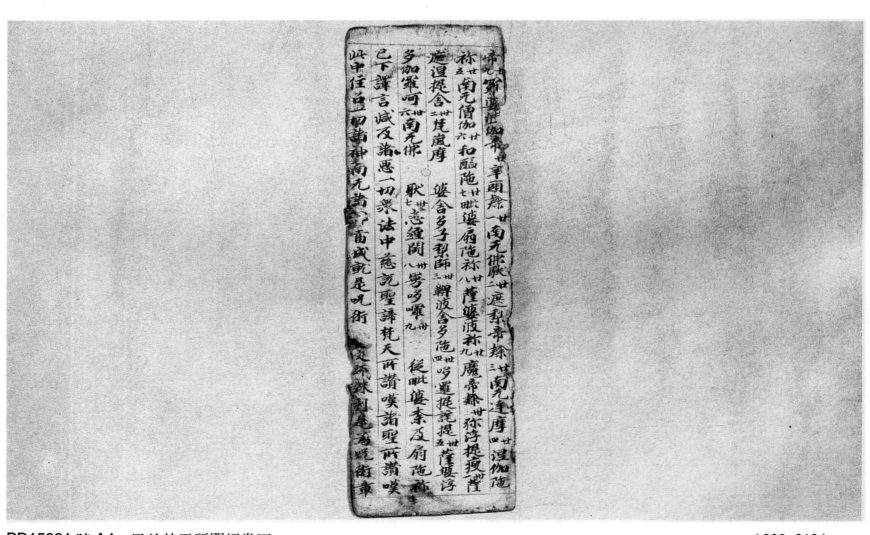

BD15001 號 A4　思益梵天所問經卷四　　（223–212）

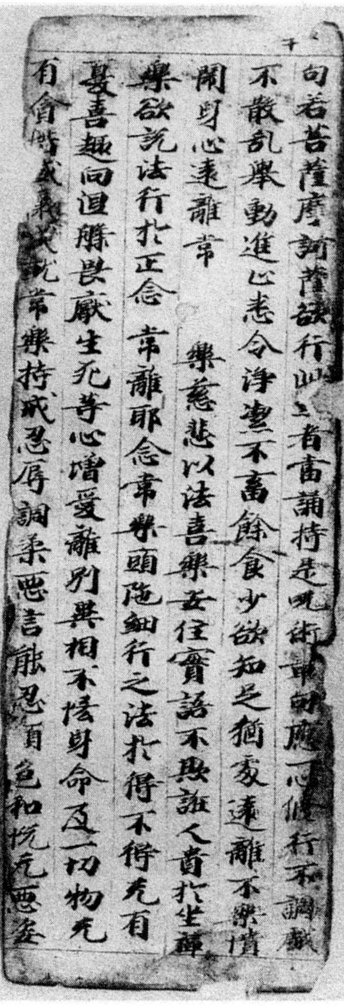

句若菩薩摩訶薩欲行此〻者當誦持是呪術即時應一心修行不調戲
不散亂舉動進止悉令淨潔不畜餘食少欲知足獨處遠離不樂憒
閙身心遠離常　樂慈悲以法喜樂安住實語不欺誑人貴於坐禪
樂欲說法行於正念　常離邪念常樂頭陀細行之法於得不得无有
憂喜趣向涅槃畏厭生死等心憎愛離別異相不惜身命及一切物无
有貪惜成就威儀常樂持戒忍辱調柔惡言能忍有色和悅无惡姿

BD15001 號 A4　思益梵天所問經卷四　（223–213）

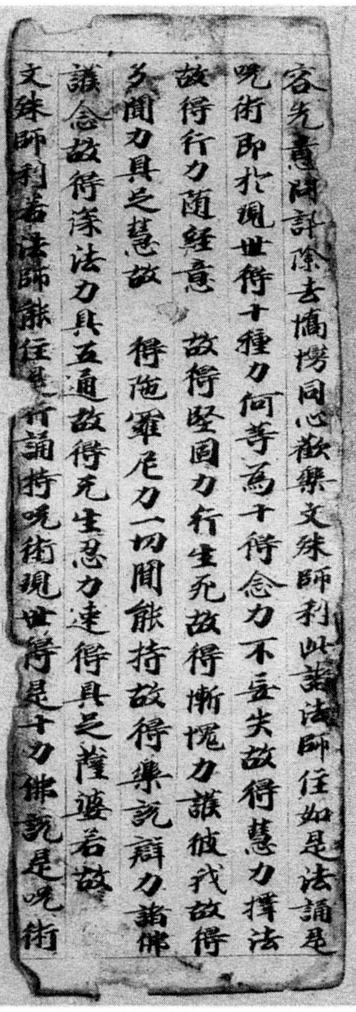

容先意問訊除去憍慢同心歡樂文殊師利此諸法師住如是法誦是
呪術即於現世得十種力何等爲十得念力不忘失故得慧力擇法
故得行力隨經意　故得堅固力行生死故得慚愧力護彼我故得
多聞力具足慧故　得陀羅尼力一切聞能持故得樂說辯力諸佛
讚念故得深法力具五通故得无生忍力逮得具足薩婆若故
文殊師利若法師能住是行誦持呪術現世得是十力佛說是呪術

BD15001 號 A4　思益梵天所問經卷四　（223–214）

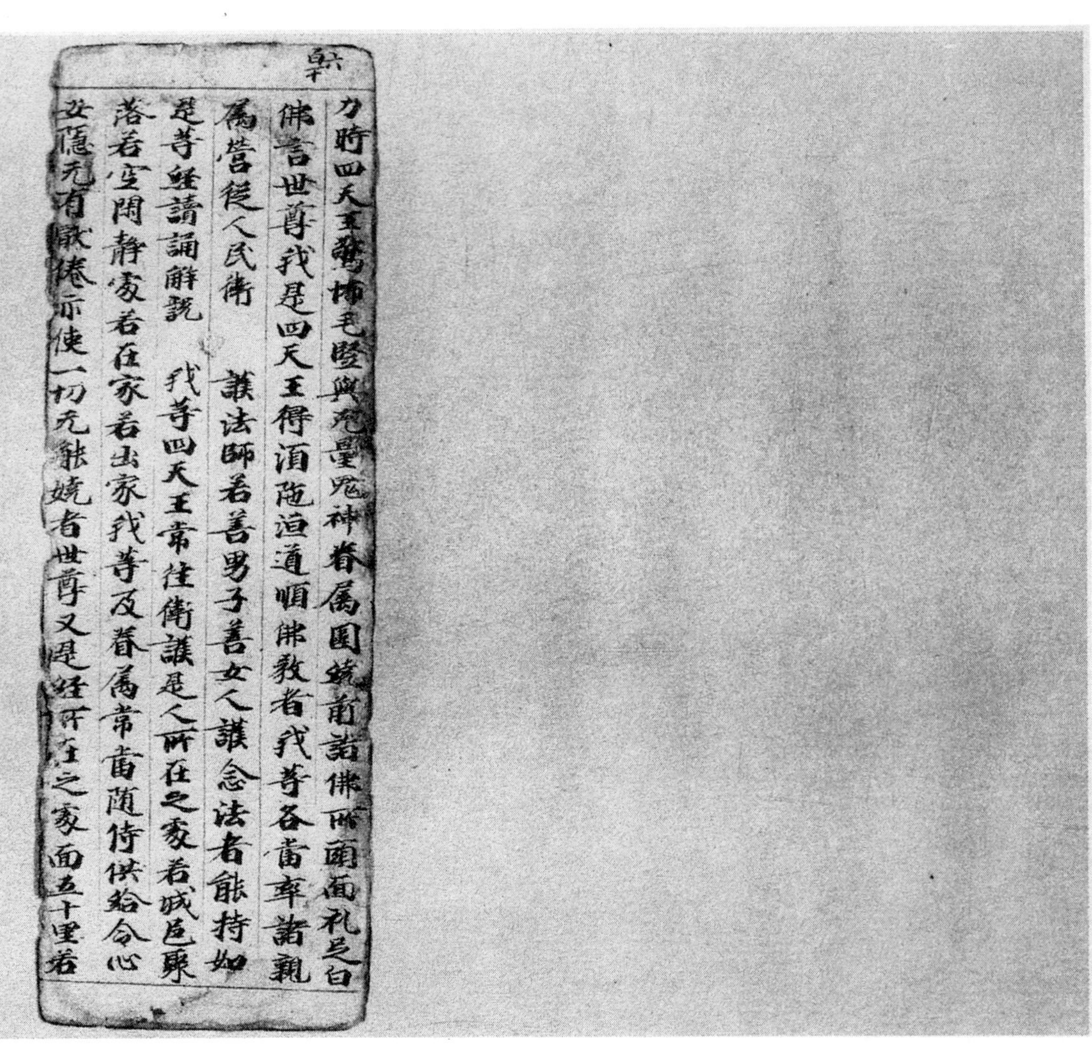

力時四天王驚怖毛豎與无量鬼神眷屬圍繞前詣佛所頭面礼足白
佛言世尊我是四天王得須陀洹道順佛教者我等各當率諸親
屬營從人民衛　護法師若善男子善女人護念法者能持如
是等經讀誦解說　我等四天王常往衛護是人所在之處若城邑聚
落若空閑靜處若在家若出家我等及眷屬常當隨侍供給令心
安隱无有嬈惱亦使一切无能嬈者世尊又是經所在之處面五十里若

BD15001 號 A4　思益梵天所問經卷四　　（223–215）

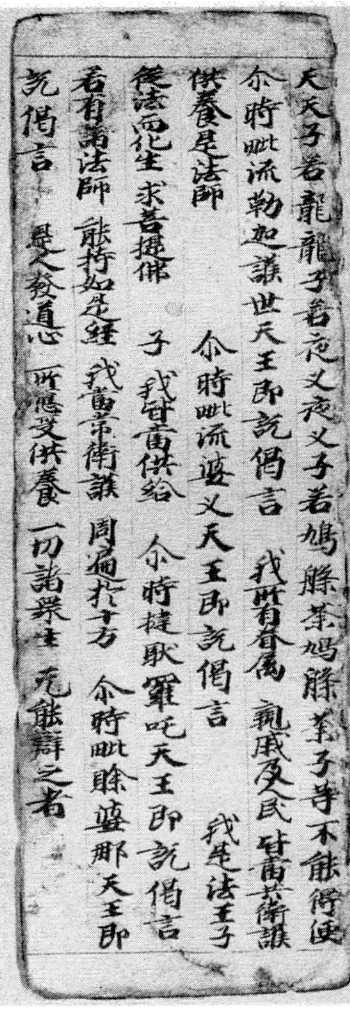

天天子若龍龍子若夜叉夜叉子若鳩槃茶鳩槃茶子等不能得便
尒時毗流勒迦護世天王即說偈言　我所有眷屬　親戚及人民　皆當共衛護
供養是法師　尒時毗流婆叉天王即說偈言　我是法王子
從法而化生　求菩提佛　子　我皆當供給　尒時提頭羅吒天王即說偈言
若有諸法師　能持如是經　我當常衛護　周遍於十方　尒時毗沙門天王即
說偈言　是人發道心　所應受供養　一切諸衆生　无能壞之者

BD15001 號 A4　思益梵天所問經卷四　　（223–216）

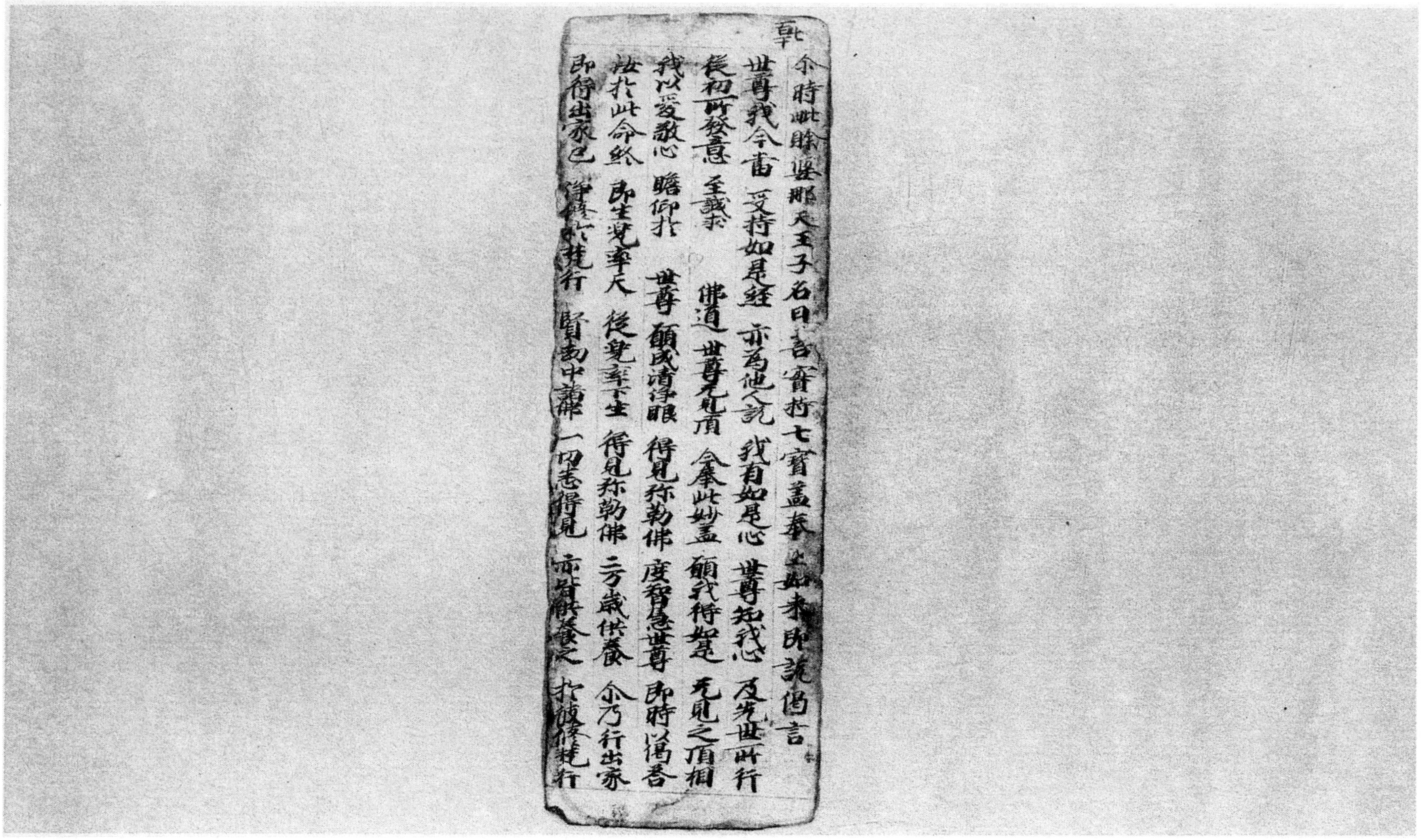

乹
尒時毗睺婆那天王子名曰吉賫持七寶蓋奉上如來即說偈言
世尊我今當 受持如是經 亦為他人說 我有如是心 世尊知我心 及先世所行
最初所發意 至誠求佛道 世尊无見頂 今奉此妙蓋 願我得如是 无見之頂相
我以愛敬心 瞻仰於世尊 願成清淨眼 得見弥勒佛 度智慧世尊 即時說偈答
汝於此命終 即生兜率天 從兜率下生 得見弥勒佛 二万歲供養 尒乃行出家
即得出家已 淨修於梵行 賢劫中諸佛 一切悉得見 亦皆供養之 於彼修梵行

BD15001 號 A4　思益梵天所問經卷四　(223–217)

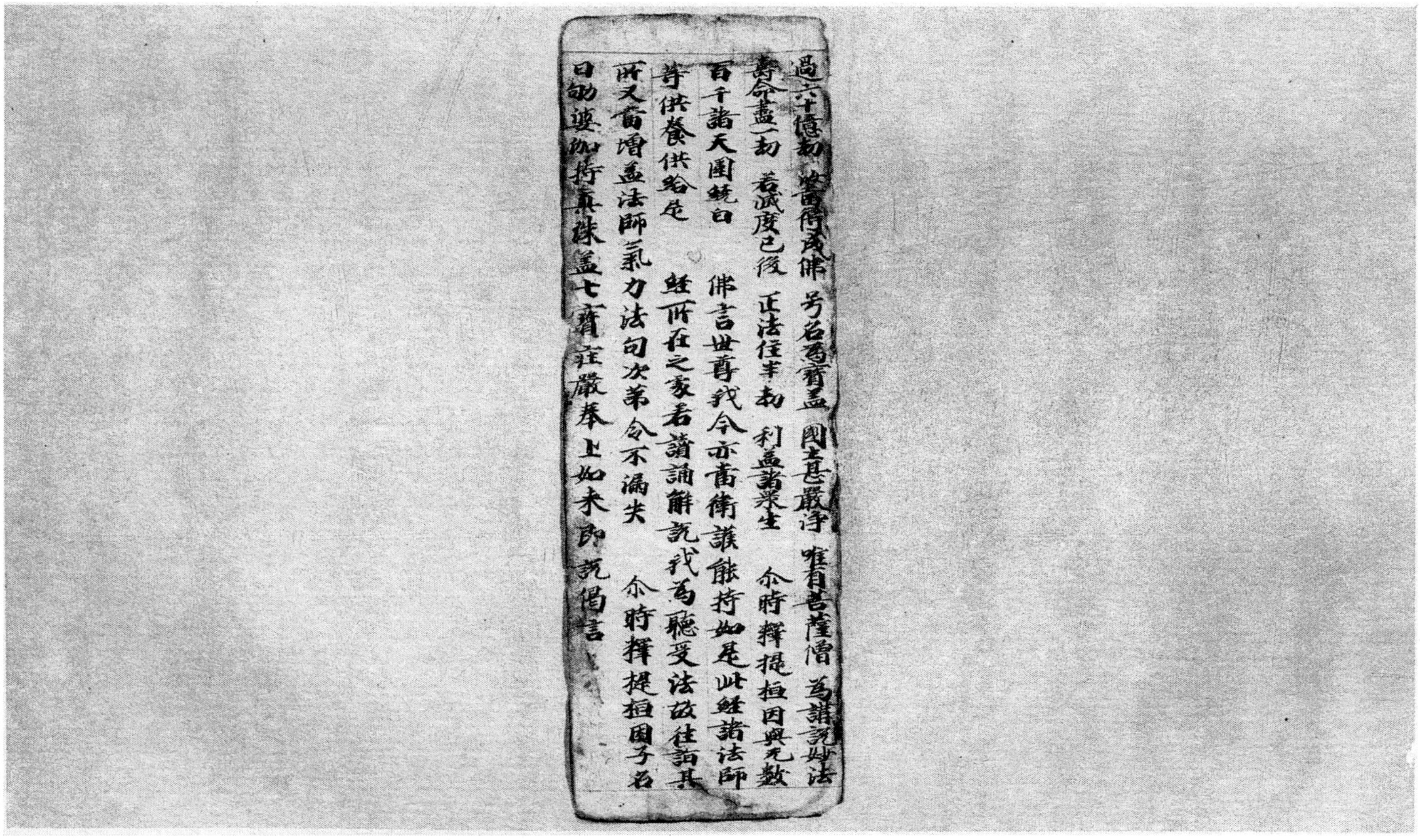

過六十億劫 當得成佛 号名為寶蓋 國土甚嚴淨 唯有菩薩僧 為諸說妙法
壽命盡一劫 若滅度已後 正法住半劫 利益諸衆生 尒時釋提桓因與无數
百千諸天圍遶白 佛言世尊我今亦當衛護能持如是此經諸法師
等供養供給 是經所在之處若讀誦解說我為聽受法故往詣其
所又當增益法師氣力法句次第令不漏失 尒時釋提桓因子名
日勤婆伽持真珠蓋七寶莊嚴奉上如來即說偈言

BD15001 號 A4　思益梵天所問經卷四　(223–218)

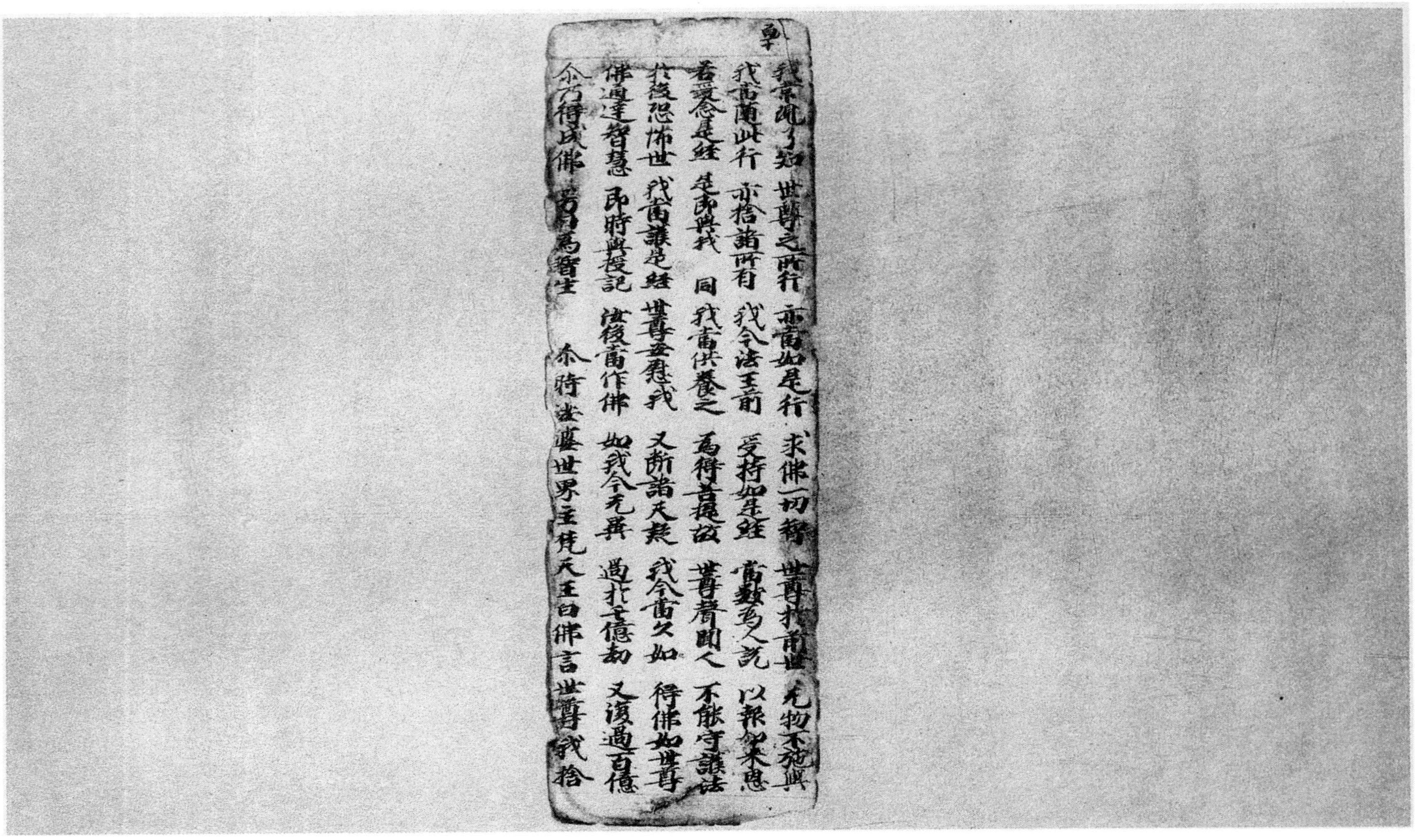

我常親了知　世尊之所行　亦當如是行　求佛一切智　世尊於前世　無物不施與
我當聞此行　亦捨諸所有　我今法王前　受持如是經　當數為人說　以報佛恩惠
若受念是經　是則與我同　我當供養之　為得菩提故　世尊覺聞人　不能守護法
於後恐怖世　我當護是經　世尊無慮我　又斷諸天疑　我今當久如　得佛如世尊
佛過達智慧　即時與授記　汝後當作佛　如我今無異　過於百億劫　又復過百億
尒乃得成佛　號曰為智生　尒時娑婆世界主梵天王白佛言世尊我捨

BD15001 號 A4　思益梵天所問經卷四　　（223–219）

禪定樂住詞法師若善男子善女人能說是法者所以者何從如是等
經出帝釋梵王諸豪尊等世尊我當供養是諸善男子是諸善男子
應受一切世間天人　阿修羅之供養尒時妙梵天王即說偈言
比丘比丘尼　諸清信士　女其能受此經　是世供養處　乃至有一人　能行是經者
我要當為之　演說如是法　敷榮妙華坐　高至于梵天　於此坐上坐　演說如是經
若於惡世中　所從聞此經　應發希有心　踊躍稱善哉　若無量世界　大火悉充滿

BD15001 號 A4　思益梵天所問經卷四　　（223–220）

乹

亦當從中過　往聽如是經　能聞佛道經　若欲得聞者　猶責如須彌　應盡供是人
尒時世尊現神通力令魔波旬及其軍衆來詣佛所作是言世尊我
與眷屬令於佛前　立此誓願是經所流布處若說法者及聽法者并
彼國主不起魔事　亦當擁護是經尒時世尊放金色光照此世界
告文殊師利言如來今護念是經利益諸法師故是經在閻浮提隨
歲其數佛法不滅尒時會中衆生以一切華一切香一切末香而散佛上

BD15001 號 A4　思益梵天所問經卷四　（223–221）

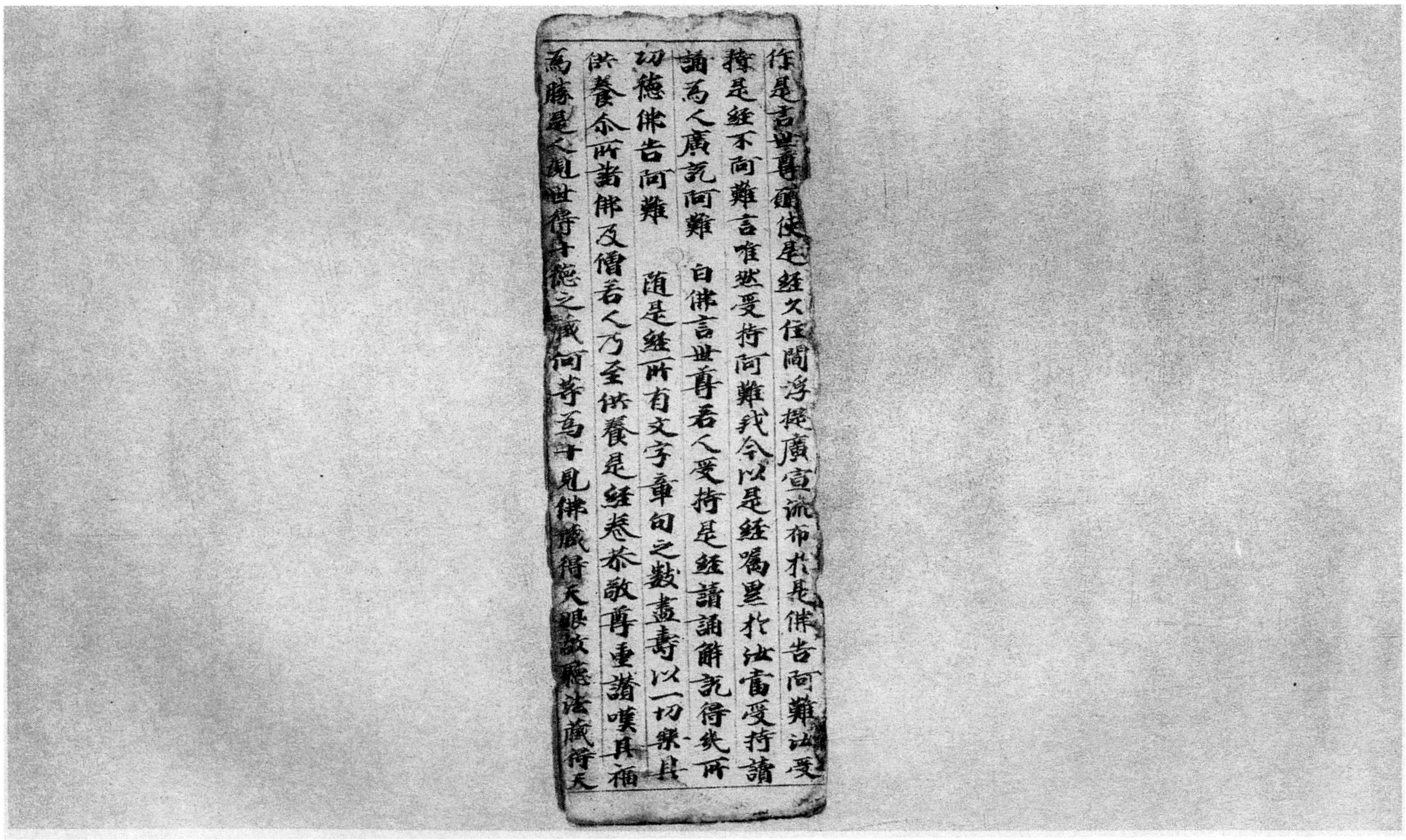

作是言世尊願使是經久住閻浮提廣宣流布於是佛告阿難汝受
持是經不向難言唯然受持阿難我今以是經囑累於汝當受持讀
誦為人廣說阿難　白佛言世尊若人受持是經讀誦解說得幾所
功德佛告阿難　隨是經所有文字章句之數盡壽以一切樂具
供養尒所諸佛及僧若人乃至供養是經卷恭敬尊重讚嘆其福
為勝是人現世得十德之藏何等為十見佛藏得天眼故聽法藏得天

BD15001 號 A4　思益梵天所問經卷四　（223–222）

二相故眷屬藏得不可壞眷屬故所未聞法藏得陀羅尼故憶念藏
得樂說辯故无所畏藏破壞一切外道論故福德藏利益衆生故
智慧藏得一切佛法故佛說是經時七十二那由他衆生得无生法忍
無量衆生發阿耨多羅三藐三菩提心无數衆生不受諸法漏盡

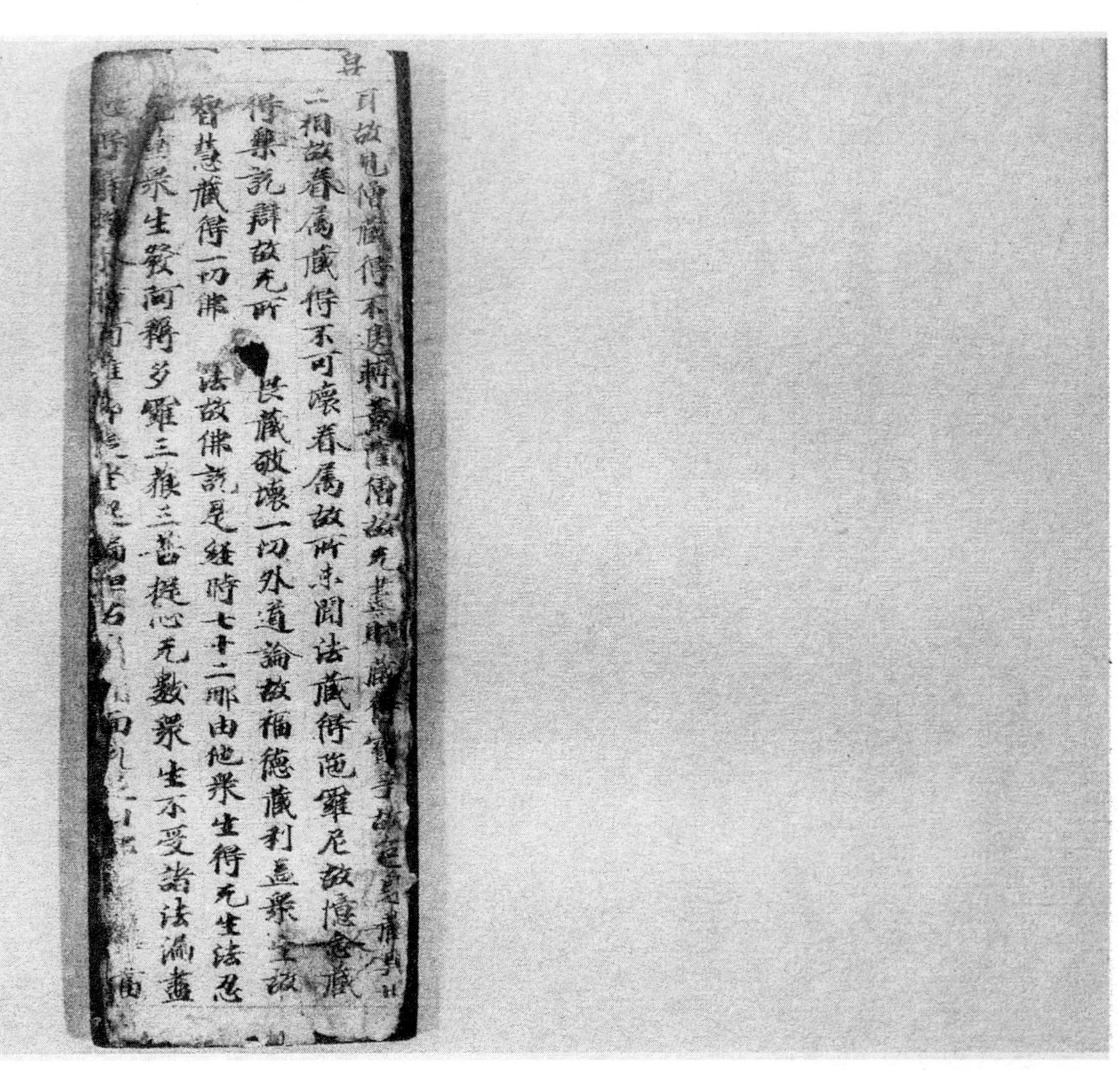

BD15001 號 A4　思益梵天所問經卷四　（223–223）

向以說有生　爲誰去何說　心體自本淨　意及諸識俱
習氣常熏故　而作諸濁亂　藏識捨於身　意乃求諸趣　識迷似境界　見已而貪取
覺唯自心　外境不可得　若修如是觀　捨妄念真如　諸定者境界　業及佛威力
世三不思議　難思智所行　過於補伽羅　虛空及涅槃　我隨世俗說　真諦離文字
二乘及外道　同依於諸見　迷惑於唯心　妄分別外境　羅漢辟支佛　及以佛菩提
種子堅成就　心幻趣寂靜　可爲說有无　何處及爲誰　何故願爲說

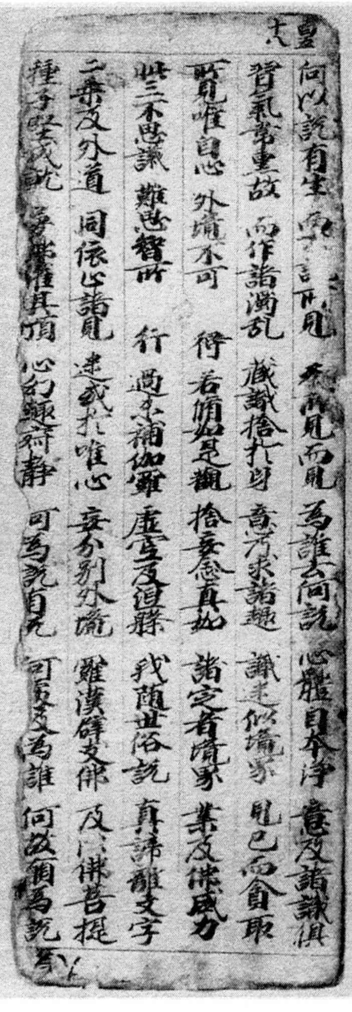

BD15001 號 B　大乘入楞伽經卷六　（8–1）

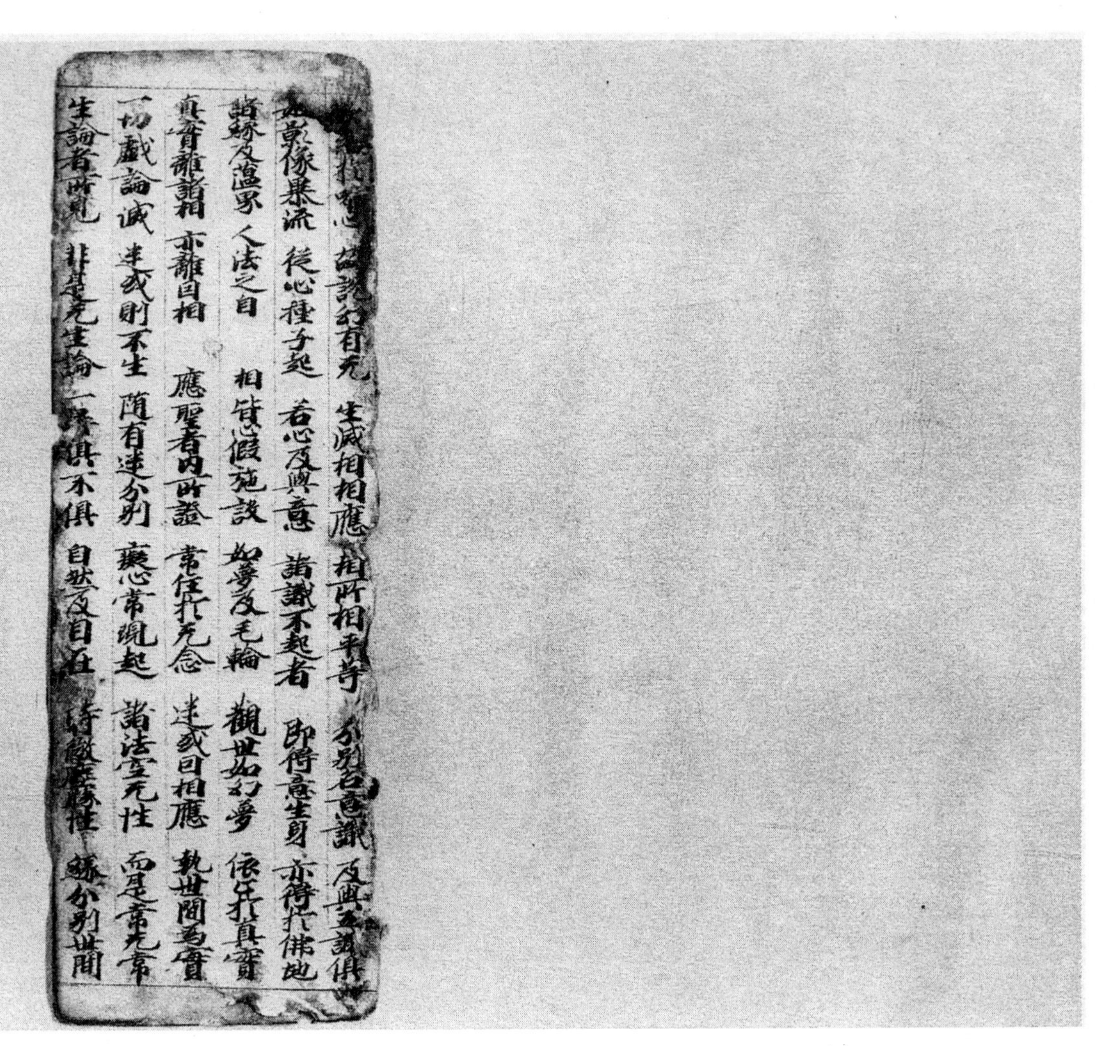

[illegible]扵[illegible]心 故說有无 生滅相相應 相所相平等 分別名意識 及與五識俱
如影像暴流 從心種子起 若心及與意 諸識不起者 即得意生身 亦得扵佛地
諸緣及蘊界 人法之自相 皆心假施設 如夢及毛輪 觀世如幻夢 依止扵真實
真實離諸相 亦離因相應 聖者內所證 常住扵无念 迷惑因相應 執世間為實
一切戲論滅 迷惑則不生 隨有迷分別 癡心常現起 諸法空无性 而是常无常
生論者所見 非是无生論 一異俱不俱 自然及自在 時微塵勝性 緣分別世間

BD15001 號 B　大乘入楞伽經卷六　（8–2）

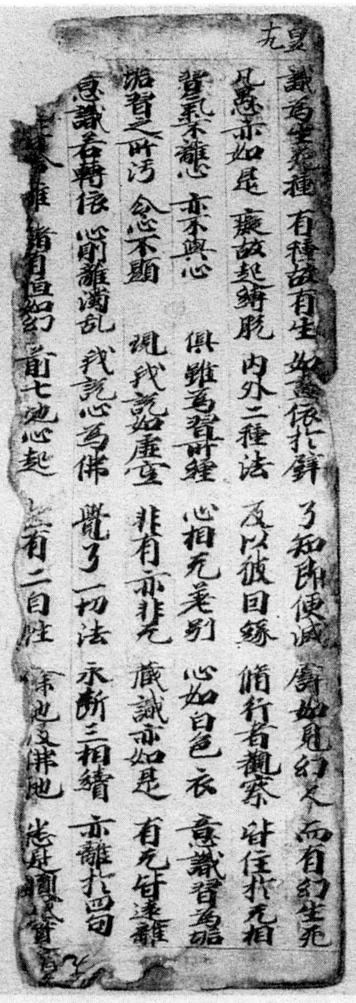

九頁

識為生死種 有種故有生 如毒依扵餅 了知即便滅 譬如見幻人 而有幻生死
凡愚亦如是 癡故起繫縛 內外二種法 及以彼因緣 修行者觀察 皆住扵无相
習氣不離心 亦不與心俱 雖為習所纏 心相无差別 心如白色衣 意識習為垢
[illegible]習之所汚 念心不顯現 我說如虛空 非有亦非无 藏識亦如是 有无皆遠離
意識若轉依 心則離濁亂 我說心為佛 覺了一切法 永斷三相續 亦離扵四句
[illegible]非 諸有皆如幻 前七地心起 [illegible]有二自性 [illegible]地及佛地 悉是[illegible]實

BD15001 號 B　大乘入楞伽經卷六　（8–3）

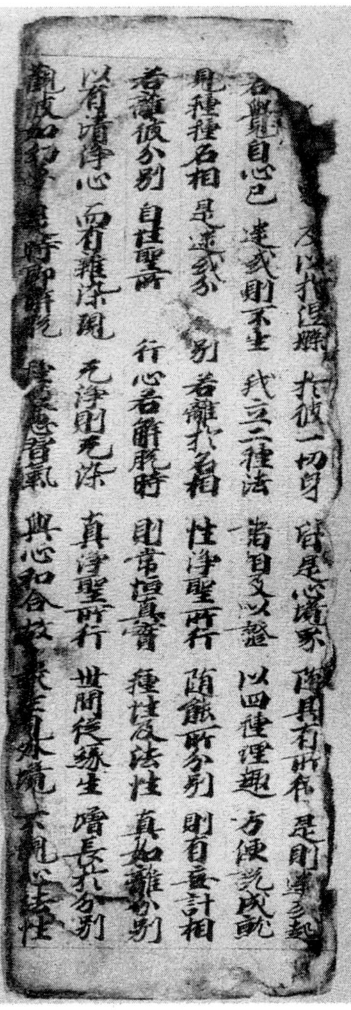

及以於涅槃 於彼一切身 皆是心境界 隨其有所作 是則[illegible][illegible]起
若能覺自心 迷惑則不生 我立二種法 諸相及以證 以四種理趣 方便說成就
見種種名相 是迷惑分別 若離於名相 性淨聖所行 隨能所分別 則有妄計相
若離彼分別 自性聖所行 心若解脫時 則常恒真實 種性及法性 真如離分別
以有清淨心 而有雜染現 无淨則无染 真淨聖所行 世間從緣生 增長於分別
觀彼如幻夢 是時即解脫 種種惡習氣 與心和合故 衆生見外境 不見心法性

BD15001 號 B　大乘入楞伽經卷六　（8–4）

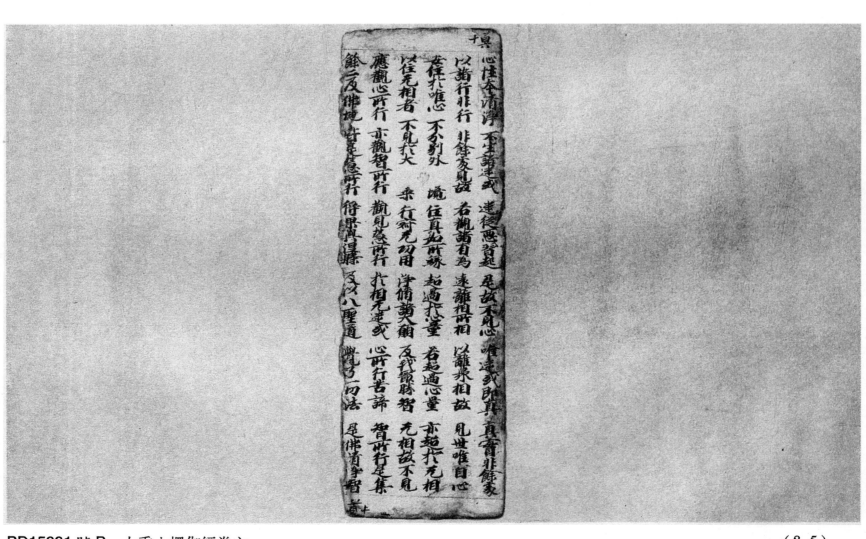

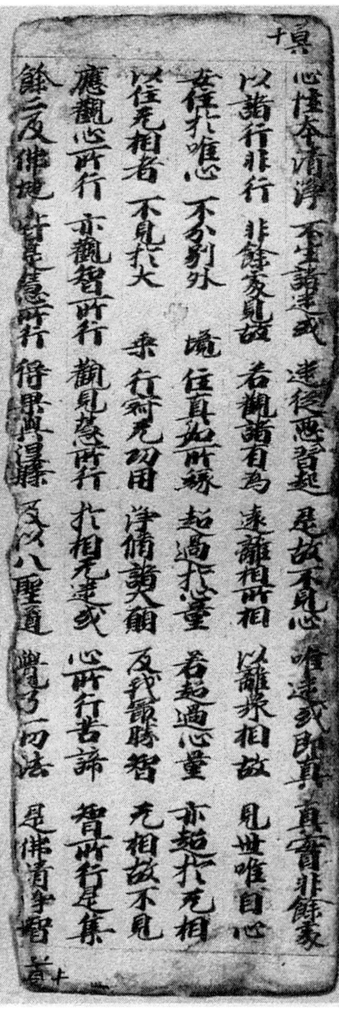

心性本清淨 不生諸迷惑 迷從惡習起 是故不見心 唯迷惑即真 真實非餘處
以諸行非行 非餘處見故 若觀諸有為 遠離相所相 以離衆相故 見世唯自心
安住於唯心 不分別外境 住真如所緣 超過於心量 若超過心量 亦超於无相
以住无相者 不見於大乘 行寂无功用 淨修諸大願 及我最勝智 无相故不見
應觀心所行 亦觀智所行 觀見慧所行 於相无迷惑 心所行苦諦 智所行是集
餘二及佛地 皆是慧所行 得果與涅槃 及以八聖道 覺了一切法 是佛清淨智

BD15001 號 B　大乘入楞伽經卷六　（8–5）

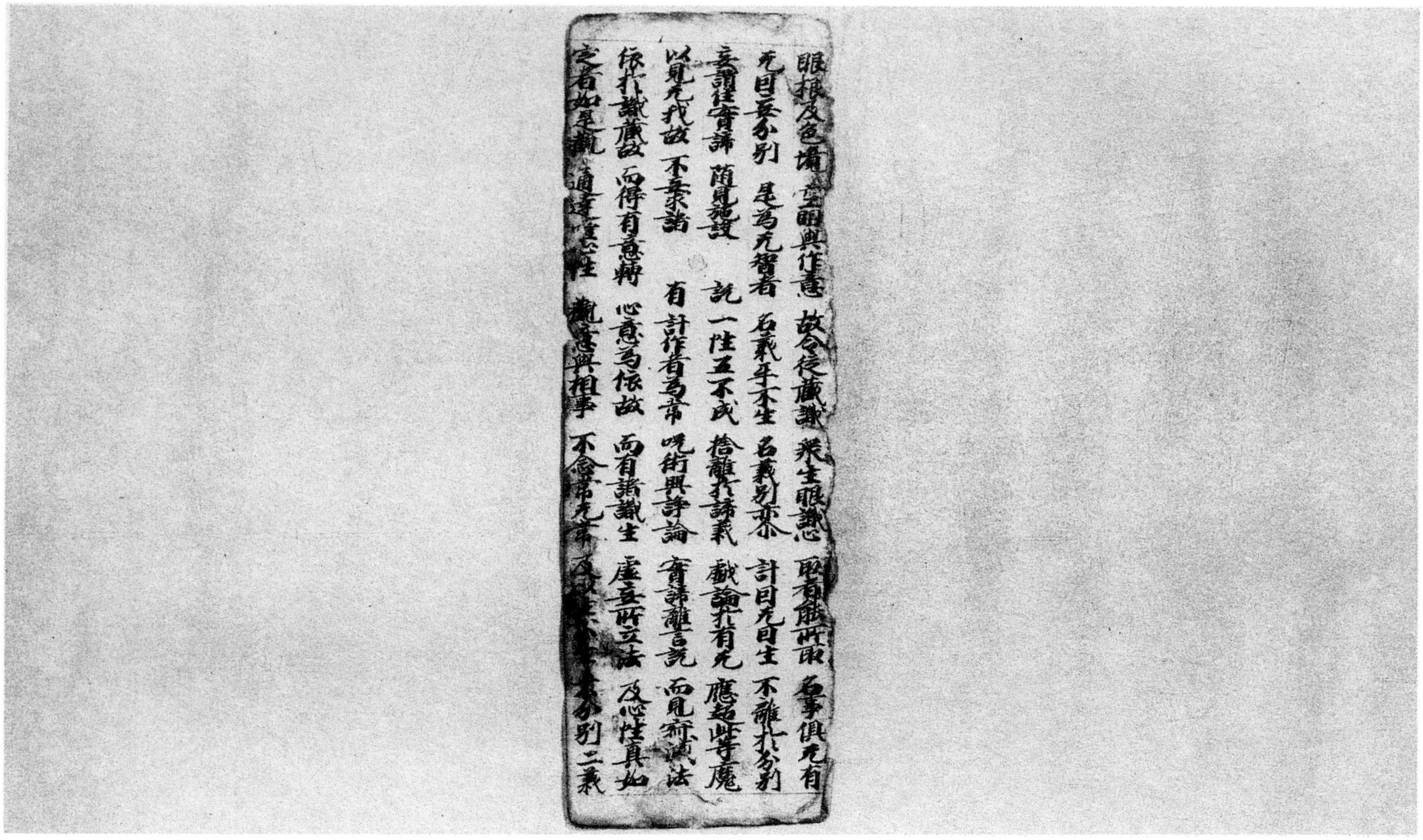

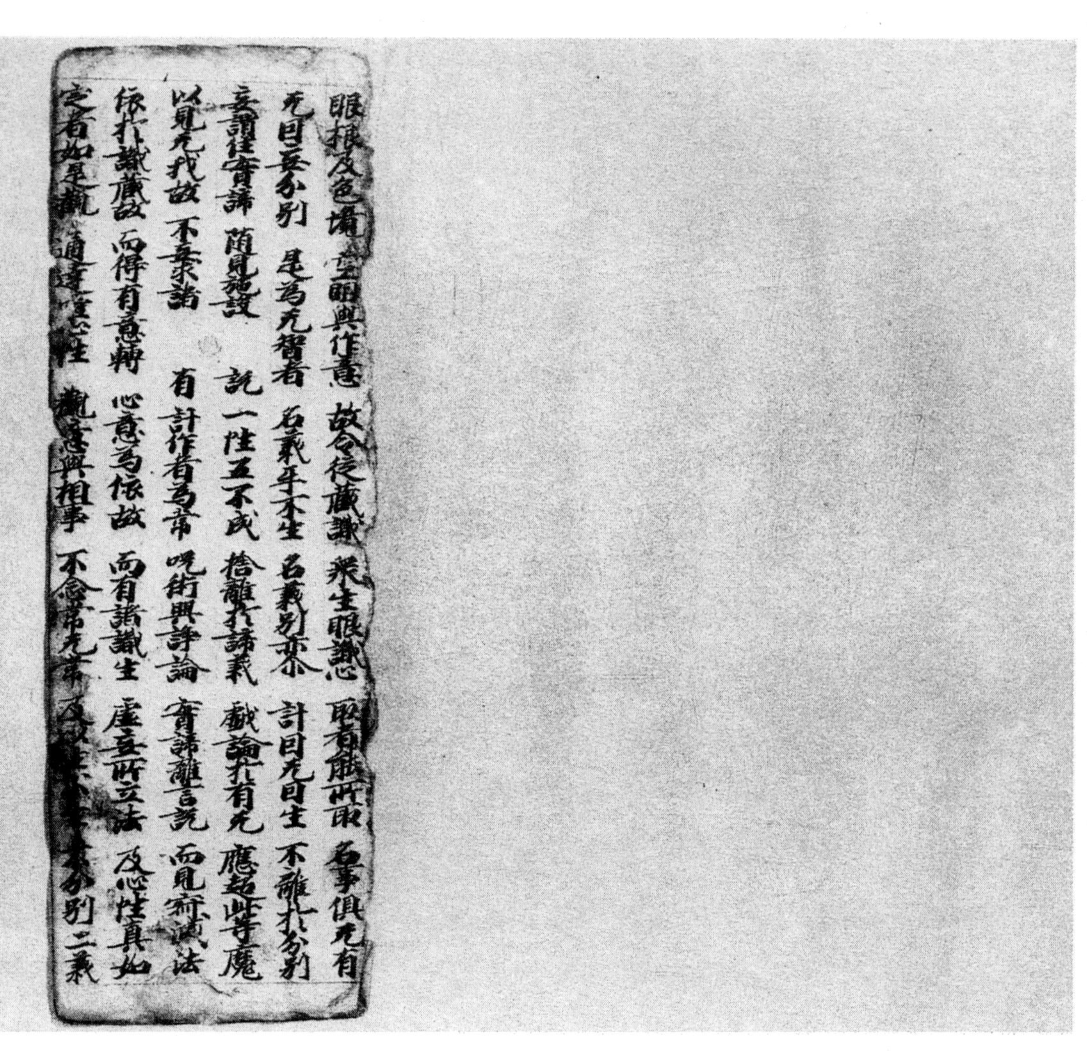

眼根及色境 空明與作意 故令從藏識 衆生眼識心 取有能所取 名事俱无有

无因妄分別 是爲无智者 名義本不生 名義別亦尔 計因无因生 不離於分別

妄謂住實諦 隨見起説 説一性互不成 捨離於諸義 戲論於有无 應超此等魔

以見无我故 不妄求諸有 計作者爲常 呪術興諍論 實諦離言説 而見寂滅法

依於識藏故 而得有意轉 心意爲依故 而有諸識生 虛妄所立法 及心性真如

定者如是觀 通達實心性 觀意與相事 不念常无常 及[illegible] 分別二義

BD15001號B　大乘入楞伽經卷六　（8–6）

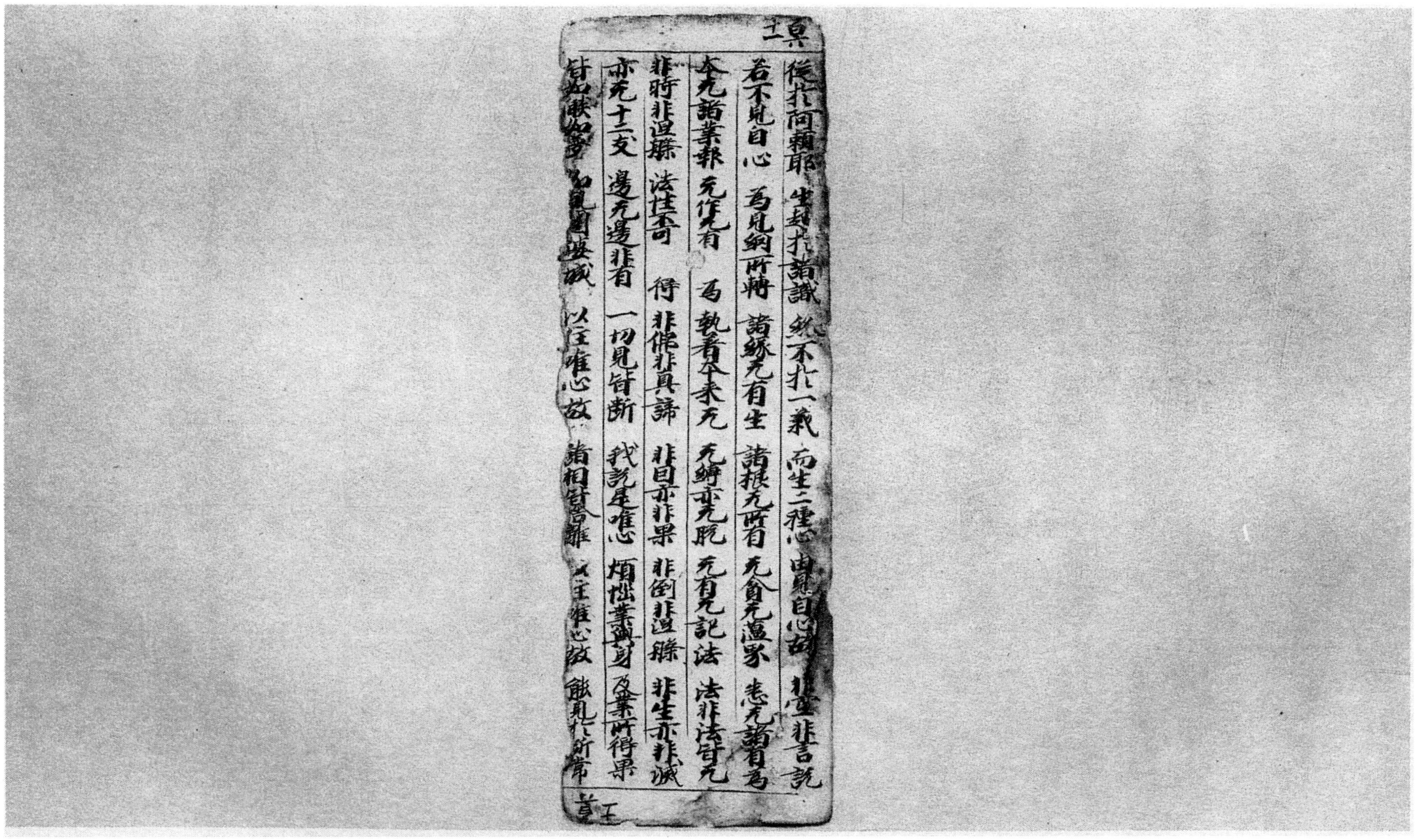

從於阿賴耶 生起於諸識 然不於一義 而生二種心 由見自心故 非空非言説

若不見自心 爲見網所轉 諸緣无有生 諸根无所有 无貪无蘊界 亦无諸有爲

本无諸業行 无作无有爲 執着本來无 无縛亦无脫 无有无記法 法非法皆无

非時非涅槃 法性不可得 非佛非真諦 非因亦非果 非倒非涅槃 非生亦非滅

亦无十二支 邊无邊非有 一切見皆斷 我説是唯心 煩惱業與身 及業所得果

皆如焰如夢 如乾闥婆城 以住唯心故 諸相皆遠離 以住唯心故 能見於斷常

BD15001號B　大乘入楞伽經卷六　（8–7）

涅槃无諸蘊　无我亦无相　以入於唯心　轉依得解脫　惡習爲因故　外現於大地
及以諸衆生　唯心无所見　身資土影像　衆生習所現　心非是有无　習氣令不顯
垢濁於淨中　非淨現於垢　如雲翳虛空　心不現亦尒　妄計性爲有　於緣起則无
以妄計遷執　緣起无分別　非所造有色　有色非所造　夢幻獻乾城　此等非所造
若於緣生法　謂實及不實　此人決定依　一異等諸見　聲聞有三種　願生與變化
及離貪瞋等　從於法所生　菩薩亦三種　未有諸佛相　思念於衆生　而現佛形像

BD15001 號 B　大乘入楞伽經卷六

（8–8）

緣謂一乘所脩已離我見故曰
謂諸佛菩薩所脩已除人法二執
取相永盡故曰无緣　問若无緣何
耶　荅若有所緣則有所不緣由取相
疲急不能恒遍衆生界利益衆生由如來心
无所緣故无所不緣遍衆生界恒作利衆生
事猶如大地无心而生長万物日月无心而
照明一切如意寶珠无心而雨一切樂具饒益
群生此亦如是　問若尒如來大慈恒遍衆
生界何故貧苦衆生不蒙益耶　荅衆生業
有二種一者不定二者決定業報感蒙教護
決定者自業所障不蒙利益猶如國王恩赦
天下重罪者自不蒙恩非帝王之咎又如日
月常照自无眼根而不見色大地能生万物
自无種子故苗實不生此亦如是　自下明
觀成之益向觀佛身故捨身即生佛前得无
生忍也　自下勸觀既有如斯大益故智者
應當諦觀也從一相好入者亦其入觀之法
但繫心毫相餘者自然得見心既清淨故復

BD15002 號　觀無量壽佛經疏（擬）

（10–1）

自无種子故畜寶不生此亦如是　自下明
觀成之益向觀佛身故捨身即生佛前得无
生忍也　自下勸觀既有如斯大益故智者
應當諦觀也從一相好入者亦其入觀之法
但繫心豪相餘者自然得見心既清淨故復
爲諸佛現前授記也　自下第四結觀耶正
可解　自下第十次明觀世音菩薩觀文中
有四一結前生後二亦其觀相三明觀成利
益四摠結耶正初文可解就明觀相中先明
身相所謂長八十億那由他恒河沙由旬身紫
金色也猶如諸天隨其業力身量不同四天王
身長一拘盧舍四分之一乃至他化自在天身
一拘盧舍半菩薩亦尒初地身量乃至十地皆
悉不同此中所明是十地菩薩身量也故入大
乘論云觀世音菩薩是第十地菩薩也　自下
次明圓光相所謂面各百千由旬化佛莊嚴現
諸色像也　自下次明天冠相所謂毗楞伽摩
尼寶以爲天冠毗楞伽寶者如大法炬陁羅尼
經說純真金色善根所生自然彫瑩出過忉
利天兜率天住於梵宫菩薩從閻浮提生兜
率天已善根力故此寶自然生於其中作降
魔事若有諸魔發大惡心趣兜率天作諸障
礙由此寶威力故所有魔事自然壞滅閻浮
地七千由旬满中惡蛇惡馬惡龍皆起瞋心
菩薩於兜率天亦彼摩尼珠惡心自息柔耎
和順令菩薩以此寶爲天冠也　自下次明

BD15002號　觀無量壽佛經疏（擬）　（10–2）

魔事若有諸魔發大惡心趣兜率天作諸障
礙由此寶威力故所有魔事自然壞滅閻浮
地七千由旬满中惡蛇惡馬惡龍皆起瞋心
菩薩於兜率天亦彼摩尼珠惡心自息柔耎
和順令菩薩以此寶爲天冠也　自下次明
面相所謂如閻浮檀金色　自下次明白豪
相所謂七寶色流出八万四千光明也　自下
次明瓔珞莊嚴相所謂八十億光明以爲瓔
珞也　自下次明手掌莊嚴相謂如五百億
雜蓮華色也　自下次明千幅輪相所謂舉
足化成五百億光明臺　自下第三觀成利
益初結前次告命令觀次亦其利益之相所
謂淨除業障下次舉劣顯勝但聞其名獲无
量福何況諦觀也故華嚴經說菩薩如是於
念念中具生十種莊嚴色身口意行悉皆清
淨永離愚癡智慧成就如是菩薩若有親近
恭敬隨逐出家聽受法教隨喜憶念乃至見
聞此等衆生必定究竟无上菩提佛子譬如
阿伽陁藥衆生見者衆病悉除菩薩成就如
是无量法藏衆生見者煩惱諸病皆悉除愈
於白淨法心得自在即其義也　自下第四
摠結耶正可解　自下第十一次明大勢至菩
薩觀文中有三初標觀名二顯觀相三摠結
觀益初文可解一明身相大小如前菩薩次
明圓光面各百廿五由旬　問菩薩身量与前
无異何以圓光廣狹不等耶前即百千由旬

BD15002號　觀無量壽佛經疏（擬）　（10–3）

捴結耶正可解　自下第十一次明大勢至菩
薩觀文中有三初標觀名二顯觀相三捴結
觀益初文可解一明身相大小如前菩薩次
明圓光面各百廿五由旬　問菩薩身量与前
无異何以圓光廣狹不等耶前即百千由旬
此中百廿五由旬斯即大小全異何以身量等
耶　答菩薩光明卷舒不定前明舒業故百
千由旬今論卷業故百廿五由旬也見此菩薩
一毛孔光即見十方諸佛光明者由諸佛菩
薩軆同故所以見一即見一切也　自下次明
天冠相所謂五百寶華以為莊嚴　自下次
明肉髻相所謂寶瓶盛諸光明以為嚴飾
自下次明觀行威儀相所謂行時十方振動
自下次明坐威儀相謂坐時七寶國土一切
動搖　自下捴結觀益謂除无量罪業不處
胞胎遊諸佛國也　自下第十二次明普想
觀文中有三初結前二亦觀相三捴結觀益
初文可解明觀相中初明生想如多想愛欲人
多生鴛鴦中多念瞋恚人必生毒虵中斯由
隨心所念報必現前行者亦尒由緣西方起
往生想故隨念即生因果必然終无差失
自下諸想並是往生想狀是故行者恒須觀
察也　自下捴結觀益所謂佛菩薩化身常
來行人之所斯由行者淨業成就佛為現身
令其欣慶功德增長也　自下第十三次明
像觀文中有三初告命勸觀二顯觀相三捴

自下諸想並是往生想狀是故行者恒須觀
察也　自下捴結觀益所謂佛菩薩化身常
來行人之所斯由行者淨業成就佛為現身
令其欣慶功德增長也　自下第十三次明
像觀文中有三初告命勸觀二顯觀相三捴
結初文可解所以令觀丈六像者前為上根
之徒令觀如來真身相好令為下根之流心
力不及故令觀像引心令住也在池水上者
像在池中蓮華之上行者將欲生彼池故令
觀像池中以為生路下明觀意前明佛身非
是心力所及也如來願力有想必成者想其
絕望復引接之然如來大悲願力故令行者
脩觀必得成就但想佛像得无量福者想起
輕心故重曉之但想佛像得福无量勿起異
心也　自下重釋所以此之佛像皆是阿弥
陀佛神通變現与佛无量是故觀像及供養
並与真身无別故大品經云諸佛以諸法實
相故為衆生作福田化佛亦以諸法實相故
為衆生作福田善男子善女人敬心念佛以
一花散空中念佛乃至苦盡福猶不盡　大
集經曰諸菩薩言大德譬如如來復化如來
有人供養誰諸善男子即是供養如來又如
深密解脫經說文殊師利言世尊衆生見彼
應化之身聞應化身歸應化身供養讚嘆應
化之身得諸功德於何身得佛言文殊師利
以能正念如來身故以應化身依如來法身

有人供養誰諸善男子即是供養如來又如
深審解脫經說文殊師利言世尊衆生見彼
應化之身聞應化身觸應化身供養讚嘆應
化之身得諸功德於何身得佛言文殊師利
以能正念如來身故以應化身依如來法身
住持力得即其義也　自下總結可解　自
下次明往生莊嚴相令行者仰習脩治勝業
此並已生淨土者有此九品不同行者往生
之時亦同於此宜自免勵齊彼上流勿起下
劣之心還同凡例也此義略以二門分別一
明往生因二辯往生人　初言因者如器世
界以一切衆生增上業爲因集諦所攝淨土
以菩薩无流業爲因道諦所收故攝大乘論
云從出出世善法功能生起此淨土故不以
集諦爲因　依華嚴經因緣无量故經曰諸佛
子當知一世界海有世界海塵數因緣具故
已成今成當成所謂如來神力故法應如是故
衆生行業故一切菩薩應得无上道故普賢
菩薩善根故菩薩淨佛領土行解脫自在故
如來无上善根依果故普賢菩薩自在願力
故如是等世界海塵數因緣具故一切世界
海成　若依維摩經有十二種往生因所謂
直心深心菩提心六度无四量心方便卅七
品迴向心說除八難自守戒行十善道並是
淨土之因　又有八種因故經曰菩薩成就

BD15002 號　觀無量壽佛經疏（擬）　（10–6）

故如是等世界海塵數因緣具故一切世界
海成　若依維摩經有十二種往生因所謂
直心深心菩提心六度无四量心方便卅七
品迴向心說除八難自守戒行十善道並是
淨土之因　又有八種因故經曰菩薩成就
八法於此世界行无瘡疣生于淨土何等爲
八饒益一切衆生而不望報代一切衆受諸
苦惱所作功德盡以施之　等心衆生謙下无
礙　於諸菩薩視之如佛　所未聞經聞之不
疑　不与聲聞而相違背　不嫉彼供不高己
利而於其中調伏其心　常省己過不訟彼
短恒以一心求諸功德　依涅槃經有十六
種因造像及佛塔猶如大母指常生歡喜心
則生不動國若於佛法僧供養一香燈乃至
獻一華　則生不動國　爲悕福利故　讀
誦此經典乃至於一偈則生不動國廣如經
說　若依彌勒發問經有十種因故經曰尒時
彌勒菩薩白佛言如佛所說阿彌陁佛功德
利益若能十念相續不斷念佛者即得往生
當云何念佛佛言[非]凡愚念非不善念不雜結
使念具如是念即得往生安養國凡有十念
何等爲十一者於一切衆生常生慈心於一
切衆生不毀其行若毀其行終不往生　二
者於一切衆生深起悲心除殘害心　三者
發護法心不惜身命於一切法不生誹謗
四者於忍辱中生決定心　五者深心清淨

BD15002 號　觀無量壽佛經疏（擬）　（10–7）

切衆生不毁其行若毁其行終不往生　二
者於一切衆生深起悲心除殘害其心　三者
發讃法心不惜身命於一切法不生誹謗
四者於忍辱中生決定心　五者深心清淨
不染利養　六者發一切種智心日日常
念无有癈忘　七者於一切衆生起尊重心
除我慢心謙下為説　八者於世談話不生
味著心　九者近於覺意深起種種善根因
緣離於憒閙散亂之心　十者正念觀佛除
去諸想　依往生論有五種因故論云善男
子善女人脩五念門成就者畢竟得生安樂
國見彼阿弥陁佛　一者礼拜二者讃歎三者
作願四者觀察五者迴向云何礼拜身業礼
拜阿弥陁如来應正遍知為生彼國意故云
何讃歎稱彼如来名彼如来光明智相如彼
名義欲如實脩行相應故云何作願心常作
願一心專念畢竟往生樂國土欲如實脩行
奢摩陁毗婆舍那故彼觀察有三種一者觀
察彼佛國土莊嚴　二者觀察阿弥陁佛功
德莊嚴　三者觀察彼諸菩薩功德莊嚴云
何迴向不捨一切苦惱衆生常作願迴向為
首成就大悲故　第二次明往生人者若究
竟而論唯佛所住世界名淨土以煩惱習究
竟盡所見世界純淨莊嚴无變異故十地已
還猶有惑習故不名為淨故仁王經云三賢
十聖住果報唯佛一人居淨土一切衆生蹔

BD15002號　觀無量壽佛經疏（擬）　（10-8）

首成就大悲故　第二次明往生人者若究
竟而論唯佛所住世界名淨土以煩惱習究
竟盡所見世界純淨莊嚴无變異故十地已
還猶有惑習故不名為淨故仁王經云三賢
十聖住果報唯佛一人居淨土一切衆生蹔
住報登金剛原居淨土若就通説始從凡夫
終至十地並生淨土隨分而見終更改變故
名蹔住報　問淨土既是无漏云何凡夫得
生　答由發菩提心厭背三有故得往生如
前已分別故上文以菩提心為通因餘十六
觀皆以菩提心為本由先發菩提心故中間
過惡因緣造不善業臨命終時念佛功德伏
滅業障皆得往生　問小乘无學人入无餘
涅槃大乘論説悉生淨土此人既生滅度之
想不發菩提云何得生　答此人臨涅槃時
悉發菩提心方生淨土如法華經説化作城
者謂羅漢泥洹滅不現謂臨滅度佛現其前
立勸發无上正真道意其羅漢事限礙非真
不至大道若至他方与佛相見得不退轉无
所從生乃為大寶即其義也案言至他方者
生淨土也　問若二乘生淨土者云何往生
論云女人及根缺二乘種不生耶　答女人
不生者懷彼國无女捨女身已方生也言二
乘種者此是增上忍中得惡道煩惱非數滅
成就聲聞種性根已定故不可轉求大乘此
生必得小果故不得生非謂得果已後不生

BD15002號　觀無量壽佛經疏（擬）　（10-9）

立勸發无上正真道意其羅漢事限礙非真
不至大道若至他方与佛相見得不退轉无
所從生乃爲大寶即其義也桒言至他方者
生淨土也　問若二乘生淨土者云何往生
論云女人及根缺二乘種不生耶　答女人
不生者據彼國无女捨女身已方生也言二
乘種者此是增上慢中得惡道煩惱非數滅
成就聲聞種性根已定故不可轉求大乘此
生必得小果故不得生非謂得果已後不生
也故智度論云問阿羅漢先世因緣所受身必
應當滅住在何處而具足佛道　答得阿羅
漢時三界諸漏因緣盡更不復生三界有淨
土出於三界乃无煩惱之名於是國土佛所
聞法華經具足佛道如法華經說有羅阿漢
若不聞法華經自謂已得滅度我於餘國爲
說是事汝皆當作佛　問若阿羅漢往淨佛
國土受法性生身如是應疾得佛道何以言
迂迴𥦗留　答是人著小乘因緣捨報捨

BD15002 號　觀無量壽佛經疏(擬)　　(10–10)

相无人相无衆生相无壽者相是故須菩提
菩薩應離一切相發阿耨多羅三藐三菩提
心不應住色生心不應住聲香味觸法生心
應生无所住心若心有住則爲非住是故佛
說菩薩心不應住色布施須菩提菩薩爲利
益一切衆生應如是布施如來說一切諸相
即是非相又說一切衆生則非衆生須菩提
如來是真語者實語者如語者不誑語者
不異語者須菩提如來所得法此法无實无虛
須菩提若菩薩心住於法而行布施如人入
闇則无所見若菩薩心不住法而行布施如
人有目日光明照見種種色
須菩提當來之世若有善男子善女人能於
此經受持讀誦則爲如來以佛智慧悉知是人
悉見是人皆得成就无量无邊功德須菩提
若有善男子善女人初日分以恒河沙等身
布施中日分復以恒河沙等身布施後日
分亦以恒河沙等身布施如是无量百千万

BD15003 號　金剛般若波羅蜜經　　(9–1)

須菩提若菩薩心住於法而行布施如人入
闇則无所見若菩薩心不住法而行布施如
人有目日光明照見種種色
須菩提當來之世若有善男子善女人能於
此經受持讀誦則為如來以佛智慧悉知是人
悉見是人皆得成就无量无邊功德須菩提
若有善男子善女人初日分以恒河沙等身
布施中日分復以恒河沙等身布施後日
分亦以恒河沙等身布施如是无量百千万
億劫以身布施若復有人聞此經典信心不
逆其福勝彼何況書寫受持讀誦為人解說
須菩提以要言之是經有不可思議不可稱
量无邊功德如來為發大乘者說為發最上
乘者說若有人能受持讀誦廣為人說如來
悉知是人悉見是人皆成就不可量不可稱
无有邊不可思議功德如是人等則為荷擔
如來阿耨多羅三藐三菩提何以故須菩提
若樂小法者著我見人見眾生見壽者見則
於此經不能聽受讀誦為人解說須菩提在
在處處若有此經一切世間天人阿脩羅所
應供養當知此處則為是塔皆應恭敬作礼
圍遶以諸華香而散其處復次須菩提善男
子善女人受持讀誦此經若為人輕賤是人
先世罪業應墮惡道以今世人輕賤故先世
罪業則為消滅當得阿耨多羅三藐三菩提
須菩提我念過去无量阿僧祇劫於然燈佛
前得值八百四千万億那由他諸佛悉皆供
養承事无空過者若復有人於後末世能受

BD15003號　金剛般若波羅蜜經　（9–2）

先世罪業應墮惡道以今世人輕賤故先世
罪業則為消滅當得阿耨多羅三藐三菩提
須菩提我念過去无量阿僧祇劫於然燈佛
前得值八百四千万億那由他諸佛悉皆供
養承事无空過者若復有人於後末世能受
持讀誦此經所得功德於我所供養諸佛功
德百分不及一千万億分乃至筭數譬喻所
不能及須菩提若善男子善女人於後末世
有受持讀誦此經所得功德我若具說者或
有人聞心則狂亂狐疑不信須菩提當知是經
義不可思議果報亦不可思議
尒時須菩提白佛言世尊善男子善女人發
阿耨多羅三藐三菩提心云何應住云何降
伏其心佛告須菩提善男子善女人發阿耨
多羅三藐三菩提者當生如是心我應滅度
一切眾生滅度一切眾生已而无有一眾生實
滅度者何以故若菩薩有我相人相眾生相
壽者相則非菩薩所以者何須菩提實无有
法發阿耨多羅三藐三菩提者
須菩提於意云何如來於然燈佛所有法得
阿耨多羅三藐三菩提不不也世尊如我解
佛所說義佛於然燈佛所无有法得阿耨多
羅三藐三菩提佛言如是如是須菩提實无
有法如來得阿耨多羅三藐三菩提須菩提
若有法如來得阿耨多羅三藐三菩提者然
燈佛則不與我授記汝於來世當得作佛号
釋迦牟尼以實无有法得阿耨多羅三藐三

BD15003號　金剛般若波羅蜜經　（9–3）

若有法如來得阿耨多羅三藐三菩提者然
燈佛則不與我授記汝於來世當得作佛号
釋迦牟尼以實无有法得阿耨多羅三藐三
菩提是故然燈佛與我授記作是言汝於來
世當得作佛号釋迦牟尼何以故如來者即
諸法如義若有人言如來得阿耨多羅三藐
三菩提須菩提實无有法佛得阿耨多羅三
藐三菩提須菩提如來所得阿耨多羅三藐
三菩提於是中无實无虛是故如來說一切
法皆是佛法須菩提所言一切法者即非一
切法是故名一切法須菩提辟如人身長大
須菩提言世尊如來說人身長大則為非大
身是名大身
須菩提菩薩亦如是若作是言我當滅度无
量眾生則不名菩薩何以故須菩提實无有
法名為菩薩是故佛說一切法无我无人无
眾生无壽者須菩提若菩薩作是言我當莊
嚴佛土是不名菩薩何以故如來說莊嚴佛
土者即非莊嚴是名莊嚴須菩提若菩薩通
達无我法者如來說名真是菩薩
須菩提於意云何如來有肉眼不如是世尊
如來有肉眼須菩提於意云何如來有天眼
不如是世尊如來有天眼須菩提於意云何
如來有慧眼不如是世尊如來有慧眼須菩
提於意云何如來有法眼不如是世尊如來
有法眼須菩提於意云何如來有佛眼不如
是世尊如來有佛眼須菩提於意云何恒河

BD15003號　金剛般若波羅蜜經　（9–4）

不如是世尊如來有天眼須菩提於意云何
如來有慧眼不如是世尊如來有慧眼須菩
提於意云何如來有法眼不如是世尊如來
有法眼須菩提於意云何如來有佛眼不如
是世尊如來有佛眼須菩提於意云何恒河
中所有沙佛說是沙不如是世尊如來說是
沙須菩提於意云何如一恒河中所有沙有
如是等恒河是諸恒河所有沙數佛世界如
是寧為多不甚多世尊佛告須菩提尒所國
土中所有眾生若干種心如來悉知何以故
如來說諸心皆為非心是名為心所以者何
須菩提過去心不可得現在心不可得未來心
不可得須菩提於意云何若有人滿三千大千
界世七寶以用布施是人以是因緣得福多不
如是世尊此人以是因緣得福甚多須菩提
若福德有實如來不說得福德多以福德无
故如來說得福德多
須菩提於意云何佛可以具足色身見不不
也世尊如來不應以具足色身見何以故如
來說具足色身即非具足色身是名具足色
身須菩提於意云何如來可以具足諸相見
不不也世尊如來不應以具足諸相見何以
故如來說諸相具足即非具足是名諸相具足
須菩提汝勿謂如來作是念我當有所說法
莫作是念何以故若有人言如來有所說法即
為謗佛不能解我所說故須菩提說法者无
法可說是名說法
須菩提白佛言世尊佛得阿耨多羅三藐三

BD15003號　金剛般若波羅蜜經　（9–5）

須菩提汝勿謂如來作是念我當有所說法
莫作是念何以故若有人言如來有所說法即
為謗佛不能解我所說故須菩提說法者无
法可說是名說法
須菩提白佛言世尊佛得阿耨多羅三藐三
菩提為无所得耶如是如是須菩提我於阿
耨多羅三藐三菩提乃至无有少法可得是
名阿耨多羅三藐三菩提復次須菩提是法
平等无有高下是名阿耨多羅三藐三菩提
以无我无人无衆生无壽者脩一切善法則得
得阿耨多羅三藐三菩提須菩提所言善法
者如來說非善法是名善法
須菩提若三千大千世界中所有諸須弥山
王如是等七寶聚有人持用布施若人以此
般若波羅蜜經乃至四句偈等受持為他人
說於前福德百分不及一百千万億分乃至
筭數譬喻所不能及
須菩提於意云何汝等勿謂如來作是念我
當度衆生須菩提莫作是念何以故實无有
衆生如來度者若有衆生如來度者如來則
有我人衆生壽者須菩提如來說有我者則
非有我而凡夫之人以為有我須菩提凡夫
者如來說則非凡夫是名凡夫
須菩提於意云何可以三十二相觀如來不
須菩提言如是如是以三十二相觀如來佛
言須菩提若以三十二相觀如來者轉輪聖
王則是如來須菩提白佛言世尊如我解佛
所說義不應以三十二相觀如來尒時世尊而

BD15003號　金剛般若波羅蜜經　（9–6）

須菩提言如是如是以三十二相觀如來佛
言須菩提若以三十二相觀如來者轉輪聖
王則是如來須菩提白佛言世尊如我解佛
所說義不應以三十二相觀如來尒時世尊而
說偈言
若以色見我　以音聲求我　是人行耶道　不能見如來
須菩提汝若作是念如來不以具足相故得
阿耨多羅三藐三菩提須菩提莫作是念如
來不以具足相故得阿耨多羅三藐三菩提
須菩提汝若作是念發阿耨多羅三藐三菩
提者說諸法斷滅相莫作是念何以故發阿
耨多羅三藐三菩提者於法不說斷滅相
須菩提若菩薩以滿恒河沙等世界七寶布
施若復有人知一切法无我得成於忍此菩
薩勝前菩薩所得功德須菩提以諸菩薩不
受福德故須菩提白佛言世尊云何菩薩不
受福德須菩提菩薩所作福德不應貪著是
故說不受福德須菩提若有人言如來若來
若去若坐若卧是人不解我所說義何以故
如來者无所從來亦无所去故名如來
須菩提若善男子善女人以三千大千世界
碎為微塵於意云何是微塵衆寧為多不甚
多世尊何以故若是微塵衆實有者佛則不
說是微塵衆所以者何佛說微塵衆則非微
塵衆是名微塵衆世尊如來所說三千大千
世界則非世界是名世界何以故若世界實
有者則是一合相如來說一合相則非一合
相是名一合相須菩提一合相者則是不可說

BD15003號　金剛般若波羅蜜經　（9–7）

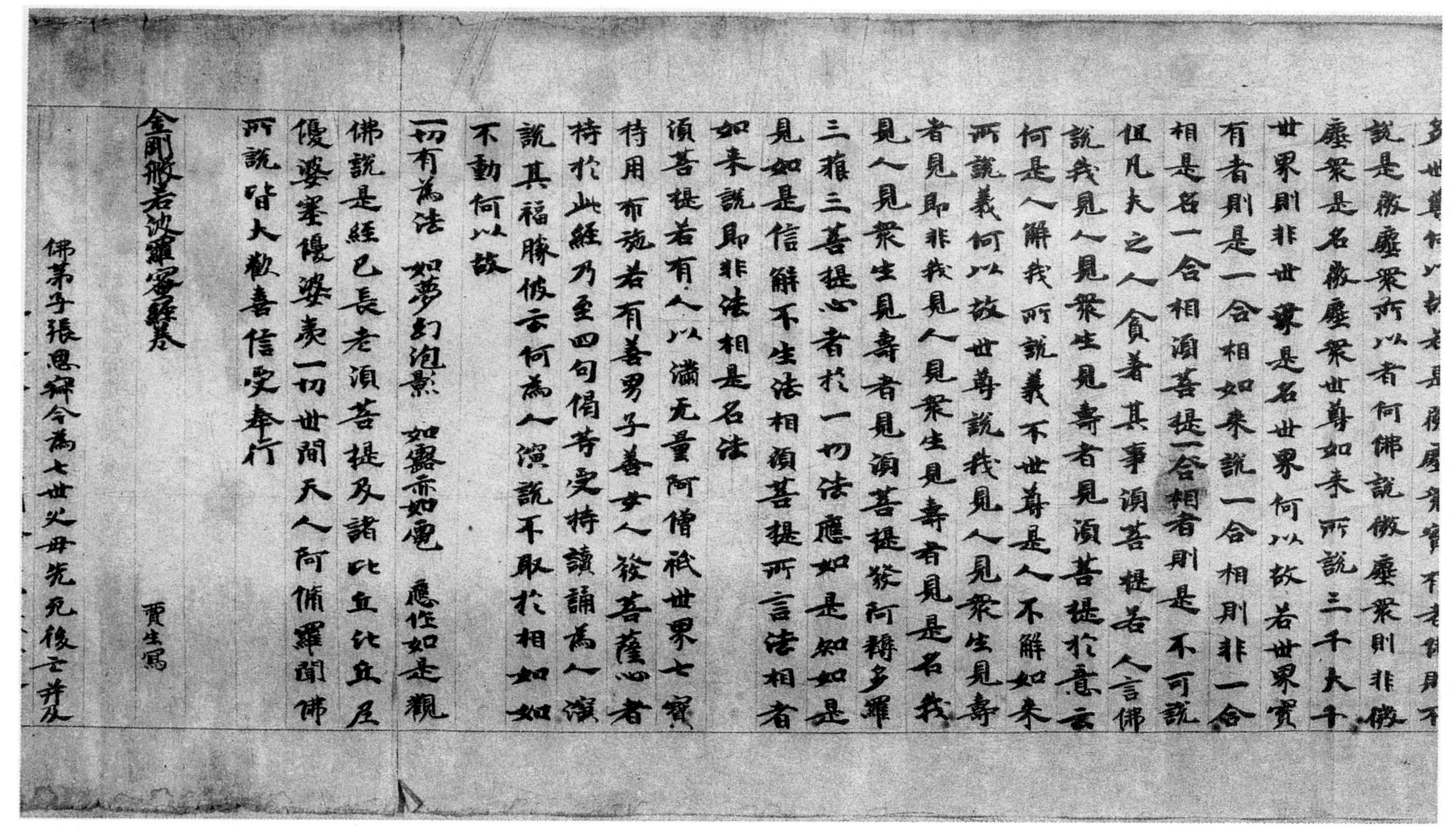

BD15003 號　金剛般若波羅蜜經　（9–8）

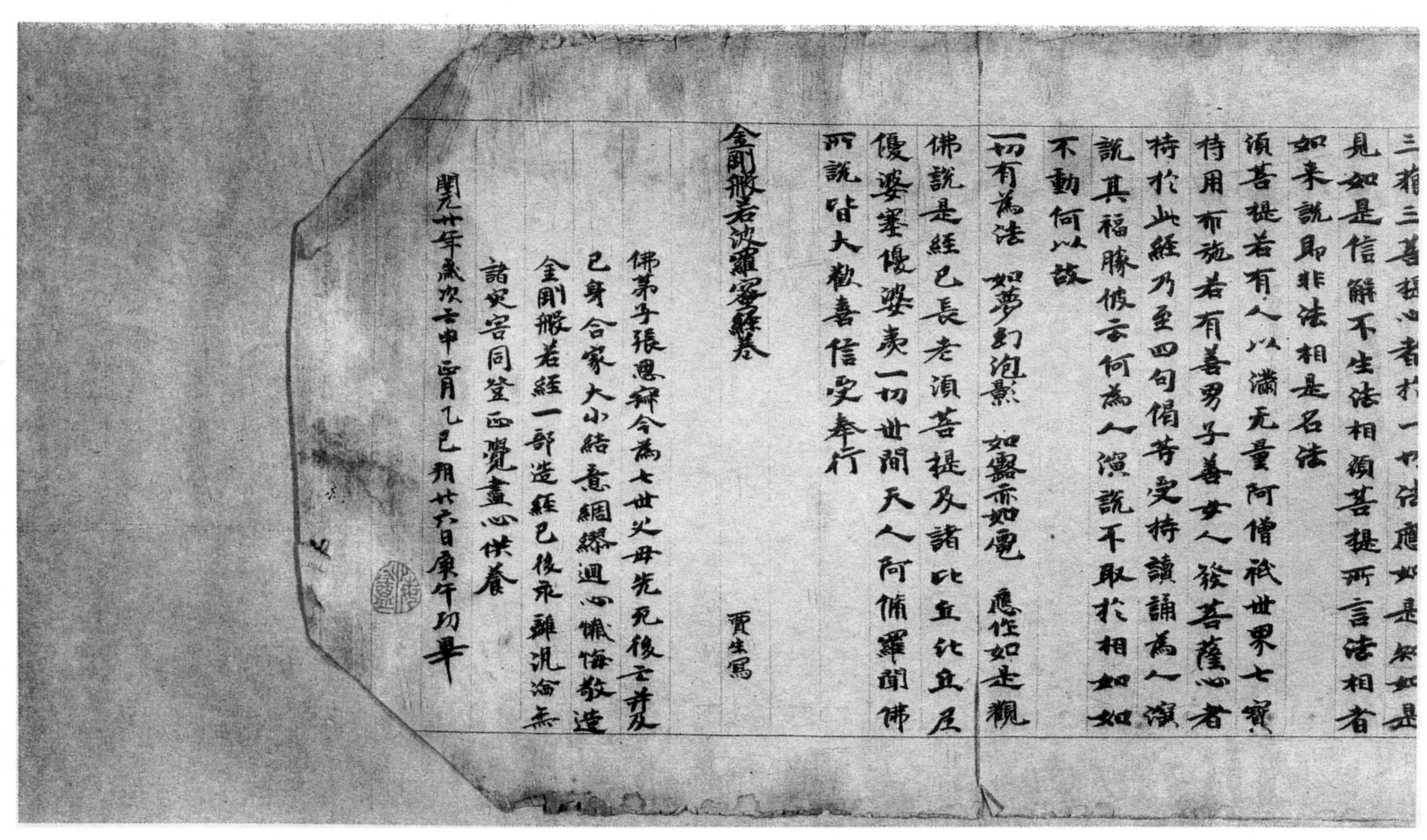

BD15003 號　金剛般若波羅蜜經　（9–9）

金剛經卷第一部

BD15003 號背　勘記　　（1–1）

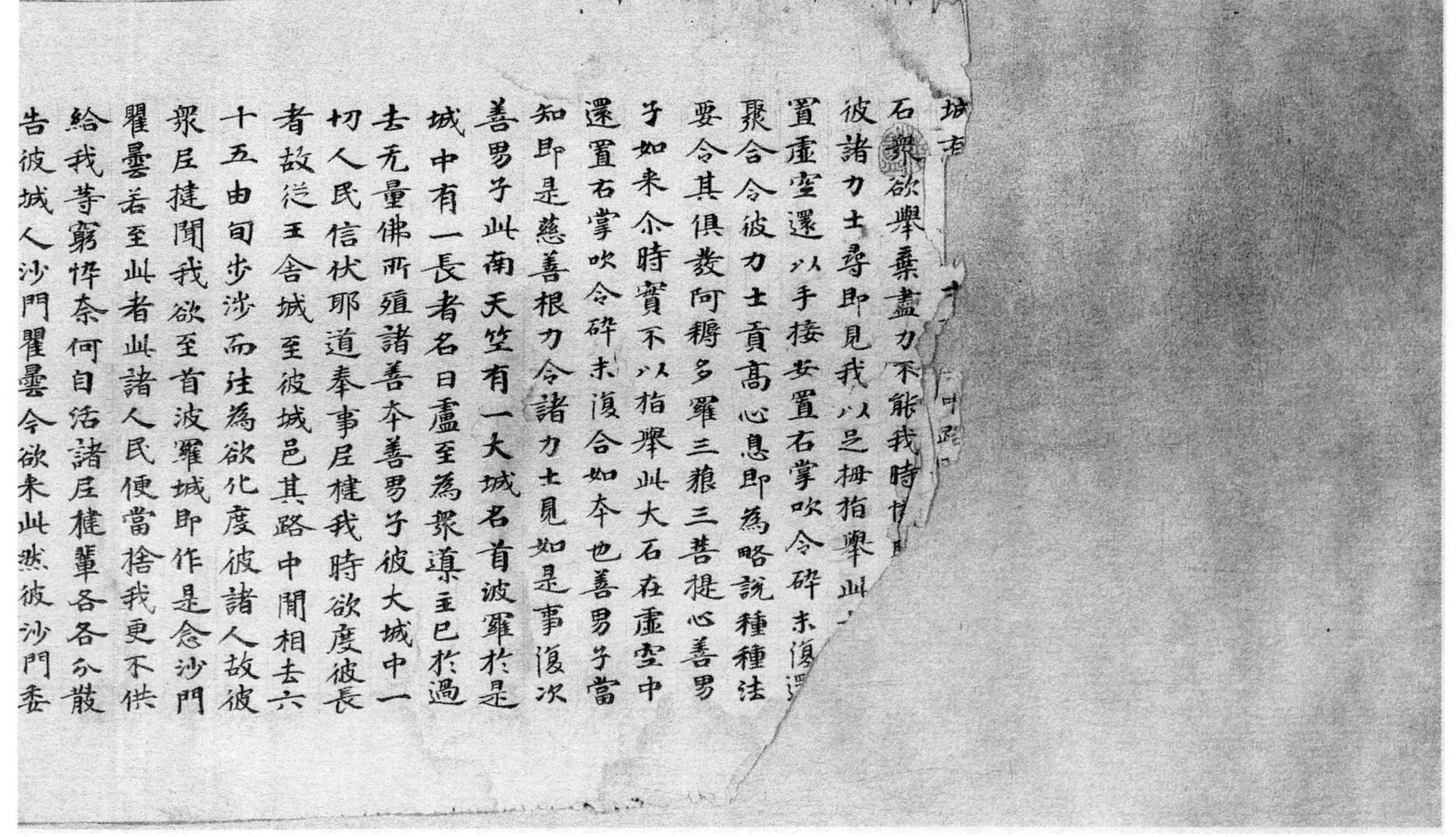
城市
石衆欲舉橐盡力不能我時
彼諸力士尋即見我以足拇指舉此
置虛空還以手接安置右掌吹令碎末復還
聚合令彼力士貢高心息即為略說種種法
要令其俱發阿耨多羅三藐三菩提心善男
子如來尒時實不以指舉此大石在虛空中
還置右掌吹令碎末復合如本也善男子當
知即是慈善根力令諸力士見如是事復次
善男子此南天竺有一大城名首波羅於是
城中有一長者名曰盧至為衆導主已於過
去无量佛所殖諸善本善男子彼大城中一
切人民信伏邪道奉事尼揵我時欲度彼長
者故從王舍城至彼城邑其路中間相去六
十五由旬步涉而往為欲化度彼諸人故彼
衆尼揵聞我欲至首波羅城即作是念沙門
瞿曇若至此者此諸人民便當捨我更不供
給我等窮悴奈何自活諸尼揵輩各各分散
告彼城人沙門瞿曇今欲來此然彼沙門委

BD15004 號　大般涅槃經（北本）卷一六　　（14–1）

一五由旬步涉而往為欲往度彼諸人故彼
衆尼揵聞我欲至首波羅城即作是念沙門
瞿曇若至此者諸人民便當捨我更不供
給我等窮悴柰何自活諸尼揵輩各各分散
告彼城人沙門瞿曇今欲来此然彼沙門委
棄父母東西馳騁所至之處能令土地穀米
不登人民飢饉死亡者衆病瘦相尋无可救
解瞿曇无賴純將諸悪羅刹鬼神以為侍從
无父无母孤窮之人而来諮啓為作門徒所
可教詔純說虛空随其至處初无安樂彼人
聞已即懷怖畏頭面敬礼尼揵子之白言大
師我等今者當設何計尼揵荅言沙門瞿曇
性好叢林流泉清水外設有者宜應破壞汝
等便可相與出城諸有之處斫伐令盡莫使
有遺流泉井池悉置糞屍堅閉城門各嚴器
仗當辟防護懃自固守設欲来者莫令得前
若不前者汝當安隱我等亦當作種種術令彼
瞿曇服道還去彼諸人民聞是語已敬諾施
行斬伐樹木汙辱諸水莊嚴器仗牢自防
護善男子我於尒時至彼城已不見一切樹
木叢林唯見諸人莊嚴器仗當辟自守見是
事已尋生憐愍慈心向之所有樹木還生如
本復更生長其餘諸樹不可稱計河池井泉
其水清淨盈滿其中如青瑠璃生衆雜華弥
覆其上變其城辟為紺瑠璃城内人民悉得
徹見我及大衆門自開闢无能制者所嚴器
仗變成雜華盧至長者而為上首與其人民
俱共相随往至佛所我即為說種種法要令
彼諸人一切皆發阿耨多羅三藐三菩提心善

BD15004號　大般涅槃經（北本）卷一六　（14–2）

其水清淨盈滿其中如青瑠璃生衆雜華弥
覆其上變其城辟為紺瑠璃城内人民悉得
徹見我及大衆門自開闢无能制者所嚴器
仗變成雜華盧至長者而為上首與其人民
俱共相随往至佛所我即為說種種法要令
彼諸人一切皆發阿耨多羅三藐三菩提心善
男子我於尒時實不化作種種樹木清淨流
水盈滿河池變其本城為紺瑠璃令彼人民
徹見於我開其城門器仗為華善男子當知
皆是慈善根力能令彼人見如是事復次善
男子舍衛城中有婆羅門女姓婆私吒唯有
一子愛之甚重遇病命終尒時女人愁毒入
心狂乱失性躶身无耻遊行四衢啼哭失聲
唱言子子汝何處去周遍城邑无有疲已而
是女人已於先佛殖衆德本善男子我於是女
起慈愍心是時女人即得見我便生子想還得
本心前抱我身鳴唼我口我時即告侍者阿
難汝可持衣與是女人既與衣已便為種種
說諸法要是女聞法歡喜踊躍發阿耨多羅
三藐三菩提心善男子我於尒時實非彼子
彼非我母亦无抱持善男子當知皆是慈善
根力令彼女人見如是事復次善男子波羅
㮈城有優婆夷字曰摩訶斯那達多已於過
去无量先佛種諸善根是優婆夷夏九十日
請命衆僧奉施醫藥是時衆中有一比丘身
嬰重病良醫診之當須肉藥若得肉者病則
可除若不得肉命即不全時優婆夷聞醫此
言尋持黄金遍至市里唱如是言誰有肉賣
吾以金買若有肉者當等與金周遍城市求

BD15004號　大般涅槃經（北本）卷一六　（14–3）

去无量先佛種諸善根是優婆夷夏九十日
請命衆僧奉施醫藥是時衆中有一比丘身
嬰重病良醫診之當須肉藥若得肉者病則
可除若不得肉命即不全時優婆夷聞醫此
言尋持黃金遍至市里唱如是言誰有肉賣
吾以金買若有肉者當等與金周遍城市求
不能得是優婆夷尋自取刀割其股肉切以
為臛下種種香送病比丘比丘服已病即得
差是優婆夷患創苦惱不能堪忍即發聲
言南无佛陁南无佛陁我於尒時在舍衛城
聞其音聲於是女人起大慈心是女尋見我
持良藥塗其創上還合如故我即為其種種
說法聞法歡喜發阿耨多羅三藐三菩提心
善男子我於尒時實不往至波羅㮈城持藥
塗是優婆夷創善男子當知皆是慈善根力
令彼女人見如是事復次善男子調達惡人
貪不知足多服穌故頭痛腹滿受大苦惱不
能堪忍發如是言南无佛陁南无佛陁我時
住在優禪尼城聞其音聲即生慈心尒時調
達尋便見我往至其所手摩頭腹授與鹽湯
而令服之服已平復善男子我實不往調婆
達所摩其頭腹授湯令服善男子當知皆是
慈善根力令調婆達見如是事復次善男子
憍薩羅國有諸羣賊其數五百羣黨抄劫為
害滋甚波斯匿王患其縱暴遣兵伺捕得已
挑目逐著黑闇叢林之下是諸羣賊已於先
佛殖衆德本既失目已受大苦惱各作是言
南无佛陁南无佛陁我等今者无有救護啼

BD15004 號　大般涅槃經（北本）卷一六　（14–4）

憍薩羅國有諸羣賊其數五百羣黨抄劫為
害滋甚波斯匿王患其縱暴遣兵伺捕得已
挑目逐著黑闇叢林之下是諸羣賊已於先
佛殖衆德本既失目已受大苦惱各作是言
南无佛陁南无佛陁我等今者无有救護啼
哭嘷呲我時住在祇桓精舍聞其音聲即生
慈心時有涼風吹香山中種種香藥滿其眼
匡尋還得眼如本不異諸賊開眼即見如來
住立其前而為說法賊聞法已即發阿耨多
羅三藐三菩提心善男子我於尒時實不作
風吹香山中種種香藥住其人前而為說法
善男子當知皆是慈善根力令彼羣賊見如
是事復次善男子琉離太子以愚癡故廢其
父王自立為主復念宿嫌多害釋種取万二
千釋種諸女刖劓耳鼻斷截手足推之坑塹
時諸女人身受苦惱作如是言南无佛陁南
无佛陁我等今者无有救護復大嘷呲是諸
女人已於先佛種諸善根我於尒時在竹林
中聞其音聲即起慈心諸女尒時見我來
至迦毗羅城以水洗創以藥傅之苦痛尋除
耳鼻手足還服如本我時即為略說法要悉令
俱發阿耨多羅三藐三菩提心即於大愛道
比丘尼所出家受具善男子如來尒時實不
往至迦毗羅城以水洗創傅藥止苦善男子
當知皆是慈善根力令彼女人得如是事悲
喜之心亦復如是善男子以是義故菩薩摩
訶薩脩慈思惟即是真實非虛妄也善男子
夫无量者不可思議菩薩所行不可思議諸

BD15004 號　大般涅槃經（北本）卷一六　（14–5）

往至迦毗羅城以水洗創柎藥止苦善男子
當知皆是慈善根力令彼女人得如是事悲
喜之心亦復如是善男子以是義故菩薩摩
訶薩脩慈思惟即是真實非虛妄也善男子
夫无量者不可思議菩薩所行不可思議諸
佛所行亦不可思議是大乘典大涅槃經亦
不可思議
復次善男子菩薩摩訶薩脩慈悲喜已得住
極愛一子之地善男子云何是地名曰極愛
復名一子善男子譬如父母見子安隱心大
歡喜菩薩摩訶薩住是地中亦復如是視諸
衆生同於一子見脩善者生大歡喜是故此
地名曰極愛善男子譬如父母見子遇患心生
苦惱愍之愁毒初无捨離菩薩摩訶薩住是
地中亦復如是見諸衆生為煩惱病之所
纏切心生愁惱憂念如子身諸毛孔血皆流
出是故此地名為一子善男子如人小時捨
取土塊糞穢瓦石枯骨木枝置於口中父母
見已恐為其患左手捉頭右手挑出菩薩摩
訶薩住是地中亦復如是見諸衆生法身未
增或行身口意業不善菩薩見已則以智手
拔之令出不欲令彼流轉生死受諸苦惱是
故此地復名一子善男子譬如父母所愛之
子捨而終亡父母愁惱願與并命菩薩亦尒
見一闡提墮於地獄亦願與俱生地獄中何
以故是一闡提若受苦時或生一念改悔之
心我即當為說種種法令彼得生一念善根
是故此地復名一子善男子譬如父母唯有

子捨而終亡父母愁惱願與并命菩薩亦尒
見一闡提墮於地獄亦願與俱生地獄中何
以故是一闡提若受苦時或生一念改悔之
心我即當為說種種法令彼得生一念善根
是故此地復名一子善男子譬如父母唯有
一子其子睡寤行住坐卧心常念之若有罪
咎善言誘喻不加其惡菩薩摩訶薩亦復如
是見諸衆生若墮地獄畜生餓鬼或人天中
造作善惡心常念之初不放捨若行諸惡終
不生瞋以惡加之是故此地復名一子迦葉
菩薩白佛言世尊如佛所說其言秘密我今
智淺云何能解若諸菩薩住一子地能如是
者云何如来昔為國王行菩薩時斷絕尒所
婆羅門命若得此地則應護念若不得者復
何因緣不墮地獄若使等視一切衆生同於
子想如羅睺羅何故復向提婆達多說如是
言癡人无羞食人涕唾令彼聞已生於瞋根
起不善心出佛身血提婆達多造是惡已如
来復記當墮地獄一劫受罪世尊如是之言
云何於義不相違背世尊須菩提者住虛空
地凡欲入城乞求飲食要先觀人若有於己
生嫌嫉心則止不行乃至極飢猶不行乞何
以故是須菩提常作是念我憶往昔於福田
所生一惡念由是因緣墮大地獄受種種苦
我今寧飢終日不食終不令彼於我起嫌墮
於地獄受苦惱也復作是念若有衆生慊我
立者我當終日端坐不起若有衆生嫌我坐
者我當終日立不移處行卧亦尒是須菩提

所生一悪念由是因緣墮大地獄受種種苦
我今寧飢終日不食終不令彼於我起嫌墮
於地獄受苦惱也復作是念若有衆生慊我
立者我當終日端坐不起若有衆生嫌我坐
者我當終日立不移處行卧亦尒是須菩提
護衆生故尚起是心何況菩薩菩薩若得一
子地者何緣如来出是麁言使諸衆生起重
悪心善男子汝今不應作如是難言佛如来
為諸衆生作煩惱因緣善男子假使蚊嘴能
盡海底如来終不為諸衆生作煩惱因緣善
男子假令大地悉為非色水為堅相火為冷
相風為住相三寶佛性及以虚空作无常相
如来終不為諸衆生作煩惱因緣善男子假
使毀犯四重禁罪及一闡提謗正法者現身
得成十力无畏三十二相八十種好如来終
不為諸衆生作煩惱因緣善男子假使聲聞
辟支佛等常住不變如来終不為諸衆生作
煩惱因緣善男子假使十住諸菩薩等犯四
重禁作一闡提誹謗正法如来終不為諸衆
生作煩惱因緣善男子假使一切无量衆生
喪滅佛性如来究竟入般涅槃如来終不為
諸衆生作煩惱因緣善男子假使蜘蛛能縶
縛風蟲能破鐵抓壞須弥如来終不為諸衆
生作煩惱因緣寧與毒蛇同共一處内其兩手
鐵師子口佉陁羅炭用洗浴身不應發言如
来世尊為諸衆生作煩惱因緣善男子如来
真實能為衆生斷除煩惱終不為作煩惱因
也善男子如汝所言如来往昔煞婆羅門者

BD15004號　大般涅槃經（北本）卷一六　（14-8）

生作煩惱因緣寧與毒蛇同共一處内其兩手
鐵師子口佉陁羅炭用洗浴身不應發言如
来世尊為諸衆生作煩惱因緣善男子如来
真實能為衆生斷除煩惱終不為作煩惱因
也善男子如汝所言如来往昔煞婆羅門者
善男子菩薩摩訶薩乃至蟻子尚不故煞況
婆羅門菩薩常作種種方便惠施衆生无量
壽命善男子夫施食者則為施命菩薩摩訶
薩行檀波羅蜜時常施衆生无量壽命善男
子脩不煞戒得壽命長菩薩摩訶薩行尸波
羅蜜時則為施與一切衆生无量壽命善男
子慎口无過得壽命長菩薩摩訶薩行羼提
波羅蜜時常勸衆生莫生怨相推直於人引
曲向已无所諍訟得壽命長是故菩薩行羼
提波羅蜜時已施衆生无量壽命善男子精
勤脩善得壽命長菩薩摩訶薩行毗梨耶波
羅蜜時常勸衆生懃脩善法衆生行已得无
量壽命是故菩薩行毗梨耶波羅蜜時已施
衆生无量壽命善男子脩攝心者得壽命長
菩薩摩訶薩行禪波羅蜜時勸諸衆生脩平
等心衆生行已得壽命長是故菩薩行禪波
羅蜜時已施衆生无量壽命善男子於諸善
法不放逸者得壽命長菩薩摩訶薩行般若
波羅蜜時勸諸衆生於諸善法不生放逸衆
生行已以是因緣得壽命長是故菩薩行般
若波羅蜜時已施衆生无量壽命善男子以
是義故菩薩摩訶薩於諸衆生終无奪命善
男子汝向所問煞婆羅門時得是地不善男

BD15004號　大般涅槃經（北本）卷一六　（14-9）

彼羅蜜時勸諸衆生於諸善法不生放逸衆
生行已以是因緣得壽命長是故菩薩行般
若彼羅蜜時已施衆生无量壽命善男子以
是義故菩薩摩訶薩於諸衆生終无奪命善
男子汝向所問煞婆羅門時得是地不善男
子我時已得以愛念故斷其命根非惡心也
善男子辟如父母唯有一子愛之甚重犯官
憲制是時父母以怖畏故若擯若煞雖復擯
煞无有惡心菩薩摩訶薩為護正法亦復如
是若有衆生謗大乘者即以鞭撻苦加治之
或奪其命欲令改往遵循善法菩薩常當作
是思惟以何因緣能令衆生發起信心隨其
方便要當為之諸婆羅門命終之後生何鼻
地獄即有三念一者自念我從何處而來生
此即自知從人道中來二者自念我今所生
為是何處即便自知是何鼻獄三者自念乘
何業緣而來生此即便自知乘謗方等大乘
經典不信因緣為國主所煞而來生此念是
事已即於大乘方等經典生信敬心尋時命
終生甘露鼓如來世界於彼壽命具足十劫
善男子以是義故我於往昔乃與是人十劫
壽命云何名煞善男子有人掘地刈草斫
樹斬截死屍罵詈鞭撻以是業緣隨地獄不
迦葉菩薩白佛言世尊如我解佛所說義者
應墮地獄何以故如佛昔為聲聞說法汝諸
比丘於餘樵木莫生惡心何以故一切衆生
因惡心故墮于地獄尒時佛讚迦葉菩薩善

樹斬截死屍罵詈鞭撻以是業緣隨地獄不
迦葉菩薩白佛言世尊如我解佛所說義者
應墮地獄何以故如佛昔為聲聞說法汝諸
比丘於餘樵木莫生惡心何以故一切衆生
因惡心故墮于地獄尒時佛讚迦葉菩薩善
哉善哉如汝所說應善受持善男子若因惡
心墮地獄者菩薩尒時實无惡心何以故菩
薩摩訶薩於一切衆生乃至虵蟻悉生憐愍
利益心故所以者何善知因緣諸方便故以
方便力欲令衆生種諸善根善男子以是義
故我於尒時以善方便雖奪其命而非惡心
善男子婆羅門法若煞蟻子滿足十車无有
罪報蚊虻蚤虱猫子師子虎狼熊羆諸惡虫
獸及餘能為衆生害者煞滿十車鬼神羅剎
枸槃荼迦羅富單那顛狂乾枯諸鬼神等能為
衆生作嬈害者有奪其命悉无罪報若煞惡
人則有罪報煞已不悔則墮餓鬼若能懺悔
三日斷食其罪消滅无有遺餘若煞和上害
其父母女人及牛无數千年在地獄中善男
子佛及菩薩知煞有三謂下中上下者蟻子
乃至一切畜生唯除菩薩示現生者善男子
菩薩摩訶薩以願因緣示受畜生是名下煞
以下煞因緣墮於地獄畜生餓鬼具受下苦
何以故是諸畜生有微善根是故煞者具受
罪報是名下煞中煞者從凡夫人至阿那含
是名為中以是業因墮於地獄畜生餓鬼具
受中苦是名中煞上煞者父母乃至阿羅漢
辟支佛畢定菩薩是名為上以是業因緣故

何以故是諸畜生有微善根是故煞者具受
罪報是名下煞中煞者從凡夫人至阿那含
是名為中以是業因墮於地獄畜生餓鬼具
受中苦是名中煞上煞者父母乃至阿羅漢
辟支佛畢定菩薩是名為上以是業因緣故
墮於阿鼻大地獄中具受上苦是名上煞善
男子若有能煞一闡提者則不墮此三種煞
中善男子彼諸婆羅門等一切皆是一闡提
也譬如掘地刈草斫樹斬截死屍罵詈鞭撻
无有罪報煞一闡提亦復如是无有罪報何
以故諸婆羅門乃至无有信等五法是故雖
煞不墮地獄善男子汝先所言如來何故罵
提婆達多癡人食唾汝亦不應作如是問何
以故諸佛世尊凡所發言不可思議善男子
或有實語為世所愛非時非法不為利益如
是之言我終不說善男子或復有言麁獷虛
妄非時非法聞者不愛不能利益我亦不說
善男子若有語言雖復麁獷真實不虛是時
是法能為一切衆生利益聞雖不悅我要說
之何以故諸佛世尊應正遍知知方便故善
男子如我一時遊彼曠野聚落叢樹在其林
下有一鬼神即名曠野純食肉血多煞衆生
復於其聚日食一人善男子我於尒時為彼
鬼神廣說法要然彼暴惡愚癡无智不受教
法我即化身為大力鬼動其宮殿令不安所
彼鬼于時將其眷屬出其宮殿欲來巨逆鬼
見我時即失心念惶怖僻地迷悶斷絕猶如
死人我以慈愍手摩其身即還起坐作如是

BD15004號　大般涅槃經（北本）卷一六　（14–12）

法我即化身為大力鬼動其宮殿令不安所
彼鬼于時將其眷屬出其宮殿欲來巨逆鬼
見我時即失心念惶怖僻地迷悶斷絕猶如
死人我以慈愍手摩其身即還起坐作如是
言快哉今日還得身命是大神王具大威
德有慈愍心赦我愆咎即於我所生善信心
我即還服如來之身復更為說種種法要令
彼鬼神受不煞戒即於是日曠野村中有一
長者次應當死村人已送付彼鬼神鬼神得
已即以施我我既受已便為長者更立名字
名手長者尒時彼鬼即白我言世尊我及眷
屬唯仰血肉以自存活今以戒故當云何活
我即荅言從今當勅聲聞弟子隨有脩行佛
法之處悉當令其施汝飲食善男子以是因
緣為諸比丘制如是戒汝等從今常當施彼
曠野鬼食若有住處不能施者當知是輩非
我弟子即是天魔徒黨眷屬善男子如來為
欲調伏衆生故示如是種種方便非故令彼
生怖畏也善男子我亦以木打護法鬼又於
一時在一山上推羊頭鬼令墮山下復於樹
頭撲護彌猴鬼令護財象見五師子使金剛
神怖薩遮尼揵亦以鐵刺箭毛鬼身雖作如
是亦不令彼諸鬼神等有滅沒者直欲令彼
安住正法故示如是種種方便善男子我於
尒時實不罵辱提婆達多提婆達多亦不愚
癡食人涕唾亦不生於惡趣之中阿鼻地獄
受罪一劫亦不壞僧出佛身血亦不違犯四
重之罪誹謗正法大乘經典非一闡提亦非聲

BD15004號　大般涅槃經（北本）卷一六　（14–13）

我弟子即是天魔徒黨眷屬善男子如来為
欲調伏衆生故示如是種種方便非故令彼
生怖畏也善男子我亦以木打護法鬼又於
一時在一山上推羊頭鬼令墮山下復於樹
頭撲護弥猴鬼令護財象見五師子使金剛
神怖薩遮尼揵亦以鐵刹箭毛鬼身雖作如
是亦不令彼諸鬼神等有滅沒者直欲令彼
安住正法故示如是種種方便善男子我於
尒時實不罵辱提婆達多提婆達多亦不愚
癡食人涕唾亦不生於惡趣之中阿鼻地獄
受罪一劫亦不壞僧出佛身血亦不違犯四
重之罪誹謗正法大乘經典非一闡提亦非聲
聞辟支佛也善男子提婆達者實非聲聞緣
覺境界唯是諸佛之所知見善男子是故汝
今不應難言如来何緣呵責罵辱提婆達多
汝於諸佛所有境界不應如是生於疑網迦
葉菩薩白佛言世尊譬如甘蔗數數煎煑得
種種味我亦如是從佛數聞多得法味所謂
出味離欲味寂滅味道味世尊譬如真金數
數燒打融消鍊治轉更明淨調和柔軟光色
微妙其價難量然後乃為人天寶重世尊如

BD15004號　大般涅槃經（北本）卷一六　（14–14）

妙法蓮華經妙音菩薩品第二十四
尒時釋迦牟尼佛放大人相肉髻光明及放
眉間白豪相光遍照東方八万億那由他恒
河沙等諸佛世界過是數已有世界名淨光
莊嚴其國有佛号淨華宿王智如来應供
正遍知明行足善逝世間解无上士調御丈
夫天人師佛世尊為无量无邊菩薩大衆恭
敬圍繞而為說法釋迦牟尼佛白豪光照遍
照其國尒時一切淨光莊嚴國中有一菩薩
名曰妙音久已殖衆德本供養親近无量百
千万億諸佛而悉成就甚深智慧得妙幢相
三昧法華三昧淨德三昧宿王戲三昧无緣
三昧智印三昧解一切衆生語言三昧集一
切功德三昧清淨三昧神通遊戲三昧慧炬
三昧莊嚴王三昧淨光明三昧淨藏三昧不
共三昧日旋三昧得如是等百千万億恒河

BD15005號　妙法蓮華經（八卷本）卷七　（7–1）

三昧法華三昧淨德三昧宿王戲三昧无緣
三昧智印三昧解一切衆生語言三昧集一
切功德三昧清淨三昧神通遊戲三昧慧炬
三昧莊嚴王三昧淨光明三昧淨藏三昧不
共三昧日旋三昧得如是等百千万億恒河
沙等諸大三昧釋迦牟尼佛光照其身即白
淨華宿王智佛言世尊我當往詣娑婆世界
礼拜親近供養釋迦牟尼佛及見文殊師利
法王子菩薩藥王菩薩勇施菩薩宿王華菩
薩上行意菩薩莊嚴王菩薩藥上菩薩尒時
淨華宿王智佛告妙音菩薩汝莫輕彼國生
下劣想善男子彼娑婆世界高下不平土石
諸山穢惡充滿佛身卑小諸菩薩衆其形亦
小而汝身四万二千由旬我身六百八十万由旬
汝身第一端正百千万福光明殊妙是故汝
往莫輕彼國若佛菩薩及國土生下劣想妙
音菩薩白其佛言世尊我今詣娑婆世界皆
是如来之力如来神通遊戲如来功德智慧
莊嚴於是妙音菩薩不起于座身不動搖而
入三昧以三昧力於耆闍崛山去法座不遠
化作八万四千衆寶蓮華閻浮檀金為臺
白銀為葉金剛為鬚甄叔迦寶以為其臺
尒時文殊師利法王子見是蓮華而白佛言世
尊是何因緣先現此瑞有若千千万蓮華閻
浮檀金為莖白銀為葉金剛為鬚甄叔迦寶
以為其臺尒時釋迦牟尼佛告文殊師利是
妙音菩薩摩訶薩欲從淨華宿王智佛國與

BD15005號　妙法蓮華經（八卷本）卷七　（7–2）

尊是何因緣先現此瑞有若千千万蓮華閻
浮檀金為莖白銀為葉金剛為鬚甄叔迦寶
以為其臺尒時釋迦牟尼佛告文殊師利是
妙音菩薩摩訶薩欲從淨華宿王智佛國與
八万四千菩薩圍繞而来至此娑婆世界供
養親近礼拜於我亦欲供養聽法華經文殊
師利白佛言世尊是菩薩種何善本脩何功
德而能有是大神通力行何三昧願為我等
說是三昧名字我等亦欲勤脩行之行此三
昧乃能見是菩薩色相大小威儀進止唯願
世尊以神通力彼菩薩来令我得見尒時釋
迦牟尼佛告文殊師利此久滅度多寶如来
當為汝等而現其相時多寶佛告彼菩薩善
男子来文殊師利法王子欲見汝身于時妙
音菩薩於彼國沒與八万四千菩薩俱共發
来所經諸國六種震動皆悉雨於七寶蓮華
百千天樂不鼓自鳴是菩薩目如廣大青蓮
華葉正使和合百千万月其面貌端正復過
於此身真金色无量百千功德莊嚴威德熾
盛光明照曜諸相具足如那羅延堅固之身
入七寶臺上昇虛空去地七多羅樹諸菩薩
衆恭敬圍繞而来詣此娑婆世界耆闍崛山到
已下七寶臺以價直百千瓔珞持至釋迦牟
尼佛所頭面礼足奉上瓔珞而白佛言世
尊淨華宿王智佛問訊世尊少病少惱起
居輕利安樂行不四大調和不世事可忍不衆
生易度不无貪欲瞋恚愚癡嫉妬慳慢不无

BD15005號　妙法蓮華經（八卷本）卷七　（7–3）

尊淨華宿王智佛問訊世尊少病少惱起
居輕利安樂行不四大調和不世事可忍不衆
生易度不无貪欲瞋恚愚癡嫉妬慳慢不无
不孝父母不敬沙門耶見不善心不攝五情
不世尊衆生能降伏諸魔怨不久滅度多
寶如来在七寶塔中来聽法不又問訊多寶
如来安隱少惱堪忍久住不世尊我今欲見
多寶佛身唯願世尊示我令見尒時釋迦
牟尼佛語多寶佛是妙音菩薩欲得相見時多
寶佛告妙音言善哉善哉汝能為供養釋
迦牟尼佛及聽法華經并見文殊師利等故
来至此尒時華德菩薩白佛言世尊是妙音
菩薩種何善根脩何功德有是神力佛告華
德菩薩過去有佛名雲雷音王多陁阿伽度
阿羅呵三藐三佛陁國名現一切世間劫名
憙見妙音菩薩於万二千歲以十万種伎樂供
養雲雷音王佛并奉上八万四千七寶鉢以
是因緣果報今生淨華宿王智佛國有是神
力華德於汝意云何尒時雲雷音王佛所妙
音菩薩伎樂供養奉上寶器者豈異人乎今
此妙音菩薩摩訶薩是華德是妙音菩薩已
曽供養親近无量諸佛久殖德本又值恒河
沙等百千万億那由他佛華德汝但見妙音
菩薩其身在此而是菩薩現種種身處處為
諸衆生說是經典或現梵王身或現帝釋身
或現自在天身或現大自在天身或現天大
將軍身或現毗沙門天王身或現轉輪聖王身

BD15005 號　妙法蓮華經（八卷本）卷七　（7–4）

諸衆生說是經典或現梵王身或現帝釋身
或現自在天身或現大自在天身或現天大
將軍身或現毗沙門天王身或現轉輪聖王身
或現諸小王身或現長者身或現居士身或現
宰官身或現婆羅門身或現比丘比丘尼優
婆塞優婆夷身或現長者居士婦女身或現
宰官婦女身或現婆羅門婦女身或現童男
童女身或現天龍夜叉乾闥婆阿脩羅迦樓
羅緊那羅摩睺羅伽人非人等身而說是經
諸有地獄餓鬼畜生及衆難處皆能救濟乃
至於王後宫變為女身而說是經華德是妙
音菩薩能救護娑婆世界諸衆生者是妙音
菩薩如是種種變化現身在此娑婆國土為
諸衆生說是經典於神通變化智慧无所損
減是菩薩以若干智慧明照娑婆世界令一
切衆生各得所知於十方恒河沙世界中亦
復如是若應以聲聞形得度者現聲聞形而
為說法應以辟支佛形得度者現辟支佛形
而為說法應以菩薩形得度者現菩薩形而
為說法應以佛形得度者即現佛形而為說
法如是種種隨所應度而為現形乃至應以
滅度而得度者示現滅度華德妙音菩薩摩
訶薩成就大神通智慧之力其事如是尒時
華德菩薩白佛言世尊是妙音菩薩深種善
根世尊是菩薩住何三昧而能如是在所變
現度脫衆生佛告華德菩薩善男子其三昧
名現一切色身妙音菩薩住是三昧中能如

BD15005 號　妙法蓮華經（八卷本）卷七　（7–5）

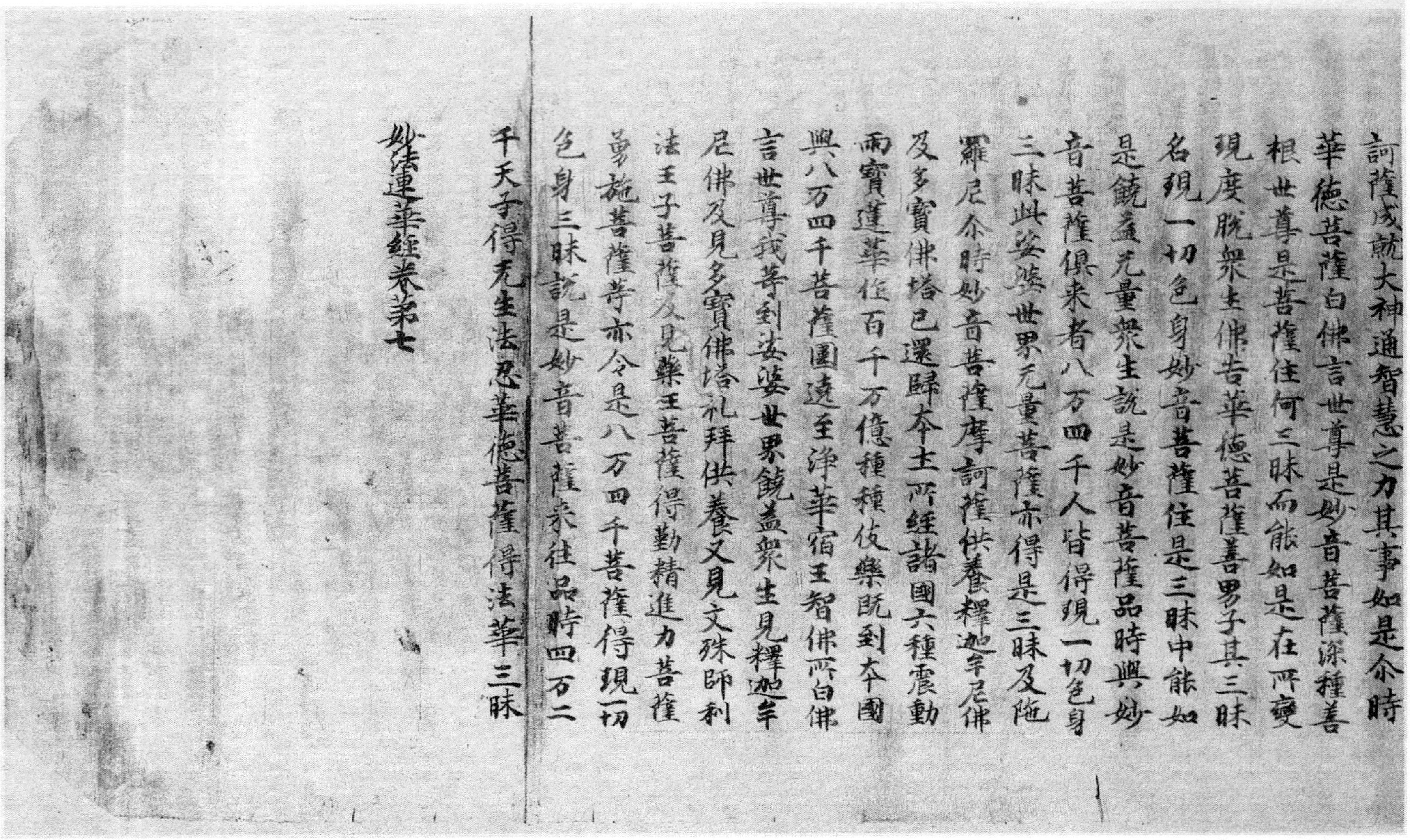

訶薩成就大神通智慧之力其事如是尒時
華德菩薩白佛言世尊是妙音菩薩深種善
根世尊是菩薩住何三昧而能如是在所變
現度脫衆生佛告華德菩薩善男子其三昧
名現一切色身妙音菩薩住是三昧中能如
是饒益无量衆生說是妙音菩薩品時與妙
音菩薩俱來者八万四千人皆得現一切色身
三昧此娑婆世界无量菩薩亦得是三昧及陀
羅尼尒時妙音菩薩摩訶薩供養釋迦牟尼佛
及多寶佛塔已還歸本土所經諸國六種震動
雨寶蓮華作百千万億種種伎樂既到本國
與八万四千菩薩圍遶至淨華宿王智佛所白佛
言世尊我到娑婆世界饒益衆生見釋迦牟
尼佛及見多寶佛塔礼拜供養又見文殊師利
法王子菩薩及見藥王菩薩得勤精進力菩薩
勇施菩薩等亦令是八万四千菩薩得現一切
色身三昧說是妙音菩薩來往品時四万二
千天子得无生法忍華德菩薩得法華三昧

妙法蓮華經卷第七

BD15005號　妙法蓮華經（八卷本）卷七　（7–6）

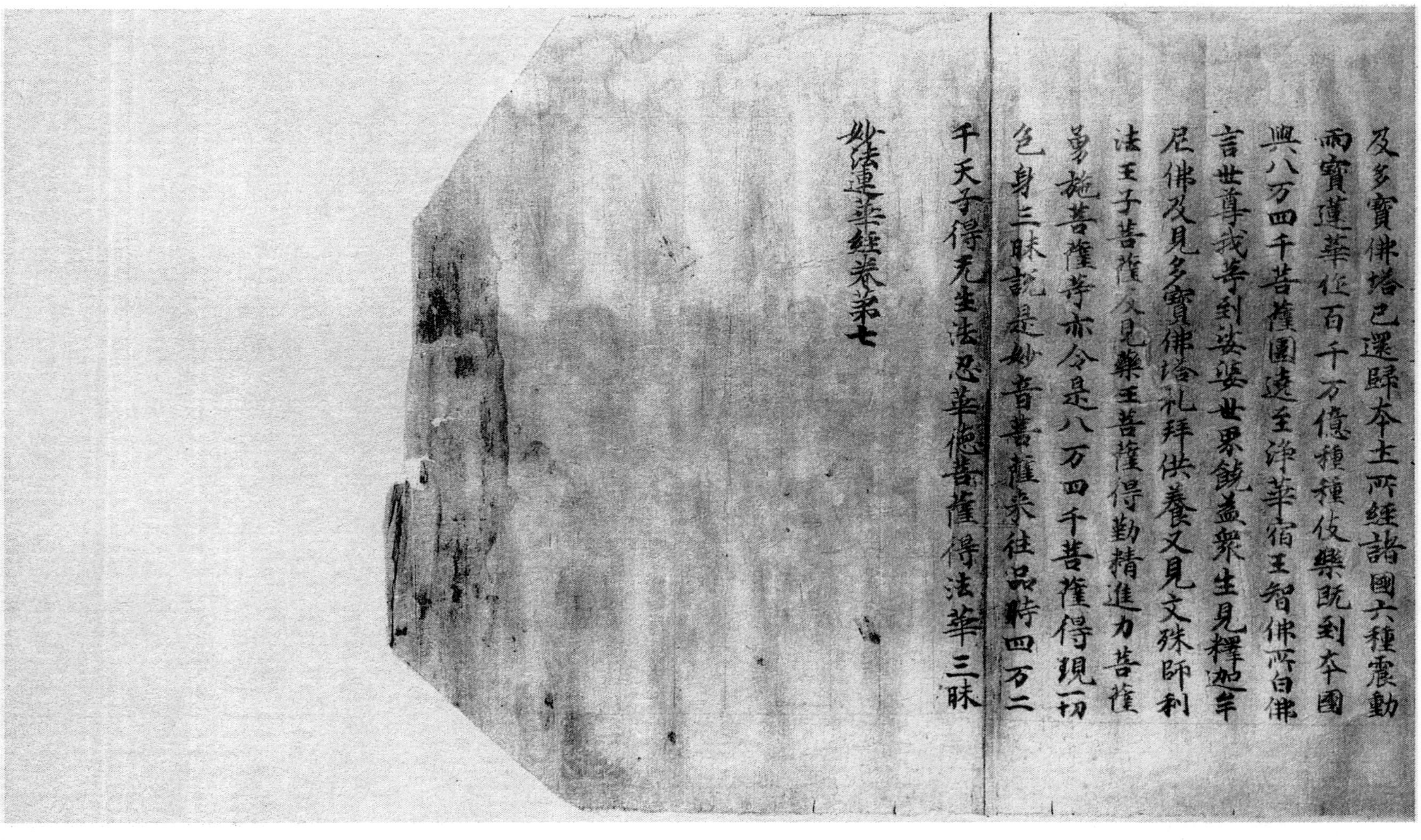

及多寶佛塔已還歸本土所經諸國六種震動
雨寶蓮華作百千万億種種伎樂既到本國
與八万四千菩薩圍遶至淨華宿王智佛所白佛
言世尊我到娑婆世界饒益衆生見釋迦牟
尼佛及見多寶佛塔礼拜供養又見文殊師利
法王子菩薩及見藥王菩薩得勤精進力菩薩
勇施菩薩等亦令是八万四千菩薩得現一切
色身三昧說是妙音菩薩來往品時四万二
千天子得无生法忍華德菩薩得法華三昧

妙法蓮華經卷第七

BD15005號　妙法蓮華經（八卷本）卷七　（7–7）

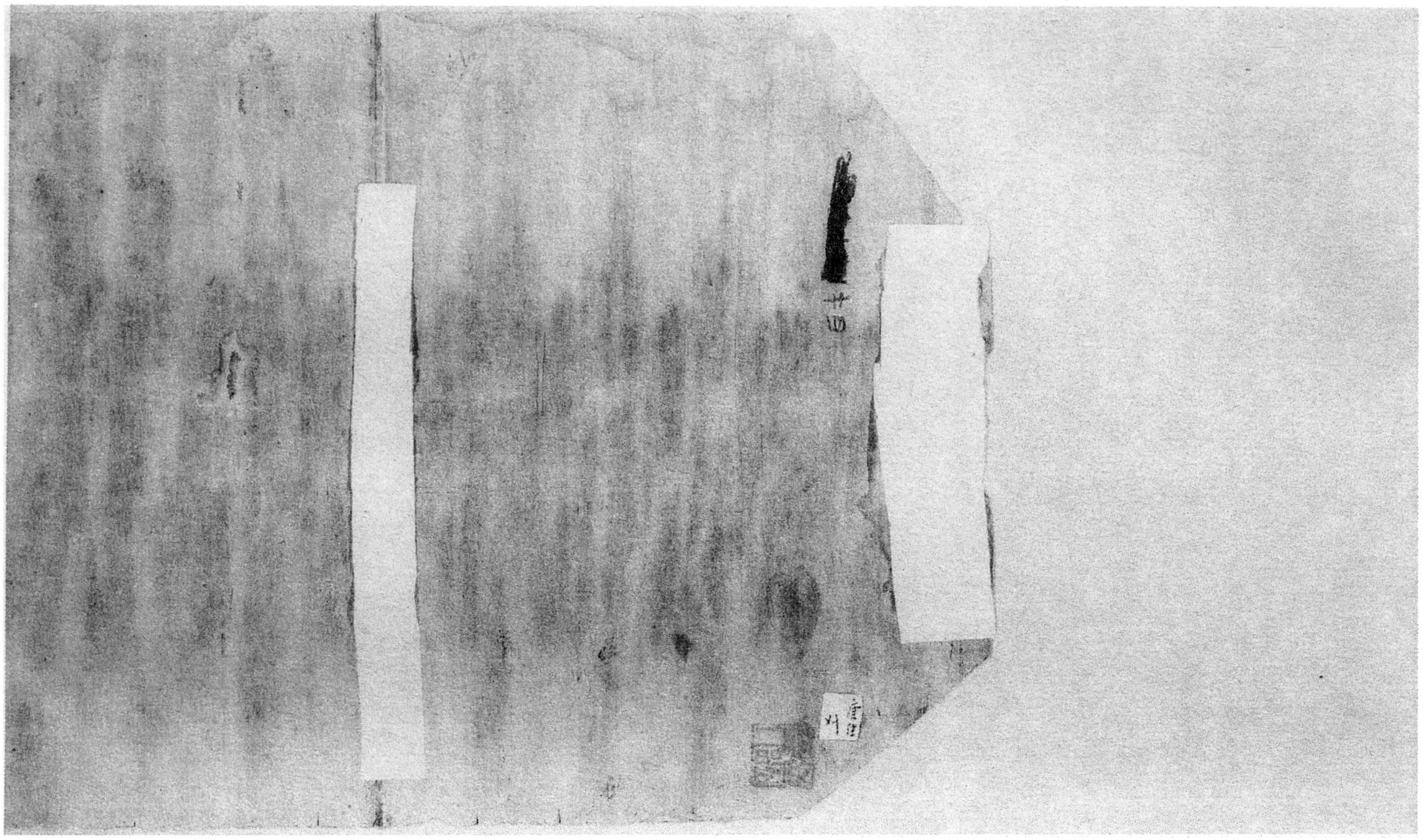

BD15005 號背　勘記、印章　　　　（1–1）

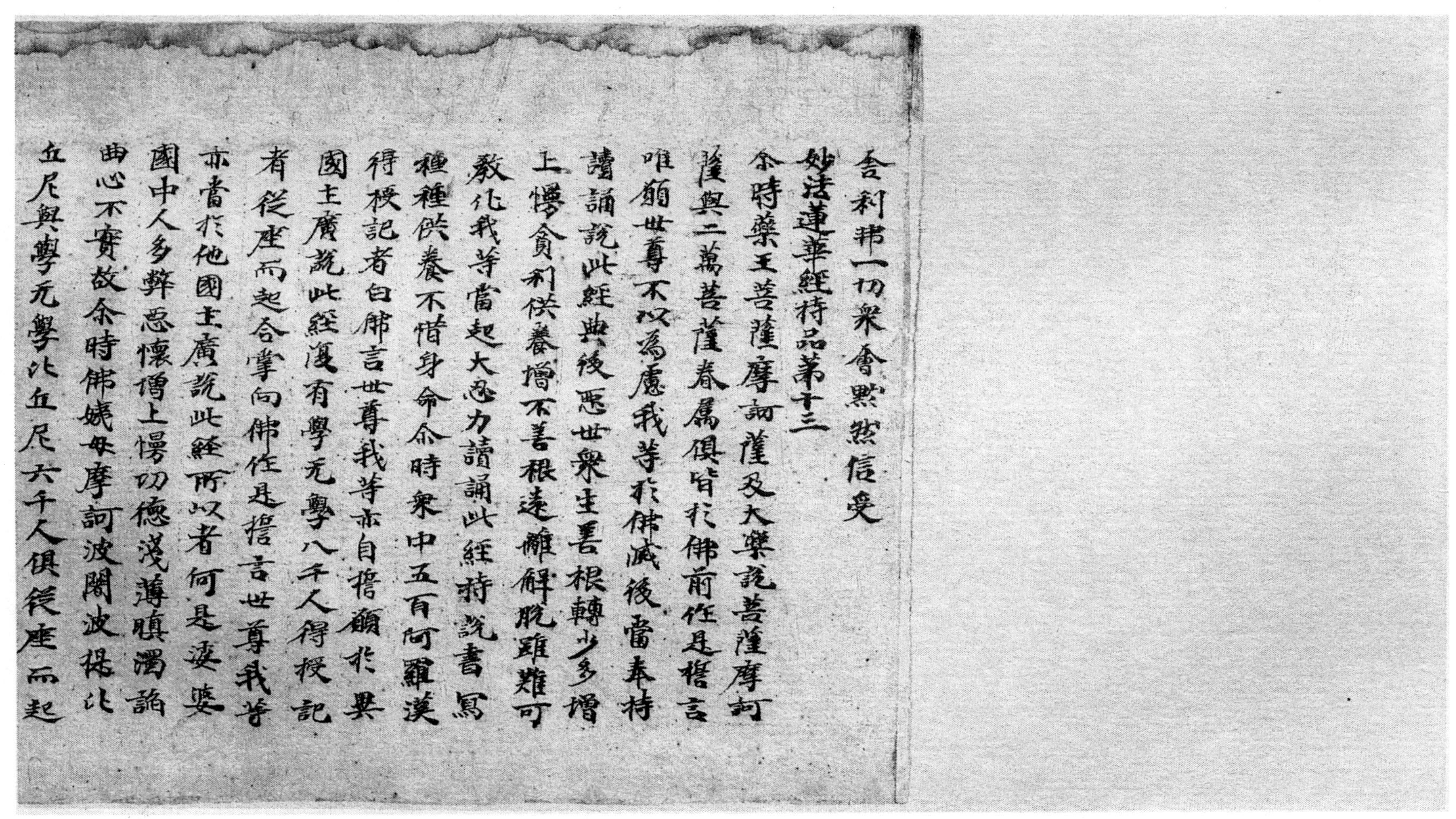

舍利弗一切衆會默然信受
妙法蓮華經持品第十三
尒時藥王菩薩摩訶薩及大樂說菩薩摩訶
薩與二萬菩薩眷屬俱皆於佛前作是誓言
唯願世尊不以為慮我等於佛滅後當奉持
讀誦說此經典後惡世衆生善根轉少多增
上慢貪利供養增不善根遠離解脫雖難可
教化我等當起大忍力讀誦此經持說書寫
種種供養不惜身命尒時衆中五百阿羅漢
得授記者白佛言世尊我等亦自誓願於異
國土廣說此經復有學无學八千人得授記
者從座而起合掌向佛作是誓言世尊我等
亦當於他國土廣說此經所以者何是娑婆
國中人多弊惡懷增上慢功德淺薄瞋濁諂
曲心不實故尒時佛姨母摩訶波闍波提比
丘尼與學无學比丘尼六千人俱從座而起

BD15006 號　妙法蓮華經卷四　　　　（5–1）

者從座而起合掌向佛作是誓言世尊我等
亦當於他國土廣說此經所以者何是娑婆
國中人多弊惡懷增上慢功德淺薄瞋濁諂
曲心不實故尒時佛姨母摩訶波闍波提比
丘尼與學无學比丘尼六千人俱從座而起
一心合掌瞻仰尊顏目不暫捨於時世尊
告憍曇弥何故憂色而視如來汝心將无謂我
不說汝名授阿耨多羅三藐三菩提記耶憍
曇弥我先惣說一切聲聞皆已授記今汝欲
知記者將來之世當於六萬八千億諸佛法
中為大法師及六千學无學比丘尼俱為法
師汝如是漸漸具菩薩道當得作佛号一切
衆生憙見如來應供正遍知明行足善逝世
間解无上士調御丈夫天人師佛世尊憍曇
弥是一切衆生憙見佛及六千菩薩轉次授
記得阿耨多羅三藐三菩提尒時羅睺羅母
耶輸陀羅比丘尼作是念世尊於授記中獨
不說我名佛告耶輸陀羅汝於來世百千万
億諸佛法中修菩薩行為大法師漸具佛道
於善國中當得作佛号具足千萬光相如來
應供正遍知明行足善逝世間解无上士調
御丈夫天人師佛世尊佛壽无量阿僧祇劫
尒時摩訶波闍波提比丘尼及耶輸陀羅比
丘尼并其眷屬皆大歡喜得未曾有即於
佛前而說偈言
世尊導師　安隱天人　我等聞記　心安具足

應供正遍知明行足善逝世間解无上士調
御丈夫天人師佛世尊佛壽无量阿僧祇劫
尒時摩訶波闍波提比丘尼及耶輸陀羅比
丘尼并其眷屬皆大歡喜得未曾有即於
佛前而說偈言
世尊導師　安隱天人　我等聞記　心安具足
諸比丘尼說是偈已白佛言世尊我等亦能
於他方國土廣宣此經尒時世尊視八十萬
億那由他諸菩薩摩訶薩是諸菩薩皆是阿
惟越致轉不退法輪得諸陀羅尼即從座起
至於佛前一心合掌而作是念若世尊告勑
我等持說此經者當如佛教廣宣斯法復作
是念佛今默然不見告勑我當云何時諸菩
薩敬順佛意并欲自滿本願便於佛前作師
子吼而發誓言世尊我等於如來滅後周旋
往反十方世界能令衆生書寫此經受持讀
誦解說其義如法修行正憶念皆是佛之
威力唯願世尊在於他方遙見守護即時諸
菩薩俱同發聲而說偈言
唯願不為慮　於佛滅度後　恐怖惡世中　我等當廣說
有諸无智人　惡口罵詈等　及加刀杖者　我等皆當忍
惡世中比丘　邪智心諂曲　未得謂為得　我慢心充滿
或有阿練若　納衣在空閑　自謂行真道　輕賤人間者
貪著利養故　與白衣說法　為世所恭敬　如六通羅漢
是人懷惡心　常念世俗事　假名阿練若　好出我等過
而作如是言　此諸比丘等　為貪利養故　說外道論議

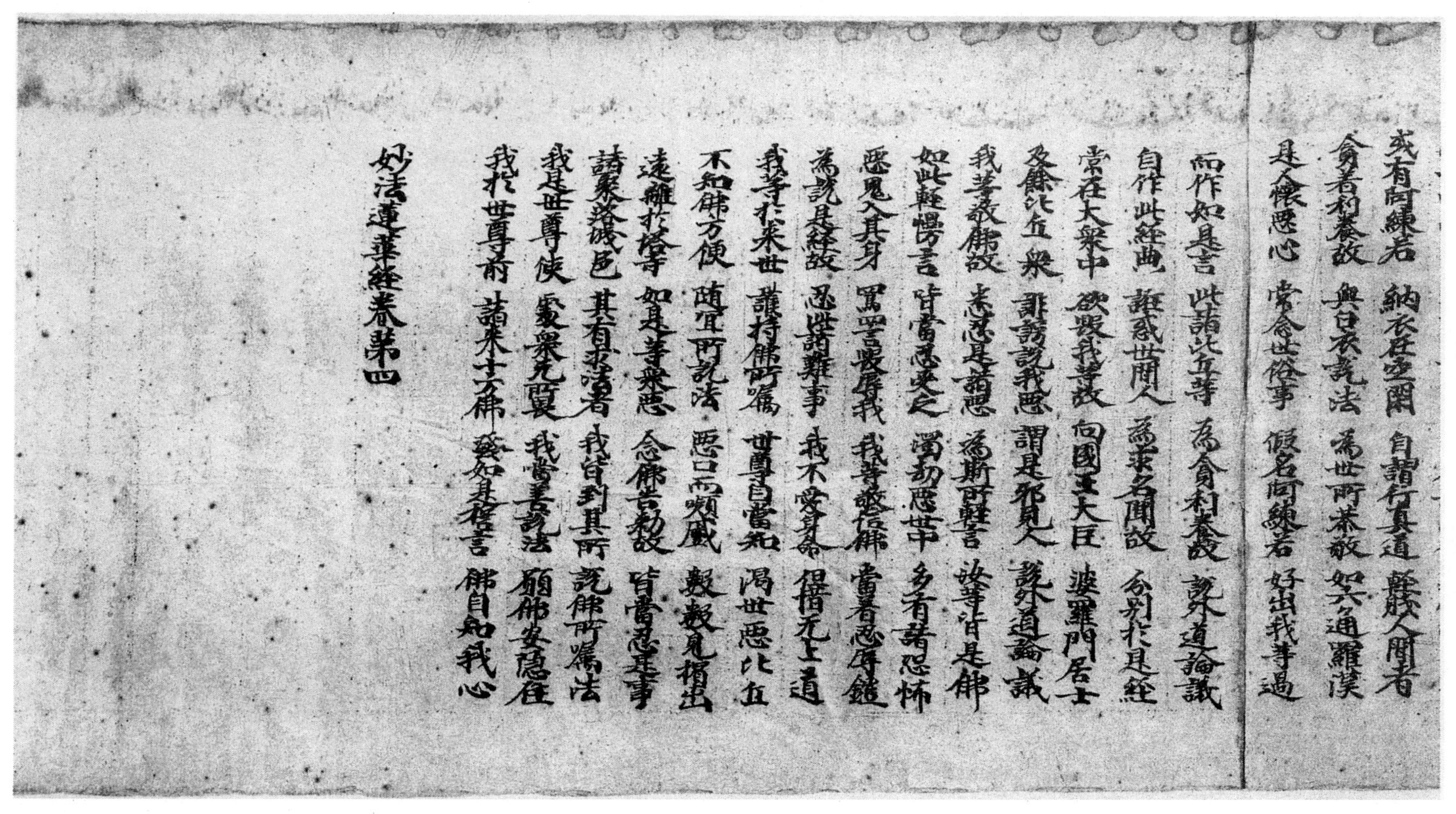

或有阿練若　納衣在空閑　自謂行真道　輕賤人間者
貪著利養故　與白衣說法　為世所恭敬　如六通羅漢
是人懷惡心　常念世俗事　假名阿練若　好出我等過
而作如是言　此諸比丘等　為貪利養故　說外道論議
自作此經典　誑惑世間人　為求名聞故　分別於是經
常在大衆中　欲毀我等故　向國王大臣　婆羅門居士
及餘比丘衆　誹謗說我惡　謂是邪見人　說外道論議
我等敬佛故　悉忍是諸惡　為斯所輕言　汝等皆是佛
如此輕慢言　皆當忍受之　濁劫惡世中　多有諸恐怖
惡鬼入其身　罵詈毀辱我　我等敬信佛　當著忍辱鎧
為說是經故　忍此諸難事　我不愛身命　但惜無上道
我等於來世　護持佛所囑　世尊自當知　濁世惡比丘
不知佛方便　隨宜所說法　惡口而顰蹙　數數見擯出
遠離於塔寺　如是等衆惡　念佛告勅故　皆當忍是事
諸聚落城邑　其有求法者　我皆到其所　說佛所囑法
我是世尊使　處衆無所畏　我當善說法　願佛安隱住
我於世尊前　諸來十方佛　發如是誓言　佛自知我心

妙法蓮華經卷第四

BD15006號　妙法蓮華經卷四　（5–4）

我等於來世　護持佛所囑　世尊自當知　濁世惡比丘
不知佛方便　隨宜所說法　惡口而顰蹙　數數見擯出
遠離於塔寺　如是等衆惡　念佛告勅故　皆當忍是事
諸聚落城邑　其有求法者　我皆到其所　說佛所囑法
我是世尊使　處衆無所畏　我當善說法　願佛安隱住
我於世尊前　諸來十方佛　發如是誓言　佛自知我心

妙法蓮華經卷第四

天寶元年八月沙州佛弟子索元供養

BD15006號　妙法蓮華經卷四　（5–5）

BD15006 號背　勘記、印章　　（2–1）

BD15006 號背　勘記、印章　　（2–2）

妙法蓮華經見寶塔品第十一
尒時佛前有七寶塔高五百由旬縱廣二百
五十由旬從地踊出住在空中種種寶物而
莊校之五千欄楯龕室千万无數幢幡以為
嚴飾垂寶瓔珞寶鈴万億而懸其上四面皆
出多摩羅跋栴檀之香充遍世界其諸幡蓋
以金銀瑠璃車𤦲馬瑙真珠玫瑰七寶合成
高至四天王宮三十三天雨天曼陁羅華供
養寶塔餘諸天龍夜叉乾闥婆阿脩羅迦樓
羅緊那羅摩睺羅伽人非人等千万億衆以
一切華香瓔珞幡蓋伎樂供養寶塔恭敬尊
重讚歎尒時寶塔中出大音聲歎言善哉善
哉釋迦牟尼世尊能以平等大慧教菩薩法
佛所護念妙法華經為大衆說如是如是釋
迦牟尼世尊如所說者皆是真實尒時四衆
見大寶塔住在空中又聞塔中所出音聲皆

BD15007 號　妙法蓮華經卷四　（5-1）

重讚歎尒時寶塔中出大音聲歎言善哉善
哉釋迦牟尼世尊能以平等大慧教菩薩法
佛所護念妙法華經為大衆說如是如是釋
迦牟尼世尊如所說者皆是真實尒時四衆
見大寶塔住在空中又聞塔中所出音聲皆
得法喜怪未曾有從座而起恭敬合掌却住
一面尒時有菩薩摩訶薩名大樂說知一切
世間天人阿脩羅等心之所疑而白佛言世
尊以何因緣有此寶塔從地踊出又於其中
發是音聲尒時佛告大樂說菩薩此寶塔中
有如來全身乃往過去東方无量千万億阿
僧祇世界國名寶淨彼中有佛号曰多寶其
佛行菩薩道時作大誓願若我成佛滅度之
後於十方國土有說法華經處我之塔廟為
聽是經故踊現其前為作證明讚言善哉彼
佛成道已臨滅度時於天人大衆中告諸比
丘我滅度後欲供養我全身者應起一大塔
其佛以神通願力十方世界在在處處若有說
法華經者彼之寶塔皆踊出其前全身在於
塔中讚言善哉善哉大樂說今多寶如來塔
聞說法華經故從地踊出讚言善哉善哉是
時大樂說菩薩以如來神力故白佛言世尊
我等願欲見此佛身佛告大樂說菩薩摩訶
薩是多寶佛有深重願若我寶塔為聽法華
經故出於諸佛前時其有欲以我身示四衆

BD15007 號　妙法蓮華經卷四　（5-2）

時大樂說菩薩以如來神力故白佛言世尊
我等願欲見此佛身佛告大樂說菩薩摩訶
薩是多寶佛有深重願若我寶塔為聽法華
經故出於諸佛前時其有欲以我身示四衆
者彼佛分身諸佛在於十方世界說法盡還
集一處然後我身乃出現耳大樂說我分身
諸佛在於十方世界說法者今應當集大樂
說白佛言世尊我等亦願欲見世尊分身諸
佛禮拜供養尒時佛放白毫一光即見東方
五百万億那由他恒河沙等國土諸佛彼諸
國土皆以頗梨為地寶樹寶衣以為莊嚴无
數千万億菩薩充滿其中遍張寶幔寶網羅
上彼國諸佛以大妙音而說諸法及見无量
千万億菩薩遍滿諸國為衆說法南西北方四
維上下白毫相光所照之處亦復如是尒時
十方諸佛各告衆菩薩言善男子我今應往
娑婆世界釋迦牟尼佛所并供養多寶如來
寶塔時娑婆世界即變清淨琉璃為地寶樹
莊嚴黃金為繩以界八道无諸聚落村營城
邑大海江河山川林藪燒大寶香曼陀羅華
遍布其地以寶網幔羅覆其上懸諸寶鈴唯
留此會衆移諸天人置於他土是時諸佛各
將一大菩薩以為侍者至娑婆世界各到寶
樹下一一寶樹高五百由旬枝葉華果次第
莊嚴諸寶樹下皆有師子之座高五由旬亦
以大寶而交飾之尒時諸佛各於此座結跏

BD15007號　妙法蓮華經卷四　（5–3）

將一大菩薩以為侍者至娑婆世界各到寶
樹下一一寶樹高五百由旬枝葉華果次第
莊嚴諸寶樹下皆有師子之座高五由旬亦
以大寶而校飾之尒時諸佛各於此座結跏
趺坐如是展轉遍滿三千大千世界而於釋
迦牟尼佛一方所分之身猶故未盡時釋迦
牟尼佛欲容受所分身諸佛故八方各更變
二百万億那由他國皆令清淨无有地獄餓
鬼畜生及阿脩羅又移諸天人置於他土所
化之國亦以琉璃為地寶樹莊嚴樹高五百
由旬枝葉華果次第嚴飾樹下皆有寶師子
座高五由旬種種諸寶以為莊校亦无大海
江河及目真隣陁山摩訶目真隣陁山鐵圍
山大鐵圍山須弥山等諸山王通為一佛國
土寶地平正寶交露幔遍覆其上懸諸幡蓋
燒大寶香諸天寶華遍布其地釋迦牟尼佛
為諸佛當來坐故復於八方各變二百万億
那由他國皆令清淨无有地獄餓鬼畜生及
阿脩羅又移諸天人置於他土所化之國亦
以琉璃為地寶樹莊嚴樹高五百由旬枝葉
華果次第莊嚴樹下皆有寶師子座高五由
旬亦以大寶而校飾之亦无大海江河及目
真隣陁山摩訶目真隣陁山鐵圍山大鐵圍
山須弥山等諸山王通為一佛國土寶地平
正寶交露幔遍覆其上懸諸幡蓋燒大寶香

BD15007號　妙法蓮華經卷四　（5–4）

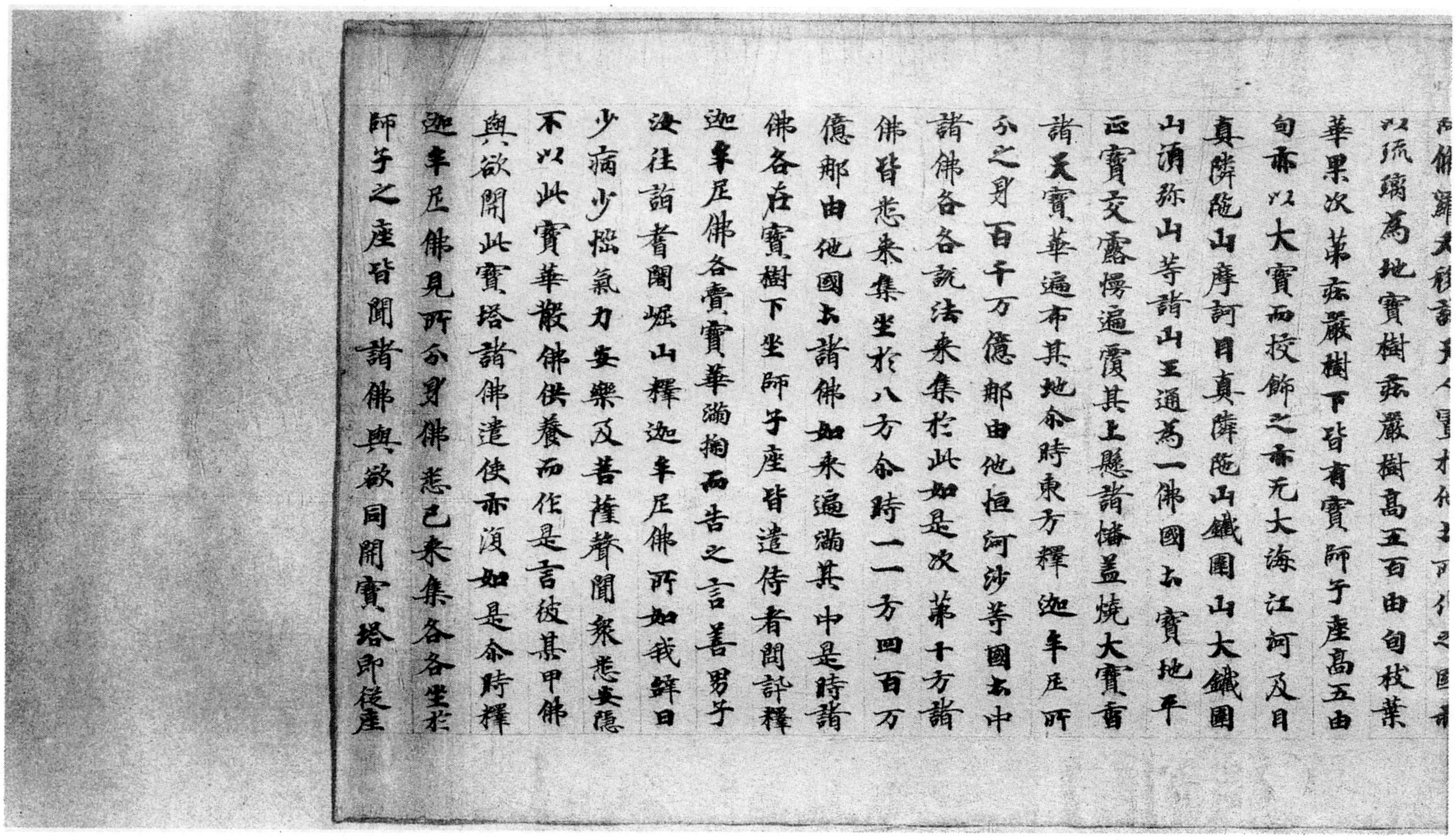

以琉璃為地寶樹莊嚴樹高五百由旬枝葉
華菓次第莊嚴樹下皆有寶師子座高五由
旬亦以大寶而校飾之亦无大海江河及目
真隣陁山摩訶目真隣陁山鐵圍山大鐵圍
山須弥山等諸山王通為一佛國土寶地平
正寶交露幔遍覆其上懸諸幡蓋燒大寶香
諸天寶華遍布其地尒時東方釋迦牟尼所
分之身百千万億那由他恒河沙等國土中
諸佛各各說法来集於此如是次第十方諸
佛皆悉来集坐於八方尒時一一方四百万
億那由他國土諸佛如来遍滿其中是時諸
佛各在寶樹下坐師子座皆遣侍者問訊釋
迦牟尼佛各齎寶華滿掬而告之言善男子
汝往詣耆闍崛山釋迦牟尼佛所如我辭曰
少病少惱氣力安樂及菩薩聲聞衆悉安隱
不以此寶華散佛供養而作是言彼某甲佛
與欲開此寶塔諸佛遣使亦復如是尒時釋
迦牟尼佛見所分身佛悉已来集各各坐於
師子之座皆聞諸佛與欲同開寶塔即從座

BD15007 號　妙法蓮華經卷四　（5–5）

BD15007 號背　印章　（1–1）

南无成就種不可思議佛　南无成就般若不可思議佛
南无行成就得名佛　南无成就陁羅尼清淨得名佛
南无陁羅尼色清淨得名佛　南无陁羅尼施清淨得名佛
南无虛空无我自在得名佛　南无眼陁羅尼自在佛
南无耳陁羅尼自在佛　南无鼻陁羅尼自在佛
南无舌陁羅尼自在佛　南无身陁羅尼自在佛
南无意陁羅尼自在佛　南无色陁羅尼自在佛
南无聲陁羅尼自在佛　南无香陁羅尼自在佛
南无味陁羅尼自在佛　南无觸陁羅尼自在佛
南无法陁羅尼自在佛　南无地陁羅尼自在佛
南无水陁羅尼自在佛　南无火陁羅尼自在佛
南无風陁羅尼自在佛　南无苦自在佛
南无集自在佛　南无滅自在佛
南无道自在佛　南无陰自在佛
南无界自在佛　南无入自在佛
南无三世自在佛　南无陁羅尼華自在佛

BD15008號　佛名經（十六卷本）卷一六　　（11–1）

南无風陁羅尼自在佛　南无苦自在佛
南无集自在佛　南无滅自在佛
南无道自在佛　南无陰自在佛
南无界自在佛　南无入自在佛
南无三世自在佛　南无陁羅尼華自在佛
南无吉光明佛　南无香燈衣自在光明佛
南无法幢佛　南无師子聲佛
南无照藏佛　南无法明敷身佛
南无一切通光佛　南无月智佛
南无妙勝佛　南无賢勝佛
南无普滿佛　南无普賢佛
南无那羅延王佛　南无成就一切義佛
南无住持威德佛　南无畏觀佛
從此以上一万二千九百佛十二部經一切賢聖
南无如是等現在過去未來无量无邊佛
南无十千同名滿佛　南无三万同名能聖佛
南无二千同名拘隣佛　南无十八億同名寶體法威佛
南无十八億同名日月燈佛　南无一千五百同名大威德佛
南无一万五千同名歡喜佛　南无八万四千同名龍王佛
南无一万五千同名日佛　南无一万八千同名娑羅王佛
南无一万八千同名因陁羅幢王佛　南无八千同名善光佛
南无八百同名寂滅佛　南无三十六億十一佛
九千五百同名佛此諸名百千万劫不可聞如
優曇鉢華若人受持讀誦此諸佛名畢竟
遠離諸煩惱
舍利弗[illegible]

BD15008號　佛名經（十六卷本）卷一六　　（11–2）

南无八百同名[illegible]佛　南无三千五[illegible]佛
九千五百同名佛此諸名百千万劫不可聞如
優曇鉢華若人受持讀誦此諸佛名畢竟
遠離諸煩惱
舍利弗應當敬礼波頭摩勝如来佛
南无噼王佛　南　无　佛
南无天光佛　南无德山佛
南无勝上佛　南无娑羅王佛
南无淨王佛　南无大慧梁佛
南无須弥佛　南无大智慧須慧佛
南无寶住佛　南无寶藏佛
南无破金剛佛　南无賢智不動佛
南无香善佛　南无甘露命佛
南无難勝佛　南无月光佛
南无日照佛　南无智雞兜佛
南无大師子佛　南无弥留山佛
南无香光佛　南无德山佛
南无大光佛　南无阿摩羅藏佛
南无寶園佛　南无金剛藏佛
南无優波羅藏佛　南无大日佛
南无橋樑載佛　南无月勝佛
南无樂堅固佛　南无不可思議法身佛
南无勝藏佛　南无不空王佛
南无金剛无㝵智佛　南无寶炎佛
南无賒施燈佛　南无降伏一切怨佛
南无自在佛　南无大智真聲佛

南无勝藏佛　南无不空王佛
南无金剛无㝵智佛　南无寶炎佛
南无賒施燈佛　南无降伏一切怨佛
南无自在佛　南无大智真聲佛
南无般若香爲佛
舍利弗若善男子善女人聞此諸佛名受持
讀誦不生疑者是人八千億劫不入地獄不
入畜生不入鬼道不生邊地不生貧窮家
不生下賤家常生天人豪貴之家常得歡
喜適樂无㝵常得一切世間尊重供養乃
至得大涅槃
舍利弗汝等應當敬礼不可嫌身佛
南无稱聲佛　南无稱威德佛
南无稱名佛　南无華陁佛
南无聲炎佛　南无聲分勇猛佛
南无智勝佛　南无智善智佛
南无梵勝佛　南无淨婆藪佛
南无淨佛　南无淨天佛
南无淨聲佛　南无梵自在佛
南无威德佛　南无毗摩勝佛
南无毗摩意佛　南无毗摩面佛
南无毗摩聲佛　南无无邊聲佛
南无寶見佛　南无善明月佛
南无滌聲佛　南无放聲佛
南无驚怖魔勝佛　南无淨眼佛

南无[illegible]摩[illegible]佛　南无[illegible]摩面佛
南无毗摩聲佛　南无无邊聲佛
南无寶見佛　南无善明月佛
南无涂聲佛　南无放聲佛
南无鷲怖魔勝佛　南无淨眼佛
南无无邊眼佛　南无普眼佛
南无勝眼佛　南无不可行佛
南无稱勝佛　南无善稱心佛
南无善稱根佛　南无善稱意佛
南无善稱德佛　南无善住佛
南无衆自在王佛　南无大自在佛
南无衆解脫佛　南无法幢佛
從此以上一万三千佛十二部經一切賢聖
南无法山佛　南无法勝佛
南无法體佛　南无法力佛
南无法勇猛佛　南无法决定佛
南无第二劫八十億同名法體决定佛
舍利弗若善男子善女人受持是佛名畢
竟不入地獄速得三昧
舍利弗過是佛名无量无邊阿僧祇劫有
佛名人自在聲決當歸命彼人自在聲佛壽
命七十千万劫住世初會三億聲聞衆集八
十那由他千万菩薩衆集皆得諸神通具
四无㝵通達一切空到彼岸我若无量劫住
世說彼佛大會國土莊嚴如大海水中一滴之分
次礼十二部尊經大藏法輪

[illegible]
十那由他千万菩薩衆集皆得諸神通具
四无㝵通達一切空到彼岸我若无量劫住
世說彼佛大會國土莊嚴如大海水中一滴之分
次礼十二部尊經大藏法輪
南无文殊師利五體悔過經　南无閑居經
南无大愛道受戒經　南无文陁竭經
南无分和檀王經　南无度世經
南无解无常經　南无大善權經
南无真要經　南无八念經
南无大本藏經　南无照明三昧經
南无八正道經　南无大六向拜經
南无胡般泥洹經　南无諸神呪經
南无大愛道泥洹經　南无本相猗致經
南无六淨經　南无十思惟經
南无流攝經　南无六十二見經
次礼十方諸大菩薩
南无淨世界陁羅尼自在王菩薩　南无善見世界堅固莊嚴菩薩
南无淨光世界功德山王菩薩　南无淨世界法慧菩薩
南无淨光世界山王菩薩　南无淨光世界師子吼菩薩
南无淨光世界弥勒菩薩　南无淨光世界功德聚菩薩
南无妙成世界智積菩薩　南无寂靜世界進淨菩薩
南无喜信淨菩薩　現在西北方菩薩名
南无旃檀香世界普明菩薩　南无旃檀香世界大光菩薩
南无金剛世界法首菩薩　南无思惟世界善首菩薩
南无離闇實世界光曜肉菩薩　南无日慧世界福德王菩薩

南无喜信淨菩薩　現在西北方菩薩名
南无旃檀香世界普明菩薩　南无旃檀香世界大勇菩薩
南无金剛世界諸首菩薩　南无思惟世界善首菩薩
南无離闇冥世界光曜內菩薩　南无日景世界稱德王菩薩
南无星宿世界然燈菩薩　南无檀香世界海慧菩薩
南无入意世界无量華照藏嚴菩薩
南无金色世界文殊師利菩薩　南无樂色世界覺首菩薩
南无華色世界財首菩薩　南无瞻蔔華色世界寶首菩薩
次礼聲聞緣覺一切賢聖
南无備行不着辟支佛　南无難捨辟支佛
南无寶辟支佛　南无不可比辟支佛
南无歡喜辟支佛　南无喜辟支佛
南无隨喜辟支佛　南无十二婆羅墮辟支佛
南无十同名婆羅辟支佛　南无火身辟支佛
南无同菩提辟支佛　南无摩訶男辟支佛
南无心上辟支佛　南无嚴淨辟支佛
南无善快辟支佛　南无園陁辟支佛
南无吉沙辟支佛　南无優波吉辟支佛
南无斷有辟支佛、南无優波支羅辟支佛
礼三寶已次復懺悔
次懺劫盜之業經中說言若物屬他他所守
護於此物中一葉一草不與不取何況盜竊
但自衆生唯見現在利故以種種非道而取
致使未來受此殃累是故經言劫盜之罪
令衆生墮於地獄餓鬼受苦若在畜生則受

BD15008號　佛名經（十六卷本）卷一六　（11-7）

護於此物中一葉一草不與不取何況盜竊
但自衆生唯見現在利故以種種非道而取
致使未來受此殃累是故經言劫盜之罪
令衆生墮於地獄餓鬼受苦若在畜生則受
牛馬騾驢駱駝等形以其所有身力血肉償
他宿債若生人中為他奴婢衣不蔽形食不
充命貧寒困苦人理殆盡劫盜既有如是苦
報是故弟子今日至到稽首歸依於佛
南无東方壞諸煩惱佛　南无南方妙音自在佛
南无西方大雲光佛　南无北方雲自在佛
南无東南方无緣藏佛　南无西南方過諸魔界佛
南无西北方見无怖懼佛　南无東北方一切德嚴佛
南无下方妙善住王佛　南无上方蓮華藏光佛
如是十方盡虛空界一切三寶至心歸命常住三寶
弟子自從无始以來至於今日或盜他財寶
興刃強奪或自怙恃逼迫而取或因公廢或假
勢力高桁大械枉押良善吞納奸貨考直為曲
為此因緣身羅憲綱或任耶詒或領他財物侵
公益私侵私益公損彼利此損此利彼割他
自饒口與心悋或竊沒租估偷度關稅匿公課
輸藏隱使役如是等罪今悉懺悔至心歸命
常住三寶
或是佛法僧物不與而取或經像物或治營
塔寺物或供養常住僧物或擬招提僧物
或盜取悮用恃勢不還或自借或貸人或
復換貸漏忘或三寶財物混亂雜用或以

BD15008號　佛名經（十六卷本）卷一六　（11-8）

常住三寶
或是佛法僧物不與而取或經像物或治營
塔寺物或供養常住僧物或擬招提僧物
或盜取悮用恃勢不還或自借或貸人或
復揆貸漏忘或三寶財物淉亂雜用或以
衆物穀米蕉薪塩豉醬酢菜茹菓賣錢
帛竹木繒綵幡蓋香花油燭隨情逐意或
自用或與人或擿佛華菓用僧鬘物因三
寶財私自利已如是等罪无量无邊今日
慚愧皆悉懺悔至心歸命常住三寶
又復无始以來至于今日或作周遊朋友師
僧同學父母兄弟六親眷屬共住同止百
一所須更相欺罔或於鄉隣比近親難
拓墙侵他田宅改標易相虜略田園因公託
私奪人屋店及以毛野如是等罪今悉懺
悔至心歸命常住三寶
又復无始以來或攻城破邑燒村壞柵偷賣
良民誘他奴婢或復枉壓无罪之人使其形
嬰血刃身被徒鏁家業破散骨肉生離分
張異域生死隔絕如是等罪无量无邊今悉
至心皆盡懺悔至心歸命常住三寶
又復无始以來至於今日或商侶博貨邸店
市易輕稱小斗減割尺寸盜竊分銖欺罔圭
合以麤易好以短換長巧欺百端希望豪利
如是等罪今悉懺悔至心歸命常住三寶
又復无始以來至於今日穿踰牆壁斷道抄

市易輕稱小斗減割尺寸盜竊分銖欺罔圭
合以麤易好以短換長巧欺百端希望豪利
如是等罪今悉懺悔至心歸命常住三寶
又復无始以來至於今日穿踰牆壁斷道抄
掠抵捍債息負情違要面欺心口或非道陵
奪鬼神禽獸四生之物或假託卜相取人財
寶如是乃至以利求利惡求多求无猒无足
如是等罪无量无邊不可說盡今日向十方
佛尊法聖衆皆悉懺悔至心歸命常住三寶
願弟子等承是懺悔劫盜等罪所生功德生
生世世得如意寶常雨七珍上妙衣服百味
甘露種種湯藥隨意所須應念即至一切衆
生无偷奪想一切皆能少欲知足不貪不染常
樂惠施行急濟道頭目髓腦捨身如棄涕唾
迴向滿足檀波羅蜜至心歸命常住三寶
佛說罪業報應教化地獄經
復有衆生其形短小陰藏甚大挽之身皮背
復進引行步坐卧以之為妨何罪所致佛言
以前世時於市販賣自譽已物毀辱他財躑
斗排斗蹋稱前後故獲斯罪
復有衆生其形甚醜身里如漆兩目復青
高類俱埠面平鼻兩眼黃赤牙齒踈缺口
氣腥臭痤短跛腫大腹遠寬脚復了戾腰
脊佝勒費衣健食惡瘡膿血水腫干消疥
瘌癰疽種種諸惡集在其身雖親附人人不

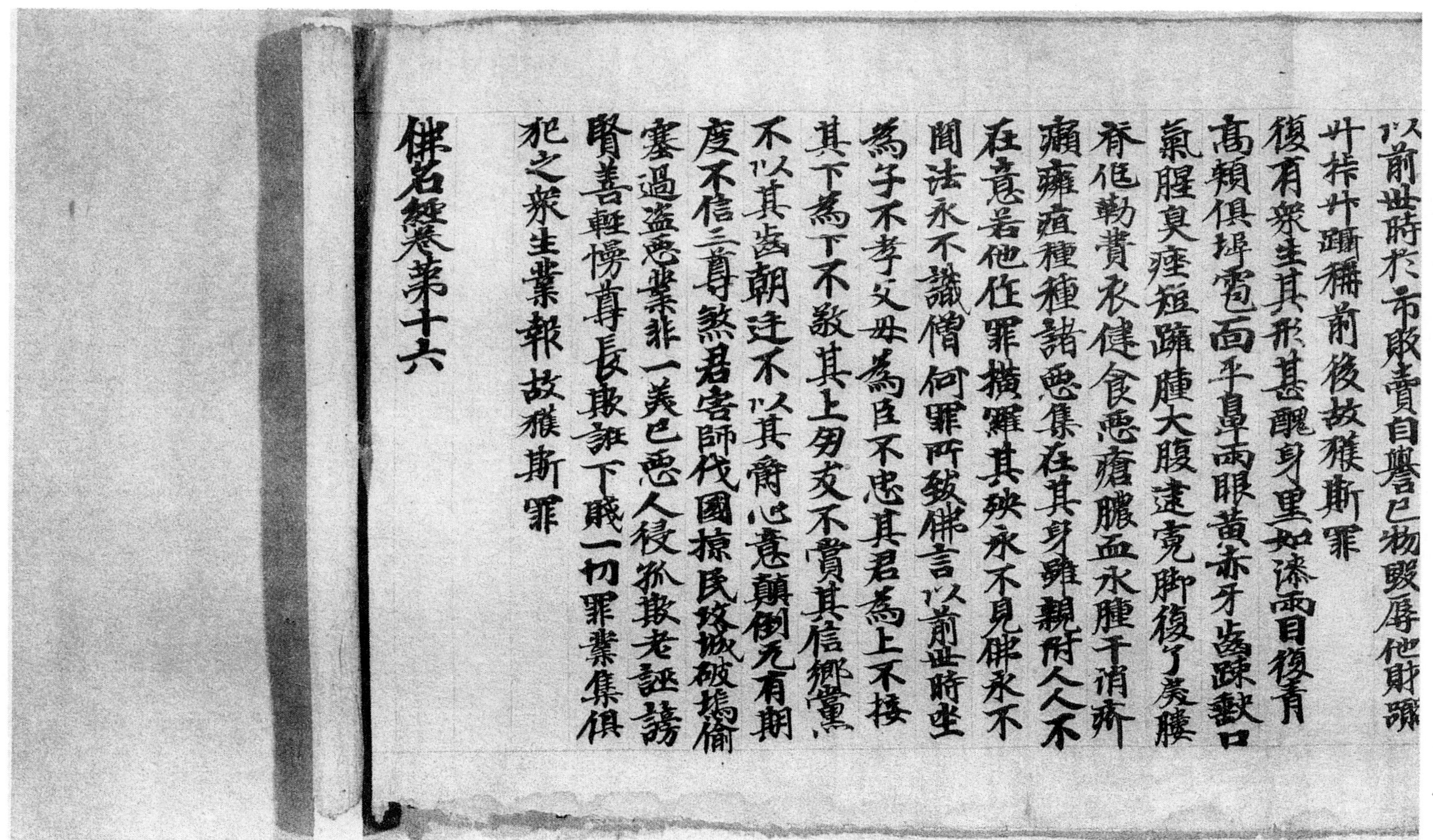
以前世時於市販賣自譽己物毀辱他財踊
升秤升踊稱前後故獲斯罪
復有衆生其形甚醜身黑如漆兩目復青
高頰俱埠匾面平鼻兩眼黃赤牙齒踈缺口
氣腥臭矬短臃腫大腹逮髖腳復了戾腰
脊傴勒費衣健食惡瘡膿血水腫干消疥
癩癰疽種種諸惡集在其身雖親附人人不
在意若他作罪橫羅其殃永不見佛永不
聞法永不識僧何罪所致佛言以前世時坐
為子不孝父母為臣不忠其君為上不接
其下為下不敬其上朋友不實其信鄉黨
不以其齒朝廷不以其爵心意顛倒无有期
度不信三尊煞君害師伐國掠民攻城破塢偷
寨過盜惡業非一美己惡人侵孤欺老誣謗
賢善輕慢尊長欺誑下賤一切罪業集俱
犯之衆生業報故獲斯罪
佛名經卷第十六

BD15008號　佛名經（十六卷本）卷一六　（11–11）

BD15008號背　印章　（1–1）

无為空畢竟空无際空散空无變異本性
空自相空共相空一切法空不可得空无性
空自性空无性自性空清淨外空乃至无
自性空清淨故淨戒波羅蜜多清淨何以
若一切智智清淨若外空乃至無性自性空
清淨若淨戒波羅蜜多清淨無二無二分無別
無斷故善現一切智智清淨故真如清淨真
如清淨故淨戒波羅蜜多清淨何以故若
一切智智清淨若真如清淨若淨戒波羅蜜
多清淨無二無二分無別無斷故一切智智
清淨故法界法性不虛妄性不變異性平等
性離生性法定法住實際虛空界不思議界
清淨法界乃至不思議界清淨故淨戒波羅
蜜多清淨何以故若一切智智清淨若法界
乃至不思議界清淨若淨戒波羅蜜多清淨
無二無二分無別無斷故善現一切智智清
淨故苦聖諦清淨苦聖諦清淨故淨戒波羅

BD15009號　大般若波羅蜜多經卷二四七　（17–1）

蜜多清淨何以故若一切智智清淨若法界
乃至不思議界清淨若淨戒波羅蜜多清淨
無二無二分無別無斷故善現一切智智清
淨故苦聖諦清淨苦聖諦清淨故淨戒波羅
蜜多清淨何以故若一切智智清淨若苦聖
諦清淨若淨戒波羅蜜多清淨無二無二分
無別無斷故一切智智清淨故集滅道聖諦
清淨集滅道聖諦清淨故淨戒波羅蜜多清
淨何以故若一切智智清淨若集滅道聖諦
清淨若淨戒波羅蜜多清淨無二無二分無
別無斷故善現一切智智清淨故四靜慮清
淨四靜慮清淨故淨戒波羅蜜多清淨何以
故若一切智智清淨若四靜慮清淨若淨戒
波羅蜜多清淨無二無二分無別無斷故一
切智智清淨故四无量四无色定清淨四无
量四无色定清淨故淨戒波羅蜜多清淨何
以故若一切智智清淨若四無量四无色定
清淨若淨戒波羅蜜多清淨無二無二分無
別無斷故善現一切智智清淨故八解脫清
淨八解脫清淨故淨戒波羅蜜多清淨何以
故若一切智智清淨若八解脫清淨若淨戒
波羅蜜多清淨無二無二分無別無斷故一
切智智清淨故八勝處九次第定十遍處清
淨八勝處九次第定十遍處清淨故淨戒波
羅蜜多清淨何以故若一切智智清淨若八
勝處九次第定十遍處清淨若淨戒波羅蜜

BD15009號　大般若波羅蜜多經卷二四七　（17–2）

波羅蜜多清淨無二無二分無別無斷故一
切智智清淨故八勝處九次第定十遍處清
淨八勝處九次第定十遍處清淨故淨戒波
羅蜜多清淨何以故若一切智智清淨若八
勝處九次第定十遍處清淨若淨戒波羅蜜
多清淨無二無二分無別無斷故善現一切
智智清淨故四念住清淨四念住清淨故淨戒
波羅蜜多清淨何以故若一切智智清淨
若四念住清淨若淨戒波羅蜜多清淨無二無
二分無別無斷故一切智智清淨故四正斷
四神足五根五力七等覺支八聖道支清淨
四正斷乃至八聖道支清淨故淨戒波羅蜜
多清淨何以故若一切智智清淨若四正
斷乃至八聖道支清淨若淨戒波羅蜜多清
淨無二無二分無別無斷故
善現一切智智清淨故空解脫門清淨空解
脫門清淨故淨戒波羅蜜多清淨何以故若
一切智智清淨若空解脫門清淨若淨戒波
羅蜜多清淨無二無二分無別無斷故一切
智智清淨故無相無願解脫門清淨無相無
願解脫門清淨故淨戒波羅蜜多清淨何以
故若一切智智清淨若無相無願解脫門清
淨若淨戒波羅蜜多清淨無二無二分無別
無斷故善現一切智智清淨故菩薩十地清
淨菩薩十地清淨故淨戒波羅蜜多清淨何
以故若一切智智清淨若菩薩十地清淨若
淨戒波羅蜜多清淨無二無二分無別無斷

BD15009號　大般若波羅蜜多經卷二四七　（17–3）

故若一切智智清淨若無相無願解脫門清
淨若淨戒波羅蜜多清淨無二無二分無別
無斷故善現一切智智清淨故菩薩十地清
淨菩薩十地清淨故淨戒波羅蜜多清淨何
以故若一切智智清淨若菩薩十地清淨若
淨戒波羅蜜多清淨無二無二分無別無斷
故
善現一切智智清淨故五眼清淨五眼清淨
故淨戒波羅蜜多清淨何以故若一切智智
清淨若五眼清淨若淨戒波羅蜜多清淨無
二無二分無別无斷故一切智智清淨故六神
通清淨六神通清淨故淨戒波羅蜜多清
淨何以故若一切智智清淨若六神通清淨
若淨戒波羅蜜多清淨無二無二分無別無
斷故善現一切智智清淨故佛十力清淨佛
十力清淨故淨戒波羅蜜多清淨何以故若
一切智智清淨若佛十力清淨若淨戒波羅
蜜多清淨無二無二分無別無斷故一切智
智清淨故四無所畏四無礙解大慈大悲大
喜大捨十八佛不共法清淨四無所畏乃至
十八佛不共法清淨故淨戒波羅蜜多清淨
何以故若一切智智清淨若四無所畏乃至
十八佛不共法清淨若淨戒波羅蜜多清淨
無二無二分無別無斷故善現一切智智清
淨故無忘失法清淨無忘失法清淨故淨戒
波羅蜜多清淨何以故若一切智智清淨若
無忘失法清淨若淨戒波羅蜜多清淨無二

BD15009號　大般若波羅蜜多經卷二四七　（17–4）

何以故若一切智智清淨若四無所畏乃至
十八佛不共法清淨若淨戒波羅蜜多清淨
無二無二分無別無斷故善現一切智智清
淨故無忘失法清淨無忘失法清淨故淨戒
波羅蜜多清淨何以故若一切智智清淨若
無忘失法清淨若淨戒波羅蜜多清淨無二
無二分無別無斷故一切智智清淨故恒住
捨性清淨恒住捨性清淨故淨戒波羅蜜多
清淨何以故若一切智智清淨若恒住捨性
清淨若淨戒波羅蜜多清淨無二無二分無
別無斷故善現一切智智清淨故一切智清
淨一切智清淨故淨戒波羅蜜多清淨何以
故若一切智智清淨若一切智清淨若淨戒
波羅蜜多清淨無二無二分無別無斷故一
切智智清淨故道相智一切相智清淨道相
智一切相智清淨故淨戒波羅蜜多清淨何
以故若一切智智清淨若道相智一切相智
清淨若淨戒波羅蜜多清淨無二無二分無
別無斷故善現一切智智清淨故一切陁羅尼
門清淨一切陁羅尼門清淨故淨戒波羅蜜
多清淨何以故若一切智智清淨若一切
陁羅尼門清淨若淨戒波羅蜜多清淨無二
無二分無別無斷故一切智智清淨故一切三
摩地門清淨一切三摩地門清淨故淨戒波
羅蜜多清淨何以故若一切智智清淨若
一切三摩地門清淨若淨戒波羅蜜多清淨
無二無二分無別無斷故

BD15009 號　大般若波羅蜜多經卷二四七　（17–5）

摩地門清淨一切三摩地門清淨故淨戒波
羅蜜多清淨何以故若一切智智清淨若
一切三摩地門清淨若淨戒波羅蜜多清淨
無二無二分無別無斷故
善現一切智智清淨故預流果清淨預流果
清淨故淨戒波羅蜜多清淨何以故若一切
智智清淨若預流果清淨若淨戒波羅蜜多
清淨無二無二分無別無斷故一切智智清
淨故一來不還阿羅漢果清淨一來不還阿
羅漢果清淨故淨戒波羅蜜多清淨何以故
若一切智智清淨若一來不還阿羅漢果清
淨若淨戒波羅蜜多清淨無二無二分無別
無斷故善現一切智智清淨故獨覺菩提清
淨獨覺菩提清淨故淨戒波羅蜜多清淨何
以故若一切智智清淨若獨覺菩提清淨若
淨戒波羅蜜多清淨無二無二分無別無斷
故善現一切智智清淨故一切菩薩摩訶薩
行清淨一切菩薩摩訶薩行清淨故淨戒波
羅蜜多清淨何以故若一切智智清淨若一
切菩薩摩訶薩行清淨若淨戒波羅蜜多清
淨無二無二分無別無斷故善現一切智智
清淨故諸佛無上正等菩提清淨諸佛無上
正等菩提清淨故淨戒波羅蜜多清淨何以
故若一切智智清淨若諸佛無上正等菩提
清淨若淨戒波羅蜜多清淨無二無二分無
別無斷故
復次善現一切智智清淨故色清淨色清淨

BD15009 號　大般若波羅蜜多經卷二四七　（17–6）

正等菩提清淨故淨戒波羅蜜多清淨何以
故若一切智智清淨若諸佛無上正等菩提
清淨若淨戒波羅蜜多清淨無二無二分無
別無斷故
復次善現一切智智清淨故色清淨色清淨
故布施波羅蜜多清淨何以故若一切智智
清淨若色清淨若布施波羅蜜多清淨無二
無二分無別無斷故一切智智清淨故受想
行識清淨受想行識清淨故布施波羅蜜多
清淨何以故若一切智智清淨若受想行識
清淨若布施波羅蜜多清淨無二無二分無
別無斷故善現一切智智清淨故眼處清淨
眼處清淨故布施波羅蜜多清淨何以故若
一切智智清淨若眼處清淨若布施波羅蜜
多清淨無二無二分無別無斷故一切智智
清淨故耳鼻舌身意處清淨耳鼻舌身意
處清淨故布施波羅蜜多清淨何以故若一切
智智清淨若耳鼻舌身意處清淨若布施波
羅蜜多清淨無二無二分無別無斷故善現
一切智智清淨故色處清淨色處清淨故布
施波羅蜜多清淨何以故若一切智智清淨
若色處清淨若布施波羅蜜多清淨無二無
二分無別無斷故一切智智清淨故聲香味
觸法處清淨聲香味觸法處清淨故布施波
羅蜜多清淨何以故若一切智智清淨若聲
香味觸法處清淨若布施波羅蜜多清淨
無二無二分無別無斷故善現一切智智清淨

BD15009號　大般若波羅蜜多經卷二四七　（17–7）

無斷故一切智智清淨故聲香
觸法處清淨聲香味觸法處清淨故布施波
羅蜜多清淨何以故若一切智智清淨若聲
香味觸法處清淨若布施波羅蜜多清淨
無二無二分無別無斷故善現一切智智清淨
故眼界清淨眼界清淨故布施波羅蜜多清
淨何以故若一切智智清淨若眼界清淨若
布施波羅蜜多清淨無二無二分無別無斷
故一切智智清淨故色界眼識界及眼觸眼觸
為緣所生諸受清淨色界乃至眼觸為緣所
生諸受清淨故布施波羅蜜多清淨何以
故若一切智智清淨若色界乃至眼觸為緣
所生諸受清淨若布施波羅蜜多清淨無二
無二分無別無斷故善現一切智智清淨故
耳界清淨耳界清淨故布施波羅蜜多清淨
何以故若一切智智清淨若耳界清淨若布
施波羅蜜多清淨無二無二分無別無斷故
一切智智清淨故聲界耳識界及耳觸耳觸
為緣所生諸受清淨聲界乃至耳觸為緣所
生諸受清淨故布施波羅蜜多清淨何以故
若一切智智清淨若聲界乃至耳觸為緣所
生諸受清淨若布施波羅蜜多清淨無二無
二分無別無斷故善現一切智智清淨故鼻界
清淨鼻界清淨故布施波羅蜜多清淨何
以故若一切智智清淨若鼻界清淨若布施
波羅蜜多清淨無二無二分無別無斷故一
切智智清淨故香界鼻識界及鼻觸鼻觸為

BD15009號　大般若波羅蜜多經卷二四七　（17–8）

清淨鼻界清淨故布施波羅蜜多清淨何
以故若一切智智清淨若鼻界清淨若布施
波羅蜜多清淨無二無二分無別無斷故一
切智智清淨故香界鼻識界及鼻觸鼻觸為
緣所生諸受清淨香界乃至鼻觸為緣所生
諸受清淨故布施波羅蜜多清淨何以故若
一切智智清淨若香界乃至鼻觸為緣所生
諸受清淨若布施波羅蜜多清淨無二無二
分無別無斷故善現一切智智清淨故舌界
清淨舌界清淨故布施波羅蜜多清淨何以
故若一切智智清淨若舌界清淨若布施波
羅蜜多清淨無二無二分無別無斷故一切
智智清淨故味界舌識界及舌觸舌觸為緣
所生諸受清淨味界乃至舌觸為緣所生諸
受清淨故布施波羅蜜多清淨何以故若一
切智智清淨若味界乃至舌觸為緣所生諸
受清淨若布施波羅蜜多清淨無二無二分
無別無斷故善現一切智智清淨故身界清
淨身界清淨故布施波羅蜜多清淨何以故
若一切智智清淨若身界清淨若布施波
羅蜜多清淨無二無二分無別無斷故一切智
智清淨故觸界身識界及身觸身觸為緣所
生諸受清淨觸界乃至身觸為緣所生諸受
清淨故布施波羅蜜多清淨何以故若一切
智智清淨若觸界乃至身觸為緣所生諸受
清淨若布施波羅蜜多清淨無二無二分無

BD15009號　大般若波羅蜜多經卷二四七　（17–9）

生諸受清淨觸界乃至身觸為緣所生諸受
清淨故布施波羅蜜多清淨何以故若一切
智智清淨若觸界乃至身觸為緣所生諸受
清淨若布施波羅蜜多清淨無二無二分無
別無斷故善現一切智智清淨故意界清淨
意界清淨故布施波羅蜜多清淨何以故若
一切智智清淨若意界清淨若布施波羅蜜
多清淨無二無二分無別無斷故一切智智
清淨故法界意識界及意觸意觸為緣所生
諸受清淨法界乃至意觸為緣所生諸受清
淨故布施波羅蜜多清淨何以故若一切智
智清淨若法界乃至意觸為緣所生諸受清
淨若布施波羅蜜多清淨無二無二分無別
無斷故善現一切智智清淨故地界清淨地
界清淨故布施波羅蜜多清淨何以故若一
切智智清淨若地界清淨若布施波羅蜜多
清淨無二無二分無別無斷故一切智智清
淨故水火風空識界清淨水火風空識界清
淨故布施波羅蜜多清淨何以故若一切智
智清淨若水火風空識界清淨若布施波羅
蜜多清淨無二無二分無別無斷故善現一
切智智清淨故無明清淨無明清淨故布施
波羅蜜多清淨何以故若一切智智清淨若
無明清淨若布施波羅蜜多清淨無二無二
分無別無斷故一切智智清淨故行識名色
六處觸受愛取有生老死愁歎苦憂惱清淨

BD15009號　大般若波羅蜜多經卷二四七　（17–10）

切智智清淨故無明清淨無明清淨故布施
波羅蜜多清淨何以故若一切智智清淨若
無明清淨若布施波羅蜜多清淨無二無二
分無別無斷故一切智智清淨故行識名色
六處觸受愛取有生老死愁歎苦憂惱清淨
行乃至老死愁歎苦憂惱清淨故布施波羅
蜜多清淨何以故若一切智智清淨若行乃
至老死愁歎苦憂惱清淨若布施波羅蜜多
清淨無二無二分無別無斷故
善現一切智智清淨故淨戒波羅蜜多清淨
淨戒波羅蜜多清淨故布施波羅蜜多清淨
何以故若一切智智清淨若淨戒波羅蜜多
清淨若布施波羅蜜多清淨無二無二分無
別無斷故一切智智清淨故安忍精進靜慮般
若波羅蜜多清淨安忍乃至般若波羅蜜
多清淨故布施波羅蜜多清淨何以故若一
切智智清淨若安忍乃至般若波羅蜜多清
淨若布施波羅蜜多清淨無二無二分無別
無斷故善現一切智智清淨故內空清淨內空
清淨故布施波羅蜜多清淨何以故若一切
智智清淨若內空清淨若布施波羅蜜多清
淨無二無二分無別無斷故一切智智清淨
故外空內外空空空大空勝義空有為空無
為空畢竟空无際空散空无變異空本性
空自相空共相空一切法空不可得空无性空
自性空無性自性空清淨外空乃至無性自
性空清淨故布施波羅蜜多清淨何以故若

BD15009 號　大般若波羅蜜多經卷二四七　（17–11）

淨無二無二分無別無斷故一切智智清淨
故外空內外空空空大空勝義空有為空無
為空畢竟空无際空散空无變異空本性
空自相空共相空一切法空不可得空无性空
自性空無性自性空清淨外空乃至無性自
性空清淨故布施波羅蜜多清淨何以故若
一切智智清淨若外空乃至無性自性空清
淨若布施波羅蜜多清淨無二無二分無別
無斷故善現一切智智清淨故真如清淨真
如清淨故布施波羅蜜多清淨何以故若一
切智智清淨若真如清淨若布施波羅蜜多
清淨無二無二分無別無斷故一切智智清
淨故法界法性不虛妄性不變異性平等性
離生性法定法住實際虛空界不思議界清淨
法界乃至不思議界清淨故布施波羅蜜多
清淨何以故若一切智智清淨若法界乃至
不思議界清淨若布施波羅蜜多清淨無二
無二分無別無斷故善現一切智智清淨故
苦聖諦清淨苦聖諦清淨故布施波羅蜜多
清淨何以故若一切智智清淨若苦聖諦清
淨若布施波羅蜜多清淨無二無二分無別
無斷故一切智智清淨故集滅道聖諦清淨
集滅道聖諦清淨故布施波羅蜜多清淨何
以故若一切智智清淨若集滅道聖諦清淨
若布施波羅蜜多清淨無二無二分無別無
斷故善現一切智智清淨故四靜慮清淨四
靜慮清淨故布施波羅蜜多清淨何以故若

BD15009 號　大般若波羅蜜多經卷二四七　（17–12）

集滅道聖諦清淨故布施波羅蜜多清淨何
以故若一切智智清淨若集滅道聖諦清淨
若布施波羅蜜多清淨無二無二分無別無
斷故善現一切智智清淨故四靜慮清淨四
靜慮清淨故布施波羅蜜多清淨何以故若
一切智智清淨若四靜慮清淨若布施波羅
蜜多清淨無二無二分無別無斷故一切智
智清淨故四无量四無色定清淨四無量四無
色定清淨故布施波羅蜜多清淨何以故
若一切智智清淨若四無量四無色定清淨
若布施波羅蜜多清淨無二無二分無別無
斷故善現一切智智清淨故八解脫清淨八
解脫清淨故布施波羅蜜多清淨何以故若
一切智智清淨若八解脫清淨若布施波羅
蜜多清淨無二無二分無別無斷故一切智
智清淨故八勝處九次第定十遍處清淨八
勝處九次第定十遍處清淨故布施波羅蜜
多清淨何以故若一切智智清淨若八勝處九
次第定十遍處清淨若布施波羅蜜多清
淨無二無二分無別無斷故善現一切智智
清淨故四念住清淨四念住清淨故布施波
羅蜜多清淨何以故若一切智智清淨若四
念住清淨若布施波羅蜜多清淨無二無二
分無別無斷故一切智智清淨故四正斷四神
足五根五力七等覺支八聖道支清淨四
正斷乃至八聖道支清淨故布施波羅蜜多
清淨何以故若一切智智清淨若四正斷乃

BD15009號　大般若波羅蜜多經卷二四七　（17–13）

分無別無斷故一切智智清淨故四正斷四神
足五根五力七等覺支八聖道支清淨四
正斷乃至八聖道支清淨故布施波羅蜜多
清淨何以故若一切智智清淨若四正斷乃
至八聖道支清淨若布施波羅蜜多清淨無
二無二分無別無斷故善現一切智智清淨
故空解脫門清淨空解脫門清淨故布施波
羅蜜多清淨何以故若一切智智清淨若空
解脫門清淨若布施波羅蜜多清淨無二無
二分無別無斷故一切智智清淨故無相無
願解脫門清淨無相無願解脫門清淨故布
施波羅蜜多清淨何以故若一切智智清淨
若無相無願解脫門清淨若布施波羅蜜多
清淨無二無二分無別無斷故善現一切智
智清淨故菩薩十地清淨菩薩十地清淨故
布施波羅蜜多清淨何以故若一切智智清
淨若菩薩十地清淨若布施波羅蜜多清淨
無二無二分無別無斷故
善現一切智智清淨故五眼清淨五眼清淨
故布施波羅蜜多清淨何以故若一切智智
清淨若五眼清淨若布施波羅蜜多清淨無
二無二分無別無斷故一切智智清淨故六
神通清淨六神通清淨故布施波羅蜜多清
淨何以故若一切智智清淨若六神通清淨
若布施波羅蜜多清淨無二無二分無別無
斷故善現一切智智清淨故佛十力清淨佛

BD15009號　大般若波羅蜜多經卷二四七　（17–14）

二無二分無別無斷故一切智智清淨故六
神通清淨六神通清淨故布施波羅蜜多清
淨何以故若一切智智清淨若六神通清淨
若布施波羅蜜多清淨無二無二分無別無
斷故善現一切智智清淨故佛十力清淨佛
十力清淨故布施波羅蜜多清淨何以故若
一切智智清淨若佛十力清淨若布施波羅
蜜多清淨無二無二分無別無斷故一切智
智清淨故四無所畏四無礙解大慈大悲大
喜大捨十八佛不共法清淨四無所畏乃至
十八佛不共法清淨故布施波羅蜜多清淨
何以故若一切智智清淨若四無所畏乃至
十八佛不共法清淨若布施波羅蜜多清淨
無二無二分無別無斷故善現一切智智清
淨故無忘失法清淨無忘失法清淨故布施
波羅蜜多清淨何以故若一切智智清淨若
無忘失法清淨若布施波羅蜜多清淨無二
無二分無別無斷故一切智智清淨故恒住
捨性清淨恒住捨性清淨故布施波羅蜜多
清淨何以故若一切智智清淨若恒住捨性
清淨若布施波羅蜜多清淨無二無二分無
別無斷故善現一切智智清淨故一切智清
淨一切智清淨故布施波羅蜜多清淨何以
故若一切智智清淨若一切智清淨若布施
波羅蜜多清淨無二無二分無別無斷故一
切智智清淨故道相智一切相智清淨道相
智一切相智清淨故布施波羅蜜多清淨何

BD15009號　大般若波羅蜜多經卷二四七　（17–15）

淨一切智清淨故布施波羅蜜多清淨何以
故若一切智智清淨若一切智清淨若布施
波羅蜜多清淨無二無二分無別無斷故一
切智智清淨故道相智一切相智清淨道相
智一切相智清淨故布施波羅蜜多清淨何
以故若一切智智清淨若道相智一切相智
清淨若布施波羅蜜多清淨無二無二分
無別無斷故善現一切智智清淨故一切陀
羅尼門清淨一切陀羅尼門清淨故布施波
羅蜜多清淨何以故若一切智智清淨若一
切陀羅尼門清淨若布施波羅蜜多清淨無
二無二分無別無斷故一切智智清淨故一切
三摩地門清淨一切三摩地門清淨故布施
波羅蜜多清淨何以故若一切智智清淨
若一切三摩地門清淨若布施波羅蜜多清
淨無二無二分無別無斷故
善現一切智智清淨故預流果清淨預流果
清淨故布施波羅蜜多清淨何以故若一切
智智清淨若預流果清淨若布施波羅蜜
多清淨無二無二分無別無斷故一切智智
清淨故一来不還阿羅漢果清淨一来不還阿
羅漢果清淨故布施波羅蜜多清淨何以故
若一切智智清淨若一来不還阿羅漢果清
淨若布施波羅蜜多清淨無二無二分無別
無斷故善現一切智智清淨故獨覺菩提清
淨獨覺菩提清淨故布施波羅蜜多清淨何
以故若一切智智清淨若獨覺菩提清淨若

BD15009號　大般若波羅蜜多經卷二四七　（17–16）

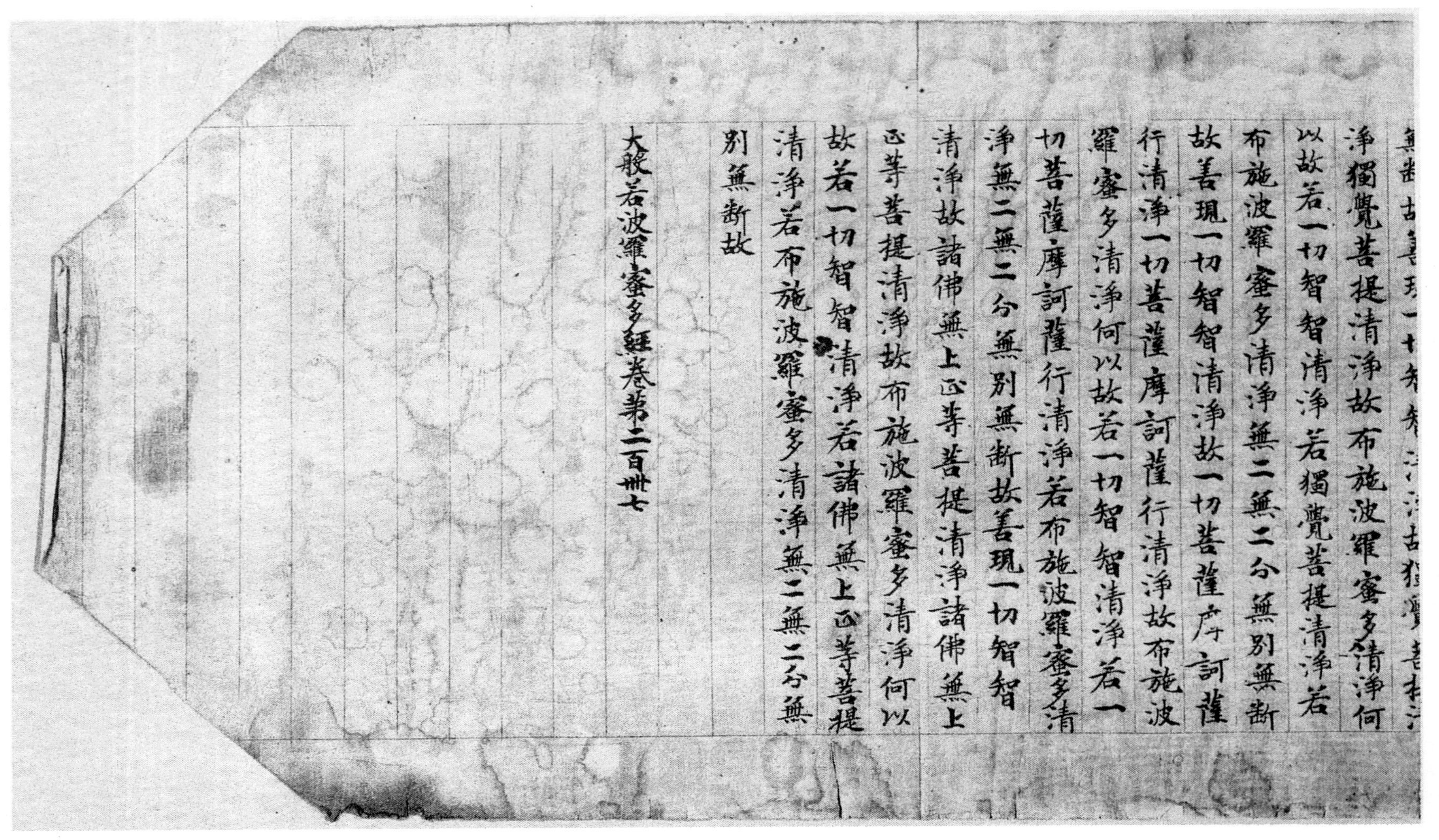

BD15009 號　大般若波羅蜜多經卷二四七　（17–17）

BD15009 號背　印章　（1–1）

妙法蓮華經藥草喻品第五　三
尒時世尊告摩訶迦葉及諸大弟子善哉善
哉迦葉善說如來真實功德誠如所言如來
復有無量無邊阿僧祇功德汝等若於無量
億劫說不能盡迦葉當知如來是諸法之王
若有所說皆不虛也於一切法以智方便而
演說之其所說法皆悉到於一切智地如來
觀知一切諸法之所歸趣亦知一切衆生深心
所行通達無礙又於諸法究盡明了示諸
衆生一切智慧迦葉譬如三千大千世界山
川谿谷土地所生卉木叢林及諸藥草種
類若干名色各異密雲彌布遍覆三千大千
世界一時等澍其澤普洽卉木叢林及諸藥草
小根小莖小枝小葉中根中莖中枝中葉大
根大莖大枝大葉諸樹大小隨上中下各有
所受一雲所雨稱其種性而得生長華菓敷

BD15010號　妙法蓮華經卷三　（3–1）

川谿谷土地所生卉木叢林及諸藥草種
類若干名色各異密雲彌布遍覆三千大千
世界一時等澍其澤普洽卉木叢林及諸藥草
小根小莖小枝小葉中根中莖中枝中葉大
根大莖大枝大葉諸樹大小隨上中下各有
所受一雲所雨稱其種性而得生長華菓敷
實雖一地所生一雨所潤而諸草木各有差
別迦葉當知如來亦復如是出現於世如大雲
起以大音聲普遍世界天人阿脩羅如彼
大雲遍覆三千大千國土於大衆中而唱是
言我是如來應供正遍知明行足善逝世間
解無上士調御丈夫天人師佛世尊未度者令
度未解者令解未安者令安未涅槃者令得
涅槃今世後世如實知之我是一切知者一切
見者知道者開道者說道者汝等天人阿
脩羅衆皆應到此為聽法故尒時無數千
萬億種衆生來至佛所而聽法如來于時觀
是衆生諸根利鈍精進懈怠隨其所堪而為
說法種種無量皆令歡喜快得善利是諸衆
生聞是法已現世安隱後生善處以道受樂亦
得聞法既聞法已離諸障礙於諸法中任力
所能漸得入道如彼大雲雨於一切卉木叢
林及諸藥草如其種性具足蒙潤各得生長
如來說法一相一味所謂解脫相離相滅相究
竟至於一切種智其有衆生聞如來法若

BD15010號　妙法蓮華經卷三　（3–2）

得聞法既聞法已離諸障礙於諸法中任力
所能漸得入道如彼大雲雨於一切卉木叢
林及諸藥草如其種性具足蒙潤各得生長
如來說法一相一味所謂解脫相離相滅相究
竟至於一切種智其有衆生聞如來法若
持讀誦如說修行所得功德不自覺知所以
者何唯有如來知此衆生種相體性念何事
思何事修何事云何念云何思云何修以何
法念以何法思以何法修以何法得何法衆
生住於種種之地唯有如來如實見之明了
無礙如彼卉木叢林諸藥草等而不自知上
中下性如來知是一相一味之法所謂解脫
相離相滅相究竟涅槃常寂滅相終歸於空
佛知是已觀衆生心欲而將護之是故不即
為說一切種智汝等迦葉甚為希有能知
如來隨宜說法能信能受所以者何諸佛世
尊隨宜說法難解難知尒時世尊欲重宣
此義而說偈言
破有法王　出現世間　隨衆生欲　種種說法
如來尊重　智慧深遠　久默斯要　不務速說
有智若聞　則能信解　無智疑悔　則為永失
是故迦葉　隨力為說　以種種緣　令得正見
迦葉當知　譬如大雲　起於世間　遍覆一切
慧雲含潤　電光晃曜　雷聲遠震　令衆悅豫

BD15010號　妙法蓮華經卷三　（3–3）

BD15010號背　勘記、印章　（2–1）

BD15010 號背　雜寫、印章　（2–2）

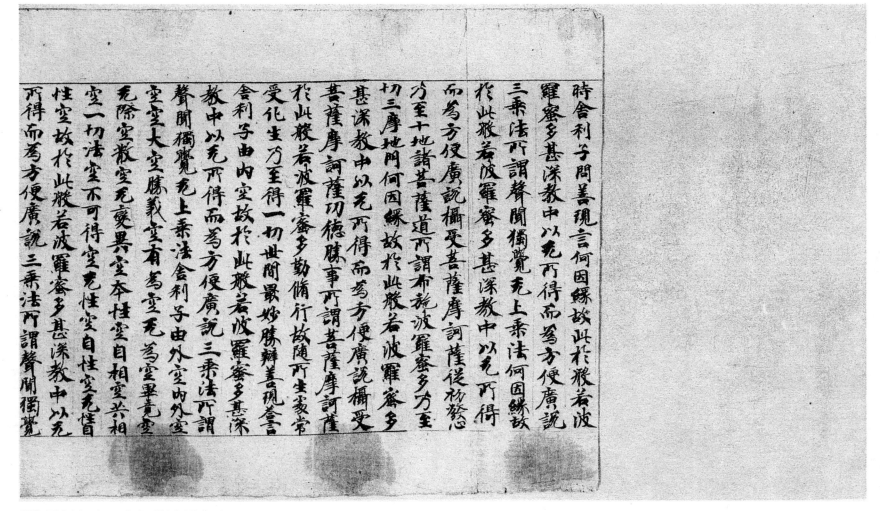

時舍利子問善現言何因緣故此於般若波
羅蜜多甚深教中以无所得而為方便廣說
三乘法所謂聲聞獨覺无上乘法何因緣故
於此般若波羅蜜多甚深教中以无所得
而為方便廣說攝受菩薩摩訶薩從初發心
乃至十地諸菩薩道所謂布施波羅蜜多乃至
切三摩地門何因緣故於此般若波羅蜜多
甚深教中以无所得而為方便廣說攝受
菩薩摩訶薩功德勝事所謂菩薩摩訶薩
於此般若波羅蜜多勤脩行故隨所生處常
受化生乃至得一切世間最妙勝辯善現答言
舍利子由內空故於此般若波羅蜜多甚深
教中以无所得而為方便廣說三乘法所謂
聲聞獨覺无上乘法舍利子由外空內外空
空空大空勝義空有為空无為空畢竟空
无際空散空无變異空本性空自相空共相
空一切法空不可得空无性空自性空无性自
性空故於此般若波羅蜜多甚深教中以无
所得而為方便廣說三乘法所謂聲聞獨覺

BD15011 號　大般若波羅蜜多經卷八四　（3–1）

聲聞獨覺无上乘法舍利子由外空內外空
空空大空勝義空有為空无為空畢竟空
无際空散空无變異空本性空自相空共相
空一切法空不可得空无性空自性空无性自
性空故於此般若波羅蜜多甚深教中以无
所得而為方便廣說三乘法所謂聲聞獨覺
无上乘法舍利子由內空故於此般若波羅
蜜多甚深教中以无所得而為方便廣說攝
受菩薩摩訶薩從初發心乃至十地諸菩薩
道所謂布施波羅蜜多淨戒安忍精進靜慮
般若波羅蜜多若內空外空內外空空空大
空勝義空有為空无為空畢竟空无際空散
空无變異空本性空自相空共相空一切法
空不可得空无性空自性空无性自性空若
真如法界法性不虛妄性不變異性平等性
離生性法定法住實際虛空界不思議界若
苦聖諦集滅道聖諦若四靜慮四无量四无
色定若八解脫八勝處九次第定十遍處若
四念住四正斷四神足五根五力七等覺支八
聖道支若空解脫門无相无願解脫門若
五眼六神通若佛十力四无所畏四无礙解大
慈大悲大喜大捨十八佛不共法若无忘失
法恒住捨性若一切智道相智一切相智若
一切陀羅尼門一切三摩地門舍利子由外
空乃至无性自性空故於此般若波羅蜜
多甚深教中以无所得而為方便廣說攝受
菩薩摩訶薩從初發心乃至十地諸菩薩道
所謂[illegible]

BD15011 號　大般若波羅蜜多經卷八四　（3–2）

慈大悲大喜大捨十八佛不共法若无忘失
法恒住捨性若一切智道相智一切相智若
一切陀羅尼門一切三摩地門舍利子由外
空乃至无性自性空故於此般若波羅蜜
多甚深教中以无所得而為方便廣說攝受
菩薩摩訶薩從初發心乃至十地諸菩薩道
所謂布施波羅蜜多乃至一切三摩地門舍
利子由內空故於此般若波羅蜜多甚深教
中以无所得而為方便廣說攝受菩薩摩訶
薩功德勝事所謂菩薩摩訶薩於此般若波
羅蜜多勤脩行故隨所生處常受化生於不
退神通能自在遊戲從一佛土趣一佛土供
養恭敬尊重讚歎諸佛世尊隨所願樂種種
善根皆能脩習速得圓滿於諸佛所聞持正
法乃至无上正等菩提終不忘失亦无懈廢
恒居勝定離散亂心由此為緣得无礙辯无斷
盡辯无謬亂辯迅辯應辯凡所演說豐義
味辯一切世間最妙勝辯舍利子由內空乃至
无性自性空故於此般若波羅蜜多甚深
教中以无所得而為方便廣說攝受菩薩摩
訶薩功德勝事所謂菩薩摩訶薩於此般若
波羅蜜多勤脩行故隨所生處常受化生乃
至得一切世間最妙勝辯

BD15011 號　大般若波羅蜜多經卷八四　（3–3）

BD15011 號背　勘記、印章　　（1–1）

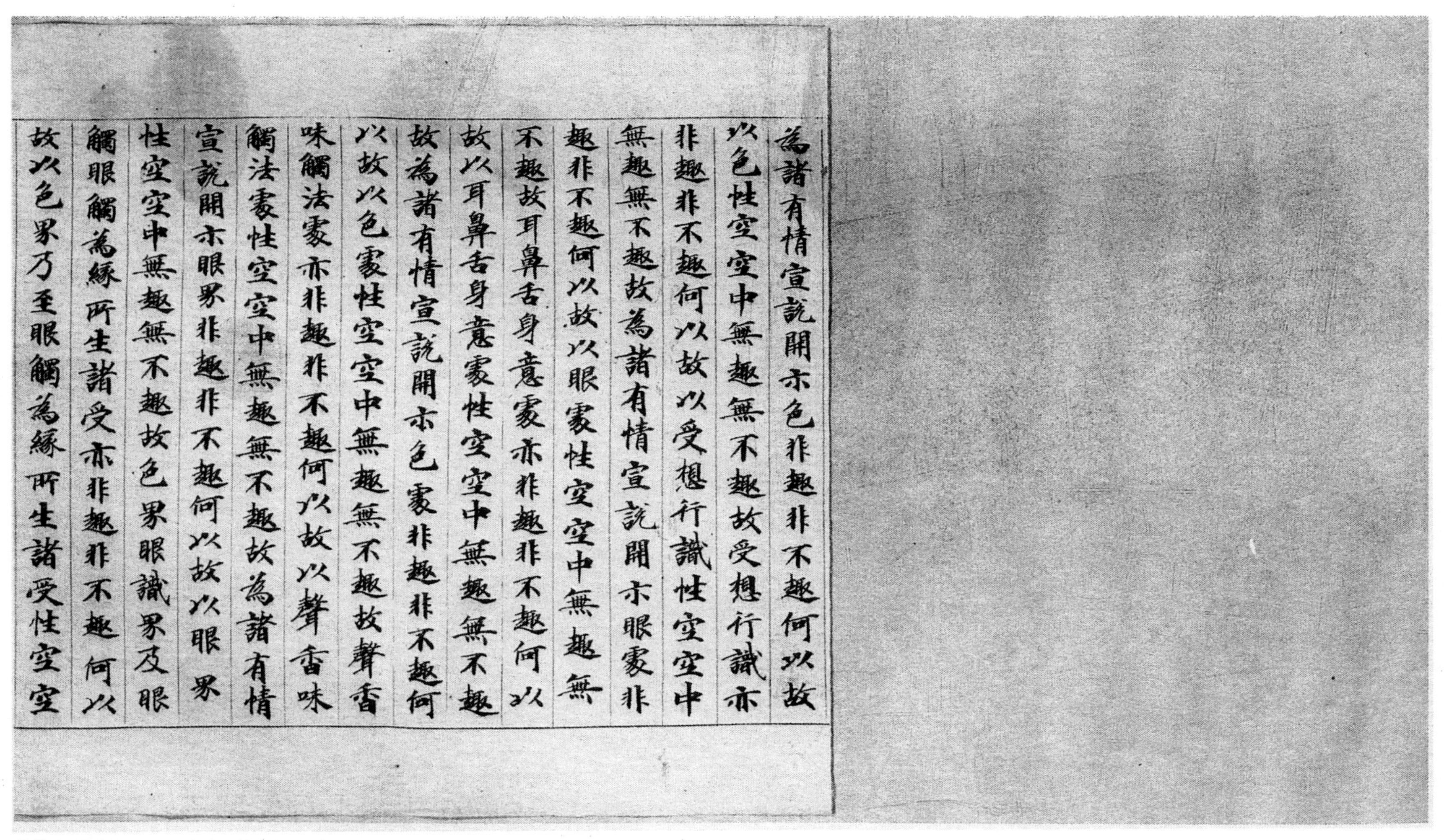

為諸有情宣說開示色非趣非不趣何以故
以色性空空中無趣無不趣故受想行識亦
非趣非不趣何以故以受想行識性空空中
無趣無不趣故為諸有情宣說開示眼處非
趣非不趣何以故以眼處性空空中無趣無
不趣故耳鼻舌身意處亦非趣非不趣何以
故以耳鼻舌身意處性空空中無趣無不趣
故為諸有情宣說開示色處非趣非不趣何
以故以色處性空空中無趣無不趣故聲香
味觸法處亦非趣非不趣何以故以聲香味
觸法處性空空中無趣無不趣故為諸有情
宣說開示眼界非趣非不趣何以故以眼界
性空空中無趣無不趣故色界眼識界及眼
觸眼觸為緣所生諸受亦非趣非不趣何以
故以色界乃至眼觸為緣所生諸受性空空

BD15012 號　大般若波羅蜜多經卷三一五　　（8–1）

宣說眼示眼界非趣非不趣何以故以眼界
性空空中無趣無不趣故色界眼識界及眼
觸眼觸為緣所生諸受亦非趣非不趣何以
故以色界乃至眼觸為緣所生諸受性空空
中無趣無不趣故為諸有情宣說開示耳界
非趣非不趣何以故以耳界性空空中無趣
無不趣故聲界耳識界及耳觸耳觸為緣所
生諸受亦非趣非不趣何以故以聲界乃至
耳觸為緣所生諸受性空空中無趣無不趣
故為諸有情宣說開示鼻界非趣非不趣何
以故以鼻界性空空中無趣無不趣故香界
鼻識界及鼻觸鼻觸為緣所生諸受亦非趣
非不趣何以故以香界乃至鼻觸為緣所生
諸受性空空中無趣無不趣故為諸有情宣
說開示舌界非趣非不趣何以故以舌界性
空空中無趣無不趣故味界舌識界及舌觸
舌觸為緣所生諸受亦非趣非不趣何以故
以味界乃至舌觸為緣所生諸受性空空中
無趣無不趣故為諸有情宣說開示身界非
趣非不趣何以故以身界性空空中無趣無
不趣故觸界身識界及身觸身觸為緣所生
諸受亦非趣非不趣何以故以觸界乃至身
觸為緣所生諸受性空空中無趣無不趣故
為諸有情宣說開示意界非趣非不趣何以
故以意界性空空中無趣無不趣故法界意
識界及意觸意觸為緣所生諸受亦非趣非

BD15012 號　大般若波羅蜜多經卷三一五　（8–2）

觸為緣所生諸受性空空中無趣無不趣故
為諸有情宣說開示意界非趣非不趣何以
故以意界性空空中無趣無不趣故法界意
識界及意觸意觸為緣所生諸受亦非趣非
不趣何以故以法界乃至意觸為緣所生諸
受性空空中無趣無不趣故為諸有情宣說
開示地界非趣非不趣何以故以地界性空
空中無趣無不趣故水火風空識界亦非趣
非不趣何以故以水火風空識界性空空中
無趣無不趣故為諸有情宣說開示無明非
趣非不趣何以故以無明性空空中無趣無
不趣故行識名色六處觸受愛取有生老死
愁歎苦憂惱亦非趣非不趣何以故以行乃
至老死愁歎苦憂惱性空空中無趣無不趣
故
為諸有情宣說開示布施波羅蜜多非趣非
不趣何以故以布施波羅蜜多性空空中無
趣無不趣故為諸有情宣說開示淨戒波羅
蜜多非趣非不趣何以故以淨戒波羅蜜多
性空空中無趣無不趣故為諸有情宣說開
示安忍波羅蜜多非趣非不趣何以故以安
忍波羅蜜多性空空中無趣無不趣故為諸
有情宣說開示精進波羅蜜多非趣非不趣
何以故以精進波羅蜜多性空空中無趣無
不趣故為諸有情宣說開示靜慮波羅蜜多
非趣非不趣何以故以靜慮波羅蜜多性空

BD15012 號　大般若波羅蜜多經卷三一五　（8–3）

有情宣說開亦精進波羅蜜多非趣非不趣
何以故以精進波羅蜜多性空空中無趣無
不趣故為諸有情宣說開亦靜慮波羅蜜多
非趣非不趣何以故以靜慮波羅蜜多性空
空中無趣無不趣故為諸有情宣說開亦般
若波羅蜜多非趣非不趣何以故以般若波
羅蜜多性空空中無趣無不趣故為諸有情
宣說開亦方便善巧波羅蜜多非趣非不趣
何以故以方便善巧波羅蜜多性空空中無
趣無不趣故為諸有情宣說開亦願波羅蜜
多非趣非不趣何以故以願波羅蜜多性空
中無趣無不趣故為諸有情宣說開亦力
波羅蜜多非趣非不趣何以故以力波羅蜜
多性空空中無趣無不趣故為諸有情宣說
開亦智波羅蜜多非趣非不趣何以故以智
波羅蜜多性空空中無趣無不趣故為諸有
情宣說開亦內空非趣非不趣何以故以內
空性空空中無趣無不趣故外空內外空空
空大空勝義空有為空無為空畢竟空無際
空散空無變異空本性空自性空共相空一
切法空不可得空無性空自性空無性自性
空亦非趣非不趣何以故以外空乃至無性
自性空性空空中無趣無不趣故為諸有情
宣說開亦真如非趣非不趣何以故以真如
性空空中無趣無不趣故法界法性不虛妄
性不變異性平等性離生性法定法住實際

BD15012 號　大般若波羅蜜多經卷三一五　（8–4）

宣說開亦真如非趣非不趣何以故以真如
性空空中無趣無不趣故法界法性不虛妄
性不變異性平等性離生性法定法住實際
虛空界不思議界亦非趣非不趣何以故以
法界乃至不思議界性空空中無趣無不趣
故為諸有情宣說開亦苦聖諦非趣非不趣
何以故以苦聖諦性空空中無趣無不趣故
集滅道聖諦亦非趣非不趣何以故以集滅
道聖諦性空空中無趣無不趣故為諸有情
宣說開亦四靜慮非趣非不趣何以故以四
靜慮性空空中無趣無不趣故四無量四無
色定亦非趣非不趣何以故以四無量四無
色定性空空中無趣無不趣故為諸有情宣
說開亦八解脫非趣非不趣何以故以八解脫
性空空中無趣無不趣故八勝處九次第
定十遍處亦非趣非不趣何以故以八勝處
九次第定十遍處性空空中無趣無不趣故
為諸有情宣說開亦四念住非趣非不趣何
以故以四念住性空空中無趣無不趣故四
正斷四神足五根五力七等覺支八聖道支
亦非趣非不趣何以故以四正斷乃至八聖
道支性空空中無趣無不趣故為諸有情宣
說開亦空解脫門非趣非不趣何以故以空
解脫門性空空中無趣無不趣故無相無願
解脫門亦非趣非不趣何以故以無相無願
解脫門性空空中無趣無不趣故為諸有情

BD15012 號　大般若波羅蜜多經卷三一五　（8–5）

說開示空解脫門非趣非不趣何以故以空
解脫門性空空中無趣無不趣故無相無願
解脫門亦非趣非不趣何以故以無相無願
解脫門性空空中無趣無不趣故為諸有情
宣說開示菩薩十地非趣非不趣何以故以
菩薩十地性空空中無趣無不趣故
為諸有情宣說開示五眼非趣非不趣何以
故以五眼性空空中無趣無不趣故六神通
亦非趣非不趣何以故以六神通性空空中
無趣無不趣故為諸有情宣說開示佛十力
非趣非不趣何以故以佛十力性空空中無趣
無不趣故四無所畏四無礙解大慈大悲
大喜大捨十八佛不共法亦非趣非不趣何
以故以四無所畏乃至十八佛不共法性空
空中無趣無不趣故為諸有情宣說開示無
忘失法非趣非不趣何以故以無忘失法性
空空中無趣無不趣故恒住捨性亦非趣非
不趣何以故以恒住捨性性空空中無趣無
不趣故為諸有情宣說開示一切智非趣非
不趣何以故以一切智性空空中無趣無不
趣故道相智一切相智亦非趣非不趣何以
故以道相智一切相智性空空中無趣無不
趣故為諸有情宣說開示一切陁羅尼門非
趣非不趣何以故以一切陁羅尼門性空空
中無趣無不趣故一切三摩地門亦非趣非
不趣何以故以一切三摩地門性空空中無

BD15012號　大般若波羅蜜多經卷三一五　（8–6）

故以道相智一切相智性空空中無趣無不
趣故為諸有情宣說開示一切陁羅尼門非
趣非不趣何以故以一切陁羅尼門性空空
中無趣無不趣故一切三摩地門亦非趣非
不趣何以故以一切三摩地門性空空中無
趣無不趣故
為諸有情宣說開示預流果非趣非不趣何
以故以預流果性空空中無趣無不趣故一
来不還阿羅漢果亦非趣非不趣何以故以
一来不還阿羅漢果性空空中無趣無不趣
故為諸有情宣說開示獨覺菩提非趣非不
趣何以故以獨覺菩提性空空中無趣無不
趣故為諸有情宣說開示一切菩薩摩訶薩
行非趣非不趣何以故以一切菩薩摩訶薩
行性空空中無趣無不趣故為諸有情宣說
開示諸佛無上正等菩提非趣非不趣何以
故以諸佛無上正等菩提性空空中無趣無
不趣故善現是為菩薩摩訶薩為與世間作
所趣故發趣無上正等菩提

大般若波羅蜜多經卷第三百一十五

BD15012號　大般若波羅蜜多經卷三一五　（8–7）

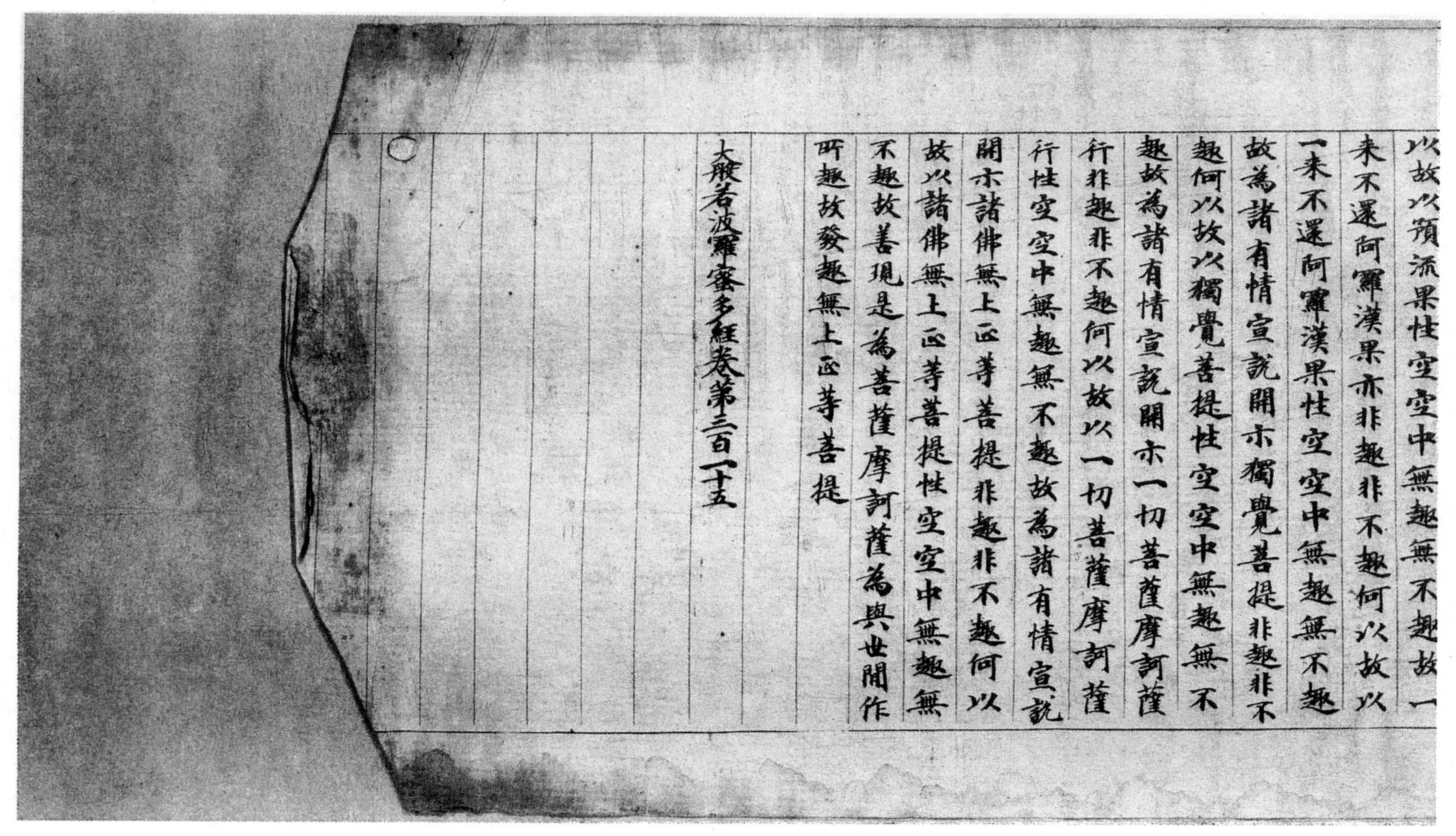

以故以預流果性空空中無趣無不趣故一
來不還阿羅漢果亦非趣非不趣何以故以
一來不還阿羅漢果性空空中無趣無不趣
故為諸有情宣說開示獨覺菩提非趣非不
趣何以故以獨覺菩提性空空中無趣無不
趣故為諸有情宣說開示一切菩薩摩訶薩
行非趣非不趣何以故以一切菩薩摩訶薩
行性空空中無趣無不趣故為諸有情宣說
開示諸佛無上正等菩提非趣非不趣何以
故以諸佛無上正等菩提性空空中無趣無
不趣故善現是為菩薩摩訶薩為與世間作
所趣故發趣無上正等菩提

大般若波羅蜜多經卷第三百一十五

BD15012 號　大般若波羅蜜多經卷三一五　（8-8）

BD15012 號背　勘記、印章　（1-1）

我等諸宮殿 光明昔未有 此是何因緣 宜各共求之
為大德天生 為佛出世間 而此大光明 遍照於十方
尒時五百万億國土諸梵天王與宮殿俱各以
衣裓盛諸天華共詣西方推尋是相見大
通智勝如來處于道場菩提樹下坐師子座
諸天龍王乾闥婆緊那羅摩睺羅伽人非人
等恭敬圍繞及見十六王子請佛轉法輪即
時諸梵天王頭面礼佛繞百千匝即以天華
而散佛上其所散華如須弥山并以供養佛
菩提樹其菩提樹高十由旬華供養已各以
宮殿奉上彼佛而作是言唯見哀愍饒益我
等所獻宮殿願垂納處尒時諸梵天王即於
佛前一心同聲以偈頌曰
世尊甚希有 難可得值遇 具无量功德 能救護一切
天人之大師 哀愍於世間 十方諸眾生 普皆蒙饒益
我等所從來 五百万億國 捨深禪定樂 為供養佛故
我等先世福 宮殿甚嚴飾 今以奉世尊 唯願哀納受
尒時諸梵天王偈讚佛已各作是言唯願世

BD15013 號 妙法蓮華經卷三 （6–1）

佛前一心同聲以偈頌曰
世尊甚希有 難可得值遇 具无量功德 能救護一切
天人之大師 哀愍於世間 十方諸眾生 普皆蒙饒益
我等所從來 五百万億國 捨深禪定樂 為供養佛故
我等先世福 宮殿甚嚴飾 今以奉世尊 唯願哀納受
尒時諸梵天王偈讚佛已各作是言唯願世
尊轉於法輪度脫眾生開涅槃道時諸梵
天王一心同聲而說偈言
世雄兩足尊 唯願演說法 以大慈悲力 度苦惱眾生
尒時大通智勝如來默然許之又諸比丘東南
方五百万億國土諸大梵王各自見宮殿光
明照曜昔所未有歡喜踊躍生希有心即各
相詣共議此事而彼眾中有一大梵天王名
曰大悲為諸梵眾而說偈言
是事何因緣 而現如此相 我等諸宮殿 光明昔未有
為大德天生 為佛出世間 未曾見此相 當共一心求
過千万億土 尋光共推之 多是佛出世 度脫苦眾生
尒時五百万億諸梵天王與宮殿俱各以衣
裓盛諸天華共詣西北方推尋是相見大通
智勝如來處于道場菩提樹下坐師子座諸
天龍王乾闥婆緊那羅摩睺羅伽人非人等
恭敬圍繞及見十六王子請佛轉法輪時諸梵
天王頭面礼佛繞百千匝即以天華而散佛
上所散之華如須弥山并以供養佛菩提樹
華供養已各以宮殿奉上彼佛而作是言唯
見哀愍饒益我等所獻宮殿願垂納處尒時

BD15013 號 妙法蓮華經卷三 （6–2）

恭敬圍繞及見十六王子請佛轉法輪即時諸梵
天王頭面礼佛繞百千匝即以天華而散佛
上所散之華如須弥山并以供養佛菩提樹
華供養已各以宫殿奉上彼佛而作是言唯
見哀愍饒益我等所獻宫殿願垂納受尒時
諸梵天王即於佛前一心同聲以偈頌曰
聖主天中王　迦陵頻伽聲　哀愍衆生者　我等今敬礼
世尊甚希有　久遠乃一現　一百八十劫　空過无有佛
三惡道充滿　諸天衆減少　今佛出於世　為衆生作眼
世間所歸趣　救護於一切　為衆生之父　哀愍饒益者
我等宿福慶　今得值世尊
尒時諸梵天王偈讚佛已各作是言唯願世
尊哀愍一切轉於法輪度脫衆生時諸梵
天王一心同聲而説偈言
大聖轉法輪　顯示諸法相　度苦惱衆生　令得大歡喜
衆生聞此法　得道若生天　諸惡道減少　忍善者增益
尒時大通智勝如来嘿然許之又諸比丘南方
五百万億國土諸大梵王各自見宫殿光明
照曜昔所未有歡喜踊躍生希有心即各
相詣共議此事以何因緣我等宫殿有此光
曜而彼衆中有一大梵天王名曰妙法為諸
梵衆而説偈言
我等諸宫殿　光明甚威曜　此非无因緣　是相宜求之
過於百千劫　未曾見是相　為大德天生　為佛出世間
尒時五百万億諸梵天王與宫殿俱各以衣裓
盛諸天華共詣北方推尋是相見大通智勝
如来處于道場菩提樹下坐師子座諸天龍

BD15013號　妙法蓮華經卷三　（6–3）

我等諸宫殿　光明甚威曜　此非无因緣　是相宜求之
過於百千劫　未曾見是相　為大德天生　為佛出世間
尒時五百万億諸梵天王與宫殿俱各以衣裓
盛諸天華共詣北方推尋是相見大通智勝
如来處于道場菩提樹下坐師子座諸天龍
王乾闥婆緊那羅摩睺羅伽人非人等恭敬
圍繞及見十六王子請佛轉法輪即時諸梵
天王頭面礼佛繞百千匝即以天華而散佛
上所散之華如須弥山并以供養佛菩提樹
華供養已各以宫殿奉上彼佛而作是言唯
見哀愍饒益我等所獻宫殿願垂納受尒時
諸梵天王即於佛前一心同聲以偈頌曰
世尊甚難見　破諸煩惱者　過百三十劫　今乃得一見
諸飢渴衆生　以法雨充滿　昔所未曾覩　无量智慧者
如優曇鉢羅　今日乃值遇　我等諸宫殿　蒙光故嚴飾
世尊大慈愍　唯願垂納受
尒時諸梵天王偈讚佛已各作是言唯願世
尊轉於法輪令一切世間諸天魔梵沙門婆
羅門皆獲安隱而得度脫時諸梵天王一心
同聲以偈頌
唯願天人尊　轉无上法輪　擊于大法鼓　而吹大法螺
普雨大法雨　度无量衆生　我等咸歸請　當演深遠音
尒時大通智勝如来嘿然許之西南方乃至
下方亦復如是尒時上方五百万億國土諸
大梵王皆悉自覩所止宫殿光明威曜昔所

BD15013號　妙法蓮華經卷三　（6–4）

唯願天人尊　轉无上法輪　擊于大法鼓　而吹大法螺
普雨大法雨　度无量衆生　我等咸歸請　當演深遠音
尒時大通智勝如來嘿然許之西南方乃至
下方亦復如是尒時上方五百万億國土諸
大梵王皆悉自覩所止宮殿光明威曜昔所
未有歡喜踊躍生希有心即各相詣共議此
事以何因緣我等宮殿有斯光明而彼衆中
有一大梵天王名曰尸棄為諸梵衆而說偈
言
今以何因緣　我等諸宮殿　威德光明曜　嚴飾未曾有
如是之妙相　昔所未聞見　為大德天生　為佛出世間
尒時五百万億諸梵天王與宮殿俱各以衣裓
盛諸天華共詣下方推尋是相見大通智勝
如來處于道場菩提樹下坐師子座諸天龍
王乾闥婆緊那羅摩睺羅伽人非人等恭敬
圍繞及見十六王子請佛轉法輪時諸梵天
王頭面礼佛繞百千匝即以天華而散佛上
所散之華如須彌山并以供養佛菩提樹
華供養已各以宮殿奉上彼佛而作是言唯
見哀愍饒益我等所獻宮殿願垂納處尒時
諸梵天王即於佛前一心同聲以偈頌曰
善哉見諸佛　救世之聖尊　能於三界獄　挽出諸衆生
普智天人尊　愍哀群萌類　能開甘露門　廣度於一切
於昔无量劫　空過无有佛　世尊未出時　十方常闇瞑
三惡道增長　阿脩羅亦盛　諸天衆轉減　死多墮惡道
不從佛聞法　常行不善事　色力及智慧　斯等皆減少

BD15013號　妙法蓮華經卷三　（6–5）

如來處于道場菩提樹下坐師子座諸天龍
王乾闥婆緊那羅摩睺羅伽人非人等恭敬
圍繞及見十六王子請佛轉法輪時諸梵天
王頭面礼佛繞百千匝即以天華而散佛上
所散之華如須彌山并以供養佛菩提樹
華供養已各以宮殿奉上彼佛而作是言唯
見哀愍饒益我等所獻宮殿願垂納處尒時
諸梵天王即於佛前一心同聲以偈頌曰
善哉見諸佛　救世之聖尊　能於三界獄　挽出諸衆生
普智天人尊　愍哀群萌類　能開甘露門　廣度於一切
於昔无量劫　空過无有佛　世尊未出時　十方常闇瞑
三惡道增長　阿脩羅亦盛　諸天衆轉減　死多墮惡道
不從佛聞法　常行不善事　色力及智慧　斯等皆減少
罪業因緣故　失樂及樂想　住於邪見法　不識善儀則
不蒙佛所化　常墮於惡道　佛為世間眼　久遠時乃出
哀愍諸衆生　故現於世間　超出成正覺　我等甚欣慶
及餘一切衆　喜歎未曾有　我等諸宮殿　蒙光故嚴飾
今以奉世尊　唯垂哀納受　願以此功德　普及於一切
我等與衆生　皆共成佛道

BD15013號　妙法蓮華經卷三　（6–6）

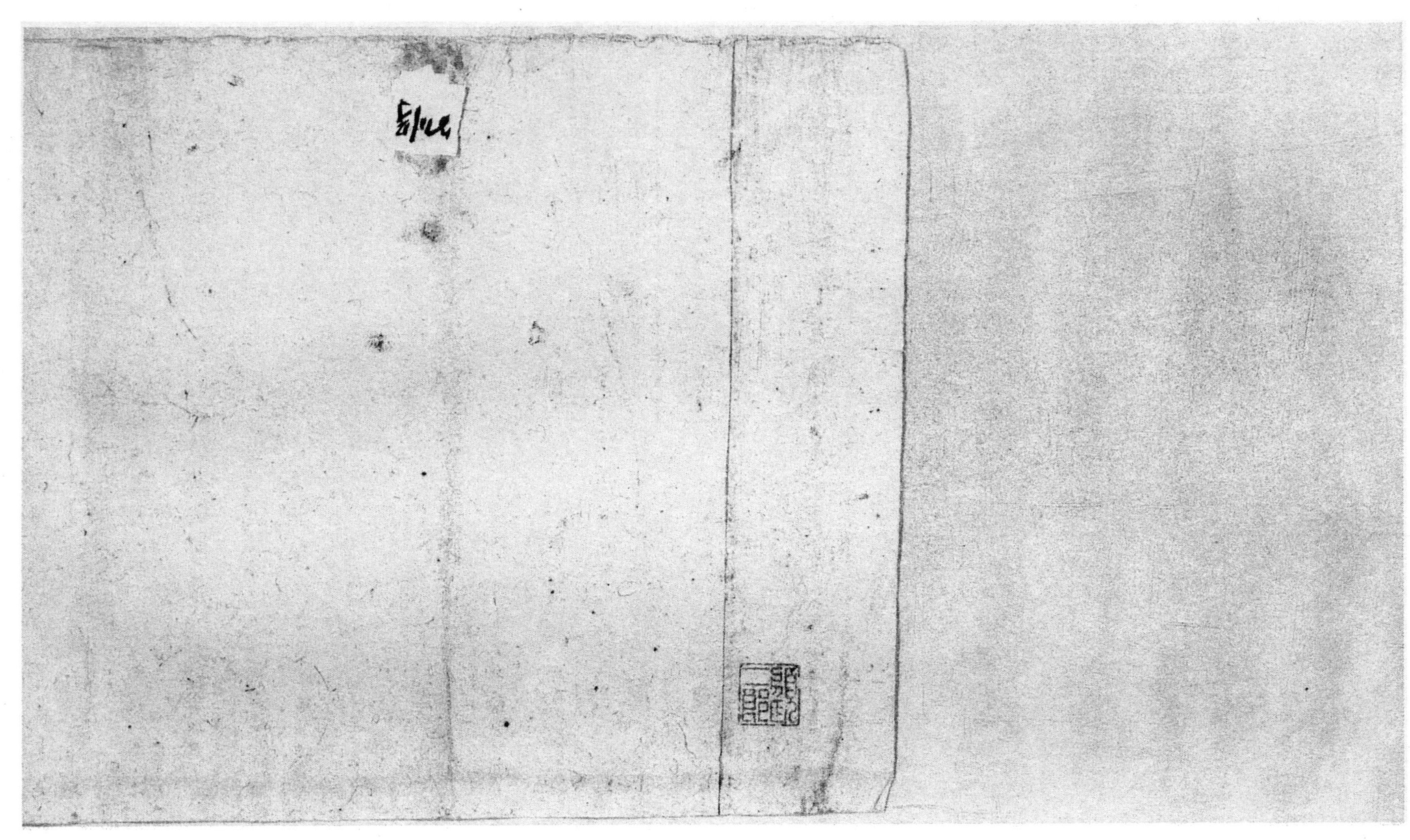

BD15013號背　勘記、印章　　（1–1）

善男子譬如有人畜諸弟子聰明大智是人
晝夜常教不惓諸菩薩等亦復如是一切諸
衆有信不信而常教化無有疲厭善男子善
知識者所謂菩薩佛辟支佛聲聞人中信方
等者何故名為善知識耶善知識者能教衆
生遠離十惡脩行十善以是義故名善知識
復次善知識者如法而說如說而行云何名
為如法而說如說而行自不殺生教人不殺
乃至自行正見教人正見若能如是則得名
為真善知識自脩菩提亦能教人脩行菩提
以是義故名善知識自能脩行信戒布施多
聞智慧亦能教人信戒布施多聞智慧復以
是義名善知識善知識者有善法故何等善
法所作之事不求自樂常為衆生而求於樂
見他有過不訟其短口常宣說純善之事以
是義故名善知識善男子如空中月從初一

BD15014號　大般涅槃經（北本）卷二五　　（12–1）

以是義故名善知識自能脩行信戒布施多
聞智慧亦能教人信戒布施多聞智慧復以
是義名善知識善知識者有善法故何等善
法所作之事不求自樂常為衆生而求於樂
見他有過不訟其短口常宣說純善之事以
是義故名善知識善男子如空中月從初一
日至十五日漸漸增長善知識者亦復如是
令諸學人漸遠惡法增長善法善男子若有
親近善知識者本未有戒定慧解脫解脫知
見即便有之未具足者則得增廣何以故以
其親近善知識故因是親近復得了達十二
部經甚深之義若能聽是十二部經甚深義
者名為聽法聽法者則是大乘方等經典聽
方等經名真聽法真聽法者即是聽受大涅
槃經大涅槃中聞有佛性如來畢竟不般涅
槃是故名為專心聽法專心聽法名八聖道
以八聖道能斷貪欲瞋恚愚癡故名聽法夫
聽法者名十一空以此諸空於一切法不作
相貌夫聽法者名初發心乃至究竟阿耨多
羅三藐三菩提心以因初心得大涅槃不以
聞故得大涅槃以脩習故得大涅槃善男子
辟如病人雖聞醫教及藥名字不能愈病以
服食故能得差病雖聽十二深因緣法不能
得斷一切煩惱要以繫念善思惟故能得除
斷是名第三繫念思惟復以何義名繫念思
惟所謂三三昧空三昧无相三昧无作三昧

BD15014號　大般涅槃經（北本）卷二五　（12–2）

服食故能得差病雖聽十二深因緣法不能
得斷一切煩惱要以繫念善思惟故能得除
斷是名第三繫念思惟復以何義名繫念思
惟所謂三三昧空三昧无相三昧无作三昧
空者於二十五有不見一實无作者於二十
五有不作願求无相者无有十相所謂色相
聲相香相味相觸相生相住相滅相男相女
相脩習如是三三昧者是名菩薩繫念思惟
云何名為如法脩行如法脩行即是脩行檀
波羅蜜乃至般若波羅蜜知陰入界真實之
相亦知聲聞緣覺諸佛同於一道而般涅槃
法者即是常樂我淨不生不老不病不死不
飢不渴不苦不惱不退不沒善男子解大涅
槃甚深義者則知諸佛終不畢竟入於涅槃
善男子第一真實善知識者所謂菩薩諸佛
世尊何以故常以三種善調御故何等為三
一者畢竟濡語二者畢竟呵責三者濡語呵
責以是義故菩薩諸佛即是真實善知識
也復次善男子佛及菩薩為大醫故名善知
識何以故知病知藥應病授藥故辟如良醫
善八種術先觀病相相有三種何等為三謂
風熱水有風病者授之蘇油熱病之人授之
石蜜水病之者授之薑湯以知病根授藥得
差故名良醫佛及菩薩亦復如是知諸凡夫
病有三種一者貪欲二者瞋恚三者愚癡貪

BD15014號　大般涅槃經（北本）卷二五　（12–3）

石蜜水病之者授之薑湯以知病根授藥得
差故名良醫佛及菩薩亦復如是知諸凡夫
病有三種一者貪欲二者瞋恚三者愚癡貪
欲病者教觀骨相瞋恚病者觀慈悲相愚癡
病者觀十二緣相以是義故諸佛菩薩名善
知識善男子如大舡師善度人故名大舡師
諸佛菩薩亦復如是度諸衆生生死大海以
是義故名善知識復次善男子因佛菩薩令
諸衆生具足脩得善法根故善男子譬如雪
山乃是種種微妙上藥根本之處佛及菩薩
亦復如是悉是一切善根本處以是義故名
善知識善男子雪山之中有上香藥名曰娑
呵有人見之得壽无量无有病苦雖有四毒不
能中傷若有觸者增長壽命滿百二十若有
念者得宿命智何以故藥勢力故諸佛菩薩
亦復如是若有見者即得斷除一切煩惱雖
有四魔不能干亂若有觸者命不可夭不生不
死不退不沒所謂觸者若在佛邊聽受妙法
若有念者得阿耨多羅三藐三菩提以是義
故諸佛菩薩名善知識善男子如香山中有
阿耨婆蹋多池水由是池故有四大河所謂
恒河辛頭私陀博又世間衆生常作是言若
有罪者浴此四河衆罪得滅當知此言虛妄
不實除此已往何等為實諸佛菩薩是乃為
實所以者何若人親近則得滅除一切衆罪

BD15014號　大般涅槃經（北本）卷二五　（12–4）

阿耨婆蹋多池水由是池故有四大河所謂
恒河辛頭私陀博又世間衆生常作是言若
有罪者浴此四河衆罪得滅當知此言虛妄
不實除此已往何等為實諸佛菩薩是乃為
實所以者何若人親近則得滅除一切衆罪
以是義故名善知識復次善男子譬如大地
所有藥木一切叢林百穀甘蔗華菓之属值
天亢旱將欲枯死難陀龍王及婆難陀憐愍
衆生從大海出降注甘雨一切叢林百穀草
木滋潤還生一切衆生亦復如是所有善根
將欲消滅諸佛菩薩生大慈悲從智慧海降
甘露雨令諸衆生具足還得十善之法以是
義故諸佛菩薩名善知識善男子譬如良醫
善八種術見諸病人不觀種姓端正好醜錢
財寶貨悉為治之是故世稱為大良醫諸佛
菩薩亦復如是見諸衆生有煩惱病不觀種
姓端正好醜錢財寶貨生慈愍心悉為說法
衆生聞已煩惱病除以是義故諸佛菩薩名
善知識以是親近善友因緣則得近於大般
涅槃
云何菩薩聽法因緣而得近於大般涅槃一
切衆生以聽法故則具信根得信根故樂行
布施持戒忍辱精進禪定智慧得須陀洹果
乃至佛果是故當知得諸善法皆是聽法因
緣勢力善男子譬如長者唯有一子遣至他
國市易所須示其道路通塞之處而復誡之

BD15014號　大般涅槃經（北本）卷二五　（12–5）

布施持戒忍辱精進禪定智慧得須陀洹果
乃至佛果是故當知得諸善法皆是聽法因
緣勢力善男子辟如長者唯有一子遣至他
國市易所須示其道路通塞之處而復誡之
若遇婬女慎莫親愛若親愛者喪身殞命及
以財寶弊惡之人亦莫交遊其子敬順父之
教勑身心安隱多獲寶貨菩薩摩訶薩為諸
衆生敷演法要亦復如是示諸衆生及四部
衆諸道通塞是諸衆生以聞法故遠離諸惡
具足善法以是義故聽法因緣則得近於大
般涅槃善男子辟如明鏡照人面像无不明
了聽法明鏡亦復如是有人照之則見善惡
明了无翳以是義故聽法因緣則得近於大
般涅槃善男子辟如估客欲至寶渚不知道
路有人示之其人隨語即至寶渚多獲諸珎
不可稱計一切衆生亦復如是欲至善處採
取道寶不知其路通塞之處菩薩示之衆生
隨已得至善處獲得无上大涅槃寶以是義
故聽法因緣則得近於大般涅槃善男子辟
如醉象狂騃暴惡多欲殺害有調象師以大
鐵鉤鉤斲其頂即時調順惡心都盡一切衆
生亦復如是貪欲瞋恚愚癡醉故欲多造惡
諸菩薩等以聞法鉤斲之令住更不得起造
諸惡心以是義故聽法因緣則得近於大般
涅槃是故我於處處經中說我弟子專心聽

BD15014號　大般涅槃經（北本）卷二五　（12-6）

生亦復如是貪欲瞋恚愚癡醉故欲多造惡
諸菩薩等以聞法鉤斲之令住更不得起造
諸惡心以是義故聽法因緣則得近於大般
涅槃是故我於處處經中說我弟子專心聽
受十二部經則離五蓋脩七覺分以是脩習
七覺分故則得近於大般涅槃以聽法故須
陀洹人離諸恐怖所以者何須達長者身遭
重病心大愁怖聞舍利弗說須陀洹有四功
德十種慰喻聞是事已恐怖即除以是義故
聽法因緣則得近於大般涅槃何以故聞法
眼故世有三人一者无目二者一目三者二
目言无目者常不聞法一目之人雖暫聞法其
心不住二目之人專心聽受如聞而行以聽
法故得知世間如是三人以是義故聽法因
緣則得近於大般涅槃善男子如我昔於拘
尸那城時舍利弗身遇病苦我時顧命阿難
比丘廣為說法時舍利弗聞是事已告四弟
子汝舉我床往至佛所我欲聽法時四弟子
即共舉往既得聞法以聞力故所苦除差身
得安隱以是義故聽法因緣則得近於大般
涅槃

云何菩薩思惟因緣而得近於大般涅槃因
是思惟心得解脫何以故一切衆生常為五
欲之所繫縛以思惟故悉得解脫以是義故
思惟因緣則得近於大般涅槃復次善男子
一切衆生常為常樂我淨四法之所顛倒以

BD15014號　大般涅槃經（北本）卷二五　（12-7）

云何菩薩思惟因緣而得近於大般涅槃因
是思惟心得解脫何以故一切衆生常為五
欲之所繫縛以思惟故悉得解脫以是義故
思惟因緣則得近於大般涅槃復次善男子
一切衆生常為常樂我淨四法之所顛倒以
思惟故得見諸法无常无樂无我无淨如是
見已四倒即斷以是義故思惟因緣則得近
於大般涅槃復次善男子一切諸法有四種
相何等為四一者生相二者老相三者病相
四者滅相以是四相能令一切凡夫衆生至
須陁洹生大苦惱若能繫念善思惟者雖遇
此四不生於苦以是義故思惟因緣則得近
於大般涅槃復次善男子一切善法无不因
於思惟而得何以故有人雖於无量无邊阿
僧祇劫專心聽法若不思惟終不能得阿耨
多羅三藐三菩提以是義故思惟因緣則得
近於大般涅槃復次善男子若有衆生信佛
法僧无有變易而生恭敬當知皆是繫念思
惟因緣力故因得斷除一切煩惱以是義故
思惟因緣則得近於大般涅槃

云何菩薩如法脩行善男子斷諸惡法脩習
善法是名菩薩如法脩行復次云何如法脩
行見一切法空无所有无常无樂无我无淨
以是見故寧捨身命不犯禁戒是名菩薩如
法脩行復次云何如法脩行脩有二種一者
真實二者不實不實者不知涅槃佛性如來

行見一切法空无所有无常无樂无我无淨
以是見故寧捨身命不犯禁戒是名菩薩如
法脩行復次云何如法脩行脩有二種一者
真實二者不實不實者不知涅槃佛性如來
法僧實相虛空等相是名不實云何真實能
知涅槃佛性如來法僧實相虛空等相是名
真實云何名為知涅槃相涅槃之相凡有八
事何等為八一者盡二善性三實四真五常
六樂七我八淨是名涅槃復有八事何等為
八一者解脫二者善性三者不實四者不真
五者无常六者无樂七者无我八者无淨復
有六相一者解脫二者善性三者不實四者
不真五者安樂六者清淨若有衆生依世俗
道斷煩惱者如是涅槃則有八事解脫不實
何以故以不常故以无常故則无有實无有
實故則无有真雖斷煩惱以還起故无常无
我无樂无淨是名涅槃解脫八事云何六相
聲聞緣覺斷煩惱故名為解脫而未能得阿
耨多羅三藐三菩提故名為不實以不實故
名為不真未來之世當得阿耨多羅三藐三
菩提故名无常以得无漏八聖道故名為淨
樂善男子若如是知是知涅槃不名佛性如
來法僧實相虛空

云何菩薩知於佛性佛性有六何等為六一
常二淨三實四善五當見六真復有七事一
者可證餘六如上是名菩薩知於佛性

来法僧實相虛空
云何菩薩知於佛性佛性有六何等為六一
常二淨三實四善五當見六真復有七事一
者可證餘六如上是名菩薩知於佛性
云何菩薩知如來相如來即是覺相善相常
樂我淨解脫真實示道可見是名菩薩知如
來相
云何菩薩知於法相法者若善不善若常不
常若樂不樂若我无我若淨不淨若知不知
若解不解若真不真若脩不脩若師非師若
實不實是名菩薩知於法相
云何菩薩知於僧相僧者若常樂我淨是弟
子相可見之相善真不實何以故一切聲聞
得佛道故何故名真悟法性故是名菩薩知
於僧相
云何菩薩知於實相實相者若常无常若樂
无樂若我无我若淨无淨若善不善若有若
无若涅槃非涅槃若解脫非解脫若知不知
若斷不斷若證不證若脩不脩若見不見是
名實相非是涅槃佛性如來法僧虛空是名
菩薩回脩如是大涅槃故知於涅槃佛性如
來法僧實相虛空等法差別之相
善男子菩薩摩訶薩脩大涅槃微妙經典不
見虛空何以故佛及菩薩雖有五眼所不見
故唯有慧眼乃能見之慧眼所見无法可見
故名為見若是无物名虛空者如是虛空乃

BD15014號　大般涅槃經（北本）卷二五　（12–10）

来法僧實相虛空等法差別之相
善男子菩薩摩訶薩脩大涅槃微妙經典不
見虛空何以故佛及菩薩雖有五眼所不見
故唯有慧眼乃能見之慧眼所見无法可見
故名為見若是无物名虛空者如是虛空乃
名為實以是實故則名常无以常无故无樂
我淨善男子空名无法无法名空譬如世間
无物名空虛空之性亦復如是无所有故名
為虛空善男子眾生之性與虛空性俱无實
性何以故如人說言除滅有物然後作空而
是虛空實不可作何以故无所有故以无有
故當知无空是虛空性若可作者則名无常
若无常者不名虛空善男子如世間人說言
虛空无色无㝵常不變易是故世稱虛空之
法為第五大善男子而是虛空實无有性以
光明故故名虛空實无虛空猶如世諦實无
其性為眾生故說有世諦善男子涅槃之體
亦復如是无有住處直是諸佛斷煩惱處故
名涅槃涅槃即是常樂我淨涅槃雖樂非是
受樂乃是上妙寂滅之樂諸佛如來有二種
樂一寂滅樂二覺知樂實相之體有三種樂一
者受樂二寂滅樂三覺知樂佛性一樂以當
見故得阿耨多羅三藐三菩提時名菩提樂
尒時光明遍照高貴德王菩薩摩訶薩白佛
言世尊若煩惱斷處是涅槃者是事不然何
以故如來往昔初成佛道至尼連禪河邊尒

BD15014號　大般涅槃經（北本）卷二五　（12–11）

者受樂二寂滅樂三覺知樂佛性一樂以當
見故得阿耨多羅三藐三菩提時名菩提樂
尒時光明遍照高貴德王菩薩摩訶薩白佛
言世尊若煩惱斷處是涅槃者是事不然何
以故如来往昔初成佛道至尼連禪河邊尒
時魔王與其眷屬到於佛所而作是言世尊
涅槃時到何故不入佛告魔王我今未有多
聞弟子善持禁戒聰明利智能化衆生是故
不入若言煩惱斷滅之處是涅槃者諸菩薩
等於无量劫已斷煩惱何故不得稱為涅槃
俱是斷處何緣獨稱諸佛有之菩薩无耶若
斷煩惱非涅槃者何故如来昔告生名婆羅
門言我今此身即是涅槃如来又時在毗舍
離國魔復啓請如来昔以未有弟子多聞持
戒聰明利智能化衆生不入涅槃今已具足
何故不入如来尒時即告魔言汝今莫生悒
遲之想却後三月吾當涅槃世尊若使滅度
非涅槃者何故如来自期三月當般涅槃世
尊若斷煩惱是涅槃者如来往昔初在道
場菩提樹下斷煩惱時便是涅槃何故復言却
後三月當般涅槃世尊若使尒時是涅槃者
云何方為拘尸那城諸力士等說言後夜當
般涅槃如来誠實云何出是虛妄之言

BD15014號　大般涅槃經（北本）卷二五　（12–12）

BD15014號背　勘記、印章　（2–1）

BD15014號背　勘記、印章　　(2–2)

者受此法施珎寶瓔珞時觀世音菩薩不肯受
之无盡意復白觀世音菩薩言仁者愍我等故
受此瓔珞尒時觀世音菩薩當愍此无盡意菩
薩及四衆天龍夜叉乾闥婆阿脩羅迦樓羅緊
那羅摩睺羅伽人非人等故受是瓔珞即時觀
世音菩薩愍諸四衆及於天龍人非人等受
其瓔珞分作二分一分奉釋迦牟尼佛一分奉
多寶佛塔无盡意觀世音菩薩有如是自在
神力遊於娑婆世界
尒時无盡意菩薩以偈問曰
世尊妙相具　我今重問彼　佛子何因緣　名爲觀世音
具足妙相尊　偈荅无盡意　汝聽觀音行　善應諸方所
弘誓深如海　歷劫不思議　侍多千億佛　發大清淨願
我爲汝略說　聞名及見身　心念不空過　能滅諸有苦
假使興害意　推落大火坑　念彼觀音力　火坑變成池
或漂流巨海　龍魚諸鬼難　念彼觀音力　波浪不能没

BD15015號　妙法蓮華經卷七　　(2–1)

神力遊於娑婆世界
尔時无盡意菩薩以偈問曰
世尊妙相具　我今重問彼　佛子何因緣　名爲觀世音
具足妙相尊　偈答无盡意　汝聽觀音行　善應諸方所
弘誓深如海　歷劫不思議　侍多千億佛　發大清淨願
我爲汝略說　聞名及見身　心念不空過　能滅諸有苦
假使興害意　推落大火坑　念彼觀音力　火坑變成池
或漂流巨海　龍魚諸鬼難　念彼觀音力　波浪不能沒
或在須弥峯　爲人所推墮　念彼觀音力　如日虛空住
或被惡人逐　墮落金剛山　念彼觀音力　不能損一毛
或值怨賊遶　各執刀加害　念彼觀音力　咸即起慈心
或遭王難苦　臨刑欲壽終　念彼觀音力　刀尋段段壞
或囚禁枷鎖　手足被杻械　念彼觀音力　釋然得解脫
呪咀諸毒藥　所欲害身者　念彼觀音力　還著於本人
或遇惡羅刹　毒龍諸鬼等　念彼觀音力　時悉不敢害
若惡獸圍遶　利牙爪可怖　念彼觀音力　疾走无邊方
蚖虵及蝮蝎　氣毒烟火然　念彼觀音力　尋聲自迴去
雲雷鼓掣電　降雹澍大雨　念彼觀音力　應時得消散
衆生被困厄　无量苦逼身　觀音妙智力　能救世間苦
具足神通力　廣脩智方便　十方諸國土　无刹不現身

BD15015號　妙法蓮華經卷七　　（2–2）

BD15015號背　勘記、印章　　（1–1）

BD15016 號背　護首　（1–1）

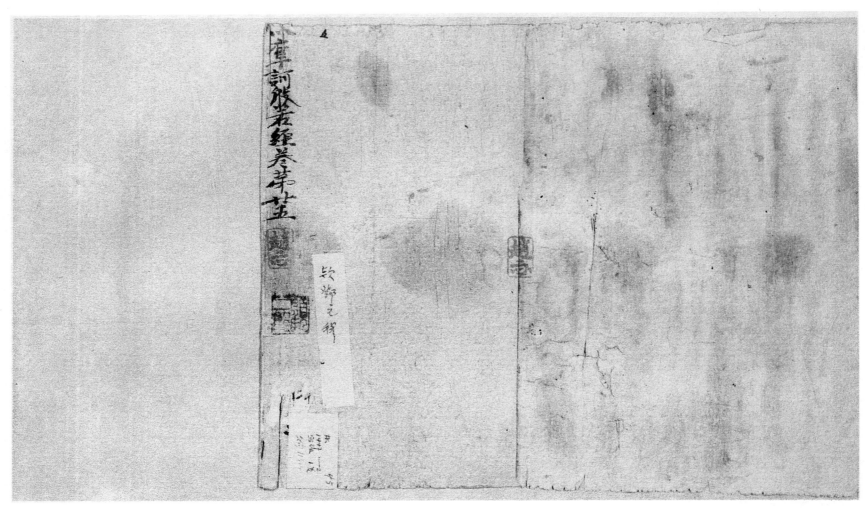

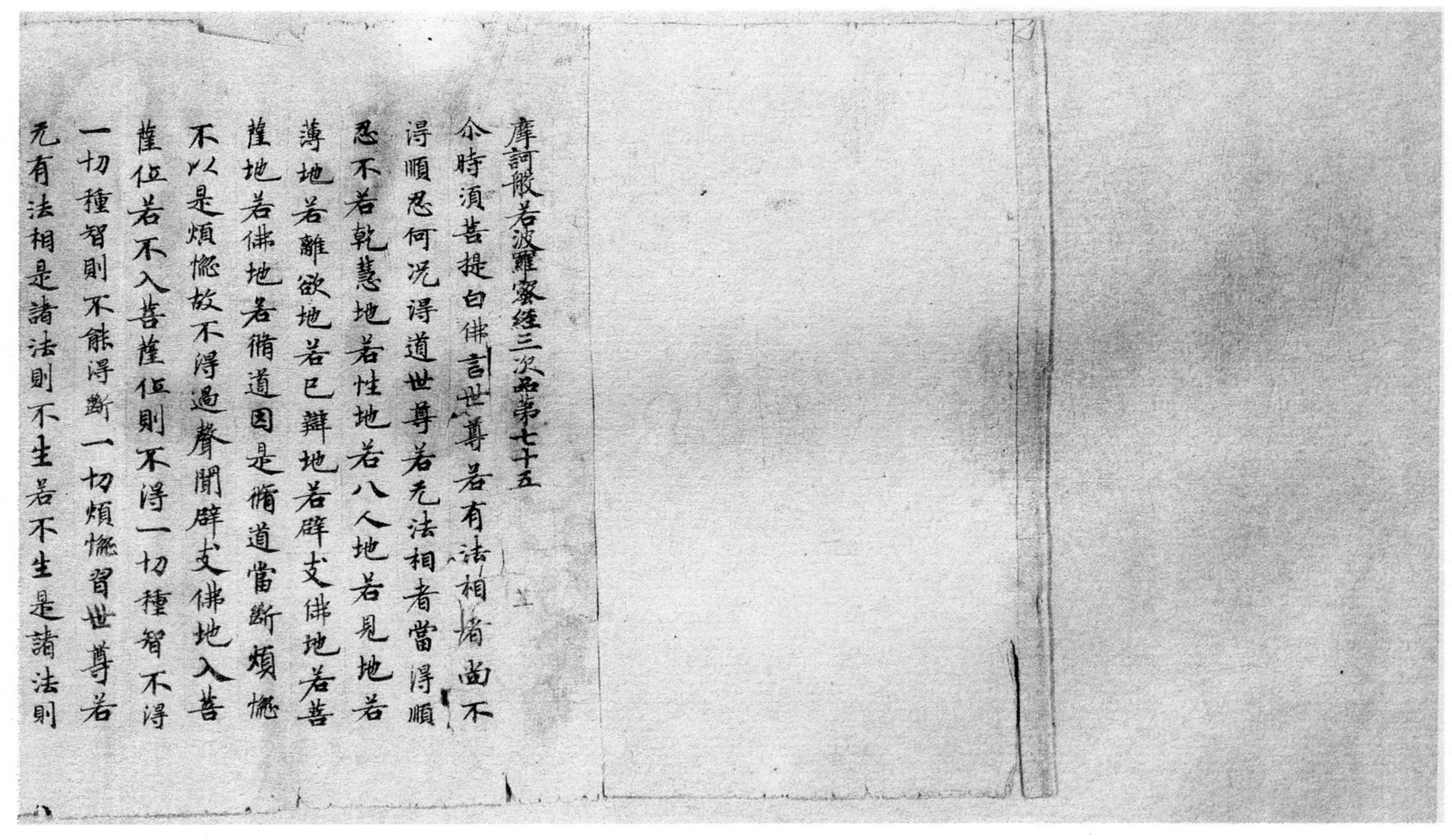

BD15016 號　摩訶般若波羅蜜經（宮本）卷二五　（11–1）

薩地若佛地若脩道因是脩道當斷煩惱
不以是煩惱故不得過聲聞辟支佛地入菩
薩位若不入菩薩位則不得一切種智不得
一切種智則不能得斷一切煩惱習世尊若
无有法相是諸法則不生若不生是諸法則
不能得一切種智佛告須菩提如是如是若
无有法者則有順忍乃至斷一切煩惱習須
菩提白佛言世尊菩薩摩訶薩行般若波羅
蜜時有法相不所謂色相乃至識相眼相乃至
意相色相乃至法相眼識界相乃至意識界相
四念處相乃至一切種智相若色相若色斷
相乃至識相識斷相十二入十八界亦如是
若无明相若无明斷相乃至憂悲苦惱相憂
悲愁惱斷相若欲相若欲斷相若瞋相若瞋
斷相若癡相若癡斷相若苦相若苦斷相若
集相若集斷相若滅相若滅斷相若道相若
道斷相乃至一切種智相斷一切煩惱習相
佛言不也須菩提菩薩摩訶薩行般若波羅
蜜時无有法相非法相即是菩薩順忍若无
有法相无有非相相即是脩道亦是道果須
菩提菩薩摩訶薩有法是菩薩道无法是菩
薩果以是因緣故當知一切法无所有性須菩
提白佛言世尊若一切法无所有性佛云何
知一切法无所有性故得成佛於一切法得
自在力佛告須菩提如是如是一切法无所
有性我本行菩薩道脩六波羅蜜離諸欲

BD15016號　摩訶般若波羅蜜經（宮本）卷二五　（11–2）

提白佛言世尊若一切法无所有性佛云何
知一切法无所有性故得成佛於一切法得
自在力佛告須菩提如是如是一切法无所
有性我本行菩薩道脩六波羅蜜離諸欲
離惡不善法有覺有觀離生憘樂入初禪
乃至入第四禪於是諸禪及枝不取相不念
有是禪不受禪味不得是禪无染清淨行
四禪我於是諸禪不受果報依四禪住起五
神通身通天耳知他人心宿命通天眼證於
諸神通不耳相不念有是神通不受神通味
不得是神通我於是五神通不分別行須菩
提我尒時用一念相應慧得阿耨多羅三藐三
菩提所謂是苦聖諦是集是滅是道聖諦成
就十力四无所畏四无导智十八不共法大慈大
悲得作佛分別三聚衆生正定邪定不定須
菩提白佛言云何世尊於諸法无所有性中起
四禪六神通亦无衆生而分別作三聚佛告
須菩提若諸欲惡不善法若當有性若自性
若他性我本爲菩薩行時不能觀諸欲惡不
善法无所有性入初禪以諸欲惡不善法无有
性若自性若他性皆是无所有性故我本行
菩薩道時離諸欲惡不善法入初禪乃至入
第四禪須菩提若諸神通有性若自性若他
性我不能知是神通无所有性得阿耨多羅
三藐三菩提須菩提以神通无有性若自性若
他性皆是无所有性以是故諸佛於神通知无
所有性得阿耨多羅三藐三菩提須菩提言

BD15016號　摩訶般若波羅蜜經（宮本）卷二五　（11–3）

第四禪須菩提若諸神通有性若自性若他
性我不能知是神通无所有性得阿耨多羅
三藐三菩提須菩提以神通无有性若自性若
他性皆是无所有性以是故諸佛於神通知无
所有性得阿耨多羅三藐三菩提須菩提言
世尊若菩薩摩訶薩知諸法无所有性因四禪
五神通得阿耨多羅三藐三菩提世尊新學菩
薩摩訶薩云何於諸法无所有性中次第行
次第學次第道以是次第行次第學次第道
得阿耨多羅三藐三菩提佛告須菩提菩薩
摩訶薩若初從諸佛聞若從多供養諸佛菩
薩邊聞若諸阿羅漢若諸阿那含若諸斯陁
含若須陁洹所聞得一切法无所有性空所
謂諸佛空无所有諸菩薩阿羅漢阿那含斯
陁含須陁洹一切賢聖皆空无所有一切法无
所有性乃至无有如毫末許所有是菩薩摩
訶薩聞是已作是念若一切法无有性得无
所有性故是佛乃至得无所有性故是須陁洹
我若當得阿耨多羅三藐三菩提若不得一
切法常无有性空我何以不發心得阿耨多
羅三藐三菩提得阿耨多羅三藐三菩提已
一切衆生行於有相當令住无所有中須菩
提菩薩摩訶薩如是思惟已發阿耨多羅三
藐三菩提心為度一切衆生故菩薩摩訶薩
所行次第行次第學次第道者如過去諸菩
薩摩訶薩所行道得阿耨多羅三藐三菩提是
新發意菩薩應學六波羅蜜所謂檀那波羅

BD15016號　摩訶般若波羅蜜經（宮本）卷二五　（11–4）

提菩薩摩訶薩如是思惟已發阿耨多羅三
藐三菩提心為度一切衆生故菩薩摩訶薩
所行次第行次第學次第道者如過去諸菩
薩摩訶薩所行道得阿耨多羅三藐三菩提是
新發意菩薩應學六波羅蜜所謂檀那波羅
蜜尸羅波羅蜜羼提波羅蜜毗梨耶波羅蜜禪
那波羅蜜般若波羅蜜是菩薩摩訶薩若
行檀波羅蜜時自行布施亦教人布施讚嘆
布施功德歡憘讚嘆行布施者以是布施
因緣故得大財富是菩薩遠離慳心布施衆
生飲食衣服香華瓔珞房舍卧具燈燭種
種資生所須盡給與之菩薩摩訶薩行是
布施及持戒生天人中得大尊貴以是持
戒布施故得禪定衆以是布施持戒禪定
故得智慧衆解脫衆解脫知見衆是菩薩
因是布施持戒禪定衆智慧衆解脫衆解脫
知見衆故過聲聞辟支佛地入菩薩位入菩薩
位已得淨佛國土成就衆生得一切種智得
一切種智已轉法輪轉法輪已以三乘法度
脫衆生生死如是須菩提菩薩以是布施次第
行次第學次第道是皆不可得何以故自性
无所有故復次須菩提菩薩摩訶薩從初發
意自行持戒教人持戒讚嘆持戒功德歡憘
讚嘆行持戒者持戒因緣故生天人中得大
尊貴見貧窮者施以財物不持戒者教令持
戒亂意者教令禪定愚癡者教令智慧无
解脫者教令解脫无解脫知見者教令解脫

BD15016號　摩訶般若波羅蜜經（宮本）卷二五　（11–5）

意自行持戒教人持戒讚嘆持戒功德歡
讚嘆行持戒者持戒因緣故生天人中得大
尊貴見貧窮者施以財物不持戒者教令持
戒亂意者教令禪定愚癡者教令智慧无
解脫者教令解脫无解脫知見者教令解脫
知見以是持戒禪定智慧解脫解脫知見因
緣故過阿羅漢辟支佛地入菩薩位入菩薩
位已得淨佛國土淨佛國土已成就衆生成
就衆生已得一切種智得一切種智已轉法輪
轉法輪已以三乘法度脫衆生如是須菩提菩
薩以是持戒次第行次第學次第道是事皆
不可得何以故一切法自性无所有故復次須
菩提菩薩摩訶薩從初以來自行羼提波羅
蜜教人行羼提讚嘆羼提功德歡喜讚嘆行
羼提者行羼提波羅蜜時布施衆生各令滿
足教令持戒教令禪定乃至解脫知見以是布
施持戒禪定智慧因緣故過阿羅漢辟支佛
地入菩薩位中入菩薩位中已得淨佛國土
八聖道分精進不令身口不善業得入亦不取
諸法相若常若无常若苦若樂若我若无我
若有爲若无爲若欲界若色界若无色界若
有漏性若无漏性若初禪乃至第四禪若
慈悲喜捨若无邊虛空處乃至非有想非无
想處若四念處四正懃四如意足五根五力
七覺分八聖道分若空无相无作若佛十力
乃至十八不共法不取相若常若无常若苦
若樂若我若无我若須陁洹果若斯陁含果

BD15016號　摩訶般若波羅蜜經（宮本）卷二五　（11–6）

想處若四念處四正懃四如意足五根五力
七覺分八聖道分若空无相无作若佛十力
乃至十八不共法不取相若常若无常若苦
若樂若我若无我若須陁洹果若斯陁含果
若阿那含果若阿羅漢果若辟支佛道若菩
薩道若阿耨多羅三藐三菩提若是須陁
洹斯陁含阿那含阿羅漢若是辟支佛是
菩薩是佛不取相是衆生斷三結故得須陁
洹是衆生三毒薄故得斯陁含是衆生斷下
分結故得阿那含是衆生斷上分結故得阿
羅漢是衆生以辟支佛道故作辟支佛是衆
生行道種智故名菩薩亦不取是諸法相何
以故所可以性取相是性无故是菩薩以是心
精進故廣利益衆生亦不得是衆生是爲菩
薩具足毗梨耶波羅蜜具足諸佛法淨佛國
土成就衆生不可得故是菩薩身精進心精
進成就故攝取一切諸善法是法亦不著故
從一佛國至一佛國爲利益衆生所作神通隨
意无导若雨諸華若散諸名香若作伎樂若
動大地若放光明若示七寶莊嚴國土若現
種種身若放大智光明令知聖道令遠離煞
生乃至邪見或以布施利益衆生或以持戒
或支解身體或以妻子或以國土或以已
身給施隨所方便利益衆生如是須菩提菩
薩摩訶薩行般若波羅蜜无相无作无得
諸法中用身心精進能具足毗梨耶波羅

BD15016號　摩訶般若波羅蜜經（宮本）卷二五　（11–7）

或支解身體或以妻子或以國土或以己
身給施隨所方便利益衆生如是須菩提菩
薩摩訶薩行般若波羅蜜无相无作无得
諸法中用身心精進能具足毗梨耶波羅
蜜世尊云何菩薩摩訶薩行般若波羅蜜
住无相无作无得法中能具足禪那波羅蜜
須菩提菩薩摩訶薩除佛諸禪定餘一切諸
禪三昧皆能具足是菩薩離諸欲諸惡不善
法離生喜樂有覺有觀入初禪乃至入第四
禪以是慈悲憘捨心遍滿一方乃至十方一切
世間遍滿是菩薩過一切色相滅有對相不
念別異相故入无邊虛空處乃至入非有想
非无想處是菩薩於禪那波羅蜜中住逆順
入八背捨九次第定入空三昧无相无作三昧
或時入无相三昧或時入如電光三昧或時
入聖正三昧或時入如金剛三昧是菩薩住禪
波羅蜜中脩卅七助道法用道種智入一切
禪定過乾慧地性地八人地見地薄地離欲
地已辨地辟支佛地菩薩地佛地入菩薩
位入菩薩位已具足佛地是諸地中行乃至
阿耨多羅三狼三菩提不中道取道果是
菩薩住是禪那波羅蜜中從一佛國至一
佛國供養諸佛從諸佛所殖諸善根淨佛國土
從一國至一國利益衆生以布施攝取衆生或
以持戒或以三昧或以智慧或以解脫或以解
脫知見攝取衆生教衆生令得須陁洹果斯

菩薩住是禪那波羅蜜中從一佛國至一
佛國供養諸佛從諸佛所殖諸善根淨佛國土
從一國至一國利益衆生以布施攝取衆生或
以持戒或以三昧或以智慧或以解脫或以解
脫知見攝取衆生教衆生令得須陁洹果斯
陁含果阿那含果阿羅漢果辟支佛道諸有
善法能令衆生得道皆教令得是菩薩住此禪
波羅蜜中能生一切陁羅尼門得四无㝵智得
報得諸神通是菩薩終不入母人胞胎終不
受五欲无生不生雖生亦不為生法所汙何
以故是菩薩見一切作法如幻而利益衆生亦
不得衆生及一切法教衆生令得无所得處
是世俗法故非第一實義住是禪那波羅蜜
行一切禪定解脫三昧乃至阿耨多羅三狼
三菩提終不離禪那波羅蜜是菩薩行如是
道種智時得一切種智斷一切煩惱習斷已
自益其身亦益他人自益益他已為一切世
間天及人阿脩羅作福田如是須菩提菩薩摩
訶薩行般若波羅蜜時能具足无相禪那
波羅蜜世尊云何菩薩摩訶薩行般若波羅
蜜時住无相无作无得法中能具足般若波
羅蜜須菩提菩薩摩訶薩行般若波羅蜜時
於諸法不現定實相是菩薩見色不定非實
相乃至見識不定非實相不見色生乃至不
見識生若不見色生乃至不見識生一切法
若有漏若无漏不見來處亦不見集處如是

相乃至見識不定非實相不見色生乃至不
見識生若不見色生乃至不見識生一切法
若有漏若无漏不見來處亦不見集處如是
觀時不得色性乃至識性亦不得有漏无漏法
性是菩薩行般若波羅蜜時信解一切諸法
无所有相如是信解已行内空乃至无法有
法空於諸法无所著若色若受想行識乃至阿
耨多羅三藐三菩提是菩薩行无所有般若
波羅蜜能具足菩薩道所謂六波羅蜜乃至卅
七助道法佛十力四无所畏四无㝵智十八不
共法卅二相八十随形好是菩薩住空淨佛道
中所謂六波羅蜜卅七助道法報得神通以
是法饒益衆生冝以布施攝教令布施冝以
戒攝教令持戒冝以禅定智慧解脱解脱知
見攝教令脩禅定智慧解脱解脱知見冝以
諸道法教者教令得須陁洹果得斯陁含果
阿那含果阿羅漢果辟支佛道冝以佛道
化者教令得菩薩道具足佛道如是菩薩其
所應道地而教化之各令得所是菩薩現種種
神通力時過无量恒河沙國土度脱衆生随
其所須皆供給之各令滿足從一國土至一國土
見淨妙國土以自莊嚴已佛國土譬如他化自
在天中資生所須随意自至々如諸淨佛國
離於求欲是人　以是報得檀那波羅蜜
尸羅波羅蜜羼提波羅蜜毗梨耶波羅蜜禅
那波羅蜜般若波羅蜜報得五神通行菩薩

BD15016號　摩訶般若波羅蜜經（宮本）卷二五　（11–10）

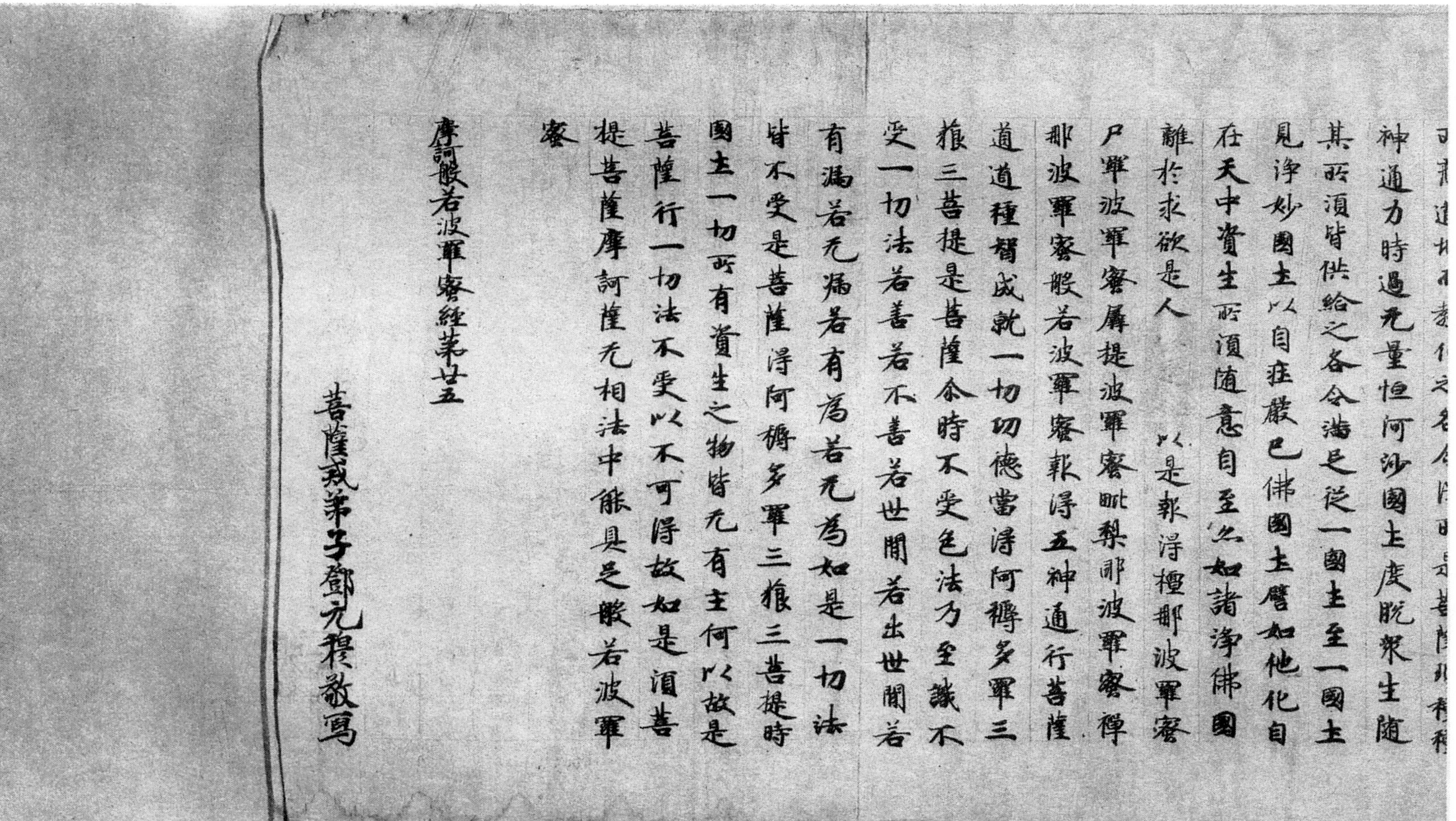

神通力時過无量恒河沙國土度脱衆生随
其所須皆供給之各令滿足從一國土至一國土
見淨妙國土以自莊嚴已佛國土譬如他化自
在天中資生所須随意自至々如諸淨佛國
離於求欲是人　以是報得檀那波羅蜜
尸羅波羅蜜羼提波羅蜜毗梨耶波羅蜜禅
那波羅蜜般若波羅蜜報得五神通行菩薩
道道種智成就一切功德當得阿耨多羅三
藐三菩提是菩薩尒時不受色法乃至識不
受一切法若善若不善若世間若出世間若
有漏若无漏若有為若无為如是一切法
皆不受是菩薩得阿耨多羅三藐三菩提時
國土一切所有資生之物皆无有主何以故是
菩薩行一切法不受以不可得故如是須菩
提菩薩摩訶薩无相法中能具足般若波羅
蜜

摩訶般若波羅蜜經第廿五

菩薩戒弟子鄭元穆敬寫

BD15016號　摩訶般若波羅蜜經（宮本）卷二五　（11–11）

BD15016 號背　勘記、印章　（1–1）

妙法蓮華經安樂行品第十四　五
尒時文殊師利法王子菩薩摩訶薩白佛言
世尊是諸菩薩甚為難有敬順佛故發大誓
願於後惡世護持讀誦是法華經世尊菩
薩摩訶薩於後惡世云何能說是經佛告文殊
師利若菩薩摩訶薩於後惡世欲說是經當
安住四法一者安住菩薩行處親近處能為衆
生演說是經文殊師利云何名菩薩摩訶薩
行處若菩薩摩訶薩住忍辱地柔和善順
而不卒暴心亦不驚又復於法无所行而觀
諸法如實相亦不行不分別是名菩薩摩訶
薩行處云何名菩薩摩訶薩親近處菩薩
摩訶薩不親近國王王子大臣官長不親近諸
外道梵志尼揵子等及造世俗文筆讚詠外
書及路伽耶陁逆路伽耶陁者亦不親近諸
有凶戲相扠相撲及那羅等種種變現之戲

BD15017 號　妙法蓮華經卷五　（29–1）

薩行處云何名菩薩摩訶薩親近處菩薩
摩訶薩不親近國王王子大臣官長不親近諸
外道梵志尼揵子等及造世俗文筆讚詠外
書及路伽耶陁逆路伽耶陁者亦不親近諸
有凶戲相扠相撲及那羅等種種變現之戲
又不親近旃陁羅及畜猪羊雞狗田獵魚捕
諸惡律儀如是人等或時來者則為說法无
所悕望又不親近求聲聞比丘比丘尼優婆塞
優婆夷亦不問訊若於房中若經行處若在
講堂中不共住止或時來者隨宜說法无所
悕求文殊師利又菩薩摩訶薩不應於女人
身取能生欲想相而為說法亦不樂見若
入他家不與小女處女寡女等共語亦復不近五
種不男之人以為親厚不獨入他家若有因
緣須獨入時但一心念佛若為女人說法不
露齒咲不現匈臆乃至為法猶不親厚况復
餘事不樂畜年少弟子沙弥小兒亦不樂
與同師常好坐禪在於閑處脩攝其心文殊
師利是名初親近處復次菩薩摩訶薩觀一
切法空如實相不顛倒不動不退不轉如虛空
无所有性一切語言道斷不生不出不起无
名无相實无所有无量无邊无㝵无障但以
因緣有從顛倒生故說常樂觀如是法相
是名菩薩摩訶薩第二親近處尒時世尊
欲重宣此義而說偈言
若有菩薩 於後惡世 无怖畏心 欲說是經

BD15017號 妙法蓮華經卷五 (29-2)

无所有性一切語言道斷不生不出不起无
名无相實无所有无量无邊无㝵无障但以
因緣有從顛倒生故說常樂觀如是法相
是名菩薩摩訶薩第二親近處尒時世尊
欲重宣此義而說偈言
若有菩薩 於後惡世 无怖畏心 欲說是經
應入行處 及親近處 常離國王 及國王子
大臣官長 凶險戲者 及旃陁羅 外道梵志
亦不親近 增上慢人 貪著小乘 三藏學者
破戒比丘 名字羅漢 及比丘尼 好戲咲者
深著五欲 求現滅度 諸優婆夷 皆勿親近
若是人等 以好心來 到菩薩所 為聞佛道
菩薩則以 无所畏心 不懷悕望 而為說法
寡女處女 及諸不男 皆勿親近 以為親厚
亦莫親近 屠兒魁膾 畋獵漁捕 為利煞害
販肉自活 衒賣女色 如是之人 皆勿親近
凶險相撲 種種嬉戲 諸婬女等 盡勿親近
莫獨屏處 為女說法 若說法時 无得戲咲
入里乞食 將一比丘 若无比丘 一心念佛
是則名為 行處近處 以此二處 能安樂說
又復不行 上中下法 有為无為 實不實法
亦不分別 是男是女 不得諸法 不知不見
是則名為 菩薩行處 一切諸法 空无所有
无有常住 亦无起滅 是名智者 所親近處
顛倒分別 諸法有无 是實非實 是生非生
在於閑處 脩攝其心 安住不動 如須弥山
觀一切法 皆无所有 猶如虛空 无有堅固

BD15017號 妙法蓮華經卷五 (29-3)

是則名為 菩薩行處 一切諸法 空无所有
无有常住 亦无起滅 是名智者 所親近處
顛倒分別 諸法有无 是實非實 是生非生
在於閑處 脩攝其心 安住不動 如須弥山
觀一切法 皆无所有 猶如虛空 无有堅固
不生不出 不動不退 常住一相 是名近處
若有比丘 於我滅後 入是行處 及親近處
說斯經時 无有怯弱
菩薩有時 入於靜室 以正憶念 隨義觀法
從禪定起 為諸國王 王子臣民 婆羅門等
開化演暢 說斯經典 其心安隱 无有怯弱
文殊師利 是名菩薩 安住初法 能於後世
說法華經
又文殊師利如來滅後於末法中欲說是經
應住安樂行若口宣說若讀經時不樂說
人及經典過亦不輕慢諸餘法師不說他人
好惡長短於聲聞人亦不稱名說其過惡亦
不稱名讚歎其美又亦不生怨嫌之心善脩如
是安樂心故諸有聽者不逆其意有所難問
不以小乘法荅但以大乘而為解說令得一
切種智尒時世尊欲重宣此義而說偈言
菩薩常樂 安隱說法 於清淨地 而施牀座
以油塗身 澡浴塵穢 著新淨衣 內外俱淨
安處法座 隨問為說 若有比丘 及比丘尼
諸優婆塞 及優婆夷 國王王子 羣臣士民
以微妙義 和顏為說 若有難問 隨義而荅
因緣譬喻 敷演分別 以是方便 皆使發心

BD15017號 妙法蓮華經卷五 （29–4）

以油塗身 澡浴塵穢 著新淨衣 內外俱淨
安處法座 隨問為說 若有比丘 及比丘尼
諸優婆塞 及優婆夷 國王王子 羣臣士民
以微妙義 和顏為說 若有難問 隨義而荅
因緣譬喻 敷演分別 以是方便 皆使發心
漸漸增益 入於佛道 除嬾惰意 及懈怠想
離諸憂惱 慈心說法 晝夜常說 无上道教
以諸因緣 无量譬喻 開示眾生 咸令歡喜
衣服臥具 飲食湯藥 而於其中 无所悕望
但一心念 說法因緣 願成佛道 令眾亦尒
是則大利 安樂供養 我滅度後 若有比丘
能演說斯 妙法華經 心无嫉恚 諸惱障閡
亦无憂愁 及罵詈者 又无怖畏 加刀杖等
亦无擯出 安住忍故 智者如是 善脩其心
能住安樂 如我上說 其人功德 千万億劫
筭數譬喻 說不能盡
又文殊師利菩薩摩訶薩於後末世法欲滅
時受持讀誦斯經典者无懷嫉妬諂誑之心
亦勿輕罵學佛道者求其長短若比丘比丘
尼優婆塞優婆夷求聲聞者求辟支佛者求
菩薩道者无得惱之令其疑悔語其人言汝
等去道甚遠終不能得一切種智所以者何汝
是放逸之人於道懈怠故又亦不應戲論
諸法有所諍競當於一切眾生起大悲想於
諸如來起慈父想於諸菩薩起大師想於十
方諸大菩薩常應深心恭敬礼拜於一切眾
生平等說法以順法故不多不少乃至深愛

BD15017號 妙法蓮華經卷五 （29–5）

是放逸之人於道懈怠故又亦不應戲論諸
諸法有所諍競當於一切衆生起大悲想於
諸如来起慈父想於諸菩薩起大師想於十
方諸大菩薩常應深心恭敬礼拜於一切衆
生平等說法以順法故不多不少乃至深愛
法者亦不為多說文殊師利是菩薩摩訶薩
於後末世法欲滅時有成就是第三安樂行者
說是法時无能惱亂得好同學共讀誦是經
亦得大衆而来聽受聽已能持持已能誦誦
已能說說已能書若使人書供養經卷恭
敬尊重讚歎尒時世尊欲重宣此義而說偈
言
若欲說是經　當捨嫉恚慢　諂誑邪偽心　常脩質直行
不輕蔑於人　亦不戲論法　不令他疑悔　云汝不得佛
是佛子說法　常柔和能忍　慈悲於一切　不生懈怠心
十方大菩薩　愍衆故行道　應生恭敬心　是則我大師
於諸佛世尊　生无上父想　破於憍慢心　說法无障閡
第三法如是　智者應守護　一心安樂行　无量衆所敬
又文殊師利菩薩摩訶薩於後末世法欲滅時
有持是法華經者於在家出家人中生大慈
心於非菩薩人中生大悲心應作是念如是之
人則為大失如来方便隨宜說法不聞不知
不覺不問不信不解其人雖不問不信不解
是經我得阿耨多羅三藐三菩提時隨在何
地以神通力智慧力引之令得住是法中文
殊師利是菩薩摩訶薩於如来滅後有成
就此第四法者說是法時无有過失常為比

BD15017號　妙法蓮華經卷五　（29–6）

不覺不問不信不解其人雖不問不信不解
是經我得阿耨多羅三藐三菩提時隨在何
地以神通力智慧力引之令得住是法中文
殊師利是菩薩摩訶薩於如来滅後有成
就此第四法者說是法時无有過失常為比
丘比丘尼優婆塞優婆夷國王王子大臣人
民婆羅門居士等供養恭敬尊重讚歎虛
空諸天為聽法故亦常隨侍若在聚落城
邑空閑林中有人来欲難問者諸天晝夜常
為法故而護衛之能令聽者皆得歡喜所以
者何此經是一切過去未来現在諸佛神力所
護故文殊師利是法華經於无量國中乃至
名字不可得聞何況得見受持讀誦文殊師
利譬如强力轉輪聖王欲以威勢降伏諸國
而諸小王不順其命時轉輪王起種種兵而
往討伐王見兵衆戰有功者即大歡喜隨
功賞賜或與田宅聚落城邑或與衣服嚴身之
具或與種種珎寶金銀瑠璃車𤦲馬瑙珊瑚
虎珀象馬車乘奴婢人民唯髻中明珠不以
與之所以者何獨王頂上有此一珠若以與
之王諸眷屬必大驚怖文殊師利如来亦
復如是以禪定智慧力得法國土王於三界
而諸魔王不肯順伏如来賢聖諸將與之共
戰其有功者心亦歡喜於四衆中為說諸經
令其心悅賜以禪定解脫无漏根力諸法之財
又復賜與涅槃之城言得滅度引導其心令
皆歡喜而不為說是法華經文殊師利如轉

BD15017號　妙法蓮華經卷五　（29–7）

而諸魔王不肯順伏如来賢聖諸將與之共
戰其有功者心亦歡喜於四衆中為說諸經
令其心悅賜以禪定解脫无漏根力諸法之財
又復賜與涅槃之城言得滅度引導其心令
皆歡喜而不為說是法華經文殊師利如轉
輪王見諸兵衆有大功者心甚歡喜以此難信
之珠久在髻中不妄與人而今與之如来亦復如
是於三界中為大法王以法教化一切衆生
見賢聖軍與五陰魔煩惱魔死魔共戰
有大功勳滅三毒出三界破魔網尒時如来
亦大歡喜此法華經能令衆生至一切智一
切世間多怨難信先所未說而今說之文殊
師利此法華經是諸如来第一之說於諸說
中冣為甚深末後賜與如彼強力之王久護
明珠今乃與之文殊師利此法華經諸佛如
来秘密之藏於諸經中冣在其上長夜守護
不妄宣說始於今日乃與汝等而敷演之尒
時世尊欲重宣此義而說偈言
常行忍辱　哀愍一切　乃能演說　佛所讚經
後末世時　持此經者　於家出家　及非菩薩
應生慈悲　斯等不聞
不信是經　則為大失　我得佛道　以諸方便
為說此法　令住其中　譬如強力　轉輪之王
兵戰有功　賞賜諸物　象馬車乘　嚴身之具
及諸田宅　聚落城邑　或與衣服　種種珍寶
奴婢財物　歡喜賜與　如有勇健　能為難事
王解髻中　明珠賜之　如来亦尒　為諸法王

BD15017 號　妙法蓮華經卷五　（29–8）

兵戰有功　賞賜諸物　象馬車乘　嚴身之具
及諸田宅　聚落城邑　或與衣服　種種珍寶
奴婢財物　歡喜賜與　如有勇健　能為難事
王解髻中　明珠賜之　如来亦尒　為諸法王
忍辱大力　智慧寶藏　以大慈悲　如法化世
見一切人　受諸苦惱　欲求解脫　與諸魔戰
為是衆生　說種種法　以大方便　說此諸經
既知衆生　得其力已　末後乃為　說是法華
如王解髻　明珠與之　此經為尊　衆經中上
我常守護　不妄開示　今正是時　為汝等說
我滅度後　求佛道者　欲得安隱　演說斯經
應當親近　如是四法　讀是經者　常无憂惱
又无病痛　顏色鮮白　不生貧窮　卑賤醜陋
衆生樂見　如慕賢聖　天諸童子　以為給使
刀杖不加　毒不能害　若人惡罵　口則閉塞
遊行无畏　如師子王　智慧光明　如日之照
若於夢中　但見妙事　見諸如来　坐師子座
諸比丘衆　圍遶說法　又見龍神　阿脩羅等
數如恒沙　恭敬合掌　自見其身　而為說法
又見諸佛　身相金色　放无量光　照於一切
以梵音聲　演說諸法　佛為四衆　說无上法
見身處中　合掌讚佛　聞法歡喜　而為供養
得陁羅尼　證不退智　佛知其心　深入佛道
即為授記　成冣正覺　汝善男子　當於來世
得无量智　佛之大道　國土嚴淨　廣大无比
亦有四衆　合掌聽法　又見自身　在山林中
脩習善法　證諸實相　深入禪定　見十方佛

BD15017 號　妙法蓮華經卷五　（29–9）

即為授記　成寂正覺　汝善男子　當於來世
得无量智　佛之大道　國土嚴淨　廣大无比
亦有四衆　合掌聽法　又見自身　在山林中
脩習善法　證諸實相　深入禪定　見十方佛
諸佛身金色　百福相莊嚴　聞法為人說　常有是好夢
又夢作國王　捨宮殿眷屬　及上妙五欲　行詣於道場
在菩提樹下　而處師子座　求道過七日　得諸佛之智
成无上道已　起而轉法輪　為四衆說法　經千万億劫
說无漏妙法　度无量衆生　後當入涅槃　如烟盡燈滅
若後惡世中　說是第一法　是人得大利　如上諸功德

妙法蓮華經從地踊出品第十五

尒時他方國土諸來菩薩摩訶薩過八恒河沙數於大衆中起合掌作礼而白佛言世尊若聽我等於佛滅後在此娑婆世界勤加精進護持讀誦書寫供養是經典者當於此土而廣說之尒時佛告諸菩薩摩訶薩衆止善男子不須汝等護持此經所以者何我娑婆世界自有六万恒河沙等菩薩摩訶薩一一菩薩各有六万恒河沙眷屬是諸人等能於我滅後護持讀誦廣說此經佛說是時娑婆世界三千大千國土地皆震裂而於其中有无量千万億菩薩摩訶薩同時踊出是諸菩薩身皆金色三十二相无量光明先盡在此娑婆世界之下此界虛空中住是諸菩薩聞釋迦牟尼佛所說音聲從下發來一一菩薩皆是大衆唱導之首各將六万恒河沙眷屬

BD15017號　妙法蓮華經卷五　(29–10)

身皆金色三十二相无量光明先盡在此娑婆世界之下此界虛空中住是諸菩薩聞釋迦牟尼佛所說音聲從下發來一一菩薩皆是大衆唱導之首各將六万恒河沙眷屬況將五万四万三万二万一万恒河沙等眷屬者況復乃至一恒河沙半恒沙四分之一乃至千万億那由他分之一況復千万億那由他眷屬況復億万眷屬況復千万百万乃至一万況復一千一百乃至一十況復將五四三二一弟子者況復單己樂遠離行如是等比无量无邊筭數譬喻所不能知是諸菩薩從地出已各詣虛空七寶妙塔多寶如來釋迦牟尼佛所到已向二世尊頭面礼足及至諸寶樹下師子座上佛所亦皆作礼右繞三匝合掌恭敬以諸菩薩種種讚法而以讚歎住在一面欣樂瞻仰於二世尊是諸菩薩摩訶薩從初踊出以諸菩薩種種讚法而讚於佛如是時間經五十小劫是時釋迦牟尼佛嘿然而坐及諸四衆亦皆嘿然五十小劫佛神力故令諸大衆謂如半日尒時四衆亦以佛神力故見諸菩薩遍滿無量百千万億國土虛空是菩薩衆中有四導師一名上行二名無邊行三名淨行四名安立行是四菩薩於其衆中最為上首唱導之師在大衆前各共合掌觀釋迦牟尼佛而問訊言世尊少病少惱安樂行不所應受者受教易

BD15017號　妙法蓮華經卷五　(29–11)

國土虛空是菩薩衆中有四導師一名上行
二名無邊行三名淨行四名安立行是四菩
薩於其衆中㝡為上首唱導之師在大衆
前各共合掌觀釋迦牟尼佛而問訊言世
尊少病少惱安樂行不所應度者受教易
不不令世尊生疲勞耶尒時四大菩薩而說
偈言
世尊安樂　少病少惱　教化衆生　得無疲惓
又諸衆生　受化易不　不令世尊　生疲勞耶
尒時世尊於菩薩大衆中而作是言如是如
是諸善男子如來安樂少病少惱諸衆生
等易可化度無有疲勞所以者何是諸衆生
世世已來常受我化亦於過去諸佛供養尊重
種諸善根此諸衆生始見我身聞我所說即
皆信受入如來慧除先脩習學小乘者如是之
人我今亦令得聞是經入於佛慧尒時諸大
菩薩而說偈言
善哉善哉　大雄世尊　諸衆生等　易可化度
能問諸佛　甚深智慧　聞已信行　我等隨喜
於時世尊讚歎上首諸大菩薩善哉善哉善
男子汝等能於如來發隨喜心尒時弥勒菩薩
及八千恒河沙諸菩薩衆皆作是念我等從
昔已來不見不聞如是大菩薩摩訶薩衆從
地踊出住世尊前合掌供養問訊如來時弥
勒菩薩摩訶薩知八千恒河沙諸菩薩等
心之所念并欲自決所疑合掌向佛以偈問曰

昔已來不見不聞如是大菩薩摩訶薩衆從
地踊出住世尊前合掌供養問訊如來時弥
勒菩薩摩訶薩知八千恒河沙諸菩薩等
心之所念并欲自決所疑合掌向佛以偈問曰
無量千万億　大衆諸菩薩　昔所未曾見　願兩足尊說
是從何所來　以何因緣集　巨身大神通　智慧叵思議
其志念堅固　有大忍辱力　衆生所樂見　為從何所來
一一諸菩薩　所將諸眷屬　其數無有量　如恒河沙等
或有大菩薩　將六万恒沙　如是諸大衆　一心求佛道
是諸大師等　六万恒河沙　俱來供養佛　及護持此經
將五万恒沙　其數過於是　四万及三万　二万至一万
一千一百等　乃至一恒沙　半及三四分　億万分之一
千万那由他　万億諸弟子　乃至於半億　其數復過上
百万至一万　一千及一百　五十與一十　乃至三二一
單己無眷屬　樂於獨處者　俱來至佛所　其數轉過上
如是諸大衆　若人行籌數　過於恒沙劫　猶不能盡知
是諸大威德　精進菩薩衆　誰為其說法　教化而成就
從誰初發心　稱揚何佛法　受持行誰經　脩習何佛道
如是諸菩薩　神通大智力　四方地震裂　皆從中踊出
世尊我昔來　未曾見是事　願說其所從　國土之名号
我常遊諸國　未曾見是衆　我於此衆中　乃不識一人
忽然從地出　願說其因緣　今此之大會　無量百千億
是諸菩薩等　皆欲知此事　是諸菩薩衆　本末之因緣
無量德世尊　唯願決衆疑
尒時釋迦牟尼佛分身諸佛從無量千万億
他方國土來者在於八方諸寶樹下師子座
上結加趺坐其佛侍者各各見是菩薩大衆

無量德世尊 唯願決衆疑
尒時釋迦牟尼佛分身諸佛從無量千万億
他方國土來者在於八方諸寶樹下師子座
上結跏趺坐其佛侍者各各見是菩薩大衆
於三千大千世界四方從地踊出住於虛空
各白其佛言世尊此諸無量無邊阿僧祇菩
薩大衆從何所來尒時諸佛各告侍者諸善
男子且待須臾有菩薩摩訶薩名弥勒釋迦
牟尼佛之所授記次後作佛已問斯事佛今荅
之汝等自當因是得聞尒時釋迦牟尼佛告
弥勒菩薩善哉善哉阿逸多乃能問佛如
是大事汝等當共一心被精進鎧發堅固意
如來今欲顯發宣示諸佛智慧諸佛自在神
通之力諸佛師子奮迅之力諸佛威猛大勢
之力尒時世尊欲重宣此義而說偈言
當精進一心 我欲說此事 勿得有疑悔 佛智叵思議
汝今出信力 住於忍善中 昔所未聞法 今皆當得聞
我今安慰汝 勿得懷疑懼 佛無不實語 智慧不可量
所得第一法 甚深叵分別 如是今當說 汝等一心聽
尒時世尊說此偈已告弥勒菩薩我今於此
大衆宣告汝等阿逸多是諸大菩薩摩訶薩
無量無數阿僧祇從地踊出汝等昔所未見
者我於是娑婆世界得阿耨多羅三藐三菩提
已教化示導是諸菩薩調伏其心令發道意此
諸菩薩皆於是娑婆世界之下此界虛空中
住於諸經典讀誦通利思惟分別正憶念阿
逸多是諸善男子等不樂在衆多有所說常

BD15017號 妙法蓮華經卷五 （29–14）

者我於是娑婆世界得阿耨多羅三藐三菩提
已教化示導是諸菩薩調伏其心令發道意此
諸菩薩皆於是娑婆世界之下此界虛空中
住於諸經典讀誦通利思惟分別正憶念阿
逸多是諸善男子等不樂在衆多有所說常
樂靜處勤行精進未曾休息亦不依止人天
而住常樂深智無有障礙亦常樂於諸佛
之法一心精進求無上慧尒時世尊欲重宣
此義而說偈言
阿逸汝當知 是諸大菩薩 從無數劫來 脩習佛智慧
悉是我所化 令發大道心 此等是我子 依止是世界
常行頭陁事 志樂於靜處 捨大衆憒鬧 不樂多所說
如是諸子等 學習我道法 晝夜常精進 為求佛道故
在娑婆世界 下方空中住 志念力堅固 常勤求智慧
說種種妙法 其心無所畏 我於伽耶城 菩提樹下坐
得成最正覺 轉無上法輪 尒乃教化之 令初發道心
今皆住不退 悉當得成佛 我今說實語 汝等一心信
我從久遠來 教化是等衆
尒時弥勒菩薩摩訶薩及無數諸菩薩等心
生疑惑怪未曾有而作是念云何世尊於少時
間教化如是無量無邊阿僧祇諸大菩薩令
住阿耨多羅三藐三菩提即白佛言世尊如
來為太子時出於釋宮去伽耶城不遠坐於
道場得成阿耨多羅三藐三菩提從是已來
始過四十餘年世尊云何於此少時大作佛
事以佛勢力以佛功德教化如是無量大菩
薩衆當成阿耨多羅三藐三菩提世尊此大

BD15017號 妙法蓮華經卷五 （29–15）

來為太子時出於釋宮去伽耶城不遠坐於
道場得成阿耨多羅三藐三菩提從是已來
始過四十餘年世尊云何於此少時大作佛
事以佛勢力以佛功德教化如是無量大菩
薩眾當成阿耨多羅三藐三菩提世尊此大
菩薩眾假使有人於千万億劫數不能盡
不得其邊斯等久遠已來於無量無邊諸
佛所諸善根成就菩薩道常脩梵行世尊如
此之事世所難信譬如有人色美髮黑年三
十五指百歲人言是我子其百歲人亦指年
少言是我父生育我等是事難信佛亦如是
得道已來其實未久而此大眾諸菩薩等已
於無量千万億劫為佛道故勤行精進善入
出住無量百千万億三昧得大神通久脩梵
行善能次第習諸善法巧於問答人中之寶
一切世間甚為希有今日世尊方云得佛道
時初令發心教化示導令向阿耨多羅三藐
三菩提世尊得佛未久乃能作此大功德事
我等雖復信佛隨宜所說佛所出言未曾虛
妄佛所知者皆悉通達然諸新發意菩薩
於佛滅後若聞是語或不信受而起破法罪
業因緣唯然世尊願為解說除我等疑及未
來世諸善男子聞此事已亦不生疑尒時彌勒
菩薩欲重宣此義而說偈言
佛昔從釋種　出家近伽耶　坐於菩提樹　尒來尚未久
此諸佛子等　其數不可量　久已行佛道　住神通智力

BD15017 號　妙法蓮華經卷五　（29–16）

業因緣唯然世尊願為解說除我等疑及未
來世諸善男子聞此事已亦不生疑尒時彌勒
菩薩欲重宣此義而說偈言
佛昔從釋種　出家近伽耶　坐於菩提樹　尒來尚未久
此諸佛子等　其數不可量　久已行佛道　住神通智力
善學菩薩道　不染世間法　如蓮華在水　從地而踊出
皆起恭敬心　住於世尊前　是事難思議　云何而可信
佛得道甚近　所成就甚多　願為除眾疑　如實分別說
譬如少壯人　年始二十五　示人百歲子　髮白而面皺
是等我所生　子亦說是父　父少而子老　舉世所不信
世尊亦如是　得道來甚近　是諸菩薩等　志固無怯弱
從無量劫來　而行菩薩道　巧於難問答　其心無所畏
忍辱心決定　端正有威德　十方佛所讚　善能分別說
不樂在人眾　常好在禪定　為求佛道故　於下空中住
我等從佛聞　於此事無疑　願佛為未來　演說令開解
若有於此經　生疑不信者　即當墮惡道　願今為解說
是無量菩薩　云何於少時　教化令發心　而住不退地
妙法蓮華經如來壽量品第十六
尒時佛告諸菩薩及一切大眾諸善男子汝等
當信解如來誠諦之語復告大眾汝等當信
解如來誠諦之語又復告諸大眾汝等當信
解如來誠諦之語是時菩薩大眾彌勒為首
合掌白佛言世尊唯願說之我等當信受
佛語如是三白已復言唯願說之我等當信
受佛語尒時世尊知諸菩薩三請不止而告之
言汝等諦聽如來秘密神通之力一切世間天
人及阿脩羅皆謂今釋迦牟尼佛出釋氏

BD15017 號　妙法蓮華經卷五　（29–17）

合掌白佛言世尊唯願說之我等當信受
佛語如是三白已復言唯願說之我等當信
受佛語尒時世尊知諸菩薩三請不止而告之
言汝等諦聽如來秘密神通之力一切世間天
人及阿脩羅皆謂今釋迦牟尼佛出釋氏
宮去伽耶城不遠坐於道場得阿耨多羅三
藐三菩提然善男子我實成佛已來無量
無邊百千万億那由他劫譬如五百千万億
那由他阿僧祇三千大千世界假使有人末為
微塵過於東方五百千万億那由他阿僧祇
國乃下一塵如是東行盡是微塵諸善男子
於意云何是諸世界可得思惟校計知其數
不弥勒菩薩等俱白佛言世尊是諸世界無
量無邊非筭數所知亦非心力所及一切聲聞
辟支佛以無漏智不能思惟知其限數我等
住阿惟越致地於是事中亦所不達世尊如是
諸世界無量無邊尒時佛告大菩薩衆諸善
男子今當分明宣語汝等是諸世界若著
微塵及不著者盡以為塵一塵一劫我成佛
已來復過於此百千万億那由他阿僧祇劫
自從是來我常在此娑婆世界說法教化亦
於餘處百千万億那由他阿僧祇國導利衆
生諸善男子於是中間我說然燈佛所又
復言其入於涅槃如是皆以方便分別諸善
男子若有衆生來至我所我以佛眼觀其信
等諸根利鈍隨所應度處處自說名字不

BD15017 號　妙法蓮華經卷五

(29–18)

生諸善男子於是中間我說然燈佛所又
復言其入於涅槃如是皆以方便分別諸善
男子若有衆生來至我所我以佛眼觀其信
等諸根利鈍隨所應度處處自說名字不
同年紀大小亦復現言當入涅槃又以種種
方便說微妙法能令衆生發歡喜心諸善男
子如來見諸衆生樂於小法德薄垢重者為
是人說我少出家得阿耨多羅三藐三菩提
然我實成佛已來久遠若斯但以方便教化
衆生令入佛道作如是說諸善男子如來所演
經典皆為度脫衆生或說己身或說他身或
示己身或示他身或示己事或示他事諸所
言說皆實不虛所以者何如來如實知見
三界之相無有生死若退若出亦無在世及
滅度者非實非虛非如非異不如三界見於
三界如斯之事如來明見無有錯謬以諸衆
生有種種性種種欲種種行種種憶想分別
故欲令生諸善根以若干因緣譬喻言辭種
種說法所作佛事未曾暫廢如是我成佛已
來甚大久遠壽命無量阿僧祇劫常住不滅
諸善男子我本行菩薩道所成壽命今猶未
盡復倍上數然今非實滅度而便唱言當取
滅度如來以是方便教化衆生所以者何若佛
久住於世薄德之人不種善根貧窮下賤
貪著五欲入於憶想妄見網中若見如來常
在不滅便起憍恣而懷厭怠不能生難遭之

BD15017 號　妙法蓮華經卷五

(29–19)

盡復倍上數然今非實滅度而便唱言當
滅度如來以是方便教化衆生所以者何若佛
久住於世薄德之人不種善根貧窮下賤
貪著五欲入於憶想妄見網中若見如來常
在不滅便起憍恣而懷猒怠不能生難遭之
想恭敬之心是故如來以方便說比丘當知
諸佛出世難可值遇所以者何諸薄德人過无
量百千万億劫或有見佛或不見者以此事
故我作是言諸比丘如來難可得見斯衆生
等聞如是語必當生於難遭之想心懷戀
慕渴仰於佛便種善根是故如來雖不實滅
而言滅度又善男子諸佛如來法皆如是為
度衆生皆實不虛譬如良醫智慧聰達明練
方藥善治衆病其人多諸子息若十二十乃至
百數以有事緣遠至餘國諸子於後飲他毒
藥藥發悶亂宛轉于地是時其父還來歸
家諸子飲毒或失本心或不失者遙見其父
皆大歡喜拜跪問訊善安隱歸我等愚癡誤
服毒藥願見救療更賜壽命父見子等苦惱
如是依諸經方求好藥草色香美味皆悉
具足擣篩和合與子令服而作是言此大良藥
色香美味皆悉具足汝等可服速除苦惱
无復衆患其諸子中不失心者見此良藥色香
俱好即便服之病盡除愈餘失心者見其父
肯服所以者何毒氣深入失本心故於此好色
香藥而謂不美父作是念此子可愍為毒所中
心皆顛倒雖見我喜求索救療如是好藥而

BD15017號　妙法蓮華經卷五　（29–20）

无復衆患其諸子中不失心者見此良藥色香
俱好即便服之病盡除愈餘失心者見其父
肯服所以者何毒氣深入失本心故於此好色
香藥而謂不美父作是念此子可愍為毒所中
心皆顛倒雖見我喜求索救療如是好藥而
不肯服我今當設方便令服此藥即作是言
汝等當知我今衰老死時已至是好良藥
今留在此汝可取服勿憂不差作是教已復至
他國遣使還告汝父已死是時諸子聞父背
喪心大憂惱而作是念若父在者慈愍我等
能見救護今者捨我遠喪他國自惟孤露无
復恃怙常懷悲感心遂醒悟乃知此藥色味
香美即取服之毒病皆愈其父聞子悉已得
差尋便來歸咸使見之諸善男子於意云
何頗有人能說此良醫虛妄罪不不也世尊佛
言我亦如是成佛已來无量无邊百千万億
那由他阿僧祇劫為衆生故以方便力言當滅
度亦无有能如法說我虛妄過者尒時世
尊欲重宣此義而說偈言
自我得佛來　所經諸劫數　无量百千万　億載阿僧祇
常說法教化　无數億衆生　令入於佛道　尒來无量劫
為度衆生故　方便現涅槃　而實不滅度　常住此說法
我常住於此　以諸神通力　令顛倒衆生　雖近而不見
衆見我滅度　廣供養舍利　咸皆懷戀慕　而生渴仰心
衆生既信伏　質直意柔軟　一心欲見佛　不自惜身命
時我及衆僧　俱出靈鷲山　我時語衆生　常在此不滅

BD15017號　妙法蓮華經卷五　（29–21）

我常住於此 以諸神通力 令顛倒眾生 雖近而不見
眾見我滅度 廣供養舍利 咸皆懷戀慕 而生渴仰心
眾生既信伏 質直意柔軟 一心欲見佛 不自惜身命
時我及眾僧 俱出靈鷲山 我時語眾生 常在此不滅
以方便力故 現有滅不滅 餘國有眾生 恭敬信樂者
我復於彼中 為說无上法 汝等不聞此 但謂我滅度
我見諸眾生 沒在於苦惱 故不為現身 令其生渴仰
因其心戀慕 乃出為說法 神通力如是 於阿僧祇劫
常在靈鷲山 及餘諸住處 眾生見劫盡 大火所燒時
我此土安隱 天人常充滿 園林諸堂閣 種種寶莊嚴
寶樹多華菓 眾生所遊樂 諸天擊天鼓 常作眾伎樂
雨曼陁羅華 散佛及大眾 我淨土不毀 而眾見燒盡
憂怖諸苦惱 如是悉充滿 是諸罪眾生 以惡業因緣
過阿僧祇劫 不聞三寶名 諸有脩功德 柔和質直者
則皆見我身 在此而說法 或時為此眾 說佛壽无量
久乃見佛者 為說佛難值 我智力如是 慧光照无量
壽命无數劫 久脩業所得 汝等有智者 勿於此生疑
當斷令永盡 佛語實不虛 如醫善方便 為治狂子故
實在而言死 无能說虛妄 我亦為世父 救諸苦患者
為凡夫顛倒 實在而言滅 以常見我故 而生憍恣心
放逸著五欲 墮於惡道中 我常知眾生 行道不行道
隨應所可度 為說種種法 每自作是意 以何令眾生
得入无上道 速成就佛身

妙法蓮華經分別功德品第十七
尒時大會聞佛說壽命劫數長遠如是无量无
邊阿僧祇眾生得大饒益於時世尊告弥勒
菩薩摩訶薩阿逸多我說是如來壽命長遠

BD15017 號　妙法蓮華經卷五　　(29–22)

妙法蓮華經分別功德品第十七
尒時大會聞佛說壽命劫數長遠如是无量无
邊阿僧祇眾生得大饒益於時世尊告弥勒
菩薩摩訶薩阿逸多我說是如來壽命長遠
時六百八十万億那由他恒河沙眾生得无生
法忍復千倍菩薩摩訶薩得聞持陁羅尼門
復有一世界微塵數菩薩摩訶薩得樂說无
礙辯才復有一世界微塵數菩薩摩訶薩得
百千万億无量旋陁羅尼復有三千大千世界微
塵數菩薩摩訶薩能轉不退法輪復有二
千中國土微塵數菩薩摩訶薩能轉清淨
法輪復有小千國土微塵數菩薩摩訶薩八
生當得阿耨多羅三藐三菩提復有四四天
下微塵數菩薩摩訶薩四生當得阿耨多
羅三藐三菩提復有三四天下微塵數菩
薩摩訶薩三生當得阿耨多羅三藐三菩提
復有二四天下微塵數菩薩摩訶薩二生當得
阿耨多羅三藐三菩提復有一四天下微塵數
菩薩摩訶薩一生當得阿耨多羅三藐三
菩提復有八世界微塵數眾生皆發阿耨
多羅三藐三菩提心佛說是諸菩薩摩訶薩得
大法利時於虛空中雨曼陁羅華摩訶曼陁
羅華以散无量百千万億寶樹下師子座上
諸佛并散七寶塔中師子座上釋迦牟尼
佛及久滅度多寶如來亦散一切諸大菩薩
及四部眾又雨細末栴檀沈水香等於虛空中
天鼓自鳴妙聲深遠又雨千種天衣垂諸瓔

BD15017 號　妙法蓮華經卷五　　(29–23)

諸佛并散七寶塔中師子座上釋迦牟尼
佛及久滅度多寶如來亦散一切諸大菩薩
及四部衆又雨細末栴檀沉水香等於虛空中
天鼓自鳴妙聲深遠又雨千種天衣垂諸瓔
珞真珠瓔珞摩尼珠瓔珞如意珠瓔珞遍於
九方衆寶香爐燒无價香自然周至供養大
會一一佛上有諸菩薩執持幡蓋次第而上至
于梵天是諸菩薩以妙音聲歌无量頌讚歎
諸佛尒時彌勒菩薩從座而起偏袒右肩合
掌向佛而說偈言
佛說希有法　昔所未曾聞　世尊有大力　壽命不可量
无數諸佛子　聞世尊分別　說得法利者　歡喜充遍身
或住不退地　或得陁羅尼　或无礙樂說　万億旋揔持
或有大千界　微塵數菩薩　各各皆能轉　不退之法輪
或有中千界　微塵數菩薩　各各皆能轉　清淨之法輪
復有小千界　微塵數菩薩　餘各八生在　當得成佛道
復有四三二　如是四天下　微塵諸菩薩　隨數生成佛
或一四天下　微塵數菩薩　餘有一生在　當成一切智
如是等衆生　聞佛壽長遠　得无量无漏　清淨之果報
復有八世界　微塵數衆生　聞佛說壽命　皆發无上心
世尊說无量　不可思議法　多有所饒益　如虛空无邊
雨天曼陁羅　摩訶曼陁羅　釋梵如恒沙　无數佛土來
雨栴檀沉水　繽紛而亂墜　如鳥飛空下　供散於諸佛
天鼓虛空中　自然出妙聲　天衣千万種　旋轉而來下
衆寶妙香爐　燒无價之香　自然悉周遍　供養諸世尊
其大菩薩衆　執七寶幡蓋　高妙万億種　次第至梵天
一一諸佛前　寶幢懸勝幡　亦以千万偈　歌詠諸如來

BD15017號　妙法蓮華經卷五　（29–24）

天鼓虛空中　自然出妙聲　天衣千万種　旋轉而來下
衆寶妙香爐　燒无價之香　自然悉周遍　供養諸世尊
其大菩薩衆　執七寶幡蓋　高妙万億種　次第至梵天
一一諸佛前　寶幢懸勝幡　亦以千万偈　歌詠諸如來
如是種種事　昔所未曾有　聞佛壽无量　一切皆歡喜
佛名聞十方　廣饒益衆生　一切具善根　以助无上心
尒時佛告彌勒菩薩摩訶薩阿逸多其有衆生
聞佛壽命長遠如是乃至能生一念信解所得
功德无有限量若有善男子善女人為阿耨
多羅三藐三菩提於八十万億那由他劫行
五波羅蜜檀波羅蜜尸羅波羅蜜羼提
波羅蜜毗梨耶波羅蜜禪波羅蜜除般若波羅
蜜以是功德比前功德百分千分百千万億分
不及其一乃至筭數譬喻所不能知若善男
子有如是功德於阿耨多羅三藐三菩提退
者无有是處尒時世尊欲重宣此義而說
偈言
若人求佛慧　於八十万億　那由他劫數　行五波羅蜜
於是諸劫中　布施供養佛　及緣覺弟子　并諸菩薩衆
珍異之飲食　上服與卧具　栴檀立精舍　以園林莊嚴
如是等布施　種種皆微妙　盡此諸劫數　以迴向佛道
若復持禁戒　清淨无缺漏　求於无上道　諸佛之所歎
若復行忍辱　住於調柔地　設衆惡來加　其心不傾動
諸有得法者　懷於增上慢　為此所輕惱　如是亦能忍
若復懃精進　志念常堅固　於无量億劫　一心不懈息
又於无數劫　住於空閑處　若坐若經行　除睡常攝心
以是因緣故　能生諸禪定　八十億万劫　安住心不亂

BD15017號　妙法蓮華經卷五　（29–25）

若復行忍辱　住於調柔地　設眾惡來加　其心不傾動
諸有得法者　懷於增上慢　為此所輕惱　如是亦能忍
若復勤精進　志念常堅固　於无量億劫　一心不懈息
又於无數劫　住於空閑處　若坐若經行　除睡常攝心
以是因緣故　能生諸禪定　八十億万劫　安住心不亂
持此一心福　願求无上道　我得一切智　盡諸禪定際
是人於百千　万億劫數中　行此諸功德　如上之所說
有善男女等　聞我說壽命　乃至一念信　其福過於彼
若人悉无有　一切諸疑悔　深心須臾信　其福為如此
其有諸菩薩　无量劫行道　聞我說壽命　是則能信受
如是諸人等　頂受此經典　願我於未來　長壽度眾生
如今日世尊　諸釋中之王　道場師子吼　說法无所畏
我等未來世　一切所尊敬　坐於道場時　說壽亦如是
若有深心者　清淨而質直　多聞能總持　隨義解佛語
如是諸人等　於此无有疑
又阿逸多若有聞佛壽命長遠解其言趣是
人所得功德无有限量能起如來无上之慧
何況廣聞是經若教人聞若自持若教人持
若自書若教人書若以華香瓔珞幢幡繒蓋
香油蘇燈供養經卷是人功德无量无邊能
生一切種智阿逸多若善男子善女人聞我
說壽命長遠深心信解則為見佛常在耆闍
崛山共大菩薩諸聲聞眾圍繞說法又見此
娑婆世界其地瑠璃坦然平正閻浮檀金以
界八道寶樹行列諸臺樓觀皆悉寶成其菩
薩眾咸處其中若有能如是觀者當知是為
深信解相又復如來滅後若聞是經而不毀呰
起隨喜心當知已為深信解相何況讀誦

BD15017 號　妙法蓮華經卷五　（29–26）

娑婆世界其地瑠璃坦然平正閻浮檀金以
界八道寶樹行列諸臺樓觀皆悉寶成其菩
薩眾咸處其中若有能如是觀者當知是為
深信解相又復如來滅後若聞是經而不毀呰
起隨喜心當知已為深信解相何況讀誦
受持之者斯人則為頂戴如來阿逸多是善
男子善女人不須為我復起塔寺及作僧坊以
四事供養眾僧所以者何是善男子善女
人受持讀誦是經典者為已起塔造立僧
坊供養眾僧則為以佛舍利起七寶塔高廣
漸小至于梵天懸諸幡蓋及眾寶鈴華香瓔珞
末香塗香燒香眾鼓伎樂簫笛箜篌種種儛
戲以妙音聲歌唄讚頌則為於无量千万億
劫作是供養已阿逸多若我滅後聞是經典
有能受持若自書若教人書則為起立僧坊
以赤栴檀作諸殿堂三十有二高八多羅樹
高廣嚴好百千比丘於其中止園林浴池經
行禪窟衣服飲食床褥湯藥一切樂具充滿
其中如是僧坊堂閣若干百千万億其數无
量以此現前供養於我及比丘僧是故我說
如來滅後若有受持讀誦為他人說若自書
若教人書供養經卷不須復起塔寺及造僧
坊供養眾僧況復有人能持是經兼行布施
持戒忍辱精進一心智慧其德最勝无量无
邊譬如虛空東西南北四維上下无量无邊是
人功德亦復如是无量无邊疾至一切種智
若人讀誦受持是經為他人說若自書若教
人書復能起塔及造僧坊供養讚歎聲聞
眾僧亦以百千万億讚歎之法讚歎菩薩功

BD15017 號　妙法蓮華經卷五　（29–27）

邊譬如虛空東西南北四維上下无量无邊是
人功德亦復如是无量无邊疾至一切種智
若人讀誦受持是經為他人說若自書若教
人書復能起塔及造僧坊供養讚歎聲聞
衆僧亦以百千万億讚歎之法讚歎菩薩功
德又為他人種種因緣隨義解說此法華經
復能清淨持戒與柔和者而共同止忍辱无瞋
志念堅固常貴坐禪得諸深定精進勇猛
攝諸善法利根智慧善答問難阿逸多若
我滅後諸善男子善女人受持讀誦是經典
者復有如是諸善功德知是人已趣道場近
阿耨多羅三藐三菩提坐道樹下阿逸多是
善男子若坐若立若行處此中便應起塔
一切天人皆應供養如佛之塔尒時世尊欲重
宣此義而說偈言
若我滅度後　能奉持此經　斯人福无量　如上之所說
是則為具足　一切諸供養　以舍利起塔　七寶而莊嚴
表刹甚高廣　漸小至梵天　寶鈴千万億　風動出妙音
又於无量劫　而供養此塔　華香諸瓔珞　天衣衆伎樂
然香油蘇燈　周帀常照明　惡世法末時　能持是經者
則為已如上　具足諸供養　若能持此經　則如佛現在
以牛頭栴檀　起僧坊供養　堂有三十二　高八多羅樹
上饌妙衣服　床臥皆具足　百千衆住處　園林諸流池
經行及禪窟　種種皆嚴好　若有信解心　受持讀誦書
若復教人書　及供養經卷　散華香末香　以須曼瞻蔔
阿提目多伽　薰油常然之　如是供養者　得无量功德
如虛空无邊　其福亦如是　況復持此經　兼布施持戒

BD15017號　妙法蓮華經卷五　（29–28）

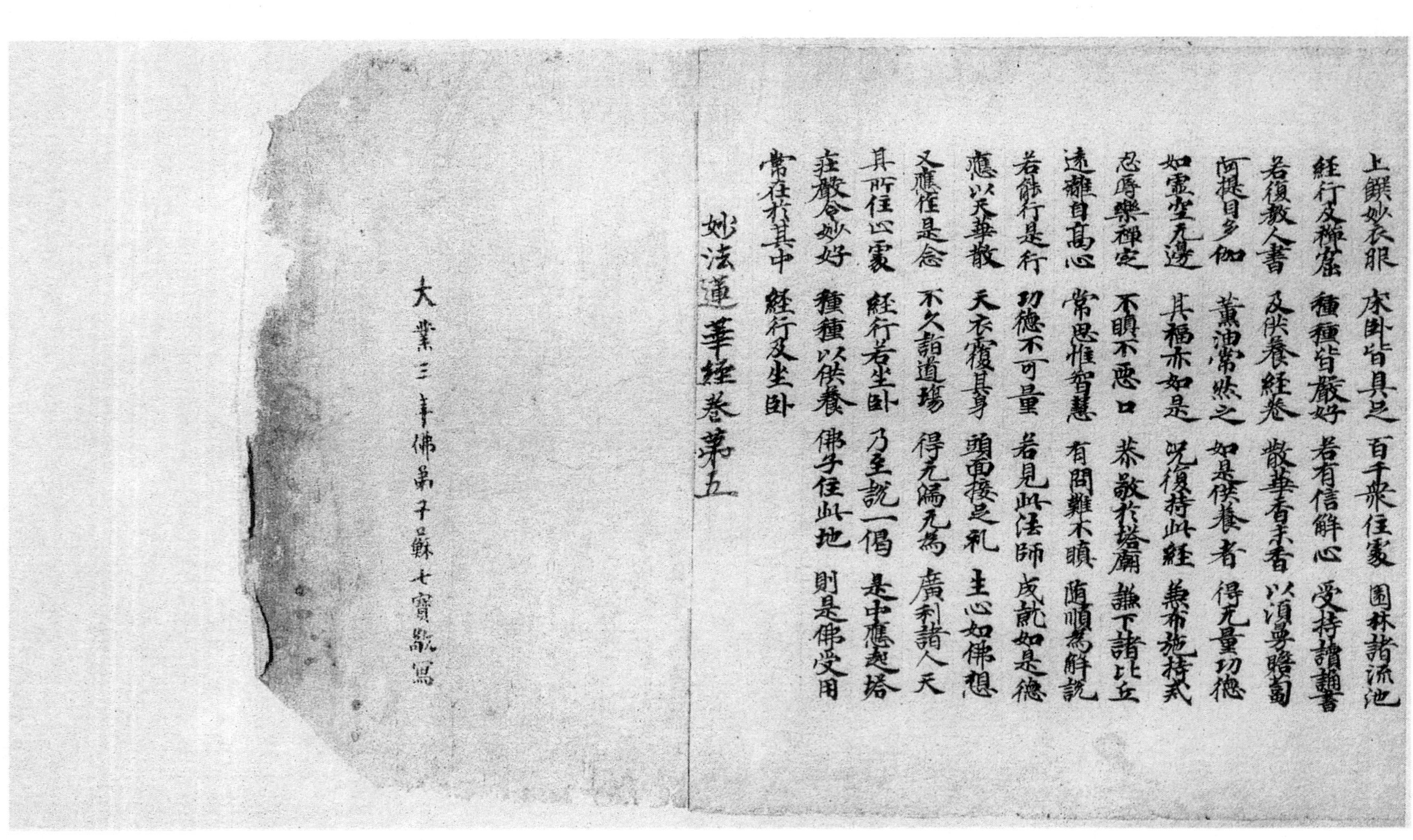

上饌妙衣服　床臥皆具足　百千衆住處　園林諸流池
經行及禪窟　種種皆嚴好　若有信解心　受持讀誦書
若復教人書　及供養經卷　散華香末香　以須曼瞻蔔
阿提目多伽　薰油常然之　如是供養者　得无量功德
如虛空无邊　其福亦如是　況復持此經　兼布施持戒
忍辱樂禪定　不瞋不惡口　恭敬於塔廟　謙下諸比丘
遠離自高心　常思惟智慧　有問難不瞋　隨順為解說
若能行是行　功德不可量　若見此法師　成就如是德
應以天華散　天衣覆其身　頭面接足禮　生心如佛想
又應作是念　不久詣道場　得无漏无為　廣利諸人天
其所住止處　經行若坐臥　乃至說一偈　是中應起塔
莊嚴令妙好　種種以供養　佛子住此地　則是佛受用
常在於其中　經行及坐臥

妙法蓮華經卷第五

大業三年佛弟子蘇七寶敬寫

BD15017號　妙法蓮華經卷五　（29–29）

BD15017 號背　勘記、印章　　　　(2–1)

BD15017 號背　勘記、印章　　　　(2–2)

何以故斯陀含名一往來而實无往來是名
斯陀含須菩提於意云何阿那含能作是念
我得阿那含果不須菩提言不也世尊何以
故阿那含名為不來而實无來是故名阿
那含須菩提於意云何阿羅漢能作是念我
得阿羅漢道不須菩提言不也世尊何以故
實无有法名阿羅漢世尊若阿羅漢作是
念我得阿羅漢道即為著我人眾生壽者世
尊佛說我得无諍三昧人中最為第一是第
一離欲阿羅漢我不作是念我是離欲阿羅漢
世尊我若作是念我得阿羅漢道世尊則不
說須菩提是樂阿蘭那行者以須菩提實
无所行而名須菩提是樂阿蘭那行
佛告須菩提於意云何如來昔在然燈佛所
於法有所得不世尊如來在然燈佛所於法實
无所得
須菩提於意云何菩薩莊嚴佛土不不也世
尊何以故莊嚴佛土者則非莊嚴是名莊

BD15018號　金剛般若波羅蜜經　（13–1）

說須菩提是樂阿蘭那行者以須菩提實
无所行而名須菩提是樂阿蘭那行
佛告須菩提於意云何如來昔在然燈佛所
於法有所得不世尊如來在然燈佛所於法實
无所得
須菩提於意云何菩薩莊嚴佛土不不也世
尊何以故莊嚴佛土者則非莊嚴是名莊
嚴是故須菩提諸菩薩摩訶薩應如是生
清淨心不應住色生心不應住聲香味觸法
生心應无所住而生其心須菩提譬如有人
身如須弥山王於意云何是身為大不須
菩提言甚大世尊何以故佛說非身是名
大身須菩提如恒河中所有沙數如是沙等
恒河於意云何是諸恒河沙寧為多不須菩
提言甚多世尊但諸恒河尚多无數何況其
沙須菩提我今實言告汝若有善男子善
女人以七寶滿尒所恒河沙數三千大千世界
以用布施得福多不須菩提言甚多世尊佛
告須菩提若善男子善女人於此經中乃
至受持四句偈等為他人說而此福德勝
前福德
復次須菩提隨說是經乃至四句偈等當
知此處一切世間天人阿脩羅皆應供養如
佛塔廟何況有人盡能受持讀誦須菩提
當知是人成就最上第一希有之法若是經
典所在之處則為有佛若尊重弟子
尒時須菩提白佛言世尊當何名此經我
等云何奉持佛告須菩提是經名為金剛

BD15018號　金剛般若波羅蜜經　（13–2）

知此處一切世間天人阿脩羅皆應供養如
佛塔廟何況有人盡能受持讀誦須菩提
當知是人成就最上第一希有之法若是經
典所在之處則為有佛若尊重弟子
尒時須菩提白佛言世尊當何名此經我
等云何奉持佛告須菩提是經名為金剛
般若波羅蜜以是名字汝當奉持所以者
何須菩提佛說般若波羅蜜則非般若波
羅蜜須菩提於意云何如來有所說法不
須菩提白佛言世尊如來无所說須菩提於
意云何三千大千世界所有微塵是為多不
須菩提言甚多世尊須菩提諸微塵如
來說非微塵是名微塵如來說世界非世界
是名世界
須菩提於意云何可以三十二相見如來不
不也世尊不可以三十二相得見如來何以故如
來說三十二相即是非相是名三十二相
須菩提若有善男子善女人以恒河沙等身
命布施若復有人於此經中乃至受持四句偈
等為他人說其福甚多
尒時須菩提聞說是經深解義趣涕淚悲
泣而白佛言希有世尊佛說如是甚深經典
我從昔來所得慧眼未曾得聞如是之經
世尊若復有人得聞是經信心清淨則生實
相當知是人成就第一希有功德世尊是實
相者則是非相是故如來說名實相世尊
我今得聞如是經典信解受持不足為難若
當來世後五百歲其有衆生得聞是經信

BD15018號　金剛般若波羅蜜經　（13–3）

世尊若復有人得聞是經信心清淨則生實
相當知是人成就第一希有功德世尊是實
相者則是非相是故如來說名實相世尊
我今得聞如是經典信解受持不足為難若
當來世後五百歲其有衆生得聞是經信
解受持是人則為第一希有何以故此人无
我相人相衆生相壽者相所以者何我相即
是非相人相衆生相壽者相即是非相何以
故離一切諸相則名諸佛
佛告須菩提如是如是若復有人得聞是經
不驚不怖不畏當知是人甚為希有何以故
須菩提如來說第一波羅蜜非第一波羅蜜
是名第一波羅蜜
須菩提忍辱波羅蜜如來說非忍辱波羅
蜜何以故須菩提如我昔為歌利王割截
身體我於尒時无我相无人相无衆生相无
壽者相何以故我於往昔節節支解時若
有我相人相衆生相壽者相應生瞋恨須菩
提又念過去於五百世作忍辱仙人於尒所世
无我相无人相无衆生相无壽者相是故須
菩提菩薩應離一切相發阿耨多羅三藐
三菩提心不應住色生心不應住聲香味觸
法生心應生无所住心若心有住則為非住
是故佛說菩薩心不應住色布施須菩提
菩薩為利益一切衆生應如是布施如來說
一切諸相即是非相又說一切衆生則非衆生
須菩提如來是真語者實語者如語者不

BD15018號　金剛般若波羅蜜經　（13–4）

法生心[illegible]
是故佛說菩薩心不應住色布施須菩提
菩薩為利益一切衆生應如是布施如來說
一切諸相即是非相又說一切衆生則非衆生
須菩提如來是真語者實語者如語者不
誑語者不異語者須菩提如來所得法此法
无實无虛
須菩提若菩薩心住於法而行布施如人入闇
則无所見若菩薩心不住法而行布施如人
有目日光明照見種種色
須菩提當來之世若有善男子善女人能於
此經受持讀誦則為如來以佛智慧悉知
是人悉見是人皆得成就无量无邊功德
須菩提若有善男子善女人初日分以恒河
沙等身布施中日分復以恒河沙等身布施
後日分亦以恒河沙等身布施如是无量百
千万億劫以身布施若復有人聞此經典信
心不逆其福勝彼何況書寫受持讀誦為
人解說
須菩提以要言之是經有不可思議不可稱
量无邊功德如來為發大乘者說為發最上
乘者說若有人能受持讀誦廣為人說如
來悉知是人悉見是人皆得成就不可量不
可稱无有邊不可思議功德如是人等則
為荷擔如來阿耨多羅三藐三菩提何以
故須菩提若樂小法者著我見人見衆生
見壽者見則於此經不能聽受讀誦為人
解說須菩提在在處處若有此經一切世

BD15018號　金剛般若波羅蜜經　（13–5）

可稱无有邊不可思議功德如是人等則
為荷擔如來阿耨多羅三藐三菩提何以
故須菩提若樂小法者著我見人見衆生
見壽者見則於此經不能聽受讀誦為人
解說須菩提在在處處若有此經一切世
間天人阿脩羅所應供養當知此處則為
是塔皆應恭敬作礼圍遶以諸華香而散
其處
復次須菩提善男子善女人受持讀誦此
經若為人輕賤是人先世罪業應墮惡道以
今世人輕賤故先世罪業則為消滅當得阿
耨多羅三藐三菩提須菩提我念過去无
量阿僧祇劫於然燈佛前得值八百四千万
億那由他諸佛悉皆供養承事无空過者
若復有人於後末世能受持讀誦此經所得
功德於我所供養諸佛功德百分不及一千
万億分乃至筭數譬喻所不能及須菩提
若善男子善女人於後末世有受持讀誦此
經所得功德我若具說者或有人聞心則
狂乱狐疑不信須菩提當知是經義不可思
議果報亦不可思議
尒時須菩提白佛言世尊善男子善女人發
阿耨多羅三藐三菩提心云何應住云何降
伏其心佛告須菩提善男子善女人發阿耨
多羅三藐三菩提者當生如是心我應滅
度一切衆生滅度一切衆生已而无有一衆生
實滅度者何以故若菩薩有我相人相衆

BD15018號　金剛般若波羅蜜經　（13–6）

阿耨多羅三藐三菩提心云何應住云何降
伏其心佛告須菩提善男子善女人發阿耨
多羅三藐三菩提者當生如是心我應滅
度一切衆生滅度一切衆生已而无有一衆生
實滅度者何以故若菩薩有我相人相衆
生相壽者相則非菩薩所以者何須菩提
實无有法發阿耨多羅三藐三菩提者須
菩提於意云何如来於燃燈佛所有法得
阿耨多羅三藐三菩提不不也世尊如我解
佛所說義佛於燃燈佛所无有法得阿耨
多羅三藐三菩提佛言如是如是須菩提
實无有法如来得阿耨多羅三藐三菩提
須菩提若有法如来得阿耨多羅三藐三菩
提燃燈佛則不與我受記汝於来世當得作
佛号釋迦牟尼以實无有法得阿耨多羅三
藐三菩提是故燃燈佛與我受記作是言汝
於来世當得作佛号釋迦牟尼何以故如
来者即諸法如義若有人言如来得阿耨多
羅三藐三菩提須菩提實无有法佛得阿
耨多羅三藐三菩提須菩提如来所得阿耨
多羅三藐三菩提於是中无實无虚是故如
来說一切法皆是佛法須菩提所言一切法者
即非一切法是故名一切法
須菩提譬如人身長大須菩提言世尊如
来說人身長大則爲非大身是名大身
須菩提菩薩亦如是若作是言我當滅度无
量衆生則不名菩薩何以故須菩提實无

須菩提譬如人身長大須菩提言世尊如
来說人身長大則爲非大身是名大身
須菩提菩薩亦如是若作是言我當滅度无
量衆生則不名菩薩何以故須菩提實无
有法名爲菩薩是故佛說一切无人无衆
生无壽者須菩提若菩薩作是言我當
荘嚴佛土是不名菩薩何以故如来說荘
嚴佛土者即非荘嚴是名荘嚴須菩提若
菩薩通達无我法者如来說名真是菩薩
須菩提於意云何如来有肉眼不如是世
尊如来有肉眼須菩提於意云何如来有
天眼不如是世尊如来有天眼須菩提於意
云何如来有慧眼不如是世尊如来有慧
眼須菩提於意云何如来有法眼不如是世
尊如来有法眼須菩提於意云何如来有佛
眼不如是世尊如来有佛眼須菩提於意
云何恒河中所有沙佛說是沙不如是世尊
如来說是沙須菩提於意云何如一恒河中所
有沙有如是等恒河是諸恒河所有沙數佛
世界如是寧爲多不甚多世尊佛告須菩
提尒所國土中所有衆生若干種心如来悉
知何以故如来說諸心皆爲非心是名爲心所
以者何須菩提過去心不可得現在心不可得
未来心不可得須菩提於意云何若有人滿
三千大千世界七寶以用布施是人以是因緣
得福多不如是世尊此人以是因緣得福甚
多

未来心不可得須菩提於意云何若有人滿
三千大千世界七寶以用布施是人以是因緣
得福多不如是世尊此人以是因緣得福甚
多
須菩提若福德有實如來不說得福德多
以福德无故如來說得福德多
須菩提於意云何佛可以具足色身見不不
也世尊如來不應以具足色身見何以故如來
說具足色身即非具足色身是名具足色身
須菩提於意云何如來可以具足諸相見不
不也世尊如來不應以具足諸相見何以故如
來說諸相具足即非具足是名諸相具足須
菩提汝勿謂如來作是念我當有所說法莫
作是念何以故若人言如來有所說法即為
謗佛不能解我所說故須菩提說法者无
法可說是名說法
須菩提白佛言世尊佛得阿耨多羅三藐
三菩提為无所得耶如是如是須菩提我
於阿耨多羅三藐三菩提乃至无有少法
可得是名阿耨多羅三藐三菩提
復次須菩提是法平等无有高下是名阿耨
多羅三藐三菩提以无我无人无衆生无壽者
脩一切善法則得阿耨多羅三藐三菩提須
菩提所言善法者如來說非善法是名善
法
須菩提若三千大千世界中所有諸須弥山
王如是等七寶聚有人持用布施若人以此

BD15018號　金剛般若波羅蜜經　（13–9）

菩提所言善法者如來說非善法是名善
法
須菩提若三千大千世界中所有諸須弥山
王如是等七寶聚有人持用布施若人以此
般若波羅蜜經乃至四句偈等受持讀誦為
他人說於前福德百分不及一百千万億分乃
至筭數譬喻所不能及
須菩提於意云何汝等勿謂如來作是念我
當度衆生須菩提莫作是念何以故實无有
衆生如來度者若有衆生如來度者如來
則有我人衆生壽者須菩提如來說有我者
則非有我而凡夫之人以為有我須菩提凡夫
者如來說則非凡夫
須菩提於意云何可以三十二相觀如來不須
菩提言如是如是以三十二相觀如來佛言須
菩提若以三十二相觀如來者轉輪聖王則
是如來須菩提白佛言世尊如我解佛所
說義不應以三十二相觀如來尒時世尊而
說偈言
若以色見我　以音聲求我　是人行邪道　不能見如來
須菩提汝若作是念如來不以具足相故得阿
耨多羅三藐三菩提須菩提莫作是念如來
不以具足相故得阿耨多羅三藐三菩提須
菩提汝若作是念發阿耨多羅三藐三菩提
者說諸法斷滅莫作是念何以故發阿耨多
羅三藐三菩提者於法不說斷滅相
須菩提若菩薩以滿恒河沙等世界七寶布

BD15018號　金剛般若波羅蜜經　（13–10）

不以具足相故得阿耨多羅三藐三菩提須
菩提汝若作是念發阿耨多羅三藐三菩提
者說諸法斷滅莫作是念何以故發阿耨多
羅三藐三菩提者於法不說斷滅相
須菩提若菩薩以滿恒河沙等世界七寶布
施若復有人知一切法无我得成於忍此菩
薩勝前菩薩所得功德須菩提以諸菩薩不
受福德故須菩提白佛言世尊云何菩薩不
受福德須菩提菩薩所作福德不應貪著是
故說不受福德
須菩提若有人言如來若來若去若坐若卧
是人不解我所說義何以故如來者无所從
來亦无所去故名如來
須菩提若善男子善女人以三千大千世界
碎爲微塵於意云何是微塵衆寧爲多不
甚多世尊何以故若是微塵衆實有者佛
則不說是微塵衆所以者何佛說微塵衆
則非微塵衆是名微塵衆世尊如來所說
三千大千世界則非世界是名世界何以故
若世界實有者則是一合相如來說一合相
則非一合相是名一合相須菩提一合相者則
是不可說但凡夫之人貪著其事須菩提若
人言佛說我見人見衆生見壽者見須菩提
於意云何是人解我所說義不世尊是人不
解如來所說義何以故世尊說我見人見衆
生見壽者見即非我見人見衆生見壽者見

BD15018號　金剛般若波羅蜜經　（13–11）

是不可說但凡夫之人貪著其事須菩提若
人言佛說我見人見衆生見壽者見須菩提
於意云何是人解我所說義不世尊是人不
解如來所說義何以故世尊說我見人見衆
生見壽者見即非我見人見衆生見壽者見
是名我見人見衆生見壽者見
須菩提發阿耨多羅三藐三菩提心者於一切
法應如是知如是見如是信解不生法相須
菩提所言法相者如來說即非法相是名法
相須菩提若有人以滿无量阿僧祇世界七
寶持用布施若有善男子善女人發菩薩
心者持於此經乃至四句偈等受持讀誦爲
人演說其福勝彼云何爲人演說不取於相
如如不動何以故
一切有爲法　如夢幻泡影　如露亦如電　應作如是觀
佛說是經已長老須菩提及諸比丘比丘尼優
婆塞優婆夷一切世間天人阿脩羅聞佛所
說皆大歡喜信受奉持

金剛般若波羅蜜經

BD15018號　金剛般若波羅蜜經　（13–12）

相須菩提若有人以滿无量阿僧祇世界七
寶持用布施若有善男子善女人發菩薩
心者持於此經乃至四句偈等受持讀誦爲
人演說其福勝彼云何爲人演說不取於相
如如不動何以故
一切有爲法　如夢幻泡影　如露亦如電　應作如是觀
佛說是經已長老須菩提及諸比丘比丘尼優
婆塞優婆夷一切世間天人阿脩羅聞佛所
說皆大歡喜信受奉持
金剛般若波羅蜜經

BD15018 號　金剛般若波羅蜜經　（13–13）

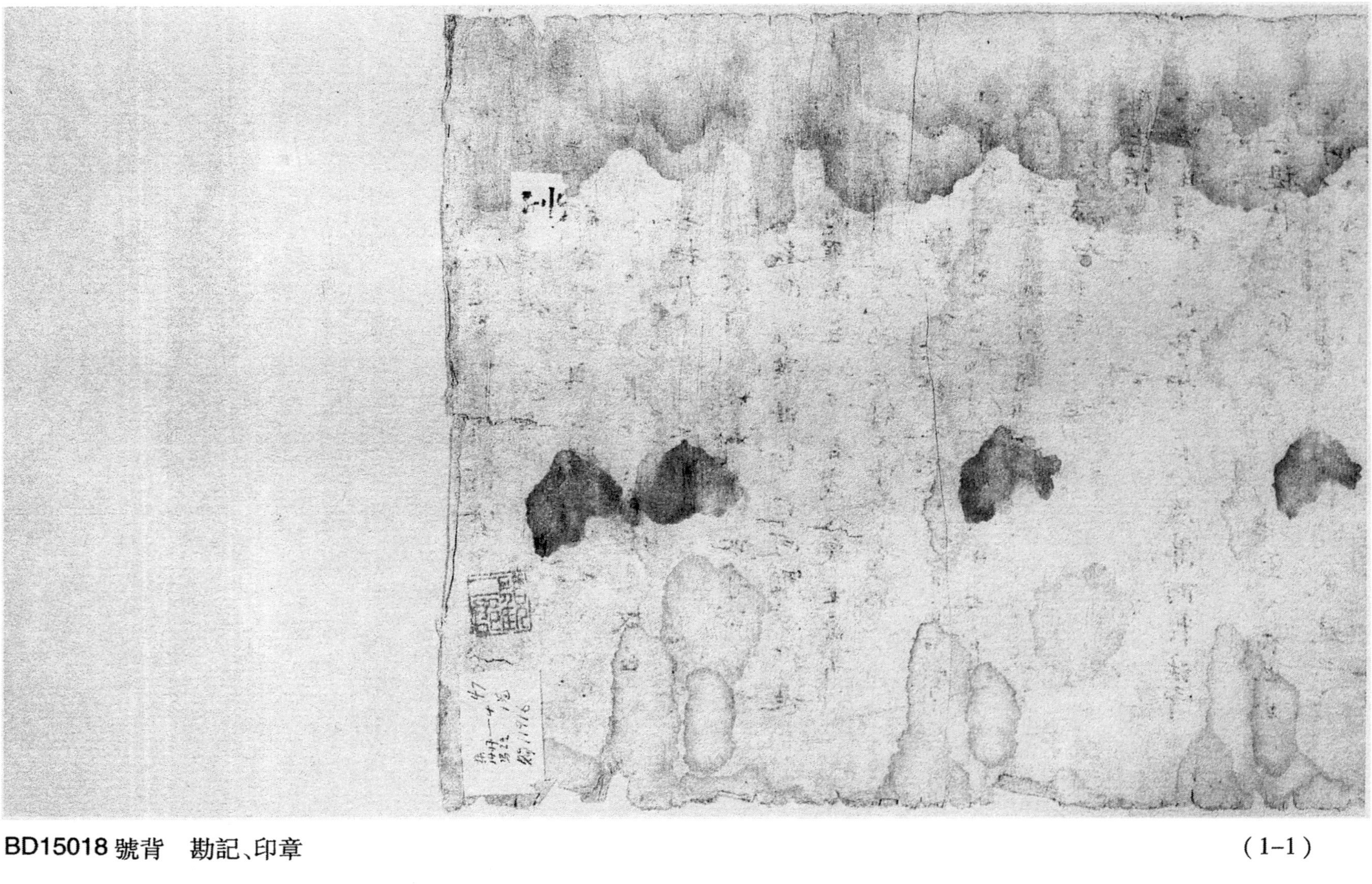

BD15018 號背　勘記、印章　（1–1）

不思議品第六
尒時舍利弗見此室中无有牀座作是斯諸
菩薩大弟子衆當於何坐長者維摩詰知其
意語舍利弗言云何仁者為法来耶求牀座
耶舍利弗言我為法来非為牀座維摩詰
言唯舍利弗夫求法者不貪軀命何况牀座
夫求法者非有色受想行識之求非有界入
之求非有欲色无色之求唯舍利弗夫求法者
不著佛求不著法求不著衆求夫求法者
无見苦求无斷集求无造盡證脩道之求所
以者何法无戲論若言我當見苦斷集證滅
脩道是則戲論非求法也唯舍利弗法名寂
滅若行生滅是求生滅非求法也法名无染
若染於法乃至涅槃是則染著非求法也法
无行處若行於法是則行處非求法也法无
取捨若取捨法是則取捨非求法也法无處所
若著處所是則著處非求法也法名无相

BD15019 號　維摩詰所說經卷中　（5–1）

脩道是則戲論非求法也唯舍利弗法名寂
滅若行生滅是求生滅非求法也法名无染
若染於法乃至涅槃是則染著非求法也法
无行處若行於法是則行處非求法也法无
取捨若取捨法是則取捨非求法也法无處所
若著處所是則著處非求法也法名无相
若隨相識是則求相非求法也法不可
住若住於法是則住法非求法也法不可見聞覺
知若行見聞覺知是則見聞覺知非求法也
法名无為若行有為是求有為非求法也是
故舍利弗若求法者於一切法應无所求說是
語時五百天子於諸法中得法眼淨
尒時長者維摩詰問文殊師利仁者遊於无
量千万億阿僧祇國何等佛土有好上妙功
德成就師子之座文殊師利言居士東方度
卅六恒河沙國有世界名須彌相其佛号須彌
燈王今現在彼佛身長八万四千由旬其師子
座高八万四千由旬嚴飾第一於是長者維摩
詰現神通力即時彼佛遣三万二千師子
座高廣嚴淨来入維摩詰室諸菩薩大
弟子釋梵四天王等昔所未見其室廣博悉
苞容受三万二千師子座无所妨礙於毗耶離
城及閻浮提四天下亦不迫迮悉見如故尒時
維摩詰語文殊師利就師子座與諸菩薩上
人俱坐當自立身如彼坐像其得神通菩薩
即自變身為四万二千由旬坐師子座諸新

BD15019 號　維摩詰所說經卷中　（5–2）

苞容受三万二千師子座无所妨㝵於毗耶離
城及閻浮提四天下亦不迫迮悉見如故尒時
維摩詰語文殊師利就師子座與諸菩薩上
人俱坐當自立身如彼坐像其得神通菩薩
即自變身為四万二千由旬坐師子座諸新
發意菩薩及大弟子皆不能昇尒時維摩
詰語舍利弗就師子座舍利弗言居士此座
高廣吾不能昇維摩詰言唯舍利弗為須弥
燈王如来作礼乃可得坐於是新發意菩薩
及大弟子即為須弥燈王如来作礼便得坐師
子座舍利弗言居士未曾有也如是小室乃
容受此高廣之座於毗耶離城无所妨㝵又
於閻浮提聚落城邑及四天下諸天龍王鬼
神宮殿亦不迫迮維摩詰言唯舍利弗諸佛
菩薩有解脫名不可思議若菩薩住是解脫
者以須弥之高廣内芥子中无所增減須弥山
王本相如故而四天王忉利諸天不覺不知己
之所入唯應度者乃見須弥入芥子中是名
不可思議解脫法門又以四大海水入一毛孔
不嬈魚鼈黿鼉水性之属而彼大海本相
如故諸龍鬼神阿脩羅等不覺不知己之所
入於此衆生亦无所嬈又舍利弗住不可思
議解脫菩薩斷取三千大千世界如陶家輪
著右掌中擲過恒河沙世界之外其中衆
生不覺不知己之所往又復還置本處都
不使人有往来想而此世界本相如故又舍利

BD15019號　維摩詰所說經卷中

（5–3）

議解脫菩薩斷取三千大千世界如陶家輪
著右掌中擲過恒河沙世界之外其中衆
生不覺不知己之所往又復還置本處都
不使人有往来想而此世界本相如故又舍利
弗或有衆生樂久住世而可度者菩薩即演
七日以為一劫令彼衆生謂之一劫或有衆生
不樂久住而可度者菩薩即促一劫以為七
日令彼衆生謂之七日又舍利弗住不可思議
解脫菩薩以一切佛土嚴飾之事集在一國
示於衆生又菩薩以一佛土衆生置之右掌
飛到十方遍示一切而不動本處又舍利弗
十方衆生供養諸佛之具菩薩於一毛孔皆
令得見又十方國土所有日月星宿於一毛孔
普使見之又舍利弗十方世界所有諸風菩
薩悉能吸著口中而身无損外諸樹木亦
不摧折又十方世界劫盡燒時以一切火内
於腹中火事如故而不為害又於下方過恒
河沙等諸佛世界取一佛土舉著上方過恒
河沙无數世界如持針鋒舉一棗葉而无所
嬈又舍利弗住不可思議解脫菩薩能以
神通現作佛身或現辟支佛身或現聲聞
身或現帝釋身或現梵王身或現世主
身或現轉輪王身又十方世界所有衆聲上
中下音皆能變之令作佛聲演出无常苦空
无我之音及十方諸佛所說種種之法皆於
其中普令得聞舍利弗我今略說菩薩不可

BD15019號　維摩詰所說經卷中

（5–4）

河沙无數世界如持針鋒舉一棗葉而无所
娆又舍利弗住不可思議解脫菩薩能以
神通現作佛身或現辟支佛身或現聲聞
身或現帝釋身或現梵王身或現世主
身或現轉輪王身又十方世界所有衆聲上
中下音皆能變之令作佛聲演出无常苦空
无我之音及十方諸佛所說種種之法皆於
其中普令得聞舍利弗我今略說菩薩不可
思議解脫之力若廣說者窮劫不盡是時迦
葉聞說菩薩不可思議解脫法門歎未曾有
謂舍利弗譬如有人於盲者前現衆色像非
彼所見一切聲聞聞是不可思議解脫法門
不能解了為若此也智者聞是其誰不發阿
耨多羅三藐三菩提心我等何為永絕其根
於此大乘已如敗種一切聲聞聞是不可思議
解脫法門皆應號泣聲震三千大千世界
一切菩薩應大喜慶頂受此法若有菩薩信
解不可思議解脫門者一切魔衆无如之何
大迦葉說是語時三万二千天子皆發阿耨
多羅三藐三菩提心

BD15019 號　維摩詰所説經卷中　（5–5）

BD15019 號背　勘記、印章　（2–1）

BD15019號背　勘記、印章　　（2–2）

BD15020號　父母恩重經（異本）　　（4–1）

母不育是以寄託母胎懷身十月歲滿月充
母子俱顯生墮草上父母養育卧則蘭車
父母懷抱和和弄聲含笑未語飢時須食非
母不哺渴時須飲非母不乳母中飢時吞苦
吐甘推乾就濕非義不親非母不養慈母養
兒去離蘭車十指甲中食子不淨應各有八
斛四斗計論母恩昊天罔極嗚呼慈母云何
報阿難白佛言世尊云何可報其恩唯願說
之佛告阿難汝諦聽善思念之吾當爲汝分別
解說父母之恩昊天罔極云何可報若有孝
順慈孝之子能爲父母作福造經或以七月十
五日能造佛盤名盂蘭盆獻佛及僧得果无
量能報父母之恩若復有人書寫此經流布
世人受持讀誦當知此人報父母恩父母云何
可報但父母至於行來東西隣里井竈碓磨
不時還家我兒家中啼哭憶我即來還家其
兒遥見我來或在蘭車搖頭弄腦或復曳腹
隨行嗚呼向母母爲其子曲身下就長舒兩手
拂拭塵土嗚和其口開懷出乳以乳與之母見
兒歡兒見母喜二情恩悲親愛慈重莫復
過二歲三歲弄意始行於其食時非母不知
父母行來值他座席或得餅肉不敢噉味
懷挾來歸向家與子十來九得恒常歡喜一
過不得慯啼佯哭慯子不孝又必五擿孝子
不慯必有慈順遂至長大用友相隨梳頭摩
髮欲得好衣覆蓋身體弊衣破故父母自着
新好綿帛先與其子至於行來官私急疾須

BD15020號　父母恩重經（異本）

（4–2）

懷挾來歸向家與子十來九得恒常歡喜一
過不得慯啼佯哭慯子不孝又必五擿孝子
不慯必有慈順遂至長大用友相隨梳頭摩
髮欲得好衣覆蓋身體弊衣破故父母自着
新好綿帛先與其子至於行來官私急疾傾
心南北逐子東西橫上其頭既索妻婦得他子
女父母轉疎私房屋室共相語樂父母年高氣
力衰老終朝至暮不來借問或復父孤母寡
獨守空房猶如客人寄止他舍常无恩愛復
无濡被寒苦辛厄難遭之甚年老色衰多饒
蟣虱夙夜不卧長吁歎息何罪宿愆生此不
孝之子或時喚呼嗔目驚怒婦兒罵詈低頭
含笑妻復不孝子復五擿夫妻和合同作五
逆彼時喚呼急疾取使十喚九違盡不從順罵
詈嗔恚不如早死強在地上父母聞之悲哭懊
惱流淚雙下啼哭目腫汝初小時非吾不長但
吾生汝不如本无
佛告阿難若善男子善女人能爲父母受持
讀誦書寫父母恩重大乘摩訶般若波羅蜜
經一句一偈一經耳目者所有五逆重罪悉得
消滅永盡无餘常得見佛聞法速得解脫
阿難從座而起偏袒右肩長跪合掌白佛
言世尊此經云何名之云何奉持佛告阿難
經名父母恩重經若有一切衆生能爲父母
作福造經燒香請佛礼拜供養三寶或飲
食衆僧當知是人能報父母其恩帝釋梵王

BD15020號　父母恩重經（異本）

（4–3）

惱流淚雙下啼哭目腫汝初小時非吾不長但
吾生汝不如本无
佛告阿難若善男子善女人能為父母受持
讀誦書寫父母恩重大乘摩訶般若波羅蜜
經一句一偈一經耳目者所有五逆重罪悉得
消滅永盡无餘常得見佛聞法速得解脫
阿難從座而起偏袒右肩長跪合掌白佛
言世尊此經云何名之云何奉持佛告阿難
經名父母恩重經若有一切衆生能為父母
作福造經燒香請佛礼拜供養三寶或飲
食衆僧當知是人能報父母其恩帝釋梵王
諸天人民一切衆生聞經歡喜發菩薩心嘷
哭動地淚下如雨五體投地信受頂礼佛足
歡喜奉行

父母恩重經

BD15020 號　父母恩重經（異本）　（4–4）

BD15020 號背　勘記、印章　（1–1）

在其名曰阿若憍陳如摩
迦葉伽耶迦葉那提迦葉
摩訶迦旃延阿㝹樓馱劫
波多畢陵伽婆蹉薄拘羅摩
絺陁羅難陁富樓那弥多羅
難羅睺羅如是衆所知識大
有學无學二千人摩訶波闍
屬六千人俱羅睺羅母耶輸陁
眷屬俱菩薩摩訶薩八万人皆
三藐三菩提不退轉皆得陁羅
轉不退轉法輪供養无量百千諸佛於諸
所殖衆德本常為諸佛之所稱歎以慈脩身
善入佛慧通達大智到於彼岸名稱普聞

BD15021 號　妙法蓮華經卷一　（12–1）

眷屬俱菩薩摩訶薩八万人皆
三藐三菩提不退轉皆得陁羅
轉不退轉法輪供養无量百千諸佛於諸
所殖衆德本常為諸佛之所稱歎以慈脩身
善入佛慧通達大智到於彼岸名稱普聞
无量世界能度无數百千衆生其名曰文殊師
利菩薩觀世音菩薩得大勢菩薩常精進菩
薩不休息菩薩寶掌菩薩藥王菩薩勇施菩
薩寶月菩薩月光菩薩滿月菩薩大力菩薩
无量力菩薩越三界菩薩跋陁婆羅菩薩弥
勒菩薩寶積菩薩導師菩薩如是等菩薩
摩訶薩八万人俱尒時釋提桓因與其眷屬
二万天子俱復有名月天子普香天子寶光天
子四大天王與其眷屬万天子俱自在天子大
自在天子與其眷屬三万天子俱娑婆世界
主梵天王尸棄大梵光明大梵等與其眷屬
万二千天子俱有八龍王難陁龍王跋難陁
龍王娑伽羅龍王和脩吉龍王德叉迦龍王
阿那婆達多龍王摩那斯龍王優鉢羅龍
王等各與若干百千眷屬俱有四緊那羅王
法緊那羅王妙法緊那羅王大法緊那羅王
持法緊那羅王各與若干百千眷屬俱有四
乾闥婆王樂乾闥婆王樂音乾闥婆王美
乾闥婆王美音乾闥婆王各與若干百千眷
屬俱有四阿脩羅王婆稚阿脩羅王佉羅騫
大阿脩羅王毗摩質多羅阿脩羅王羅睺阿

BD15021 號　妙法蓮華經卷一　（12–2）

乾闥婆王樂乾闥婆王樂音乾闥婆王美
乾闥婆王美音乾闥婆王各與若干百千眷
屬俱有四阿脩羅王婆稚阿脩羅王佉羅騫
大阿脩羅王毗摩質多羅阿脩羅王羅睺阿
脩羅王各與若干百千眷屬俱有四迦樓羅王
大威德迦樓羅王大身迦樓羅王大滿迦樓
羅王如意迦樓羅王各與若干百千眷屬俱
韋提希子阿闍世王與若干百千眷屬俱各
礼佛足退坐一面尒時世尊四衆圍繞供養
恭敬尊重讚歎為諸菩薩說大乘經名无
量義教菩薩法佛所護念佛說此經已結跏
趺坐入於无量義處三昧身心不動是時天
雨曼陁羅華摩訶曼陁羅華曼殊沙華摩訶
曼殊沙華而散佛上及諸大衆普佛世界六
種震動尒時會中比丘比丘尼優婆塞優婆
夷天龍夜叉乾闥婆阿脩羅迦樓羅緊那羅
羅摩睺羅伽人非人等及諸小王轉輪聖王是
諸大衆得未曾有歡喜合掌一心觀佛尒時
佛放眉間白豪相光照東方万八千世界靡
不周遍下至阿鼻地獄上至阿迦尼吒天於此
世界盡見彼土六趣衆生又見彼土現在諸佛
及聞諸佛所說經法并見彼諸比丘比丘尼
優婆塞優婆夷諸脩行得道者復見諸菩
薩摩訶薩種種因緣種種信解種種相貌
行菩薩道復見諸佛般涅槃者復見諸佛般

BD15021號　妙法蓮華經卷一

（12–3）

及聞諸佛所說經法并見彼諸比丘比丘尼
優婆塞優婆夷諸脩行得道者復見諸菩
薩摩訶薩種種因緣種種信解種種相貌
行菩薩道復見諸佛般涅槃者復見諸佛般
涅槃後以佛舍利起七寶塔尒時弥勒菩薩
作是念今者世尊現神變相以何因緣而有此
瑞今佛世尊入于三昧是不可思議現希有事
當以問誰誰能荅者復作此念是文殊師利
法王之子已曾親近供養過去无量諸佛必
應見此希有之相我今當問尒時比丘比丘尼
優婆塞優婆夷及諸天龍鬼神等咸作此
念是佛光明神通之相今當問誰尒時弥
勒菩薩欲自決疑又觀四衆比丘比丘尼優
婆塞優婆夷及諸天龍鬼神等衆會之心而
問文殊師利言以何因緣而有此瑞神通之
相放大光明照于東方万八千土悉見彼佛國
界莊嚴於是弥勒菩薩欲重宣此義以偈問
日
文殊師利　導師何故　眉間白豪　大光普照
雨曼陁羅　曼殊沙華　栴檀香風　悅可衆心
以是因緣　地皆嚴淨　而此世界　六種震動
時四部衆　咸皆歡喜　身意快然　得未曾有
眉間光明　照于東方　万八千土　皆如金色
從阿鼻獄　上至有頂　諸世界中　六道衆生
生死所趣　善惡業緣　受報好醜　於此悉見
又覩諸佛　聖主師子　演說經典　微妙第一

BD15021號　妙法蓮華經卷一

（12–4）

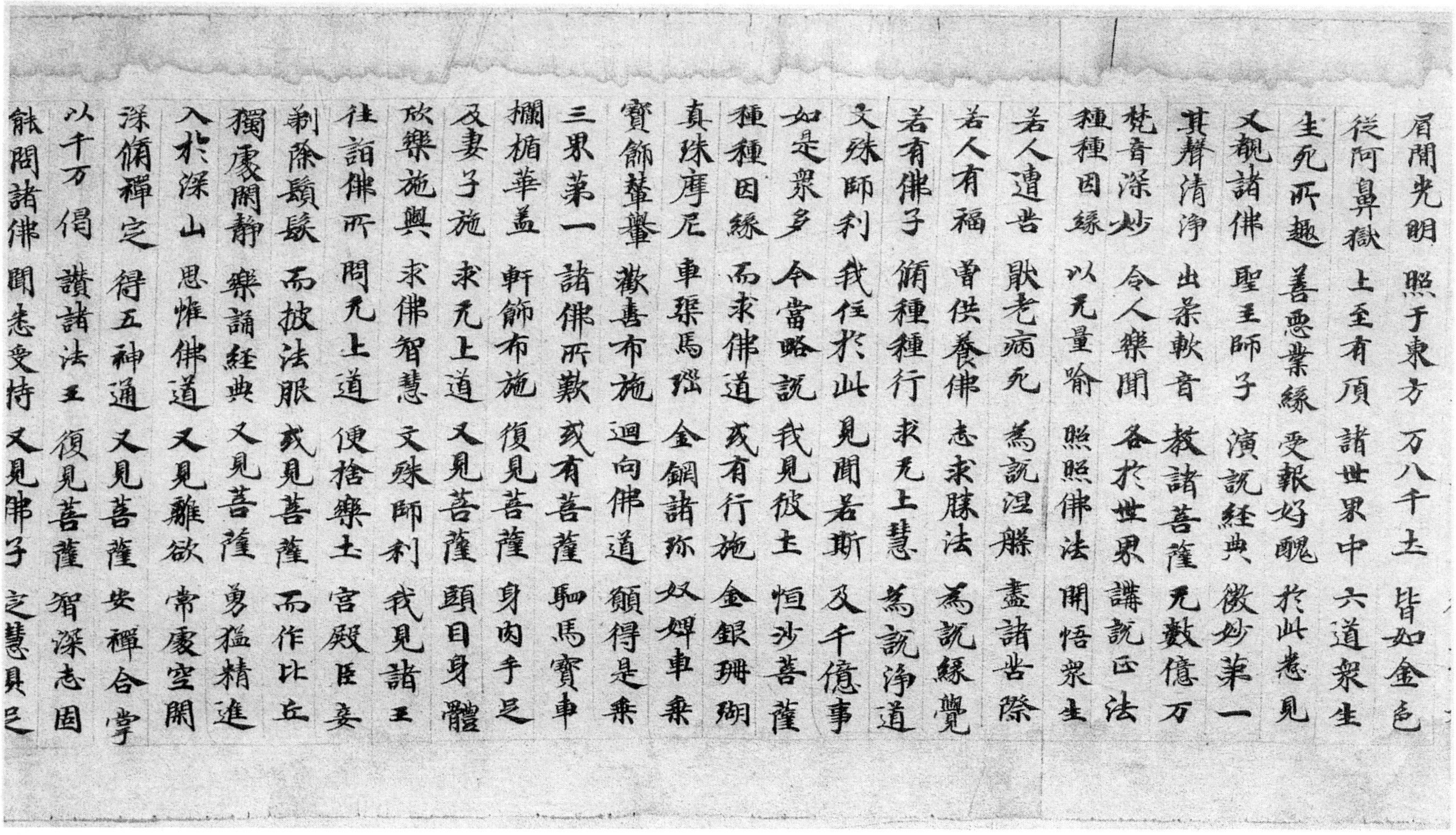
眉間光明　照于東方　万八千土　皆如金色
從阿鼻獄　上至有頂　諸世界中　六道衆生
生死所趣　善惡業緣　受報好醜　於此悉見
又覩諸佛　聖主師子　演說經典　微妙第一
其聲清淨　出柔軟音　教諸菩薩　无數億万
梵音深妙　令人樂聞　各於世界　講說正法
種種因緣　以无量喻　照明佛法　開悟衆生
若人遭苦　猒老病死　爲說涅槃　盡諸苦際
若人有福　曾供養佛　志求勝法　爲說緣覺
若有佛子　脩種種行　求无上慧　爲說淨道
文殊師利　我住於此　見聞若斯　及千億事
如是衆多　今當略說　我見彼土　恒沙菩薩
種種因緣　而求佛道　或有行施　金銀珊瑚
真珠摩尼　車𤦲馬瑙　金剛諸珎　奴婢車乘
寶飾輦轝　歡喜布施　迴向佛道　願得是乘
三界第一　諸佛所歎　或有菩薩　駟馬寶車
欄楯華蓋　軒飾布施　復見菩薩　身肉手足
及妻子施　求无上道　又見菩薩　頭目身體
欣樂施與　求佛智慧　文殊師利　我見諸王
往詣佛所　問无上道　便捨樂土　宮殿臣妾
剃除鬚髮　而被法服　或見菩薩　而作比丘
獨處閑靜　樂誦經典　又見菩薩　勇猛精進
入於深山　思惟佛道　又見離欲　常處空閑
深脩禪定　得五神通　又見菩薩　安禪合掌
以千万偈　讚諸法王　復見菩薩　智深志固
能問諸佛　聞悉受持　又見佛子　定慧具足

BD15021 號　妙法蓮華經卷一　　　（12–5）

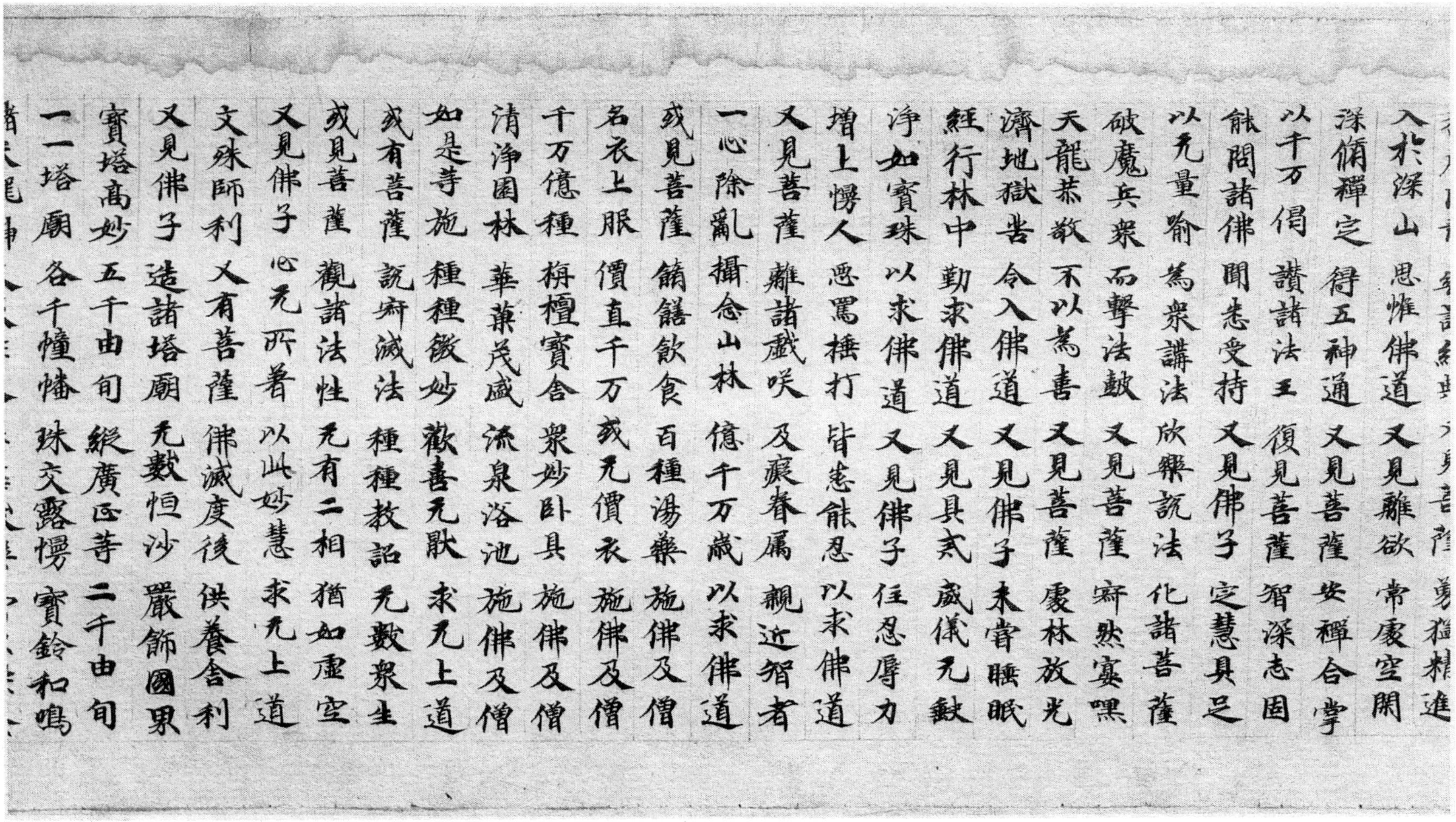
入於深山　思惟佛道　又見離欲　常處空閑
深脩禪定　得五神通　又見菩薩　安禪合掌
以千万偈　讚諸法王　復見菩薩　智深志固
能問諸佛　聞悉受持　又見佛子　定慧具足
以无量喻　爲衆講法　欣樂說法　化諸菩薩
破魔兵衆　而擊法鼓　又見菩薩　寂然宴嘿
天龍恭敬　不以爲喜　又見菩薩　處林放光
濟地獄苦　令入佛道　又見佛子　未嘗睡眠
經行林中　懃求佛道　又見具戒　威儀无缺
淨如寶珠　以求佛道　又見佛子　住忍辱力
增上慢人　惡罵捶打　皆悉能忍　以求佛道
又見菩薩　離諸戲咲　及癡眷屬　親近智者
一心除亂　攝念山林　億千万歲　以求佛道
或見菩薩　餚饍飲食　百種湯藥　施佛及僧
名衣上服　價直千万　或无價衣　施佛及僧
千万億種　栴檀寶舍　衆妙臥具　施佛及僧
清淨園林　華菓茂盛　流泉浴池　施佛及僧
如是等施　種種微妙　歡喜无猒　求无上道
或有菩薩　說寂滅法　種種教詔　无數衆生
或見菩薩　觀諸法性　无有二相　猶如虛空
又見佛子　心无所著　以此妙慧　求无上道
文殊師利　又有菩薩　佛滅度後　供養舍利
又見佛子　造諸塔廟　无數恒沙　嚴飾國界
寶塔高妙　五千由旬　縱廣正等　二千由旬
一一塔廟　各千幢幡　珠交露幔　寶鈴和鳴

BD15021 號　妙法蓮華經卷一　　　（12–6）

文殊師利　又有菩薩　佛滅度後　供養舍利
又見佛子　造諸塔廟　无數恒沙　嚴飾國界
寶塔高妙　五千由旬　縱廣正等　二千由旬
一一塔廟　各千幢幡　珠交露幔　寶鈴和鳴
諸天龍神　人及非人　香華伎樂　常以供養
文殊師利　諸佛子等　為供舍利　嚴飾塔廟
國界自然　殊特妙好　如天樹王　其華開敷
佛放一光　我及衆會　見此國界　種種殊妙
諸佛神力　智慧希有　放一淨光　照无量國
我等見此　得未曾有　佛子文殊　願決衆疑
四衆欣仰　瞻仁及我　世尊何故　放斯光明
佛子時荅　決疑令喜　何所饒益　演斯光明
佛坐道場　所得妙法　為欲說此　為當授記
示諸佛土　衆寶嚴淨　及見諸佛　此非小緣
文殊當知　四衆龍神　瞻察仁者　為說何等
尒時文殊師利語彌勒菩薩摩訶薩及諸
大士善男子等如我惟忖今佛世尊欲說大
法雨大法雨吹大法螺擊大法鼓演大法義
諸善男子我於過去諸佛曾見此瑞放斯光
已即說大法是故當知今佛現光亦復如是
欲令衆生咸得聞知一切世間難信之法故現
斯瑞諸善男子如過去无量无邊不可思議阿
僧祇劫尒時有佛号日月燈明如来應供正
遍知明行足善逝世間解无上士調御丈夫
天人師佛世尊演說正法初善中善後善
其義深遠其語巧妙純一无雜具足清白梵

僧祇劫尒時有佛号日月燈明如来應供正
遍知明行足善逝世間解无上士調御丈夫
天人師佛世尊演說正法初善中善後善
其義深遠其語巧妙純一无雜具足清白梵
行之相為求聲聞者說應四諦法度生老
病死究竟涅槃為求辟支佛者說應十二因
緣法為諸菩薩說應六波羅蜜令得阿耨
多羅三藐三菩提成一切種智次復有佛亦名
日月燈明次復有佛亦名日月燈明如是二万佛
皆同一字号日月燈明又同一姓姓頗羅墮
彌勒當知初佛後佛皆同一字名日月燈
明十号具足所可說法初中後善其最後
佛未出家時有八王子一名有意二名善意
三名无量意四名寶意五名增意六名除疑意
七名響意八名法意是八王子威德自在各領
四天下是諸王子聞父出家得阿耨多羅三
藐三菩提悉捨王位亦隨出家發大乘意常
脩梵行皆為法師已於千万佛所植諸善本
是時日月燈明佛說大乘經名无量義教菩
薩法佛所護念說是經已即於大衆中結跏
趺坐入於无量義處三昧身心不動是時天
雨曼陁羅華摩訶曼陁羅華曼殊沙華摩
訶曼殊沙華而散佛上及諸大衆普佛世界
六種震動尒時會中比丘比丘尼優婆塞
優婆夷天龍夜叉乾闥婆阿脩羅迦樓羅緊
那羅摩睺羅伽人非人及諸小王轉輪聖王等

訶曼殊沙華而散佛上及諸大衆普佛世界
六種震動尒時會中比丘比丘尼優婆塞
優婆夷天龍夜叉乾闥婆阿脩羅迦樓羅緊
那羅摩睺羅伽人非人及諸小王轉輪聖王等
是諸大衆得未曾有歡喜合掌一心觀佛尒
時如來放眉間白豪相光照東方万八千佛土
靡不周遍如今所見是諸佛土弥勒當知尒
時會中有二十億菩薩樂欲聽法是諸菩薩
見此光明普照佛土得未曾有欲知此光所
為因緣時有菩薩名曰妙光有八百弟子是
時日月燈明佛從三昧起因妙光菩薩說大
乘經名妙法蓮華教菩薩法佛所護念六十
小劫不起于座時會聽者亦坐一處六十小劫
身心不動聽佛所說謂如食頃是時衆中
无有一人若身若心而生懈惓日月燈明佛
於六十小劫說是經已即於梵魔沙門婆
羅門及天人阿脩羅衆中而宣此言如來於
今日中夜當入无餘涅槃時有菩薩名曰德藏
日月燈明佛即授其記告諸比丘是德藏菩
薩次當作佛号曰淨身多陁阿伽度阿羅訶
三藐三佛陁佛授記已便於中夜入无餘涅
槃佛滅度後妙光菩薩持妙法蓮華經滿
八十小劫為人演說日月燈明佛八子皆師妙
光妙光教化令其堅固阿耨多羅三藐三菩
提是諸王子供養无量百千万億佛已皆成
佛道其最後成佛者名曰然燈八百弟子中

BD15021號　妙法蓮華經卷一　（12–9）

八十小劫為人演說日月燈明佛八子皆師妙
光妙光教化令其堅固阿耨多羅三藐三菩
提是諸王子供養无量百千万億佛已皆成
佛道其最後成佛者名曰然燈八百弟子中
有一人号曰求名貪著利養雖復讀誦衆經
而不通利多所忘失故号求名是人亦以種諸
善根因緣故得值无量百千万億諸佛供養
恭敬尊重讚歎弥勒當知尒時妙光菩薩
豈異人乎我身是也求名菩薩汝身是也今
見此瑞與本无異是故惟忖今日如來當說
大乘經名妙法蓮華教菩薩法佛所護念尒
時文殊師利於大衆中欲重宣此義而說
偈言
我念過去世　无量无數劫　有佛人中尊　号日月燈明
世尊演說法　度无量衆生　无數億菩薩　令入佛智慧
佛未出家時　所生八王子　見大聖出家　亦隨脩梵行
時佛說大乘　經名无量義　於諸大衆中　而為廣分別
佛說此經已　即於法座上　跏趺坐三昧　名无量義處
天雨曼陁華　天鼓自然鳴　諸天龍鬼神　供養人中尊
一切諸佛土　即時大震動　佛放眉間光　現諸希有事
此光照東方　万八千佛土　示一切衆生　生死業報處
有見諸佛土　以衆寶莊嚴　琉璃頗梨色　斯由佛光照
及見諸天人　龍神夜叉衆　乾闥緊那羅　各供養其佛
又見諸如來　自然成佛道　身色如金山　端嚴甚微妙
如淨瑠璃中　內現真金像　世尊在大衆　敷演深法義
一一諸佛土　聲聞衆无數　因佛光所照　悉見彼大衆

BD15021號　妙法蓮華經卷一　（12–10）

此光照東方　万八千佛土　示一切衆生　生死業報處
有見諸佛土　以衆寶莊嚴　琉璃頗梨色　斯由佛光照
及見諸天人　龍神夜叉衆　乾闥緊那羅　各供養其佛
又見諸如來　自然成佛道　身色如金山　端嚴甚微妙
如淨瑠璃中　內現真金像　世尊在大衆　敷演深法義
一一諸佛土　聲聞衆无數　因佛光所照　悉見彼大衆
或有諸比丘　在於山林中　精進持淨戒　猶如護明珠
又見諸菩薩　行施忍辱等　其數如恒沙　斯由佛光照
又見諸菩薩　深入諸禪定　身心寂不動　以求无上道
又見諸菩薩　知法寂滅相　各於其國土　說法求佛道
尒時四部衆　見日月燈佛　現大神通力　其心皆歡喜
各各自相問　是事何因緣　天人所奉尊　適從三昧起
讚妙光菩薩　汝為世間眼　一切所歸信　能奉持法藏
如我所說法　唯汝能證知　世尊既讚歎　令妙光歡喜
說是法華經　滿六十小劫　不起於此座　所說上妙法
是妙光法師　悉皆能受持　佛說是法華　令衆歡喜已
尋即於是日　告於天人衆　諸法實相義　已為汝等說
我今於中夜　當入於涅槃　汝一心精進　當離於放逸
諸佛甚難值　億劫時一遇　世尊諸子等　聞佛入涅槃
各各懷悲惱　佛滅一何速　聖主法之王　安慰无量衆
我若滅度時　汝等勿憂怖　是德藏菩薩　於无漏實相
心已得通達　其次當作佛　号曰為淨身　亦度无量衆
佛此夜滅度　如薪盡火滅　分布諸舍利　而起无量塔
比丘比丘尼　其數如恒沙　倍復加精進　以求无上道
是妙光法師　奉持佛法藏　八十小劫中　廣宣法華經
是諸八王子　妙光所開化　堅固无上道　當見无數佛

BD15021 號　妙法蓮華經卷一　（12–11）

尋即於是日　告於天人衆　諸法實相義　已為汝等說
我今於中夜　當入於涅槃　汝一心精進　當離於放逸
諸佛甚難值　億劫時一遇　世尊諸子等　聞佛入涅槃
各各懷悲惱　佛滅一何速　聖主法之王　安慰无量衆
我若滅度時　汝等勿憂怖　是德藏菩薩　於无漏實相
心已得通達　其次當作佛　号曰為淨身　亦度无量衆
佛此夜滅度　如薪盡火滅　分布諸舍利　而起无量塔
比丘比丘尼　其數如恒沙　倍復加精進　以求无上道
是妙光法師　奉持佛法藏　八十小劫中　廣宣法華經
是諸八王子　妙光所開化　堅固无上道　當見无數佛
供養諸佛已　隨順行大道　相繼得成佛　轉次而授記
最後天中天　号曰燃燈佛　諸仙之導師　度脫无量衆
是妙光法師　時有一弟子　心常懷懈怠　貪著於名利
求名利无猒　多遊族姓家　棄捨所習誦　廢忘不通利
以是因緣故　号之為求名　亦行衆善業　得見无數佛
供養於諸佛　隨順行大道　具六波羅蜜　今見釋師子
其後當作佛　号名曰弥勒　廣度諸衆生　其數无有量
彼佛滅度後　懈怠者汝是　妙光法師者　今則我身是
我見燈明佛　本光瑞如此　以是知今佛　欲說法華經
今相如本瑞　是諸佛方便　今佛放光明　助發實相義
諸人今當知　合掌一心待　佛當雨法雨　充足求道者
諸求三乘人　若有疑悔者　佛當為除斷　令盡无有餘

BD15021 號　妙法蓮華經卷一　（12–12）

BD15021 號背　勘記、印章　　　　（1–1）

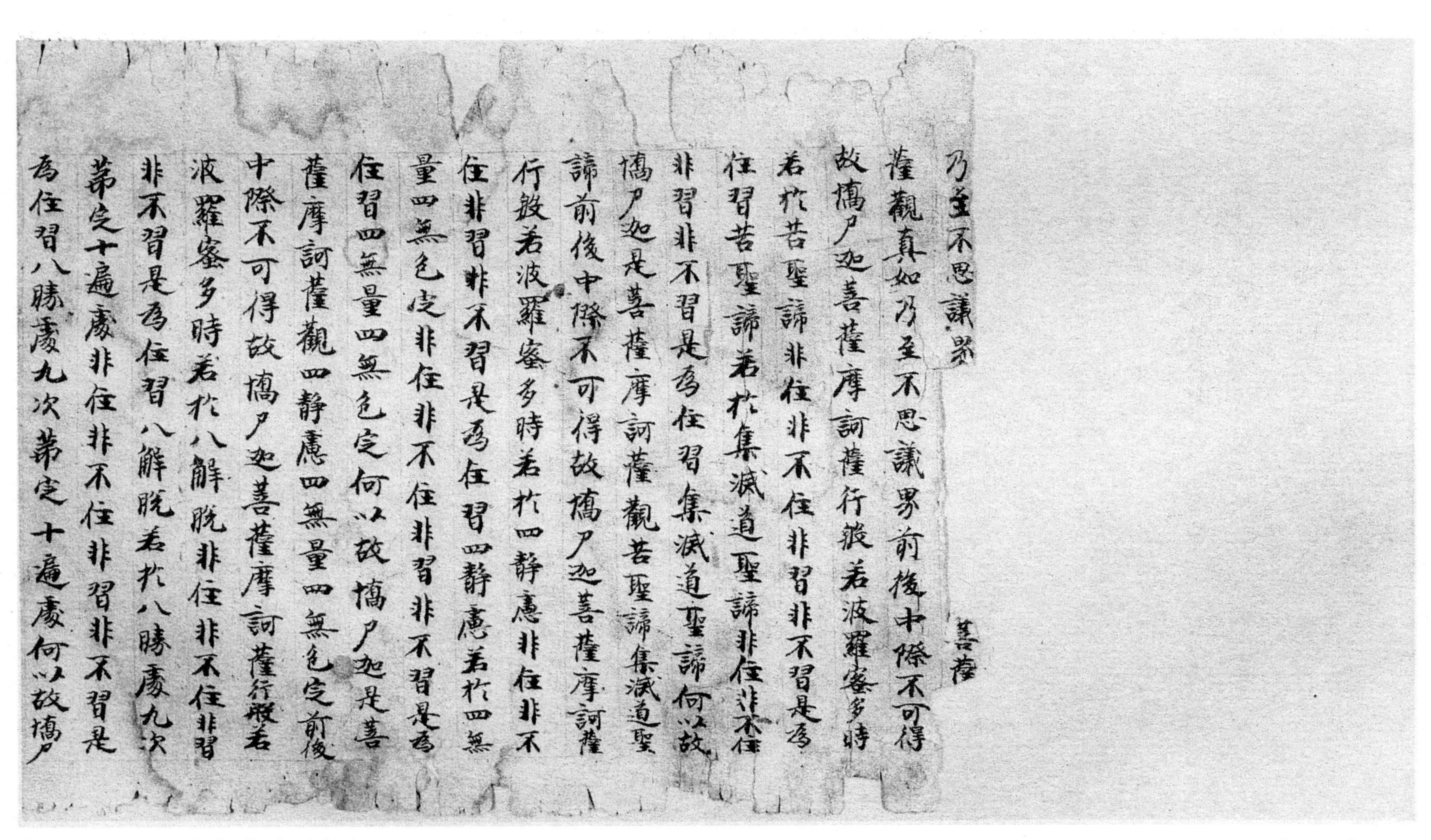

乃至不思議界　菩薩
薩觀真如乃至不思議界前後中際不可得
故憍尸迦菩薩摩訶薩行般若波羅蜜多時
若於苦聖諦非住非不住非習非不習是為
住習苦聖諦若於集滅道聖諦非住非不住
非習非不習是為住習集滅道聖諦何以故
憍尸迦是菩薩摩訶薩觀苦聖諦集滅道聖
諦前後中際不可得故憍尸迦菩薩摩訶薩
行般若波羅蜜多時若於四靜慮非住非不
住非習非不習是為住習四靜慮若於四無
量四無色定非住非不住非習非不習是為
住習四無量四無色定何以故憍尸迦是菩
薩摩訶薩觀四靜慮四無量四無色定前後
中際不可得故憍尸迦菩薩摩訶薩行般若
波羅蜜多時若於八解脫非住非不住非習
非不習是為住習八解脫若於八勝處九次
第定十遍處非住非不住非習非不習是
為住習八勝處九次第定十遍處何以故憍尸

BD15022 號　大般若波羅蜜多經卷二九八　　　　（22–1）

中際不可得故憍尸迦菩薩摩訶薩行般若
波羅蜜多時若於八解脫非住非不住非習
非不習是為住習八解脫若於八勝處九次
第定十遍處非住非不住非習非不習是
為住習八勝處九次第定十遍處何以故憍尸
迦是菩薩摩訶薩觀八解脫乃至十遍處前
後中際不可得故憍尸迦是菩薩摩訶薩行般
若波羅蜜多時若於四念住非住非不住非
習非不習是為住習四念住若於四正斷四
神足五根五力七等覺支八聖道支非住非
不住非習非不習是為住習四正斷乃至八
聖道支何以故憍尸迦是菩薩摩訶薩觀四
念住乃至八聖道支前後中際不可得故憍
尸迦菩薩摩訶薩行般若波羅蜜多時若
於空解脫門非住非不住非習非不習是為
住習空解脫門若於無相無願解脫門非住非
不住非習非不習是為住習無相無願解脫
門何以故憍尸迦是菩薩摩訶薩觀空解脫
門無相無願解脫門前後中際不可得故憍
尸迦菩薩摩訶薩行般若波羅蜜多時若於
菩薩十地非住非不住非習非不習是為住
習菩薩十地何以故憍尸迦是菩薩摩訶薩
觀菩薩十地前後中際不可得故
憍尸迦菩薩摩訶薩行般若波羅蜜多時
若於五眼非住非不住非習非不習是為住
習五眼若於六神通非住非不住非習非不習

BD15022號　大般若波羅蜜多經卷二九八　（22–2）

觀菩薩十地前後中際不可得故
憍尸迦菩薩摩訶薩行般若波羅蜜多時
若於五眼非住非不住非習非不習是為住
習五眼若於六神通非住非不住非習非不習
是為住習六神通何以故憍尸迦是菩薩摩
訶薩觀五眼六神通前後中際不可得故憍
尸迦菩薩摩訶薩行般若波羅蜜多時若於
佛十力非住非不住非習非不習是為住習
佛十力若於四無所畏四無礙解大慈大悲
大喜大捨十八佛不共法非住非不住非習
非不習是為住習四無所畏乃至十八佛不
共法何以故憍尸迦是菩薩摩訶薩觀佛十
力乃至十八佛不共法前後中際不可得故
憍尸迦菩薩摩訶薩行般若波羅蜜多時
若於無忘失法非住非不住非習非不習是
為住習無忘失法若於恒住捨性非住非不住
非習非不習是為住習恒住捨性何以故憍
尸迦是菩薩摩訶薩觀無忘失法恒住捨性
前後中際不可得故憍尸迦菩薩摩訶薩行
般若波羅蜜多時若於一切智非住非不住
非習非不習是為住習一切智若於道相智
一切相智非住非不住非習非不習是為住
習道相智一切相智何以故憍尸迦是菩薩
摩訶薩觀一切智道相智一切相智前後中
際不可得故憍尸迦菩薩摩訶薩行般若波
羅蜜多時若於一切陀羅尼門非住非不住

BD15022號　大般若波羅蜜多經卷二九八　（22–3）

一切相智非住非不住非習非不習是為住
習道相智一切相智何以故憍尸迦是菩薩
摩訶薩觀一切智道相智一切相智前後中
際不可得故憍尸迦菩薩摩訶薩行般若波
羅蜜多時若於一切陁羅尼門非住非不住
非習非不習是為住習一切陁羅尼門若於
一切三摩地門非住非不住非習非不習是
為住習一切三摩地門何以故憍尸迦是菩
薩摩訶薩觀一切陁羅尼門一切三摩地門
前後中際不可得故
憍尸迦菩薩摩訶薩行般若波羅蜜多時
若於預流果非住非不住非習非不習是為
住習預流果若於一來不還阿羅漢果非住
非不住非習非不習是為住習一來不還阿
羅漢果何以故憍尸迦是菩薩摩訶薩觀
預流果一來不還阿羅漢果前後中際不可得故
憍尸迦菩薩摩訶薩行般若波羅蜜多時若
於獨覺菩提非住非不住非習非不習是為
住習獨覺菩提何以故憍尸迦是菩薩摩訶
薩觀獨覺菩提前後中際不可得故憍尸
迦菩薩摩訶薩行般若波羅蜜多時若於
一切菩薩摩訶薩行非住非不住非習非不習
是為住習一切菩薩摩訶薩行何以故憍尸迦
是菩薩摩訶薩觀一切菩薩摩訶薩行前
後中際不可得故憍尸迦菩薩摩訶薩行般
若波羅蜜多時若於諸佛無上正等菩提非

BD15022號　大般若波羅蜜多經卷二九八　（22–4）

一切菩薩摩訶薩行非住非不住非習非不習
是為住習一切菩薩摩訶薩行何以故憍尸迦
是菩薩摩訶薩觀一切菩薩摩訶薩行前
後中際不可得故憍尸迦菩薩摩訶薩行般
若波羅蜜多時若於諸佛無上正等菩提非
住非不住非習非不習是為住習諸佛無上
正等菩提何以故憍尸迦是菩薩摩訶薩觀諸
佛無上正等菩提前後中際不可得故　尒時
舍利子白佛言世尊如是般若波羅蜜多甚
為甚深佛言如是舍利子色真如甚　深
故般若波羅蜜多甚深受想行識真如甚
深故般若波羅蜜多甚深舍利子眼處真如
甚深故般若波羅蜜多甚深耳鼻舌身意
處真如甚深故般若波羅蜜多甚深舍利子色
處真如甚深故般若波羅蜜多甚深聲香味
觸法處真如甚深故般若波羅蜜多甚深舍
利子眼界真如甚深故般若波羅蜜多甚深色
界眼識界及眼觸眼觸為緣所生諸受真如
甚深故般若波羅蜜多甚深舍利子耳界
真如甚深故般若波羅蜜多甚深聲界耳識
界及耳觸耳觸為緣所生諸受真如甚深故般
若波羅蜜多甚深舍利子鼻界真如甚深故
般若波羅蜜多甚深香界鼻識界及鼻觸
鼻觸為緣所生諸受真如甚深故般若波羅
蜜多甚深舍利子舌界真如甚深故般若波
羅蜜多甚深味界舌識界及舌觸舌觸為緣

BD15022號　大般若波羅蜜多經卷二九八　（22–5）

若波羅蜜多甚深舍利子鼻界真如甚深故
般若波羅蜜多甚深香界鼻識界及鼻觸
鼻觸爲緣所生諸受真如甚深故般若波羅
蜜多甚深舍利子舌界真如甚深故般若波
羅蜜多甚深味界舌識界及舌觸舌觸爲緣
所生諸受真如甚深故般若波羅蜜多甚深舍
利子身界真如甚深故般若波羅蜜多甚深
觸界身識界及身觸身觸爲緣所生諸受真
如甚深故般若波羅蜜多甚深舍利子意界
真如甚深故般若波羅蜜多甚深法界意
識界及意觸意觸爲緣所生諸受真如甚深故
般若波羅蜜多甚深舍利子地界真如甚深
故般若波羅蜜多甚深水火風空識界真如
甚深故般若波羅蜜多甚深舍利子無明真
如甚深故般若波羅蜜多甚深行識名色六
處觸受愛取有生老死愁歎苦憂惱真如
甚深故般若波羅蜜多甚深
舍利子布施波羅蜜多真如甚深故般若波
羅蜜多甚深淨戒安忍精進靜慮般若波
羅蜜多真如甚深故般若波羅蜜多甚深舍
利子內空真如甚深故般若波羅蜜多甚深
外空內外空空空大空勝義空有爲空無
爲空畢竟空無際空散空無變異空本性空
自相空共相空一切法空不可得空無性空自性
空無性自性空真如甚深故般若波羅蜜多
甚深舍利子真如真如甚深故般若波羅蜜

外空內外空空空大空勝義空有爲空無
爲空畢竟空無際空散空無變異空本性空
自相空共相空一切法空不可得空無性空自性
空無性自性空真如甚深故般若波羅蜜多
甚深舍利子真如真如甚深故般若波羅蜜
多甚深法界法性不虛妄性不變異性平等
性離生性法定法住實際虛空界不思議界
真如甚深故般若波羅蜜多甚深舍利子苦
聖諦真如甚深故般若波羅蜜多甚深集滅
道聖諦真如甚深故般若波羅蜜多甚深舍
利子四靜慮真如甚深故般若波羅蜜多甚
深四無量四無色定真如甚深故般若波羅
蜜多甚深舍利子八解脫真如甚深故般若
波羅蜜多甚深八勝處九次第定十遍處真
如甚深故般若波羅蜜多甚深舍利子四念
住真如甚深故般若波羅蜜多甚深四正斷
四神足五根五力七等覺支八聖道支真如
甚深故般若波羅蜜多甚深舍利子空解脫
門真如甚深故般若波羅蜜多甚深無相無
願解脫門真如甚深故般若波羅蜜多甚深
舍利子菩薩十地真如甚深故般若波羅蜜
多甚深
舍利子五眼真如甚深故般若波羅蜜多甚
深六神通真如甚深故般若波羅蜜多甚深
舍利子佛十力真如甚深故般若波羅蜜多
甚深四無所畏四無礙解大慈大悲大喜大

多甚深
舍利子五眼真如甚深故般若波羅蜜多甚
深六神通真如甚深故般若波羅蜜多甚深
舍利子佛十力真如甚深故般若波羅蜜多
甚深四無所畏四無礙解大慈大悲大喜大
捨十八佛不共法真如甚深故般若波羅蜜
多甚深舍利子無忘失法真如甚深故般若
波羅蜜多甚深恒住捨性真如甚深故般若
波羅蜜多甚深舍利子一切智真如甚深故
般若波羅蜜多甚深道相智一切相智真如
甚深故般若波羅蜜多甚深舍利子一切陁
羅尼門真如甚深故般若波羅蜜多甚深一
切三摩地門真如甚深故般若波羅蜜多甚
深
舍利子預流果真如甚深故般若波羅蜜多
甚深一來不還阿羅漢果真如甚深故般若
波羅蜜多甚深舍利子獨覺菩提真如甚深
故般若波羅蜜多甚深舍利子一切菩薩摩
訶薩行真如甚深故般若波羅蜜多甚深
舍利子諸佛無上正等菩提真如甚深故般若
波羅蜜多甚深
時舍利子復白佛言世尊如是般若波羅蜜
多難可測量佛言如是舍利子色真如難測
量故般若波羅蜜多難可測量受想行識真
如難可測量故般若波羅蜜多難可測量舍利
子眼處真如難測量故般若波羅蜜多難可

BD15022號　大般若波羅蜜多經卷二九八　（22–8）

時舍利子復白佛言世尊如是般若波羅蜜
多難可測量佛言如是舍利子色真如難測
量故般若波羅蜜多難可測量受想行識真
如難可測量故般若波羅蜜多難可測量舍利
子眼處真如難測量故般若波羅蜜多難可
測量耳鼻舌身意處真如難測量故般若波
羅蜜多難可測量舍利子色處真如難測量
故般若波羅蜜多難可測量聲香味觸法處
真如難測量故般若波羅蜜多難可測量舍
利子眼界真如難測量故般若波羅蜜多難
可測量色界眼識界及眼觸眼觸為緣所生
諸受真如難測量故般若波羅蜜多難可測
量舍利子耳界真如難測量故般若波羅蜜
多難可測量聲界耳識界及耳觸耳觸為緣
所生諸受真如難測量故般若波羅蜜多難
可測量舍利子鼻界真如難測量故般若波
羅蜜多難可測量香界鼻識界及鼻觸鼻觸
為緣所生諸受真如難測量故般若波羅蜜
多難可測量舍利子舌界真如難測量故般
若波羅蜜多難可測量味界舌識界及舌觸
舌觸為緣所生諸受真如難測量故般若波
羅蜜多難可測量舍利子身界真如難測量
故般若波羅蜜多難可測量觸界身識界及
身觸身觸為緣所生諸受真如難測量故般
若波羅蜜多難可測量舍利子意界真如難
測量故般若波羅蜜多難可測量法界意識
界及意觸意觸為緣所生諸受真如難測量

BD15022號　大般若波羅蜜多經卷二九八　（22–9）

故般若波羅蜜多難可測量觸界身識界及
身觸身觸為緣所生諸受真如難測量故般
若波羅蜜多難可測量舍利子意界真如難
測量故般若波羅蜜多難可測量法界意識
界及意觸意觸為緣所生諸受真如難測量
故般若波羅蜜多難可測量舍利子地界真
如難測量故般若波羅蜜多難可測量水火
風空識界真如難測量故般若波羅蜜多難
可測量舍利子無明真如難測量故般若波
羅蜜多難可測量行識名色六處觸受愛取
有生老死愁歎苦憂惱真如難測量故般若
波羅蜜多難可測量
舍利子布施波羅蜜多真如難測量故般若
波羅蜜多難可測量淨戒安忍精進靜慮般
若波羅蜜多真如難測量故般若波羅蜜
多難可測量舍利子內空真如難測量故般若
波羅蜜多難可測量外空內外空空空大空
勝義空有為空無為空畢竟空無際空散空
無變異空本性空自相空共相空一切法空
不可得空無性空自性空無性自性空真如
難測量故般若波羅蜜多難可測量舍利子
真如真如難測量故般若波羅蜜多難可測
量法界法性不虛妄性不變異性平等性離
生性法定法住實際虛空界不思議界真如
難測量故般若波羅蜜多難可測量舍利子
苦聖諦真如難測量故般若波羅蜜多難可

BD15022號　大般若波羅蜜多經卷二九八　（22–10）

量法界法性不虛妄性不變異性平等性離
生性法定法住實際虛空界不思議界真如
難測量故般若波羅蜜多難可測量舍利子
苦聖諦真如難測量故般若波羅蜜多難可
測量集滅道聖諦真如難測量故般若波羅
蜜多難可測量舍利子四靜慮真如難測量
故般若波羅蜜多難可測量四無量四無色
定真如難測量故般若波羅蜜多難可測量
舍利子八解脫真如難測量故般若波羅蜜
多難可測量八勝處九次第定十遍處真如
難測量故般若波羅蜜多難可測量舍利子
四念住真如難測量故般若波羅蜜多難可
測量四正斷四神足五根五力七等覺支八聖
道支真如難測量故般若波羅蜜多難可
測量舍利子空解脫門真如難測量故般若
波羅蜜多難可測量無相無願解脫門真如
難測量故般若波羅蜜多難可測量舍利子
菩薩十地真如難測量故般若波羅蜜多難
可測量
舍利子五眼真如難測量故般若波羅蜜多
難可測量六神通真如難測量故般若波羅
蜜多難可測量舍利子佛十力真如難測量
故般若波羅蜜多難可測量四無所畏四無
礙解大慈大悲大喜大捨十八佛不共法真
如難測量故般若波羅蜜多難可測量舍利
子無忘失法真如難測量故般若波羅蜜

BD15022號　大般若波羅蜜多經卷二九八　（22–11）

故般若波羅蜜多難可測量四無所畏四無
礙解大慈大悲大喜大捨十八佛不共法真
如難測量故般若波羅蜜多難可測量舍利
子無忘失法真如難測量故般若波羅蜜多
難可測量恒住捨性真如難測量故般若波
羅蜜多難可測量舍利子一切智真如難測
量故般若波羅蜜多難可測量道相智一切
相智真如難測量故般若波羅蜜多難可測
量舍利子一切陁羅尼門真如難測量故般
若波羅蜜多難可測量一切三摩地門真如
難測量故般若波羅蜜多難可測量
舍利子預流果真如難測量故般若波羅蜜
多難可測量一來不還阿羅漢果真如難測
量故般若波羅蜜多難可測量舍利子獨覺
菩提真如難測量故般若波羅蜜多難可測
量舍利子一切菩薩摩訶薩行真如難測量
故般若波羅蜜多難可測量舍利子諸佛無
上正等菩提真如難測量故般若波羅蜜多
難可測量
時舍利子復白佛言世尊如是般若波羅蜜
多最為無量佛言如是舍利子色真如無量
故般若波羅蜜多無量受想行識真如無量
故般若波羅蜜多無量舍利子眼處真如無
量故般若波羅蜜多無量耳鼻舌身意處真
如無量故般若波羅蜜多無量舍利子色處
真如無量故般若波羅蜜多無量聲香味觸

BD15022 號　大般若波羅蜜多經卷二九八　（22–12）

故般若波羅蜜多無量受想行識真如無量
故般若波羅蜜多無量舍利子眼處真如無
量故般若波羅蜜多無量耳鼻舌身意處真
如無量故般若波羅蜜多無量舍利子色處
真如無量故般若波羅蜜多無量聲香味觸
法處真如無量故般若波羅蜜多無量舍利
子眼界真如無量故般若波羅蜜多無量色
界眼識界及眼觸眼觸為緣所生諸受真如
無量故般若波羅蜜多無量
舍利子耳界真如無量故般若波羅蜜多無
量聲界耳識界及耳觸耳觸為緣所生諸受
真如無量故般若波羅蜜多無量舍利子鼻
界真如無量故般若波羅蜜多無量香界鼻
識界及鼻觸鼻觸為緣所生諸受真如無量
故般若波羅蜜多無量舍利子舌界真如無
量故般若波羅蜜多無量味界舌識界及舌
觸舌觸為緣所生諸受真如無量故般若波
羅蜜多無量舍利子身界真如無量故般若
波羅蜜多無量觸界身識界及身觸身觸為
緣所生諸受真如無量故般若波羅蜜多無
量舍利子意界真如無量故般若波羅蜜多
無量法界意識界及意觸意觸為緣所生諸
受真如無量故般若波羅蜜多無量舍利子
地界真如無量故般若波羅蜜多無量水火
風空識界真如無量故般若波羅蜜多無量
舍利子無明真如無量故般若波羅蜜多無

BD15022 號　大般若波羅蜜多經卷二九八　（22–13）

憂真如無量故般若波羅蜜多無量舍利子
地界真如無量故般若波羅蜜多無量水火
風空識界真如無量故般若波羅蜜多無量
舍利子無明真如無量故般若波羅蜜多無
量行識名色六處觸受愛取有生老死愁歎
苦憂惱真如無量故般若波羅蜜多無量舍
利子布施波羅蜜多真如無量故般若波羅
蜜多無量淨戒安忍精進靜慮般若波羅蜜
多真如無量故般若波羅蜜多無量舍利子
內空真如無量故般若波羅蜜多無量外空
內外空空空大空勝義空有為空無為空畢
竟空無際空散空無變異空本性空自相空
共相空一切法空不可得空無性空自性空
無性自性空真如無量故般若波羅蜜多無
量舍利子真如真如無量故般若波羅蜜多
無量法界法性不虛妄性不變異性平等性
離生性法定法住實際虛空界不思議界真
如無量故般若波羅蜜多無量舍利子苦聖
諦真如無量故般若波羅蜜多無量集滅道
聖諦真如無量故般若波羅蜜多無量舍利
子四靜慮真如無量故般若波羅蜜多無量
四無量四無色定真如無量故般若波羅蜜
多無量舍利子八解脫真如無量故般若波
羅蜜多無量八勝處九次第定十遍處真如
無量故般若波羅蜜多無量舍利子四念住
真如無量故般若波羅蜜多無量四正斷四

BD15022號　大般若波羅蜜多經卷二九八　（22–14）

多無量舍利子八解脫真如無量故般若波
羅蜜多無量八勝處九次第定十遍處真如
無量故般若波羅蜜多無量舍利子四念住
真如無量故般若波羅蜜多無量四正斷四
神足五根五力七等覺支八聖道支真如無
量故般若波羅蜜多無量舍利子空解脫門
真如無量故般若波羅蜜多無量無相無願
解脫門真如無量故般若波羅蜜多無量舍
利子菩薩十地真如無量故般若波羅蜜多
無量
舍利子五眼真如無量故般若波羅蜜多無
量六神通真如無量故般若波羅蜜多無量
舍利子佛十力真如無量故般若波羅蜜多
無量四無所畏四無礙解大慈大悲大喜大捨
十八佛不共法真如無量故般若波羅蜜多
無量舍利子無忘失法真如無量故般若
波羅蜜多無量恒住捨性真如無量故般若
波羅蜜多無量舍利子一切智真如無量故
般若波羅蜜多無量道相智一切相智真如
無量故般若波羅蜜多無量舍利子一切陀
羅尼門真如無量故般若波羅蜜多無量一
切三摩地門真如無量故般若波羅蜜多無
量
舍利子預流果真如無量故般若波羅蜜多
無量一來不還阿羅漢果真如無量故般若
波羅蜜多無量舍利子獨覺菩提真如無量

BD15022號　大般若波羅蜜多經卷二九八　（22–15）

量
舍利子預流果真如無量故般若波羅蜜多
無量一來不還阿羅漢果真如無量故般若
波羅蜜多無量舍利子獨覺菩提真如無量
故般若波羅蜜多無量舍利子一切菩薩摩
訶薩行真如無量故般若波羅蜜多無量舍
利子諸佛無上正等菩提真如無量故般若
波羅蜜多無量
爾時舍利子白佛言世尊云何菩薩摩訶薩
行般若波羅蜜多佛言舍利子若菩薩摩訶
薩行般若波羅蜜多時不行色甚深性是行
般若波羅蜜多不行受想行識甚深性是行
般若波羅蜜多何以故舍利子色甚深性則
非色受想行識甚深性則非受想行識故舍
利子若菩薩摩訶薩行般若波羅蜜多時不
行眼處甚深性是行般若波羅蜜多不行耳
鼻舌身意處甚深性是行般若波羅蜜多
何以故舍利子眼處甚深性則非眼處耳鼻舌
身意處甚深性則非耳鼻舌身意處故舍利
子若菩薩摩訶薩行般若波羅蜜多時不行
色處甚深性是行般若波羅蜜多不行聲香
味觸法處甚深性是行般若波羅蜜多何以
故舍利子色處甚深性則非色處聲香味觸
法處甚深性則非聲香味觸法處故
舍利子若菩薩摩訶薩行般若波羅蜜多時
不行眼界甚深性是行般若波羅蜜多不行

BD15022號　大般若波羅蜜多經卷二九八　（22–16）

味觸法處甚深性是行般若波羅蜜多何以
故舍利子色處甚深性則非色處聲香味觸
法處甚深性則非聲香味觸法處故
舍利子若菩薩摩訶薩行般若波羅蜜多時
不行眼界甚深性是行般若波羅蜜多不行
色界眼識界及眼觸眼觸為緣所生諸受甚
深性是行般若波羅蜜多何以故舍利子眼
界甚深性則非眼界色界乃至眼觸為緣所
生諸受甚深性則非色界乃至眼觸為緣所
生諸受故舍利子若菩薩摩訶薩行般若波
羅蜜多時不行耳界甚深性是行般若波羅
蜜多不行聲界耳識界及耳觸耳觸為緣所
生諸受甚深性是行般若波羅蜜多何以故
舍利子耳界甚深性則非耳界聲界乃至耳
觸為緣所生諸受甚深性則非聲界乃至耳
觸為緣所生諸受故舍利子若菩薩摩訶薩
行般若波羅蜜多時不行鼻界甚深性是行
般若波羅蜜多不行香界鼻識界及鼻觸鼻
觸為緣所生諸受甚深性是行般若波羅蜜
多何以故舍利子鼻界甚深性則非鼻界香
界乃至鼻觸為緣所生諸受甚深性則非香
界乃至鼻觸為緣所生諸受故舍利子若菩
薩摩訶薩行般若波羅蜜多時不行舌界甚
深性是行般若波羅蜜多不行味界舌識界
及舌觸舌觸為緣所生諸受甚深性是行般
若波羅蜜多何以故舍利子舌界甚深性則

BD15022號　大般若波羅蜜多經卷二九八　（22–17）

界乃至鼻觸為緣所生諸受甚深性則非香
界乃至鼻觸為緣所生諸受故舍利子若菩
薩摩訶薩行般若波羅蜜多時不行舌界甚
深性是行般若波羅蜜多不行味界舌識界
及舌觸舌觸為緣所生諸受甚深性是行般
若波羅蜜多何以故舍利子舌界甚深性則
非舌界味界乃至舌觸為緣所生諸受甚深
性則非味界乃至舌觸為緣所生諸受故舍
利子若菩薩摩訶薩行般若波羅蜜多時不
行身界甚深性是行般若波羅蜜多不行觸
界身識界及身觸身觸為緣所生諸受甚深
性是行般若波羅蜜多何以故舍利子身界
甚深性則非身界觸界乃至身觸為緣所生
諸受甚深性則非觸界乃至身觸為緣所生
諸受故舍利子若菩薩摩訶薩行般若波羅
蜜多時不行意界甚深性是行般若波羅蜜
多不行法界意識界及意觸意觸為緣所生
諸受甚深性是行般若波羅蜜多何以故舍
利子意界甚深性則非意界法界乃至意觸
為緣所生諸受甚深性則非法界乃至意觸
為緣所生諸受舍利子若菩薩摩訶薩 行
般若波羅蜜多時不行地界甚深性是行般
若波羅蜜多不行水火風空識界甚深性是
行般若波羅蜜多何以故舍利子地界甚深
性則非地界水火風空識界甚深性則非 水
火風空識界故舍利子若菩薩摩訶薩 行般

BD15022 號　大般若波羅蜜多經卷二九八　（22–18）

般若波羅蜜多時不行地界甚深性是行般
若波羅蜜多不行水火風空識界甚深性是
行般若波羅蜜多何以故舍利子地界甚深
性則非地界水火風空識界甚深性則非 水
火風空識界故舍利子若菩薩摩訶薩 行般
若波羅蜜多時不行無明甚深性是行般若
波羅蜜多不行行識名色六處觸受愛取有
生老死愁歎苦憂惱甚深性是行般若波羅
蜜多何以故舍利子無明甚深性則非無明
行乃至老死愁歎苦憂惱甚深性則非行乃
至老死愁歎苦憂惱故
舍子子若菩薩摩訶薩行般若波羅蜜多時
不行布施波羅蜜多甚深性是行般若波羅
蜜多不行淨戒安忍精進靜慮般若波羅蜜
多甚深性是行般若波羅蜜多何以故舍利
子布施波羅蜜多甚深性則非布施波羅蜜
多淨戒乃至般若波羅蜜多甚深性則非淨
戒乃至般若波羅蜜多故舍利子若菩薩摩
訶薩行般若波羅蜜多時不行內空甚深性
是行般若波羅蜜多不行內空外空空空大
空勝義空有為空無為空畢竟空無際空
散空無變異空本性空自相空共相空一切
法空不可得空無性空自性空無性自性空
甚深性是行般若波羅蜜多何以故舍利子
內空甚深性則非內空外空乃至無性自性
空甚深性則非外空乃至無性自性空故舍

BD15022 號　大般若波羅蜜多經卷二九八　（22–19）

法空不可得空無性空自性空無性自性空
甚深性是行般若波羅蜜多何以故舍利子
內空甚深性則非內空外空乃至無性自性
空甚深性則非外空乃至無性自性空故舍
利子若菩薩摩訶薩行般若波羅蜜多時不
行真如甚深性是行般若波羅蜜多不行法
界法性不虛妄性不變異性平等性離生性
法定法住實際虛空界不思議界甚深性是
行般若波羅蜜多何以故舍利子真如甚深
性則非真如法界乃至不思議界甚深性則
非法界乃至不思議界故舍利子若菩薩摩
訶薩行般若波羅蜜多時不行苦聖諦甚深
性是行般若波羅蜜多不行集滅道聖諦甚
深性是行般若波羅蜜多何以故舍利子苦
聖諦甚深性則非苦聖諦集滅道聖諦甚深
性則非集滅道聖諦故舍利子若菩薩摩訶
薩行般若波羅蜜多時不行四靜慮甚深性
是行般若波羅蜜多不行四無量四無色定
甚深性是行般若波羅蜜多何以故舍利子
四靜慮甚深性則非四靜慮四無量四無色
定甚深性則非四無量四無色定故舍利子
若菩薩摩訶薩行般若波羅蜜多時不行八
解脫甚深性是行般若波羅蜜多不行八勝
處九次第定十遍處甚深性是行般若波羅
蜜多何以故舍利子八解脫甚深性則非八
解脫八勝處九次第定十遍處甚深性則非

BD15022 號　大般若波羅蜜多經卷二九八　　（22–20）

若菩薩摩訶薩行般若波羅蜜多時不行八
解脫甚深性是行般若波羅蜜多不行八勝
處九次第定十遍處甚深性是行般若波羅
蜜多何以故舍利子八解脫甚深性則非八
解脫八勝處九次第定十遍處甚深性則非
八勝處九次第定十遍處故舍利子若菩薩
摩訶薩行般若波羅蜜多時不行四念住甚
深性是行般若波羅蜜多不行四正斷四神足
五根五力七等覺支八聖道支甚深性是
行般若波羅蜜多何以故舍利子四念住甚
深性則非四念住四正斷乃至八聖道支甚
深性則非四正斷乃至八聖道支故舍利子
若菩薩摩訶薩行般若波羅蜜多時不行空
解脫門甚深性是行般若波羅蜜多不行無
相無願解脫門甚深性是行般若波羅蜜多
何以故舍利子空解脫門甚深性則非空解
脫門無相無願解脫門甚深性則非無相無
願解脫門故舍利子若菩薩摩訶薩行般若
波羅蜜多時不行菩薩十地甚深性是行般
若波羅蜜多何以故舍利子菩薩十地甚深
性則非菩薩十地故舍利子若菩薩摩訶薩
行般若波羅蜜多時不行五眼甚深性是行
般若波羅蜜多不行六神通甚深性是行般
若波羅蜜多何以故舍利子五眼甚深性則
非五眼六神通甚深性則非六神通故

BD15022 號　大般若波羅蜜多經卷二九八　　（22–21）

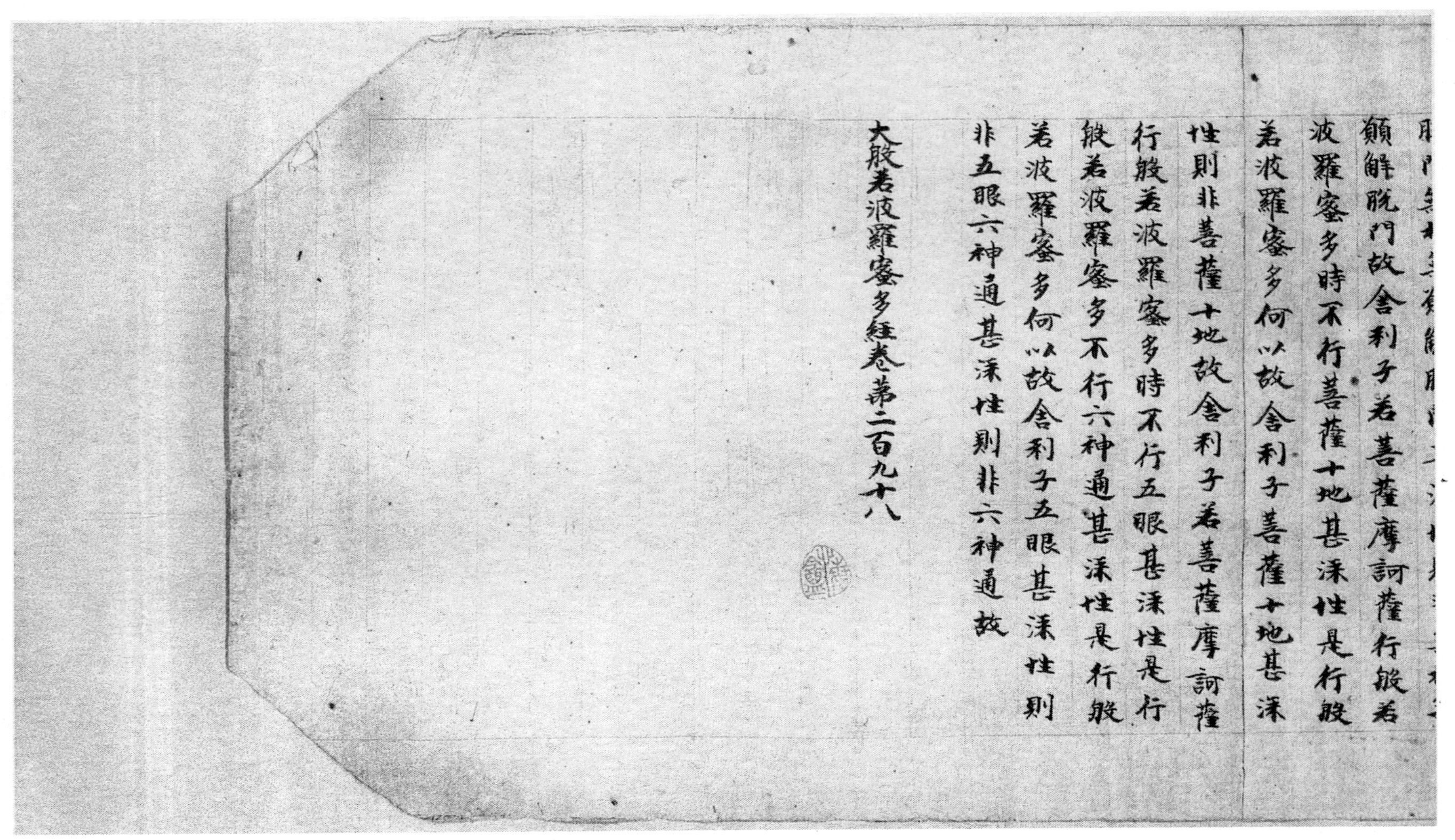

BD15022號　大般若波羅蜜多經卷二九八　（22–22）

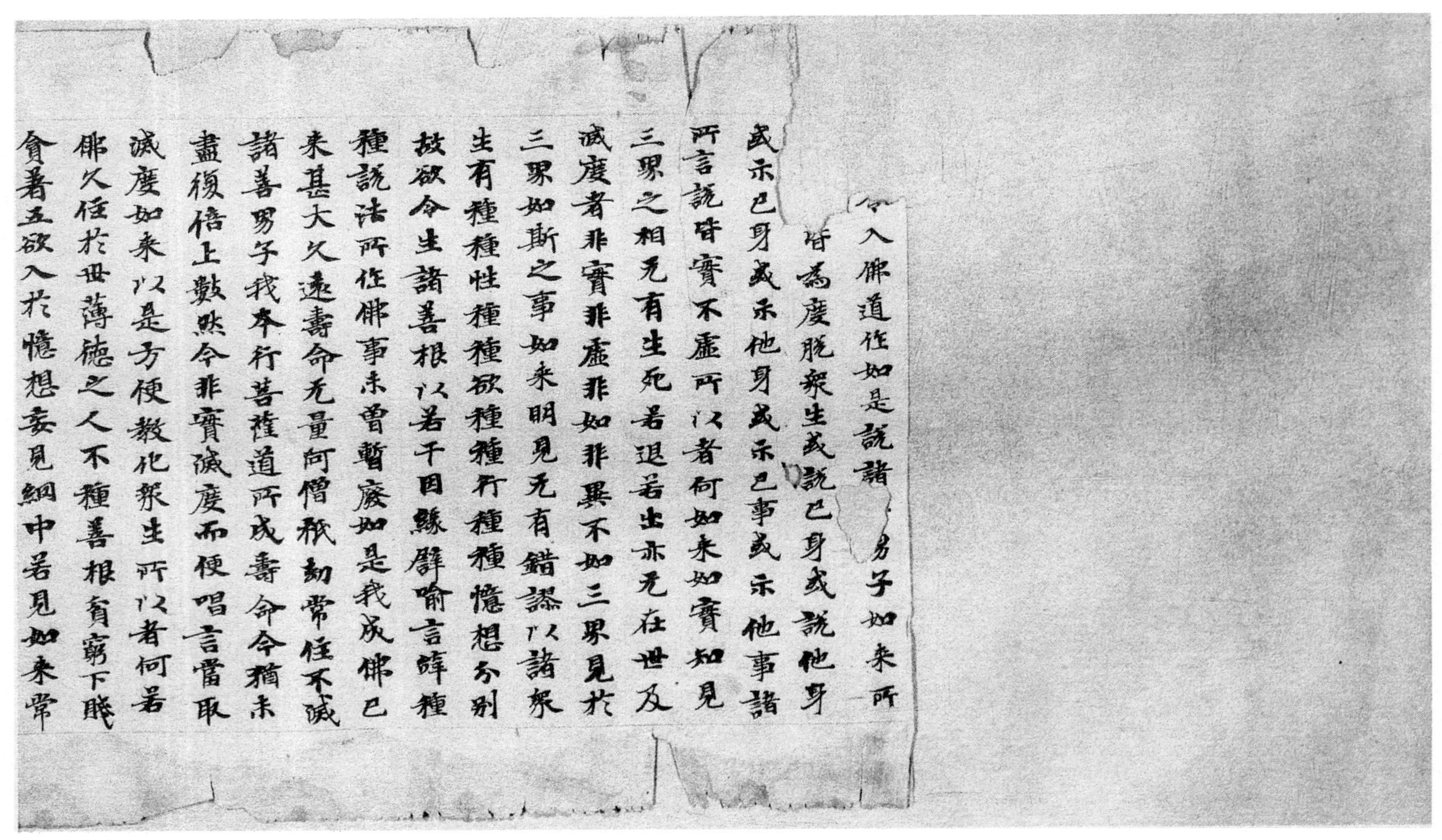

BD15023號　妙法蓮華經卷五　（12–1）

来甚大久遠壽命无量阿僧祇劫常住不滅
諸善男子我本行菩薩道所成壽命今猶未
盡復倍上數然今非實滅度而便唱言當取
滅度如来以是方便教化衆生所以者何若
佛久住於世薄德之人不種善根貧窮下賤
貪著五欲入於憶想妄見網中若見如来常
在不滅便起憍恣而懷猒怠不能生難遭之
想恭敬之心是故如来以方便說比丘當知
諸佛出世難可値遇所以者何諸薄德人過
无量百千万億劫或有見佛或不見者以此
事故我作是言諸比丘如来難可得見斯衆
生等聞如是語必當生於難遭之想心懷戀
慕渴仰於佛便種善根是故如来雖不實滅
而言滅度又善男子諸佛如来法皆如是爲
度衆生皆實不虛譬如良醫智慧聡達明練
方藥善治衆病其人多諸子息若十二十乃
至百數以有事緣遠至餘國諸子於後飲他
毒藥藥發悶亂宛轉于地是時其父還来歸
家諸子飲毒或失本心或不失者遥見其父
皆大歡喜拜跪問訊善安隱歸我等愚癡誤
服毒藥願見救療更賜壽命父見子等苦惱
如是依諸經方求好藥草色香美味皆悉具
足擣篩和合與子令服而作是言此大良藥
色香美味皆悉具足汝等可服速除苦惱无
復衆患其諸子中不失心者見此良藥色香

BD15023號　妙法蓮華經卷五　（12–2）

服毒藥願見救療更賜壽命父見子等苦惱
如是依諸經方求好藥草色香美味皆悉具
足擣篩和合與子令服而作是言此大良藥
色香美味皆悉具足汝等可服速除苦惱无
復衆患其諸子中不失心者見此良藥色香
俱好即便服之病盡除愈餘失心者見其父
来雖亦歡喜問訊求索治病然與其藥而不
肯服所以者何毒氣深入失本心故於此好
色香藥而謂不美父作是念此子可愍爲毒
所中心皆顛倒雖見我喜求索救療如是好
藥而不肯服我今當設方便令服此藥即作
是言汝等當知我今衰老死時已至是好良
藥今留在此汝可取服勿憂不差作是教已
復至他國遣使還告汝父已死是時諸子聞
父背喪心大憂惱而作是念若父在者慈愍
我等能見救護今者捨我遠喪他國自惟孤
露无復恃怙常懷悲感心遂醒悟乃知此藥
色味香美即取服之毒病皆愈其父聞子悉
已得差尋便来歸咸使見之諸善男子於意
云何頗有人能說此良醫虛妄罪不不也世
尊佛言我亦如是成佛已来无量无邊百千
万億那由他阿僧祇劫爲衆生故以方便力
言當滅度亦无有能如法說我虛妄過者尒
時世尊欲重宣此義而說偈言
自我得佛来　所經諸劫數　无量百千万　億載阿僧祇
常說法教化　无數億衆生　令入於佛道　尒来无量劫

BD15023號　妙法蓮華經卷五　（12–3）

言當滅度亦无有能如法說我虛妄過者尒
時世尊欲重宣此義而說偈言
自我得佛來　所經諸劫數　无量百千万　億載阿僧祇
常說法教化　无數億衆生　令入於佛道　尒來无量劫
為度衆生故　方便現涅槃　而實不滅度　常住此說法
我常住於此　以諸神通力　令顛倒衆生　雖近而不見
衆見我滅度　廣供養舍利　咸皆懷戀慕　而生渴仰心
衆生既信伏　質直意柔軟　一心欲見佛　不自惜身命
時我及衆僧　俱出靈鷲山　我時語衆生　常在此不滅
以方便力故　現有滅不滅　餘國有衆生　恭敬信樂者
我復於彼中　為說无上法　汝等不聞此　但謂我滅度
我見諸衆生　沒在於苦惱　故不為現身　令其生渴仰
因其心戀慕　乃出為說法　神通力如是　於阿僧祇劫
常在靈鷲山　及餘諸住處　衆生見劫盡　大火所燒時
我此土安隱　天人常充滿　園林諸堂閣　種種寶莊嚴
寶樹多華菓　衆生所遊樂　諸天擊天鼓　常作衆伎樂
雨曼陁羅華　散佛及大衆　我淨土不毀　而衆見燒盡
憂怖諸苦惱　如是悉充滿　是諸罪衆生　以惡業因緣
過阿僧祇劫　不聞三寶名　諸有修功德　柔和質直者
則皆見我身　在此而說法　或時為此衆　說佛壽无量
久乃見佛者　為說佛難值　我智力如是　慧光照无量
壽命无數劫　久修業所得　汝等有智者　勿於此生疑
當斷令永盡　佛語實不虛　如醫善方便　為治狂子故
實在而言死　无能說虛妄　我亦為世父　救諸苦患者
為凡夫顛倒　實在而言滅　以常見我故　而生憍恣心

BD15023號　妙法蓮華經卷五　（12–4）

久乃見佛者　為說佛難值　我智力如是　慧光照无量
壽命无數劫　久修業所得　汝等有智者　勿於此生疑
當斷令永盡　佛語實不虛　如醫善方便　為治狂子故
實在而言死　无能說虛妄　我亦為世父　救諸苦患者
為凡夫顛倒　實在而言滅　以常見我故　而生憍恣心
放逸著五欲　墮於惡道中　我常知衆生　行道不行道
隨應所可度　為說種種法　每自作是意　以何令衆生
得入无上道　速成就佛身

妙法蓮華經分別功德品第十七

尒時大會聞佛說壽命劫數長遠如是无量
无邊阿僧祇衆生得大饒益於時世尊告弥
勒菩薩摩訶薩阿逸多我說是如來壽命長
遠時六百八十万億那由他恒河沙衆生得
无生法忍復千倍菩薩摩訶薩得聞持陁羅
尼門復有一世界微塵數菩薩摩訶薩得樂
說无礙辯才復有一世界微塵數菩薩摩訶
薩得百千万億无量旋陁羅尼復有三千大千
世界微塵數菩薩摩訶薩能轉不退法輪復
有二千中國土微塵數菩薩摩訶薩能轉清
淨法輪復有小千國土微塵數菩薩摩訶薩
八生當得阿耨多羅三藐三菩提復有四四
天下微塵數菩薩摩訶薩四生當得阿耨
多羅三藐三菩提復有三四天下微塵數菩
薩摩訶薩三生當得阿耨多羅三藐三菩提
復有二四天下微塵數菩薩摩訶薩二生當
得阿耨多羅三藐三菩提復有一四天下微

BD15023號　妙法蓮華經卷五　（12–5）

天下微塵數菩薩摩訶薩四生當得阿耨
多羅三藐三菩提復有三四天下微塵數菩
薩摩訶薩三生當得阿耨多羅三藐三菩提
復有二四天下微塵數菩薩摩訶薩二生當
得阿耨多羅三藐三菩提復有一四天下微
塵數菩薩摩訶薩一生當得阿耨多羅三藐
三菩提復有八世界微塵數衆生皆發阿耨
多羅三藐三菩提心佛說是諸菩薩摩訶薩
得大法利時於虛空中雨曼陁羅華摩訶曼
陁羅華以散无量百千万億寶樹下師子座
上諸佛并散七寶塔中師子座上釋迦牟尼
佛及久滅度多寶如來亦散一切諸大菩薩
及四部衆又雨細末栴檀沉水香等於虛空
中天鼓自鳴妙聲深遠又雨千種天衣垂諸
瓔珞真珠瓔珞摩尼珠瓔珞如意珠瓔珞遍
於九方衆寶香爐燒无價香自然周至供養
大會一一佛上有諸菩薩執持幡蓋次第而
上至于梵天是諸菩薩以妙音聲歌无量頌
讚歎諸佛尒時弥勒菩薩從座而起偏袒右
肩合掌向佛而說偈言
佛說希有法　昔所未曾聞　世尊有大力　壽命不可量
无數諸佛子　聞世尊分別　說得法利者　歡喜充遍身
或住不退地　或得陁羅尼　或无礙樂說　万億旋總持
或有大千界　微塵數菩薩　各各皆能轉　不退之法輪
或有中千界　微塵數菩薩　各各皆能轉　清淨之法輪
復有小千界　微塵數菩薩　餘各八生在　當得成佛道

BD15023號　妙法蓮華經卷五　(12-6)

或住不退地　或得陁羅尼　或无礙樂說　万億旋總持
或有大千界　微塵數菩薩　各各皆能轉　不退之法輪
或有中千界　微塵數菩薩　各各皆能轉　清淨之法輪
復有小千界　微塵數菩薩　餘各八生在　當得成佛道
復有四三二　如是四天下　微塵諸菩薩　隨數生成佛
或一四天下　微塵數菩薩　餘有一生在　當成一切智
如是等衆生　聞佛壽長遠　得无量无漏　清淨之果報
復有八世界　微塵數衆生　聞佛說壽命　皆發无上心
世尊說无量　不可思議法　多有所饒益　如虛空无邊
雨天曼陁羅　摩訶曼陁羅　釋梵如恒沙　无數佛土来
雨栴檀沉水　繽紛而亂墜　如鳥飛空下　供散於諸佛
天鼓虛空中　自然出妙聲　天衣千万種　旋轉而来下
衆寶妙香爐　燒无價之香　自然悉周遍　供養諸世尊
其大菩薩衆　執七寶幡蓋　高妙万億種　次第至梵天
一一諸佛前　寶幢懸勝幡　亦以千万偈　歌詠諸如来
如是種種事　昔所未曾有　聞佛壽无量　一切皆歡喜
佛名聞十方　廣饒益衆生　一切具善根　以助无上心
尒時佛告弥勒菩薩摩訶薩阿逸多其有衆
生聞佛壽命長遠如是乃至能生一念信解
所得功德无有限量若有善男子善女人為
阿耨多羅三藐三菩提於八十万億那由他
劫行五波羅蜜檀波羅蜜尸羅波羅蜜羼提
波羅蜜毗梨耶波羅蜜禪波羅蜜除般若波
羅蜜以是功德比前功德百分千分百千万
億分不及其一乃至筭數譬喻所不能知若

BD15023號　妙法蓮華經卷五　(12-7)

劫行五波羅蜜檀波羅蜜尸羅波羅蜜羼提
波羅蜜毗梨耶波羅蜜禪波羅蜜除般若波
羅蜜以是功德比前功德百分千分百千万
億分不及其一乃至筭數譬喻所不能知若
善男子有如是功德於阿耨多羅三藐三菩
提退者无有是處尒時世尊欲重宣此義而
說偈言
若人求佛慧　於八十万億　那由他劫數　行五波羅蜜
於是諸劫中　布施供養佛　及緣覺弟子　并諸菩薩衆
珎異之飲食　上服與卧具　栴檀立精舍　以園林莊嚴
如是等布施　種種皆微妙　盡此諸劫數　以迴向佛道
若復持禁戒　清淨无缺漏　求於无上道　諸佛之所歎
若復行忍辱　住於調柔地　設衆惡來加　其心不傾動
諸有得法者　懷於增上慢　為此所輕惱　如是亦能忍
若復勤精進　志念常堅固　於无量億劫　一心不懈息
又於无數劫　住於空閑處　若坐若經行　除睡常攝心
以是因緣故　能生諸禪定　八十億万劫　安住心不亂
持此一心福　願求无上道　我得一切智　盡諸禪定際
是人於百千　万億劫數中　行此諸功德　如上之所說
有善男女等　聞我說壽命　乃至一念信　其福過於彼
若人悉无有　一切諸疑悔　深心須臾信　其福為如此
其有諸菩薩　无量劫行道　聞我說壽命　是則能信受
如是諸人等　頂受此經典　願我於未來　長壽度衆生
如今日世尊　諸釋中之王　道場師子吼　說法无所畏
我等未來世　一切所尊敬　坐於道場時　說壽亦如是

BD15023號　妙法蓮華經卷五　（12–8）

其有諸菩薩　无量劫行道　聞我說壽命　是則能信受
如是諸人等　頂受此經典　願我於未來　長壽度衆生
如今日世尊　諸釋中之王　道場師子吼　說法无所畏
我等未來世　一切所尊敬　坐於道場時　說壽亦如是
若有深心者　清淨而質直　多聞能總持　隨義解佛語
如是諸人等　於此无有疑
又阿逸多若有聞佛壽命長遠解其義趣是
人所得功德无有限量能起如來无上之慧
何况廣聞是經若教人聞若自持若教人持
若自書若教人書若以華香瓔珞幢幡繒蓋
香油蘇燈供養經卷是人功德无量无邊能
生一切種智阿逸多若善男子善女人聞我
說壽命長遠深心信解則為見佛常在耆闍
崛山共大菩薩諸聲聞衆圍繞說法又見此
娑婆世界其地瑠璃坦然平正閻浮檀金以
界八道寶樹行列諸臺樓觀皆悉寶成其菩
薩衆咸處其中若有能如是觀者當知是為
深信解相又復如來滅後若聞是經而不毀
呰起隨喜心當知已為深信解相何况讀誦
受持之者斯人則為頂戴如來阿逸多是善
男子善女人不須為我復起塔寺及作僧坊
以四事供養衆僧所以者何是善男子善女
人受持讀誦是經典者為已起塔造立僧坊
供養衆僧則為以佛舍利起七寶塔高廣漸
小至于梵天懸諸幡蓋及衆寶鈴華香瓔珞

BD15023號　妙法蓮華經卷五　（12–9）

以四事供養衆僧所以者何是善男子善女
人受持讀誦是經典者為已起塔造立僧坊
供養衆僧則為以佛舍利起七寶塔高廣漸
小至于梵天懸諸幡蓋及衆寶鈴華香瓔珞
末香塗香燒香衆鼓伎樂簫笛箜篌種種儛
戲以妙音聲歌唄讚頌則為於无量千万億
劫作是供養已阿逸多若我滅後聞是經典
有能受持若自書若教人書則為起立僧坊
以赤栴檀作諸殿堂三十有二高八多羅樹
高廣嚴好百千比丘於其中止園林浴池經
行禪窟衣服飲食床褥湯藥一切樂具充滿
其中如是僧坊堂閣若千百千万億其數无
量以此現前供養於我及比丘僧是故我說
如來滅後若有受持讀誦為他人說若自書
若教人書供養經卷不須復起塔寺及造僧
坊供養衆僧況復有人能持是經兼行布施
持戒忍辱精進一心智慧其德最勝无量无
邊譬如虛空東西南北四維上下无量无邊
是人功德亦復如是无量无邊疾至一切種
智若人讀誦受持是經為他人說若自書若
教人書復能起塔及造僧坊供養讚歎聲聞
衆僧亦以百千万億讚歎之法讚歎菩薩功
德又為他人種種因緣隨義解說此法華經
復能清淨持戒與柔和者而共同止忍辱无
瞋志念堅固常貴坐禪得諸深定精進勇猛

BD15023號　妙法蓮華經卷五　（12–10）

智若人讀誦受持是經為他人說若自書若
教人書復能起塔及造僧坊供養讚歎聲聞
衆僧亦以百千万億讚歎之法讚歎菩薩功
德又為他人種種因緣隨義解說此法華經
復能清淨持戒與柔和者而共同止忍辱无
瞋志念堅固常貴坐禪得諸深定精進勇猛
攝諸善法利根智慧善荅問難阿逸多若我
滅後諸善男子善女人受持讀誦是經典者
復有如是諸善功德當知是人已趣道場近
阿耨多羅三藐三菩提坐道樹下阿逸多是
善男子善女人若坐若立若行處此中便應起塔一
切天人皆應供養如佛之塔尒時世尊欲重
宣此義而說偈言
若我滅度後　能奉持此經　斯人福无量　如上之所說
是則為具足　一切諸供養　以舍利起塔　七寶而莊嚴
表刹甚高廣　漸小至梵天　寶鈴千万億　風動出妙音
又於无量劫　而供養此塔　華香諸瓔珞　天衣衆伎樂
燃香油蘇燈　周帀常照明　惡世法末時　能持是經者
則為已如上　具足諸供養　若能持此經　則如佛現在
以牛頭栴檀　起僧坊供養　堂有三十二　高八多羅樹
上饌妙衣服　床臥皆具足　百千衆住處　園林諸浴池
經行及禪窟　種種皆嚴好　若有信解心　受持讀誦書
若復教人書　及供養經卷　散華香末香　以須曼瞻蔔
阿提目多伽　薰油常燃之　如是供養者　得无量功德
如虛空无邊　其福亦如是　況復持此經　兼布施持戒

BD15023號　妙法蓮華經卷五　（12–11）

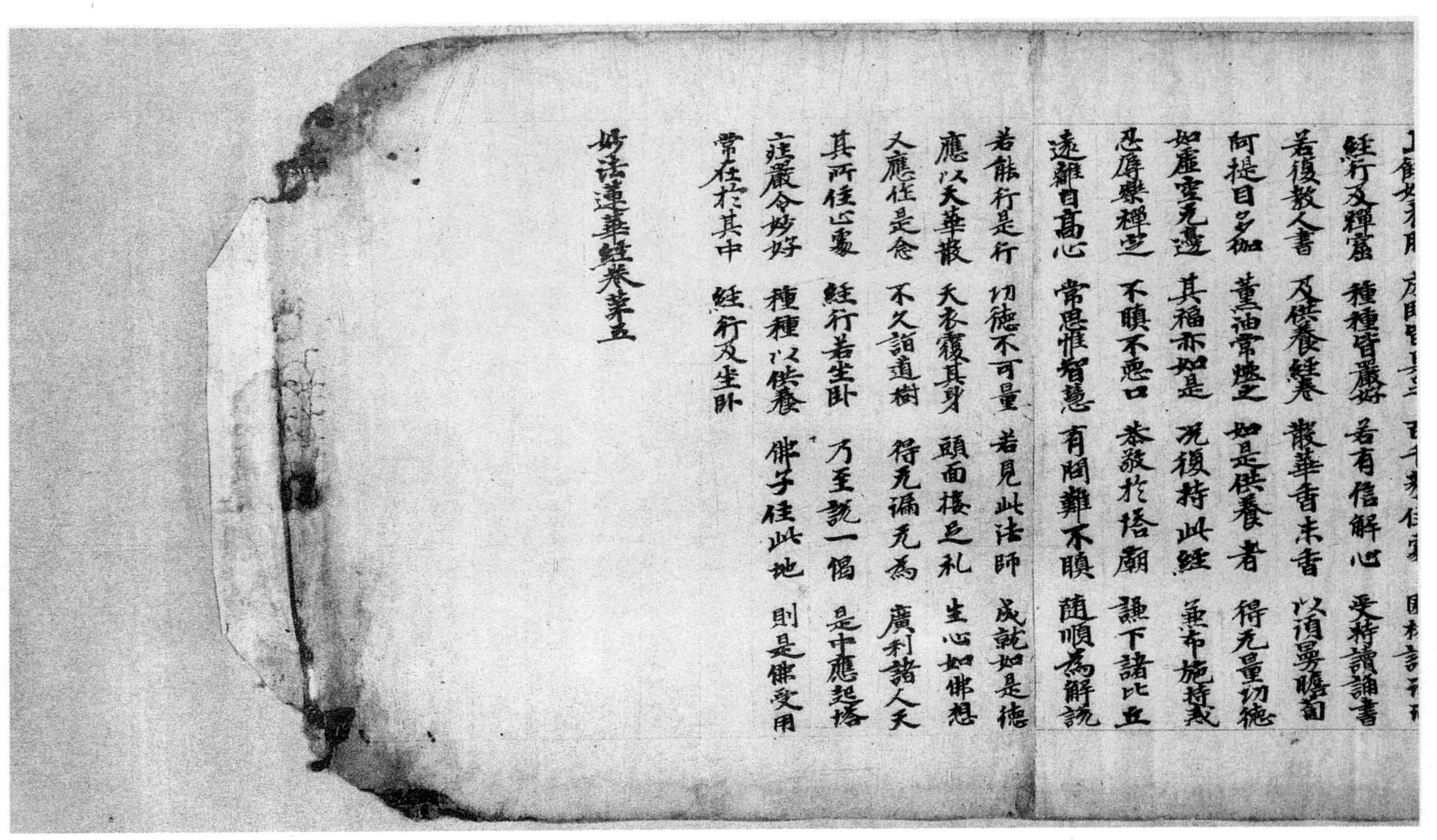

上饌妙衣服　床臥皆具足　百千衆住處　園林諸浴池
經行及禪窟　種種皆嚴好　若有信解心　受持讀誦書
若復教人書　及供養經卷　散華香末香　以須曼膽蔔
阿提目多伽　薰油常然之　如是供養者　得无量功德
如虛空无邊　其福亦如是　況復持此經　兼布施持戒
忍辱樂禪定　不瞋不惡口　恭敬於塔廟　謙下諸比丘
遠離自高心　常思惟智慧　有問難不瞋　隨順為解說
若能行是行　功德不可量　若見此法師　成就如是德
應以天華散　天衣覆其身　頭面接足礼　生心如佛想
又應作是念　不久詣道樹　得无漏无為　廣利諸人天
其所住止處　經行若坐臥　乃至說一偈　是中應起塔
莊嚴令妙好　種種以供養　佛子住此地　則是佛受用
常在於其中　經行及坐臥

妙法蓮華經卷第五

BD15023號　妙法蓮華經卷五　　(12–12)

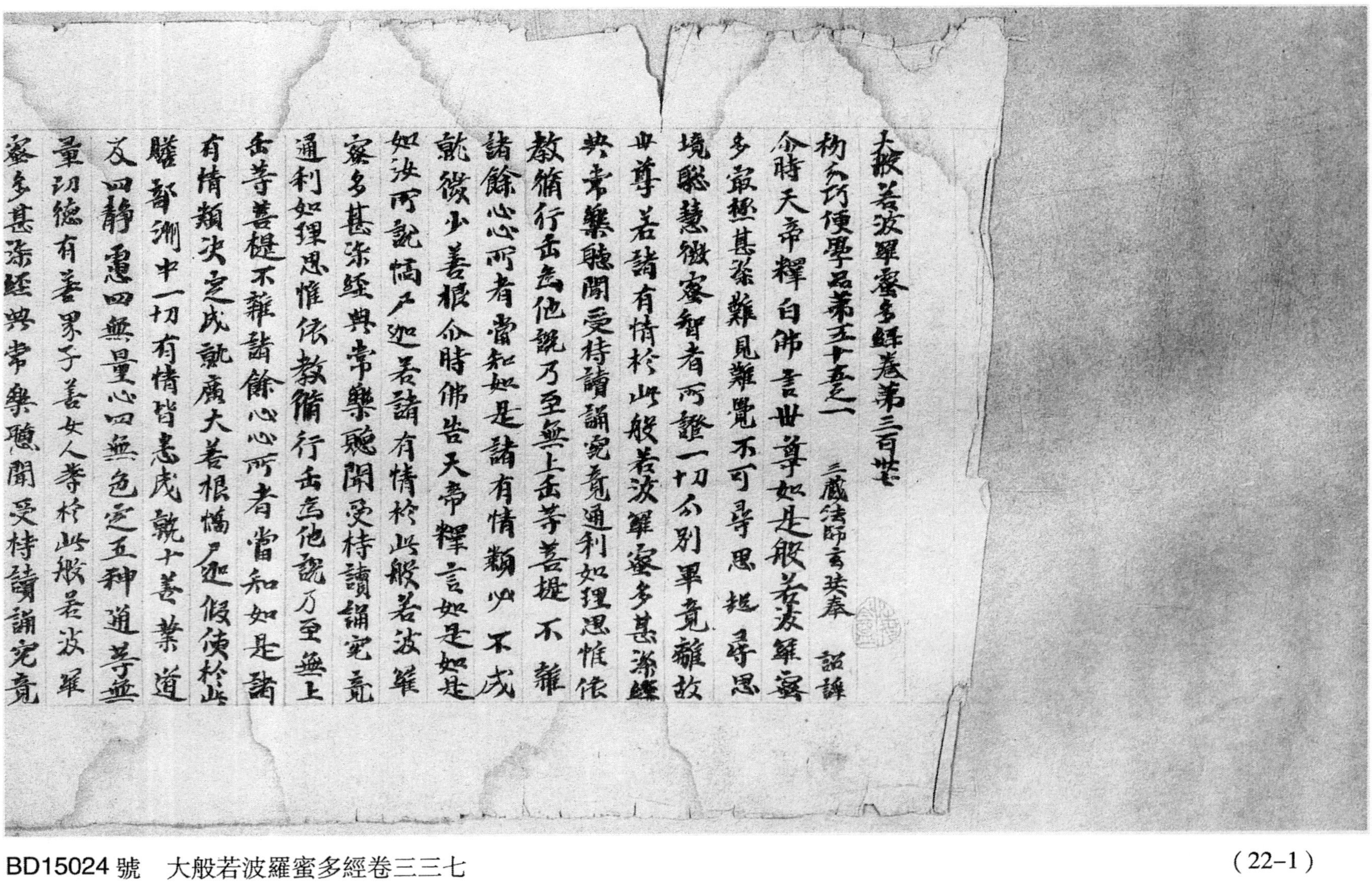

大般若波羅蜜多經卷第三百卅七
初分巧便學品第五十三之一　　三藏法師玄奘奉　詔譯
爾時天帝釋白佛言世尊如是般若波羅蜜
多最極甚深難見難覺不可尋思超尋思
境聰慧微妙智者所證一切分別畢竟離故
世尊若諸有情於此般若波羅蜜多甚深經
典常樂聽聞受持讀誦究竟通利如理思惟依
教脩行正為他說乃至無上正等菩提不離
諸餘心心所者當知如是諸有情類少不成
就微少善根爾時佛告天帝釋言如是如是
如汝所說憍尸迦若諸有情於此般若波羅
蜜多甚深經典常樂聽聞受持讀誦究竟
通利如理思惟依教脩行正為他說乃至無上
正等菩提不離諸餘心心所者當知如是諸
有情類決定成就廣大善根憍尸迦假使於此
贍部洲中一切有情皆悉成就十善業道
及四靜慮四無量心四無色定五神通等無
量功德有善男子善女人等於此般若波羅
蜜多甚深經典常樂聽聞受持讀誦究竟

BD15024號　大般若波羅蜜多經卷三三七　　(22–1)

有情類決定成就廣大善根憍尸迦假使於此
贍部洲中一切有情皆悉成就十善業道
及四靜慮四無量心四無色定五神通等無
量功德有善男子善女人等於此般若波羅
蜜多甚深經典常樂聽聞受持讀誦究竟
通利如理思惟依教修行為他說是善男子
善女人等所獲功德於前所說贍部洲中諸
有情類所成功德百倍為勝千倍為勝百千
倍為勝俱胝倍為勝百俱胝倍為勝千俱胝
倍為勝百千俱胝倍為勝那庾多倍為勝百
那庾多倍為勝千那庾多倍為勝百千那庾
多倍為勝笇倍數倍計倍喻倍乃至鄔波尼
殺曇倍亦復為勝
爾時會中有一苾芻謂天帝釋言憍尸迦若
善男子善女人等於此般若波羅蜜多甚
深經典攝心不亂常樂聽聞受持讀誦令
極通經典攝心不亂常樂聽聞受持讀誦令極通
利如理思惟依教修行為他說乃至無上
正等菩提不離諸餘心心所者所獲功德勝
贍部洲諸有情類一切成就十善業道及四
靜慮四無量心四無色定五神通等無量功德
天帝釋言是善男子善女人等初發一念一
切智相應心時所獲功德已勝所說贍部
洲中諸有情類一切成就十善業道及四靜
慮四無量心四無色定五神通等無量功德
多百千倍何況於此甚深般若波羅蜜多甚
深經典攝心不亂常樂聽聞受持讀誦令極
通利如理思惟依教修行為他說者至無

BD15024 號　大般若波羅蜜多經卷三三七　（22–2）

洲中諸有情類一切成就十善業道及四靜
慮四無量心四無色定五神通等無量功德
多百千倍何況於此甚深般若波羅蜜多甚
深經典攝心不亂常樂聽聞受持讀誦令極
通利如理思惟依教修行為他說者至無
上正等菩提不離諸餘心心所者所獲功德
而可校量苾芻當知是善男子善女人等功
德智慧非但勝彼贍部洲中成十善等諸有
情類亦勝一切世間天人阿素洛等何以故
是善男子善女人等疾證無上正等菩提利
樂有情無邊際故苾芻當知是善男子善女
人等功德智慧非但勝彼世間天人阿素洛
等亦勝一切預流一來不還阿羅漢獨覺何
以故是善男子善女人等疾證無上正等菩
提利樂有情無邊際故苾芻當知是善男子
善女人等功德智慧非但勝彼一切預流一
來不還阿羅漢獨覺亦勝菩薩摩訶薩遠離
般若波羅蜜多方便善巧修行布施淨戒安
忍精進靜慮羅蜜多者何以故是善男子
善女人等疾證無上正等菩提利樂有情無
邊際故苾芻當知是善男子善女人等功德
智慧亦勝菩薩摩訶薩遠離般若波羅蜜多
方便善巧安住內空外空內外空空空大空
勝義空有為空無為空畢竟空無際空散空
無變異空本性空自相空共相空一切法空
不可得空無性空自性空無性自性空者何以
故是善男子善女人等疾證無上正等菩
提利樂有情無邊際故苾芻當知是善男子

BD15024 號　大般若波羅蜜多經卷三三七　（22–3）

勝義空有為空無為空畢竟空無際空散空
無變異空本性空自相空共相空一切法空
不可得空無性空自性空無性自性空者何以
故是善男子善女人等疾證無上正等菩
提利樂有情無邊際故善現當知是善男子
善女人等功德智慧亦勝菩薩摩訶薩遠離
般若波羅蜜多方便善巧安住真如法界法
性不虛妄性不變異性平等性離生性法定
法住實際虛空界不思議界者何以故是善
男子善女人等疾證無上正等菩提利樂有情
無邊際故善現當知是善男子善女人等功
德智慧亦勝菩薩摩訶薩遠離般若波羅
蜜多方便善巧安住苦集滅道聖諦者何以
故是善男子善女人等疾證無上正等菩提
利樂有情無邊際故善現當知是善男子善
女人等功德智慧亦勝菩薩摩訶薩遠離般
若波羅蜜多方便善巧修行四靜慮四無量
四無色定者何以故是善男子善女人等疾
證無上正等菩提利樂有情無邊際故善現
當智是善男子善女人等功德智慧亦勝菩
薩摩訶薩遠離般若波羅蜜多方便善巧修
行八解脫八勝處九次第定十遍處者何以
故是善男子善女人等疾證無上正等菩提
利樂有情無邊際故善現當知是善男子善
女人等功德智慧亦勝菩薩摩訶薩遠離般
若波羅蜜多方便善巧修行四念住四正斷
四神足五根五力七等覺支八聖道支者何

BD15024 號　大般若波羅蜜多經卷三三七　（22–4）

故是善男子善女人等疾證無上正等菩提
利樂有情無邊際故善現當知是善男子善
女人等功德智慧亦勝菩薩摩訶薩遠離般
若波羅蜜多方便善巧修行四念住四正斷
四神足五根五力七等覺支八聖道支者何
以故是善男子善女人等疾證無上正等菩
提利樂有情無邊際故善現當知善男子
善女人等功德智慧亦勝菩薩摩訶薩遠離
般若波羅蜜多方便善巧修行空無相無願
解脫門者何以故是善男子善女人等疾證
無上正等菩提利樂有情無邊際故善現當
知是善男子善女人等功德智慧亦勝菩薩
摩訶薩遠離般若波羅蜜多方便善巧修行
極喜地離垢地發光地焰慧地極難勝地現
前地遠行地不動地善慧地法雲地者何以
故是善男子善女人等疾證無上正等菩提
利樂有情無邊際故善現當知是善男子善
女人等功德智慧亦勝菩薩摩訶薩遠離般
若波羅蜜多方便善巧修行五眼六神通者
何以故是善男子善女人等疾證無上正等
菩提利樂有情無邊際故善現當知是善
男子善女人等功德智慧亦勝菩薩摩訶薩
遠離般若波羅蜜多方便善巧修行佛十力四
無所畏四無礙解大慈大悲大喜大捨十八
佛不共法者何以故是善男子善女人等疾
證無上正等菩提利樂有情無邊際故善現
當知是善男子善女人等功德智慧亦勝菩
薩摩訶薩遠離般若波羅蜜多方便善巧修

BD15024 號　大般若波羅蜜多經卷三三七　（22–5）

無所畏四無礙解大慈大悲大喜大捨十八
佛不共法者何以故是善男子善女人等疾
證無上正等菩提利樂有情無邊際故善現
當知是善男子善女人等功德智慧亦勝菩
薩摩訶薩遠離般若波羅蜜多方便善巧脩
脩行無忘失法恒住捨性者何以故是善男子善女
人等疾證無上正等菩提利樂有情無邊際
故善現當知是善男子善女人等功德智慧
亦勝菩薩摩訶薩遠離般若波羅蜜多方
便善巧脩行一切智道相智一切相智者何以故
是善男子善女人等疾證無上正等菩提利
樂有情無邊際故善現當知是善男子
善女人等功德智慧亦勝菩薩摩訶薩遠離
般若波羅蜜多方便善巧脩行陁羅尼門三
摩地門者何以故是善男子善女人等疾證
無上正等菩提利樂有情無邊際故善現當知
是善男子善女人等功德智慧亦勝菩薩摩
訶薩遠離般若波羅蜜多方便善巧脩行緣
性緣起觀者何以故是善男子善女人等疾
證無上正等菩提利樂有情無邊際故善現
當知是善男子善女人等功德智慧亦勝菩
薩摩訶薩遠離般若波羅蜜多方便善巧嚴
淨佛土成熟有情者何以故是善男子善女
人等疾證無上正等菩提利樂有情無邊際
故善現當知是善男子善女人等功德智慧
亦勝菩薩摩訶薩遠離般若波羅蜜多方便
善巧脩諸菩薩摩訶薩行及脩無上正等菩
提者何以故是善男子善女人等疾證無上

BD15024號　大般若波羅蜜多經卷三三七　（22–6）

人等疾證無上正等菩提利樂有情無邊際
故善現當知是善男子善女人等功德智慧
亦勝菩薩摩訶薩遠離般若波羅蜜多方便
善巧脩諸菩薩摩訶薩行及脩無上正等菩
提者何以故是善男子善女人等疾證無上
正等菩提利樂有情無邊際故善現當知是
善男子善女人等功德智慧亦勝菩薩摩訶
薩遠離方便善巧脩行般若波羅蜜多者何
以故是善男子善女人等疾證無上正等菩
提利樂有情無邊際故
復次善現是善男子善女人等當知即是善
薩摩訶薩善現當知是菩薩摩訶薩如說脩
行甚深般若波羅蜜多故不為一切世間天
人阿素洛等及諸聲聞獨覺菩提之所勝伏
善現當知是菩薩摩訶薩如說脩行甚深般
若波羅蜜多故能紹佛種令不斷絕善現當
知是菩薩摩訶薩如說脩行甚深般若波羅
蜜多故常不遠離菩薩如來應正等覺真勝
善友善現當知是菩薩摩訶薩如說脩行甚
深般若波羅蜜多故不久當坐妙菩提座降
伏魔軍證得無上正等菩提轉妙法輪拔有
情類生死大苦善現當知是菩薩摩訶薩如
說脩行甚深般若波羅蜜多故常學菩薩摩
訶薩眾所應學法不學聲聞及諸獨覺所應
學行善現當知是菩薩摩訶薩行深般若波
羅蜜多常學菩薩摩訶薩眾所應學故護世
四王領四大天王眾來到其所供養恭敬尊
重讚歎作如是言善哉大士當勤精進學諸

BD15024號　大般若波羅蜜多經卷三三七　（22–7）

訶薩衆所應學法不學聲聞及諸獨覺所應
學行菩薩當知是菩薩摩訶薩行深般若波
羅蜜多常學菩薩摩訶薩衆所應學故護世
四王領四大天王衆來到其所供養恭敬尊
重讚歎作如是言善哉大士當勤精進學諸
菩薩摩訶薩衆所應學法勿學聲聞及諸獨覺
所應學行若如是學速當安坐妙菩提座
疾證無上正等菩提如先如來應正等覺受
四天王所奉四鉢汝亦當受如昔護世四天天
王奉上四鉢我亦當奉菩薩當知是菩薩摩訶
薩行深般若波羅蜜多常學菩薩摩訶薩衆所
應學故我等天帝領三十三天衆來到其所
供養恭敬尊重讚歎作如是言善哉大士當
勤精進學諸菩薩摩訶薩衆所應學法勿學
聲聞及諸獨覺所應覺行若如是學速當安
坐妙菩提座疾證無上正等菩提轉妙法輪
度無量衆菩薩當知是菩薩摩訶薩行深般
若波羅蜜多常學菩薩摩訶薩衆所應學
故蘇夜魔天王領夜魔天衆來到其所供養
恭敬尊重讚歎作如是言善哉王大士當勤精
進學諸菩薩摩訶薩衆所應學法勿學聲聞
及諸獨學所應學行若如是學速當安坐妙菩
提座疾證無上正等菩提轉妙法輪度無量
衆菩薩當知是菩薩摩訶薩行深般若波羅
蜜多常學菩薩摩訶薩衆所應學故珊覩
史多天王領覩史多天衆來到其所供養恭敬
尊重讚歎作如是言善哉大士當勤精進學
諸菩薩摩訶薩衆所應學法勿學聲聞及

BD15024號　大般若波羅蜜多經卷三三七　（22–8）

衆菩薩當知是菩薩摩訶薩行深般若波羅
蜜多常學菩薩摩訶薩衆所應學故珊覩
史多天王領覩史多天衆來到其所供養恭敬
尊重讚歎作如是言善哉大士當勤精進學
諸菩薩摩訶薩衆所應學法勿學聲聞及
諸獨學所應學行若如是學速當安坐妙菩
提座疾證無上正等菩提轉妙法輪度無量
衆菩薩當知是菩薩摩訶薩行深般若波羅蜜多
常學菩薩摩訶薩衆所應學故樂變化天
王領樂變化天衆來到其所供養恭敬尊重
讚歎作如是言善哉大士當勤精進學諸菩
薩摩訶薩衆所應學法勿學聲聞及諸獨覺
所應學行若如是學速當安坐妙菩提座疾
證無上正等菩提轉妙法輪度無量衆菩
當知是菩薩摩訶薩行深般若波羅蜜多常
學菩薩摩訶薩衆所應學故蘇夜魔天王
領夜魔天衆來到其所供養恭敬尊重讚歎作
如是言善哉大士當勤精進學諸菩薩摩訶
薩衆所應學法勿學聲聞及諸獨覺所應學行
若如是學速當安坐妙菩提座疾證無上正等
菩提轉妙法輪度無量衆菩薩當知是菩薩
摩訶薩行深般若波羅蜜多常學菩薩摩
訶薩衆所應學故珊覩史多天王領覩史多天
衆來到其所供養恭敬尊重讚歎作如是善哉
大士當勤精進學諸菩薩摩訶薩衆所應學
法勿學聲聞及諸獨覺所應學行若如是學
速當安坐妙菩提座疾證無上正等菩提
轉妙法輪度無量衆菩薩當知是菩薩摩訶
薩行深般若波羅蜜多常學菩薩摩訶薩衆

BD15024號　大般若波羅蜜多經卷三三七　（22–9）

衆來到其所供養恭敬尊重讚歎作如是言善哉
大士當勤精進學諸菩薩摩訶薩衆所應學
法勿學聲聞及諸獨覺所應學行若如是學
速當安坐妙菩提座疾證無上正等菩提
轉妙法輪度無量衆苾芻當知是菩薩摩訶
薩行深般若波羅蜜多常學菩薩摩訶薩衆
所應學故樂變化天王領樂變化天衆來到其
所供養恭敬尊重讚歎作如是言善哉大士
當勤精進學諸菩薩摩訶薩衆所應學法
勿學聲聞及諸獨覺所應學行若如是
學速當安坐妙菩提座疾證無上正等菩
提轉妙法輪度無量衆苾芻當知是菩薩
摩訶薩行深般若波羅蜜多常學菩薩
摩訶薩衆所應學故妙自在天王領他化
自在天衆來到其所供養恭敬尊重讚
歎作如是言善哉大士當勤精進學諸菩薩
摩訶薩衆所應學法勿學聲聞及諸獨覺
所應學行若如是學速當安坐妙菩提座
疾證無上正等菩提轉妙法輪度無量衆苾
芻當知是菩薩摩訶薩行深般若波羅蜜
多常學菩薩摩訶薩衆所應學故索訶
界主大梵天王領梵衆天梵輔天梵會天衆
來到其所供養恭敬尊重讚歎作如是言
善哉大士當勤精進學諸菩薩摩訶薩衆所應學
法勿學聲聞及諸獨覺所應學行若如是
速當安坐妙菩提座疾證無上正等菩提轉
妙法輪度無量衆苾芻當知是菩薩摩訶薩
行深般若波羅蜜多常學菩薩摩訶薩
衆所應學故極光淨天領光天無量光天

BD15024號　大般若波羅蜜多經卷三三七　（22–10）

法勿學聲聞及諸獨覺所應學行若如是
速當安坐妙菩提座疾證無上正等菩提轉
妙法輪度無量衆苾芻當知是菩薩摩訶薩
行深般若波羅蜜多常學菩薩摩訶薩
衆所應學故極光淨天領光天無量光天衆
來到其所供養恭敬尊重讚歎作如是言善
哉大士當勤精進學諸菩薩摩訶薩衆所應
學法勿學聲聞及諸獨覺所應學行若
如是學速當安坐妙菩提座疾證無上正等
菩提轉妙法輪度無量衆苾芻當知是
菩薩摩訶薩行深般若波羅蜜多常
常學菩薩摩訶薩衆所應學故遍淨天
領淨天少淨天無量淨天衆來到其所
供養恭敬尊重讚歎作如是言善哉大
士當勤精進學諸菩薩摩訶薩衆所應
學法勿學聲聞及諸獨覺所應學行若
如學速當安坐妙菩提座疾證無上正等菩
提轉妙法轉輪度無量衆苾芻當知是菩
薩摩訶薩行深般若波羅蜜多常學菩
薩般摩訶薩衆所應學故廣天無量廣天
衆來到其所供養恭敬尊重讚歎作如是言善
哉大士當勤精進學諸菩薩摩訶薩衆所應
學法勿學聲聞及諸獨覺所應學行若如是
學速當安坐妙菩提座疾證無上正等菩提轉
妙法輪度無量衆苾芻當知是菩薩摩訶薩
行深般若波羅蜜多常學菩薩摩訶薩衆所
應學故色究竟天領無煩天無熱天善現天善
現天衆來到其所供養恭敬尊重讚歎作
如是言善哉大士當勤精進學諸菩薩摩訶

BD15024號　大般若波羅蜜多經卷三三七　（22–11）

妙法輪度無量衆苾芻當知是菩薩摩訶薩
行深般若波羅蜜多常學菩薩摩訶薩衆所
應學故色究竟天領無煩天無熱天善現天善
現天衆来到其所供養恭敬尊重讚歎作
如是言善哉大士當勤精進學諸菩薩摩訶
薩衆所應學法勿學聲聞及諸獨覺所應
學行善如是學速當安坐妙菩提座證無上
正等菩提轉妙法輪度無量衆苾芻當知是
菩薩摩訶薩如說脩行甚深般若波羅蜜多
故一切如来應正等覺及諸菩薩摩訶薩衆
并諸天龍阿素洛等常隨護念由此因緣是
菩薩摩訶薩世間一切險難危厄身心憂苦
皆不復害苾芻當知是菩薩摩訶薩如說脩
行甚深般若波羅蜜多諸佛菩薩及諸天龍
阿素洛等常護念故世間所有大種相違
所諸病皆不復惱所謂眼病耳病鼻病舌病
身病諸支節病身痛心痛頭痛齒痛脇痛
胷痛背痛腹痛支節痛如是所有四百四病
皆於身中永無所有唯除重業轉為輕受
菩當知是菩薩摩訶薩如說循行甚深般若
波羅蜜多故獲如是等現世功德後世功德
無量無邊
尒時具壽阿難竊作是念今天帝釋為自辯
才讚說如是甚深般若波羅蜜多殊勝功德
為是如来威神之力時天帝釋即知阿難心
之所念白阿難言我所說甚深般若波羅蜜
多殊勝功德皆是如来威神之力尒時佛
告阿難隨言如是如是今天帝釋讚深般若

為是如来威神之力時天帝釋即知阿難心
之所念白阿難言我所說甚深般若波羅蜜
多殊勝功德皆是如来威神之力尒時佛
告阿難隨言如是如是今天帝釋讚深般若
波羅蜜多希有功德當知皆是如来神
力非自辯才何以故甚深般若波羅蜜多希、
有功德非人天等所能知故阿難當知若菩
薩摩訶習學如是甚深般若波羅蜜多
思惟如是甚深般若波羅蜜多循行如
是甚深般若波羅蜜多時此三千大世界
一切惡魔皆生疑惑咸作是念此菩薩摩
訶薩為證實際退取預流一来不還阿羅漢
果獨覺菩提為趣無上正等菩提復次阿難
若菩薩摩訶薩不離如是甚深般若波羅蜜多
時諸惡魔生大憂苦身心戰慄如中毒箭復
次阿難若菩薩摩訶薩行深般若波羅蜜多
時有惡魔來到其所化作種種可怖畏事所謂
刀劒惡獸毒虵猛火絕焰四方俱發欲令菩薩身心
惶懼迷失無上大提心於所脩行心生退屈
乃至發起一念亂意障得無上正菩提尒
時具壽阿難白佛言世尊為諸菩薩摩訶
薩行深般若波羅蜜多時皆為惡魔之所擾
亂為有擾亂不擾亂者佛告阿難非諸菩
薩訶薩行深般若波羅蜜多時皆為惡魔之
所擾亂然有擾亂不擾亂者具壽阿難復
白佛言世尊何等菩薩摩訶薩行深般若
波羅蜜多時便為惡魔之所擾亂何等菩薩
摩訶薩行深般若波羅蜜多時不為惡魔之

薩訶薩行深般若波羅蜜多時皆為惡魔之
所擾亂然有擾亂不擾亂者具壽阿難復
白佛言世尊何等菩薩摩訶薩行深般若
波羅蜜多時便為惡魔之所擾亂何等菩薩
摩訶薩行深般若波羅蜜多時不為惡魔之
所擾亂佛告阿難若菩薩摩訶薩先世聞此
甚深般若波羅蜜多心不信解便生誹謗是菩
薩摩訶薩行深般若波羅蜜多時便為惡魔
之所擾亂若菩薩摩訶薩先世聞此甚深般若
波羅蜜多深心信解不生誹謗是菩薩摩訶
薩行深般若波羅蜜多時不為惡魔之所擾
亂復次阿難若菩薩摩訶薩先世聞此甚深
般若波羅蜜多心生猶豫為實有此甚深般
若波羅蜜多為實無此甚深般若波羅蜜多
是菩薩摩訶薩行深般若波羅蜜多時便為
惡魔之所擾亂若菩薩摩訶薩先世聞此甚
深般若波羅蜜多不生疑惑決定信有甚深
般若波羅蜜多是菩薩摩訶薩行深般若
波羅蜜多時不為惡魔之所擾亂復次阿難
若菩薩摩訶薩遠離善友為諸惡友之所攝
持不聞如是甚深般若波羅蜜多由不聞故不
能解了不解了故不能修習不修習故不
能如實證得如是甚深般若波羅蜜多是
菩薩摩訶薩行深般若波羅蜜多時便為
惡魔之所擾亂若菩薩摩訶薩親近善友不為
惡友之所攝持得聞如是甚深般若波羅蜜
多由得聞故便能解了由解了故則能修習
能修習故如實證得甚深般若波羅蜜多
是菩薩摩訶薩行深般若波羅蜜多時不為

惡魔之所擾亂若菩薩摩訶薩親近善友不為
惡友之所攝持得聞如是甚深般若波羅蜜
多由得聞故便能解了由解了故則能修習
能修習故如實證得甚深般若波羅蜜多
是菩薩摩訶薩行深般若波羅蜜多時不為
惡魔之所擾亂復次阿難若菩薩摩訶薩遠離
般若波羅蜜多攝受讚歎非真妙法是菩
薩摩訶薩行深般若波羅蜜多時便為惡
魔之所擾亂若菩薩摩訶薩親近般若波
羅蜜多不攝不讚非真妙法是菩薩摩訶
薩行深般若波羅蜜多時不為惡魔之所擾
亂復次阿難若菩薩摩訶薩遠般若波羅蜜
多於真妙法誹謗毀呰尒時惡魔便作是念
今此菩薩與我為伴由彼謗毀真妙法故便
有無量菩薩乘諸善男子善女人等於真
妙法亦生毀謗由此因緣我願圓滿是菩薩
乘諸善男子善女人等設勤精進修諸善法
而墮聲聞或獨覺地亦令隨阿難當知
是菩薩摩訶薩行深般若波羅蜜多時便
為惡魔之所擾亂若菩薩摩訶薩親近般
若波羅蜜多於真妙法信受讚歎亦令無
量住菩薩乘諸善男子善女人等於真妙
法信受讚歎由此惡魔驚怖愁惱是菩薩
乘諸善男子善女人等設不精勤修諸善
法而亦決定不令自他退墮聲聞或獨覺
地必證無上正等菩提阿難當知是菩
薩摩訶薩行深般若波羅蜜多時不為
惡魔之所擾亂復次阿難若菩薩摩訶薩聞

乘諸善男子善女人等設不精勤脩諸善
法而亦決定不令自他退墮聲聞或獨覺
地必證無上正等菩提阿難當知是菩
薩摩訶薩行深般若波羅蜜多時不為
惡魔之所擾亂復次阿難若菩薩摩訶薩聞
說般若波羅蜜多甚深經時作如是語如是
般若波羅蜜多甚為甚深難見難覺何用宣
說聽聞受持讀誦思惟精勤脩習書寫流布
我尚不能得其源底況餘淺智時有無量
住菩薩乘諸善男子善女人等聞其所說心生
驚怖皆退無上正等覺心阿難當知是菩薩
摩訶薩行深般若波羅蜜多時便為惡魔
之所擾亂若菩薩摩訶薩聞說般若波羅
蜜多甚深經時作如是語如是般若波羅蜜
多極為甚深難見難覺若不宣說聽聞
受持讀誦思惟精勤脩習書寫流布能
證無上正等菩提必無是處時有無量住
菩薩乘諸善男子善女人等聞其所說歡
喜踊躍皆於般若波羅蜜多常樂聽聞
受持讀誦令其通利如理思惟精進脩行
為他演說書寫流布速趣無上正等菩提阿
難當知是菩薩摩訶薩行深般若波羅蜜
多時不為惡魔之所擾亂
復次阿難若菩薩摩訶薩憍恃己所有功德善
根輕餘菩薩摩訶薩衆謂作是言我能脩習
布施淨戒安忍精進靜慮般若波羅蜜多汝
等不能我能安住內空外空內外空空空大
空勝義空有為空無為空畢竟空無際空

BD15024號　大般若波羅蜜多經卷三三七　（22–16）

根輕餘菩薩摩訶薩衆謂作是言我能脩習
布施淨戒安忍精進靜慮般若波羅蜜多汝
等不能我能安住內空外空內外空空空大
空勝義空有為空無為空畢竟空無際空
散空無變異空本性空自相空共相空一切法
空不可得空無性空自性空無性自性空汝
等不能我能安住真如法界法性不虛妄性
不變異性平等性離生性法定法住實際虛
空界不思議界汝等不能我能安住苦集滅
道聖諦汝等不能我能脩習四靜慮四無量
四無色定汝等不能我能脩習八解脫八勝
處九次第定十遍處汝等不能我能脩習四
念住四正斷四神足五根五力七等覺支八聖
道支汝等不能我能脩習空無相無願解
脫門汝等不能我能脩習菩薩十地汝等不
能我能嚴淨佛土成熟有情汝等不能我能
順逆觀察十二緣起汝等不能我能脩習五
眼六神通汝等不能我能脩習佛十力四無
所畏四無礙解大慈大悲大喜大捨十八佛不
共法汝等不能我能脩習奢摩他毗鉢舍那
汝等不能我能脩習無忘失法恒住捨性
汝等不能我能脩習陀羅尼門三摩地門汝
等不能我能脩習一切智道相智一切相智
汝等不能我能觀察諸法自相共相汝等不
能我能脩習一切菩薩摩訶薩行汝等不能我
能脩習諸佛無上正等菩提汝等不能令時
惡魔歡喜踊躍言此菩薩是我伴侶輪迴生
死未有出期阿難當知是菩薩摩訶薩行深

BD15024號　大般若波羅蜜多經卷三三七　（22–17）

能我能修習一切菩薩摩訶薩行汝等不能我
能修習諸佛無上正等菩提汝等不能爾時
惡魔歡喜踊躍言此菩薩是我伴侶輪迴生
死未有出期阿難當知是菩薩摩訶薩行深
般若波羅蜜多時便爲惡魔之所擾亂若菩
薩摩訶薩不恃已有功德善根輕餘菩薩摩
訶薩衆雖常精進修諸善法而不執著諸善
法相阿難當知是菩薩摩訶薩行深般若波
羅蜜多時不爲惡魔之所擾亂復次阿難若
菩薩摩訶薩自恃名姓衆所識知輕蔑諸
餘修善菩薩恒讚己德毀呰他人實無不退
轉菩薩摩訶薩諸行狀相而謂實有起諸煩
惱自讚毀他言汝等無菩薩名姓唯我獨有
菩薩名姓由增上慢輕蔑毀呰諸餘菩薩摩訶
薩衆爾時惡魔見此事已便作是念今此菩
薩令我國土宮殿不空增益地獄傍生鬼界
是時惡魔助其神力令轉增益威勢辯才由
此多人信受其語因斯勸發同彼惡見同彼
見已隨彼邪學隨彼學已煩惱熾盛心顛倒
故諸所發起身語意業皆能感得不可愛樂
苦異熟果由此因緣增三惡趣令魔宮殿國
土充滿由此惡魔歡喜踊躍諸有所作隨意
自在阿難當知是菩薩摩訶薩行深般若波
羅蜜多時便爲惡魔之所擾亂若菩薩摩訶
薩不恃已有虛妄名姓輕蔑諸餘修善菩薩
於諸功德無增上慢常不自讚亦不毀他能
善學知衆魔事業阿難當知是菩薩摩訶
薩行深般若波羅蜜多時不爲惡魔之所擾亂

羅蜜多時便爲惡魔之所擾亂若菩薩摩訶
薩不恃已有虛妄名姓輕蔑諸餘修善菩薩
於諸功德無增上慢常不自讚亦不毀他能
善學知衆魔事業阿難當知是菩薩摩訶
薩行深般若波羅蜜多時不爲惡魔之所擾亂
復次阿難若菩薩摩訶薩與求聲聞獨覺
乘者更相毀辱鬭諍誹謗爾時惡魔見此事
已作如是念此善男子遠離無上正等菩提親
近地獄傍生鬼界所以者何更相毀辱鬭諍誹
謗非菩提道但是地獄傍生鬼界諸惡趣道
作是念已歡喜踊躍阿難當知是菩薩摩
訶薩行深般若波羅蜜多時便爲惡魔之所擾
亂若菩薩摩訶薩與求聲聞獨覺乘者
不相毀辱鬭諍誹謗方便化導令趣大乘
或令勤修自乘善法阿難當知是菩薩摩訶
薩行深般若波羅蜜多時不爲惡魔之所擾亂
復次阿難若菩薩摩訶薩與求無上正等菩
提諸善男子善女人等更相毀辱鬭諍誹謗
爾時惡魔見此事已作如是念此二菩薩俱遠
無上正等菩提俱近地獄傍生鬼界所以者
何更相毀辱鬭諍誹謗非菩提道但地獄
傍生鬼界諸惡趣道作是念已歡喜踊躍阿
難當知是菩薩摩訶薩行深般若波羅蜜
多時便爲惡魔之所擾亂若菩薩摩訶薩與求
無上正等菩提諸善男子善女人等不相毀
辱鬭諍誹謗更相教誨勤修善法令疾證
得一切智智阿難當知是菩薩摩訶薩行深
般若波羅蜜多時不爲惡魔之所擾亂

無上正等菩提諸善男子善女人等不相毀
辱鬪諍誹謗更相教誨勤脩善法令疾證
得一切智智阿難當知是菩薩摩訶薩行深
般若波羅蜜多時不為惡魔之所擾亂
阿難當知若菩薩摩訶薩未得無上正等菩
提不退轉記於得無上正等菩提不退轉記諸
菩薩所起損害心鬪諍毀辱輕蔑誹謗是
菩薩摩訶薩隨起爾所念不饒益心還退爾
所劫曾脩勝行經爾所時遠離善友還受爾
所生死繫縛若不棄捨大菩提心還爾所劫
勤脩勝行然後乃補所退功德時具壽阿難
白佛言世尊是菩薩摩訶薩所起惡心生死罪
苦為要流轉經爾所時為於中間亦得出
離是菩薩摩訶薩所退勝行為要精勤經
爾所劫然後乃補為於中間有復本義佛
告阿難我為菩薩獨覺聲聞說有出罪還
補善法難當知若菩薩摩訶薩未得無上正
等菩提不退轉記於得無上正等菩提不
退轉記諸菩薩所起損害心鬪諍毀辱輕蔑誹謗
後無慚愧懷恨不捨不能如法發露改悔我說
彼類於其中間無有出罪還補善義要爾
所劫流轉生死遠離善友眾苦所縛若不棄捨
大菩提心要爾所劫勤脩勝行然後乃補所
退功德若菩薩摩訶薩未得無上正等菩提
不退轉記於得無上正等菩提不退轉記諸
菩薩所起損害心鬪諍毀辱輕蔑誹謗後生
慚愧心無怨結速還如法發露改悔作如是
念我今已得難得人身如何復起如是過惡

退功德若菩薩摩訶薩未得無上正等菩提
不退轉記於得無上正等菩提不退轉記諸
菩薩所起損害心鬪諍毀辱輕蔑誹謗後生
慚愧心無怨結速還如法發露改悔作如是
念我今已得難得人身如何復起如是過惡
失大善利我應饒益一切有情如何於中反
作衰損我應恭敬一切有情如僕事主如何
於中反生憍慢毀辱陵蔑我應忍受一切有
情捶打訶罵如何於彼反以暴惡身語加報
我應和解一切有情令相敬云何復起勃
惡語言與彼乖諍我應忍受一切有情長時
履踐猶如道路亦如橋梁云何於彼反為陵
辱我求無上正等菩提為脫有情生死大苦
令得究竟安樂涅槃云何復欲加之以苦我
應從今窮未來際如癡如瘂如聾如盲於諸
有情無所分別假使斷截首足身分於彼有
情終不起惡勿我起惡破壞無上正等覺心
障礙所求一切智智阿難當知是菩薩摩訶
薩我說中間亦有出罪還補善義非要經
於所劫數流轉生死惡魔於彼不能擾亂阿
難當知諸菩薩摩訶薩與求聲聞獨覺乘
者不應交涉設與交涉不應共住設與共住不
應與彼論義決擇所以者何若與彼類論義
決擇或當發起瞋忿等心或復令生麁惡言
說然諸菩薩於有情類不應發起瞋忿等心
亦不應生麁惡言說設被斷截首足身分亦
不應起瞋忿惡言所以者何應作是念我求
無上正等菩提為拔有情生死眾苦令得究

……諍與共住不

應與彼諍論議決擇所以者何若與彼類諍議
決擇或當發起瞋忿等心或復令生麁惡言
說然諸菩薩於有情類不應發起瞋忿等心
亦不應生麁惡言說設被斷截首足身分亦
不應起瞋忿惡言所以者何應作是念我求
無上正等菩提爲拔有情生死衆苦令得究
竟利益安樂云何於彼復起惡事阿難當知
若諸菩薩於有情類起瞋恚心發麁惡語便
障菩薩一切智智亦壞無邊殊勝行法是故
菩薩摩訶薩衆欲證無上正等菩提於於諸
有情不應瞋恚亦不應起麁惡言說

大般若波羅蜜多經卷第三百卅七

BD15024 號　大般若波羅蜜多經卷三三七　（22–22）

三百三十七

卅四

BD15024 號背　勘記　（1–1）

妙法蓮華經授記品第六
尒時世尊說是偈已告諸大衆唱如是言我
此弟子摩訶迦葉於未來世當得奉覲三百
萬億諸佛世尊供養恭敬尊重讚歎廣宣諸
佛無量大法於冣後身得成爲佛名曰光明
如來應供正遍知明行足善逝世間解无上
士調御丈夫天人師佛世尊國名光德劫名
大莊嚴佛壽十二小劫正法住世二十小劫像
法亦住二十小劫國界嚴飾無諸穢惡凡
礫荊棘便利不淨其土平正無有高下坑坎
堆阜琉璃爲地寶樹行列黃金爲繩以界道
側散諸寶華周遍清淨其國菩薩無量千億
諸聲聞衆亦復無數無有魔事雖有魔及魔
民皆護佛法尒時世尊欲重宣此義而說
偈言
告諸比丘　我以佛眼　見是迦葉　於未來世
過無數劫　當得作佛　而於來世　供養奉覲
三百萬億　諸佛世尊　爲佛智慧　淨脩梵行

BD15025號　妙法蓮華經卷三　（22–1）

民皆護佛法尒時世尊欲重宣此義而說
偈言
告諸比丘　我以佛眼　見是迦葉　於未來世
過無數劫　當得作佛　而於來世　供養奉覲
三百萬億　諸佛世尊　爲佛智慧　淨脩梵行
供養冣上　二足尊已　脩習一切　無上之慧
於冣後身　得成爲佛　其土清淨　琉璃爲地
多諸寶樹　行列道側　金繩界道　見者歡喜
常出好香　散衆名華　種種奇妙　以爲莊嚴
其地平正　無有丘坑　諸菩薩衆　不可稱計
其心調柔　逮大神通　奉持諸佛　大乘經典
諸聲聞衆　無漏後身　法王之子　亦不可計
乃以天眼　不能數知　其佛當壽　十二小劫
正法住世　二十小劫　像法亦住　二十小劫
光明世尊　其事如是
尒時大目揵連須菩提摩訶迦旃延等皆悉
悚慄一心合掌瞻仰尊顏目不暫捨即共同
聲而說偈言
大雄猛世尊　諸釋之法王　哀愍我等故　而賜佛音聲
若知我深心　見爲授記者　如以甘露灑　除熱得清涼
如從飢國來　忽遇大王饍　心猶懷疑懼　未敢即便食
若復得王教　然後乃敢食　我等亦如是　每惟小乘過
不知當云何　得佛無上慧　雖聞佛音聲　言我等作佛
心尚懷憂懼　如未敢便食　若蒙佛授記　尒乃快安樂
大雄猛世尊　常欲安世間　願賜我等記　如飢須教食
尒時世尊知諸大弟子心之所念告諸比丘

BD15025號　妙法蓮華經卷三　（22–2）

若復得王教　然後乃敢食　我等亦如是　每惟小乘過
不知當云何　得佛無上慧　雖聞佛音聲　言我等作佛
心尚懷憂懼　如未敢便食　若蒙佛授記　尒乃快安樂
大雄猛世尊　常欲安世間　願賜我等記　如飢須教食
尒時世尊知諸大弟子心之所念告諸比丘
是須菩提於當來世奉覲三百萬億那由他
佛供養恭敬尊重讚歎常脩梵行具菩薩道
於最後身得成為佛号曰名相如來應供正
遍知明行足善逝世間解無上士調御丈夫
天人師佛世尊劫名有寶國名寶生其土平
正頗梨為地寶樹莊嚴無諸丘坑沙礫荊棘
便利之穢寶華覆地周遍清淨其土人民皆
處寶臺珍妙樓閣聲聞弟子無量無邊筭數
譬喻所不能知諸菩薩衆無數千萬億那由
他佛壽十二小劫正法住世二十小劫像法
亦住二十小劫其佛常處虛空為衆說法度
脫無量菩薩及聲聞衆尒時世尊欲重宣此
義而說偈言
諸比丘衆　今告汝等　皆當一心　聽我所說
我大弟子　須菩提者　當得作佛　号曰名相
當供無數　萬億諸佛　隨佛所行　漸具大道
最後身得　三十二相　端正姝妙　猶如寶山
其佛國土　嚴淨第一　衆生見者　無不愛樂
佛於其中　度無量衆　其佛法中　多諸菩薩
皆悉利根　轉不退輪　彼國常以　菩薩莊嚴
諸聲聞衆　不可稱數　皆得三明　具六神通
住八解脫　有大威德　其佛說法　現於無量

其佛國土　嚴淨第一　衆生見者　無不愛樂
佛於其中　度無量衆　其佛法中　多諸菩薩
皆悉利根　轉不退輪　彼國常以　菩薩莊嚴
諸聲聞衆　不可稱數　皆得三明　具六神通
住八解脫　有大威德　其佛說法　現於無量
神通變化　不可思議　諸天人民　數如恒沙
皆共合掌　聽受佛語　其佛當壽　十二小劫
正法住世　二十小劫　像法亦住　二十小劫
尒時世尊復告諸比丘衆我今語汝是大迦
旃延於當來世以諸供具供養奉事八千
億佛恭敬尊重諸佛滅後各起塔廟高千
由旬縱廣正等五百由旬以金銀瑠璃車𤦲馬
瑙真珠玫瑰七寶合成衆華瓔珞塗香抹香
燒香繒蓋幢幡供養塔廟過是已後當復供
養二萬億佛亦復如是供養是諸佛已具菩
薩道當得作佛号曰閻浮那提金光如來應供
正遍知明行足善逝世間解無上士調御丈夫
天人師佛世尊其土平正頗梨為地寶樹
莊嚴黃金為繩以界道側妙華覆地周遍清
淨見者歡喜無四惡道地獄餓鬼畜生阿脩
羅道多有天人諸聲聞衆及諸菩薩無量萬
億莊嚴其國佛壽十二小劫正法住世二十小
劫像法亦住二十小劫尒時世尊欲重宣此
義而說偈言
諸比丘衆　皆一心聽　如我所說　真實無異
是迦旃延　當以種種　妙好供具　供養諸佛

億莊嚴其國佛壽十二小劫正法住世二十小
劫像法亦住二十小劫尒時世尊欲重宣此
義而說偈言
諸比丘衆　皆一心聽　如我所說　真實無異
是迦旃延　當以種種　妙好供具　供養諸佛
諸佛滅後　起七寶塔　亦以華香　供養舍利
其最後身　得佛智慧　成等正覺　國土清淨
度脫無量　萬億衆生　皆爲十方　之所供養
佛之光明　無能勝者　其佛号曰　閻浮金光
菩薩聲聞　斷一切有　無量無數　莊嚴其國
尒時世尊復告大衆我今語汝是大目揵連
當以種種供具供養八千諸佛恭敬尊重諸
佛滅後各起塔廟高千由旬縱廣正等五百
由旬以金銀琉璃車𤦲馬瑙真珠玫瑰七寶
合成衆華瓔珞塗香抹香燒香繒蓋幢幡以
用供養過是已後當復供養二百萬億諸佛
亦復如是當得成佛号曰多摩羅跋旃檀香
如來應供正遍知明行足善逝世間解無上
士調御丈夫天人師佛世尊劫名喜滿國名
意樂其土平正頗梨爲地寶樹莊嚴散真
珠華周遍清淨見者歡喜多諸天人菩薩聲
聞其數無量佛壽二十四小劫正法住世四
十小劫像法亦住四十小劫尒時世尊欲重宣
此義而說偈言
我此弟子　大目揵連　捨是身已　得見八千
二百萬億　諸佛世尊　爲佛道故　供養恭敬
於諸佛所　常脩梵行　於無量劫　奉持佛法

BD15025號　妙法蓮華經卷三　(22–5)

此義而說偈言
我此弟子　大目揵連　捨是身已　得見八千
二百萬億　諸佛世尊　爲佛道故　供養恭敬
於諸佛所　常脩梵行　於無量劫　奉持佛法
諸佛滅後　起七寶塔　長表金刹　華香伎樂
而以供養　諸佛塔廟　漸漸具足　菩薩道已
於意樂國　而得作佛　号多摩羅　旃檀之香
其佛壽命　二十四劫　常爲天人　演說佛道
聲聞無量　如恒河沙　三明六通　有大威德
菩薩無數　志固精進　於佛智慧　皆不退轉
佛滅度後　正法當住　四十小劫　像法亦尒
我諸弟子　威德具足　其數五百　皆當授記
於未來世　咸得成佛
我及汝等　宿世因緣　吾今當說　汝等善聽

妙法蓮華經化城喻品第七

佛告諸比丘乃往過去無量無邊不可思議
阿僧祇劫尒時有佛名大通智勝如來應供
正遍知明行足善逝世間解無上士調御丈
夫天人師佛世尊其國名好成劫名大相諸
比丘彼佛滅度已來甚大久遠譬如三千大
千世界所有地種假使有人磨以爲墨過於
東方千國土乃下一點大如微塵又過千國
土復下一點如是展轉盡地種墨於汝等意
云何是諸國土若算師若算師弟子能得邊
際知其數不不也世尊諸比丘是人所經國
土若點不點盡末爲塵一塵一劫彼佛滅度

BD15025號　妙法蓮華經卷三　(22–6)

東方千國土乃下一點大如微塵又過千國
土復下一點如是展轉盡地種墨於汝等意
云何是諸國土若筭師若筭師弟子能得邊
際知其數不不也世尊諸比丘是人所經國
土若點不點盡末為塵一塵一劫彼佛滅度
已來復過是數無量無邊百千萬億阿僧祇
劫我以如來知見力故觀彼久遠猶若今日尒
時世尊欲重宣此義而說偈言
我念過去世　無量無邊劫　有佛兩足尊　名大通智勝
如人以力磨　三千大千土　盡此諸地種　皆悉以為墨
過於千國土　乃下一塵點　如是展轉點　盡此諸塵墨
如是諸國土　點與不點等　復盡抹為塵　一塵為一劫
此諸微塵數　其劫復過是　彼佛滅度來　如是無量劫
如來無礙智　知彼佛滅度　及聲聞菩薩　如見今滅度
諸比丘當知　佛智淨微妙　無漏無所礙　通達無量劫
佛告諸比丘大通智勝佛壽五百四十萬億
那由他劫其佛本坐道場破魔軍已垂得阿
耨多羅三藐三菩提而諸佛法不現在前如
是一小劫乃至十小劫結跏趺坐身心不動
而諸佛法猶不在前尒時忉利諸天先為彼
佛於菩提樹下敷師子座高一由旬佛於此
坐當得阿耨多羅三藐三菩提適坐此座時
諸梵天王雨眾天華面百由旬香風時來吹
去萎華更雨新者如是不絕滿十小劫供養
於佛乃至滅度常雨此華四王諸天為供養
佛常擊天鼓其餘諸天作天伎樂滿十小劫
至于滅度亦復如是諸比丘大通智勝佛過

BD15025號　妙法蓮華經卷三　（22–7）

諸梵天王雨眾天華面百由旬香風時來吹
去萎華更雨新者如是不絕滿十小劫供養
於佛乃至滅度常雨此華四王諸天為供養
佛常擊天鼓其餘諸天作天伎樂滿十小劫
至于滅度亦復如是諸比丘大通智勝佛過
十小劫諸佛之法乃現在前成阿耨多羅三
藐三菩提其佛未出家時有十六子其第一
者名曰智積諸子各有種種珍異玩好之具
聞父得成阿耨多羅三藐三菩提皆捨所珍
往詣佛所諸母涕泣而隨送之其祖轉輪聖
王與一百大臣及餘百千萬億人民皆共圍
繞隨至道場咸欲親近大通智勝如來供養
恭敬尊重讚歎已頭面礼足繞佛畢已一
心合掌瞻仰世尊以偈頌曰
大威德世尊　為度眾生故　於無量億歲　尒乃得成佛
諸願已具足　善哉吉無上　世尊甚希有　一坐十小劫
身體及手足　靜然安不動　其心常惔怕　未曾有散亂
究竟永寂滅　安住無漏法　今者見世尊　安隱成佛道
我等得善利　稱慶大歡喜　眾生常苦惱　盲瞑無導師
不識苦盡道　不知求解脫　長夜增惡趣　減損諸天眾
從冥入於冥　永不聞佛名　今佛得最上　安隱無漏道
我等及天人　為得最大利　是故咸稽首　歸命無上尊
尒時十六王子偈讚佛已勸請世尊轉於法輪
咸作是言世尊說法多所安隱憐愍饒益諸
天人民重說偈言
世雄無等倫　百福自莊嚴　得無上智慧　願為世間說

BD15025號　妙法蓮華經卷三　（22–8）

咸作是言世尊說法多所安隱憐愍饒益諸
天人民重說偈言
世雄無等倫　百福自莊嚴　得無上智慧　願為世間說
度脫於我等　及諸衆生類　為分別顯示　令得是智慧
若我等得佛　衆生亦復然　世尊知衆生　深心之所念
亦知所行道　又知智慧力　欲樂及脩福　宿命所行業
世尊悉知已　當轉無上輪
佛告諸比丘大通智勝佛得阿耨多羅三藐三
菩提時十方各五百萬億諸佛世界六種震
動其國中間幽冥之處日月威光所不能照
而皆大明其中衆生各得相見咸作是言
此中云何忽生衆生又其國界諸天宮殿乃
至梵宮六種震動大光普照遍滿世界勝諸
天光尒時東方五百萬億諸國土中梵天宮
殿光明照曜倍於常明諸梵天王各作是念
今者宮殿光明昔所未有以何因緣而現此
相是時諸梵天王即各相詣共議此事時彼
衆中有一大梵天王名救一切為諸梵衆而
說偈言
我等諸宮殿　光明昔未有　此是何因緣　宜各共求之
為大德天生　為佛出世間　而此大光明　遍照於十方
尒時五百萬億國土諸梵天王與宮殿俱各
以衣裓盛諸天華共詣西方推尋是相見大
通智勝如來處于道場菩提樹下坐師子座
諸天龍王乾闥婆緊那羅摩睺羅伽人非人
等恭敬圍繞及見十六王子請佛轉法輪即

BD15025號　妙法蓮華經卷三　（22–9）

以衣裓盛諸天華共詣西方推尋是相見大
通智勝如來處于道場菩提樹下坐師子座
諸天龍王乾闥婆緊那羅摩睺羅伽人非人
等恭敬圍繞及見十六王子請佛轉法輪即
時諸梵天王頭面禮佛繞百千帀即以天華
而散佛上其所散華如須弥山并以供養佛
菩提樹其菩提樹高十由旬華供養已各以
宮殿奉上彼佛而作是言唯見哀愍饒益我
等所獻宮殿願垂納處時諸梵天王即於佛
前一心同聲以偈頌曰
世尊甚希有　難可得值遇　具無量功德　能救護一切
天人之大師　哀愍於世間　十方諸衆生　普皆蒙饒益
我等所從來　五百萬億國　捨深禪定樂　為供養佛故
我等先世福　宮殿甚嚴飾　今以奉世尊　唯願哀納受
尒時諸梵天王偈讚佛已各作是言唯願世
尊轉於法輪度脫衆生開涅槃道時諸梵天
王一心同聲而說偈言
世雄兩足尊　唯願演說法　以大慈悲力　度苦惱衆生
尒時大通智勝如來默然許之又諸比丘東
南方五百萬億國土諸大梵王各自見宮殿
光明照曜昔所未有歡喜踊躍生希有心即
各相詣共議此事時彼衆中有一大梵天王
名曰大悲為諸梵衆而說偈言
是事何因緣　而現如此相　我等諸宮殿　光明昔未有
為大德天生　為佛出世間　未曾見此相　當共一心求
過千萬億土　尋光共推之　多是佛出世　度脫苦衆生

BD15025號　妙法蓮華經卷三　（22–10）

名曰大悲爲諸梵衆而説偈言
是事何因緣　而現如此相　我等諸宮殿　光明昔未有
爲大德天生　爲佛出世間　未曾見此相　當共一心求
過千萬億土　尋光共推之　多是佛出世　度脱苦衆生
尒時五百萬億諸梵天王與宮殿俱各以衣裓
盛諸天華共詣西北方推尋是相見大通智
勝如來處于道塲菩提樹下坐師子座諸
天龍王乾闥婆緊那羅摩睺羅伽人非人等
恭敬圍繞及見十六王子請佛轉法輪時諸
梵天王頭面礼佛繞百千帀即以天華而散
佛上所散之華如須弥山并以供養佛菩提
樹華供養已各以宮殿奉上彼佛而作是言
唯見哀愍饒益我等所獻宮殿願垂納受尒
時諸梵天王即於佛前一心同聲以偈頌曰
聖主天中王　迦陵頻伽聲　哀愍衆生者　我等今敬礼
世尊甚希有　久遠乃一現　一百八十劫　空過無有佛
三惡道充滿　諸天衆減少　今佛出於世　爲衆生作眼
世間所歸趣　救護於一切　爲衆生之父　哀愍饒益者
我等宿福慶　今得值世尊
尒時諸梵天王偈讚佛已各作是言唯願世
尊哀愍一切轉於法輪度脱衆生時諸梵天
王一心同聲而説偈言
大聖轉法輪　顯示諸法相　度苦惱衆生　令得大歡喜
衆生聞此法　得道若生天　諸惡道減少　忍善者增益
尒時大通智勝如來默然許之又諸比丘南
方五百萬億國土諸大梵王各自見宮殿光

大聖轉法輪　顯示諸法相　度苦惱衆生　令得大歡喜
衆生聞此法　得道若生天　諸惡道減少　忍善者增益
尒時大通智勝如來默然許之又諸比丘南
方五百萬億國土諸大梵王各自見宮殿光
明照曜昔所未有歡喜踊躍生希有心即各
相詣共議此事以何因緣我等宮殿有此光
曜而彼衆中有一大梵天王名曰妙法爲諸
梵衆而説偈言
我等諸宮殿　光明甚威曜　此非無因緣　是相宜求之
過於百千劫　未曾見是相　爲大德天生　爲佛出世間
尒時五百萬億諸梵天王與宮殿俱各以衣
裓盛諸天華共詣北方推尋是相見大通智
勝如來處于道塲菩提樹下坐師子座諸天
龍王乾闥婆緊那羅摩睺羅伽人非人等恭敬
圍繞及見十六王子請佛轉法輪時諸梵天
王頭面礼佛繞百千帀即以天華而散佛
上所散之華如須弥山并以供養佛菩提樹
華供養已各以宮殿奉上彼佛而作是言唯
見哀愍饒益我等所獻宮殿願垂納受尒時
諸梵天王即於佛前一心同聲以偈頌曰
世尊甚難見　破諸煩惱者　過百三十劫　今乃得一見
諸飢渴衆生　以法雨充滿　昔所未曾見　無量智慧者
如優曇鉢羅　今日乃值遇　我等諸宮殿　蒙光故嚴飾
世尊大慈愍　唯願垂納受
尒時諸梵天王偈讚佛已各作是言唯願世尊
轉於法輪令一切世間諸天魔梵沙門婆
羅門皆獲安隱而得度脱時諸梵天王一心

世尊大慈愍　唯願垂納受
尒時諸梵天王偈讚佛已各作是言唯願世尊
轉於法輪令一切世間諸天魔梵沙門婆
羅門皆獲安隱而得度脫時諸梵天王一心
同聲以偈頌曰
唯願天人尊　轉無上法輪　擊于大法鼓　而吹大法螺
普雨大法雨　度無量衆生　我等咸歸請　當演深遠音
尒時大通智勝如來默然許之西南方乃至
下方亦復如是尒時上方五百萬億國土諸大
梵王皆悉自覩所止宮殿光明威曜昔所未
有歡喜踊躍生希有心即各相詣共議此事
以何因緣我等宮殿有斯光明時彼衆中有
一大梵天王名曰尸棄為諸梵衆而說偈言
今以何因緣　我等諸宮殿　威德光明曜　嚴飾未曾有
如是之妙相　昔所未聞見　為大德天生　為佛出世間
尒時五百萬億諸梵天王與宮殿俱各以衣
裓盛諸天華共詣下方推尋是相見大通智
勝如來處于道場菩提樹下坐師子座諸天
龍王乾闥婆緊那羅摩睺羅伽人非人等恭
敬圍繞及見十六王子請佛轉法輪時諸梵
天王頭面禮佛繞百千帀即以天華而散佛
上所散之華如須彌山并以供養佛菩提樹
華供養已各以宮殿奉上彼佛而作是言唯
見哀愍饒益我等所獻宮殿願垂納處時諸
梵天王即於佛前一心同聲以偈頌曰
善哉見諸佛　救世之聖尊　能於三界獄　勉出諸衆生

BD15025號　妙法蓮華經卷三　（22–13）

見哀愍饒益我等所獻宮殿願垂納處時諸
梵天王即於佛前一心同聲以偈頌曰
善哉見諸佛　救世之聖尊　能於三界獄　勉出諸衆生
普智天人尊　哀愍群萌類　能開甘露門　廣度於一切
於昔無量劫　空過無有佛　世尊未出時　十方常闇暝
三惡道增長　阿脩羅亦盛　諸天衆轉減　死多墮惡道
不從佛聞法　常行不善事　色力及智慧　斯等皆減少
罪業因緣故　失樂及樂想　住於邪見法　不識善儀則
不蒙佛所化　常墮於惡道　佛為世間眼　久遠時乃出
哀愍諸衆生　故現於世間　超出成正覺　我等甚欣慶
及餘一切衆　喜歎未曾有　我等諸宮殿　蒙光故嚴飾
今以奉世尊　唯垂哀納受　願以此功德　普及於一切
我等與衆生　皆共成佛道
尒時五百萬億諸梵天王偈讚佛已各白佛
言唯願世尊轉於法輪多所安隱多所度脫
時諸梵天王而說偈言
世尊轉法輪　擊甘露法鼓　度苦惱衆生　開示涅槃道
唯願受我請　以大微妙音　哀愍而敷演　無量劫習法
尒時大通智勝如來受十方諸梵天王及十六
王子請即時三轉十二行法輪若沙門婆羅
門若天魔梵及餘世間所不能轉謂是苦
是苦集是苦滅是苦滅道及廣說十二因緣
法無明緣行行緣識識緣名色名色緣六入六
入緣觸觸緣受受緣愛愛緣取取緣有有緣
生生緣老死憂悲苦惱無明滅則行滅行
滅則識滅識滅則名色滅名色滅則六入滅六

BD15025號　妙法蓮華經卷三　（22–14）

法無明緣行行緣識識緣名色名色緣六入六
入緣觸觸緣受受緣愛愛緣取取緣有有緣
生生緣老死憂悲苦惱無明滅則行滅行
滅則識滅識滅則名色滅名色滅則六入滅六
入滅則觸滅觸滅則受滅受滅則愛滅愛滅
則取滅取滅則有滅有滅則生滅生滅則老
死憂悲苦惱滅佛於天人大衆之中說是
法時六百萬億那由他人以不受一切法故
而於諸漏心得解脫皆得深妙禪定三明六
通具八解脫第二第三第四說法時千萬億
恒河沙那由他等衆生亦以不受一切法故而
於諸漏心得解脫從是已後諸聲聞衆無
量無邊不可稱數尒時十六王子皆以童子
出家而爲沙弥諸根通利智慧明了已曾供
養百千萬億諸佛淨脩梵行求阿耨多羅
三藐三菩提俱白佛言世尊是諸無量千萬億
大德聲聞皆已成就世尊亦當爲我等說阿
耨多羅三藐三菩提法我等聞已皆共脩學
世尊我等志願如來知見深心所念佛自證
知尒時轉輪聖王所將衆中八萬億人見十
六王子出家亦求出家王即聽許尒時彼佛
受沙弥請過二萬劫已乃於四衆之中說是
大乘經名妙法蓮華教菩薩法佛所護念說
是經已十六沙弥爲阿耨多羅三藐三菩提
故皆共受持諷誦通利說是經時十六菩薩
沙弥皆悉信受聲聞衆中亦有信解其餘衆
生千萬億種皆生疑惑佛說是經於八千劫

BD15025號　妙法蓮華經卷三　（22–15）

受沙弥請過二萬劫已乃於四衆之中說是
大乘經名妙法蓮華教菩薩法佛所護念說
是經已十六沙弥爲阿耨多羅三藐三菩提
故皆共受持諷誦通利說是經時十六菩薩
沙弥皆悉信受聲聞衆中亦有信解其餘衆
生千萬億種皆生疑惑佛說是經於八千劫
未曾休廢說此經已即入靜室住於禪定八
萬四千劫是時十六菩薩沙弥知佛入室寂
然禪定各昇法座亦於八萬四千劫爲四部
衆廣說分別妙法華經一一皆度六百萬億
那由他恒河沙等衆生示教利喜令發阿耨
多羅三藐三菩提心大通智勝佛過八萬四
千劫已從三昧起往詣法座安詳而坐普告
大衆是十六菩薩沙弥甚爲希有諸根通利
智慧明了已曾供養無量千萬億數諸佛於
諸佛所常脩梵行受持佛智開示衆生令
入其中汝等皆當數數親近而供養之所以者
何若聲聞辟支佛及諸菩薩能信是十六菩
薩所說經法受持不毀者是人皆當得阿耨
多羅三藐三菩提如來之慧佛告諸比丘是
十六菩薩常樂說是妙法蓮華經一一菩薩
所化六百萬億那由他恒河沙等衆生世世
所生與菩薩俱從其聞法悉皆信解以此因
緣得值四萬億諸佛世尊于今不盡諸比丘
我今語汝彼佛弟子十六沙弥今皆得阿耨
多羅三藐三菩提於十方國土現在說法有
無量百千萬億菩薩聲聞以爲眷屬其二沙

BD15025號　妙法蓮華經卷三　（22–16）

緣得值四萬億諸佛世尊于今不盡諸比丘
我今語汝彼佛弟子十六沙弥今皆得阿耨
多羅三藐三菩提於十方國土現在說法有
無量百千萬億菩薩聲聞以為眷屬其二沙
弥東方作佛一名阿閦在歡喜國二名須弥
頂東南方二佛一名師子音二名師子相南
方二佛一名虛空住二名常滅西南方二佛
一名帝相二名梵相西方二佛一名阿弥陀
二名度一切世間苦惱西北方二佛一名多
摩羅跋栴檀香神通二名須弥相北方二佛
一名雲自在二名雲自在王東北方佛名壞
一切世間怖畏第十六我釋迦牟尼佛於娑
婆國土成阿耨多羅三藐三菩提諸比丘我
等為沙弥時各各教化无量百千萬億恒河
沙等衆生從我聞法為阿耨多羅三藐三菩
提此諸衆生于今有住聲聞地者我常教化
阿耨多羅三藐三菩提是諸人等應以是法
漸入佛道所以者何如來智慧難信難解今
時所化無量恒河沙等衆生者汝等諸比丘
及我滅度後未來世中聲聞弟子是也我滅
度後復有弟子不聞是經不知不覺菩薩所
行自於所得功德生滅度想當入涅槃我於
餘國作佛更有異名是人雖生滅度之想入
於涅槃而於彼土求佛智慧得聞是經唯以
佛乘而得滅度更無餘乘除諸如來方便說
法諸比丘若如來自知涅槃時到衆又清淨

BD15025號　妙法蓮華經卷三　（22–17）

於涅槃而於彼土求佛智慧得聞是經唯以
佛乘而得滅度更無餘乘除諸如來方便說
法諸比丘若如來自知涅槃時到衆又清淨
信解堅固了達空法深入禪定便集諸菩薩
及聲聞衆為說是經世間無有二乘而得滅
度唯一佛乘得滅度耳比丘當知如來方便
深入衆生之性知其志樂小法深著五欲為
是等故說於涅槃是人若聞則便信受譬如
五百由旬險難惡道曠絕無人怖畏之處若
有多衆欲過此道至珎寶處有一導師聰慧
明達善知險道通塞之相將導衆人欲過此
難所將人衆中路懈退白導師言我等疲極
而復怖畏不能復進前路猶遠今欲退還導師
多諸方便而作是念此等可愍云何捨大珎
寶而欲退還作是念已以方便力於險道中
過三百由旬化作一城告衆人言汝等勿怖
莫得退還今此大城可於中止隨意所作若
入是城快得安隱若能前至寶所亦可得
去是時疲極之衆心大歡喜歎未曾有我等
今者免斯惡道快得安隱於是衆人前入化
城生已度想生安隱想今時導師知此人衆
既得止息無復疲倦即滅化城語衆人言汝
等去來寶處在近向者大城我所化作為止
息耳諸比丘如來亦復如是今為汝等作大導
師知諸生死煩惱惡道險難長遠應去應

BD15025號　妙法蓮華經卷三　（22–18）

既得止息無復疲惓即滅化城語衆人言汝
等去來寶處在近向者大城我所化作為止
息耳諸比丘如來亦復如是今為汝等作大導
師知諸生死煩惱惡道險難長遠應去應
度若衆生但聞一佛乘者則不欲見佛不欲
親近便作是念佛道長遠久受懃苦乃可得
成佛知是心怯弱下劣以方便力而於中道為
止息故說二涅槃若衆生住於二地如來尒
時即便為說汝等所作未辦汝所住地近於
佛慧當觀察籌量所得涅槃非真實也但
是如來方便之力於一佛乘分別說三如彼導
師為止息故化作大城既知息已而告之言
寶處在近此城非實我化作耳尒時世尊
欲重宣此義而說偈言
大通智勝佛　十劫坐道場　佛法不現前　不得成佛道
諸天神龍王　阿脩羅衆等　常雨於天華　以供養彼佛
諸天擊天鼓　并作衆伎樂　香風吹萎華　更雨新好者
過十小劫已　乃得成佛道　諸天及世人　心皆懷踊躍
彼佛十六子　皆與其眷屬　千萬億圍繞　俱行至佛所
頭面禮佛足　而請轉法輪　聖師子法雨　充我及一切
世尊甚難值　久遠時一現　為覺悟群生　震動於一切
東方諸世界　五百萬億國　梵宮殿光曜　昔所未曾有
諸梵見此相　尋來至佛所　散華以供養　并奉上宮殿
請佛轉法輪　以偈而讚歎　佛知時未至　受請默然坐
三方及四維　上下亦復尒　散華奉宮殿　請佛轉法輪
世尊甚難值　願以大慈悲　廣開甘露門　轉无上法輪
無量慧世尊　受彼衆人請　為宣種種法　四諦十二緣

諸梵見此相　尋來至佛所　散華以供養　并奉上宮殿
請佛轉法輪　以偈而讚歎　佛知時未至　受請默然坐
三方及四維　上下亦復尒　散華奉宮殿　請佛轉法輪
世尊甚難值　願以大慈悲　廣開甘露門　轉无上法輪
無量慧世尊　受彼衆人請　為宣種種法　四諦十二緣
無明至老死　皆從生緣有　如是衆過患　汝等應當知
宣暢是法時　六百萬億姟　得盡諸苦際　皆成阿羅漢
第二說法時　千萬恒沙衆　於諸法不受　亦得阿羅漢
從是後得道　其數無有量　萬億劫筭數　不能得其邊
時十六王子　出家作沙弥　皆共請彼佛　演說大乘法
我等及營從　皆當成佛道　願得如世尊　慧眼第一淨
佛知童子心　宿世之所行　以无量因緣　種種諸譬喻
說六波羅蜜　及諸神通事　分別真實法　菩薩所行道
說是法華經　如恒河沙偈　彼佛說經已　靜室入禪定
一心一處坐　八萬四千劫　是諸沙弥等　知佛禪未出
為无量億衆　說佛无上慧　各各坐法座　說是大乘經
於佛宴寂後　宣揚助法化　一一沙弥等　所度諸衆生
有六百萬億　恒河沙等衆　彼佛滅度後　是諸聞法者
在在諸佛土　常與師俱生　是十六沙弥　具足行佛道
今現在十方　各得成正覺　尒時聞法者　各在諸佛所
其有住聲聞　漸教以佛道　我在十六數　曾亦為汝說
是故以方便　引汝趣佛慧　以是本因緣　今說法華經
令汝入佛道　慎勿懷驚懼　譬如險惡道　迴絕多毒獸
又復無水草　人所怖畏處　無數千萬衆　欲過此險道
其路甚曠遠　經五百由旬　時有一導師　強識有智慧
明了心決定　在險濟衆難　衆人皆疲惓　而白導師言
我等今頓乏　於此欲退還　導師作是念　此輩甚可愍

是故以方便　引汝趣佛慧　以是本因緣　今說法華經
令汝入佛道　慎勿懷驚懼　譬如險惡道　迥絕多毒獸
又復無水草　人所怖畏處　無數千萬眾　欲過此險道
其路甚曠遠　經五百由旬　時有一導師　強識有智慧
明了心決定　在險濟眾難　眾人皆疲惓　而白導師言
我等今頓乏　於此欲退還　導師作是念　此輩甚可愍
如何欲退還　而失大珍寶　尋時思方便　當設神通力
化作大城郭　莊嚴諸舍宅　周帀有園林　渠流及浴池
重門高樓閣　男女皆充滿　即作是化已　慰眾言勿懼
汝等入此城　各可隨所樂　諸人既入城　心皆大歡喜
皆生安隱想　自謂已得度　導師知息已　集眾而告言
汝等當前進　此是化城耳　我見汝疲極　中路欲退還
故以方便力　權化作此城　汝今勤精進　當共至寶所
我亦復如是　為一切導師　見諸求道者　中路而懈廢
不能度生死　煩惱諸險道　故以方便力　為息說涅槃
言汝等苦滅　所作皆已辦　既知到涅槃　皆得阿羅漢
爾乃集大眾　為說真實法　諸佛方便力　分別說三乘
唯有一佛乘　息處故說二　今為汝說實　汝所得非滅
為佛一切智　當發大精進　汝證一切智　十力等佛法
具三十二相　乃是真實滅　諸佛之導師　為息說涅槃
既知是息已　引入於佛慧

妙法蓮華經卷第三

BD15025號　妙法蓮華經卷三　（22–21）

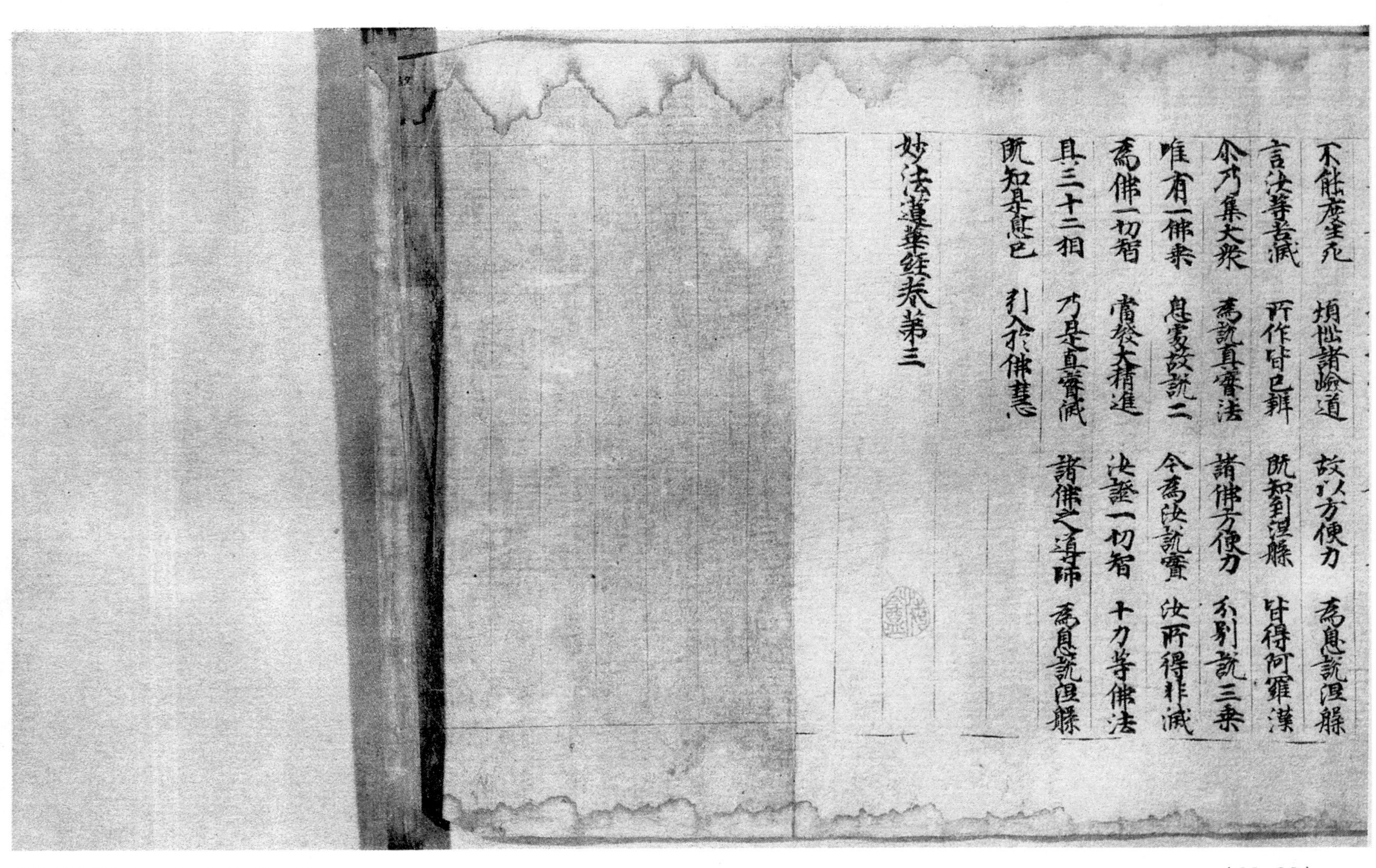
不能度生死　煩惱諸險道　故以方便力　為息說涅槃
言汝等苦滅　所作皆已辦　既知到涅槃　皆得阿羅漢
爾乃集大眾　為說真實法　諸佛方便力　分別說三乘
唯有一佛乘　息處故說二　今為汝說實　汝所得非滅
為佛一切智　當發大精進　汝證一切智　十力等佛法
具三十二相　乃是真實滅　諸佛之導師　為息說涅槃
既知是息已　引入於佛慧

妙法蓮華經卷第三

BD15025號　妙法蓮華經卷三　（22–22）

妙法蓮華經如来壽量品第十六
尒時佛告諸菩薩及一切大衆諸善男子汝
等當信解如来誠諦之語復告大衆汝等當
信解如来誠諦之語又復告諸大衆汝等當
信解如来誠諦之語是時菩薩大衆弥勒為
首合掌白佛言世尊唯願說之我等當信受
佛語如是三白已復言唯願說之我等當信
受佛語尒時世尊知諸菩薩三請不止而告
之言汝等諦聽如来秘密神通之力一切世
間天人及阿脩羅皆謂今釋迦牟尼佛出釋
氏宮去伽耶城不遠坐於道場得阿耨多羅
三藐三菩提然善男子我實成佛已来无量
无邊百千万億那由他劫譬如五百千万億
那由他阿僧祇三千大千世界假使有人抹
為微塵過於東方五百千万億那由他阿僧
祇國乃下一塵如是東行盡是微塵諸善男
子於意云何是諸世界可得思惟挍計知其

BD15026 號　妙法蓮華經卷五　（12–1）

三藐三菩提然善男子我實成佛已来无量
无邊百千万億那由他劫譬如五百千万億
那由他阿僧祇三千大千世界假使有人抹
為微塵過於東方五百千万億那由他阿僧
祇國乃下一塵如是東行盡是微塵諸善男
子於意云何是諸世界可得思惟挍計知其
數不弥勒菩薩等俱白佛言世尊是諸世界
无量无邊非筭數所知亦非心力所及一切
聲聞辟支佛以无漏智不能思惟知其限數
我等住阿惟越致地於是事中亦所不達世
尊如是諸世界无量无邊尒時佛告大菩薩
衆諸善男子今當分明宣語汝等是諸世界
若著微塵及不著者盡以為塵一塵一劫我
成佛已来復過於此百千万億那由他阿僧
祇劫自從是来我常在此娑婆世界說法教
化亦於餘處百千万億那由他阿僧祇國導
利衆生諸善男子於是中間我說燃燈佛等
又復言其入於涅槃如是皆以方便分別諸
善男子若有衆生来至我所我以佛眼觀其
信等諸根利鈍隨所應度處處自說名字不
同年紀大小亦復現言當入涅槃又以種種
方便說微妙法能令衆生發歡喜心諸善男
子如来見諸衆生樂於小法德薄垢重者為
是人說我少出家得阿耨多羅三藐三菩提
然我實成佛已来久遠若斯但以方便教化
衆生令入佛道作如是說諸善男子如来所
演經典皆為度脫衆生或說己身或說他身
或示己身或示他身或示己事或示他事諸

BD15026 號　妙法蓮華經卷五　（12–2）

子如来見諸衆生樂於小法德薄垢重者為
是人說我少出家得阿耨多羅三藐三菩提
然我實成佛已来久遠若斯但以方便教化
衆生令入佛道作如是說諸善男子如来所
演經典皆為度脫衆生或說己身或說他身
或示己身或示他身或示己事或示他事諸
所言說皆實不虛所以者何如来如實知見
三界之相无有生死若退若出亦无在世及
滅度者非實非虛非如非異不如三界見於
三界如斯之事如来明見无有錯謬以諸衆
生有種種性種種欲種種行種種憶想分別
故欲令生諸善根以若干因緣譬喻言辭種
種說法所作佛事未曾暫廢如是我成佛已
来甚大久遠壽命无量阿僧祇劫常住不滅
諸善男子我本行菩薩道所成壽命今猶未
盡復倍上數然今非實滅度而便唱言當取
滅度如来以是方便教化衆生所以者何若
佛久住於世薄德之人不種善根貧窮下賤
貪著五欲入於憶想妄見網中若見如来常
在不滅便起憍恣而懷猒怠不能生難遭之
想恭敬之心是故如来以方便說比丘當知
諸佛出世難可值遇所以者何諸薄德人過
无量百千万億劫或有見佛或不見者以此
事故我作是言諸比丘如来難可得見斯衆
生等聞如是語必當生於難遭之想心懷戀
慕渴仰於佛便種善根是故如来雖不實滅
而言滅度又善男子諸佛如来法皆如是為
度衆生皆實不虛譬如良醫智慧聡達明練

BD15026號　妙法蓮華經卷五　（12–3）

无量百千万億劫或有見佛或不見者以此
事故我作是言諸比丘如来難可得見斯衆
生等聞如是語必當生於難遭之想心懷戀
慕渴仰於佛便種善根是故如来雖不實滅
而言滅度又善男子諸佛如来法皆如是為
度衆生皆實不虛譬如良醫智慧聡達明練
方藥善治衆病其人多諸子息若十二十乃
至百數以有事緣遠至餘國諸子於後飲他
毒藥藥發悶亂宛轉于地是時其父還来歸
家諸子飲毒或失本心或不失者遙見其父
皆大歡喜拜跪問訊善安隱歸我等愚癡誤
服毒藥願見救療更賜壽命父見子等苦惱
如是依諸經方求好藥草色香美味皆悉具
足擣篩和合與子令服而作是言此大良藥
色香美味皆悉具足汝等可服速除苦惱无
復衆患其諸子中不失心者見此良藥色香
俱好即便服之病盡除愈餘失心者見其父
来雖亦歡喜問訊求索治病然與其藥而不
肯服所以者何毒氣深入失本心故於此好
色香藥而謂不美父作是念此子可愍為毒
所中心皆顛倒雖見我喜求索救療如是好
藥而不肯服我今當設方便令服此藥即作
是言汝等當知我今衰老死時已至是好良
藥今留在此汝可取服勿憂不差作是教已
復至他國遣使還告汝父已死是時諸子聞
父背喪心大憂惱而作是念若父在者慈愍
我等能見救護今者捨我遠喪他國自惟孤
露无復恃怙常懷悲感心遂醒悟乃知此藥

BD15026號　妙法蓮華經卷五　（12–4）

是言汝等當知我今衰老死時已至是好良
藥今留在此汝可取服勿憂不差作是教已
復至他國遣使還告汝父已死是時諸子聞
父背喪心大憂惱而作是念若父在者慈愍
我等能見救護今者捨我遠喪他國自惟孤
露无復恃怙常懷悲感心遂醒悟乃知此藥
色味香美即取服之毒病皆愈其父聞子悉
已得差尋便來歸咸使見之諸善男子於意
云何頗有人能說此良醫虛妄罪不不也世
尊佛言我亦如是成佛已來无量无邊百千
万億那由他阿僧祇劫為衆生故以方便力
言當滅度亦无有能如法說我虛妄過者尒
時世尊欲重宣此義而說偈言

自我得佛來　所經諸劫數　无量百千万　億載阿僧祇
常說法教化　无數億衆生　令入於佛道　尒來无量劫
為度衆生故　方便現涅槃　而實不滅度　常住此說法
我常住於此　以諸神通力　令顛倒衆生　雖近而不見
衆見我滅度　廣供養舍利　咸皆懷戀慕　而生渴仰心
衆生既信伏　質直意柔軟　一心欲見佛　不自惜身命
時我及衆僧　俱出靈鷲山　我時語衆生　常在此不滅
以方便力故　現有滅不滅　餘國有衆生　恭敬信樂者
我復於彼中　為說无上法　汝等不聞此　但謂我滅度
我見諸衆生　沒在於苦惱　故不為現身　令其生渴仰
因其心戀慕　乃出為說法　神通力如是　於阿僧祇劫
常在靈鷲山　及餘諸住處　衆生見劫盡　大火所燒時
我此土安隱　天人常充滿　園林諸堂閣　種種寶莊嚴
寶樹多華菓　衆生所遊樂　諸天擊天鼓　常作衆伎樂
雨曼陁羅華　散佛及大衆　我淨土不毀　而衆見燒盡

BD15026號　妙法蓮華經卷五　（12–5）

常在靈鷲山　及餘諸住處　衆生見劫盡　大火所燒時
我此土安隱　天人常充滿　園林諸堂閣　種種寶莊嚴
寶樹多華菓　衆生所遊樂　諸天擊天鼓　常作衆伎樂
雨曼陁羅華　散佛及大衆　我淨土不毀　而衆見燒盡
憂怖諸苦惱　如是悉充滿　是諸罪衆生　以惡業因緣
過阿僧祇劫　不聞三寶名　諸有脩功德　柔和質直者
則皆見我身　在此而說法　或時為此衆　說佛壽无量
久乃見佛者　為說佛難值　我智力如是　慧光照无量
壽命无數劫　久脩業所得　汝等有智者　勿於此生疑
當斷令永盡　佛語實不虛　如醫善方便　為治狂子故
實在而言死　无能說虛妄　我亦為世父　救諸苦患者
為凡夫顛倒　實在而言滅　以常見我故　而生憍恣心
放逸著五欲　墮於惡道中　我常知衆生　行道不行道
隨應所可度　為說種種法　每自作是意　以何令衆生
得入无上道　速成就佛身

妙法蓮華經分別功德品第十七

尒時大會聞佛說壽命劫數長遠如是无量
无邊阿僧祇衆生得大饒益於時世尊告弥
勒菩薩摩訶薩阿逸多我說是如來壽命長
遠時六百八十万億那由他恒河沙衆生得
无生法忍復千倍菩薩摩訶薩得聞持陁羅
尼門復有一世界微塵數菩薩摩訶薩得樂
說无礙辯才復有一世界微塵數菩薩摩訶
薩得百万億无量旋陁羅尼復有三千大千
世界微塵數菩薩摩訶薩能轉不退法輪
復有二千中國土微塵數菩薩摩訶薩能轉
清淨法輪復有小千國土微塵數菩薩摩訶

BD15026號　妙法蓮華經卷五　（12–6）

説无礙辯才復有一世界微塵數菩薩摩訶
薩得百万億无量旋陁羅尼復有三千大千
世界微塵數菩薩摩訶薩能轉不退法輪
復有二千中國土微塵數菩薩摩訶薩能轉
清淨法輪復有小千國土微塵數菩薩摩訶
薩八生當得阿耨多羅三藐三菩提復有四
四天下微塵數菩薩摩訶薩四生當得阿耨
多羅三藐三菩提復有三四天下微塵數菩
薩摩訶薩三生當得阿耨多羅三藐三菩提
復有二四天下微塵數菩薩摩訶薩二生當
得阿耨多羅三藐三菩提復有一四天下微
塵數菩薩摩訶薩一生當得阿耨多羅三藐
三菩提復有八世界微塵數衆生皆發阿耨
多羅三藐三菩提心佛説是諸菩薩摩訶薩
得大法利時於虛空中雨曼陁羅華摩訶曼
陁羅華以散无量百千万億寶樹下師子座
上諸佛并散七寶塔中師子座上釋迦牟尼
佛及久滅度多寶如來亦散一切諸大菩薩
及四部衆又雨細末栴檀沉水香等於虛空
中天鼓自鳴妙聲深遠又雨千種天衣垂諸
瓔珞真珠瓔珞摩尼珠瓔珞如意珠瓔珞遍
於九方衆寶香爐燒无價香自然周至供養
大會一一佛上有諸菩薩執持幡蓋次第而
上至于梵天是諸菩薩以妙音聲歌无量頌
讃歎諸佛尒時弥勒菩薩從座而起偏袒右
肩合掌向佛而説偈言
佛説希有法　昔所未曾聞　世尊有大力　壽命不可量
无數諸佛子　聞世尊分別　説得法利者　歡喜充遍身

大會一一佛上有諸菩薩執持幡蓋次第而
上至于梵天是諸菩薩以妙音聲歌无量頌
讃歎諸佛尒時弥勒菩薩從座而起偏袒右
肩合掌向佛而説偈言
佛説希有法　昔所未曾聞　世尊有大力　壽命不可量
无數諸佛子　聞世尊分別　説得法利者　歡喜充遍身
或住不退地　或得陁羅尼　或无礙樂説　万億旋揔持
或有大千界　微塵數菩薩　各各皆能轉　不退之法輪
或有中千界　微塵數菩薩　各各皆能轉　清淨之法輪
復有小千界　微塵數菩薩　餘各八生在　當得成佛道
復有四三二　如是四天下　微塵諸菩薩　隨數生成佛
或一四天下　微塵數菩薩　餘有一生在　當成一切智
如是等衆生　聞佛壽長遠　得无量无漏　清淨之果報
復有八世界　微塵數衆生　聞佛説壽命　皆發无上心
世尊説无量　不可思議法　多有所饒益　如虛空无邊
雨天曼陁羅　摩訶曼陁羅　釋梵如恒沙　无數佛土來
雨栴檀沉水　繽紛而亂墜　如鳥飛空下　供散於諸佛
天鼓虛空中　自然出妙聲　天衣千万種　旋轉而來下
衆寶妙香爐　燒无價之香　自然悉周遍　供養諸世尊
其大菩薩衆　執七寶幡蓋　高妙万億種　次第至梵天
一一諸佛前　寶幢懸勝幡　亦以千万偈　歌詠諸如來
如是種種事　昔所未曾有　聞佛壽无量　一切皆歡喜
佛名聞十方　廣饒益衆生　一切具善根　以助无上心
尒時佛告弥勒菩薩摩訶薩阿逸多其有衆
生聞佛壽命長遠如是乃至能生一念信解
所得功德无有限量若有善男子善女人為
阿耨多羅三藐三菩提於八十万億那由他
劫行五波羅蜜檀波羅蜜尸羅波羅蜜羼提

尒時佛告弥勒菩薩摩訶薩阿逸多其有衆
生聞佛壽命長遠如是乃至能生一念信解
所得功德无有限量若有善男子善女人為
阿耨多羅三藐三菩提於八十万億那由他
劫行五波羅蜜檀波羅蜜尸羅波羅蜜羼提
波羅蜜毗梨耶波羅蜜禪波羅蜜除般若波
羅蜜以是功德比前功德百分千分百千万
億分不及其一乃至筭數譬喻所不能知若
善男子有如是功德於阿耨多羅三藐三菩
提退者无有是處尒時世尊欲重宣此義而
說偈言

若人求佛慧　於八十万億　那由他劫數　行五波羅蜜
於是諸劫中　布施供養佛　及緣覺弟子　并諸菩薩衆
珎異之飲食　上服與卧具　栴檀立精舍　以園林莊嚴
如是等布施　種種皆微妙　盡此諸劫數　以迴向佛道
若復持禁戒　清淨无缺漏　求於无上道　諸佛之所歎
若復行忍辱　住於調柔地　設衆惡來加　其心不傾動
諸有得法者　懷於增上慢　為此所輕惱　如是亦能忍
若復勤精進　志念常堅固　於无量億劫　一心不懈息
又於无數劫　住於空閑處　若坐若經行　除睡常攝心
以是因緣故　能生諸禪定　八十億万劫　安住心不亂
持此一心福　願求无上道　我得一切智　盡諸禪定際
是人於百千　万億劫數中　行此諸功德　如上之所說
有善男女等　聞我說壽命　乃至一念信　其福過於彼
若人悉无有　一切諸疑悔　深心須臾信　其福為如此
其有諸菩薩　无量劫行道　聞我說壽命　是則能信受
如是諸人等　頂受此經典　願我於未來　長壽度衆生
如今日世尊　諸釋中之王　道場師子吼　說法无所畏

有善男女等　聞我說壽命　乃至一念信　其福過於彼
若人悉无有　一切諸疑悔　深心須臾信　其福為如此
其有諸菩薩　无量劫行道　聞我說壽命　是則能信受
如是諸人等　頂受此經典　願我於未來　長壽度衆生
如今日世尊　諸釋中之王　道場師子吼　說法无所畏
我等未來世　一切所尊敬　坐於道場時　說壽亦如是
若有深心者　清淨而質直　多聞能捻持　隨義解佛語
如是諸人等　於此无有疑

又阿逸多若有聞佛壽命長遠解其言趣是
人所得功德无有限量能起如來无上之慧
何況廣聞是經若教人聞若自持若教人持
若自書若教人書若以華香瓔珞幢幡繒蓋
香油蘇燈供養經卷是人功德无量无邊能
生一切種智阿逸多若善男子善女人聞我
說壽命長遠深心信解則為見佛常在耆闍
崛山共大菩薩諸聲聞衆圍繞說法又見此
娑婆世界其地瑠璃坦然平正閻浮檀金以
界八道寶樹行列諸臺樓觀皆悉寶成其菩
薩衆咸處其中若有能如是觀者當知是為
深信解相又復如來滅後若聞是經而不毀
呰起隨喜心當知已為深信解相何況讀誦
受持之者斯人則為頂戴如來阿逸多是善
男子善女人不須為我復起塔寺及作僧坊
以四事供養衆僧所以者何是善男子善女
人受持讀誦是經典者為已起塔造立僧坊
供養衆僧則為以佛舍利起七寶塔高廣漸
小至于梵天懸諸幡蓋及衆寶鈴華香瓔珞

男子善女人不須爲我復起塔寺及作僧坊
以四事供養衆僧所以者何是善男子善女
人受持讀誦是経典者爲已起塔造立僧坊
供養衆僧則爲以佛舍利起七寶塔高廣漸
小至于梵天懸諸幡蓋及衆寶鈴華香瓔珞
末香塗香燒香衆鼓伎樂簫笛箜篌種種儛
戲以妙音聲歌唄讚頌則爲於无量千万億
劫作是供養已阿逸多若我滅後聞是経典有
能受持若自書若教人書則爲起立僧坊
以赤栴檀作諸殿堂三十有二高八多羅樹
高廣嚴好百千比丘於其中止園林流池経
行禪窟衣服飲食床褥湯藥一切樂具充滿
其中如是僧坊堂閣若干百千万億其數无
量以此現前供養於我及比丘僧是故我說
如來滅後若有受持讀誦爲他人說若自書
若教人書供養経卷不須復起塔寺及造僧
坊供養衆僧況復有人能持是経兼行布施
持戒忍辱精進一心智慧其德最勝无量无
邊譬如虛空東西南北四維上下无量无邊
是人功德亦復如是无量无邊疾至一切種
智若人讀誦受持是経爲他人說若自書若
教人書復能起塔及造僧坊供養讚歎聲聞
衆僧亦以百千万億讚歎之法讚歎菩薩功
德又爲他人種種因緣隨義解說此法華経
復能清淨持戒與柔和者而共同止忍辱无
瞋志念堅固常貴坐禪得諸深定精進勇猛
攝諸善法利根智慧善荅問難阿逸多若我
滅後諸善男子善女人受持讀誦是経

BD15026號　妙法蓮華經卷五　（12–11）

能受持若自書若教人書則爲起立僧坊
以赤栴檀作諸殿堂三十有二高八多羅樹
高廣嚴好百千比丘於其中止園林流池経
行禪窟衣服飲食床褥湯藥一切樂具充滿
其中如是僧坊堂閣若干百千万億其數无
量以此現前供養於我及比丘僧是故我說
如來滅後若有受持讀誦爲他人說若自書
若教人書供養経卷不須復起塔寺及造僧
坊供養衆僧況復有人能持是経兼行布施
持戒忍辱精進一心智慧其德最勝无量无
邊譬如虛空東西南北四維上下无量无邊
是人功德亦復如是无量无邊疾至一切種
智若人讀誦受持是経爲他人說若自書若
教人書復能起塔及造僧坊供養讚歎聲聞
衆僧亦以百千万億讚歎之法讚歎菩薩功
德又爲他人種種因緣隨義解說此法華経
復能清淨持戒與柔和者而共同止忍辱无
瞋志念堅固常貴坐禪得諸深定精進勇猛
攝諸善法利根智慧善荅問難阿逸多若我
滅後諸善男子善女人受持讀誦是経
復

BD15026號　妙法蓮華經卷五　（12–12）

薩摩訶薩但有假名
舍利子如一切智名唯客所攝於十方三世
無所從來無所至去亦無所住一切智中無
名名中無一切智非合非離但假施設何以
故以一切智與名俱自性空故自性空中若
一切智若名俱無所有不可得故如道相智
一切相智名唯客所攝於十方三世無所從
來無所至去亦無所住道相智一切相智中
無名名中無道相智一切相智非合非離但
假施設何以故以道相智一切相智與名俱
自性空故自性空中若道相智一切相智若
名俱無所有不可得故菩薩摩訶薩名亦復
如是唯客所攝於十方三世無所從來無所
至去亦無所住菩薩摩訶薩中無名名中無
菩薩摩訶薩非合非離但假施設何以故以
菩薩摩訶薩與名俱自性空故自性空中若
菩薩摩訶薩若名俱無所有不可得故舍利
子由此緣故我作是說菩薩摩訶薩但有假
名

BD15027號　大般若波羅蜜多經卷六七　（16–1）

至去亦無所住菩薩摩訶薩中無名名中無
菩薩摩訶薩非合非離但假施設何以故以
菩薩摩訶薩與名俱自性空故自性空中若
菩薩摩訶薩若名俱無所有不可得故舍利
子由此緣故我作是說菩薩摩訶薩但有假
名
舍利子如無忘失法名唯客所攝於十方三
世無所從來無所至去亦無所住無忘失法
中無名名中無無忘失法非合非離但假施
設何以故以無忘失法與名俱自性空故自
性空中若無忘失法若名俱無所有不可得
故如恒住捨性名唯客所攝於十方三世無
所從來無所至去亦無所住恒住捨性中無
名名中無恒住捨性非合非離但假施設何
以故以恒住捨性與名俱自性空故自性空
中若恒住捨性若名俱無所有不可得故菩
薩摩訶薩名亦復如是唯客所攝於十方三
世無所從來無所至去亦無所住菩薩摩訶
薩中無名名中無菩薩摩訶薩非合非離但
假施設何以故以菩薩摩訶薩與名俱自性
空故自性空中若菩薩摩訶薩若名俱無所
有不可得故舍利子由此緣故我作是說菩
薩摩訶薩但有假名
舍利子如一切陀羅尼門名唯客所攝於十
方三世無所從來無所至去亦無所住一切
陀羅尼門中無名名中無一切陀羅尼門非
合非離但假施設何以故以一切陀羅尼門與
名俱自性空故自性空中若一切陀羅尼
門若名俱無所有不可得故如一切三摩地

BD15027號　大般若波羅蜜多經卷六七　（16–2）

三世無所從來無所[illegible]
陁羅尼門中無名名中無一切陁羅尼門非
合非離但假施設何以故以一切陁羅尼門與
名俱自性空故自性空中若一切陁羅尼
門若名俱無所有不可得故如一切三摩地
門名唯客所攝於十方三世無所從來無所
至去亦無所住一切三摩地門中無名名中
無一切三摩地門非合非離但假施設何以
故以一切三摩地門與名俱自性空故自性
空中若一切三摩地門若名俱無所有不可
得故菩薩摩訶薩名亦復如是唯客所攝於
十方三世無所從來無所至去亦無所住菩
薩摩訶薩中無名名中無菩薩摩訶薩非合
非離但假施設何以故以菩薩摩訶薩與名
俱自性空故自性空中若菩薩摩訶薩若名
俱無所有不可得故舍利子由此緣故我作
是說菩薩摩訶薩但有假名

舍利子如內空名唯客所攝於十方三世無
所從來無所至去亦無所住內空中無名名
中無內空非合非離但假施設何以故以內
空與名俱自性空故自性空中若內空若名
俱無所有不可得故如外空內外空空空大
空勝義空有為空無為空畢竟空無際空散
空無變異空本性空自相空共相空一切法
空不可得空無性空自性空無性自性空名
唯客所攝於十方三世無所從來無所至去
亦無所住外空乃至無性自性空中無名名
中無外空乃至無性自性空非合非離但
假施設何以故以外空乃至無性自性空與

BD15027號　大般若波羅蜜多經卷六七　（16–3）

空無變異空本性空自相空共相空一切法
空不可得空無性空自性空無性自性空名
唯客所攝於十方三世無所從來無所至去
亦無所住外空乃至無性自性空中無名名
中無外空乃至無性自性空非合非離但
假施設何以故以外空乃至無性自性空與
名俱自性空故自性空中若外空乃至無性
自性空若名俱無所有不可得故菩薩摩訶
薩名亦復如是唯客所攝於十方三世無所
從來無所至去亦無所住菩薩摩訶薩中無
名名中無菩薩摩訶薩非合非離但假施設
何以故以菩薩摩訶薩與名俱自性空故自
性空中若菩薩摩訶薩若名俱無所有不可
得故舍利子由此緣故我作是說菩薩摩訶
薩但有假名

舍利子如真如名唯客所攝於十方三世無
所從來無所至去亦無所住真如中無名名
中無真如非合非離但假施設何以故以真
如與名俱自性空故自性空中若真如若名
俱無所有不可得故如法界法性不虛妄性
不變異性不思議界虛空界斷界離界滅界
平等性離生性法定法住無性界無相界無
作界無為界安隱界寂靜界本無實際究
竟涅槃名唯客所攝於十方三世無所從來無
所至去亦無所住法界乃至究竟涅槃中無
名名中無法界乃至究竟涅槃非合非離但
假施設何以故以法界乃至究竟涅槃與名
俱自性空故自性空中若法界乃至究竟涅
槃[illegible]可得故菩薩摩訶薩名

BD15027號　大般若波羅蜜多經卷六七　（16–4）

所至去亦無所住法界乃至究竟涅槃中無
名名中無法界乃至究竟涅槃非合非離但
假施設何以故以法界乃至究竟涅槃與名
俱自性空故自性空中若法界乃至究竟涅
槃若名俱無所有不可得故菩薩摩訶薩名
亦復如是唯客所攝於十方三世無所從来
無所至去亦無所住菩薩摩訶薩中無名名
中無菩薩摩訶薩非合非離但假施設何以
故以菩薩摩訶薩與名俱自性空故自性空
中若菩薩摩訶薩若名俱無所有不可得故
舍利子由此緣故我作是說菩薩摩訶薩
但有假名
舍利子如極喜地名唯客所攝於十方三世
無所從来無所至去亦無所住極喜地中無
名名中無極喜地非合非離但假施設何以
故以極喜地與名俱自性空故自性空中若
極喜地若名俱無所有不可得故如離垢地
發光地焰慧地極難勝地現前地遠行地不
動地善慧地法雲地名唯客所攝於十方三
世無所從来無所至去亦無所住離垢地乃
至法雲地中無名名中無離垢地乃至法雲
地非合非離但假施設何以故以離垢地乃
至法雲地與名俱自性空故自性空中若離
垢地乃至法雲地若名俱無所有不可得故
菩薩摩訶薩名亦復如是唯客所攝於十方
三世無所從来無所至去亦無所住菩薩摩
訶薩中無名名中無菩薩摩訶薩非合非離
但假施設何以故以菩薩摩訶薩與名俱自

BD15027號　大般若波羅蜜多經卷六七　（16–5）

至法雲地與名俱自性空故自性空中若離
垢地乃至法雲地若名俱無所有不可得故
菩薩摩訶薩名亦復如是唯客所攝於十方
三世無所從来無所至去亦無所住菩薩摩
訶薩中無名名中無菩薩摩訶薩非合非離
但假施設何以故以菩薩摩訶薩與名俱自
性空故自性空中若菩薩摩訶薩若名俱無
所有不可得故舍利子由此緣故我作是說
菩薩摩訶薩但有假名
舍利子如異生地名唯客所攝於十方三世
無所從来無所至去亦無所住異生地中無
名名中無異生地非合非離但假施設何以
故以異生地與名俱自性空故自性空中若
異生地若名俱無所有不可得故如種姓地
第八地具見地薄地離欲地已辦地獨覺地
菩薩地如来地名唯客所攝於十方三世無
所從来無所至去亦無所住種姓地乃至如
来地中無名名中無種姓地乃至如来地非
合非離但假施設何以故以種姓地乃至如
来地與名俱自性空故自性空中若種姓地
乃至如来地若名俱無所有不可得故菩薩
摩訶薩名亦復如是唯客所攝於十方三世
無所從来無所至去亦無所住菩薩摩訶薩
中無名名中無菩薩摩訶薩非合非離但假
施設何以故以菩薩摩訶薩與名俱自性空
故自性空中若菩薩摩訶薩若名俱無所有
不可得故舍利子由此緣故我作是說菩薩
摩訶薩但有假名
舍利子如聲聞乘名唯客所攝於十方三世

BD15027號　大般若波羅蜜多經卷六七　（16–6）

施設何以故以菩薩摩訶薩與名俱自性空
故自性空中若菩薩摩訶薩若名俱無所有
不可得故舍利子由此緣故我作是說菩薩
摩訶薩但有假名
舍利子如聲聞乘名唯客所攝於十方三世
無所從來無所至去亦無所住聲聞乘中無
名名中無聲聞乘非合非離但假施設何以
故以聲聞乘與名俱自性空故自性空中若
聲聞乘若名俱無所有不可得故如獨覺乘
大乘名唯客所攝於十方三世無所從來無
所至去亦無所住獨覺乘大乘中無名名中
無獨覺乘大乘非合非離但假施設何以故
以獨覺乘大乘與名俱自性空故自性空中
若獨覺乘大乘若名俱無所有不可得故菩
薩摩訶薩名亦復如是唯客所攝於十方三
世無所從來無所至去亦無所住菩薩摩訶
薩中無名名中無菩薩摩訶薩非合非離但
假施設何以故以菩薩摩訶薩與名俱自性
空故自性空中若菩薩摩訶薩若名俱無
所有不可得故舍利子由此緣故我作是說菩
薩摩訶薩但有假名
尒時具壽善現復荅舍利子言如尊者所云
何緣故說如說我等畢竟不生者舍利子我
畢竟都無所有既不可得云何有生有情命
者生者養者士夫補特伽羅意生儒童作者
使作者起者使起者受者使受者知者見者
畢竟都無所有既不可得云何有生舍利子
色畢竟都無所有既不可得云何有生受想

BD15027 號　大般若波羅蜜多經卷六七　（16–7）

何緣故說如說我等畢竟不生者舍利子我
畢竟都無所有既不可得云何有生有情命
者生者養者士夫補特伽羅意生儒童作者
使作者起者使起者受者使受者知者見者
畢竟都無所有既不可得云何有生舍利子
色畢竟都無所有既不可得云何有生受想
行識畢竟都無所有既不可得云何有生舍
利子眼處畢竟都无所有既不可得云何有生
耳鼻舌身意處畢竟都無所有既不可得
云何有生舍利子色處畢竟都無所有既不可
得云何有生聲香味觸法處畢竟都無所有
既不可得云何有生舍利子眼界畢竟都無
所有既不可得云何有生色界眼識界及眼
觸眼觸為緣所生諸受畢竟都無所有既不
可得云何有生舍利子耳界畢竟都無所有
既不可得云何有生聲界耳識界及耳觸耳
觸為緣所生諸受畢竟都無所有既不可得
云何有生舍利子鼻界畢竟都無所有既不
可得云何有生香界鼻識界及鼻觸鼻觸
為緣所生諸受畢竟都無所有既不可得云
何有生舍利子舌界畢竟都無所有既不可
得云何有生味界舌識界及舌觸舌觸為緣
所生諸受畢竟都無所有既不可得云何有
生舍利子身界畢竟都無所有既不可得云
何有生觸界身識界及身觸身觸為緣所生
諸受畢竟都無所有既不可得云何有生
舍利子意界畢竟都無所有既不可得云何
有生法界意識界及意觸意觸為緣所生諸
受畢竟都無所有既不可得云何有生舍利

BD15027 號　大般若波羅蜜多經卷六七　（16–8）

何有生觸界身識界及身觸身觸爲緣所生
諸受畢竟都無所有既不可得云何有生
舍利子意界畢竟都無所有既不可得云何
有生法界意識界及意觸意觸爲緣所生諸
受畢竟都無所有既不可得云何有生舍利
子地界畢竟都無所有既不可得云何有生
水火風空識界畢竟都無所有既不可得云
何有生舍利子無明畢竟都無所有既不可
得云何有生行識名色六處觸受愛取有生
老死愁歎苦憂惱畢竟都無所有既不可得
云何有生舍利子內空畢竟都無所有既不
可得云何有生外空內外空空空大空勝義
空有爲空無爲空畢竟空無際空散空無變
異空本性空自相空共相空一切法空不可
得空無性空自性空無性自性空畢竟都無
所有既不可得云何有生
舍利子布施波羅蜜多畢竟都無所有既不
可得云何有生淨戒安忍精進靜慮般若波
羅蜜多畢竟都無所有既不可得云何有生
舍利子四靜慮畢竟都無所有既不可得云
何有生四無量四無色定畢竟都無所有既
不可得云何有生舍利子八解脫畢竟都無
所有既不可得云何有生八勝處九次第定
十遍處畢竟都無所有既不可得云何有生
舍利子四念住畢竟都無所有既不可得云
何有生四正斷四神足五根五力七等覺支
八聖道支畢竟都無所有既不可得云何有
生舍利子空解脫門畢竟都無所有既不可

舍利子四念住畢竟都無所有既不可得云
何有生四正斷四神足五根五力七等覺支
八聖道支畢竟都無所有既不可得云何有
生舍利子空解脫門畢竟都無所有既不可
得云何有生無相無願解脫門畢竟都無所
有既不可得云何有生舍利子五眼畢竟都
無所有既不可得云何有生六神通畢竟都
無所有既不可得云何有生舍利子佛十力
畢竟都無所有既不可得云何有生四無所
畏四無礙解大慈大悲大喜大捨十八佛不
共法畢竟都無所有既不可得云何有生舍
利子一切智畢竟都無所有既不可得云何
有生道相智一切相智畢竟都無所有既不
可得云何有生舍利子無忘失法畢竟都無
所有既不可得云何有生恒住捨性畢竟都
無所有既不可得云何有生舍利子一切陁
羅尼門畢竟都無所有既不可得云何有生
一切三摩地門畢竟都無所有既不可得云
何有生舍利子極喜地畢竟都無所有既不
可得云何有生離垢地發光地焰慧地極難
勝地現前地遠行地不動地善慧地法雲地
畢竟都無所有既不可得云何有生舍利子
異生地畢竟都無所有既不可得云何有生
種姓地第八地具見地薄地離欲地已辦地
獨覺地菩薩地如來地畢竟都無所有既不
可得云何有生舍利子聲聞乘畢竟都無所
有既不可得云何有生獨覺乘大乘畢竟
都無所有既不可得云何有生舍利子由此緣

種姓地第八地具見地薄地離欲地已辦地
獨覺地菩薩地如來地畢竟都無所有既不
可得云何有生舍利子聲聞乘畢竟都無所
有既不可得云何有生獨覺乘大乘畢竟
都無所有既不可得云何有生舍利子由此緣
故我作是說如說我等畢竟不生
尒時具壽善現復答舍利子言如尊者所云
何緣故說諸法亦尒都無自性者舍利子諸
法都無和合自性何以故和合有法自性空
故時舍利子問善現言何法都無和合自性
善現答言舍利子色都無和合自性受想行
識都無和合自性舍利子眼處都無和合自
性耳鼻舌身意處都無和合自性舍利子色
處都無和合自性聲香味觸法處都無和合
自性舍利子眼界都無和合自性色界眼識
界及眼觸眼觸為緣所生諸受都無和合自
性舍利子耳界都無和合自性聲界耳識界
及耳觸耳觸為緣所生諸受都無和合自性
舍利子鼻界都無和合自性香界鼻識界及
鼻觸鼻觸為緣所生諸受都無和合自性舍
利子舌界都無和合自性味界舌識界及舌
觸舌觸為緣所生諸受都無和合自性舍利
子身界都無和合自性觸界身識界及身
觸身觸為緣所生諸受都無和合自性舍利子
意界都無和合自性法界意識界及意觸意
觸為緣所生諸受都無和合自性舍利子地
界都無和合自性水火風空識界都無和合
自性舍利子無明都無和合自性行識名色
六處觸受愛取有生老死愁歎苦憂惱都

意界都無和合自性法界意識界及意觸意
觸為緣所生諸受都無和合自性舍利子地
界都無和合自性水火風空識界都無和合
自性舍利子無明都無和合自性行識名色
六處觸受愛取有生老死愁歎苦憂惱都
無和合自性舍利子內空都無和合自性外空
內外空空空大空勝義空有為空無為空畢
竟空無際空散空無變異空本性空自相空
共相空一切法空不可得空無性空自性空
無性自性空都無和合自性
舍利子布施波羅蜜多都無和合自性淨戒
安忍精進靜慮般若波羅蜜多都無和合自
性舍利子四靜慮都無和合自性四無量四
無色定都無和合自性舍利子八解脫都無
和合自性八勝處九次第定十遍處都無和
合自性舍利子四念住都無和合自性四正斷
四神足五根五力七等覺支八聖道支都
無和合自性舍利子空解脫門都無和合自
性無相無願解脫門都無和合自性舍利子
五眼都無和合自性六神通都無和合自性
舍利子佛十力都無和合自性四無所畏四
無礙解大慈大悲大喜大捨十八佛不共法
都無和合自性舍利子一切智都無和合自
性道相智一切相智都無和合自性舍利子
無忘失法都無和合自性恒住捨性都無和
合自性舍利子一切陀羅尼門都無和合自
性一切三摩地門都無和合自性舍利子極
喜地都無和合自性離垢地發光地焰慧地

性道相智一切相智都無和合自性舍利子
無忘失法都無和合自性恒住捨性都無和
合自性舍利子一切陁羅尼門都無和合自
性一切三摩地門都無和合自性舍利子極
喜地都無和合自性離垢地發光地焰慧地
極難勝地現前地遠行地不動地善慧地法
雲地都無和自性舍利子異生地都無和
合自性種姓地第八地具見地薄地離欲地
已辦地獨覺地菩薩地如來地都無和合自
性舍利子聲聞乘都無和合自性獨覺乘大
乘都無和合自性舍利子由此緣故我作是
說諸法亦尒都無自性
復次舍利子諸法非常亦無散失何以故若
法非常無盡性故時舍利子問善現言何法
非常亦無散失善現荅言舍利子色非常
亦無散失受想行識非常亦無散失舍利子眼
處非常亦無散失耳鼻舌身意處非常亦無
散失舍利子色處非常亦無散失聲香味觸
法處非常亦無散失舍利子眼界非常亦無
散失色界眼識界及眼觸眼觸為緣所生諸受
非常亦無散失舍利子耳界非常亦無散
失聲界耳識界及耳觸耳觸為緣所生諸受
非常亦無散失舍利子鼻界非常亦無散失
香界鼻識界及鼻觸鼻觸為緣所生諸受非
常亦無散失舍利子舌界非常亦無散失味
界舌識界及舌觸舌觸為緣所生諸受非常
亦無散失舍利子身界非樂亦無散失觸界
身識界及身觸身觸為緣所生諸受非樂亦

BD15027號　大般若波羅蜜多經卷六七　（16–13）

常亦無散失舍利子舌界非常亦無散失味
界舌識界及舌觸舌觸為緣所生諸受非常
亦無散失舍利子身界非樂亦無散失觸界
身識界及身觸身觸為緣所生諸受非樂亦
無散失舍利子意界非樂亦無散失法界意
識界及意觸意觸為緣所生諸受非樂亦無
散失舍利子地界非樂亦無散失水火風空
識界非樂亦無散失舍利子苦聖諦非樂亦
無散失集滅道聖諦非樂亦無散失舍利子
無明非樂亦無散失行識名色六處觸受愛
取有生老死愁歎苦憂惱非樂亦無散失舍
利子內空非樂亦無散失外空內外空空空
大空勝義空有為空無為空畢竟空無際空
散空無變異空本性空自相空共相空一切
法空不可得空無性空自性空無性自性空
非樂亦無散失
舍利子布施波羅蜜多非樂亦無散失淨戒
安忍精進靜慮般若波羅蜜多非樂亦無
散失舍利子四靜慮非樂亦無散失四無量四
無色定非樂亦無散失舍利子八解脫非樂
亦無散失八勝處九次第定十遍處非樂亦
無散失舍利子四念住非樂亦無散失四正
斷四神足五根五力七等覺支八聖道支非
樂亦無散失舍利子空解脫門非樂亦無散
失無相無願解脫門非樂亦無散失舍利子
五眼非樂亦無散失六神通非樂亦無散失
舍利子佛十力非樂亦無散失四無所畏四
無礙解大慈大悲大喜大捨十八佛不共法

BD15027號　大般若波羅蜜多經卷六七　（16–14）

失無相無願解脫門非樂亦無散失舍利子
五眼非樂亦無散失六神通非樂亦無散失
舍利子佛十力非樂亦無散失四無所畏四
無礙解大慈大悲大喜大捨十八佛不共法
非樂亦無散失舍利子一切智非樂亦無散
失道相智一切相智非樂亦無散失舍利子
無忘失法非樂亦無散失恒住捨性非樂亦
無散失舍利子一切陀羅尼門非樂亦無散
失一切三摩地門非樂亦無散失舍利子極
喜地非樂亦無散失離垢地發光地焰慧地
極難勝地現前地遠行地不動地善慧地法
雲地非樂亦無散失舍利子異生地非樂亦
無散失種姓地第八地具見地薄地離欲地
已辦地獨覺地菩薩地如來地非樂亦無散
失舍利子聲聞乘非樂亦無散失獨覺乘大
乘非樂亦無散失舍利子由此緣故我作是
說諸法亦尒都無自性
復次舍利子諸法非我亦無散失何以故若
法非我無盡性故時舍利子問善現言何法
非我亦無散失善現答言舍利子色非我亦
無散失受想行識非我亦無散失舍利子眼
處非我亦無散失耳鼻舌身意處非我亦無
散失舍利子色處非我亦無散失聲香味觸
法處非我言無散失舍利子眼界非我亦無
散失色界眼識界及眼觸眼觸為緣所生諸
受非我亦無散失舍利子耳界非我亦無散
失聲界耳識界及耳觸耳觸為緣所生諸受
非我亦無散失舍利子鼻界非我亦無散失

BD15027 號　大般若波羅蜜多經卷六七　（16–15）

法處非我言無散失舍利子眼界非我亦無
散失色界眼識界及眼觸眼觸為緣所生諸
受非我亦無散失舍利子耳界非我亦無散
失聲界耳識界及耳觸耳觸為緣所生諸受
非我亦無散失舍利子鼻界非我亦無散失
香界鼻識界及鼻觸鼻觸為緣所生諸受非
我亦無散失舍利子舌界非我亦無散失味
界舌識界及舌觸舌觸為緣所生諸受非我
亦無散失舍利子身界非我言無散失觸界
身識界及身觸身觸為緣所生諸受非我亦
無散失舍利子意界非我亦無散失法界意
識界及意觸意觸為緣所生諸受非我亦無
散失舍利子地界非我亦無散失水火風空
識界非我亦無散失舍利子苦聖諦非我亦
無散失集滅道聖諦非我亦無散失舍利子
無明非我亦失無散失行識名色六處觸受愛
取有生老死愁歎苦憂惱非我亦無散失舍
利子內空非我亦無散失外空內外空空空大
空勝義空有為空無為空畢竟空無際空
散空無變異空本性空自相空共相空一切
法空不可得空無性空自性空無性自性空
非我亦無散

大般若波羅蜜多經卷第六十七

BD15027 號　大般若波羅蜜多經卷六七　（16–16）

大般涅槃經卷第十

尒時文殊師利白佛言世尊今此純陁猶有
疑心唯願如來重為分別令得除斷佛言善
男子云何疑心汝當說之當為除斷文殊師
利言純陁心疑如來常住以得知見佛性力
故若見佛性而為常者本未見時應是无
常若本无常後亦應尒何以故如世間物本
无今有已有還无如是等物悉是无常以是義
故諸佛菩薩聲聞緣覺无有差別尒時世
尊即說偈言
本有今无　本无今有　三世有法　无有是處
善男子以是義故諸佛菩薩聲聞緣覺亦有
差別亦无差別文殊師利讚言善哉誠如聖
教我今始解諸佛菩薩聲聞緣覺亦有差別
亦无差別迦葉菩薩白佛言世尊如佛所說
諸佛菩薩聲聞緣覺性无差別唯願如來

BD15028號　大般涅槃經（北本）卷一〇　（19–1）

善男子以是義故諸佛菩薩聲聞緣覺亦有
差別亦无差別文殊師利讚言善哉誠如聖
教我今始解諸佛菩薩聲聞緣覺亦有差別
亦无差別迦葉菩薩白佛言世尊如佛所說
諸佛菩薩聲聞緣覺性无差別唯願如來分
別廣說利益安樂一切衆生佛言善男子諦
聽諦聽當為汝說善男子譬如長者若長者
子多畜乳牛有種種色常令一人守護將養
是人有時為祠祀故盡攝諸牛著一器中見
其乳色同一白色尋便驚怪牛色各異其乳
云何皆同一色是人思惟如此一切皆是衆
生業報因緣令乳色一善男子聲聞緣覺菩
薩亦尒同一佛性猶如彼乳所以者何同盡
漏故而諸衆生言佛菩薩聲聞緣覺而有差
別有諸聲聞凡夫之人疑於三乘云何无別
是諸衆生久後自解一切三乘同一佛性　猶
如彼人悟解乳相由業因緣復次善男子譬
如金礦陶練滓穢然後銷融成金之後價直
无量善男子聲聞緣覺菩薩亦尒皆得成就
同一佛性何以故除煩惱故如彼金礦除諸
滓穢以是義故一切衆生同一佛性无有差
別以其先聞如來密藏後成佛時自然得知
如彼長者知乳一相何以故以斷无量億煩
惱故迦葉菩薩白佛言世尊若一切衆生有
佛性者佛與衆生有何差別如是說者多有
過咎若諸衆生皆有佛性何因緣故舍利弗
等以小涅槃而般涅槃緣覺之人於中涅槃

BD15028號　大般涅槃經（北本）卷一〇　（19–2）

惚故迦葉菩薩白佛言世尊若一切衆生有
佛性者佛與衆生有何差別如是說者多有
過咎若諸衆生皆有佛性何因緣故舍利弗
等以小涅槃而般涅槃緣覺之人於中涅槃
而般涅槃菩薩之人於大涅槃而般涅槃如
是等人若同佛性何故不同如來涅槃而般
涅槃善男子諸佛世尊所得涅槃非諸聲聞
緣覺所得以是義故大般涅槃名爲善有世
若无佛非无二乘得二涅槃迦葉復言是義
云何佛言无量无邊阿僧祇劫乃有一佛出
現於世開示三乘善男子如汝所言菩薩二
乘无差別者我先於此如來密藏大涅槃中
已說其義諸阿羅漢无有善有何以故諸阿
羅漢悉當得是大涅槃故以是義故大般涅
槃有畢竟樂是故名爲大般涅槃迦葉言如
佛說者我今始知差別之義无差別義何以
故一切菩薩聲聞緣覺未來之世皆當歸於大
般涅槃譬如衆流歸於大海是故聲聞緣
覺之人悉名爲常非是无常以是義故亦有
差別亦无差別迦葉言云何性差別佛言善
男子聲聞如乳緣覺如酪菩薩之人如生熟
蘇諸佛世尊猶如醍醐以是義故大涅槃中
說四種性而有差別迦葉復言一切衆生性
相云何佛言善男子如牛新生乳血未別凡
夫之性雜諸煩惱亦復如是迦葉復言拘尸
那城有旃陀羅名曰歡喜佛記是人由一發

蘇諸佛世尊猶如醍醐以是義故大涅槃中
說四種性而有差別迦葉復言一切衆生性
相云何佛言善男子如牛新生乳血未別凡
夫之性雜諸煩惱亦復如是迦葉復言拘尸
那城有旃陀羅名曰歡喜佛記是人由一發
心當於此界千佛數中速成无上正真之道
以何等故如來不記尊者舍利弗目揵連等
速成佛道佛言善男子或有聲聞緣覺菩薩
作誓願言我當久久護持正法然後乃成无
上佛道以發速願故與速記復次善男子辟
如商人有无價寶珠詣市賣之愚人見已不
識輕咲寶主唱言我此寶珠價直无數聞已
復咲各各相謂此非真寶是頗梨珠善男子
聲聞緣覺亦復如是若聞速記則便懈怠輕
咲薄賤如彼愚人不識真寶於未來世有諸
比丘不能翹勤脩習善法貧窮困苦飢餓所
逼因是出家長養其身心志輕躁耶命諂曲
若聞如來授諸聲聞速疾記者便當大咲輕
慢毀呰當知是等即是破戒自言已得過人
之法以是義故隨發速願故與速記護正法
者爲授遠記迦葉菩薩復白佛言世尊菩薩
摩訶薩云何當得不壞眷屬佛告迦葉若諸
菩薩勤加精進欲護正法以是因緣所得眷
屬不可沮壞迦葉菩薩復白佛言世尊何因
緣故衆生得此脣口乾焦佛告迦葉若有不
識三寶常存以是因緣脣口乾焦如人口爽
不知甜苦辛酢鹹淡六味差別一切衆生愚

羼不可沮壞迦葉菩薩復白佛言世尊何因
緣故衆生得此脣口乾焦佛告迦葉若有不
識三寶常存以是因緣脣口乾焦如人口爽
不知甜苦辛酢鹹淡六味差別一切衆生愚
癡无知不識三寶是長存法是故名爲脣口
乾焦復次善男子若有衆生不知如來是常
住者當知是人則爲生盲若知如來是常住
者如是之人雖有肉眼我說是等名爲天眼
復次善男子若有能知如來是常當知是人
久已脩習如是經典我說是等亦名天眼雖
有天眼而不能知如來是常我說斯等名爲
肉眼是人乃至不識自身手脚支節亦復不
能令他識知以是義故名爲肉眼復次善男
子如來常爲一切衆生而作父母所以者何一
切衆生種種形類二足四足多足无足佛
以一音而爲說法彼彼異類各自得解各各
歎言如來今日爲我說法以是義故名爲父
母復次善男子如人生子始十六月雖復語
言未可解了而彼父母欲教其語先同其音漸
漸教之是父母語可不正耶不也世尊善男
子諸佛如來亦復如是隨諸衆生種種音聲
而爲說法爲令安住於正法故隨所應見而
爲示現種種形像如來如是同彼語言可不
正耶不也世尊何以故如來所說如師子吼
隨順世間種種音聲而爲衆生歎說妙法
大般涅槃經一切大衆所問品第五
尒時世尊從其面門放種種色青黃赤白紅

BD15028號　大般涅槃經（北本）卷一〇　（19-5）

爲示現種種形像如來如是同彼語言可不
正耶不也世尊何以故如來所說如師子吼
隨順世間種種音聲而爲衆生歎說妙法
大般涅槃經一切大衆所問品第五
尒時世尊從其面門放種種色青黃赤白紅
紫光明照純陀身純陀遇已與諸眷屬持諸
餚饍疾往佛所欲奉如來及比丘僧冣後供
養種種器物充滿具足持至佛前尒時有大
威德天人而遮其前周帀圍繞謂純陀言且
住純陀勿便奉施當尒之時如來復放无量
无邊種種光明諸天大衆遇斯光已尋聽純
陀前至佛所奉其所施尒時天人及諸衆生
各各自取所持供養至於佛前長跪白佛唯
願如來聽諸比丘受此飲食時諸比丘知是
時故執持衣鉢一心安詳尒時純陀爲佛及
僧布置種種師子寶座懸繒幡蓋香華瓔
珞尒時三千大千世界莊嚴微妙猶如西方安
樂國土尒時純陀住於佛前憂悲悵怏重白
佛言唯願如來猶見哀愍住壽一劫若減一
劫佛告純陀汝欲令我久住世者宜當速奉
冣後具足檀波羅蜜尒時一切菩薩摩訶薩
天人雜類異口同音唱如是言奇哉純陀成
大福德能令如來受取冣後无上供養而我
等輩无福所致所設供具則爲唐捐尒時世
尊欲令一切衆望滿足於自身上一一毛孔
化无量佛一一諸佛各有无量諸比丘僧是
諸世尊及无量衆悉皆示現受其供養釋迦

BD15028號　大般涅槃經（北本）卷一〇　（19-6）

等輩无福所設供具則為唐捐尒時世
尊欲令一切衆望滿足於自身上一一毛孔
化无量佛一一諸佛各有无量諸比丘僧是
諸世尊及无量衆悉皆亦現受其供養釋迦
如來自受純陁所奉設者尒時純陁所持粳
粮成熟之食摩伽陁國滿足八斛以佛神力
皆悉充足一切大會尒時純陁見是事已心
生歡喜踊躍无量一切大衆亦復如是尒時
大衆承佛聖旨各作是念如來今已受我等
施不久便當入於涅槃作是念已心生悲喜
尒時樹林其地狹小以佛神力如針鋒處皆
有无量諸佛世尊及其眷屬等坐而食所食
之物亦无差別是時天人阿脩羅等啼泣悲
歎而作是言如來今日已受我等最後供養
受供養已當般涅槃我等當復更供養誰我
今永離无上調御盲无眼目尒時世尊為欲
慰喻一切大衆而說偈言
汝等莫悲歎　諸佛法應尒　我入於涅槃　已經无量劫
常受最勝樂　永處安隱處　汝今至心聽　我當說涅槃
我已離食想　終无飢渴患　我今當為汝　說其隨順願
令諸一切衆　咸得安隱樂　汝聞應脩行　諸佛法常住
假使烏角鵄　同共一樹棲　猶如親兄弟　尒乃永涅槃
如來視一切　猶如羅睺羅　常為衆生尊　云何永涅槃
假使地鼠狼　同處一完遊　相愛如兄弟　尒乃永涅槃
如來視一切　猶如羅睺羅　常為衆生尊　云何永涅槃
假使七葉華　轉為婆師香　迦留迦果樹　轉為鎮頭果
如來視一切　猶如羅睺羅　云何捨慈悲　永入於涅槃

BD15028號　大般涅槃經（北本）卷一〇　（19–7）

假使地鼠狼　同處一完遊　相愛如兄弟　尒乃永涅槃
如來視一切　猶如羅睺羅　常為衆生尊　云何永涅槃
假使七葉華　轉為婆師香　迦留迦果樹　轉為鎮頭果
如來視一切　猶如羅睺羅　云何捨慈悲　永入於涅槃
假使一闡提　現身成佛道　永處第一樂　尒乃入涅槃
如來視一切　皆如羅睺羅　云何捨慈悲　永入於涅槃
假使一切衆　一時成佛道　遠離諸過患　尒乃入涅槃
如來視一切　皆如羅睺羅　云何捨慈悲　永入於涅槃
假使蚉子尿　浸壞於大地　諸山及百川　大海悉盈滿
若有如是事　尒乃入涅槃　悲心視一切　皆如羅睺羅
常為衆生尊　云何永涅槃　以是故汝等　應深樂正法
不應生憂惱　號泣而啼哭　若欲自正行　應脩如來常
當觀如是法　長存不變易　復應生是念　三寶皆常住
是則獲大護　如呪枯生果　是名為三寶　四衆應善聽
聞已應歡喜　即發菩提心　若能計三寶　常住同真諦
此則是諸佛　最上之誓願
若有比丘比丘尼優婆塞優婆夷能以如來
最上誓願而發願者當知是人无有愚癡堪
受供養以此願力功德果報於世最勝如阿
羅漢若有不能如是觀了三寶常者是旃陁
羅若有能知三寶常住實法因緣離苦安樂
故善男子譬如日出能除一切塵翳闇冥是
大涅槃微妙經典出興於世亦復如是能除
衆生无量劫中所作衆罪是故此經說護正
法得大果報拔濟破戒若有毀謗是正法者
能自改悔還歸於法自念所作一切不善如
人自害心生恐怖驚懷慚愧除此正法更无

BD15028號　大般涅槃經（北本）卷一〇　（19–8）

衆生无量劫中所作衆罪是故此經說護正
法得大果報拔濟破戒若有毀謗是正法者
能自改悔還歸於法自念所作一切不善如
人自害心生恐怖驚懷慚愧除此正法更无
救護是故應當還歸正法若能如是如說歸
依布施是人得福无量亦名世間應受供養
若犯如上惡業之罪若經一月或十五日不
生歸依發露之心若施是人果報甚少犯五
逆者亦復如是能生悔心內懷慚愧今我所
作不善之業甚為大苦我當建立護持正法
是則不名五逆罪也若施是人得福无量犯
逆罪已不生護法歸依之心有施是者福不
足言又善男子犯重罪者汝今諦聽我當為
汝分別廣說應生是心謂正法者即是如來
微密之藏是故我當護持建立施是人者得
勝果報善男子譬如女人懷任垂產值國荒
亂逃至他土在一天廟即便生產聞其舊邦
安隱豐熟携將其子欲還本土中路值河水
長暴急荷負是兒不能得度即自念言我
今寧與一處并命終不捨棄而獨度也念已
母子俱共沒命命終之後尋生天中以慈念子
欲令得度而是女人本性弊惡以愛子故得
生天中犯四重禁五无間罪生護法心亦復
如是雖復先為不善之業以護法故得為世
間无上福田是護法者有如是等无量果報
純陀復言世尊若一闡提能自改悔恭敬供

BD15028號　大般涅槃經（北本）卷一〇　　（19–9）

如是雖復先為不善之業以護法故得為世
間无上福田是護法者有如是等无量果報
純陀復言世尊若一闡提能自改悔恭敬供
養讚歎三寶施如是人得大乘報不佛言善
男子汝今不應作如是說善男子譬如有人
食菴羅果吐核置地而復念言是果核中應
有甘味即復還取破而嘗之其味極苦心生
悔恨恐失果種即還收拾種之於地勤加脩
治以蘇油乳隨時溉灌於意云何寧可生不
不也世尊假使天降无上甘雨猶亦不生善
男子彼一闡提亦復如是燒滅善根當於何
處而得除罪善男子若生善心是則不名一
闡提也善男子以是義故一切所施所得果
報非无差別何以故施諸聲聞所得報異施
辟支佛得報亦異唯施如來獲无上果是故
說言一切所施非无差別純陀復言何故如
來而說此偈佛言純陀有因緣故我說此偈
王舍城中有優婆塞心无淨信奉事尼揵而
來問我布施之義以是因緣故說斯偈亦為
菩薩摩訶薩等說秘密藏義如斯偈者其
義云何一切者少分一切當知菩薩摩訶薩人
中之雄攝取持戒施其所須捨棄破戒如除
稊稗復次善男子如我昔日所說偈言
一切江河　必有迴曲　一切藂林　必名樹木
一切女人　必有諂曲　一切自在　必受安樂
尒時文殊師利菩薩摩訶薩即從坐起偏袒

BD15028號　大般涅槃經（北本）卷一〇　　（19–10）

稊稗復次善男子如我昔日所說偈言
一切江河　必有迴曲　一切蘩林　必名樹木
一切女人　必有諂曲　一切自在　必受安樂
尒時文殊師利菩薩摩訶薩即從坐起偏袒
右肩右膝著地前礼佛足而說偈言
非一切河　必有迴曲　非一切林　悉名樹木
非一切女　必有諂曲　一切自在　不必受樂
佛所說偈其義有餘唯垂哀愍說其因緣何
以故世尊於此三千大千世界有諸名枸耶
尼其渚有河端直不曲名娑婆耶喻如繩墨
直入西海如是河相於餘經中佛未曾說唯
願如來因此方等阿含經中說有餘義令諸
菩薩深解是義世尊譬如有人先識金礦後
不識金如來亦尒盡知法已而所演說有餘
不盡如來雖作如是餘說應當方便解其意
趣一切蘩林必是樹木是亦有餘何以故種
種金銀瑠璃寶樹是亦名林一切女人必懷
諂曲是亦有餘何以故亦有女人善持禁戒
功德成就有大慈悲一切自在必受樂者是
亦有餘何以故有自在者轉輪聖帝如來法
王不屬死魔不可滅盡梵釋諸天雖得自在
悉是无常若得常住无變易者乃名自在所
謂大乘大般涅槃佛言善男子汝今善得樂
說之辯且止諦聽文殊師利譬如長者身嬰
病苦良醫許之為合膏藥是時病者貪欲多
服醫語之言若能消者則可多服汝今體羸
不應多服當知是膏亦名甘露亦名毒藥若

謂大乘大般涅槃佛言善男子汝今善得樂
說之辯且止諦聽文殊師利譬如長者身嬰
病苦良醫許之為合膏藥是時病者貪欲多
服醫語之言若能消者則可多服汝今體羸
不應多服當知是膏亦名甘露亦名毒藥若
多服不消則名為毒善男子汝今勿謂是醫
所說違失義理喪膏力勢善男子如來亦尒
為諸國王后妃太子王子大臣因波斯匿王王
子后妃憍慢心故為欲調伏示現恐怖如彼
良醫故說是偈
一切江河　必有迴曲　一切蘩林　必有樹木
一切女人　必懷諂曲　一切自在　必受安樂
文殊師利汝今當知如來所說无有漏失如
此大地可令反覆如來之言終无漏失以是
義故如來所說一切有餘尒時佛讚文殊師
利善哉善哉善男子汝已久知如是之義哀
愍一切欲令衆生得智慧故廣問如來如是
偈義尒時文殊師利法王之子復於佛前而
說偈言
於他語言　隨順不逆　亦不觀他　作以不作
但自觀身　善不善行
世尊如是說此法藥非為正說於他語言隨
順不逆者唯願如來垂哀正說何以故世尊
常說一切外學九十五種皆趣惡道聲聞弟
子皆向正路若護禁戒攝持威儀守慎諸根
如是等人深樂大法趣向善道如來何故於
九部中見有毀他則便呵責如是偈義為何
佛告文殊師利善男子我說此偈亦不

[illegible]
常說一切外學九十五種皆趣惡道聲聞弟
子皆向正路若護禁戒攝持威儀守慎諸根
如是等人深樂大法趣向善道如來何故於
九部中見有毀他則便呵責如是偈義為何
所趣佛告文殊師利善男子我說此偈亦不
盡為一切眾生尒時唯為阿闍世王諸佛世
尊若无因緣終不逆說有因緣故乃說之耳
善男子阿闍世王害其父已來至我所欲折
伏我作如是問云何世尊是一切智非一切
智耶若一切智調達往昔无量世中常懷惡
心隨逐如來欲為殺害云何如來聽其出家
善男子以是因緣我為是王而說此偈
於他語言　隨順不逆　亦不觀他　作以不作
但自觀身　善不善行
佛告大王汝今害父已作逆罪最重无間應
當發露以求清淨何緣乃更見他過咎善男
子以是義故我為彼王而說是偈復次善男
子亦為護持不毀禁戒成就威儀見他過者
而說是偈若復有人受他教誨遠離眾惡復
教他人令遠眾惡如是之人則我弟子尒時
世尊為文殊師利而說偈言
一切畏刀杖　无不愛壽命　恕己可為喻　勿殺勿行杖
尒時文殊師利復於佛前而說偈言
非一切畏杖　非一切愛命　恕己可為喻　勤作善方便
如來說是法句之義亦是未盡何以故如阿
羅漢轉輪聖王玉女象馬主藏大臣若諸天
人及阿脩羅執持利劍能害……

BD15028號　大般涅槃經（北本）卷一〇　（19–13）

尒時文殊師利復於佛前而說偈言
非一切畏杖　非一切愛命　恕己可為喻　勤作善方便
如來說是法句之義亦是未盡何以故如阿
羅漢轉輪聖王玉女象馬主藏大臣若諸天
人及阿脩羅執持利劍能害之者无有是處
勇士烈女馬王獸王持戒比丘雖復對至而
不恐怖以是義故如來說偈亦是有餘若言
恕己可為喻者是亦有餘何以故若使羅漢
以己喻彼則有我想及以命想若有我想及
以命想則應擁護凡夫亦應見阿羅漢悉是
行人若如是者即是邪見若有邪見命終之
時即應生於阿鼻地獄又復羅漢設於眾生
生害心者无有是處无量眾生亦復无能害
羅漢者佛言善男子言我想者謂於眾生生
大悲心无殺害想謂阿羅漢平等之心勿謂
世尊无有因緣而逆說也昔日於此王舍城
中有大獵師多殺群鹿請我食肉我於是時
雖受彼請於諸眾生生慈悲心如羅睺羅而
說偈言
當令汝長壽　久久住於世　受持不害法　猶如諸佛壽
是故我說偈
一切畏刀杖　无不愛壽命　恕己可為喻　勿殺勿行杖
佛言善哉善哉文殊師利為諸菩薩摩訶薩
故諮問如來如是密教尒時文殊師利復說
是偈
云何敬父母　隨順而尊重　云何脩此法　墮於无間獄
於是如來復以偈答文殊師利

BD15028號　大般涅槃經（北本）卷一〇　（19–14）

佛言善哉善哉文殊師利[illegible]
故諮問如来如是密教尒時文殊師利復說
是偈
高教父母　隨順而尊重　云何脩此法　墮於无間獄
於是如来復以偈荅文殊師利
若以貪愛母　无明以為父　隨順尊重是　則墮无間獄
尒時如来復為文殊師利菩薩重說偈言
一切屬他　則名為苦　一切由己　自在安樂
一切憍慢　勢極暴惡　賢善之人　一切愛念
尒時文殊師利菩薩摩訶薩白佛言世尊如
来所說是亦不盡唯願如来復垂哀愍說其
因緣何以故如長者子從師學時為屬師不
若屬師者義不成就若不屬者亦不成就若
得自在亦不成就是故如来所說有餘復次
世尊譬如王子无所綜習觸事不成是亦自
在愚闇常苦如是王子若言自在義亦不成
若言屬他義亦不成以是義故佛所說義名
為有餘是故一切屬他不必受苦一切自在
不必受樂一切憍慢勢極暴惡是亦有餘世
尊如諸烈女憍慢心故出家學道護持禁戒
威儀成就守攝諸根不令馳散是故一切憍
慢之結不必暴惡賢善之人一切愛念是亦
有餘如人內犯四重禁已不捨法服堅持威
儀護持法者見已不愛是人命終必墮地獄
若有賢人犯重禁已護法見之即駈令出罷
道還俗以是義故一切賢善何必悉愛尒時
佛告文殊師利有因緣故如来於此說有餘
義又有因緣諸佛如来而說是法時王舍城

BD15028號　大般涅槃經（北本）卷一〇　（19–15）

儀護持法者見已不愛是人命終必墮地獄
若有賢人犯重禁已護法見之即駈令出罷
道還俗以是義故一切賢善何必悉愛尒時
佛告文殊師利有因緣故如来於此說有餘
義又有因緣諸佛如来而說是法時王舍城
有一女人名曰善賢還父母家因至我所歸
依於我及法衆僧而作是言一切女人勢不
自由一切男子自在无閡我於尒時知是女
心即為宣說如是偈頌文殊師利善哉善哉
汝今能為一切衆生問於如来如是密語文
殊師利復說偈言
一切諸衆生　皆依飲食存　一切有大力　其心无嫉妬
一切因飲食　而多得病苦　一切脩淨行　而得受安樂
如是世尊今受純陀飲食供養將无如来有
恐怖耶尒時世尊復為文殊而說偈言
非一切衆生　盡依飲食存　非一切大力　心皆无嫉妬
非一切因食　而致病苦患　非一切淨行　悉得受安樂
文殊師利汝若得病我亦如是應得病苦何
以故諸阿羅漢及辟支佛菩薩如来實无所
食但欲化彼示現受用无量衆生所施之物
令其具足檀波羅蜜拔濟地獄畜生餓鬼若
言如来六年苦行身羸瘠者无有是處諸佛
世尊獨拔諸有不同凡夫云何而得身羸劣
也諸佛世尊精勤脩習獲金剛身不同世人
危脆之身我諸弟子亦復如是不可思議不
依於食一切大力无嫉妬者亦有餘義如世
間人終身永无嫉妬之心而亦无力一切病
苦因食得者亦有餘義亦見有人得客病者

BD15028號　大般涅槃經（北本）卷一〇　（19–16）

危脆之身我諸弟子亦復如是不可思議不
依於食一切大力无嫉妬者亦有餘義如世
間人終身永无嫉妬之心而亦无力一切病
苦因食得者亦有餘義亦見有人得客病者
所謂刺斫刀劒矛矟一切淨行受安樂者是
亦有餘世間亦有外道之人脩於梵行多受
苦惱以是義故如來所說一切有餘是名如
來非无因緣而說此偈有因緣故說昔日於
此優禪尼國有婆羅門名羖羝德來至我所
欲受第四八戒齋法我於尒時為說是偈
尒時迦葉菩薩白佛言世尊何等名為无餘
義耶云何復名一切義乎善男子一切者唯
除助道常樂善法是名一切亦名无餘其餘
諸法亦名有餘亦名无餘欲令樂法諸善男
子知此有餘及无餘義迦葉菩薩心大歡喜
踊躍无量前白佛言甚奇世尊等視衆生如
羅睺羅尒時佛讚迦葉菩薩善哉善哉汝今
所見微妙甚深迦葉菩薩白佛言世尊唯願
如來說是大乘大涅槃經所得功德佛言迦
葉善男子若有得聞是經名字所得功德非
諸聲聞辟支佛等所能宣說唯佛能知何以
故不可思議是佛境界何況受持讀誦通利
書寫經卷尒時諸天世人及阿脩羅即於佛
前異口同音而說偈言
諸佛難思議　法僧亦復然　是故今勸請　唯願小停住
尊者大迦葉　及以阿難等　二衆之眷屬　且待須臾至
并及摩伽王　阿闍世大王　至心敬信佛　猶故來未此

BD15028號　大般涅槃經（北本）卷一〇　（19–17）

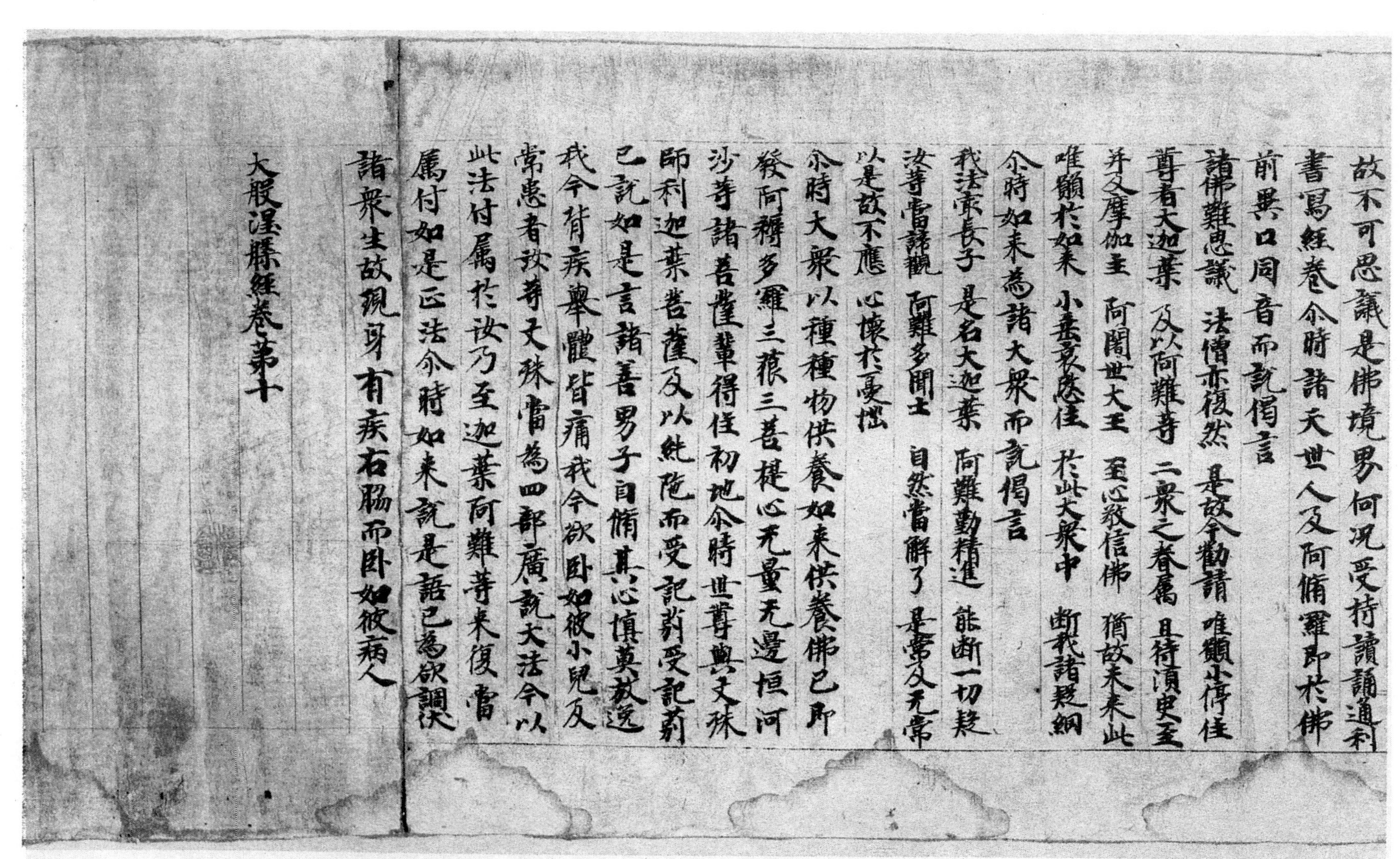
故不可思議是佛境界何況受持讀誦通利
書寫經卷尒時諸天世人及阿脩羅即於佛
前異口同音而說偈言
諸佛難思議　法僧亦復然　是故今勸請　唯願小停住
尊者大迦葉　及以阿難等　二衆之眷屬　且待須臾至
并及摩伽王　阿闍世大王　至心敬信佛　猶故來未此
唯願於如來　小垂哀愍住　於此大衆中　斷我諸疑網
尒時如來為諸大衆而說偈言
我法最長子　是名大迦葉　阿難勤精進　能斷一切疑
汝等當諦觀　阿難多聞士　自然當解了　是常及无常
以是故不應　心懷於憂惱
尒時大衆以種種物供養如來供養佛已即
發阿耨多羅三藐三菩提心无量无邊恒河
沙等諸菩薩輩得住初地尒時世尊與文殊
師利迦葉菩薩及以純陁而受記莂受記莂
已說如是言諸善男子自脩其心慎莫放逸
我今背疾舉體皆痛我今欲卧如彼小兒及
常患者汝等文殊當為四部廣說大法今以
此法付屬於汝乃至迦葉阿難等來復當
屬付如是正法尒時如來說是語已為欲調伏
諸衆生故現身有疾右脇而卧如彼病人
大般涅槃經卷第十

BD15028號　大般涅槃經（北本）卷一〇　（19–18）

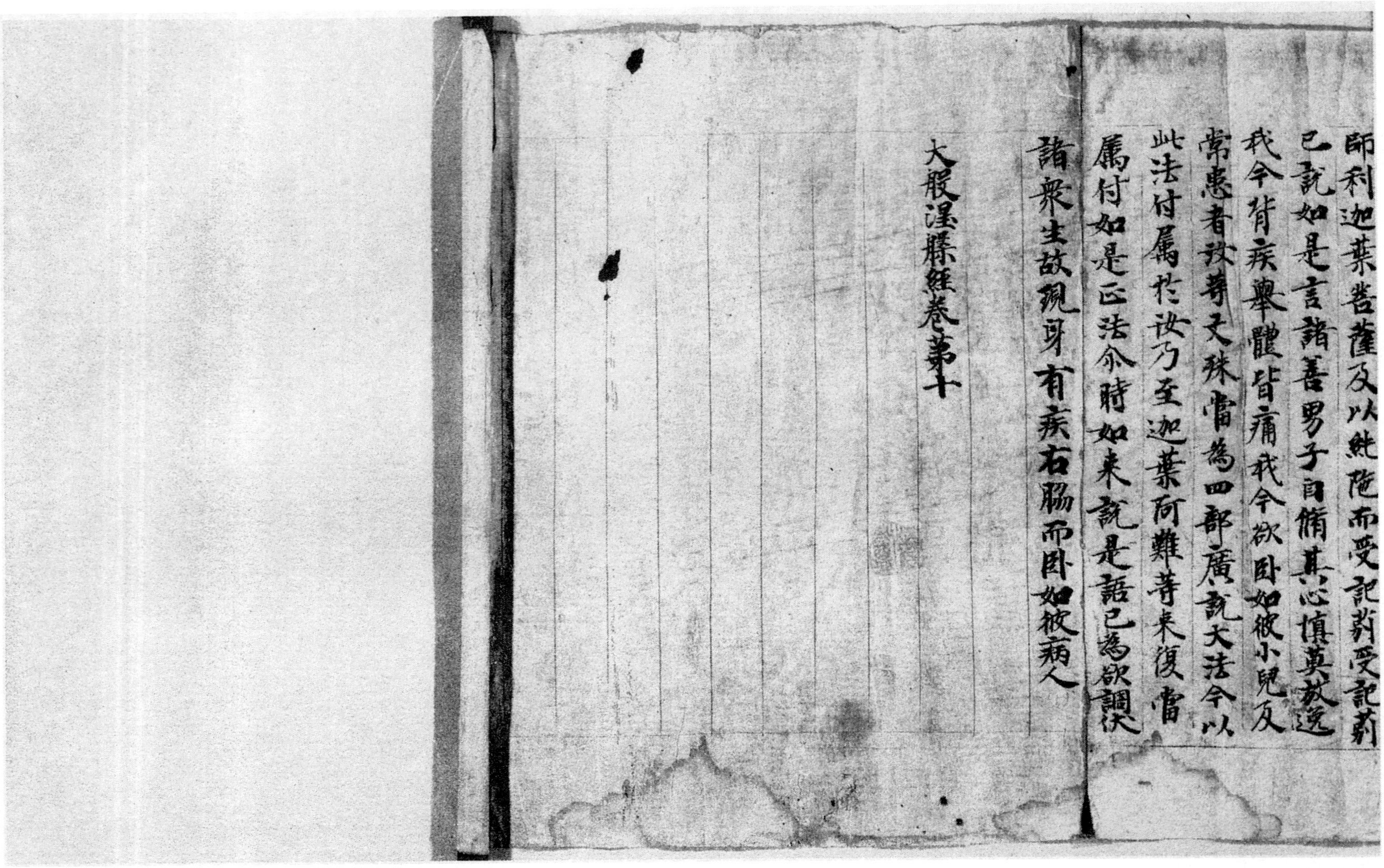

師利迦葉菩薩及以純陁而受記莂受記莂
已說如是言諸善男子自脩其心慎莫放逸
我今背疾舉體皆痛我今欲卧如彼小兒及
常患者汝等文殊當為四部廣說大法今以
此法付屬於汝乃至迦葉阿難等來復當
屬付如是正法尒時如來說是語已為欲調伏
諸衆生故現身有疾右脇而卧如彼病人

大般涅槃經卷第十

BD15028號　大般涅槃經（北本）卷一〇　　（19–19）

BD15028號背　花押　　（1–1）

薩心不應住色布施
為[illegible]一切衆生應如是布施如來說一切
諸相即是非相又說一切衆生則非衆生須
菩提如來是真語者實語者如語者不誑
語者不異語者須菩提如來所得法此法无
實无虛須菩提若菩薩心住於法而行布
施如人入闇則无所見若菩薩心不住法
而行布施如人有目日光明照見種種色須菩提
當來之世若有善男子善女人能於此經受
持讀誦則為如來以佛智慧悉知是人悉見
是人皆得成就无量无邊功德
須菩提若有善男子善女人初日分以恒河
沙等身命布施中日分復以恒河沙等身布
施後日分亦以恒河沙等身布施如是无量
百千万億劫以身布施若復有人聞此經典
信心不逆其福勝彼何況書寫受持讀誦為
人解說須菩提以要言之是經有不可思議

BD15029號　金剛般若波羅蜜經　（9–1）

須菩提若有善男子善女人初日分以恒河
沙等身命布施中日分復以恒河沙等身布
施後日分亦以恒河沙等身布施如是无量
百千万億劫以身布施若復有人聞此經典
信心不逆其福勝彼何況書寫受持讀誦為
人解說須菩提以要言之是經有不可思議
不可稱量无邊功德如來為發大乘者說為
發最上乘者說若有人能受持讀誦廣為人
說如來悉知是人悉見是人皆成就不可量
不可稱无有邊不可思議功德如是人等則
為荷擔如來阿耨多羅三藐三菩提何以故
須菩提若樂小法者著我見人見衆生見壽
者見則於此經不能聽受讀誦為人解說須
菩提在在處處若有此經一切世間天人阿
脩羅所應供養當知此處則為是塔皆應
恭敬作礼圍遶以諸華香而散其處
復次須菩提善男子善女人受持讀誦此經
若為人輕賤是人先世罪業應墮惡道以今
世人輕賤故先世罪業則為消滅當得阿耨
多羅三藐三菩提須菩提我念過去无量阿
僧祇劫於然燈佛前得值八百四千万億那
由他諸佛悉皆供養承事无空過者若復有
人於後末世能受持讀誦此經所得功德於
我所供養諸佛功德百分不及一千万億分
乃至筭數譬喻所不能及須菩提若善男子
善女人於後末世有受持讀誦此經所得功德
我若具說者或有人聞心則狂亂

BD15029號　金剛般若波羅蜜經　（9–2）

人於後末世能受持讀誦此經所得功德於
我所供養諸佛功德百分不及一千万億分
乃至筭數譬喻所不能及須菩提若善男子
善女人於後末世有受持讀誦此經所得功德
我若具說者或有人聞心則狂亂狐疑不信須
菩提當知是經義不可思議果報亦不可思議
尒時須菩提白佛言世尊善男子善女人發阿
耨多羅三藐三菩提心云何應住云何降伏
其心佛告須菩提善男子善女人發阿耨多
羅三藐三菩提者當生如是心我應滅度一
切衆生滅度一切衆生已而无有一衆生實
滅度者何以故若菩薩有我相人相衆生
相壽者相則非菩薩所以者何須菩提實
无有法發阿耨多羅三藐三菩提者須菩提
於意云何如來於然燈佛所有法得阿耨多
羅三藐三菩提不不也世尊如我解佛所說義
佛於然燈佛所无有法得阿耨多羅三藐三
菩提佛言如是如是須菩提實无有法如來
得阿耨多羅三藐三菩提須菩提若有法如來
得阿耨多羅三藐三菩提者然燈佛則不與
我受記汝於來世當得作佛号釋迦牟尼以
實无有法得阿耨多羅三藐三菩提是故然
燈佛與我受記作是言汝於來世當得作佛
号釋迦牟尼何以故如來者即諸法如義若
有人言如來得阿耨多羅三藐三菩提須菩
提實无有法佛得阿耨多羅三藐三菩提須

BD15029 號　金剛般若波羅蜜經　（9–3）

燈佛與我受記作是言汝於來世當得作佛
号釋迦牟尼何以故如來者即諸法如義若
有人言如來得阿耨多羅三藐三菩提須菩
提實无有法佛得阿耨多羅三藐三菩提須
菩提如來所得阿耨多羅三藐三菩提於是
中无實无虛是故如來說一切法皆是佛法
須菩提所言一切法者即非一切法是故名
一切法須菩提譬如人身長大須菩提言世
尊如來說人身長大則為非大身是名大身
須菩提菩薩亦如是若作是言我當滅度无
量衆生則不名菩薩何以故須菩提无有法
名為菩薩是故佛說一切法无我无人无衆
生无壽者須菩提若菩薩作是言我當莊嚴
佛土是不名菩薩何以故如來說莊嚴佛土
者即非莊嚴是名莊嚴須菩提若菩薩通
達无我法者如來說名真是菩薩
須菩提於意云何如來有肉眼不如是世尊
如來有肉眼須菩提於意云何如來有天眼
不如是世尊如來有天眼須菩提於意云何
如來有慧眼不如是世尊如來有慧眼須菩
提於意云何如來有法眼不如是世尊如來
有法眼須菩提於意云何如來有佛眼不如
是世尊如來有佛眼
須菩提於意云何恒河中所有沙佛說是沙
不如是世尊如來說是沙須菩提於意云何

BD15029 號　金剛般若波羅蜜經　（9–4）

有法眼須菩提於意云何如来有佛眼不如
是世尊如来有佛眼
須菩提於意云何恒河中所有沙佛說是沙
不如是世尊如来說是沙須菩提於意云何
如一恒河中所有沙有如是等恒河是諸恒
河所有沙數佛世界如是寧為多不甚多世
尊佛告須菩提尒所國土中所有衆生若干
種心如来悉知何以故如来說諸心皆為非
心是名為心所以者何須菩提過去心不可
得現在心不可得未来心不可得
須菩提於意云何若有人滿三千大千世界
七寶以用布施是人以是因緣得福多不如
是世尊此人以是因緣得福甚多須菩提若
福德有實如来不說得福德多以福德无故
如来說得福德多
須菩提於意云何佛可以具足色身見不不
也世尊如来不應以具足色身見何以故如来
說具足色身即非具足色身是名具足色身
須菩提於意云何如来可以具足諸相見不不
不世世尊如来不應以具足諸相見何以故如
来說諸相具足即非具足是名諸相具足
須菩提汝勿謂如来作是念我當有所說法
莫作是念何以故若人言如来有所說法即
為謗佛不能解我所說故須菩提說法者无
法可說是名說法
須菩提白佛言世尊佛得阿耨多羅三藐三

BD15029 號　金剛般若波羅蜜經　（9–5）

莫作是念何以故若人言如来有所說法即
為謗佛不能解我所說故須菩提說法者无
法可說是名說法
須菩提白佛言世尊佛得阿耨多羅三藐三
菩提為无所得耶如是如是須菩提我於阿
耨多羅三藐三菩提乃至无有少法可得是
名阿耨多羅三藐三菩提
復次須菩提是法平等无有高下是名阿耨
多羅三藐三菩提以无我无人无衆生无壽
者脩一切善法則得阿耨多羅三藐三菩提
須菩提所言善法者如来說非善法是名善
法須菩提若三千大千世界中所有諸須弥山
王如是等七寶聚有人持用布施若人以此
般若波羅蜜經乃至四句偈等受持為他人
說於前福德百分不及一百千万億分乃至
筭數譬喻所不能及
須菩提於意云何汝等勿謂如来作是念我
當度衆生須菩提莫作是念何以故實无有
衆生如来度者若有衆生如来度者如来則
有我人衆生壽者須菩提如来說有我者則
非有我而凡夫之人以為有我須菩提凡夫
者如来說則非凡夫
須菩提於意云何可以卅二相觀如来不須
菩提言如是如是以卅二相觀如来佛言須菩
提若以卅二相觀如来者轉輪聖王則是如

BD15029 號　金剛般若波羅蜜經　（9–6）

非有我而凡夫之人以為有我須菩提凡夫
者如来說則非凡夫
須菩提於意云何可以卅二相觀如来不須
菩提言如是如是以卅二相觀如来佛言須菩
提若以卅二相觀如来者轉輪聖王則是如
来須菩提白佛言世尊如我解佛所說義
不應以卅二相觀如来尒時世尊而說偈言
若以色見我　以音聲求我　是人行邪道　不能見如来
須菩提汝若作是念如来不以具足相故得
阿耨多羅三藐三菩提須菩提莫作是念如
来不以具足相故得阿耨多羅三藐三菩提
須菩提汝若作是念發阿耨多羅三藐三菩
提者說諸法斷滅相莫作是念何以故發
阿耨多羅三藐三菩提者於法不說斷滅相
須菩提若菩薩以滿恒河沙等世界七寶布
施若復有人知一切法无我得成於忍此菩薩
勝前菩薩所得功德須菩提以諸菩薩不受
福德故須菩提白佛言世尊云何菩薩不受
福德須菩提菩薩所作福德不應貪著是
故佛說不受福德
須菩提若有人言如来若来若去若坐若
卧是人不解我所說義何以故如来者无所
従来亦无所去故名如来
須菩提若善男子善女人以三千大千世界碎
為微塵於意云何是微塵衆寧為多不甚

BD15029 號　金剛般若波羅蜜經　　（9–7）

須菩提若有人言如来若来若去若坐若
卧是人不解我所說義何以故如来者无所
従来亦无所去故名如来
須菩提若善男子善女人以三千大千世界碎
為微塵於意云何是微塵衆寧為多不甚
多世尊何以故若是微塵衆實有者佛則不
說是微塵衆所以者何佛說微塵衆則非微
塵衆是名微塵衆世尊如来所說三千大千
世界則非世界是名世界何以故若世界實有
者則是一合相如来說一合相則非一合相是
名一合相須菩提一合相者則是不可說但
凡夫之人貪著其事
須菩提若人言佛說我見人見衆生見壽者
見須菩提於意云何是人解我所說義不世
尊是人不解如来所說義何以故世尊說我
見人見衆生見壽者見即非我見人見衆生
見壽者見是名我見人見衆生見壽者見須
菩提發阿耨多羅三藐三菩提心者於一切
法應如是知如是見如是信解不生法相須
菩提所言法相者如来說即非法相是名法相
須菩提若有人以滿无量阿僧祇世界七寶
持用布施若有善男子善女人發菩薩心者
持於此經乃至四句偈等受持讀誦為人演
說其福勝彼云何為人演說不取於相如如不

BD15029 號　金剛般若波羅蜜經　　（9–8）

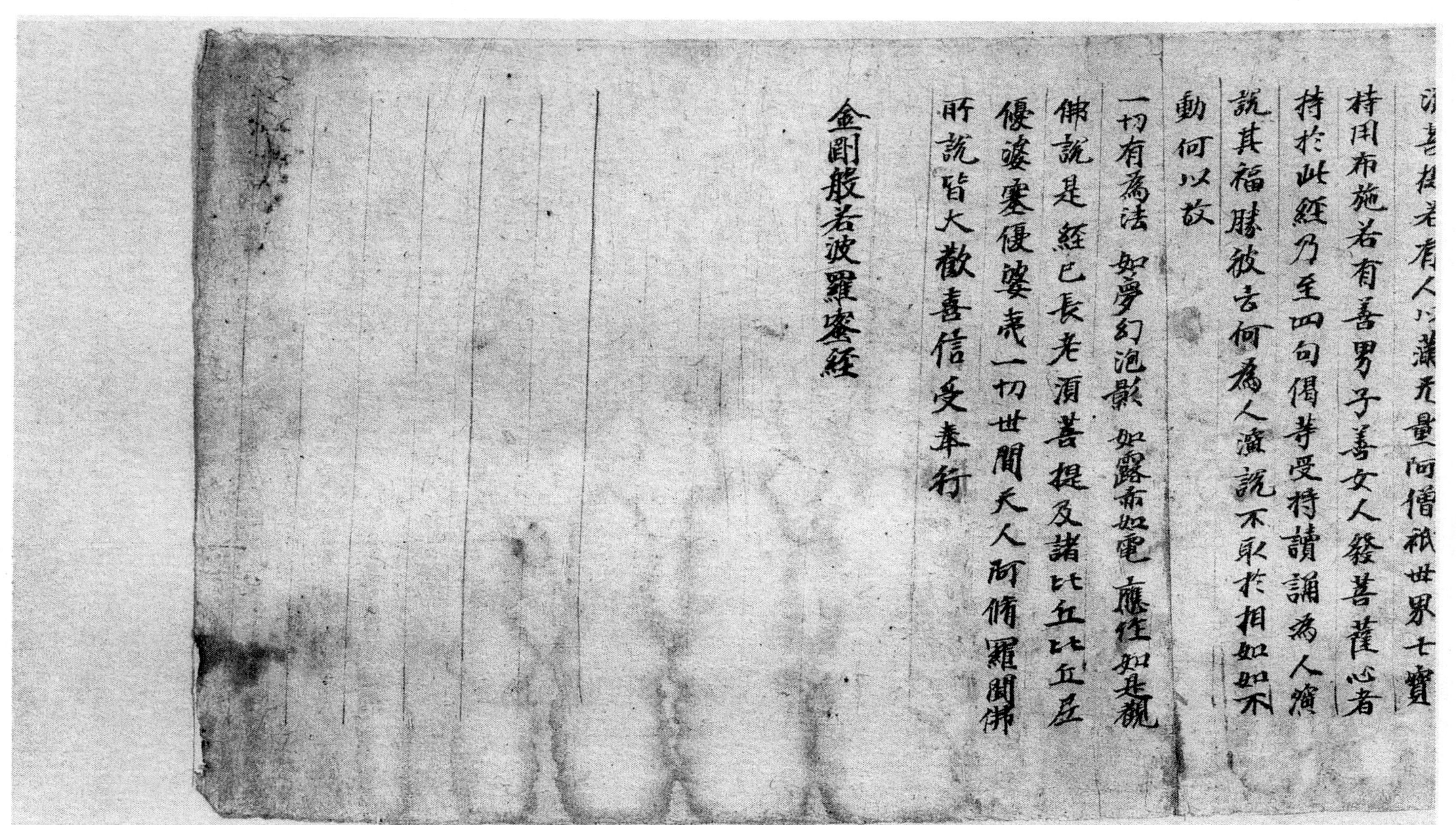
須菩提若有人以滿无量阿僧祇世界七寶
持用布施若有善男子善女人發菩薩心者
持於此經乃至四句偈等受持讀誦為人演
說其福勝彼云何為人演說不取於相如如不
動何以故
一切有為法　如夢幻泡影　如露亦如電　應作如是觀
佛說是經已長老須菩提及諸比丘比丘尼
優婆塞優婆夷一切世間天人阿脩羅聞佛
所說皆大歡喜信受奉行
金剛般若波羅蜜經

BD15029 號　金剛般若波羅蜜經　（9–9）

文殊實見分第六　尒時世尊告文殊師利汝今真實見如來乎文殊師利白佛言
世尊如來法身本不可見我爲衆生故來見佛佛法身者不可思議无相无形无
來无去非有非无非見非不見如來實際不去不來非无非有非處非非處非一
非二非[illegible]非垢不生不滅我見如來亦復　佛告文殊師利汝今如是見[illegible]
乎文殊師利白佛[illegible]世尊[illegible]我實无見亦[illegible]見相
諸佛深境界　非彼識能知　如來問文殊　汝今何所見　文殊法王子　久已了真由
敢對如來前　决定師子吼　說法身微妙　實不可思議　非彼有无形　亦非生滅見
能觀及所觀　心境非一異　爲化衆生故　假說如是言　乃至真實見　中亦无所依
寂滅體如如　故言无見相
身子决疑分第七
尒時舍利弗白文殊師利言我今不解汝之所說云何如是見於如來文殊師利
今舍利弗大德舍利弗我不如是見於[illegible]於舍利弗白文殊師利如汝所說轉
不可解文殊師利荅舍利弗不可解者[illegible]般若波羅蜜般若波羅蜜非可[illegible]
解非不可解舍利弗白文殊師利汝於衆生起慈悲心不汝爲衆生行六波羅
蜜不復爲衆生入涅槃不文殊師利荅舍利弗如汝所說我爲衆生起慈悲
心行六波羅蜜入於涅槃而衆生實不可得无相无形不增不減舍利弗汝常
作是念二世界有恒河等諸佛住世恒河沙劫說二法教化度脫恒河沙衆
生二衆生皆得滅度汝有如是念不舍利弗言文殊師利我常作是念文殊師
利荅舍利弗如虛空无數衆生亦无數虛空不可度衆生亦不可度何以故一切
衆生與虛空等故云何諸佛教化衆生舍利弗白文殊師利若一切衆生與
虛空等汝何故爲衆生說法令得菩提文殊師利荅舍利弗菩提者實不
可得我當說何法使衆生得乎何以故舍利弗菩提与衆生不一不二无異无
別无名无相實无所有　文殊說法身　真實非无有　身子復生疑　於義未能了

生二衆生皆得滅度汝有如是念不舍利弗言文殊師利我常作是念文殊師
利答舍利弗如虛空无數衆生亦无數虛空不可度衆生亦不可度何以故一切
衆生與虛空等故云何諸佛教化衆生舍利弗白文殊師利若一切衆生與
虛空等汝何故爲衆生說法令得菩提文殊師利答舍利弗菩提者實不
可得我當說何法使衆生得乎何以故舍利弗菩提与衆生不一不二无異无
別无名无相實无所有　文殊說法身　真實非无有　身亡復生疑　於義不能了
云何无所見　名曰見如來　文殊說亦說　般若无能解　非但佛體空　衆生不可得
法界无增減　猶如彼太虛　離數及无數　非彼劫恒沙　生滅至涅槃　妄有非真實
菩提與衆生　究竟非異　名相不可得　理實无所存　光明灌頂分第八
尒時世尊出大人相肉髻光明殊特希有不可稱說入文殊師利菩薩摩訶薩頂還
從頂出普照大衆照大衆已乃遍十方一切世界是時大衆觸此光明身心快樂
得未曾有皆從坐起瞻仰世尊及文殊師利咸作是念今日如來放此奇特微
妙光明入文殊師利法王子頂還從頂出普照大衆照大衆已乃遍十方非无
因緣必說妙法我等但當勤修精進樂如說行作是念已各白佛言世尊如
來今日放此光明非无因緣必說妙法我等渴仰願樂欲聞如是白已默然而住
當說彼法已　决斷身子疑　如來放妙光　入灌文殊頂　還從其頂出　普照諸大衆
以次遍十方　一切皆安樂　付囑法王子　非无大因緣　時衆渴仰思　必當說妙法
斯皆共議審　發意更專精　一心願樂聞　虛沖嘿然住
神力加說分第九　尒時文殊師利白佛言世尊如來放光加我神力此光希有非三
非相不去不來不動不轉非見非聞非覺非知一切衆生无所觀見无喜无畏
无所分別我當承佛聖旨說此光明令諸衆生入无相慧
如來大慈悲　灌頂加神力　文殊以巧智　善說寂滅光　非色相去來　无能見分別
普欲令衆生　同入无想慧　光智不二分第十
尒時佛告文殊師利善哉善哉汝善快說吾助汝喜文殊師利菩薩白佛言
世尊此光明者是般若波羅蜜般若波羅蜜者是如來如來者是一切衆
世尊我如是修般若波羅蜜
般若即光明　光明即般若　光智佛衆生　本來同一義　如是甚深法　非妄識能知
文殊對佛前　敢作如實說　法界平等分第十一
尒時佛告文殊師利言善男子汝今說深般若波羅蜜我今問汝（若有人問汝）有緣衆生界
汝云何答文殊師利白佛言世尊若人作如是問我當答言衆生界數如如
來界佛告文殊師利若人問汝衆生界廣狹云何汝云何答世尊若如是
問我當答言如佛界廣狹文殊師利若復問汝一切衆生繫在何界當
云何答世尊我當答言如如來繫衆生亦尒文殊師利若復問汝衆生
界住在何處當云何答世尊我當答言涅槃界
平等真法性　凡佛體无殊　數量及廣狹　邊際不可得　无根无所繫　一一等虛空

BD15030號　文殊師利所說般若波羅蜜經序偈釋（擬）

汝云何荅文殊師利白佛言世尊若人作如是問我當荅言衆生界數如
來界佛告文殊師利若人問汝衆生界廣狹云何汝云何荅世尊若如是
問我當荅言如佛界廣狹文殊師利若復問汝一切衆生盡住何界當
云何荅世尊我當荅言如如來盤衆生亦尒文殊師利若復問汝衆生
界住在何處當云何荅世尊我當荅言涅槃界
平等真法性　凡佛體无殊　數量及廣狹　邊際不可得　无根无所繫　一一等虛空
如來與衆生　同住涅槃界
无脩无學分第十二
佛告文殊師利汝如是脩般若波羅蜜般若波羅蜜有住處不文殊師利
白佛言世尊般若波羅蜜无有住處佛告文殊師利若般若波羅蜜
无住處者汝云何脩云何學文殊師利白佛言世尊若般若波羅蜜
有住處者我无所脩我无所學
般若真實智　離妄非識心　有住即非脩　真脩即无住
不增不減分第十三　佛告文殊師利汝脩學般若時有善根增減
不文殊師利白佛言世尊无有善根可增減若有增減則非脩般若波羅
蜜不為法增不為法減是脩般若波羅蜜不斷凡夫法不取如來法是修
般若波羅蜜何以故世尊般若波羅蜜不為得法故修不為不修法故
修世尊无得无捨是修般若波羅蜜何以故不為生死過患不為涅槃
功德故若如是脩般若波羅蜜不取不受不捨不放不增不減不起不
滅故世尊若善男子善女人作是思惟此法上此法中此法下非修般若
波羅蜜何以故世尊无上中下法故世尊我如是脩般若波羅蜜
於彼實相中　善根无增減　不斷凡所有　非取聖殊別　无得无所修　本來常寂滅
生死與涅槃　於中无取捨　乃至微細法　離覺不思惟　三乘及佛乘　无有上中下
一切法空分第十四　佛告文殊師利一切佛法非增上耶文殊師利白佛
言世尊佛法菩薩法聲聞法緣覺法乃至凡夫法皆不可得何以故畢
竟空故畢竟空中无佛凡夫法佛法凡夫法中无畢竟空何以故空不可
得故佛告文殊師利佛法无上文殊師利佛法无上文殊師利白佛言世尊
无有一法如微塵許名為无上何以故檀波羅蜜乃至般若
波羅蜜般若波羅蜜空十力十力空四无所畏十八不共法乃至薩婆
若薩婆若空空中无无上中下无空空不空畢竟不可得故世尊不可
思議法是般若波羅蜜佛告文殊師利汝不思惟佛法耶文殊師利白
佛言世尊我若思惟佛法我則見佛法无上何以故无上生死故世尊
五陰十二入十八界畢竟不可得一切佛法亦畢竟不可得不可得中无可
得故世尊般若波羅蜜中凡夫乃至佛无法无非法我當思惟何等法
乎佛言善男子若无思惟汝不應說此凡夫法此緣覺法乃至不應

思議法是般若波羅蜜佛告文殊師利汝不思惟佛法耶文殊師利白
佛言世尊我若思惟佛法我則見佛法无上何以故无上生死故世尊
五陰十二入十八界畢竟不可得一切佛法亦畢竟不可得不可得中无可
得故世尊般若波羅蜜中凡夫乃至佛无法无非法我當思惟何等法
乎佛言善男子若无思惟汝不應說此凡夫法此緣覺法乃至不應
說此是佛法何以故不可得故世尊我實不說凡夫法乃至佛法何以故
不脩般若波羅蜜故佛言善男子汝亦不應作如是意此欲界此色界
此无色界何以故不可得故世尊欲界欲界性空乃至无色界无色界性
空空中无說我亦无說世尊脩般若波羅蜜不見上不見不上何以故世
尊脩般若波羅蜜不取佛法不捨凡夫法何以故畢竟空中无取捨故
佛法非增上　彼空无對處　三乘不可得　平等義无差　六度性皆空　佛德亦如是
乃至一切智　究竟无有崖　不可思議法　是名真般若　離彼内思惟　法本无生滅
五陰十二入　三六界常空　妙覺與佛果　斯皆不可得　若心行處滅　真實无所修
三界内外空　於中无取捨

佛讚如說分第十五

尒時佛告文殊師利善哉善哉文殊師利汝能如是說般若波羅蜜此是
菩薩摩訶薩印文殊師利若善男子善女人非於千佛所深種善根得
聞此法乃於无量无邊佛所深種善根乃得聞此深般若波羅蜜不生
怖畏
佛讚法王子　善說如實印　有聞无處者　宿善乃能知

了无所得分第十六

文殊師利白佛言世尊我當承佛威神更說甚
深般若波羅蜜佛告文殊師利善哉善哉恣聽汝說文殊師利白佛言世尊
若不得法生是修般若波羅蜜何以故諸法无有性故若不得法住是修
般若波羅蜜何以故諸法如實故若不得法滅是修般若波羅蜜何以故
諸法寂滅故世尊若不得色是修般若波羅蜜乃至不得識是修般若
波羅蜜何以故一切諸法如幻如炎故世尊若不得眼是修般若波羅蜜
乃至不得意是修般若波羅蜜若不得色乃至不得法若不得眼界色
界眼識界乃至不得意界法界意識界是修般若波羅蜜若不得欲
界是修般若波羅蜜乃至无色界亦如是世尊若不得檀波羅蜜是修
般若波羅蜜乃至不得般若波羅蜜是修般若波羅蜜若不得佛十力
四无所畏是修般若波羅蜜乃至不得十八不共法是修般若波羅蜜何以
故内空故乃至无法有法空故世尊若得生住滅非修般若波羅蜜若得
五陰十二入十八界非修般若波羅蜜若得欲界色界无色界非修般若
波羅蜜若得檀波羅蜜乃至般若波羅蜜若得佛十力乃至十八不共
法非修般若波羅蜜何以故以有得故世尊若善男子善女人聞此深
般若波羅蜜不驚不疑不怖不退當知是人久於先佛深種善根

五陰十二入十八界非修般若波羅蜜若得欲界色界无色界非修般若
波羅蜜若得檀波羅蜜乃至般若波羅蜜若得佛十力乃至十八不共
法非修般若波羅蜜何以故以有得故世尊若善男子善女人聞此深
般若波羅蜜不驚不疑不怖不退當知是人久於先佛深種善根
甚深微妙法　實非生住滅　色心如幻炎　十八界虛空　六度至佛能　真實不可得
无法及有法　內外亦皆然　若得即非真　遠離如實印　若知无所得　與般若相應
有人聞此法　決定不驚疑　必於无量佛　宿種諸善根
體離諸見分第十七　文殊師利復白佛言世尊若不見垢法不見淨法
不見生死果不見涅槃果不見佛不見菩薩不見緣覺不見聲聞不
見凡夫是修般若波羅蜜何以故一切諸法无垢无淨乃至无凡夫故
若見垢淨乃至見凡夫非修般若波羅蜜世尊若見垢法差別若
見淨法差別乃至若見佛差別凡夫差別非修般若波羅蜜何以故
般若波羅蜜无差別故　般若體真空　空中无所見　垢淨不可得
生死涅槃如　三乘及凡夫　究竟无差別　明了真淨智　一切見不生
如幻化人分第十八　佛告文殊師利善哉善哉真修行般若波羅蜜
文殊師利汝云何供養佛文殊師利白佛言世尊若幻人心數滅我則
供養佛佛告文殊師利汝不住佛法耶文殊師利白佛言世尊佛无法
可住我當云何住於佛法佛告文殊師利若有无佛法可住誰有佛法
文殊師利白佛言世尊无有有佛法者　幻人體无實　心數亦如是
文殊與世尊　師弟无有異　以佛无所住　文殊亦无住　以无所住故　无有有法人
法无名字分第十九　佛告文殊師利汝今已到无所著乎文殊師利
白佛言世尊无著則无到云何世尊問我汝今已到无著乎佛告文
殊師利汝住菩提不文殊師利白佛言世尊佛尚不住菩提何況我當
住菩提乎佛告文殊師利汝何所依作如是說文殊師利白佛言世尊
我无依作如是說佛告文殊師利汝若无依為何所說文殊師利白
佛言如是世尊我无所說何以故法无名字故
文殊種種說　屬在无所著　至到及菩提　斯皆不可住　若人隨語轉　即失理真實
心空无所依　知法離名字　眾聞信成分第二十
尒時長老舍利弗白佛言世尊若菩薩摩訶薩聞此深般若波羅蜜
不驚疑怖畏必當得近阿耨多羅三藐三菩提不尒時彌勒菩薩
摩訶薩白佛言世尊若諸菩薩摩訶薩聞此深般若波羅蜜不驚
疑怖畏得近阿耨多羅三藐三菩提不尒時有天女名无緣白佛言
世尊若有善男子善女人聞此深般若波羅蜜不驚疑怖畏當得
聲聞法緣覺法菩薩法佛法不

BD15030 號　文殊師利所說般若波羅蜜經序偈釋（擬）　（16–5）

心空无所依　知法離名字　　衆臨信成分第二十
尒時長老舍利弗白佛言世尊若菩薩摩訶薩聞此深般若波羅蜜
不驚疑怖畏必當得近阿耨多羅三藐三菩提不尒時弥勒菩薩
摩訶薩白佛言世尊若諸菩薩摩訶薩聞此深般若波羅蜜不驚
疑怖畏得近阿耨多羅三藐三菩提不尒時有天女名无緣白佛言
世尊若有善男子善女人聞此深般若波羅蜜不驚疑怖畏當得
聲聞法緣覺法菩薩法佛法不
真實般若義　无我亦无行　大衆咸請疑　聞思何所益
佛菩得道分第二十一　尒時佛告舍利弗如是如是舍利弗若菩
薩摩訶薩聞此深般若波羅蜜不驚疑怖畏必定當得阿耨多羅
三藐三菩提是善男子善女人當為大施主第一施主勝施主無等
施主當具足戒忍精進禪定智慧當具諸功德成就相好自不怖畏
令人不怖畏究竟般若波羅蜜以不可得無相無為第一真實不可思議
法故
其有大菩薩　會聞如是經　決定不生疑　必成無上道　彼善男女等
當為大施主　第一勝无比　具足六波羅　功德力莊嚴　相好皆成就　自他無怖畏
究竟度衆生　以無所得心　通達第一義　能超於彼岸　了解不思議
真實不求分第二十二　佛告文殊師利汝何所見何所樂求阿耨多羅三
藐三菩提文殊師利白佛言世尊我無見無樂故求阿耨多羅三藐三
菩提佛告文殊師利若無見無樂亦應無求文殊師利白佛言世尊我
實無求何以故若有求者是凡夫相佛告文殊師利汝今真實求阿耨
多羅三藐三菩提耶文殊師利白佛言世尊我真實不求阿耨多羅
三藐三菩提何以故求菩提者是凡夫相佛告文殊師利汝為定求為
不求文殊師利白佛言世尊若言定求定不求定求不定求非求非不
求是凡夫相何以故菩提無住處故
第一義空中　無見無所樂　以無見樂故　寂滅歸正真　菩提無住處　非彼四心求
菩生求不求　是即凡夫相　　無見無證分第二十三
佛告文殊師利善哉善哉文殊師利汝能如是說般若波羅蜜汝先已
於無量佛所深種善根久修梵行諸菩薩摩訶薩樂深法者應當
如汝所說學如汝所說行文殊師利白佛言世尊我不於无量佛所深種善
根不久修梵行何以故我若種善根則一切衆生亦種善根我若修梵行
則一切衆生亦脩梵行何以故一切衆生即梵行相佛告文殊師利汝何見
何證說如是語文殊師利白佛言世尊我不見凡夫不見學不見無學
不見非學非無學不見故不證　佛歎法王子　善說甚深義　已於無量佛
淨修真梵行　勸諸菩薩等　當依此法學　文殊以實觀　泯迹通亦說　以彼一相門
混同於衆生　若我種善根　一切亦如是　所以作斷說　平等果因緣　無別見證知

何證說如是語文殊師利白佛言世尊我不見凡夫不見學不見無學
不見非學非無學不見故不證　佛歎法王子　善說甚深義　已於無量佛
淨修真梵行　勸諸菩薩等　當依此法學　文殊以實觀　派迹通亦說　以彼一相門
混同於衆生　若我種善根　一切亦如是　所以作斯說　平等界因緣　無別見證知
本際常無二　非語相應分第二十四　尒時舍利弗白文殊師利汝
見佛不文殊師利荅舍利弗我我尚不見聲聞人何況當見佛舍利弗以不
見諸法故謂為菩薩舍利弗白文殊師利汝今決定不見諸法耶文殊師
利荅舍利弗大德比丘汝止不須復說舍利弗白文殊師利言謂為佛者
是誰語言文殊師利荅舍利弗佛非佛不可得無有言者無有說者舍利
弗菩薩者不可以言說何況有佛可言可說復次大德舍利弗汝說佛者
誰有此語言此語言不合不散不生不滅不來不去无有一法可與相應无
字无句大德舍利弗欲見佛者當如是學
一切法假名　畢竟無所有　佛凡不可得　亦无有語言　言亦不生滅　无語法相應
非字非句聲　理當如是學　離學所學分第二十五
尒時舍利弗白佛言世尊此文殊師利所說新發意菩薩所不能解文殊師利
白舍利弗如是如是大德舍利弗菩提非可解新發意者云何當解舍利弗
白文殊師利諸佛如來不覺法界耶文殊師利荅舍利弗諸佛不可得云何
有佛而覺法界舍利弗法界不可得云何當有法界為諸佛所覺舍利弗
法界者即是菩提菩提者即是法界何以故諸法无界故諸法无界大
德舍利弗法界佛境界无有差別者即是无作无作者即是无為无
為者即是无說无說者即无所有舍利弗白文殊師利言一切法界及佛
境界悉无所有耶文殊師利荅舍利弗无有无不有何以故有及不有
一相无相无一无二故　般若離成心　无能解所解　諸佛不可得
亦非境覺知　法界即菩提　佛境无差別　非作非所作　寂滅性无為
般若體空分第二十六　舍利弗白文殊師利言如是學者當得菩提
耶文殊師利荅舍利弗如是學无所學不生善道不墮惡趣不得菩提
不入涅槃何以故大德舍利弗般若波羅蜜畢竟空故畢竟空中无一无二
无三无四无有去來不可思議　大德舍利弗若言我得菩提是增上慢說
何以故无得謂得故如是增上慢人不堪受人信施有信人不應供養舍
利弗白文殊師利汝何所依作如是說文殊師利荅舍利弗我无所依作如
是說何以故般若波羅蜜與諸法等故諸法无所依以平等故舍利弗
言文殊師利汝不以智慧除斷煩惱耶文殊師利荅舍利弗汝是漏盡阿
羅漢不舍利弗言不也文殊師利言我亦不以智慧除斷煩惱舍利弗言汝何
所依作如是說不怖不畏文殊師利言我尚不可得當有何我而生怖畏舍利

利弗白文殊師利汝何所依作如是説文殊師利荅舍利弗我无所依作如
是説何以故般若波羅蜜與諸法等故諸法无所依以平等故舍利弗
言文殊師利汝不以智慧除斷煩惱耶文殊師利荅舍利弗汝是漏盡阿
羅漢不舍利弗言不也文殊師利言我亦不不以智慧除斷煩惱舍利弗言汝何
所依作如是説不怖不畏文殊師利言我尚不可得當有何我而生怖畏舍利
弗言善哉文殊師利快入甚深般若般〔波〕羅蜜
如是學无學　一切不希望　於中能了知　趣至不生滅　菩提无入得　般若體常空
一異及去來　空中本无際　若人有所得　即為增上慢　彼諸信施人　不應隨供養
若能无依作　通達性平等　煩惱與菩提　智斷法无二　真空本自空　彼我无无我
境智不生心　於中何所畏
无住无得分第二十七
尒時世尊告文殊師利言善男子有菩薩摩訶薩住菩提心求无上菩提不
提不文殊師利白佛言世尊无菩薩住菩提心求无上菩提何以故菩提心
不可得无上菩提亦不可得五无間罪是菩提性无有菩薩起无間罪心
求无間罪果云何有菩薩住菩提心求无上菩提者是一切諸法何以故
色非色不可得故乃至識非識亦不可得眼非眼不可得乃至意非意亦
不可得色非色不可得乃至法非法亦不可得眼界非眼界不可得乃至
法界非法界亦不可得生非生不可得乃至老死非老死亦不可得檀波
羅蜜非檀波羅蜜不可得乃至般若波羅蜜非般若波羅蜜亦不可得佛
十力非十力不可得乃至十八不共法非十八不共法亦不可得菩提心非菩提
心无上菩提非无上菩提皆不可得不可得中无可得无不可得是故世
尊无菩薩住菩提心求無上菩提者
真實菩提因　无求无住得　但諸大菩薩　終无五逆心　以此表證知　至理无行相
五陰十八界　本際不可得　法界非法界　乃至生老死　六度及佛能　斯皆无所有
一切諸道心　无上非无上　可得不可得　本來无所住
難信難解分第二十八
佛告文殊師利汝意謂如來是汝師不文殊師利
白佛言我无有意謂佛是我師何以故世尊我尚不可得何況當有意謂
佛是我師佛告文殊師利汝於我有疑不文殊師利白佛言世尊我尚无決
定云何當有疑何以故先定後疑故佛告文殊師利汝不定言如來生耶文
殊師利白佛言世尊如來若生法界亦應生何以故法界如來一相无二相
二相不可得故文殊師利汝言恒沙諸佛入涅槃不文殊師利白佛言世尊
一切諸佛即涅槃相涅槃相者无入无不入佛告文殊師利汝言諸佛如
來有流轉不文殊師利白佛言世尊不流轉尚不可得何況流當可得佛
告文殊師利唯如來前可説此語或漏盡阿羅漢及不退菩薩前可説此
語若餘人聞此語必不生信當起驚疑何以故此甚深般若波羅蜜難信

二相不可得故文殊師利汝言恒沙諸佛入涅槃不文殊師利白佛言世尊
一切諸佛即涅槃相涅槃相者无入无不入佛告文殊師利汝言諸佛如
来有流轉不文殊師利白佛言世尊不流轉尚不可得何况流當可得佛
告文殊師利唯如來前可說此語或滿盡阿羅漢及不退菩薩前可說此
語若餘人聞此語必不生信當起驚疑何以故此甚深般若波羅蜜難信
難解故　於實相觀中　心境俱无際　文殊何有意　謂佛是我師　以知如理故
決定无疑慮　諸佛不生入　與彼法界同　流轉不流轉　一相俱无相　不流尚不得
何况當有流　此說義甚深　餘人難信解　唯有佛菩薩　及滿盡能知
一相无相分第二十九　文殊師利白佛言世尊復何等人能信此甚深
般若波羅蜜佛告文殊師利一切凡夫能信此甚深般若波羅蜜何以故如
来无心一切凡夫亦无心故文殊師利白佛言世尊何以故作如是說法
新發意菩薩及阿羅漢咸皆有疑願聞解說佛告文殊師利如實相法
性法住位中有佛有凡夫差別不文殊師利白佛言不也世尊佛告文殊
師利若无差別何故生疑文殊師利白佛言世尊无差別中有佛有凡夫
不佛言有何以故佛與凡夫无二无差別一相无相故
文殊問世尊　誰能信是法　佛荅彼凡夫　於中能起信　以如來无心　凡夫亦復然
彼此无異故　乃說如是言　大衆咸有疑　願佛為解說　世尊如理荅　實相本无差
法性法位中　凡佛因无異　混同於一相　究竟无有別
最勝福田分第三十　佛告文殊師利汝信如來於一切衆生中最勝不文
殊師利白佛言世尊我信如來於一切衆生中最勝世尊若我信如來於一
切衆生中最勝則如來成不最勝佛告文殊師利汝信如來成就一切不可
思議法不文殊師利白佛言世尊我信如來成就一切不可思議法世尊
我若信如來成就一切不可思議法如來則成就可思議佛告文殊師利汝
信一切聲聞是如來所教化不世尊我信一切聲聞是如來所教化世尊我
若信一切聲聞是如來所教化則法界成可教化佛告文殊師利汝信如來
是无上福田不世尊我信如來是无上福田世尊我若如來是无上福田
如來則非福田佛告文殊師利汝依何法作是荅念我文殊師利白佛言
世尊我无所依作如是荅世尊无所依中无勝无不勝无可思議无不可思
議无教化无不教化无福田无非福田
如來問意深　文殊荅微妙　知佛无二心　故明成最勝　乃至不思議　義如前為釋
佛无所教化　以彼法界空　如來真福田　實相亦无異　於彼法性中　究竟非差別
文殊无所依　具荅世尊意　勝田及化田　寂滅離言說
人天獲益分第三十一　尒時以佛神力大地六種震動一万六千比丘
衆以无可取心得解脫七百比丘尼三千優婆塞四万優婆夷遠塵離
垢得法眼淨六十那由他諸天遠塵離垢得法眼淨

如來聞意深　文殊荅微妙　知佛无二心　故明成最勝　乃至不思議　義如前為釋
佛无所教化　以彼法界空　如來真福田　實相亦无異　於彼法性中　密見非真
文殊无所依　具荅世尊意　勝田及化田　寂滅離言說
人天獲益分第三十一　　尒時以佛神力大地六種震動一万六千比丘
衆以无可取心得解脫七百比丘尼三千優婆塞四万優婆夷遠塵離
垢得法眼淨六億那由他諸天遠塵離垢得法眼淨
聞荅義甚深　微妙不可測　以佛威神力　六種震大地　四種聞見已　皆遠塵離垢
无量諸天人　咸得法眼淨　　歎善問緣分第三十二
是時長老阿難即從坐起偏袒右肩右膝著地合掌白佛言世尊何
因何緣此地大動尒時佛告阿難此處今說甚深般若波羅蜜故往昔
諸佛皆於此處說此甚深般若波羅蜜以是因緣故此大地六種震動
歎善問因緣　地動有何應　如來正遍知　前後皆明照　為令說般若　往昔亦同然
地動及益人　緣應故如此　　不思議定分第三十三
尒時長老舍利弗白佛言世尊此文殊師利所說不思議尒時世尊告文
殊師利如是文殊師利如舍利弗所說此文殊師利所說不可思議尒時
文殊師利白佛言世尊若不可思議則不可說若可說則可思議不可
思議者无所有彼一切聲亦不可思議不可思議者无聲佛告文殊師
利汝入不可思議定不文殊師利白佛言不也世尊若我入不可思議定
者我則成可思議世心无心我云何當入不可思議定復次世尊我初
發菩薩意言我當入不可思議定世尊我於今日无此意當入不可
思議定世尊如初學射先作是意我當射葉射葉成已復作是念
我當射皮射皮成已復作是念我當射木射木成已復作是念我當
射鐵射鐵成已无復前意隨其箭中皆能徹過我亦如是昔初發
意求入不可思議定何以故此定不可思議故尒時舍利弗白佛言世尊
文殊師利未應得住何以故離此不可思議定更有寂靜定是其所應
得故文殊師利白舍利弗言汝云何知離此不可思議定更有寂靜定大
德舍利弗若此不可思議定可得者可離此定有寂靜定若此不可思
議定不可得者彼寂靖定亦不可得何以故大德舍利弗以此不可思
議定不可得故彼亦不可得復次大德舍利弗无有衆生不得此定者
一切衆生皆得此定何以故一切諸心无心故彼无心性即是此定是
故一切衆生皆得此定
文殊法王子　所說不思議　寂滅无名句　乃至響聲空　正智无流心　不見入不入
於是深三昧　微細不思難　猶如學射人　初中及後巧　遂更无前意　彼定亦復然
身子又生疑　汝今未可住　離是不思議　別有寂定故　文殊復荅言　我无如是意

BD15030號　文殊師利所說般若波羅蜜經序偈釋（擬）　　（16–10）

議空不可得故彼亦不可得復次大德舍利弗无有衆生不得此空者
一切衆生皆得此空何以故一切諸心无心故彼无心性即是此空是
故一切衆生皆得此空
文殊法王子　所說不思議　寂滅无名句　乃至響聲空　正智无流心　不見入不入
於是深三昧　微細不思惟　猶如學射人　初中及後巧　遂更无所覺　彼空亦復然
身子大生疑　汝今未可住　雖是不思議　別有寂定故　文殊復答言　我无如是意
二空俱不得　去何捨取彼　如是不思議　一切皆同得　以彼心非心　即是深三昧
是最勝義分第三十四　尒時世尊嘆文殊師利善哉善哉文殊師利如
汝所說是最勝義汝於久遠无量佛所深種善根能作是說文殊師利汝作
是念我住般若波羅蜜能說此言不文殊師利白佛言不也世尊我无此念
世尊若我有此念我住般若波羅蜜能說此言者我則住可得法世尊我
若住我相則有是念是故我不作此念住般若波羅蜜能說此言尒時佛告
文殊師利誰當信汝所說文殊師利白佛言世尊若人不執生死及涅槃相是
人信我所說又若人堅執有我若人具三毒此人能信何以故見及煩惱无
可滅故尒時世尊嘆文殊師利善哉善哉汝能善說
時佛讚文殊　能說最勝義　久遠已深脩　歷事於諸佛　汝今住何法　巧說如是言
文殊白世尊　我實无心住　諸法不可得　法界本无人　誰當信此言　不執生滅者
復有具三毒　於中能信知　以彼煩惱空　性无可滅故
譬喻誠信分第三十五　摩訶迦葉白佛言世尊未來世中何等人能信
此甚深般若波羅蜜能樂信此甚深般若波羅蜜佛告摩訶迦葉即今
四衆比丘比丘尼優婆塞優婆夷於未來世能信此深般若波羅蜜聞說
此般若波羅蜜當知此法當求此法迦葉譬如長者或長者子已失大寶珠
價直一万兩金大生憂惱後還更得生長大歡喜憂惱悉滅如是迦葉比丘
比丘尼優婆塞優婆夷聞此最深般若波羅蜜經與般若波羅蜜相應聞
已生喜心得安樂无復憂惱亦復如是當說此言我等今日得見如來供
養如來所以者何以得聞甚深微妙般若波羅蜜故迦葉譬如三十三天見
波利質多羅樹初生皰時作如是念此皰不久必當開敷如是迦葉比丘比丘
尼優婆塞優婆夷聞說此甚深般若波羅蜜經心生歡喜亦復如是我於來
世必得此法迦葉此深般若波羅蜜如來滅後當住不滅處處流行迦葉以佛
力故未來世中若善男子善女人當得此深般若波羅蜜迦葉如摩尼珠
師見摩尼寶心生歡喜不假思量即知真偽何以故以實見故如是迦葉
若聞此深般若波羅蜜相應法聞已歡喜生信樂心當知此人先世已聞
此深般若波羅蜜從久遠來已曾供養諸佛迦葉白佛言世尊是善男
子善女人今聞此深般若波羅蜜於未來世轉復信解佛告摩訶迦葉
如是如汝所說
甚深般若法　妙義實難聞　迦葉請佛疑　未來何人信

力故未來世中若善男子善女人當得此深般若波羅蜜迦葉如摩尼珠
師見摩尼寶心生歡喜不假思量即知真偽何以故以賓見故如是迦葉
若聞此深般若波羅蜜相應法聞已歡喜生信樂心當知此人先世已聞
此深般若波羅蜜從久遠來已曾供養諸佛迦葉白佛言世尊是善男
子善女人今聞此深般若波羅蜜於未來世轉復信解佛告摩訶迦葉
如是如汝所說　　甚深般若法　妙義實難聞　迦葉請佛疑　未來何人信
世尊諦觀察　唯有彼四衆　後於末世中　當能信此法　如人失寶珠　未獲生憂惱
後時遇然得　必生大歡喜　又如天樹花　㸃生開不久　若彼聞此法　信發定无疑
當知般若法　久住而不滅　以佛神力故　處處遍流行　若人重得聞　如獲珠歡喜
聞已能信解　與本智相應　　无行无相分第三十六
尒時文殊師利白佛言世尊此般若波羅蜜无行无相說此法者亦无行无相
云何世尊說有行相佛告文殊師利善男子善女人行相者所謂信此法
受持此法以无所得心故行亦无所得相亦无所得文殊師利若善男子善
女人樂此无所得當聽此般若波羅蜜若善男子善女人欲得不退地當
聽此般若波羅蜜善男子善女人欲信一切諸法與法界等當聽此般
若波羅蜜若善男子善女人欲知一切諸法當聽此般若波羅蜜若人欲信
此義當聽此般若波羅蜜若人樂不念一切諸法當聽此般若波羅蜜何
以故此般若波羅蜜不現一切諸法故若善男子善女人欲知一切法不穢
不淨當聽此般若波羅蜜若善男子善女人欲得无疑當聽此般若波
羅蜜若善男子善女人欲得慈悲遍覆一切衆生不住衆生相不與世間
諍當聽此般若波羅蜜
文殊又重宣　般若无行相　未來善男女　於理若為通　佛更重明言　若人信此法
以无所得心　行相亦如是　又勸人受持　必得不退地　虛空法界等　妙達不思議
般若諸法王　能蓋彼餘義　慈悲普遍覆　超出世間乘
般若相應分第三十七
　　尒時文殊師利白佛言世尊般若波羅蜜无
我无我所无滅无因无果无可執持云何聽受而得功德佛告文殊師利
般若波羅蜜无作无滅非凡夫法非聖人法非離生死法非涅槃法非離涅
槃法无得无失非可思議非不可思議善男子善女人如是聽受則與般若
波羅蜜相應是為功德亦无功德　　般若无我所　非起滅因果
亦无可持執　云何受功德　佛言无作相　非凡聖所行　究竟不思議　了與真如合
勸修成益分第三十八　　復次文殊師利若菩薩摩訶薩欲學菩薩定
欲知一切諸佛名欲見一切諸佛世界欲聽一切諸佛法欲行諸佛法當學
此般若波羅蜜尒時文殊師利白佛言世尊何故名般若波羅蜜佛告文殊
師利般若波羅蜜者无量无邊无方无處无去无來无作无為即是一
因法界故名般若波羅蜜文殊師利此般若波羅蜜是菩薩摩訶薩

[illegible]

亦无可持執　云何受功德　佛言无作相　非凡聖所行　究竟不思議　了與真如合

勸修成益分第三十八　　復次文殊師利若菩薩摩訶薩欲學菩薩定
欲知一切諸佛名欲見一切諸佛世界欲聽一切諸佛法欲行諸佛法當學
此般若波羅蜜尒時文殊師利白佛言世尊何故名般若波羅蜜佛告文殊
師利般若波羅蜜者无量无邊无方无處无去无來无作无爲即是一
切法界故名般若波羅蜜文殊師利此般若波羅蜜是菩薩摩訶薩
行處菩薩於此處行故名行處何以故以无處故即一切諸佛之母一切諸
佛所從生故何以故以无生故是故文殊師利若善男子善女人欲行菩薩
行具足諸波羅蜜當修此般若波羅蜜若欲得生道場成阿耨多羅三藐
三菩提當修此般若波羅蜜若欲以大慈大悲遍覆一切衆當修此般若
波羅蜜若欲起一切定方便當修此般若波羅蜜若欲得一切三摩䟦提當
修此般若波羅蜜何以故諸三摩䟦提无所爲故一切諸法无出離无出離
故若人欲隨逐此語當修此般若波羅蜜一切諸法如實不可得若欲樂如
是知當修此般若波羅蜜一切衆生爲无上菩提故修菩提道而實无衆
生亦无菩提欲信樂此法當學此般若波羅蜜何以故一切法如實與菩
提等如非衆生行不捨自性衆生无所有故彼衆生行是非行彼非是菩提
彼菩提法界若欲不著此法當修此般若波羅蜜文殊師利若比丘比丘尼
優婆塞優婆夷若受持般若波羅蜜一四句偈爲他人說我說此人得不
隨法何况如實修行當知彼善男子善女人住佛境界善男子善女人
聞此深般若波羅蜜不生怖畏當知是人受佛法印此法印者是佛所造
是佛所貴何以故以法印无著法故若善男子善女人爲此印隨喜薩

乘決定不退　不墮聲聞辟支佛地

欲學深三昧　了知諸佛名　觀見及聞思　體无作无爲　般若无邊量　非方所去來

當修此真智

體无作无爲　即本真法界　是菩薩行處　諸佛依所生　具有六波羅　得成无上道

慈悲普覆護　遍益諸群生　定慧及神通　內外皆成就　諸法无出離　通人當證知

如實性真空　亦无道非道　一切法皆如　性與菩提等　衆生非衆生　於法无所著

彼諸四衆等　受持爲他說　乃至一四句　當得不隨法　少義已如此　何况如實修

當知彼學人　住佛深境界　若聞不怖畏　必爲如來印　印已无所著　不墮二乘位

天帝守護分第三十九　　尒時釋提桓因及諸天子從三十三天雨細末旃
檀及細末金屑又散讚波羅華鉢頭摩華拘物頭華分陁利華及曼
陁羅華以供養般若波羅蜜供養已作如是言我已供養无上无著无最
勝第一法願我來世更聞此深般若波羅蜜若人爲此深般若波羅蜜
印之所印願其未來復得聽受究竟成就薩婆若智尒時釋提桓因
白佛言世尊若善男子善女人得聞此深般若波羅蜜經於耳我爲增
長佛法故守護彼人面面由旬不令非人得其便也是善男子善女人究竟

陁羅華以供養般若波羅蜜供養已作如是言我已供養无上无著无取
勝苐一法願我來世更聞此深般若波羅蜜若人為此深般若波羅蜜
印之所印願其未來復得聽受究竟成就薩婆若智尒時釋提桓因
白佛言世尊若善男子善女人得聞此深般若波羅蜜經於耳我為衛
長佛法故守護彼人面面由旬不令非人得其便也是善男子善女人究竟
當得阿耨多羅三藐三菩提我當日日往到其所而設供養尒時佛
告釋提桓因如是如是憍尸迦當知彼善男子善女人具足佛法必定
得至阿耨多羅三藐三菩提
佛說此語已　四衆咸歡喜　帝釋及諸天　空中設供養　雨細末旃檀　金屑及諸華
願我於未來　更聞如此法　若有諸菩薩　已蒙印所印　我隨其受聽　成就薩婆若
中有善男子　得聞智是經　我衛護彼人　面百无災媚　又能究竟者　決定趣菩提
日日往其前　施設諸供養　佛讚天帝意　如汝說如是　當知彼學人　必定成真道
佛光證印分苐四十
尒時文殊師利白佛言唯願世尊以成威神力
持此般若波羅蜜久住於世為欲饒益諸衆生故文殊師利說此語時以
佛神力大地六種震動尒時世尊即便微咲施大光明遍滿三千大千世界
以威神力持此般若波羅蜜令久住世尒時文殊師利復白佛言世尊放
此光明是持此般若波羅蜜相佛告文殊師利如是如是文殊師利我放
此光明是持此般若波羅蜜相文殊師利汝今當知我已持此般若波羅
蜜久住於世若人不輕毀此法不說其過當知是人已為般若波羅蜜印之
所印是故文殊師利我於久遠安住此印若人已為此印當知是人不為魔
王之所得便　文殊法王子　復請佛威加　回說此語時　神功震大地　微咲施光明
遍滿三千界　以此力印持　令法久住世　文殊已了知　如來光瑞相　有人於未來
能信不輕毀　當知如是人　般若之所印　魔若及魔民　不能得方便
校量功德分苐四十一
佛告帝釋汝當受持此經廣宣流布使未來世諸
善男子善女人得此法印復告阿難汝亦受持讀誦畫為人說時天帝釋及長
老阿難俱白佛言世尊當何名此經云何奉持佛言此經名為文殊師利所說般
名般若波羅蜜如是受持善男子若人於恒河沙劫以无價寶珠布施恒河
沙等衆生受已悉發道心是時施主隨其所宜示教利喜令得須陁洹果至
阿羅漢果是人所得功德寧為多不阿難白佛言善男子若人起一念心信此
般若波羅蜜經不誹謗者比前功德出過百倍千倍百千万億倍乃至算數譬
喻所不能及何况具足受持讀誦為人廣說是人所得功德无量无邊諸
佛如來說不能盡何以故能生一切諸佛薩婆若故若虛空有盡此經功德
盡法性有盡此經功德盡是故善男子汝等應勤行精進守護此經此經

佛告帝釋汝當受持此經廣宣流布使未來世諸

校量功德分第四十一

善男子善女人得此法印復告阿難汝亦受持讀誦廣為人說時天帝釋及長
老阿難俱白佛言世尊當何名此經云何奉持佛言此經名為文殊師利所說
名般若波羅蜜如是受持善男子善人於恒河沙劫以无價寶珠布施恒河
沙等眾生受已悉發道心是時施主隨其所宜亦教利喜令得須陁洹果至
阿羅漢果是人所得功德寧為多不阿難白佛言善男子若人起一念心信此
般若波羅蜜經不誹謗者比前功德出過百倍千倍百千万億倍乃至筭數譬
喻所不能及何況具足受持讀誦為人廣說是人所得功德无量无邊諸
佛如來說不能盡何以故能生一切諸佛菩薩婆若故若虛空有盡此經功德
盡法性有盡此經功德盡是故善男子汝等應勤行精進守護此經此經
能滅生死一切怖畏能摧天魔所立勝幢能將菩薩到涅槃果教亦訓導
離於二乘　世尊囑帝釋　及以阿難言　汝等當受持　未來廣流布　二人受佛語
聞名及奉行　如來大挍量　顯此經功德　若人恒沙劫　以无價寶珠　布施介眾生
復令發道意　是時彼施主　獲化彼諸人　並至阿羅漢　彼所得功德　其中有一人
能信此經典　一念不嫌疑　功德過於彼　乃至万億倍　筭數不能知　何況具受行
廣為他人說　是人權大利　功德實无邊　一切諸如來　稱說不能盡　為故善男子
應當精進修　及守護此經　能滅生死怖　摧天魔外道　建立最勝幢　將諸菩薩眾
至大涅槃果

頂戴受持分第四十二　尒時帝釋及以阿難俱白

佛言世尊如是如是誠如所言我等當頂戴受持廣宣流布唯如來不以
為慮如是三白佛言願不為慮我等當頂戴受持佛說此經竟文殊師
利等諸菩薩摩訶薩舍利弗等諸比丘比丘尼優婆塞優婆夷天龍夜叉
乾闥婆阿修羅迦樓羅緊那羅摩睺羅伽人非人等一切大眾聞佛所說
歡喜奉行　帝釋及阿難　一心聞頂受　如佛所教勑　宣布在人天　唯願大慈悲
願不以為慮　如是面三白　不敢違佛旨　文殊法王子　及諸大菩薩　四眾八部神
一切皆隨命　法名文殊說　理号般若經　問荅甚深義　大聖相知印　其言辭省略
文句不煩事　中有理通人　自當知最勝

文殊般若經

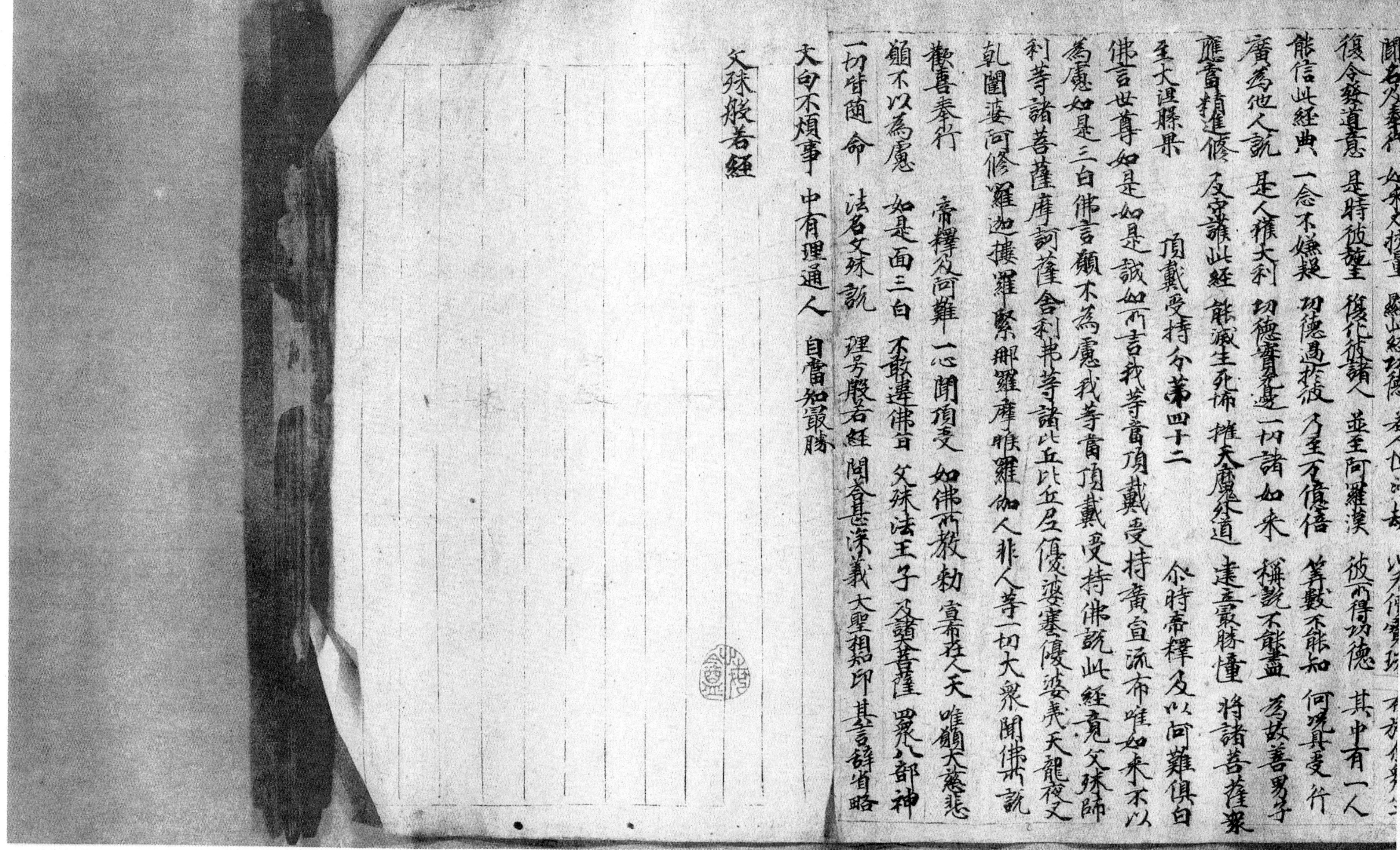

BD15030號　文殊師利所說般若波羅蜜經序偈釋（擬）

（16-16）

非有想若非无想我皆令入无餘涅槃而滅
度之如是滅度无量无數无邊衆生實无衆
生得滅度者何以故須菩提若菩薩有我相
人相衆生相壽者相即非菩薩
復次須菩提菩薩於法應无所住行於布施
所謂不住色布施不住聲香味觸法布施須菩
提菩薩應如是布施不住於相何以故若菩
薩不住相布施其福德不可思量須菩提於
意云何東方虛空可思量不不也世尊須菩
菩提南西北方四維上下虛空可思量不不也
世尊須菩提菩薩无住相布施福德亦復如
是不可思量須菩提菩薩但應如所教住須
菩提於意云何可以身相見如來不不也世
尊不可以身相得見如來何以故如來所說
身相即非身相佛告須菩提凡所有相皆是
虛妄若見諸相非相則見如來
須菩提白佛言世尊頗有衆生得聞如是言

BD15031號　金剛般若波羅蜜經　（15–1）

是不可思量須菩提菩薩但應如所教住須
菩提於意云何可以身相見如來不不也世
尊不可以身相得見如來何以故如來所說
身相即非身相佛告須菩提凡所有相皆是
虛妄若見諸相非相則見如來
須菩提白佛言世尊頗有衆生得聞如是言
說章句生實信不佛告須菩提莫作是說如
來滅後後五百歲有持戒脩福者於此章句
能生信心以此為實當知是人不於一佛二佛
三四五佛而種善根已於无量千萬佛所種
諸善根聞是章句乃至一念生淨信者須菩
提如來悉知悉見是諸衆生得如是无量福
德何以故是諸衆生无復我相人相衆生相
壽者相无法相亦无非法相何以故是諸
衆生若心取相則為著我人衆生壽者若取
法相即著我人衆生壽者何以故若取非法
相即著我人衆生壽者是故不應取法不應
取非法以是義故如來常說汝等比丘知我
說法如筏喻者法尚應捨何況非法
須菩提於意云何如來得阿耨多羅三藐三
菩提耶如來有所說法耶須菩提言如我解
佛所說義无有定法名阿耨多羅三藐三菩
提亦无有定法如來可說何以故如來所說
說法皆不可取不可說非法非非法所以者何
一切賢聖皆以无為法而有差別
須菩提於意云何若人滿三千大千世界七

BD15031號　金剛般若波羅蜜經　（15–2）

提亦无有定法如来可說何以故如来所說
說法皆不可取不可說非法非非法所以者何
一切賢聖皆以无為法而有差別
須菩提於意云何若人滿三千大千世界七
寶以用布施是人所得福德寧為多不須菩提
言甚多世尊何以故是福德即非福德性
是故如来說福德多若復有人於此經中受
持乃至四句偈等為他人說其福勝彼何以
故須菩提一切諸佛及諸佛阿耨多羅三藐
三菩提法皆從此經出須菩提所謂佛法者
即非佛法
須菩提於意云何須陁洹能作是念我得須
陁洹果不須菩提言不也世尊何以故須陁洹
名為入流而无所入不入色聲香味觸法是
名須陁洹須菩提於意云何斯陁含能作
是念我得斯陁含果不須菩提言不也世尊
何以故斯陁含名一往来而實无往来是名
斯陁含須菩提於意云何阿那含能作是念
我得阿那含果不須菩提言不也世尊何以
故阿那含名為不来而實无来是故名阿那
含須菩提於意云何阿羅漢能作是念我得
阿羅漢道不須菩提言不也世尊何以故實
无有法名阿羅漢世尊若阿羅漢作是念我
得阿羅漢道即為著我人衆生壽者世尊佛
說我得无諍三昧人中最為第一是第一離

阿羅漢道不須菩提言不也世尊何以故實
无有法名阿羅漢世尊若阿羅漢作是念我
得阿羅漢道即為著我人衆生壽者世尊佛
說我得无諍三昧人中最為第一是第一離
欲阿羅漢我不作是念我是離欲阿羅漢世
尊我若作是念我得阿羅漢道世尊則不說
須菩提是樂阿蘭那行者以須菩提實无所
行而須菩提是樂阿蘭那行
佛告須菩提於意云何如来昔在然燈佛所
於法有所得不世尊如来在然燈佛所於法
實无所得須菩提於意云何菩薩莊嚴佛土
不不也世尊何以故莊嚴佛土者則非莊嚴
是名莊嚴是故須菩提諸菩薩摩訶薩應如
是生清淨心不應住色生心不應住聲香味
觸法生心應无所住而生其心須菩提譬如
有人身如須弥山王於意云何是身為大不
須菩提言甚大世尊何以故佛說非身是名
大身須菩提如恒河中所有沙數如是沙等
恒河於意云何是諸恒河沙寧為多不須菩
提言甚多世尊但諸恒河尚多无數何况其沙
須菩提我今實言告汝若有善男子善女人
以七寶滿爾所恒河沙數三千大千世界以
用布施得福多不須菩提言甚多世尊佛告
須菩提若善男子善女人於此經中乃至受
持四句偈等為他人說而此福德勝前福德

以七寶滿尒所恒河沙數三千大千世界以
用布施得福多不須菩提言甚多世尊佛告
須菩提若善男子善女人於此經中乃至受
持四句偈等為他人說而此福德勝前福德
復次須菩提隨說是經乃至四句偈等當
知此處一切世間天人阿脩羅皆應供養如
佛塔廟何況有人盡能受持讀誦須菩提當
知是人成就最上第一希有之法若是經典
所在之處則為有佛若尊重弟子
尒時須菩提白佛言世尊當何名此經我等
云何奉持佛告須菩提是經名為金剛般若
波羅蜜以是名字汝當奉持所以者何須菩
提佛說般若波羅蜜則非般若波羅蜜須菩
提於意云何如來有所說法不須菩提白佛言
世尊如來无所說須菩提於意云何三千大
千世界所有微塵是為多不須菩提言甚多
世尊須菩提諸微塵如來說非微塵是名
微塵如來說世界非世界是名世界須菩提
於意云何可以三十二相見如來不不也世
尊不可以三十二相得見如來何以故如來
說三十二相即是非相是名三十二相須菩提
若有善男子善女人以恒河沙等身命布施
若復有人於此經中乃至受持四句偈等為
他人說其福甚多
尒時須菩提聞說是經深解義趣涕淚悲

BD15031 號　金剛般若波羅蜜經　（15–5）

說三十二相即是非相是名三十二相須菩提
若有善男子善女人以恒河沙等身命布施
若復有人於此經中乃至受持四句偈等為
他人說其福甚多
尒時須菩提聞說是經深解義趣涕淚悲
泣而白佛言希有世尊佛說如是甚深經典
我從昔來所得慧眼未曾得聞如是之經世
尊若復有人得聞是經信心清淨則生實相
當知是人成就第一希有功德世尊是實相
者則是非相是故如來說名實相世尊我今得
聞如是經典信解受持不足為難若當來世
後五百歲其有眾生得聞是經信解受持是
人則為第一希有何以故此人无我相人相
眾生相壽者相所以者何我相即是非相人
相眾生相壽者相即是非相何以故離一切
諸相則名諸佛佛告須菩提如是如是若復有
人得聞是經不驚不怖不畏當知是人甚為希
有何以故須菩提如來說第一波羅蜜非第一
波羅蜜是名第一波羅蜜
須菩提忍辱波羅蜜如來說非忍辱波羅蜜
何以故須菩提如我昔為歌利王割截身體
我於尒時无我相无人相无眾生相无壽者相
何以故我於往昔節節支解時若有我相人
相眾生相壽者相應生瞋恨須菩提又念
過去於五百世作忍辱仙人於尒所世无我相

BD15031 號　金剛般若波羅蜜經　（15–6）

我於尒時无我相无人相无衆生相无壽者相
何以故我於往昔節節支解時若有我相人
相衆生相壽者相應生瞋恨須菩提又念
過去於五百世作忍辱仙人於尒所世无我相
无人相无衆生相无壽者相是故須菩提菩
薩應離一切相發阿耨多羅三藐三菩提心
不應住色生心不應住聲香味觸法生心應
生无所住心若心有住則為非住是故佛說
菩薩心不應住色布施須菩提菩薩為利
益一切衆生應如是布施如來說一切諸
相即是非相又說一切衆生則非衆生須菩
提如來是真語者實語者如語者不誑語
者不異語者須菩提如來所得法此法无實
无虛須菩提若菩薩心住於法而行布施如
人入闇則无所見若菩薩心不住法而行布施
如人有目日光明照見種種色須菩提當來
之世若有善男子善女人能於此經受持讀
誦則為如來以佛智慧悉知是人悉見是人
皆得成就无量无邊功德
須菩提若有善男子善女人初日分以恒河
沙等身布施中日分復以恒河沙等身布施後
日分亦以恒河沙等身布施如是无量百千
萬億劫以身布施若復有人聞此經典信
心不逆其福勝彼何況書寫受持讀誦為人
解說須菩提以要言之是經有不可思議不

BD15031號　金剛般若波羅蜜經　（15–7）

日分亦以恒河沙等身布施如是无量百千
萬億劫以身布施若復有人聞此經典信
心不逆其福勝彼何況書寫受持讀誦為人
解說須菩提以要言之是經有不可思議不
可稱量无邊功德如來為發大乘者說為發
最上乘者說若有人能受持讀誦廣為人說
如來悉知是人悉見是人皆得成就不可量
不可稱无有邊不可思議功德如是人等則
為荷擔如來阿耨多羅三藐三菩提何以故
須菩提若樂小法者著我見人見衆生見壽
者見則於此經不能聽受讀誦為人解說須
菩提在在處處若有此經一切世間天人阿
脩羅所應供養當知此處則為是塔皆應恭
敬作礼圍繞以諸華香而散其處
復次須菩提善男子善女人受持讀誦此經
若為人輕賤是人先世罪業應墮惡道以令
世人輕賤故先世罪業則為消滅當得阿耨
多羅三藐三菩提須菩提我念過去无量阿
僧祇劫於然燈佛前得值八百四千萬億那
由他諸佛悉皆供養承事无空過者若復有
人於後末世能受持讀誦此經所得功德於
我所供養諸佛功德百分不及一千萬億分
乃至筭數譬喻所不能及須菩提若善男
子善女人於後末世有受持讀誦此經所得功
德我若具說者或有人聞心則狂亂疑不

BD15031號　金剛般若波羅蜜經　（15–8）

我所供養諸佛功德百分不及一千萬億分
乃至筭數譬喻所不能及須菩提若善男
子善女人於後末世有受持讀誦此經所得功
德我若具說者或有人聞心則狂亂疑不
信須菩提當知是經義不可思議果報亦不
可思議
尒時須菩提白佛言世尊善男子善女人發
阿耨多羅三藐三菩提心云何應住云何降
伏其心佛告須菩提善男子善女人發阿耨
多羅三藐三菩提者當生如是心我應滅度
一切衆生滅度一切衆生已而无有一衆生
實滅度者何以故若菩薩有我相人相衆
生相壽者相則非菩薩所以者何須菩提實
无有法發阿耨多羅三藐三菩提者須菩
提於意云何如來於然燈佛所有法得阿
耨多羅三藐三菩提不不也世尊如我解佛所
說義佛於然燈佛所无有法得阿耨多羅三
藐三菩提佛言如是如是須菩提實无有法
如來得阿耨多羅三藐三菩提須菩提若有
法如來得阿耨多羅三藐三菩提者然燈佛
則不與我受記汝於來世當得作佛号釋
迦牟尼以實无有法得耨多羅三藐三菩提
是故然燈佛與我受記作是言汝於來世當
得作佛号釋迦牟尼何以故如來者即諸法
如義若有人言如來得阿耨多羅三藐三菩

BD15031 號　金剛般若波羅蜜經　（15–9）

則不與我受記汝於來世當得作佛号釋
迦牟尼以實无有法得耨多羅三藐三菩提
是故然燈佛與我受記作是言汝於來世當
得作佛号釋迦牟尼何以故如來者即諸法
如義若有人言如來得阿耨多羅三藐三菩
提須菩提實无有法佛得阿耨多羅三藐
三菩提須菩提如來所得阿耨多羅三藐三
菩提於是中无實无虛是故如來說一切法
皆是佛法須菩提所言一切法者即非一切法是
故名一切法須菩提譬如人身長大須菩提言
世尊如來說人身長大則為非大身是名大
身須菩提菩薩亦如是若作是言我當滅度
无量衆生則不名菩薩何以故須菩提實无
有法名為菩薩是故佛說一切法无我无人
无衆生无壽者須菩提若菩薩作是言我
當莊嚴佛土是不名菩薩何以故如來說莊
嚴佛土者即非莊嚴是名莊嚴須菩提若菩
薩通達无我法者如來說名真是菩薩
須菩提於意云何如來有肉眼不如是世尊
如來有肉眼須菩提於意云何如來有天
眼不如是世尊如來有天眼須菩提於意云
何如來有慧眼不如是世尊如來有慧眼
須菩提於意云何如來有法眼不如是世尊如
來有法眼須菩提於意云何如來有佛眼不
如是世尊如來有佛眼須菩提於意云何恒
如恒河中所有沙佛說是沙不如是世尊如來說是

BD15031 號　金剛般若波羅蜜經　（15–10）

何如来有慧眼不如是世尊如来有慧眼
須菩提於意云何如来有法眼不如是世尊如
来有法眼須菩提於意云何如来有佛眼不
如是世尊如来有佛眼須菩提於意云何恒
河中所有沙佛說是沙不如是世尊如来說是
沙須菩提於意云何如一恒河中所有沙有
如是等恒河是諸恒河所有沙數佛世界如
是寧為多不甚多世尊佛告須菩提尒所國
土中所有衆生若干種心如来悉知何以故
如来說諸心皆為非心是名為心所以者何
須菩提過去心不可得現在心不可得未
来心不可得須菩提於意云何若有人滿
三千大千世界七寶以用布施是人以是
因緣得福多不如是世尊此人以是因緣
得福甚多須菩提若福德有實如来不
說得福德多以福德无故如来說得福德多
須菩提於意云何佛可以具足色身見不不
也世尊如来不應以具足色身見何以故如来
說具足色身即非具足色身是名具足色身
須菩提於意云何如来可以具足諸相見不不
也世尊如来不應以具足諸相見何以故如来
說諸相具足即非具足是名諸相具足須菩
提汝勿謂如来作是念我當有所說法莫作
是念何以故若人言如来有所說法即為謗佛
不能解我所說故須菩提說法者无法可說是
名說法須菩提白佛言世尊佛得阿耨多羅

BD15031號　金剛般若波羅蜜經　（15-11）

說諸相具足即非具足是名諸相具足須菩
提汝勿謂如来作是念我當有所說法莫作
是念何以故若人言如来有所說法即為謗佛
不能解我所說故須菩提說法者无法可說是
名說法須菩提白佛言世尊佛得阿耨多羅
三藐三菩提為无所得耶如是如是須菩提
我於阿耨多羅三藐三菩提乃至无有少法
可得是名阿耨多羅三藐三菩提復次須
菩提是法平等无有高下是名阿耨多羅
三藐三菩提以无我无人无衆生无壽者
脩一切善法則得阿耨多羅三藐三菩提須
菩提所言善法者如来說非善法是名善法
須菩提若三千大千世界中所有諸須弥山
王如是等七寶聚有人持用布施若人以此
般若波羅蜜經乃至四句偈等受持讀誦為
他人說於前福德百分不及一百千萬億分
乃至筭數譬喻所不能及
須菩提於意云何汝等勿謂如来作是念我
當度衆生須菩提莫作是念何以故實无有
衆生如来度者若有衆生如来度者如来則
有我人衆生壽者須菩提如来說有我者則
非有我而凡夫之人以為有我須菩提凡夫
者如来說則非凡夫須菩提於意云何可以
三十二相觀如来不須菩提言如是如是以
三十二相觀如来佛言須菩提若以三十二

BD15031號　金剛般若波羅蜜經　（15-12）

非有我而凡夫之人以為有我須菩提凡夫
者如来說則非凡夫須菩提於意云何可以
三十二相觀如来不須菩提言如是如是以
三十二相觀如来佛言須菩提若以三十二
相觀如来者轉輪聖王則是如来須菩提
白佛言世尊如我解佛所說義不應三十二
相觀如来尒時世尊而說偈言
若以色見我　以音聲求我　是人行邪道　不能見如来
須菩提汝若作是念如来不以具足相故得阿
耨多羅三藐三菩提須菩提莫作是念如来
不以具足相故得阿耨多羅三藐三菩提須
菩提汝若作是念發阿耨多羅三藐三菩提
者說諸法斷滅相莫作是念何以故發阿耨
多羅三藐三菩提者於法不說斷滅相須菩
提若菩薩以滿恒河沙等世界七寶布施若
復有人知一切法无我得成於忍此菩薩勝前
菩薩所得功德須菩提以諸菩薩不受福德
故須菩提白佛言世尊云何菩薩不受福德
須菩提菩薩所作福德不應貪著是故說不
受福德須菩提若有人言如来若来若去
若坐若卧是人不解我所說義何以故如来
者无所從来亦无所去故名如来
須菩提若善男子善女人以三千大千世界
碎為微塵於意云何是微塵衆寧為多不甚
多世尊何以故若是微塵衆實有者佛則不

BD15031號　金剛般若波羅蜜經　（15–13）

受福德須菩提若有人言如来若来若去
若坐若卧是人不解我所說義何以故如来
者无所從来亦无所去故名如来
須菩提若善男子善女人以三千大千世界
碎為微塵於意云何是微塵衆寧為多不甚
多世尊何以故若是微塵衆實有者佛則不
說是微塵衆所以者何佛說微塵衆則非微塵
衆是名微塵衆世尊如来所說三千大千世
界則非世界是名世界何以故若世界實有
者則是一合相如来說一合相則非一合相
是名一合相須菩提一合相者則是不可說
但凡夫之人貪著其事須菩提若人言佛
說我見人見衆生見壽者見須菩提於意云
何是人解我所說義不世尊是人不解如来
所說義何以故世尊說我見人見衆生見壽
者見即非我見人見衆生見壽者見是名我
見人見衆生見壽者見須菩提發阿耨多羅
三藐三菩提心者於一切法應如是知如是
見如是信解不生法相須菩提所言法相者
如来說即非法相是名法相須菩提若有人
以滿无量阿僧祇世界七寶持用布施若有
善男子善女人發菩薩心者持於此經乃至
四句偈等受持讀誦為人演說其福勝彼云
何為人演說不取於相如如不動何以故
一切有為法　如夢幻泡影　如露亦如電　應作如是觀

BD15031號　金剛般若波羅蜜經　（15–14）

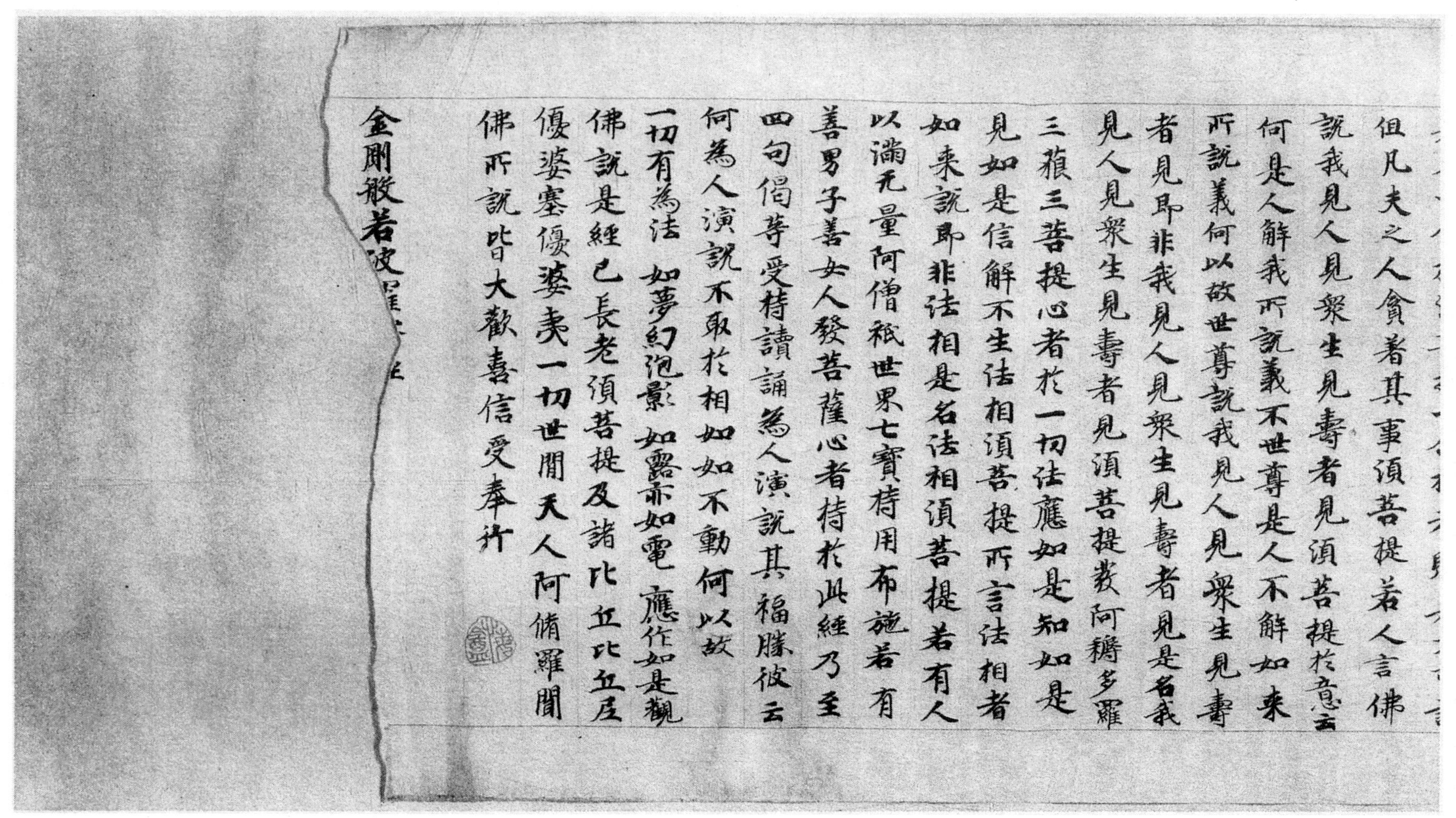

但凡夫之人貪著其事須菩提若人言佛
說我見人見衆生見壽者見須菩提於意云
何是人解我所說義不世尊是人不解如來
所說義何以故世尊說我見人見衆生見壽
者見即非我見人見衆生見壽者見是名我
見人見衆生見壽者見須菩提發阿耨多羅
三藐三菩提心者於一切法應如是知如是
見如是信解不生法相須菩提所言法相者
如來說即非法相是名法相須菩提若有人
以滿无量阿僧祇世界七寶持用布施若有
善男子善女人發菩薩心者持於此經乃至
四句偈等受持讀誦為人演說其福勝彼云
何為人演說不取於相如如不動何以故
一切有為法　如夢幻泡影　如露亦如電　應作如是觀
佛說是經已長老須菩提及諸比丘比丘尼
優婆塞優婆夷一切世間天人阿脩羅聞
佛所說皆大歡喜信受奉行

金剛般若波羅蜜經

BD15031 號　金剛般若波羅蜜經　(15–15)

BD15032 號背　護首　(1–1)

大般涅槃經迦葉菩薩品之二　卷卅四
善男子如來具足知諸根力是故善能分別
衆生上中下根能知是人轉下作中能知是
人轉中作上能知是人轉上作中能知是人

BD15032號　大般涅槃經（北本　宮本）卷三四　（24–1）

大般涅槃經迦葉菩薩品之二　卷卅四
善男子如來具足知諸根力是故善能分別
衆生上中下根能知是人轉下作中能知是
人轉中作上能知是人轉上作中能知是人
轉中作下是故當知衆生根性無有決定以
無定故或斷善根斷已還生若諸衆生根性
定者終不先斷斷已復生亦不應說一闡提
輩墮於地獄壽命一劫善男子是故如來說
一切法無有定相迦葉菩薩白佛言世尊如
來具足知諸根力定知善星當斷善根以何
因緣聽其出家佛言善男子我於往昔初出
家時吾弟難陁從弟阿難調婆達多子羅睺
羅如是等輩皆悉隨我出家修道我若不聽
善星出家其人次當得紹王位其力自在當
壞佛法以是因緣我便聽其出家修道善男
子善星比丘若不出家亦斷善根於無量世
都無利益今出家已雖斷善根能受持戒供
養恭敬耆舊長宿有德之人修集初禪乃至
四禪是名善因如是善因能生善法善法既
生能修集道既修集道當得阿耨多羅三藐
三菩提是故我聽善星出家善男子若我不
聽善星比丘出家受戒則不得稱我為如來
具足十力善男子佛觀衆生具足善法及不
善法是人雖具如是二法不久能斷一切善
根具不善根何以故如是衆生不親善友不

BD15032號　大般涅槃經（北本　宮本）卷三四　（24–2）

聽善星比丘出家受戒則不得稱我爲如來
具足十方善男子佛觀衆生具足善法及不
善法是人雖具如是二法不久能斷一切善
根具不善根何以故如是衆生不親善友不
聽正法不善思惟不如法行以是因緣能斷
善根具不善根善男子如來復知是人現在
世若未來世少壯老時當近善友聽受正法
苦集滅道尒時則能還生善根善男子辟如
有泉去村不遠其水甘美具八功德有人熱渴
欲往泉所邊有智者觀是渴人必定無疑當
至水所何以故無異路故如來世尊觀諸衆
生亦復如是是故如來名爲具足知諸根力
尒時世尊取地少土置之爪上告迦葉言是
土多耶十方世界地土多乎迦葉菩薩白佛
言世尊爪上土者不比十方所有土也善男
子有人捨身還得人身捨三惡身得受人身
諸根完具生於中國具足正信能修集道修
集道已能修正道修正道已能得解脫得解
脫已能入涅槃如爪上土捨人身已得三惡
身捨三惡身得三惡身根不具生於邊地
信邪倒見修集邪道不得解脫常樂涅槃如
十方界所有地土善男子護持禁戒精勤不
懈不犯四重不作五逆不用僧鬘物不作一
闡提不斷善根信如是等涅槃經典如爪上
土毀戒懈怠犯四重禁作五逆罪用僧鬘物

BD15032號　大般涅槃經（北本　宮本）卷三四　（24-3）

十方界所有地土善男子護持禁戒精勤不
懈不犯四重不作五逆不用僧鬘物不作一
闡提不斷善根信如是等涅槃經典如爪上
土毀戒懈怠犯四重禁作五逆罪用僧鬘物
作一闡提斷諸善根不信是經如十方界所
有地土善男子如來善知衆生如是上中下
根是故稱佛具知根力迦葉菩薩白佛言世
尊如來具足是知根力是故能知一切衆生
上中下根利鈍差別知現在世衆生諸根亦
知未來衆生諸根如是衆生於佛滅後作如
是說如來畢竟入於涅槃或不畢竟入於涅
槃或說有我或說無我或有中陰或無中陰
或說有退或說無退或言如來身是有爲或
言如來身是無爲或有說言十二因緣是有
爲法或說因緣是無爲法或說心是有常或
說心是無常或有說言受五欲樂能障聖道
或說不遮或說世第一法唯是欲界或說三
界或說布施唯是意業或有說言即是五陰
或有說言有三無爲或有說言無三無爲復
有說言或有造色復有說言或無造色或有
說言有無作色或有說言無無作色或有說
言有心數法或有說言無心數法或有說言
有五種有或有說言有六種有或有說言八
戒齋法優婆塞戒具足受得或有說言不具
受得或說比丘犯四重已比丘戒在或說不

BD15032號　大般涅槃經（北本　宮本）卷三四　（24-4）

言有心數法或有說言無心數法或有說言
有五種有或有說言有六種有或有說言八
戒齋法優婆塞戒具足受得或有說言不具
受得或說比丘犯四重已比丘戒在或說不
在或有說言須陁洹人斯陁含人阿那含人
阿羅漢人皆得佛道或言不得或說佛性即
衆生有或說佛性離衆生有或有說言犯四
重禁作五逆罪一闡提等皆有佛性或說言
無或有說言有十方佛或有說言無十方佛
如其如來具足成就知根力者何故今日不
決定說佛告迦葉菩薩善男子如是之義非
眼識知乃至非意識知乃是智慧之所能知
若有智者我於是人終不作二是亦謂我不
作二說於無智者作不定說而是無智亦復
謂我作不定說善男子如來所有一切善法
悉為調伏諸衆生故譬如醫王所有醫方悉
為療治一切病苦善男子如來世尊為國土
故為時節故為他語故為人故為衆根故於
一法中作二種說於一名法說無量名於一
義中說無量名於無量義說無量名云何一
名說無量名猶如涅槃亦名涅槃亦名無生
亦名無出亦名無作亦名無為亦名歸依亦
名窟宅亦名解脫亦名光明亦名燈明亦名
彼岸亦名無畏亦名無退亦名安處亦名寂
靜亦名無相亦名無二亦名一行亦名清涼
亦名無闇亦名無礙亦名無諍亦名無濁亦

BD15032號　大般涅槃經（北本　宮本）卷三四　（24-5）

名窟宅亦名解脫亦名光明亦名燈明亦名
彼岸亦名無畏亦名無退亦名安處亦名寂
靜亦名無相亦名無二亦名一行亦名清涼
亦名無闇亦名無礙亦名無諍亦名無濁亦
名廣大亦名甘露亦名吉祥是名一名作無
量名云何一義說無量名猶如帝釋亦名帝
釋亦名憍尸迦亦名婆蹉婆亦名富蘭陁羅
亦名摩佉婆亦名因陁羅亦名千眼亦名舍
脂夫亦名金剛亦名寶頂亦名寶幢是名一
義說無量名云何於無量義說無量名如佛
如來亦名如來義異名異亦名阿羅呵義異
名異亦名三藐三佛陁義異名異亦名船師
亦名導師亦名正覺亦名明行足亦名大師
子王亦名沙門亦名婆羅門亦名寂靜亦名
施主亦名到彼岸亦名大醫王亦名大象王
亦名大龍王亦名施眼亦名大力士亦名大
無畏亦名寶聚亦名商主亦名得解脫亦名
大丈夫亦名天人師亦名大分陁利亦名獨
無等侶亦名大福田亦名大智慧海亦名無
相亦名具足八智如是一切義異名異善男
子是名無量義中說無量名復有一義說無
量名所謂如陰亦名為陰亦名顛倒亦名為
諦亦名四念處亦名四食亦名四識住處亦名
為有亦名為道亦名為時亦名衆生亦名為
世亦名第一義亦名三修謂身戒心亦名因

BD15032號　大般涅槃經（北本　宮本）卷三四　（24-6）

量名所謂如陰〻名為陰〻名顛倒〻名為
諦亦名四念處〻名四食〻名四識住處〻名
為有〻名為道〻名為時〻名衆生〻名為
世〻名第一義〻名三修謂身戒心〻名因
果〻名煩惱〻名解脫〻名十二因緣〻名
聲聞辟支佛佛〻名地獄餓鬼畜生人天〻
名過去現在未來是名一義說無量名善男
子如來世尊為衆生故廣中說略略中說廣
第一義諦說為世諦說世諦法為第一義諦
云何名為廣中說略如告比丘我今宣說十
二因緣云何名為十二因緣所謂因果云何
名為略中說廣如告比丘我今宣說苦集滅
道苦者所謂無量諸苦集者所謂無量煩惱
滅者所謂無量解脫道者所謂無量方便云
何名為第一義諦說為世諦如告比丘 吾今
此身有老病死云何名為說世諦法為第一義
諦如告憍陳如汝得法故名阿若憍陳如是
故隨人隨意隨時故名如來知諸根力善男
子我若當於如是等義作定說者則不得稱
我為如來具知根力善男子有智之人當知
香象所負非驢所勝一切衆生所行無量是
故如來種種為說無量之法何以故衆生多
有諸煩惱故若使如來說於一行不名如來
是足成就知諸根力是故我於餘經中說五
種衆生不應還為說五種法為不信者不讚
正信為毀禁者不讚持戒為慳貪者不讚布

BD15032號　大般涅槃經（北本　宮本）卷三四　（24-7）

有諸煩惱故若使如來說於一行不名如來
是足成就知諸根力是故我於餘經中說五
種衆生不應還為說五種法為不信者不讚
正信為毀禁者不讚持戒為慳貪者不讚布
施為懈怠者不讚多聞為愚癡者不讚智慧
何以故智者若為是五種人說是五事當知
說者不得具足知諸根力〻不得名憐愍衆
生何以故是五種人聞是事已生不信心惡
心瞋心以是因緣於無量世受苦果報是故
不名憐愍衆生具知根力是故我先於餘經
中告舍利弗汝慎無為利根之人廣說法語
鈍根之人略說法也舍利弗言世尊我今但
憐愍故說非是具足根力故說善男子廣略
說法是佛境界非諸聲聞緣覺所知善男
子如汝所言佛涅槃後諸弟子等各異說者是
人皆以瞋倒因緣不得正見是故不能自利
利他善男子是諸衆生非唯一性一行一根
一種國土一善知識是故如來為彼種種宣
說法要以是因緣十方三世諸佛如來為衆
生故開示演說十二部經善男子如來說是
十二部經非為自利但為利他是故如來第
五力者名為解力是二力故如來深知是人
現在能斷善根是人後世能斷善根是人現
在能得解脫是人後世能得解脫是故如來
名無上力士善男子若言如來畢竟涅槃不
畢竟涅槃是人不解如來意故生如是說善

BD15032號　大般涅槃經（北本　宮本）卷三四　（24-8）

五力者名為解力是二力故如來深知是人
現在能斷善根是人後世能斷善根是人現
在能得解脫是人後世能得解脫是故如來
名無上力士善男子若言如來畢竟涅槃
畢竟涅槃是人不解如來意故作如是說善
男子是香山中有諸仙人五万三千皆於過
去迦葉佛所修諸功德未得正道親近諸佛
聽受正法如來欲為如是人故告阿難言過
三月已吾當涅槃諸天聞已其聲展轉乃至
香山諸仙聞已即生悔心作如是言云何我
等得生人中不親近佛諸佛如來出世甚難
如優曇花我今當往至世尊所聽受正法善
男子尒時五万三千諸仙即來我所我時即
為如應說法汝諸大士色是無常何以故色之
因緣是無常故無常因生色云何常乃至識
亦如是尒時諸仙聞是法已即時獲得阿羅
漢果善男子拘尸那竭有諸力士三千万人
無所繫屬自恃憍恣色力命財狂醉亂心善
男子我為調伏諸力士故告目連言汝當調
伏如是力士時目揵連敬順我教於五年中
種種教化乃至不能令一力士受法調伏是
故我復為彼力士告阿難言過三月已吾當
涅槃善男子時諸力士聞是語已相與集聚
平治道路過三月已我時便從毗舍離國至
拘尸那城中路遙見諸力士輩即自化身為
沙門像往力士所作如是言諸童子等作何

BD15032號　大般涅槃經（北本　宮本）卷三四　（24–9）

故我復為彼力士告阿難言過三月已吾當
涅槃善男子時諸力士聞是語已相與集聚
平治道路過三月已我時便從毗舍離國至
拘尸那城中路遙見諸力士輩即自化身為
沙門像往力士所作如是言諸童子等作何
事耶力士聞已皆生瞋恨作如是言沙門汝
今云何謂我等輩為童子耶我時語言汝等
大眾三十万人盡其身力不能移此微末小石
云何不名為童子乎諸力士言汝若謂我為
童子者當知汝即是大人也善男子我於尒
時以足母指挑出此石是諸力士見是事已
即於己身生輕劣想復作是言沙門汝今復
能移徙此石令出道不我言童子何因緣故
嚴治此道諸力士言沙門汝不知耶釋迦如
來當由此路至娑羅林入於涅槃以是因緣
我等平治我時讚言善哉善哉童子汝等已
發如是善心吾當為汝除去此石我時以手舉
擲大石高至阿迦尼吒時諸力士見石在空皆
生驚怖尋欲四散我復告言諸力士等汝今
不應生怨怖心各欲散去諸力士言沙門若
能救護我者我當安住尒時我復以手接石
置之右掌力士見已心生歡喜復作是言沙
門是石常耶是無常乎我於尒時以口吹之
石即散壞猶如微塵力士見已唱言沙門是
石無常即生愧心而自考責云何我等恃怙
自在色力命財而生憍慢我知其心即捨化

BD15032號　大般涅槃經（北本　宮本）卷三四　（24–10）

門是石常耶是無常乎我於尒時以口吹之
石即散壞猶如微塵力士見已唱言沙門是
石無常即生愧心而自考責云何我等恃怙
自在色力命財而生憍慢我知其心即捨化
身還復本形而為說法力士見已一切皆發
菩提之心善男子拘尸那竭有一工巧名曰
純陀是人先於迦葉佛所發大誓願釋迦如
來入涅槃時我當最後奉施飲食是故我於
毗舍離國顧命比丘優波摩那善男子過三
月已吾當於彼拘尸那竭娑羅雙樹入般涅
槃汝可往告純陀令知善男子王舍城中有
五通仙名須跋陀年百二十常自稱是一切
智人生大憍慢已於過去無量佛所種諸善
根我亦為欲調伏彼故告阿難言過三月已
吾當涅槃須跋聞已當來我所生信敬心我
當為彼說種種法其人聞已當得盡漏善
男子羅閱耆王頻婆娑羅其王太子名曰善見
業因緣故生惡逆心欲害其父而不得便尒
時惡人提婆達多亦因過去業因緣故復於
我所生不善心欲害於我即修五通不久獲
得與善見太子共為親厚為太子故現作種
種神通之事從非門出從門而入從門而出
非門而入或時示現象馬牛羊男女之身善
見太子見已即生愛心喜心敬信之心為是
事故嚴設種種供養之具而供養之又復白
言大師聖人我今欲見曼陀羅花時調婆達

BD15032號　大般涅槃經（北本　宮本）卷三四　（24-11）

種神通之事從非門出從門而入從門而出
非門而入或時示現象馬牛羊男女之身善
見太子見已即生愛心喜心敬信之心為是
事故嚴設種種供養之具而供養之又復白
言大師聖人我今欲見曼陀羅花時調婆達
多即便往至三十三天從彼天人而求索之
其福盡故都無與者既不得花作是思惟曼
陀羅樹無我我所我若自取當有何罪即前
欲取便失神通還見己身在王舍城心生慚
愧不能復見善見太子復作是念我今當往
至如來所求索大衆佛若聽者我當隨意教
詔勅使舍利弗等尒時提婆達多便來我所
作如是言唯願如來以此大衆付囑於我我
當種種說法教化令其調伏我言癡人舍利
弗等聰明大智世所信伏我猶不以大衆付
囑況汝癡人食唾者乎時提婆達復於我所
倍生惡心作如是言瞿曇汝今雖復調伏大
衆勢亦不久當見磨滅作是語已大地即時
六返振動提婆達多尋時躃地於其身邊出
大暴風吹諸塵土而汙坌之提婆達多見惡
相已復作是言若我此身現世必入阿鼻地
獄我要當報如是大怨時提婆達多尋起往
至善見太子所善見見已即問聖人何故顏
容憔悴有憂色耶提婆達言我常如是汝不
知乎善見答言願說其意何因緣尒提婆達
言我今與汝極成親愛外人罵汝以為非理

BD15032號　大般涅槃經（北本　宮本）卷三四　（24-12）

容憔悴有憂色耶提婆達言我常如是汝不
知乎善見荅言願說其意何因緣尒提婆達
言我今與汝極成親愛外人罵汝以為非理
我聞是事豈得不憂善見太子復作是言國
人云何罵辱於我提婆達言國人罵汝為未
生怨善見復言何故名我為未生怨誰作此
名提婆達言汝未生時一切相師皆作是言
是兒生已當煞其父是故外人皆悉号汝為
未生怨一切內人護汝心故謂為善見毗提
夫人聞是語已既生汝身於高樓上棄之於
地壞汝一指以是因緣人復号汝為婆羅留
枝我聞是已心生愁憒而復不能向汝說之
提婆達多以如是等種種惡事教令煞父若
汝父死我亦能煞瞿曇沙門善見太子問一
大臣名曰雨行大臣大王何故為我立字作
未生怨大臣即為說其本末如提婆達所說
無異善見聞已即與大臣收其父王閉之城
外以四種兵而守衛之毗提夫人聞是事已即
至王所所守王人遮不聽入尒時夫人生瞋
恚心便罵呵之時諸守人即告太子大王
夫人欲得往見父王不審聽不善見聞已復
生瞋嫌即往母所前牽母髮拔刀欲斫尒時
耆婆白言大王有國已來罪雖極重不及女
人況所生母善見太子聞是語已為耆婆故
即便放捨遮斷父王衣服臥具飲食湯藥過
七日已王命便終善見太子見父喪已方生

BD15032號　大般涅槃經（北本　宮本）卷三四　　（24–13）

耆婆白言大王有國已來罪雖極重不及女
人況所生母善見太子聞是語已為耆婆故
即便放捨遮斷父王衣服臥具飲食湯藥過
七日已王命便終善見太子見父喪已方生
悔心雨行大臣復以種種惡邪之法而為說
之大王一切業行都無有罪何故今者而生
悔心耆婆復言大王當知如是業者罪兼二
種一者煞害父王二者煞須陁洹如是罪者
除佛更無能除滅者善見王言如來清淨無
有穢濁我等罪人云何得見善男子我知是
事故告阿難過三月已吾當涅槃善見聞已
即來我所我為說法重罪得薄獲無根信善
男子我諸弟子聞是說已不解我意故作是
言如來定說畢竟涅槃善男子菩薩二種一
者實義二者假名假名菩薩聞我三月當入
涅槃皆生退心而作是言如其如來無常不
住我等何為為是事故無量世中受大苦惱
如來世尊成就具足無量功德尚不能壞如
是死魔況我等輩當能壞耶善男子是故我
為如是菩薩而作是言如來常住無有變易
善男子我諸弟子聞是說已不解我意定言
如來終不畢竟入於涅槃善男子有諸眾生
生於斷見作如是言一切眾生身滅之後善
惡之業無有受者我為是人作如是言善惡
果報實有受者云何知有善男子過去之世
拘尸那竭有王名曰善見作童子時逕八万

BD15032號　大般涅槃經（北本　宮本）卷三四　　（24–14）

如来終不畢竟入於涅槃善男子有諸衆生
生於斷見作如是言一切衆生身滅之後善
惡之業無有受者我爲是人作如是言善惡
果報實有受者云何知有善男子過去之世
拘尸那竭有王名曰善見作童子時逕八万
四千歲作太子時八万四千歲及登王位亦
八万四千歲於獨處坐作是思惟衆生薄福
壽命短促常有四怨而隨逐之不自覺知猶
故放逸是故我當出家修道斷絶四怨生老
病死即勅有司於其城外作七寶堂作已便
告羣臣百官宮内妃后諸子眷屬汝等當知
我欲出家能見聽不尓時大臣及其眷屬各
作是言善哉大王今正是時時善見王將一
使人獨往堂上復逕八万四千年中修集慈
心是慈因緣於後八万四千世中次第得作
轉輪聖王三十世中作釋提桓因無量世中
作諸小王善男子尓時善見豈異人乎莫作
斯觀即我身是善男子我諸弟子聞是說已
不解我意唱言如来定說有我及有我所又
我一時爲諸衆生說言我者即是性也所謂
内外因緣十二因緣衆生五陰心界世間功
德業行自在天世即名爲我我諸弟子聞是
說已不解我意唱言如来定說有我善男子
復於異時有一比丘来至我所作如是言世
尊云何名我誰是我耶何緣故我我時即爲
比丘說言比丘無我我所眼者即是本無今

德業行自在天世即名爲我我諸弟子聞是
說已不解我意唱言如来定說有我善男子
復於異時有一比丘来至我所作如是言世
尊云何名我誰是我耶何緣故我我時即爲
比丘說言比丘無我我所眼者即是本無今
有已有還無其生之時無所從来及其滅時
亦無所至雖有業果無有作者無有捨陰及
受陰者如汝所問云何我者我即期也誰是
我者即是業也何緣我者即是愛也比丘譬
如二手相拍聲出其中我亦如是衆生業愛
三因緣故名之爲我比丘一切衆生色不是
我我中無色色中無我乃至識亦如是比丘
諸外道輩雖說有我終不離陰若說離陰別
有我者無有是處一切衆生行如幻化熱時
之焰比丘五陰皆是無常無樂無我無淨善
男子尓時多有無量比丘觀此五陰無我我
所得阿羅漢果善男子我諸弟子聞是說已
不解我意唱言如来定說無我善男子我於
經中復作是言三事和合得受是身一父二
母三者中陰是三和合得受是身我時復說
阿那含人現般涅槃或於中陰入般涅槃或
復說言中陰身根具足明了皆因往業如淨
醍醐善男子我或時說弊惡衆生所受中陰
如世間中麤澁氀褐純善衆生所受中陰如
波羅柰所出白疊我諸弟子聞是說已不解
我意唱言如来說有中陰善男子我復爲彼

醍醐善男子我又時說[illegible]愚衆生所受中陰
如世間中麁澁𣯫褐細善衆生所受中陰如
波羅㮈所出白疊我諸弟子聞是說已不解
我意唱言如来說有中陰善男子我復爲彼
逆罪衆生而作是言造五逆者捨身直入阿
鼻地獄我復說言曇摩留枝比丘捨身直入
阿鼻地獄於其中間無至宿處我復爲彼犢
子梵志說言梵志若有中陰則有六有我復
說言無色衆生無有中陰善男子我諸弟子
聞是說已不解我言唱言佛說定無中陰善
男子我於經中復說有退何以故因於無量
懈怠嬾惰諸比丘等不修道故說退五種一
者樂於多事二者樂說世事三者樂於睡眠
四者樂近在家五者樂多遊行以是因緣令
比丘退說退因緣復有二種一内二外阿羅
漢人雖離内因不離外因以外因緣故生煩
惱生煩惱故則便退失復有比丘名曰瞿𦙶
六返退失退已慚愧復更進修第七即得得
已恐失以刀自害我復或說有時解脫或說
六種阿羅漢等我諸弟子聞是說已不解我
意唱言如来定說有退善男子經中復說譬
如燋炭不還爲木亦如瓶壞更無瓶用煩惱
亦尒阿羅漢斷終不還生亦說衆生生煩惱
因凡有三種一者未斷煩惱二者不斷因緣
三者不善思惟而阿羅漢無二因緣謂斷煩
惱無不善思惟善男子我諸弟子聞是說已
不解我意唱言如来定說無退善男子我於經

亦尒阿羅漢斷終不還生亦說衆生生煩惱
因凡有三種一者未斷煩惱二者不斷因緣
三者不善思惟而阿羅漢無二因緣謂斷煩
惱無不善思惟善男子我諸弟子聞是說已
不解我意唱言如来定說無退善男子我於經
中說如来身凡有二種一者生身二者法身
言生身者即是方便應化之身如是身者可
得言是生老病死長短黑白是此是彼是學
無學我諸弟子聞是說已不解我言唱言如
来定說佛身是有爲法法身即是常樂我淨
永離一切生老病死非白非黑非長非短非
此非彼非學無學若佛出世及不出世常住
不動無有變易善男子我諸弟子聞是說已
不解我意唱言如来定說佛身是無爲法善
男子我經中說云何名爲十二因緣從無明
生行從行生識從識生名色從名色生六入
從六入生觸從觸生受從受生愛從愛生取
從取生有從有生生從生則有老死憂苦善
男子我諸弟子聞是說已不解我意唱言如
来說十二因緣定是有爲我又一時告諭比丘
而作是言十二因緣有佛無佛性相常住善
男子有十二緣不從緣生有從緣生非十二
緣有從緣生亦十二緣有非緣生非十二緣
有十二緣非緣生者謂未来世十二枝也有
從緣生非十二緣者謂阿羅漢所有五陰有
從緣生名十二緣者謂凡夫人所有五陰十

男子有十二緣不從緣生有從緣生非十二緣
有十二緣非緣生者謂未來世十二枝也有
從緣生非十二緣者謂阿羅漢所有五陰有
從緣生名十二緣者諸凡夫人所有五陰十
二因緣有非緣生非十二緣者謂虛空涅槃
善男子我諸弟子聞是說已不解我意唱言
如來說十二緣定是無爲善男子我經中說
一切衆生作善惡業捨身之時四大於此即
時散壞純善業者心即上行純惡業者心即
下行善男子我諸弟子聞是說已不解我意
唱言如來說心定常善男子我於一時爲頻
婆娑羅王而作是言大王當知色是無常何
以故從無常因而得生故是色若從無常因
生智者云何說言是常若色是常不應壞滅
生諸苦惱今見是色散滅破壞是故當知色
是無常乃至識亦如是善男子我諸弟子聞
是說已不解我意唱言如來說心定斷善男
子我經中說我諸弟子受諸香花金銀寶物
妻子奴婢百不淨物獲得正道得正道已亦
不捨離我諸弟子聞是說已不解我意定言
如來說受五欲不妨聖道又我一時復作是
說在家之人得正道者無有是處善男子我
諸弟子聞是說已不解我意唱言如來說受
五欲定遮正道善男子我經中說遠離煩惱
未得解脫猶如欲界修集世間第一法也善

BD15032號　大般涅槃經（北本　宮本）卷三四　　（24–19）

說在家之人得正道者無有是處善男子我
諸弟子聞是說已不解我意唱言如來說受
五欲定遮正道善男子我經中說遠離煩惱
未得解脫猶如欲界修集世間第一法也善
男子我諸弟子聞作是說不解我意唱言如
來說第一法唯是欲界又復我說暖法頂法
忍法世間第一法在於初禪至第四禪我諸
弟子聞是說已不解我意唱言如來說如是
法在於色界又復我說諸外道等先已得斷
四禪煩惱修集暖法頂法忍法世第一法觀
四真諦得阿那含果我諸弟子聞是說已不
解我意唱言如來說第一法在無色界善男
子我經中說四種施中有三種淨一者施主
信因信果信施受者不信因果及施二者受
者信因果施施主不信因果與施三者施主
受者二俱有信四者施主受者二俱不信是
四種施初三種淨我諸弟子聞是說已不解
我意唱言如來說施唯意善男子我於一時
復作是說施者施時以五事施何等爲五一
者施色二者施力三者施安四者施命五者
施辯以是因緣施主還得五事果報我諸弟
子聞是說已不解我意唱言佛說施即五陰
善男子我於一時宣說涅槃即是遠離煩惱
永盡滅無遺餘猶如燈滅更無法生涅槃亦
尒言虛空者即無所有辟如世間無所有故
名爲虛空非智緣滅即無所有如其有者應

BD15032號　大般涅槃經（北本　宮本）卷三四　　（24–20）

善男子我於一時宣説涅槃即是遠離煩惱
永盡滅無遺餘猶如燈滅更無法生涅槃亦
尒言虛空者即無所有譬如世間無所有故
名爲虛空非智緣滅即無所有如其有者應
有因緣有因緣故應有盡滅以其無故無有
盡滅我諸弟子聞是説已不解我意唱言佛
説無三無爲善男子我於一時爲目揵連而
作是言目連夫涅槃者即是章句即是足跡
是畢竟處是無所畏即是大師即是大果是
畢竟智即是大忍無礙三昧是大法界是甘
露味即是難見目連若説無涅槃者云何
有人生誹謗者墮於地獄善男子我諸弟子
聞是説已不解我意唱言如來説有涅槃復
於一時我爲目連而作是説目連眼不牢固至
身亦尒皆不牢固不牢固故名爲虛空食
下迴轉消化之處一切音聲皆名虛空我諸弟
子聞是説已不解我意唱言如來決定説有
虛空無爲復於一時爲目連説目連有人未
得須陁洹果住忍法時斷於無量三惡道報
當知不從智緣而滅我諸弟子聞是説已不
解我意唱言如來決定説有非智緣滅善男
子我又一時爲跋波比丘説跋波若比丘觀
色若過去若未來若現在若近若遠若麁若
細如是等色非我我所若有比丘如是觀已
能斷色愛跋波又言云何名色我言四大名

BD15032號　大般涅槃經（北本　宮本）卷三四　（24–21）

子我又一時爲跋波比丘説跋波若比丘觀
色若過去若未來若現在若近若遠若麁若
細如是等色非我我所若有比丘如是觀已
能斷色愛跋波又言云何名色我言四大名
色四陰名名我諸弟子聞是説已不解我意
唱言如來決定説言色是四大善男子我復説
言譬如因鏡則有像現色亦如是因四大造
所謂麁細澁滑青黄赤白長短方圓耶角輕
重寒熱飢渴烟雲塵霧是名造色猶如響像
我諸弟子聞是説已不解我意唱言如來説
有四大則有造色或有四大無有造色善男
子往昔一時菩提王子作如是言有比丘護
持禁戒若發惡心當知是時失比丘戒我時
語言菩提王子戒有七種從於身口有無作
色以是無作色因緣故其心雖在惡無記中
不名失戒猶名持戒以何因緣名無作色非
異色因不作異色因果善男子我諸弟子聞
是説已不解我意唱言佛説有無作色善男
子我於餘經作如是言戒者即是遮制惡法
若不作惡是名持戒我諸弟子聞是説已不
解我意唱言如來決定宣説無無作色善男
子我於經中作如是説聖人色陰乃至識陰
皆是無明因緣所出一切凡夫亦復如是從
無明生愛當知是愛即是無明從愛生取當
知是取即無明愛從取生有當知是有是無
明愛取從有生受當知是受即是行有從受

BD15032號　大般涅槃經（北本　宮本）卷三四　（24–22）

皆是無明因緣所出一切凡夫亦復如是從
無明生愛當知是愛即是無明從愛生取當
知是取即無明愛從取生有當知是有是無
無明愛取從有生受當知是受即是行有從受
因緣生於名色無明愛取有行受觸識六入
等是故受者即十二支善男子我諸弟子聞是
說已不解我意唱言如來說無心數善男子
我於經中作如是說從眼色明惡欲等四則
生眼識言惡欲者即是無明欲性求時即名
爲愛愛因緣取取名爲業業因緣識識緣名
色名色緣六入六入緣觸觸緣想受愛信精
進定慧如是等法因觸而生然非是觸善男
子我諸弟子聞是說已不解我意唱言如來
說有心數善男子我或時說唯有一有或說
二三四五六七八九至二十五我諸弟子聞
是說已不解我意唱言如來說有五有或言
六有善男子我往一時住迦毗羅衛尼拘陁
林時釋摩男來至我所作如是言云何名爲
優婆塞也我即爲說若有善男子善女人諸
根完具受三歸依是則名爲優婆塞也釋摩
男言世尊云何名爲一分優婆塞我言摩男
若受三歸及受一戒是名一分優婆塞也我
諸弟子聞是說已不解我意唱言如來說優
婆塞戒不具受得善男子我於一時住恒河
邊尒時迦旃延來至我所作如是言世尊我
教衆生令受齋法或一日或一夜或一時或一

BD15032號　大般涅槃經（北本　宮本）卷三四　（24–23）

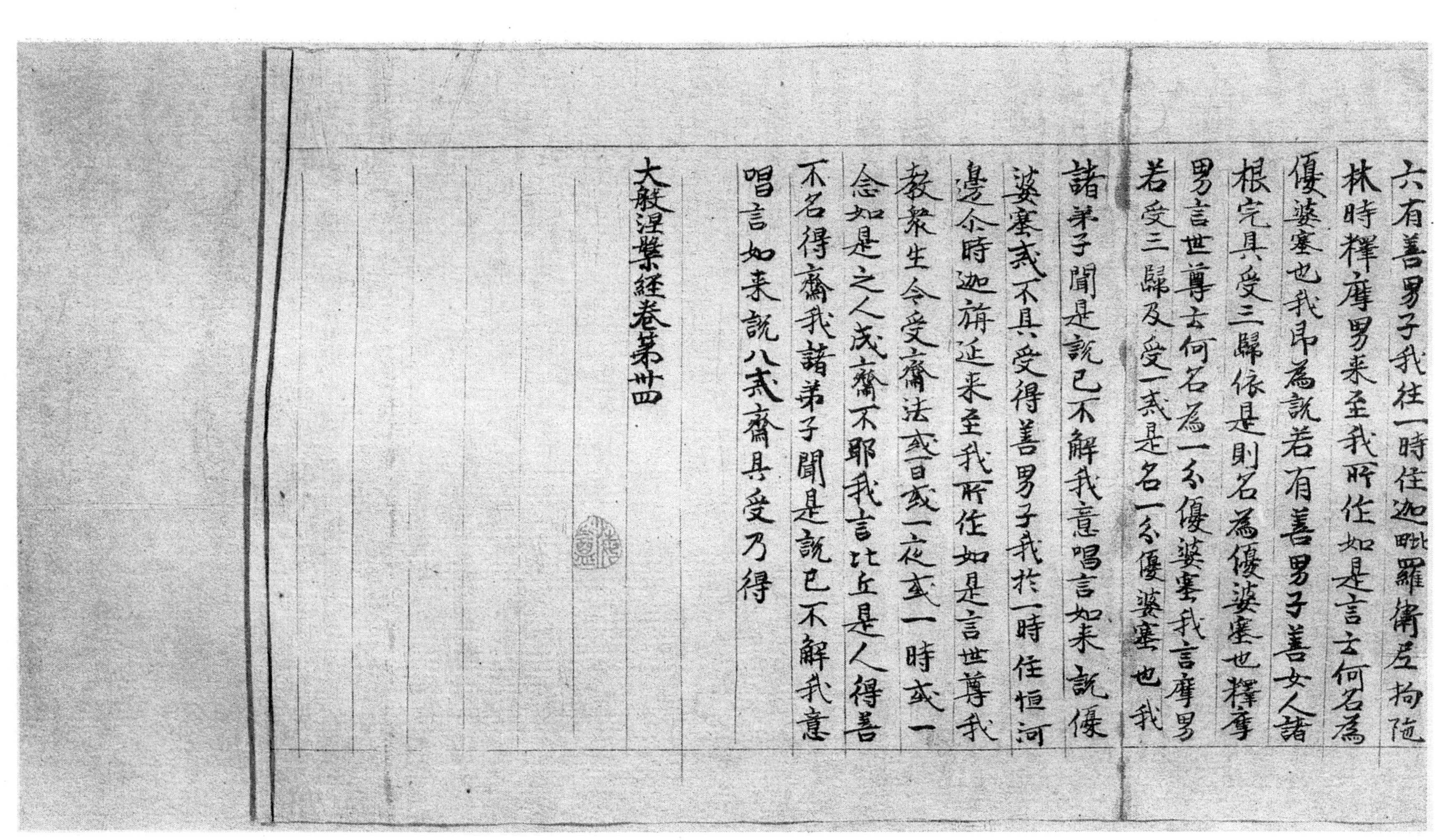

六有善男子我往一時住迦毗羅衛尼拘陁
林時釋摩男來至我所作如是言云何名爲
優婆塞也我即爲說若有善男子善女人諸
根完具受三歸依是則名爲優婆塞也釋摩
男言世尊云何名爲一分優婆塞我言摩男
若受三歸及受一戒是名一分優婆塞也我
諸弟子聞是說已不解我意唱言如來說優
婆塞戒不具受得善男子我於一時住恒河
邊尒時迦旃延來至我所作如是言世尊我
教衆生令受齋法或一日或一夜或一時或一
念如是之人成齋不耶我言比丘是人得善
不名得齋我諸弟子聞是說已不解我意
唱言如來說八戒齋具受乃得

大般涅槃經卷第卅四

BD15032號　大般涅槃經（北本　宮本）卷三四　（24–24）

BD15033號　無量壽宗要經　（6–1）

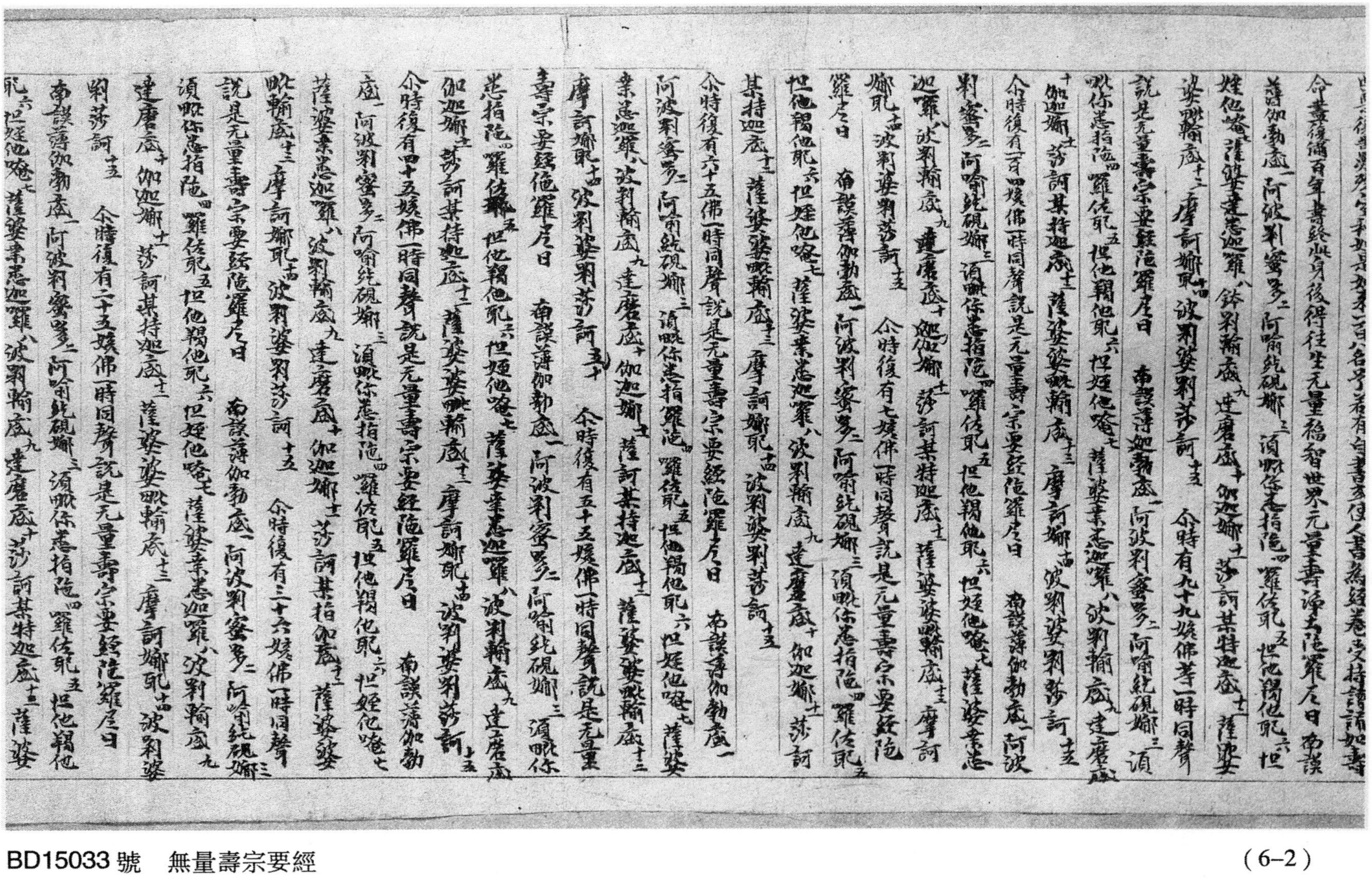

BD15033號　無量壽宗要經　（6–2）

說是无量壽宗要經陁羅尼曰 南謨薄伽勃底一 阿波唎蜜多二 阿喻紇硯娜
須毗你志指陁四 囉佐耶五 怛他羯他耶六 怛姪他唵七 薩婆桑悉迦羅八 波唎輸底九
達磨底十 伽迦娜十一 莎訶某持迦底十二 薩婆婆毗輸底十三 摩訶娜耶十四 波唎婆
唎莎訶十五 介時復有二十五姟佛一時同聲說是无量壽宗要經陁羅尼曰
南謨薄伽勃底一 阿波唎蜜多二 阿喻紇硯娜三 須毗你志指陁四 囉佐耶五 怛他羯他
耶六 怛姪他唵七 薩婆桑悉迦羅八 波唎輸底九 達磨底十 莎訶某特迦底十二 薩婆
婆毗輸底十三 摩訶娜耶十四 波唎婆唎莎訶十五 介時復有恒河沙姟佛一時同聲
說是无量壽宗要經陁羅尼曰 南謨薄伽勃底一 阿波唎蜜多二 阿喻紇硯
娜三 須毗你志指陁四 囉佐耶五 怛他羯他耶六 怛姪他唵七 薩婆桑悉迦羅八 波唎輸底九
達磨底十 伽迦娜十一 莎訶某特迦底十二 薩婆婆毗輸底十四 波唎婆唎莎訶十五
善男子若有人自書寫教人書寫是无量壽宗要經如其命盡復得長壽而滿年陁
羅尼曰 南謨薄伽勃底一 阿波唎蜜多二 阿喻紇硯娜三 須毗你志指陁四 囉佐耶五 怛
他羯他耶六 怛姪他唵七 薩婆桑悉迦羅八 波唎輸底九 達磨底十 伽迦娜十一 莎訶某持
迦底十二 薩婆婆毗輸底十三 摩訶娜耶十四 波唎婆唎莎訶十五
若有自書寫教人書寫是无量壽宗要經讀誦受持畢竟不墮地獄在在所生得
宿命智陁羅尼曰 南謨薄伽勃底一 阿波唎蜜多二 阿喻紇硯娜三 須毗你志指陁
囉佐耶五 怛他羯他耶六 怛姪他唵七 薩婆桑悉迦羅八 波唎輸底九 達磨底十 伽迦娜十一
莎訶某持迦底十二 薩婆婆毗輸底十三 摩訶娜耶十四 波唎婆唎莎訶十五
若有自書寫教人書寫是无量壽宗要經受持讀誦如同書寫八万四千一切經典
陁羅尼曰 南謨薄伽勃底一 阿波唎蜜多二 阿喻紇硯娜三 須毗你志指陁四 囉佐耶
怛他羯他耶六 怛姪他唵七 薩婆桑悉迦羅八 波唎輸底九 達磨底十 伽迦娜十一 莎訶某
特迦底十二 薩婆婆毗輸底十三 摩訶娜耶十四 波唎婆唎莎訶十五 若有人自書寫教人
書寫是无量壽宗要經即是書寫八万四千部建立塔廟陁羅尼曰 南謨薄伽勃底一
阿波唎蜜多二 阿喻紇硯娜三 須毗你志指陁四 囉佐耶五 怛他羯他耶六 怛姪他唵七 薩婆桑
悉迦羅八 波唎輸底九 達磨底十 伽迦娜十一 莎訶某持迦底十二 薩婆婆毗輸底十三 摩
訶娜耶十四 波唎婆唎莎訶十五 若有自書寫教人書寫是无量壽宗要經能消五无
間等一切重罪陁羅尼曰 南謨薄伽勃底一 阿波唎蜜多二 阿喻紇硯娜三 須毗你志指陁四
囉佐耶五 怛他羯他耶六 怛姪他唵七 薩婆桑悉迦羅八 波唎輸底九 達磨底十 伽迦娜十一
莎訶某持迦底十二 薩婆婆毗輸底十三 摩訶娜耶十四 波唎婆唎莎訶十五 若有自書教人
書寫是无量壽宗要經受持讀誦設有重罪猶如須弥盡能除滅陁羅尼曰 南謨
薄伽勃底一 阿波唎蜜多二 阿喻紇硯娜三 須毗你志指陁四 囉佐耶五 怛他羯他耶六 怛姪他唵七
薩婆桑悉迦羅八 波唎輸底九 達磨底十 伽迦娜十一 莎訶某持迦底十二 薩婆婆毗輸底

BD15033 號　無量壽宗要經　（6–3）

囉佐耶五 怛他羯他耶六 怛姪他唵七 薩婆桑悉迦羅八 波唎婆唎底九 達磨底十 伽迦娜十一
莎訶某持迦底十二 薩婆婆毗輸底十三 摩訶娜耶十四 波唎婆唎莎訶十五 若有自書教人
書寫是无量壽宗要經受持讀誦設有重罪猶如須弥盡能除滅陁羅尼曰 南謨
薄伽勃底一 阿波唎蜜多二 阿喻紇硯娜三 須毗你志指陁四 囉佐耶五 怛他羯他耶六 怛姪他唵七
薩婆桑悉迦羅八 波唎輸底九 達磨底十 伽迦娜十一 莎訶某特迦底十二 薩婆婆毗輸底
摩訶娜耶十四 波唎婆唎莎訶十五 若有自書寫教人書寫是无量壽宗要經受持讀
誦若魔魔之眷屬夜叉羅刹不得其便終无枉死陁羅尼曰 南謨薄伽勃底一 阿波唎
蜜多二 阿喻紇硯娜三 須毗你志指陁四 囉佐耶五 怛他羯他耶六 怛姪他唵七 薩婆桑悉迦羅八
波唎輸底九 達磨底十 伽迦娜十一 莎訶某特迦底十二 薩婆婆毗輸底十三 摩訶娜耶十四
波唎婆唎莎訶十五 若有自書寫教人書寫是无量壽宗要經受持讀誦當命終時有九十
九姟佛現其人前千佛授手能遊一切佛刹莫於此經生於疑惑陁羅尼曰 南謨
薄伽勃底一 阿波唎蜜多二 阿喻紇硯娜三 須毗你志指陁四 囉佐耶五 怛他羯他耶六 怛姪他唵七
薩婆桑悉迦羅八 波唎輸底九 達磨底十 伽迦娜十一 莎訶某特迦底十二 薩婆婆毗輸底十三
摩訶娜耶十四 波唎婆唎莎訶十五 若有自書寫教人書寫是无量壽宗要經受持
讀誦常得四天大王隨其衛護陁羅尼曰 南謨薄伽勃底一 阿波唎蜜多二 阿喻紇
硯娜三 須毗你志指陁四 囉佐耶五 怛他羯他耶六 怛姪他唵七 薩婆桑悉迦羅八 波唎輸底九
達磨底十 伽迦娜十一 莎訶某特迦底十二 薩婆婆毗輸底十三 摩訶娜耶十四 波唎婆
唎莎訶十五 若有自書寫教人書寫是无量壽宗要經受持讀誦當得往生西方極樂世
界阿弥陁淨土陁羅尼曰 南謨薄伽勃底一 阿波唎蜜多二 阿喻紇硯娜三 須毗你志
指陁四 囉佐耶五 怛他羯他耶六 怛姪他唵七 薩婆桑悉迦羅八 波唎輸底九 達磨底十 伽迦娜十一
莎訶某特迦底十二 薩婆婆毗輸底十三 摩訶娜耶十四 波唎婆唎莎訶十五 若有方所自
書寫使人書寫是无量壽經典之處則為是塔皆應恭敬作礼若是畜生或為鳥
獸得聞是經如是等類皆當不久得成一切種智陁羅尼曰 南謨薄伽勃底一 阿
波唎蜜多二 阿喻紇硯娜三 須毗你志指陁四 囉佐耶五 怛他羯他耶六 怛姪他唵七 薩婆桑悉
迦羅八 波唎輸底九 達磨底十 伽迦娜十一 莎訶某特迦底十二 薩婆婆毗輸底十三 摩訶
娜耶十四 波唎婆唎莎訶十五 若有於是无量壽經自書寫若使人書寫畢竟不
受女人之身陁羅尼曰 南謨薄伽勃底一 阿波唎蜜多二 阿喻紇硯娜三 須毗你志
指陁四 囉佐耶五 怛他羯他耶六 怛姪他唵七 薩婆桑悉迦羅八 波唎輸底九 達磨底十
伽迦娜十一 莎訶某特迦底十二 薩婆婆毗輸底十三 摩訶娜耶十四 波唎婆唎莎訶十五
若有能於是經少分能惠施者等於三千大千世界滿中七寶布施陁羅尼曰
南謨薄伽勃底一 阿波唎蜜多二 阿喻紇硯娜三 須毗你志指陁四 囉佐耶五 怛他羯

BD15033 號　無量壽宗要經　（6–4）

娜耶十四 波唎婆嚩莎訶十五 若有於是无量壽經自書寫若使人書寫畢竟不
受女人之身陀羅尼曰 南謨薄伽勃底一 阿波唎蜜哆二 阿喻紇硯娜三 須毗你悉
指陀四 囉佐耶五 怛他羯他耶六 怛姪他唵七 薩婆桑悉迦囉八 波唎輸底九 達磨底十
伽迦娜十一 莎訶某特迦底十二 薩婆婆毗輸底十三 摩訶娜耶十四 波唎婆唎莎訶十五
若有能於是經少分能惠施者等於三千大千世界滿中七寶布施陀羅尼曰
南謨薄伽勃底一 阿波唎蜜哆二 阿喻紇硯娜三 須毗你悉指陀四 囉佐耶五 怛他羯
他耶六 怛姪他唵七 薩婆桑悉迦羅八 波唎輸底九 達磨底十 伽迦娜十一 莎訶某特
迦底十二 薩婆婆毗輸底十三 摩訶娜耶十四 波唎婆唎莎訶十五 若有供養是經
者即是供養一切經等无有別異陀羅尼曰 南謨薄伽勃底一 阿波唎蜜哆二 阿喻
紇硯娜三 須毗你悉指陀四 囉佐耶五 怛他羯他耶六 怛姪他唵七 薩婆桑悉迦羅八 波唎輸
底九 達磨底十 伽迦娜十一 莎訶某特迦底十二 薩婆婆毗輸底十三 摩訶娜耶十四 波
唎婆唎莎訶十五 如是毗婆尸佛尸棄佛毗舍浮佛俱留孫佛俱那含牟尼佛加
葉佛釋迦牟尼佛 若有人以七寶供養如是七佛其福有限書寫受持是无
量壽經所有功德不可限量陀羅尼曰 南謨薄伽勃底一 阿波唎蜜哆二 阿喻紇硯
娜三 須毗你悉指陀四 囉佐耶五 怛他羯他耶六 怛姪他唵七 薩婆桑悉迦羅八 波唎輸底九
達磨底十 伽迦娜十一 莎訶某特迦底十二 薩婆婆毗輸底十三 摩訶娜耶十四 波唎婆
唎莎訶十五 若有七寶等於須彌山用布施其福上能知其限量是无量壽經典
其福不可知數陀羅尼曰 南謨薄伽勃底一 阿波唎蜜哆二 阿喻紇硯娜三 須毗你悉
指陀四 囉佐耶五 怛他羯他耶六 怛姪他唵七 薩婆桑悉迦羅八 波唎輸底九 達磨底十 伽迦
娜十一 莎訶某特迦底十二 薩婆婆毗輸底十三 摩訶娜耶十四 波唎婆唎莎訶十五
如是四大海水不知滴數是无量壽經典可生果報不可數量陀羅尼曰 南謨薄伽勃
底一 阿波唎蜜哆二 阿喻紇硯娜三 須毗你悉指陀四 囉佐耶五 怛他羯他耶六 怛姪他唵七 薩
婆桑悉迦囉八 波唎輸底九 達磨底十 伽迦娜十一 莎訶某特迦底十二 薩婆婆毗輸底
十三 摩訶娜耶十四 波唎婆唎莎訶十五 若有人自書寫使人書寫是无量壽經典恭敬
禮拜供養即如恭敬供養一切十方佛土如來无有別異陀羅尼曰 南謨薄伽勃底一
阿波唎蜜哆二 阿喻紇硯娜三 須毗你悉指陀四 囉佐耶五 怛他羯他耶六 怛姪他唵七 薩婆
桑悉迦囉八 波唎輸底九 達磨底十 伽迦娜十一 莎訶某特迦底十二 薩婆婆毗輸底十三
摩訶娜耶十四 波唎婆唎莎訶十五
布施力能成正覺 悟布施力人師子 布施力能聲普聞 慈悲階漸宗能入
持戒力能成正覺 悟持戒力人師子 持戒力能聲普聞 慈悲階漸宗能入
忍辱力能成正覺 悟忍辱力人師子 忍辱力能聲普聞 慈悲階漸宗能入
精進力能成正覺 悟精進力人師子 精進力能聲普聞 慈悲階漸宗能入

BD15033 號　無量壽宗要經　（6–5）

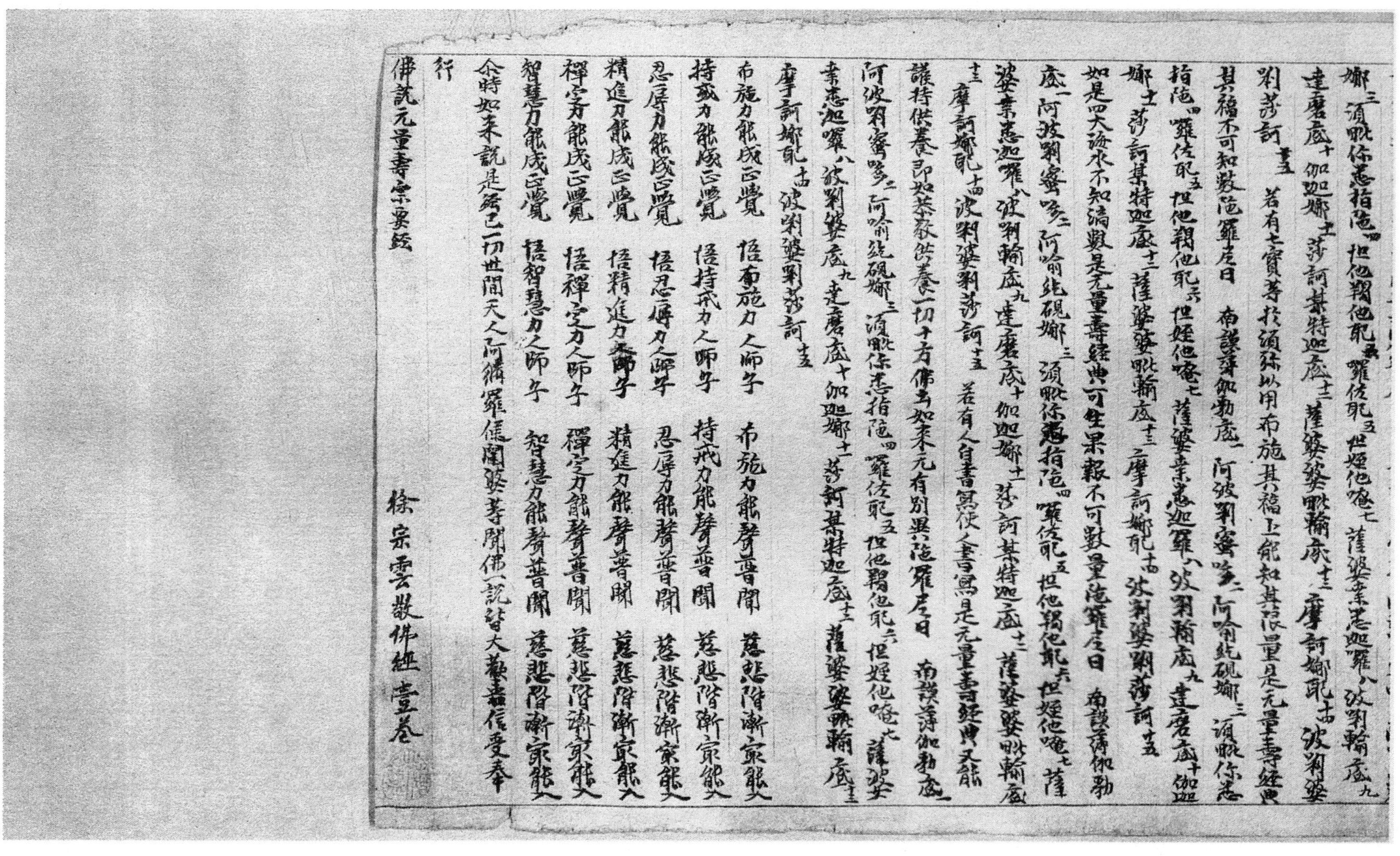

娜三 須毗你悉指陀四 囉佐耶五 怛他羯他耶六 怛姪他唵七 薩婆桑悉迦羅八 波唎輸底九
達磨底十 伽迦娜十一 莎訶某特迦底十二 薩婆婆毗輸底十三 摩訶娜耶十四 波唎婆
唎莎訶十五 若有七寶等於須彌山用布施其福上能知其限量是无量壽經典
其福不可知數陀羅尼曰 南謨薄伽勃底一 阿波唎蜜哆二 阿喻紇硯娜三 須毗你悉
指陀四 囉佐耶五 怛他羯他耶六 怛姪他唵七 薩婆桑悉迦羅八 波唎輸底九 達磨底十 伽迦
娜十一 莎訶某特迦底十二 薩婆婆毗輸底十三 摩訶娜耶十四 波唎婆唎莎訶十五
如是四大海水不知滴數是无量壽經典可生果報不可數量陀羅尼曰 南謨薄伽勃
底一 阿波唎蜜哆二 阿喻紇硯娜三 須毗你悉指陀四 囉佐耶五 怛他羯他耶六 怛姪他唵七 薩
婆桑悉迦囉八 波唎輸底九 達磨底十 伽迦娜十一 莎訶某特迦底十二 薩婆婆毗輸底
十三 摩訶娜耶十四 波唎婆唎莎訶十五 若有人自書寫使人書寫是无量壽經典恭敬
禮拜供養即如恭敬供養一切十方佛土如來无有別異陀羅尼曰 南謨薄伽勃底一
阿波唎蜜哆二 阿喻紇硯娜三 須毗你悉指陀四 囉佐耶五 怛他羯他耶六 怛姪他唵七 薩婆
桑悉迦囉八 波唎輸底九 達磨底十 伽迦娜十一 莎訶某特迦底十二 薩婆婆毗輸底十三
摩訶娜耶十四 波唎婆唎莎訶十五
布施力能成正覺 悟布施力人師子 布施力能聲普聞 慈悲階漸宗能入
持戒力能成正覺 悟持戒力人師子 持戒力能聲普聞 慈悲階漸宗能入
忍辱力能成正覺 悟忍辱力人師子 忍辱力能聲普聞 慈悲階漸宗能入
精進力能成正覺 悟精進力人師子 精進力能聲普聞 慈悲階漸宗能入
禪定力能成正覺 悟禪定力人師子 禪定力能聲普聞 慈悲階漸宗能入
智慧力能成正覺 悟智慧力人師子 智慧力能聲普聞 慈悲階漸宗能入
尒時如來說是經已一切世間天人阿脩羅揵闥婆等聞佛所說皆大歡喜信受奉
行
佛說无量壽宗要經　　徐宗雲敬佛經壹卷

BD15033 號　無量壽宗要經　（6–6）

故道相智一切相智清淨道相智一切相智
清淨故一切智智清淨何以故若貪清淨若
道相智一切相智清淨若一切智智清淨無
二無二分無別無斷故善現貪清淨故一切
陁羅尼門清淨一切陁羅尼門清淨故一切
智智清淨何以故若貪清淨若一切陁羅尼
門清淨若一切智智清淨無二無二分無別無
斷故貪清淨故一切三摩地門清淨一切
三摩地門清淨故一切智智清淨何以故若
貪清淨若一切三摩地門清淨若一切智智
清淨無二無二分無別無斷故
善現貪清淨故預流果清淨預流果清淨故
一切智智清淨何以故若貪清淨若預流果
清淨若一切智智清淨無二無二分無別無
斷故貪清淨故一来不還阿羅漢果清淨一
来不還阿羅漢果清淨故一切智智清淨何
以故若貪清淨若一来不還阿羅漢果清淨
若一切智智清淨無二無二分無別無斷故

BD15034號　大般若波羅蜜多經卷二〇三　（20–1）

清淨若一切智智清淨無二無二分無別無
斷故貪清淨故一来不還阿羅漢果清淨一
来不還阿羅漢果清淨故一切智智清淨何
以故若貪清淨若一来不還阿羅漢果清淨
若一切智智清淨無二無二分無別無斷故
善現貪清淨故獨覺菩提清淨獨覺菩提
清淨故一切智智清淨何以故若貪清淨若
獨覺菩提清淨若一切智智清淨无二无二
分无別无斷故善現貪清淨故一切菩薩摩
訶薩行清淨一切菩薩摩訶薩行清淨故一
切智智清淨何以故若貪清淨若一切菩薩
摩訶薩行清淨若一切智智清淨无二无二
分无別无斷故善現貪清淨故諸佛无上正
等菩提清淨諸佛无上正等菩提清淨故一
切智智清淨何以故若貪清淨若諸佛无上
正等菩提清淨若一切智智清淨无二无二分
无別无斷故
復次善現瞋清淨故色清淨色清淨故一切
智智清淨何以故若瞋清淨若色清淨若一
切智智清淨无二無二分無別無斷故瞋清
淨故受想行識清淨受想行識清淨故一切
智智清淨何以故若瞋清淨若受想行識清
淨若一切智智清淨無二無二分無別無斷
故善現瞋清淨故眼處清淨眼處清淨故一
切智智清淨何以故若瞋清淨若眼處清淨
若一切智智清淨無二無二分無別無斷故
瞋清淨故耳鼻舌身意處清淨耳鼻舌身

BD15034號　大般若波羅蜜多經卷二〇三　（20–2）

淨若一切智智清淨無二無二分無別無斷
故善現瞋清淨故眼處清淨眼處清淨故一
切智智清淨何以故若瞋清淨若眼處清淨
若一切智智清淨無二無二分無別無斷故
瞋清淨故耳鼻舌身意處清淨耳鼻舌身
意處清淨故一切智智清淨何以故若瞋清
淨若耳鼻舌身意處清淨若一切智智清淨
無二無二分無別無斷故善現瞋清淨故色
處清淨色處清淨故一切智智清淨何以故
若瞋清淨若色處清淨若一切智智清淨无
二无二分無別無斷故瞋清淨故聲香味觸法處
清淨聲香味觸法處清淨故一切智智清淨何
以故若瞋清淨若聲香味觸法處清淨若一
切智智清淨无二无二分无別無斷故善現
瞋清淨故眼界清淨眼界清淨故一切智智
清淨何以故若瞋清淨若眼界清淨若一切
智智清淨无二无二分无別无斷故瞋清淨
故色界眼識界及眼觸眼觸為緣所生諸受
清淨色界乃至眼觸為緣所生諸受清淨故
一切智智清淨何以故若瞋清淨若色界乃
至眼觸為緣所生諸受清淨若一切智智清
淨无二無二分無別無斷故善現瞋清淨故
耳界清淨耳界清淨故一切智智清淨何以
故若瞋清淨若耳界清淨若一切智智清淨
無二無二分無別無斷故瞋清淨故聲界耳
識界及耳觸耳觸為緣所生諸受清淨聲界
乃至耳觸為緣所生諸受清淨故一切智智

BD15034號　大般若波羅蜜多經卷二〇三　（20–3）

耳界清淨耳界清淨故一切智智清淨何以
故若瞋清淨若耳界清淨若一切智智清淨
無二無二分無別無斷故瞋清淨故聲界耳
識界及耳觸耳觸為緣所生諸受清淨聲界
乃至耳觸為緣所生諸受清淨故一切智智
清淨何以故若瞋清淨若聲界乃至耳觸為
緣所生諸受清淨若一切智智清淨无二无
二分無別無斷故善現瞋清淨故鼻界清淨
鼻界清淨故一切智智清淨何以故若瞋清
淨若鼻界清淨若一切智智清淨無二無二
分無別無斷故瞋清淨故香界鼻識界及鼻
觸鼻觸為緣所生諸受清淨香界乃至鼻觸
為緣所生諸受清淨故一切智智清淨何以
故若瞋清淨若香界乃至鼻觸為緣所生諸
受清淨若一切智智清淨無二無二分無別
無斷故善現瞋清淨故舌界清淨舌界清淨
故一切智智清淨何以故若瞋清淨若舌界
清淨若一切智智清淨無二無二分無別無
斷故瞋清淨故味界舌識界及舌觸舌觸為
緣所生諸受清淨味界乃至舌觸為緣所生
諸受清淨故一切智智清淨何以故若瞋清
淨若味界乃至舌觸為緣所生諸受清淨若
一切智智清淨無二無二分無別無斷故善現
瞋清淨故身界清淨身界清淨故一切智
智清淨何以故若瞋清淨若身界清淨若一
切智智清淨無二無二分無別無斷故瞋清
淨故觸界身識界及身觸身觸為緣所生諸
受清淨觸界乃至身觸為緣所生諸受清

BD15034號　大般若波羅蜜多經卷二〇三　（20–4）

現瞋清淨故身界清淨身界清淨故一切智
智清淨何以故若瞋清淨若身界清淨若一
切智智清淨無二無二分無別無斷故瞋清
淨故觸界身識界及身觸身觸為緣所生諸
受清淨觸界乃至身觸為緣所生諸受清淨
故一切智智清淨何以故若瞋清淨若觸界乃
至身觸為緣所生諸受清淨若一切智智清
淨無二無二分無別無斷故善現瞋清淨
故意界清淨意界清淨故一切智智清淨何
以故若瞋清淨若意界清淨若一切智智清
淨無二無二分無別無斷故瞋清淨故法界
意識界及意觸意觸為緣所生諸受清淨
法界乃至意觸為緣所生諸受清淨故一切智
智清淨何以故若瞋清淨若法界乃至意觸
為緣所生諸受清淨若一切智智清淨無二
無二分無別無斷故善現瞋清淨故地界清
淨地界清淨故一切智智清淨何以故若瞋
清淨若地界清淨若一切智智清淨無二無
二分無別無斷故瞋清淨故水火風空識界
清淨水火風空識界清淨故一切智智清淨
何以故若瞋清淨若水火風空識界清淨若
一切智智清淨無二無二分無別無斷故善
現瞋清淨故無明清淨無明清淨故一切智
智清淨何以故若瞋清淨若無明清淨若一
切智智清淨無二無二分無別無斷故瞋清
淨故行識名色六處觸受愛取有生老死愁
歎苦憂惱清淨行乃至老死愁歎苦憂惱清
淨故一切智智清淨何以故若瞋清淨若行

BD15034號　大般若波羅蜜多經卷二〇三　（20–5）

現瞋清淨故無明清淨無明清淨故一切智
智清淨何以故若瞋清淨若無明清淨若一
切智智清淨無二無二分無別無斷故瞋清
淨故行識名色六處觸受愛取有生老死愁
歎苦憂惱清淨行乃至老死愁歎苦憂惱清
淨故一切智智清淨何以故若瞋清淨若行
乃至老死愁歎苦憂惱清淨若一切智智清
淨無二無二分無別無斷故
善現瞋清淨故布施波羅蜜多清淨布施波
羅蜜多清淨故一切智智清淨何以故若瞋
清淨若布施波羅蜜多清淨若一切智智清
淨無二無二分無別無斷故瞋清淨故淨戒
安忍精進靜慮般若波羅蜜多清淨淨戒乃
至般若波羅蜜多清淨故一切智智清淨何
以故若瞋清淨若淨戒乃至般若波羅蜜多
清淨若一切智智清淨無二無二分無別无
斷故善現瞋清淨故內空清淨內空清淨故
一切智智清淨何以故若瞋清淨若內空清
淨若一切智智清淨无二无二分无別無斷
故瞋清淨故外空內外空空空大空勝義空
有為空無為空畢竟空無際空散空无變異
空本性空自相空共相空一切法空不可得
空無性空自性空無性自性空清淨外空乃
至無性自性空清淨故一切智智清淨何以
故若瞋清淨若外空乃至無性自性空清淨
若一切智智清淨無二無二分無別無斷故
善現瞋清淨故真如清淨真如清淨故一切

BD15034號　大般若波羅蜜多經卷二〇三　（20–6）

至無性自性空清淨故一切智智清淨何以
故若瞋清淨若外空乃至無性自性空清淨
若一切智智清淨無二無二分無別無斷故
善現瞋清淨故真如清淨真如清淨故一切
智智清淨何以故若瞋清淨若真如清淨若
一切智智清淨無二無二分無別無斷故瞋
清淨故法界法性不虛妄性不變異性平等
性離生性法定法住實際虛空界不思議界
清淨法界乃至不思議界清淨故一切智智
清淨何以故若瞋清淨若法界乃至不思議
界清淨若一切智智清淨無二無二分無別
無斷故善現瞋清淨故苦聖諦清淨苦聖諦
清淨故一切智智清淨何以故若瞋清淨若
苦聖諦清淨若一切智智清淨無二無二分
無別無斷故瞋清淨故集滅道聖諦清淨集
滅道聖諦清淨故一切智智清淨何以故若
瞋清淨若集滅道聖諦清淨若一切智智清
淨無二無二分無別無斷故善現瞋清淨故
四靜慮清淨四靜慮清淨故一切智智清淨
何以故若瞋清淨若四靜慮清淨若一切智
智清淨無二無二分無別無斷故瞋清淨故
四無量四無色定清淨四無量四無色定清
淨故一切智智清淨何以故若瞋清淨若四
無量四無色定清淨若一切智智清淨無二
無二分無別無斷故善現瞋清淨故八解脫
清淨八解脫清淨故一切智智清淨何以故
若瞋清淨若八解脫清淨若一切智智清淨

BD15034號　大般若波羅蜜多經卷二〇三　（20–7）

淨故一切智智清淨何以故若瞋清淨若四
無量四無色定清淨若一切智智清淨無二
無二分無別無斷故善現瞋清淨故八解脫
清淨八解脫清淨故一切智智清淨何以故
若瞋清淨若八解脫清淨若一切智智清淨
無二無二分無別無斷故瞋清淨故八勝處
九次第定十遍處清淨八勝處九次第定十
遍處清淨故一切智智清淨何以故若瞋清
淨若八勝處九次第定十遍處清淨若一切
智智清淨無二無二分無別無斷故善現瞋
清淨故四念住清淨四念住清淨故一切智
智清淨何以故若瞋清淨若四念住清淨若
一切智智清淨無二無二分無別無斷故瞋
清淨故四正斷四神足五根五力七等覺支
八聖道支清淨四正斷乃至八聖道支清淨
故一切智智清淨何以故若瞋清淨若四正
斷乃至八聖道支清淨若一切智智清淨无
二無二分無別無斷故善現瞋清淨故空解
脫門清淨空解脫門清淨故一切智智清淨
何以故若瞋清淨若空解脫門清淨若一切
智智清淨無二無二分無別無斷故瞋清淨故
無相無願解脫門清淨無相無願解脫門
清淨故一切智智清淨何以故若瞋清淨若无
相無願解脫門清淨若一切智智清淨无二
無二分無別無斷故善現瞋清淨故菩薩十
地清淨菩薩十地清淨故一切智智清淨何

BD15034號　大般若波羅蜜多經卷二〇三　（20–8）

無相無願解脫門清淨無相無願解脫門
清淨故一切智智清淨何以故若瞋清淨若无
相無願解脫門清淨若一切智智清淨无二
無二分無別無斷故善現瞋清淨故菩薩十
地清淨菩薩十地清淨故一切智智清淨何
以故若瞋清淨若菩薩十地清淨若一切智
智清淨無二無二分無別無斷故
善現瞋清淨故五眼清淨五眼清淨故一切
智智清淨何以故若瞋清淨若五眼清淨若
一切智智清淨無二無二分無別無斷故瞋
清淨故六神通清淨六神通清淨故一切智
智清淨何以故若瞋清淨若六神通清淨若
一切智智清淨無二無二分無別無斷故善
現瞋清淨故佛十力清淨佛十力清淨故一
切智智清淨何以故若瞋清淨若佛十力清
淨若一切智智清淨無二無二分無別無斷
故瞋清淨故四無所畏四無礙解大慈大悲
大喜大捨十八佛不共法清淨四無所畏乃
至十八佛不共法清淨故一切智智清淨何
以故若瞋清淨若四無所畏乃至十八佛不
共法清淨若一切智智清淨無二無二分無
別無斷故善現瞋清淨故無忘失法清淨無忘
失法清淨故一切智智清淨何以故若瞋清淨
若無忘失法清淨若一切智智清淨无二无二
分無別無斷故瞋清淨故恒住捨性清淨恒住
捨性清淨故一切智智清淨何以故若瞋清淨
若恒住捨性清淨若一切智智清淨無二無
二分無別無斷故善現瞋清淨故一切智清

BD15034號　大般若波羅蜜多經卷二〇三　（20－9）

若無忘失法清淨若一切智智清淨无二无二
分無別無斷故瞋清淨故恒住捨性清淨恒住
捨性清淨故一切智智清淨何以故若瞋清淨
若恒住捨性清淨若一切智智清淨無二無
二分無別無斷故善現瞋清淨故一切智清
淨一切智清淨故一切智智清淨何以故若
瞋清淨若一切智清淨若一切智智清淨
無二無二分無別無斷故瞋清淨故道相智一
切相智清淨道相智一切相智清淨故一切智
智清淨何以故若瞋清淨若道相智一切相智
清淨若一切智智清淨無二無二分無別無斷故
善現瞋清淨故一切陁羅尼門清淨一切陁
羅尼門清淨故一切智智清淨何以故若瞋
清淨若一切陁羅尼門清淨若一切智智清
淨無二無二分無別無斷故瞋清淨故一切
三摩地門清淨一切三摩地門清淨故一切
智智清淨何以故若瞋清淨若一切三摩地
門清淨若一切智智清淨無二無二分无別
无斷故
善現瞋清淨故預流果清淨預流果清淨故
一切智智清淨何以故若瞋清淨若預流果
清淨若一切智智清淨無二無二分無別無
斷故瞋清淨故一來不還阿羅漢果清淨一
來不還阿羅漢果清淨故一切智智清淨何
以故若瞋清淨若一來不還阿羅漢果清淨
若一切智智清淨無二無二分無別無斷故
善現瞋清淨故獨覺菩提清淨獨覺菩提
清淨故一切智智清淨何以故若瞋清淨若獨

BD15034號　大般若波羅蜜多經卷二〇三　（20－10）

斷故瞋清淨故一來不還阿羅漢果清淨一
來不還阿羅漢果清淨故一切智智清淨何
以故若瞋清淨若一來不還阿羅漢果清淨
若一切智智清淨無二無二分無別無斷故
善現瞋清淨故獨覺菩提清淨獨覺菩提
清淨故一切智智清淨何以故若瞋清淨若獨
覺菩提清淨若一切智智清淨無二無二分
無別無斷故善現瞋清淨故一切菩薩摩訶
薩行清淨一切菩薩摩訶薩行清淨故一切
智智清淨何以故若瞋清淨若一切菩薩摩
訶薩行清淨若一切智智清淨無二無二分
無別無斷故善現瞋清淨故諸佛無上正等
菩提清淨諸佛無上正等菩提清淨故一切
智智清淨何以故若瞋清淨若諸佛无上正
等菩提清淨若一切智智清淨无二无二分
無別無斷故
復次善現癡清淨故色清淨色清淨故一
切智智清淨何以故若癡清淨若色清淨若
一切智智清淨無二無二分無別無斷故癡清
淨故受想行識清淨受想行識清淨故一切
智智清淨何以故若癡清淨若受想行識清
淨若一切智智清淨無二無二分無別無斷
故善現癡清淨故眼處清淨眼處清淨故一
切智智清淨何以故若癡清淨若眼處清淨
若一切智智清淨無二無二分無別無斷故
癡清淨故耳鼻舌身意處清淨耳鼻舌身意
處清淨故一切智智清淨何以故若癡清淨

BD15034號　大般若波羅蜜多經卷二〇三　（20–11）

故善現癡清淨故眼處清淨眼處清淨故一
切智智清淨何以故若癡清淨若眼處清淨
若一切智智清淨無二無二分無別無斷故
癡清淨故耳鼻舌身意處清淨耳鼻舌身意
處清淨故一切智智清淨何以故若癡清淨
若耳鼻舌身意處清淨若一切智智清淨无
二无二分无別无斷故善現癡清淨故色處
清淨色處清淨故一切智智清淨何以故若
癡清淨若色處清淨若一切智智清淨无二
无二分无別无斷故癡清淨故聲香味觸法
處清淨聲香味觸法處清淨故一切智智清
淨何以故若癡清淨若聲香味觸法處清淨
若一切智智清淨無二無二分無別无斷故
善現癡清淨故眼界清淨眼界清淨故一切
智智清淨何以故若癡清淨若眼界清淨若
一切智智清淨無二無二分無別無斷故癡
清淨故色界眼識界及眼觸眼觸為緣所生
諸受清淨色界乃至眼觸為緣所生諸受清
淨故一切智智清淨何以故若癡清淨若色
界乃至眼觸為緣所生諸受清淨若一切智
智清淨無二無二分無別無斷故善現癡清
淨故耳界清淨耳界清淨故一切智智清淨
何以故若癡清淨若耳界清淨若一切智智
清淨無二無二分無別無斷故癡清淨故聲
界耳識界及耳觸耳觸為緣所生諸受清淨
聲界乃至耳觸為緣所生諸受清淨故一切
智智清淨何以故若癡清淨若聲界乃至耳
[illegible]

BD15034號　大般若波羅蜜多經卷二〇三　（20–12）

清淨無二無二分無別無斷故處清淨故聲
界耳識界及耳觸耳觸爲緣所生諸受清淨故一切
智智清淨何以故若處清淨若聲界乃至耳
觸爲緣所生諸受清淨若一切智智清淨无
二無二分無別無斷故善現處清淨故鼻界
清淨鼻界清淨故一切智智清淨何以故若
處清淨若鼻界清淨若一切智智清淨無二
無二分無別無斷故處清淨故香界鼻識界
及鼻觸鼻觸爲緣所生諸受清淨香界乃至
鼻觸爲緣所生諸受清淨故一切智智清淨
何以故若處清淨若香界乃至鼻觸爲緣所
生諸受清淨若一切智智清淨無二無二分
無別無斷故善現處清淨故舌界清淨舌界
清淨故一切智智清淨何以故若處清淨若
舌界清淨若一切智智清淨無二無二分无
別無斷故處清淨故味界舌識界及舌觸舌
觸爲緣所生諸受清淨味界乃至舌觸爲緣
所生諸受清淨故一切智智清淨何以故若
處清淨若味界乃至舌觸爲緣所生諸受清
淨若一切智智清淨無二無二分無別無斷
故善現處清淨故身界清淨身界清淨故一
切智智清淨何以故若處清淨若身界清淨
若一切智智清淨無二無二分無別無斷故
處清淨故觸界身識界及身觸身觸爲緣所
生諸受清淨觸界乃至身觸爲緣所生諸受
清淨故一切智智清淨何以故若處清淨若

BD15034號　大般若波羅蜜多經卷二〇三　（20–13）

若一切智智清淨無二無二分無別無斷故
處清淨故觸界身識界及身觸身觸爲緣所
生諸受清淨觸界乃至身觸爲緣所生諸受
清淨故一切智智清淨何以故若處清淨若
觸界乃至身觸爲緣所生諸受清淨若一切
智智清淨無二無二分無別無斷故善現處
清淨故意界清淨意界清淨故一切智智清淨
何以故若處清淨若意界清淨若一切智智
清淨無二無二分無別無斷故處清淨故法
界意識界及意觸意觸爲緣所生諸受清淨
法界乃至意觸爲緣所生諸受清淨故一切
智智清淨何以故若處清淨若法界乃至意
觸爲緣所生諸受清淨若一切智智清淨無
二無二分無別無斷故善現處清淨故地界
清淨地界清淨故一切智智清淨何以故若
處清淨若地界清淨若一切智智清淨無二
無二分無別無斷故處清淨故水火風空識
界清淨水火風空識界清淨故一切智智清
淨何以故若處清淨若水火風空識界清淨
若一切智智清淨無二無二分無別無斷故
善現處清淨故無明清淨無明清淨故一切
智智清淨何以故若處清淨若無明清淨若
一切智智清淨無二無二分無別無斷故處
清淨故行識名色六處觸受愛取有生老死
愁歎苦憂惱清淨行乃至老死愁歎苦憂惱
清淨故一切智智清淨何以故若處清淨若行
乃至老死愁歎苦憂惱清淨若一切智智

BD15034號　大般若波羅蜜多經卷二〇三　（20–14）

清淨故行識名色六處觸受愛取有生老死
愁歎苦憂惱清淨行乃至老死愁歎苦憂惱
清淨故一切智智清淨何以故若處清淨若行
乃至老死愁歎苦憂惱清淨若一切智智
清淨無二無二分無別無斷故
善現處清淨故布施波羅蜜多清淨布施波
羅蜜多清淨故一切智智清淨何以故若處
清淨若布施波羅蜜多清淨若一切智智清
淨無二無二分無別無斷故處清淨故淨戒
安忍精進靜慮般若波羅蜜多清淨淨戒乃
至般若波羅蜜多清淨故一切智智清淨何
以故若處清淨若淨戒乃至般若波羅蜜多
清淨若一切智智清淨無二無二分無別无
斷故善現處清淨故內空清淨內空清淨故
一切智智清淨何以故若處清淨若內空清
淨若一切智智清淨無二無二分無別無斷
故處清淨故外空內外空空空大空勝義空
有為空無為空畢竟空無際空散空無變異
空本性空自相空共相空一切法空不可得
空無性空自性空無性自性空清淨外空乃
至無性自性空清淨故一切智智清淨何以
故若處清淨若外空乃至無性自性空清淨
若一切智智清淨無二無二分無別無斷故
善現處清淨故真如清淨真如清淨故一切
智智清淨何以故若處清淨若真如清淨若
一切智智清淨無二無二分無別無斷故處
清淨故法界法性不虛妄性不變異性平等
性離生性法定法住實際虛空界不思議界

BD15034號　大般若波羅蜜多經卷二〇三　（20–15）

智智清淨何以故若處清淨若真如清淨若
一切智智清淨無二無二分無別無斷故處
清淨故法界法性不虛妄性不變異性平等
性離生性法定法住實際虛空界不思議界
清淨法界乃至不思議界清淨故一切智智
清淨何以故若處清淨若法界乃至不思議
界清淨若一切智智清淨無二無二分無別
無斷故善現處清淨故苦聖諦清淨苦聖諦
清淨故一切智智清淨何以故若處清淨若
苦聖諦清淨若一切智智清淨無二無二分
無別無斷故處清淨故集滅道聖諦清淨集
滅道聖諦清淨故一切智智清淨何以故若
處清淨若集滅道聖諦清淨若一切智智清
淨無二無二分無別無斷故善現處清淨故
四靜慮清淨四靜慮清淨故一切智智清淨
何以故若處清淨若四靜慮清淨若一切智
智清淨無二無二分無別無斷故處清淨故
四無量四無色定清淨四無量四無色定清
淨故一切智智清淨何以故若處清淨若四
無量四無色定清淨若一切智智清淨無二
無二分無別無斷故善現處清淨故八解脫
清淨八解脫清淨故一切智智清淨何以故
若處清淨若八解脫清淨若一切智智清淨
無二無二分無別無斷故處清淨故八勝處
九次第定十遍處清淨八勝處九次第定十
遍處清淨故一切智智清淨何以故若處清
淨若八勝處九次第定十遍處清淨若一切

BD15034號　大般若波羅蜜多經卷二〇三　（20–16）

若處清淨若八解脫清淨若一切智智清淨
無二無二分無別無斷故處清淨故八勝處
九次第定十遍處清淨八勝處九次第定十
遍處清淨故一切智智清淨何以故若處清
淨若八勝處九次第定十遍處清淨若一切
智智清淨無二無二分無別無斷故善現
處清淨故四念住清淨四念住清淨故一切
智智清淨何以故若處清淨若四念住清淨
若一切智智清淨無二無二分無別無斷故
處清淨故四正斷四神足五根五力七等覺
支八聖道支清淨四正斷乃至八聖道支清
淨故一切智智清淨何以故若處清淨若四
正斷乃至八聖道支清淨若一切智智清淨
無二無二分無別無斷故善現處清淨故空
解脫門清淨空解脫門清淨故一切智智清
淨何以故若處清淨若空解脫門清淨若一
切智智清淨無二無二分無別無斷故處清
淨故無相無願解脫門清淨無相無願解脫
門清淨故一切智智清淨何以故若處清淨
若無相無願解脫門清淨若一切智智清淨
無二無二分無別無斷故善現處清淨故菩
薩十地清淨菩薩十地清淨故一切智智清
淨何以故若處清淨若菩薩十地清淨若一
切智智清淨無二無二分無別無斷故
善現處清淨故五眼清淨五眼清淨故一切
智智清淨何以故若處清淨若五眼清淨若
一切智智清淨無二無二分無別無斷故處

BD15034號　大般若波羅蜜多經卷二〇三　（20-17）

切智智清淨無二無二分無別無斷故
善現處清淨故五眼清淨五眼清淨故一切
智智清淨何以故若處清淨若五眼清淨若
一切智智清淨無二無二分無別無斷故處
清淨故六神通清淨六神通清淨故一切智
智清淨何以故若處清淨若六神通清淨若
一切智智清淨無二無二分無別無斷故善
現處清淨故佛十力清淨佛十力清淨故一
切智智清淨何以故若處清淨若佛十力清
淨若一切智智清淨無二無二分無別無斷
故處清淨故四無所畏四無礙解大慈大悲
大喜大捨十八佛不共法清淨四無所畏乃
至十八佛不共法清淨故一切智智清淨何
以故若處清淨若四無所畏乃至十八佛不
共法清淨若一切智智清淨無二無二分無
別無斷故善現處清淨故無忘失法清淨無
忘失法清淨故一切智智清淨何以故若處
清淨若無忘失法清淨若一切智智清淨無
二無二分無別無斷故處清淨故恒住捨性
清淨恒住捨性清淨故一切智智清淨何以
故若處清淨若恒住捨性清淨若一切智智
清淨無二無二分無別無斷故善現處清淨
故一切智清淨一切智清淨故一切智智清
淨何以故若處清淨若一切智清淨若一切
智智清淨無二無二分無別無斷故處清淨
故道相智一切相智清淨道相智一切相智
清淨故一切智智清淨何以故若處清淨若

BD15034號　大般若波羅蜜多經卷二〇三　（20-18）

淨何以故若處清淨若一切智清淨若一切
智智清淨無二無二分無別無斷故處清淨
故道相智一切相智清淨道相智一切相智
清淨故一切智智清淨何以故若處清淨若
道相智一切相智清淨若一切智智清淨无
二無二分無別無斷故善現處清淨故一切陁
羅尼門清淨一切陁羅尼門清淨故一切智
智清淨何以故若處清淨若一切陁羅尼門
清淨若一切智智清淨無二無二分無別無
斷故處清淨故一切三摩地門清淨一切三
摩地門清淨故一切智智清淨何以故若處
清淨若一切三摩地門清淨若一切智智清
淨無二無二分無別無斷故
善現處清淨故預流果清淨預流果清淨故
一切智智清淨何以故若處清淨若預流果
清淨若一切智智清淨無二無二分無別无
斷故處清淨故一來不還阿羅漢果清淨一
來不還阿羅漢果清淨故一切智智清淨何
以故若處清淨若一來不還阿羅漢果清淨
若一切智智清淨無二無二分無別無斷故
善現處清淨故獨覺菩提清淨獨覺菩提
清淨故一切智智清淨何以故若處清淨若
獨覺菩提清淨若一切智智清淨無二無二分
無別無斷故善現處清淨故一切菩薩摩訶
薩行清淨一切菩薩摩訶薩行清淨故一切智
智清淨何以故若處清淨若一切菩薩摩訶
薩行清淨若一切智智清淨無二無二分無

BD15034 號　大般若波羅蜜多經卷二〇三　（20–19）

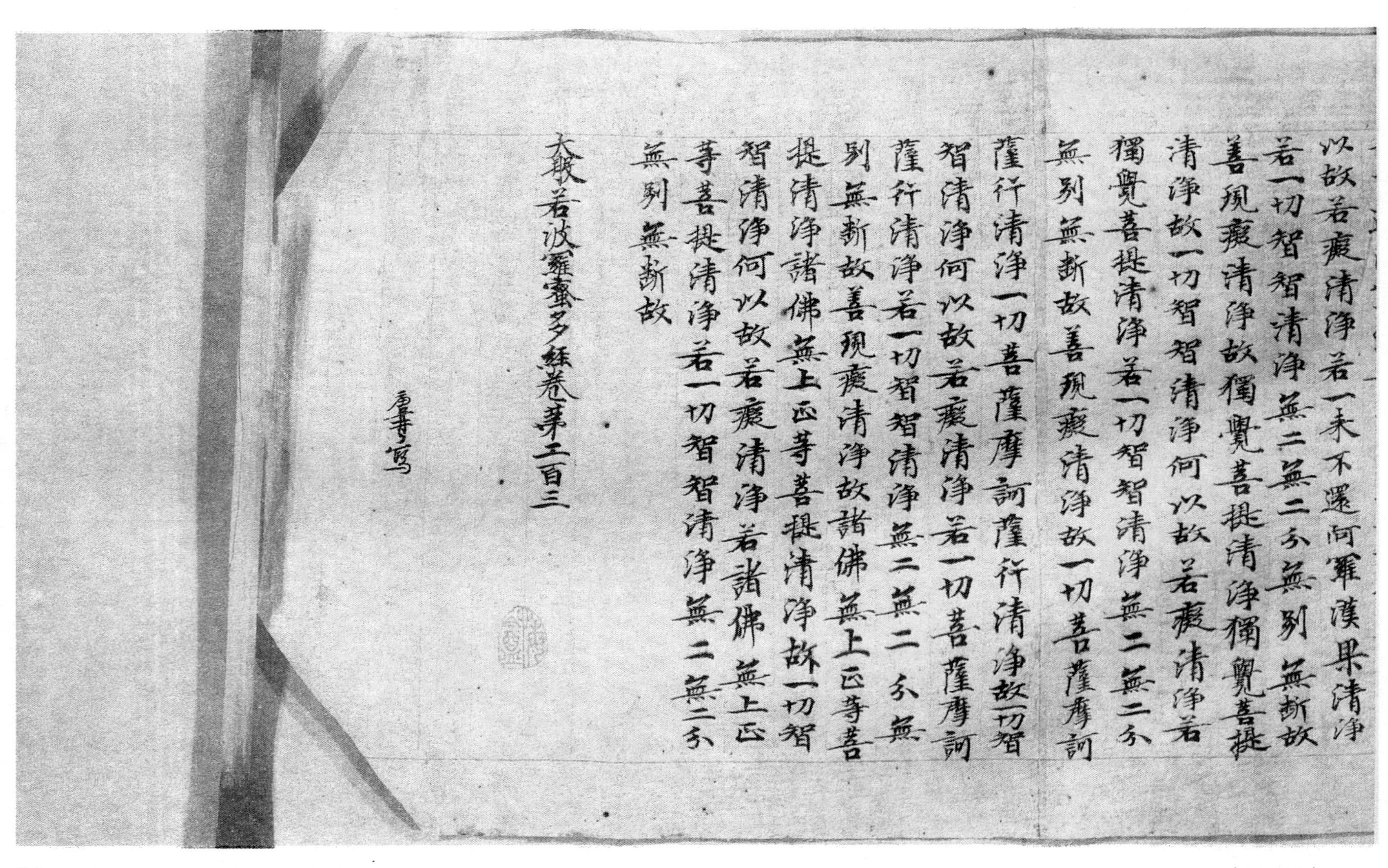
以故若處清淨若一來不還阿羅漢果清淨
若一切智智清淨無二無二分無別無斷故
善現處清淨故獨覺菩提清淨獨覺菩提
清淨故一切智智清淨何以故若處清淨若
獨覺菩提清淨若一切智智清淨無二無二分
無別無斷故善現處清淨故一切菩薩摩訶
薩行清淨一切菩薩摩訶薩行清淨故一切智
智清淨何以故若處清淨若一切菩薩摩訶
薩行清淨若一切智智清淨無二無二分無
別無斷故善現處清淨故諸佛無上正等菩
提清淨諸佛無上正等菩提清淨故一切智
智清淨何以故若處清淨若諸佛無上正
等菩提清淨若一切智智清淨無二無二分
無別無斷故

大般若波羅蜜多經卷第二百三

[illegible]寫

BD15034 號　大般若波羅蜜多經卷二〇三　（20–20）

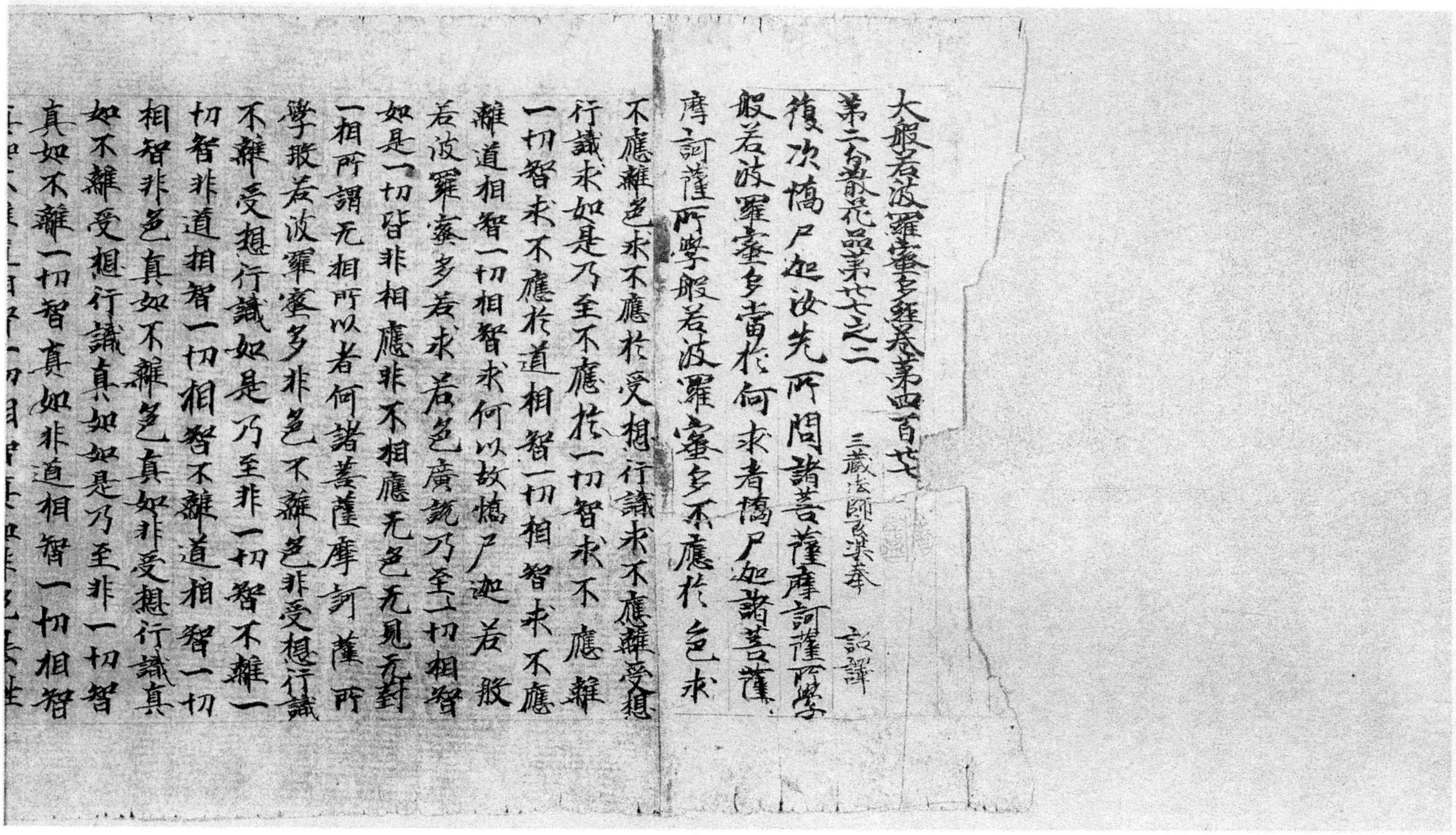
大般若波羅蜜多經卷第四百廿七
第二分散花品第廿七之二　三藏法師玄奘奉　詔譯
復次憍尸迦汝先所問諸菩薩摩訶薩所學
般若波羅蜜多當於何求者憍尸迦諸菩薩
摩訶薩所學般若波羅蜜多不應於色求
不應離色求不應於受想行識求不應離受想
行識求如是乃至不應於一切智求不應離
一切智求不應於道相智一切相智求不應
離道相智一切相智求何以故憍尸迦若般
若波羅蜜多若求若色廣說乃至一切相智
如是一切皆非相應非不相應无色无見无對
一相所謂无相所以者何諸菩薩摩訶薩所
學般若波羅蜜多非色不離色非受想行識
不離受想行識如是乃至非一切智不離一
切智非道相智一切相智不離道相智一切
相智非色真如不離色真如非受想行識真
如不離受想行識真如如是乃至非一切智
真如不離一切智真如非道相智一切相智

BD15035 號　大般若波羅蜜多經卷四二七　（21–1）

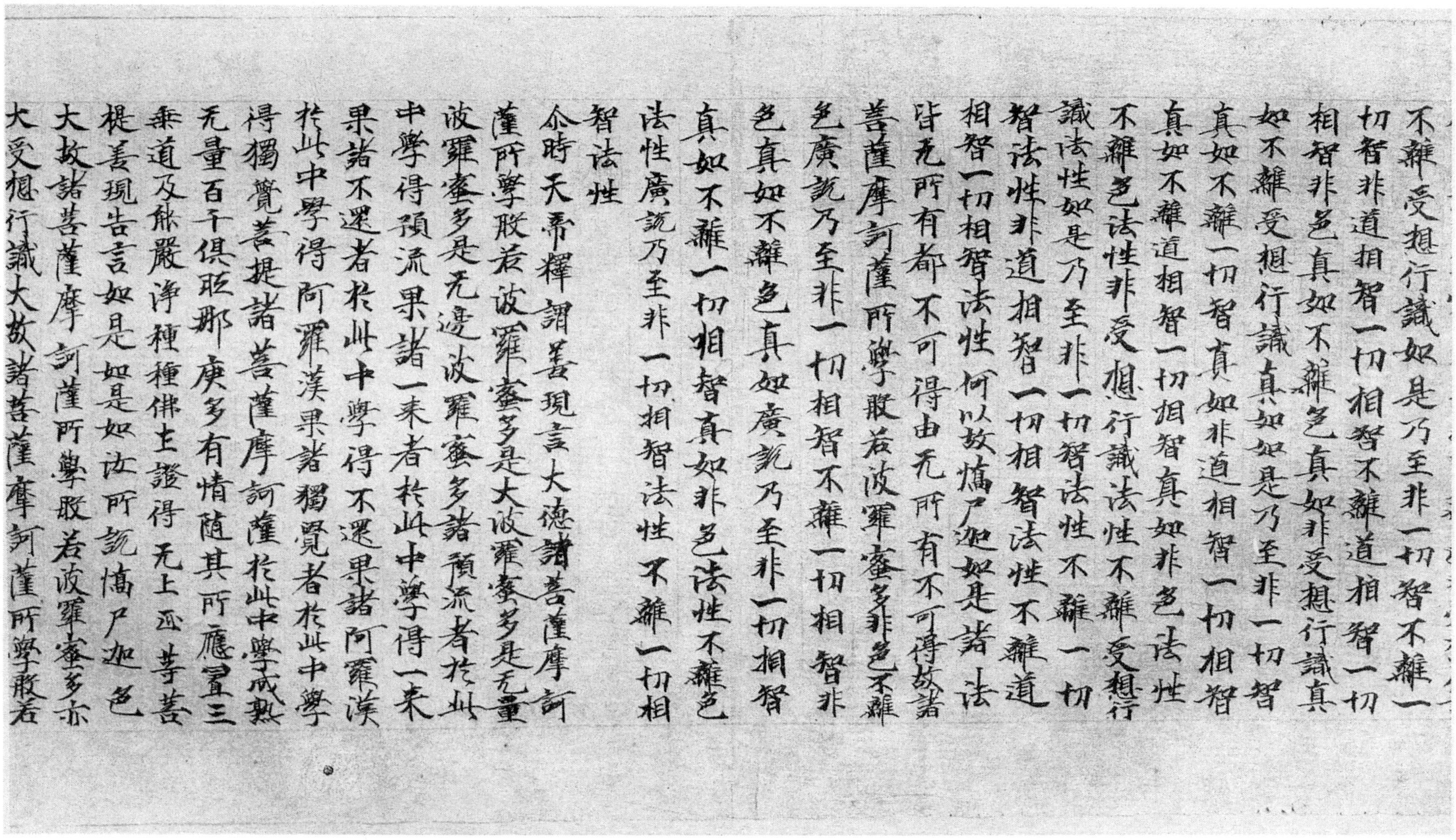
不離受想行識如是乃至非一切智不離一
切智非道相智一切相智不離道相智一切
相智非色真如不離色真如非受想行識真
如不離受想行識真如如是乃至非一切智
真如不離一切智真如非道相智一切相智
真如不離道相智一切相智真如非色法性
不離色法性非受想行識法性不離受想行
識法性如是乃至非一切智法性不離一切
智法性非道相智一切相智法性不離道
相智一切相智法性何以故憍尸迦如是諸法
皆无所有都不可得由无所有不可得故諸
菩薩摩訶薩所學般若波羅蜜多非色不離
色廣說乃至非一切相智不離一切相智非
色真如不離色真如廣說乃至非一切相智
真如不離一切相智真如非色法性不離色
法性廣說乃至非一切相智法性不離一切相
智法性
尒時天帝釋謂善現言大德諸菩薩摩訶
薩所學般若波羅蜜多是大波羅蜜多是无量
波羅蜜多是无邊波羅蜜多諸預流者於此
中學得預流果諸一來者於此中學得一來
果諸不還者於此中學得不還果諸阿羅漢
於此中學得阿羅漢果諸獨覺者於此中學
得獨覺菩提諸菩薩摩訶薩於此中學成熟
无量百千俱胝那庾多有情隨其所應置三
乘道及能嚴淨種種佛土證得无上正等菩
提善現告言如是如是如汝所說憍尸迦色
大故諸菩薩摩訶薩所學般若波羅蜜多亦
大受想行識大故諸菩薩摩訶薩所學般若

BD15035 號　大般若波羅蜜多經卷四二七　（21–2）

[illegible]獲菩提謂菩薩摩訶薩於此中學成熟
无量百千俱胝那庾多有情隨其所應置三
乘道及能嚴淨種種佛土證得无上正等菩
提善現告言如是如是如汝所說憍尸迦色
大故諸菩薩摩訶薩所學般若波羅蜜多亦
大受想行識大故諸菩薩摩訶薩所學般若
波羅蜜多亦大如是乃至一切智大故諸菩
薩摩訶薩所學般若波羅蜜多亦大道相智
一切相智大故諸菩薩摩訶薩所學般若波
羅蜜多亦大何以故憍尸迦以色乃至一切相
智前後中際皆不可得故說爲大由彼大
故諸菩薩摩訶薩所學般若波羅蜜多亦說
爲大由此因緣諸菩薩摩訶薩所學般若波
羅蜜多應說爲大波羅蜜多憍尸迦色无量
故諸菩薩摩訶薩所學般若波羅蜜多亦无
量受想行識无量故諸菩薩摩訶薩所學般
若波羅蜜多亦无量如是乃至一切智无量故
諸菩薩摩訶薩所學般若波羅蜜多亦无
量道相智一切相智无量故諸菩薩摩訶薩
所學般若波羅蜜多亦无量何以故憍尸迦
以色乃至一切相智量不可得譬如虛空量
不可得色等亦尒故說无量憍尸迦虛空无
量故色等无量色等无量故諸菩薩摩
訶薩所學般若波羅蜜多亦无量由此因緣諸
菩薩摩訶薩所學般若波羅蜜多應說爲无
量波羅蜜多憍尸迦色无邊故諸菩薩摩訶
薩所學般若波羅蜜多亦无邊受想行識无
邊故諸菩薩摩訶薩所學般若波羅蜜多亦
无邊如是乃至一切智无邊故諸菩薩摩訶
薩所學般若波羅蜜多亦无邊道相智一切

BD15035號　大般若波羅蜜多經卷四二七　（21–3）

[illegible]
量波羅蜜多憍尸迦色无邊故諸菩薩摩訶
薩所學般若波羅蜜多亦无邊受想行識无
邊故諸菩薩摩訶薩所學般若波羅蜜多亦
无邊如是乃至一切智无邊故諸菩薩摩訶
薩所學般若波羅蜜多亦无邊道相智一切
相智无邊故諸菩薩摩訶薩所學般若波羅
蜜多亦无邊何以故憍尸迦以色乃至一切相智
邊不可得譬如虛空邊不可得色等亦尒
故說无邊憍尸迦虛空无邊故色等亦无
邊色等无邊故諸菩薩摩訶薩所學般若波
羅蜜多亦无邊復次憍尸迦所緣无邊故諸
菩薩摩訶薩所學般若波羅蜜多亦无邊天
帝釋言云何所緣无邊故諸菩薩摩訶薩所
學般若波羅蜜多亦无邊善現答言一切智
智所緣无邊故諸菩薩摩訶薩所學般若波
羅蜜多亦无邊復次憍尸迦法界所緣无邊
故諸菩薩摩訶薩所學般若波羅蜜多亦无
邊天帝釋言云何法界所緣无邊故諸菩薩
摩訶薩所學般若波羅蜜多亦无邊善現答
言法界无邊故所緣亦无邊所緣无邊故法
界亦无邊法界所緣无邊故諸菩薩摩訶薩
所學般若波羅蜜多亦无邊復次憍尸迦真如
所緣无邊故諸菩薩摩訶薩所學般若波
羅蜜多亦无邊天帝釋言云何真如所緣无
邊故諸菩薩摩訶薩所學般若波羅蜜多亦
无邊善現答言真如无邊故所緣亦无邊所
緣无邊故真如亦无邊真如所緣无邊故諸
菩薩摩訶薩所學般若波羅蜜多亦无邊復
次憍[illegible]无邊故諸菩薩摩訶薩所學

BD15035號　大般若波羅蜜多經卷四二七　（21–4）

羅蜜多亦无邊天帝釋言云何真如所緣无
邊故諸菩薩摩訶薩所學般若波羅蜜多亦
无邊善現答言真如无邊故所緣亦无邊所
緣无邊故真如亦无邊真如所緣无邊故諸
菩薩摩訶薩所學般若波羅蜜多亦无邊復
次憍尸迦有情无邊故諸菩薩摩訶薩所學
般若波羅蜜多亦无邊天帝釋言云何有情
无邊故諸菩薩摩訶薩所學般若波羅蜜多
亦无邊善現答言於意云何言有情有情者
是何法增語天帝釋言言有情有情者非法
增語亦非非法增語但是假立客名所攝无
事名所攝无緣名所攝善現復言於意云何
於此般若波羅蜜多甚深經中為亦顯示有
實有情不天帝釋言不也大德善現告言於
此般若波羅蜜多甚深經中既不顯示有實
有情故說无邊以彼中邊不可得故憍尸迦
於意云何若諸如來應正等覺經殑伽沙等
劫住說諸有情名字此中頗有有情有生有
滅不天帝釋言不也大德何以故以諸有情本
性淨故彼從本來无所有故善現告言由
此我說有情无邊故諸菩薩摩訶薩所學般
若波羅蜜多亦无邊憍尸迦由此因緣諸菩薩
摩訶薩所學般若波羅蜜多應說為无邊

第二分授記品第廿八

尒時衆中天帝釋等欲界諸天梵天王等色
界諸天及伊舍那神仙天女同時三返稱讚
具壽善現所說謂作是言尊者善現以佛神
力為所依持善為我等分別開示甚深般若
波羅蜜多佛出世因无上法要若菩薩摩訶

BD15035號　大般若波羅蜜多經卷四二七　（21-5）

尒時衆中天帝釋等欲界諸天梵天王等色
界諸天及伊舍那神仙天女同時三返稱讚
具壽善現所說謂作是言尊者善現以佛神
力為所依持善為我等分別開示甚深般若
波羅蜜多佛出世因无上法要若菩薩摩訶
薩能於如是甚深般若波羅蜜多如說脩行
不遠離者我等於彼敬事如佛所以者何謂
此般若波羅蜜多甚深經中无法可得所謂
此中无色可得无受想行識可得如是乃至
无一切智可得无道相智一切相智可得雖
无如是諸法可得而有施設三乘聖教謂聲
聞獨覺无上乘教尒時佛告諸天等言如是
如是如汝所說於此般若波羅蜜多甚深經
中雖无色等諸法可得而有施設三乘聖教
若菩薩摩訶薩於此般若波羅蜜多以无所
得而為方便能如說行不遠離者汝諸天等
常應敬事如諸如來應正等覺何以故諸天
等於此般若波羅蜜多甚深經中雖廣說有
三乘聖教而說非即布施波羅蜜多如來可
得非離布施波羅蜜多如來可得乃至非即
般若波羅蜜多如來可得非離般若波羅蜜
多如來可得非即內空如來可得非離內空
如來可得乃至非即无性自性空如來可得
非離无性自性空如來可得非即四念住如
來可得非離四念住如來可得廣說乃至非
即十八佛不共法如來可得非離十八佛不
共法如來可得如是乃至非即一切智如來
可得非離一切智如來可得非即道相智一
切相智如來可得非離道相智一切相智如

BD15035號　大般若波羅蜜多經卷四二七　（21-6）

即十八佛不共法如來可得非離十八佛不
共法如來可得如是乃至非即一切智如來
可得非離一切智如來可得非即道相智一
切相智如來可得非離道相智一切相智如
來可得諸天等若菩薩摩訶薩於一切法以
无所得而為方便精勤脩學如是布施波羅
蜜多廣說乃至一切相智是菩薩摩訶薩於
此般若波羅蜜多能正脩行常不遠離是故
汝等應當敬事彼菩薩摩訶薩如諸如來應
正等覺天等當知我於往昔然燈佛時衆華
王都四衢道首見然燈佛獻五蓮花布髮掩
泥聞上妙法以无所得為方便故便得不離
布施波羅蜜多乃至般若波羅蜜多不離內
空乃至无性自性空不離四念住乃至八聖
道支不離四靜慮四无量四无色定不離一
切三摩地門一切陁羅尼門不離佛十力四无
所畏四无礙解大慈大悲大喜大捨十八
佛不共法不離諸餘无量无數无邊佛法
時然燈佛即便授我无上正等大菩提記作是
言善男子汝於來世過无數劫即於此界賢
劫之中當得作佛号釋迦牟尼如來應正等
覺宣說般若波羅蜜多度无量衆時諸天等
咸白佛言希有世尊希有善逝如是般若波
羅蜜多甚為希有令諸菩薩摩訶薩衆速能
攝受一切智智以无所得而為方便於一切色
无取无捨於受想行識无取无捨乃至於一
切智无取无捨於道相智一切相智无取
无捨
尒時佛觀四衆和合謂苾芻苾芻尼鄔波索

无取无捨於受想行識无取无捨乃至於一
切智无取无捨於道相智一切相智无取
无捨
尒時佛觀四衆和合謂苾芻苾芻尼鄔波索
迦鄔波斯迦及諸菩薩摩訶薩衆并四大王
衆天乃至色究竟天皆來集會同為明證於
是顧命天帝釋言憍尸迦若菩薩摩訶薩若
苾芻苾芻尼鄔波索迦鄔波斯迦若諸天
子天女若善男子善女人等不離一切智智心
以无所得而為方便於此般若波羅蜜多恭敬
聽聞受持讀誦精勤脩學如理思惟為他
演說廣令流布當知是輩一切惡魔及惡魔
軍不能嬈害何以故憍尸迦是善男子善女
人等善住色空无相无願善住受想行識空
无相无願如是乃至善住一切智空无相无
願善住道相智一切相智空无相无願不可
以空嬈害於空不可以无相嬈害无相不可
以无願嬈害无願所以者何如是諸法皆无
自性能所嬈害俱不可得復次憍尸迦是善男
子善女人等人及非人不能嬈害何以故
憍尸迦是善男子善女人等以无所得而為
方便於諸有情善脩慈悲喜捨心故復次憍
尸迦是善男子善女人等終不橫為諸險惡
緣之所惱害亦不橫死何以故憍尸迦是善男
子善女人等脩行布施波羅蜜多於諸有
情正安養故復次憍尸迦於此三千大千世
界所有四大王衆天乃至廣果天已發无上
菩提心者於此般若波羅蜜多若未聽聞受
持讀誦精勤脩學如理思惟令應不離一切

情正安養故復次憍尸迦於此三千大千世
界所有四大王衆天乃至廣果天已發无上
菩提心者於此般若波羅蜜多若未聽聞受
持讀誦精勤脩學如理思惟令應不離一切
智智心以无所得而爲方便於此般若波羅
蜜多至心聽聞受持讀誦精勤脩學如理思
惟復次憍尸迦善若男子善女人等不離一
切智智心以无所得而爲方便於此般若波
羅蜜多至心聽聞受持讀誦精勤脩學如理
思惟是善男子善女人等若在空宅若在曠
野若在險道及危難處終不怖畏驚恐毛竪
何以故憍尸迦是善男子善女人等不離一
切智智心以无所得而爲方便脩内空乃
至无性自性空故尒時於此三千大千堪忍
世界所有四大王衆天乃至色究竟天等恭
敬合掌同白佛言世尊若善男子善女人等
不離一切智智心以无所得而爲方便常能
於此甚深般若波羅蜜多至心聽聞受持讀
誦精勤脩學如理思惟書寫解説廣令流布
我諸天等常隨擁護不令一切灾横侵惱何
以故世尊此善男子善女人等即是菩薩摩
訶薩故世尊由是菩薩摩訶薩故令諸有情
永斷地獄傍生鬼界阿素洛等諸險惡趣世
尊由是菩薩摩訶薩故令諸天人藥叉龍等
永離一切灾横疾疫貧窮飢渴寒熱等苦世
尊由是菩薩摩訶薩故令諸天人阿素洛等
永離種種不如意事所住之處兵戈永息一
切有情慈心相向世尊由是菩薩摩訶薩故
世間便有十善業道若四静慮四无量四无

BD15035 號　大般若波羅蜜多經卷四二七　（21–9）

永離一切灾横疾疫貧窮飢渴寒熱等苦世
尊由是菩薩摩訶薩故令諸天人阿素洛等
永離種種不如意事所住之處兵戈永息一
切有情慈心相向世尊由是菩薩摩訶薩故
世間便有十善業道若四静慮四无量四无
色定若布施波羅蜜多乃至般若波羅蜜多
若内空乃至无性自性空若四念住廣説乃
至十八佛不共法乃至若一切智道相智一
切相智世尊由是菩薩摩訶薩故世間便有
刹帝利大族婆羅門大族長者大族居士大
族諸小國王轉輪聖王輔臣僚佐世尊由是
菩薩摩訶薩故世間便有四大王衆天乃至
他化自在天梵衆天乃至色究竟天空无邊
處天乃至非想非非想處天世尊由是菩薩摩
訶薩故世間便有預流及預流果乃至阿羅
漢及阿羅漢果若獨覺及獨覺菩提世尊由
是菩薩摩訶薩故世間便有諸菩薩摩訶薩
成熟有情嚴淨佛土證得无上正等菩提轉妙
法輪度无量衆世尊由是菩薩摩訶薩故
世間便有佛寶法寶苾芻僧寶利益安樂一
切有情世尊由此因緣我等天衆及阿素洛
諸龍藥叉并大勢力人非人等常應隨逐恭
敬守護此諸菩薩摩訶薩衆不令一切灾横
侵惱令於般若波羅蜜多聽聞受持讀誦脩
學如理思惟書寫等事暫无間斷尒時世尊
告天帝釋及餘天龍阿素洛等如是如是如汝
所説由是菩薩摩訶薩故令諸有情永斷惡
趣乃至三寶出現世間與諸有情作大饒益
是故汝等諸天龍神及大勢力人非人等

BD15035 號　大般若波羅蜜多經卷四二七　（21–10）

學如理思惟書寫等事常无間斷尒時世尊
告天帝釋及餘天龍阿素洛等如是如是如汝
所說由是菩薩摩訶薩故令諸有情永斷惡
趣乃至三寶出現世間與諸有情作大饒益
是故汝等諸天龍神及大勢力人非人等
常應隨逐供養恭敬尊重讚歎勤加守護此
菩薩摩訶薩勿令一切災橫侵惱汝等若能
供養恭敬尊重讚歎勤加守護是諸菩薩摩
訶薩者當知即為供養恭敬尊重讚歎勤加
守護我及十方一切如來應正等覺是故汝
等常應隨逐此菩薩摩訶薩供養恭敬尊
重讚歎勤加守護无得暫捨天帝當知假使充
滿三千大千佛之世界聲聞獨覺譬如甘蔗
蘆葦竹林稻麻叢等間无空隙有善男子善
女人等於彼福田以无量種上妙樂具供養
恭敬尊重讚歎盡其形壽若復有人經須臾
頃供養恭敬尊重讚歎一初發心不離六波
羅蜜多菩薩摩訶薩以前功德比此福聚百
分不及一千分不及一乃至鄔波尼殺曇分亦
不及一何以故不由聲聞及獨覺故有菩
薩摩訶薩及諸如來應正等覺出現世間但
由菩薩摩訶薩故世間便有聲聞獨覺及諸
如來應正等覺是故汝等一切天龍及阿素
洛人非人等常應守護供養恭敬尊重讚歎
是菩薩摩訶薩勿令一切災橫侵惱汝等由
此所獲福聚於人天中常得安樂至得无上
正等菩提此所獲福恒无有盡
第二分攝受品第廿九
尒時天帝釋白佛言世尊諸菩薩摩訶薩甚

BD15035號　大般若波羅蜜多經卷四二七　（21-11）

是菩薩摩訶薩勿令一切災橫侵惱汝等由
此所獲福聚於人天中常得安樂至得无上
正等菩提此所獲福恒无有盡
第二分攝受品第廿九
尒時天帝釋白佛言世尊諸菩薩摩訶薩甚
奇希有於此般若波羅蜜多至心聽聞受持
讀誦精勤脩學如理思惟書寫解說廣令流
布攝受如是希有現法功德勝利成熟有情
嚴淨佛土從一佛國至一佛國親近承事諸
佛世尊於諸善根隨所欣樂以於諸佛供養恭
敬尊重讚歎即能生長速令圓滿於諸佛所
聽受正法乃至无上正等菩提於其中間曾
不忘失速能攝受族姓圓滿生母圓滿生身
圓滿眷屬圓滿相好圓滿光明圓滿勝眼圓滿
勝耳圓滿音聲圓滿等持圓滿總持圓滿
復以方便善巧之力自化其身如佛形像從一
世界趣一世界至无佛土讚說布施波羅
蜜多乃至般若波羅蜜多讚說內空乃至无
性自性空讚說四靜慮四无量四无色定讚
說四念住廣說乃至十八佛不共法復以方
便善巧之力為諸有情宣說法要隨宜安置
三乘法中令永解脫生老病死證无餘依般
涅槃界或復拔濟諸惡趣苦令天人中受諸
妙樂時天帝釋復白佛言如是般若波羅蜜
多甚奇希有若能攝受如是般若波羅蜜
多則為具足攝受六種波羅蜜多廣說乃至則
為具足攝受十八佛不共法亦為具足攝受
預流一來不還阿羅漢果獨覺菩提一切菩
薩摩訶薩行諸佛无上正等菩提一切智道

BD15035號　大般若波羅蜜多經卷四二七　（21-12）

多甚奇希有若能攝受如是般若波羅蜜
多則為具足攝受六種波羅蜜多廣說乃至則
為具足攝受十八佛不共法亦為具足攝受
預流一來不還阿羅漢果獨覺菩提一切菩
薩摩訶薩行諸佛无上正等菩提一切智道
相智一切相智尒時佛告天帝釋言如是如
是如汝所說若能攝受如是般若波羅蜜多
則為具足攝受六種波羅蜜多廣說乃至則
為具足攝受一切相智
復次憍尸迦若善男子善女人等能於般若
波羅蜜多至心聽聞受持讀誦精勤脩學如
理思惟書寫解說廣令流布是善男子善女
人等攝受種種現法當來功德勝利汝應諦
聽極善作意吾當為汝分別解說天帝釋言
唯然大聖願時為說我等樂聞佛告憍尸迦
若有種種外道族類若諸欲界自在天魔及
彼眷屬若餘暴惡增上慢者欲於如是諸善
男子善女人等發起種種不饒益事欲令遠
離違害毀呰般若波羅蜜多彼適起心
速遭殃禍自當殄滅不果所願何以故憍尸
迦是菩薩摩訶薩長夜脩行布施淨戒安忍
精進靜慮般若波羅蜜多若諸有情為慳
貪故長夜鬪諍是菩薩摩訶薩於內外法一
切皆捨方便令彼安住布施波羅蜜多若諸有
情長夜破戒是菩薩摩訶薩於內外法一切
皆捨方便令彼安住淨戒波羅蜜多若諸有
情長夜瞋恚是菩薩摩訶薩於內外法一切
皆捨方便令彼安住安忍波羅蜜多若諸有
情長夜懈怠是菩薩摩訶薩於內外法一切

BD15035號　大般若波羅蜜多經卷四二七　（21–13）

情長夜破戒是菩薩摩訶薩於內外法一切
皆捨方便令彼安住淨戒波羅蜜多若諸有
情長夜瞋恚是菩薩摩訶薩於內外法一切
皆捨方便令彼安住安忍波羅蜜多若諸有
情長夜懈怠是菩薩摩訶薩於內外法一切
皆捨方便令彼安住精進波羅蜜多若諸有
情長夜散乱是菩薩摩訶薩於內外法一切
皆捨方便令彼安住靜慮波羅蜜多若諸有
情長夜愚癡是菩薩摩訶薩於內外法一切
皆捨方便令彼安住般若波羅蜜多若諸有
情流轉生死長夜恒為貪瞋癡等隨眠纏垢
擾乱其心造作種種不饒益事是菩薩摩訶
薩方便善巧令彼斷滅貪瞋癡等隨眠纏垢
令其安住四靜慮四无量四无色定或令安
住四念住廣說乃至八聖道支或令安住空无
相无願解脫門或令安住預流果乃至阿羅
漢果或令安住獨覺菩提或令安住菩薩
十地或令安住諸佛无上正等菩提憍尸迦
如是名為於此般若波羅蜜多至心聽聞受
持讀誦精勤脩學如理思惟書寫解說廣令
流布諸菩薩摩訶薩攝受現法功德勝利憍
尸迦是菩薩摩訶薩由此因緣於當來世速
證无上正等菩提轉妙法輪化无量眾隨本
所願方便安立令於三乘脩學究竟乃至證
得无餘涅槃憍尸迦如是名為於此般若波
羅蜜多至心聽聞受持讀誦精勤脩學如理
思惟書寫解說廣令流布諸菩薩摩訶薩
攝受當來功德勝利

BD15035號　大般若波羅蜜多經卷四二七　（21–14）

[illegible]令於三乘修學究竟乃至證
得无餘涅槃憍尸迦如是名為於此般若波
羅蜜多至心聽聞受持讀誦精勤脩學如理
思惟書寫解說廣令流布諸菩薩摩訶薩
攝受當來功德勝利
復次憍尸迦若善男子善女人等於此般若
波羅蜜多至心聽聞受持讀誦勤精脩學如
理思惟書寫解說廣令流布其地方所若有
惡魔及魔眷屬若有種種外道族類若餘
暴惡增上慢者憎嫉般若波羅蜜多欲為障礙
破壞隱沒方便詰責陵辱違拒雖有此願終
不能成彼因暫聞般若聲故衆惡漸滅功德
漸生後依三乘得盡苦際或脫惡趣生天人
中憍尸迦如有妙藥名曰莫耆是藥威勢能
銷衆毒如是妙藥隨所在處諸毒蟲類不能
逼近有大毒虵飢行求食遇見生類欲螫噉
之其生怖死馳趣妙藥虵聞藥氣尋便退走
何以故憍尸迦如是妙藥具大威勢能益身
命伏銷衆毒當知般若波羅蜜多具大威勢
亦復如是若善男子善女人等至心聽聞受
持讀誦精勤脩學如理思惟書寫解說廣令
流布諸惡魔等於此菩薩摩訶薩所欲為
惡事由此般若波羅蜜多威神力故令彼惡事
於其方所自當殄滅无所能為何以故憍尸
迦由此般若波羅蜜多具大威力能摧衆惡
增善法故憍尸迦云何般若波羅蜜多能摧
衆惡增長諸善憍尸迦如是般若波羅蜜多
能滅貪欲瞋恚愚癡无明乃至純大苦蘊
障蓋隨眠纏垢結縛若我見有情見補特伽
羅見斷見常見有見无見乃至種種諸惡見趣

BD15035號　大般若波羅蜜多經卷四二七　（21–15）

迦由此般若波羅蜜多具大威力能摧衆惡
增善法故憍尸迦云何般若波羅蜜多能摧
衆惡增長諸善憍尸迦如是般若波羅蜜多
能滅貪欲瞋恚愚癡无明乃至純大苦蘊
障蓋隨眠纏垢結縛若我見有情見補特伽
羅見斷見常見有見无見乃至種種諸惡見趣
慳貪破戒忿恚懈怠散亂愚癡常想樂想我
想淨想及餘一切貪瞋癡慢疑見行等憍尸
迦如是般若波羅蜜多能滅色著乃至識著
能滅眼著乃至意著能滅色著乃至法著能
滅眼識著乃至意識著能滅眼觸著乃至意
觸著能滅眼觸所生受著乃至意觸所生受
著能滅布施波羅蜜多著乃至般若波羅蜜
多著能滅內空著乃至无性自性空著能滅四
念住著廣說乃至十八佛不共法著能滅
一切智道相智一切相智著能滅菩提涅槃
著憍尸迦如是般若波羅蜜多能滅此等一
切惡法及能增長彼諸對治是故般若波羅
蜜多具大威力最尊最勝
復次憍尸迦若善男子善女人等於此般若
波羅蜜多至心聽聞受持讀誦精勤脩學如
理思惟書寫解說廣令流布是善男子善女
人等常為三千大千世界四大天王及天帝
釋堪忍界主大梵天王淨居天等天龍藥叉
阿素洛等并餘善神皆來擁護不令一切灾
橫侵惱如法所求无不滿足東西南北四維
上下殑伽沙等諸佛世界一切如來應正等
覺亦常護念是善男子善女人等令惡漸滅
善法轉增謂令增長布施波羅蜜多乃至般
[illegible]亦令增長

BD15035號　大般若波羅蜜多經卷四二七　（21–16）

[illegible]
擯僂惱如法所求无不滿足東西南北四維
上下殑伽沙等諸佛世界一切如來應正等
覺亦常護念是善男子善女人等令惡漸滅
善法轉增謂令增長布施波羅蜜多乃至般
若波羅蜜多以无所得爲方便故亦令增長
内空觀乃至无性自性空觀以无所得爲方
便故亦令增長四念住廣說乃至十八佛不
共法以无所得爲方便故亦令增長一〻一
摩地門及一切陀羅尼門以无所得爲〻便
故亦令增長一切智道相智一切相智以
无所得爲方便故憍尸迦是善男子善女人等
由此因緣言詞威肅聞皆敬受稱量談說
語无謬亂善知恩報堅事善友不爲慳嫉忿
恨覆惱諂誑憍等之所隱蔽憍尸迦是善男
子善女人等自能離斷生命亦勸他離斷生
命无倒稱揚離斷生命法歡喜讚歎離斷生
命者乃至自能離耶見亦勸他離耶見无倒
稱揚離耶見法歡喜讚歎離耶見者自能行
布施波羅蜜多亦勸他行布施波羅蜜多无
倒稱揚行布施波羅蜜多法歡喜讚歎行布
施波羅蜜多者乃至自能行般若波羅蜜多
亦勸他行般若波羅蜜多无倒稱揚行般若
波羅蜜多法歡喜讚歎行般若波羅蜜多者
自能行内空亦勸他行内空无倒稱揚行内
空法歡喜讚歎行内空者乃至自能行无性
自性空亦勸他行无性自性空无倒稱揚行
无性自性空法歡喜讚歎行无性自性空者
自能脩一切三摩地門亦勸他脩一切三摩地
門无倒稱揚脩一切三摩地門法歡喜讚歎

BD15035 號　大般若波羅蜜多經卷四二七　（21–17）

空法歡喜讚歎行内空者乃至自能行无性
自性空亦勸他行无性自性空无倒稱揚行
无性自性空法歡喜讚歎行无性自性空者
自能脩一切三摩地門亦勸他脩一切三摩地
門无倒稱揚脩一切三摩地門法歡喜讚歎
脩一切三摩地門者自能脩一切陀羅尼門
亦勸他脩一切阿羅尼門无倒稱揚脩一
切陀羅尼門法歡喜讚歎脩一切陀羅尼門
者自能脩四静慮亦勸他脩四静慮无倒稱
揚脩四静慮法歡喜讚歎脩四静慮者自能
脩四无量亦勸他脩四无量无倒稱揚脩四
无量法歡喜讚歎四无量者自能脩四无
色定亦勸他脩四无色定无倒稱揚脩四无
色定法歡喜讚歎脩四无色定者自能脩四
念住亦勸他脩四念住无倒稱揚脩四念住
法歡喜讚歎脩四念住者乃至自能脩八聖
道支亦勸他脩八聖道支无倒稱揚脩八聖
道支法歡喜讚歎脩八聖道支者自能脩三
解脫門亦勸他脩三解脫門无倒稱揚脩三
解脫門法歡喜讚歎脩三解脫門者自能脩
八解脫亦勸他脩八解脫无倒稱揚脩八解
脫法歡喜讚歎脩八解脫者自能順逆入九
次第定亦勸他順逆入九次第定无倒稱揚
順逆入九次第定法歡喜讚歎順逆入九次
第定者自能脩佛十力亦勸他脩佛十力
无倒稱揚脩佛十力法歡喜讚歎脩佛十力
者乃至自能脩十八佛不共法亦勸他脩十八
佛不共法无倒稱揚脩十八佛不共法歡喜
讚歎脩十八佛不共法者自能脩无忘失法恒

BD15035 號　大般若波羅蜜多經卷四二七　（21–18）

弟定者自能脩佛十力亦勸他脩佛十力
无倒稱揚脩佛十力法歡喜讚歎脩佛十力
者乃至自能脩十八佛不共法亦勸他脩十八
佛不共法无倒稱揚脩十八佛不共法歡喜
讚歎脩十八佛不共法者自能脩无忘失法恒
住捨性亦勸他脩无忘失法恒住捨性无
倒稱揚脩无忘失法恒住捨性法歡喜讚歎
脩无忘失法恒住捨性者自能脩一切智道
相智一切相智亦勸他脩一切智道相智一
切相智无倒稱揚脩一切智道相智一切相
智法歡喜讚歎脩一切智道相智一切相智
者憍尸迦是善男子善女人等脩行布施乃
至般若波羅蜜多以无所得而爲方便與諸
有情平等共有迴向无上正等菩提憍尸迦
是善男子善女人等常住是念我若不行布
施波羅蜜多當生貧賤家尚无勢力何能成
熟一切有情嚴淨佛土況當能得一切智智
我若不護淨戒波羅蜜多當生諸惡趣尚不
能得下賤人身何能成熟一切有情嚴淨佛
土況當能得一切智智我若不脩安忍波羅
蜜多當諸根殘缺形貌醜陋不具菩薩圓滿
色身若得菩薩圓滿色身行菩薩行有情
見者深生歡喜信受所説必獲无上正等菩提
若不得此圓滿色身何能成熟一切有情嚴
淨佛土況當能得一切智智我若懈怠不起
精進波羅蜜多尚不能得菩薩勝道何能成
熟一切有情嚴淨佛土況當能得一切智智
我若心乱不入靜慮波羅蜜多尚不能起菩
薩勝定何能成熟一切有情嚴淨佛土況當

BD15035號　大般若波羅蜜多經卷四二七　（21–19）

色身若得菩薩圓滿色身行菩薩行有情
見者深生歡喜信受所説必獲无上正等菩提
若不得此圓滿色身何能成熟一切有情嚴
淨佛土況當能得一切智智我若懈怠不起
精進波羅蜜多尚不能得菩薩勝道何能成
熟一切有情嚴淨佛土況當能得一切智智
我若心乱不入靜慮波羅蜜多尚不能起菩
薩勝定何能成熟一切有情嚴淨佛土況當
能得一切智智我若无智不學般若波羅蜜
多尚不能得方便善巧超二乘地何能成熟
一切有情嚴淨佛土況當能得一切智智憍
尸迦是善男子善女人等常住是念我不應
隨慳貪勢力若隨彼力則我布施波羅蜜多
不得圓滿我不應隨破戒勢力若隨彼力則
我淨戒波羅蜜多不得圓滿我不應隨忿恚
勢力若隨彼力則我安忍波羅蜜多不得圓
滿我不應隨懈怠勢力若隨彼力則我精進
波羅蜜多不得圓滿我不應隨心乱勢力若隨
彼力則我靜慮波羅蜜多不得圓滿我不應
隨愚癡勢力若隨彼力則我般若波羅蜜多
不得圓滿若我所脩布施淨戒安忍精進靜慮
般若波羅蜜多不圓滿者終不能得一切智智
憍尸迦是善男子善女人等不離一切智智
心以无所得而爲方便於此般若波羅蜜多
至心聽聞受持讀誦精勤脩學如理思惟書
寫解説廣令流布必獲如是現法當來功德
勝利

大般若波羅蜜多經卷第四百廿七

尼善惠

BD15035號　大般若波羅蜜多經卷四二七　（21–20）

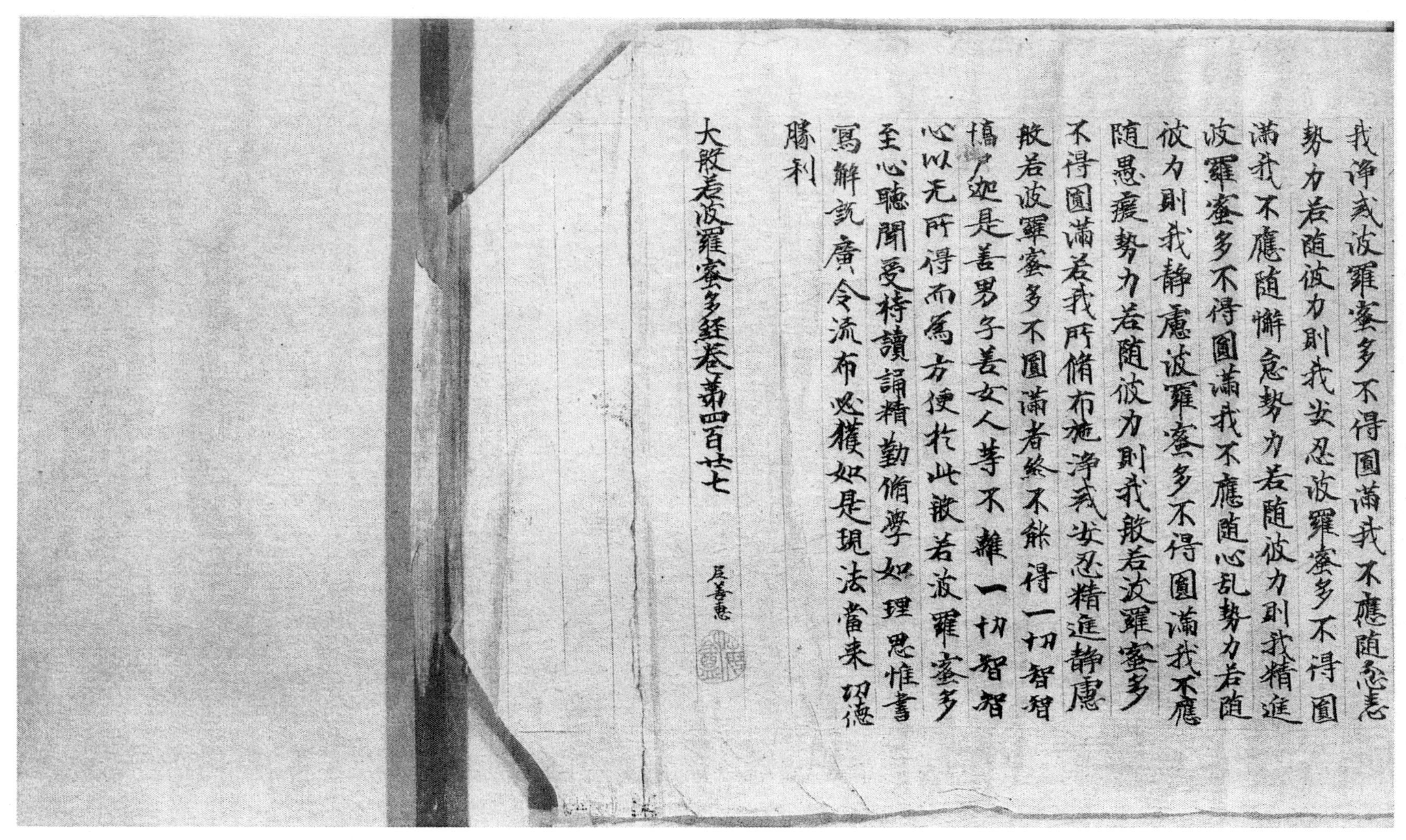
我淨戒波羅蜜多不得圓滿我不應隨忿恚
勢力若隨彼力則我安忍波羅蜜多不得圓
滿我不應隨懈怠勢力若隨彼力則我精進
波羅蜜多不得圓滿我不應隨心乱勢力若隨
彼力則我靜慮波羅蜜多不得圓滿我不應
隨愚癡勢力若隨彼力則我般若波羅蜜多
不得圓滿若我所脩布施淨戒安忍精進靜慮
般若波羅蜜多不圓滿者終不能得一切智智
憍尸迦是善男子善女人等不離一切智智
心以无所得而為方便於此般若波羅蜜多
至心聽聞受持讀誦精勤脩學如理思惟書
寫解說廣令流布必獲如是現法當來功德
勝利

大般若波羅蜜多經卷第四百廿七

尼善惠

BD15035 號　大般若波羅蜜多經卷四二七　（21–21）

意佛言若復有人受佛淨戒遵奉明法不解
罪福雖知明經不及中義不能分别曉了中事
以自貢高恒當瞻憒乃與世間衆魔從事更
作縛者不解行之瘱著婦女恩愛之情口爲
說空行在有中不能發覺復不自知但能論
說他人是非如此人輩皆當墮三惡道中聞
我說是藥師琉璃光本願功德无不歡喜念
欲捨家行作沙門者也
佛言世間有人好自稱譽皆是貢高當墮三
惡道中後還爲人牛馬奴婢主下賤中人當
乘其力負重而行困苦疲極忘去人身聞我說
是藥師琉璃光如來本願功德者皆當一心
歡喜踊躍更作謙敬即得解脫衆苦之患長
得歡樂聰明智慧遠離惡道得生善處與
善知識共相值遇无復憂惱離諸魔縛佛言
世間愚癡人輩兩舌鬪諍惡口罵詈更相嫉恨
或就山神樹下鬼神日月之神南斗北辰諸鬼
神所作諸呪誓或作人名字或作人形像或作

BD15036 號　灌頂章句拔除過罪生死得度經　（12–1）

歡喜踊躍更作誦教即得解脫衆苦之患長
得歡樂聡明智慧遠離悪道得生善處與
善知識共相值遇无復憂惱離諸魔縛佛言
世間愚癡人輩兩舌鬪諍悪口罵詈更相嫌恨
或就山神樹下鬼神日月之神南斗北辰諸鬼
神所作諸呪誓或作人名字或作人形像或作
符書以相厭禱呪咀言説聞我説是藥師琉
璃光佛本願功徳无不兩作和解俱生慈心悪
意悉滅各各歡喜无復悪念佛言若四
輩弟子比丘比丘尼清信士清信女常脩月
六齋年三長齋或晝夜精勤一心苦行願
欲往生西方阿弥陁佛國者憶念晝夜若一
日若二日三日四日五日六日七日或復中悔
聞我説是藥師琉璃光本願功徳盡其壽命
欲終之時有八菩薩
文殊師利菩薩　觀世音菩薩　德大勢至菩薩　无盡意菩薩
寶檀華菩薩　藥王菩薩　藥上菩薩　弥勒菩薩
是八菩薩皆當飛往迎其精神不經八難生蓮
華中自然音樂而相娯樂
佛言假使壽命自欲盡時臨終之日得聞我説
是藥師琉璃光佛本願功徳者命終皆得上
生天上不復經歷三悪道中天上福盡若下
生人間當為帝王家作子或生豪姓長者居
士冨貴家生皆當端正聡明智慧高才勇猛
若是女人化成男子无復憂惱患難者也佛語
文殊師利我稱譽顯説藥師琉璃光佛至真
等正覺本所脩集无量行願功徳如是文
殊師利從坐而起長跪叉手前白佛言世尊

生人間當為帝王家作子或生豪姓長者居
士冨貴家生皆當端正聡明智慧高才勇猛
若是女人化成男子无復憂惱患難者也佛語
文殊師利我稱譽顯説藥師琉璃光佛至真
等正覺本所脩集无量行願功徳如是文
殊師利從坐而起長跪叉手前白佛言世尊
佛去世後當以此法開化十方一切衆生使其
受持是經典者
若有善男子善女人愛樂是經受持讀誦宣
通之者復能専念一日二日三日四日五日乃至
七日憶念不忘能以好素帛書取是經五色
雜綵作囊盛之者是時當有諸天善神四天
大王龍神八部常來營衛愛敬此經者日日作
礼持是經者不墮横死所在安隱悪氣消滅
諸魔鬼神亦不中害佛言如是如是如汝所説
文殊師利言天尊所説言无不善佛語文殊
師利若有善男子善女人等發心欲造立藥
師琉璃光如來形像供養礼拜懸雜色旛蓋
焼香散花歌詠讃歎圍繞百帀還坐本處
端坐思惟念藥師琉璃光佛无量功徳若有
善男子善女人七日七夜菜食長齋礼拜藥
師琉璃光佛求心中所願者无不獲得求長
壽得長壽求冨饒得冨饒求安隱得安隱
求男女得男女求官位得官位若命過已後
欲生妙樂天上者亦當礼敬藥師琉璃光佛至
真等正覺若欲上生三十三天者亦當礼拜
藥師琉璃光佛必得往生若欲與明師世世相

壽得長壽求富饒得富饒求安隱得安隱
求男女得男女求官位得官位若命過已後
欲生妙樂天上者亦當礼敬藥師琉璃光佛至
真等正覺若欲上生三十三天者亦當礼拜
藥師琉璃光佛必得往生若欲與明師世世相
值者亦當礼拜藥師琉璃光佛
佛告文殊師利若欲生十方妙樂國土者亦當
礼敬藥師琉璃光佛若欲得生兜率天上見
弥勒者亦當礼敬藥師琉璃光佛若欲遠諸耶
道者亦當礼敬藥師琉璃光佛若夜惡夢鳥鳴
百怪蜚尸邪忤魍魎鬼神之所嬈者亦當礼
敬藥師琉璃光佛若為水火所焚漂者亦當
礼敬藥師琉璃光佛若入山谷為虎狼熊羆
蒺蔾諸獸象龍蚖虵蝮蝎種種雜類若有
惡心來相向者心當存念藥琉璃光佛山中諸
難不能為害若他方怨賊偷竊惡人怨家
債主欲來侵陵心當存念藥師琉璃光佛則
不為害以善男子善女人礼敬藥師琉璃光
如來功德所致華報如是況果報也是故吾
今勸諸四輩礼事藥師琉璃光佛至真等
正覺
佛告文殊師利我但為汝略說藥師琉璃光佛
礼敬功德若使廣說是藥師琉璃光佛无量
功德為一切人求心中所願者從一劫至一劫
故不周遍其世間人若有著床痿黃困篤惡
病連年累月不差者聞我說是藥師琉璃光
佛名字之時橫病之厄无不除愈唯宿殃不請耳

BD15036號　灌頂章句拔除過罪生死得度經　（12-4）

礼敬功德若使廣說是藥師琉璃光佛无量
功德為一切人求心中所願者從一劫至一劫
故不周遍其世間人若有著床痿黃困篤惡
病連年累月不差者聞我說是藥師琉璃光
佛名字之時橫病之厄无不除愈唯宿殃不請耳
佛告文殊師利若善男子善女人受三自歸
若五戒若十戒若善菩薩廿四戒若沙門二
百五十戒若比丘尼五百戒若菩薩戒若破
是諸戒等若能至心一懺悔者復聞我說是藥
師琉璃光佛終不墮三惡道中必得解脫若
人愚癡不受父母師友教誨不信佛不信經
戒不信聖僧應墮三惡道中者忘失人種受
畜生身聞我說是藥師琉璃光佛善願功德
者即得解脫
佛告文殊師利世有惡人雖受佛禁戒觸事違
犯或殺无道偷竊他人財寶欺詐妄語婬他婦
女飲酒鬪亂兩舌惡口罵詈毀人犯戒為惡
更復祠祀鬼神有如是罪當墮地獄中若當
屠割若抱銅柱若鐵鉤出舌若洋銅灌口者也
佛告文殊師利其世間人豪貴下賤不信佛不
信經道不信有沙門不信有須陁洹不信有
斯陁含不信有阿那含不信有阿羅漢不信
有辟支佛不信有十住菩薩不信有三世
之事不信有十方諸佛不信有本師釋迦文
佛不信人死神明更生善者受福惡者受殃
有如是之罪應墮三惡道中聞我說是藥
師琉璃光佛名字之者一切罪過自然銷滅
佛告文殊師利[illegible]

BD15036號　灌頂章句拔除過罪生死得度經　（12-5）

之事不信有十方諸佛不信有本師釋迦文
佛不信人死神明更生善者受福惡者受殃
有如是之罪應墮三惡道中聞我說是藥
師琉璃光佛名字之者一切罪過自然銷滅
佛告文殊師利若有善男子善女人聞我說
是藥師琉璃光佛至真等正覺其誰不發无
上正真道意後皆當得作佛人居世間仕官
不遷治生不得飢寒困厄亡失財産无復方
計聞我說是藥師琉璃光佛各各得心中所願
仕官皆高遷財物自然長益飲食充饒皆
得富貴若為縣官之所拘錄惡人侵枉若為
怨家所得便者心當存念藥師琉璃光佛若他
婦女產生難者心當存念藥師琉璃光佛兒
即易生身體端正无諸疾病六情完具聰
明智慧壽命得長不遭枉橫善神擁護不
為惡鬼舐其頭也
佛說是語時阿難在右邊佛顧語阿難言汝
信我為文殊師利說往昔東方過十恒河沙
有佛名曰藥師琉璃光本願功德者不阿難白
佛言唯天中天佛之所言何敢不信邪佛復
語阿難言如世間人雖有眼耳鼻舌身意人常
用是六事以自迷惑但信世俗魔邪之言不信
至真至誠度世苦切之語如是人輩難可開
化阿難白佛言世尊世人多有惡逆下賤之
者若聞佛說此經開人耳目破治衆病除人
陰冥使覩光明解人疑結去人重罪千劫万
劫无復憂患皆因佛說是藥師琉璃光本願

BD15036號　灌頂章句拔除過罪生死得度經　（12–6）

化阿難白佛言世尊世人多有惡逆下賤之
者若聞佛說此經開人耳目破治衆病除人
陰冥使覩光明解人疑結去人重罪千劫万
劫无復憂患皆因佛說是藥師琉璃光本願
功德恣令安隱得其福也
佛言阿難汝口為言善而汝內心狐疑不信我
言阿難汝莫作是念以自毀敗佛語阿難我見汝
心我知汝意汝知之不阿難即以頭面着地長
跪白佛言審如天中天所說我造次聞佛說
是藥師琉璃光撫大尊貴智慧巍巍難可度量
我心有小疑耳敢不首伏佛言汝智慧狹劣
少見少聞汝聞我說微妙之法无上空義應
生信敬貴重之心必當得至无上正真道也
文殊師利聞佛言世尊佛說是藥師琉璃光如
來无量功德如是不審誰肯信此言者佛吿
文殊師利言唯有百億諸菩薩摩訶薩當信
是言耳唯有十方三世諸佛當信是言佛
言我說是藥師琉璃光如來本願功德難可
得見何況得聞亦難得說亦難得書寫亦
難得讀文殊師利若有善男子善女人能信
是經受持讀誦書著竹帛復能為他人解說
中義此皆先世以發道意今復得聞微妙之法
開化十方无量衆生當知此人必當得至无上
正真道也
佛告阿難我作佛已來從生死復至生死勤苦
累劫无所不經无所不歷无所不作无所不為

BD15036號　灌頂章句拔除過罪生死得度經　（12–7）

中義山皆先世以發道意今復得聞復妙之法
聞化十方无量衆生當知此人必當得至无上
正真道也
佛告阿難我作佛已来從生死復至生死勤苦
累劫无所不經无所不歷无所不作无所不爲
如是不可思議況復藥師琉璃光佛本願功
德者乎汝所以有疑者亦復如是阿難汝聞
佛所說汝諦信之莫作疑惑佛語至誠无
有虛篤亦无二言佛爲信者施不爲疑者說
也阿難汝莫作小疑以毀大乘之業汝却後
亦當發摩訶衍心莫以小道毀汝功德也阿難
言唯天中天我從今日以去无復疑心唯佛
自當知我心耳
佛語阿難此經能照諸天宮宅若三灾起時
中有天人發心念藥師琉璃光佛本願功德經
者皆得離於彼震之難是經能除水涸不調
是經能除他方逆賊悉令斷滅四方夷狄各
還正治不相嬈惱國土交通人民歡喜是經能
除穀貴飢涷是經能滅惡星變怪是經能除
疫毒之病是經能救三惡道苦地獄餓鬼畜
生等苦若人得聞此經典者无不解脫厄難者也
尒時衆中有一菩薩名曰救脫從座而起整衣
服叉手合掌而白佛言我等今日聞佛世尊
演說過此東方十恒河沙世界有佛号藥師
琉璃光一切衆會靡不歡喜救脫菩薩叉手
白佛言若族姓男女其有侄羸者床痛惱无
救護者我今當勸請諸衆僧七日七夜齋
戒一心受持八禁六時行道卌九遍讀是經典

BD15036號　灌頂章句拔除過罪生死得度經　（12–8）

服叉手合掌而白佛言我等今日聞佛世尊
演說過此東方十恒河沙世界有佛号藥師
琉璃光一切衆會靡不歡喜救脫菩薩叉手
白佛言若族姓男女其有侄羸者床痛惱无
救護者我今當勸請諸衆僧七日七夜齋
戒一心受持八禁六時行道卌九遍讀是經典
勸然七層之燈亦勸懸五色續命神幡阿難
問救脫菩薩言續命幡燈法則云何救脫菩
薩語阿難言神幡五色卌九尺燈亦復尒七層
之燈一層七燈燈如車輪若遭厄難閉在牢獄
枷鎖着身亦應造立五色神幡燃卌九燈應
放雜類衆生至卌九可得過度危厄之難不
爲諸橫惡鬼所持
救脫菩薩語阿難言若天王大臣及諸輔相
王子妃主中宮婇女若爲病苦所惱亦應造
立五色繒幡然燈續明救諸生命散雜色華
燒衆名香王當放赦屈厄之人徒鎖解脫王得
其福天下太平雨澤以時人民歡喜惡龍攝毒
无病苦者四方夷狄不生逆害國土通洞
慈心相向无諸怨惡四海歌詠稱王之德乘此
福祿在意所生見佛聞法信受教誨從是
是福報至无上道阿難又問救脫菩薩言命
可續也救脫菩薩答阿難言我聞世尊說有
諸橫勸造幡蓋令其脩福又言阿難昔沙彌
救蟻以脩福故盡其壽命不更苦患身體安
寧福德力強使之然也
阿難因復問救脫菩薩言橫有幾種世尊
說言橫乃无數略而說之大橫有九一者橫病

BD15036號　灌頂章句拔除過罪生死得度經　（12–9）

諸横勸造脩善令其脩福又言阿難昔沙弥
救蟻以脩福故盡其壽命不更沓患身體安
寧福德力强使之然也
阿難因復問救脫菩薩言横有幾種世尊
說言横乃无數略而說之大横有九一者横病
二者横有口舌三者横遭縣官四者身羸无福
又持戒不完横為鬼神之所得便五者横為劫
賊之所剝脫六者横為水火焚漂七者横為
雜類禽獸所噉八者横為怨讎符書厭禱邪
神牽引未得其福但受其殃先亡牽引亦名
横死九者有病不治又不脩福湯藥不慎針
灸失度不值良醫為病所困於是滅亡又信
世間妖孽之師為作恐動寒熱言語妄發
禍福所祀者多心不自正不能自定卜問覓禍
殺豬狗牛羊種種衆生解奏神明呼諸邪妖
魍魎鬼神請乞福祚欲望長生終不能得愚
癡迷惑信邪倒見死入地獄展轉其中无解脫
時是名九横也
救脫菩薩語阿難言其世間人瘦黄之病困
篤著床求生不得求死不得考楚万端此病
人者或其前世造作惡業罪過所招殃咎所
引故使然也
救脫菩薩語阿難言閻羅王者主領世間名
籍之記若人為惡作諸非法无孝順心造作五
逆破滅三寶无君臣法又有衆生不持五戒
不信正法設有受者多所毀犯於是地下鬼神
及伺候者奏上五官五官料簡除死定生或

BD15036 號　灌頂章句拔除過罪生死得度經　（12–10）

救脫菩薩語阿難言閻羅王者主領世間名
籍之記若人為惡作諸非法无孝順心造作五
逆破滅三寶无君臣法又有衆生不持五戒
不信正法設有受者多所毀犯於是地下鬼神
及伺候者奏上五官五官料簡除死定生或
注錄精神未判是非若以定者奏上閻羅
閻羅監察隨罪輕重考而治之世間瘦黄之
病困篤不死一絕一生猶其罪福未得料簡
錄其精神在彼王所或一七日二七日乃至三七
日乃復至七七日名籍定者放其精神還其
身中如從夢中見其善惡其人若明了者
信驗罪福是故我今勸諸四輩造續命神
旛然四十九燈放諸生命以此旛燈放生功德
拔彼精神令得度脫令世後世不遭厄難
救脫菩薩語阿難言如來世尊說是經典盛
神功德利益不少坐中諸鬼神有十二神王從
坐而起往到佛所胡跪合掌白佛言我等
二鬼神在所作護若城邑聚落空閑林中若
四輩弟子誦持此經令所結願无求不得阿
難問言其名云何為我說之救脫菩薩言
灌頂章句其名如是
神名金毗羅　神名和耆羅　神名弥佉羅　神名安陀羅
神名摩尼羅　神名宋林羅　神名因持羅　神名波耶羅
神名摩休羅　神名真陀羅　神名照頭羅　神名毗伽羅
救脫菩薩語阿難言此諸鬼神別有七千以為
眷屬皆悉叉手低頭聽佛世尊說是藥師瑠
璃光如來本願功德莫不一時捨鬼神形得受

BD15036 號　灌頂章句拔除過罪生死得度經　（12–11）

四輩弟子誦持此經令所結願无求不得阿
難問言其名云何為我說之救脫菩薩言
灌頂章句其名如是
神名金毗羅　神名和耆羅　神名弥佉羅　神名安陁羅
神名摩尼羅　神名宋林羅　神名因持羅　神名波耶羅
神名摩休羅　神名真陁羅　神名照頭羅　神名毗伽羅
救脫菩薩語阿難言此諸鬼神別有七千以為
眷屬皆悉叉手低頭聽佛世尊說是藥師琉
璃光如來本願功德莫不一時捨鬼神形得受
人身長得度脫无衆惱苦若人急疾厄難
之日當以五色縷結其名字得如願已然後解
結令人得福灌頂章句法應如是佛說是經
時有比丘僧八千諸菩薩三万六千人俱諸天
龍八部大王无不歡喜阿難從坐而起前白
佛言世尊演說此經當何名之佛言此經凡
有三名一名藥師琉璃光本願功德二名灌頂
章句十二神王結願神呪三名拔除過罪生死
得度經佛說經竟大衆人民作礼奉行

藥師經一卷

BD15036號　灌頂章句拔除過罪生死得度經　（12–12）

得是名阿耨多羅三藐三菩提復次須菩提
是法平等无有高下是名阿耨多羅三藐三
菩提以无我无人无衆生无壽者脩一切善法
則得阿耨多羅三藐三菩提須菩提所言善
法者如來說非善法是名善法
須菩提若三千大千世界中所有諸須弥山
王如是等七寶聚有人持用布施若人以此
般若波羅蜜經乃至四句偈等受持讀誦
為他人說於前福德百分不及一百千万億
分乃至筭數譬喻所不能及
須菩提於意云何汝等勿謂如來作是念
我當度衆生須菩提莫作是念何以故實无
有衆生如來度者若有衆生如來度者如來
則有我人衆生壽者須菩提如來說有我
者則非有我而凡夫之人以為有我須菩提
凡夫者如來說則非凡夫

BD15037號　金剛般若波羅蜜經　（4–1）

須菩提於意云何汝等勿謂如来作是念
我當度衆生須菩提莫作是念何以故實无
有衆生如来度者若有衆生如来度者如来
則有我人衆生壽者須菩提如来說有我
者則非有我而凡夫之人以為有我須菩提
凡夫者如来說則非凡夫
須菩提於意云何可以卅二相觀如来不須
菩提言如是如是以卅二相觀如来佛言須
菩提若以卅二相觀如来者轉輪聖王則是如
来須菩提白佛言世尊如我解佛所說義
不應以卅二相觀如来尒時世尊而說偈言
若以色見我　以音聲求我　是人行邪道　不能見如来
須菩提汝若作是念如来不以具足相故得
阿耨多羅三藐三菩提須菩提莫作是念如
来不以具足相故得阿耨多羅三藐三菩提
須菩提汝若作是念發阿耨多羅三藐三菩
提者說諸法斷滅莫作是念何以故發阿耨
多羅三藐三菩提者於法不說斷滅相須菩
提若菩薩以滿恒河沙等世界七寶布施若
復有人知一切法无我得成於忍此菩薩勝
前菩薩所得功德須菩提以諸菩薩不受福
德故須菩提白佛言世尊云何菩薩不受福
德須菩提菩薩所作福德不應貪著是故
說不受福德
須菩提若有人言如来若来若去若坐若卧
是人不解我所說義何以故如来者无所從
来亦无所去故名如来
須菩提若善男子善

BD15037 號　金剛般若波羅蜜經　（4–2）

德須菩提菩薩所作福德不應貪著是故
說不受福德
須菩提若有人言如来若来若去若坐若卧
是人不解我所說義何以故如来者无所從
来亦无所去故名如来
須菩提若善男子善女人以三千大千世界
碎為微塵於意云何是微塵衆寧為多不
甚多世尊何以故若是微塵衆實有者佛則
不說是微塵衆所以者何佛說微塵衆則非
微塵衆是名微塵衆世尊如来所說三千大千
世界則非世界是名世界何以故若世界實有
者則是一合相如来說一合相則非一合相
是名一合相須菩提一合相者則是不可說
但凡夫之人貪著其事須菩提若人言佛
說我見人見衆生見壽者見須菩提於意云
何是人解我所說義不世尊是人不解如来
所說義何以故世尊說我見人見衆生見壽者
見即非我見人見衆生見壽者見是名我見
人見衆生見壽者見須菩提發阿耨多羅三
藐三菩提心者於一切法應如是知如是見
如是信解不生法相須菩提所言法相者
如来說即非法相是名法相須菩提若有
人以滿无量阿僧祇世界七寶持用布施若
有善男子善女人發菩薩心者持於此經乃
至四句偈等受持讀誦為人演說其福勝
彼云何為人演說不取於相如如不動何以故
一切有為法　如夢幻泡影　如露亦如電　應作如是觀
佛說是經已長老須菩提及諸比丘比丘尼

BD15037 號　金剛般若波羅蜜經　（4–3）

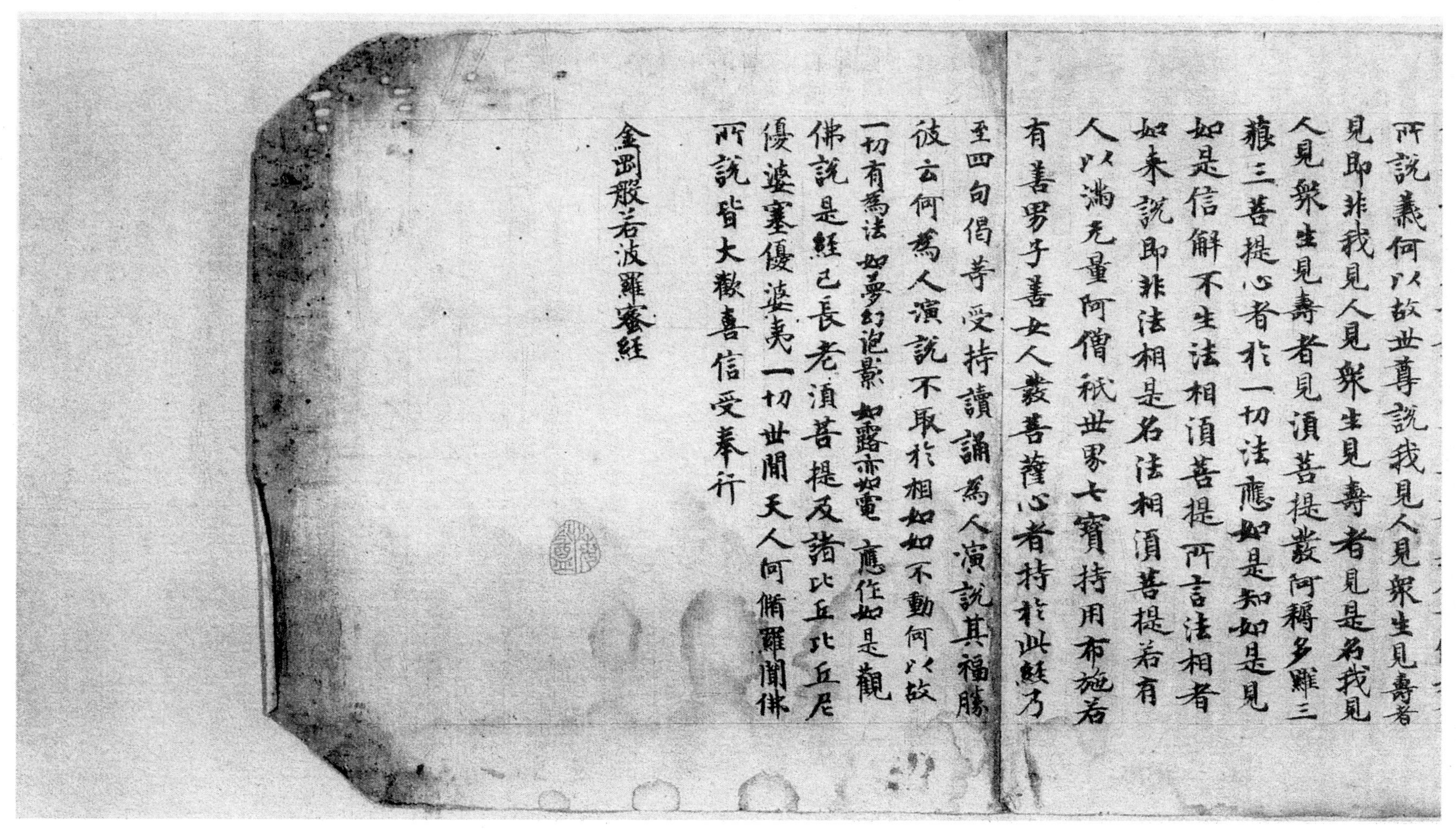
所說義何以故世尊說我見人見衆生見壽者
見即非我見人見衆生見壽者見是名我見
人見衆生見壽者見須菩提發阿耨多羅三
藐三菩提心者於一切法應如是知如是見
如是信解不生法相須菩提所言法相者
如來說即非法相是名法相須菩提若有
人以滿无量阿僧祇世界七寶持用布施若
有善男子善女人發菩薩心者持於此經乃
至四句偈等受持讀誦為人演說其福勝
彼云何為人演說不取於相如如不動何以故
一切有為法　如夢幻泡影　如露亦如電　應作如是觀
佛說是經已長老須菩提及諸比丘比丘尼
優婆塞優婆夷一切世間天人阿脩羅聞佛
所說皆大歡喜信受奉行
金剛般若波羅蜜經

BD15037 號　金剛般若波羅蜜經　（4–4）

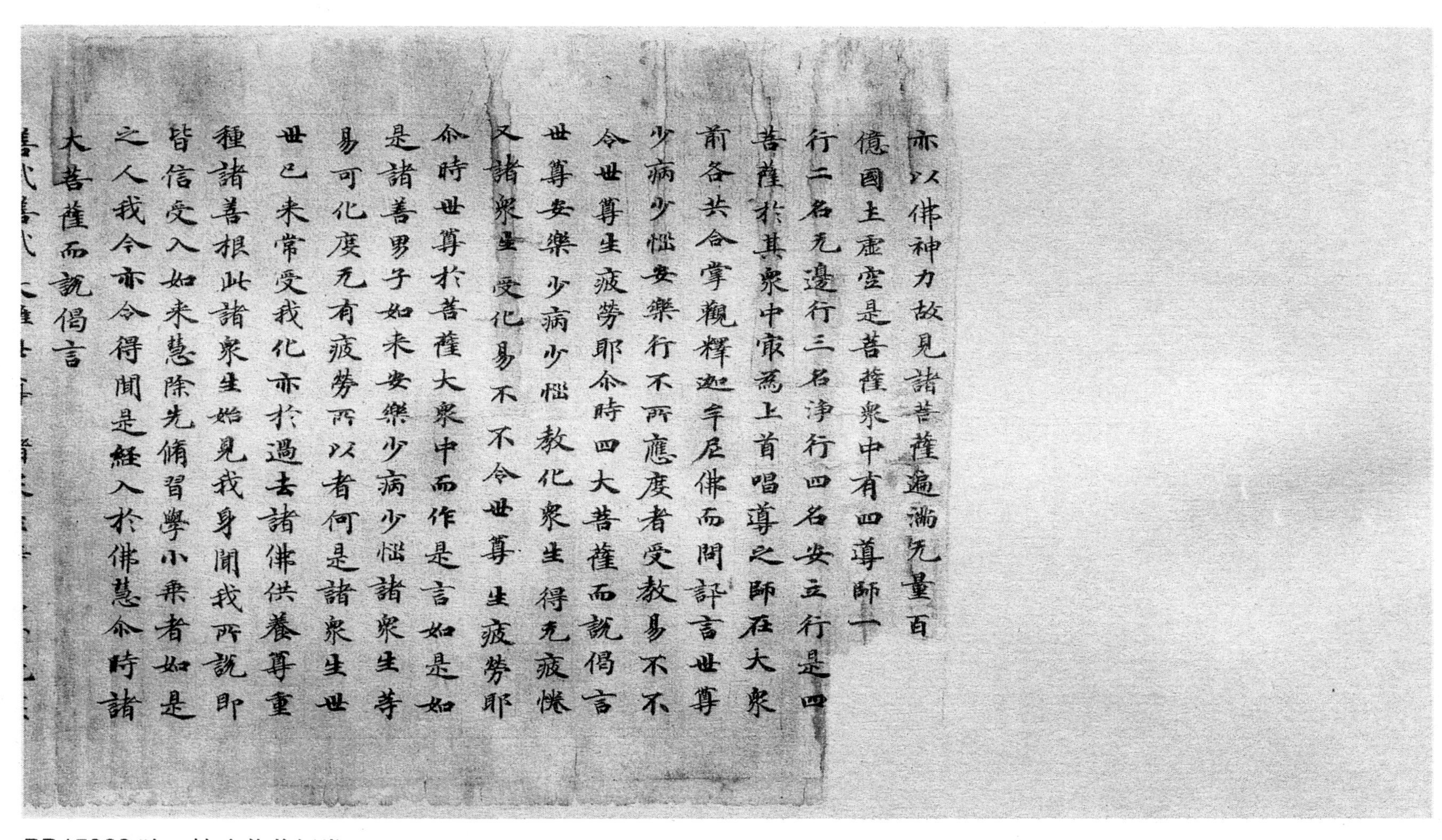
亦以佛神力故見諸菩薩遍滿无量百
億國土虛空是菩薩衆中有四導師一
行二名无邊行三名淨行四名安立行是四
菩薩於其衆中最為上首唱導之師在大衆
前各共合掌觀釋迦牟尼佛而問訊言世尊
少病少惱安樂行不所應度者受教易不不
令世尊生疲勞耶尒時四大菩薩而說偈言
世尊安樂　少病少惱　教化衆生　得无疲惓
又諸衆生　受化易不　不令世尊　生疲勞耶
尒時世尊於菩薩大衆中而作是言如是如
是諸善男子如來安樂少病少惱諸衆生等
易可化度无有疲勞所以者何是諸衆生世
世已來常受我化亦於過去諸佛供養尊重
種諸善根此諸衆生始見我身聞我所說即
皆信受入如來慧除先脩習學小乘者如是
之人我今亦令得聞是經入於佛慧尒時諸
大菩薩而說偈言
善哉善哉

BD15038 號　妙法蓮華經卷五　（2–1）

又諸衆生受化易不不令世尊生疲勞耶
尒時世尊於菩薩大衆中而作是言如是如
是諸善男子如來安樂少病少惱諸衆生等
易可化度无有疲勞所以者何是諸衆生世
世已來常受我化亦於過去諸佛供養尊重
種諸善根此諸衆生始見我身聞我所說即
皆信受入如來慧除先脩習學小乘者如是
之人我今亦令得聞是經入於佛慧尒時諸
大菩薩而說偈言
善哉善哉 大雄世尊 諸衆生等 易可化度
能問諸佛 甚深智慧 聞已信行 我等隨喜
於時世尊讚歎上首諸大菩薩善哉善哉善
男子汝等能於如來發隨喜心尒時彌勒菩
薩及八千恒河沙諸菩薩衆皆作是念我等
從昔已來不見不聞如是大菩薩摩訶薩衆
從地踊出住世尊前合掌供養問訊如來時
彌勒菩薩摩訶薩知八千恒河沙諸菩薩等
心之所念并欲自決所疑合掌向佛以偈問
曰
无量千万億 大衆諸菩薩 昔所未曾見 願兩足尊說

BD15038號　妙法蓮華經卷五　（2–2）

妙法蓮華經見寶塔品第十一
尒時佛前有七寶塔高五百由旬縱廣二百
五十由旬從地踊出住在空中種種寶物而
莊挍之五千欄楯龕室千万无數幢幡以為
嚴飾垂寶瓔珞寶鈴万億而懸其上四面皆
出多摩羅跋栴檀之香充遍世界其諸幡蓋
以金銀瑠璃車𤦲馬瑙真珠玫瑰七寶合成
高至四天王宮三十三天雨天曼陁羅華供
養寶塔餘諸天龍夜叉乾闥婆阿脩羅迦樓
羅緊那羅摩睺羅伽人非人等千万億衆以
一切華香瓔珞幡蓋伎樂供養寶塔恭敬尊
重讚歎尒時寶塔中出大音聲歎言善哉善
哉釋迦牟尼世尊能以平等大慧教菩薩法
佛所護念妙法華經為大衆說如是如是釋
迦牟尼世尊如所說者皆是真實尒時四衆
見大寶塔住在空中又聞塔中所出音聲皆
得法喜怪未曾有從座而起恭敬合掌却住
一面尒時有菩薩摩訶薩名大樂說知一切
世間天人阿脩羅等心之所疑而白佛言世
尊以何因緣有此寶塔從地踊出又於其中

BD15039號　妙法蓮華經（八卷本）卷四　（8–1）

見大寶塔住在空中又聞塔中所出音聲皆
得法喜怪未曾有從座而起恭敬合掌却住
一面尒時有菩薩摩訶薩名大樂說知一切
世間天人阿脩羅等心之所疑而白佛言世
尊以何因緣有此寶塔從地踊出又於其中
發是音聲尒時佛告大樂說菩薩此寶塔中
有如來全身乃往過去東方无量千万億阿
僧祇世界國名寶淨彼中有佛号曰多寶其
佛行菩薩道時作大誓願若我成佛滅度之
後於十方國土有說法華經處我之塔廟為
聽是經故踊現其前為作證明讚言善哉彼
佛成道已臨滅度時於天人大衆中告諸比
丘我滅度後欲供養我全身者應起一大塔
其佛以神通願力十方世界在在處處若有
說法華經者彼之寶塔皆踊出其前全身在
於塔中讚言善哉善哉大樂說今多寶如來
塔聞說法華經故從地踊出讚言善哉善哉
是時大樂說菩薩以如來神力故白佛言世
尊我等願欲見此佛身佛告大樂說菩薩摩
訶薩是多寶佛有深重願若我寶塔為聽法
華經故出於諸佛前時其有欲以我身示四
衆者彼佛分身諸佛在於十方世界說法盡
還集一處然後我身乃出現耳大樂說我分
身諸佛在於十方世界說法者今應當集大
樂說白佛言世尊我等亦願欲見世尊分身
諸佛礼拜供養尒時佛放白豪一光即見東
方五百万億那由他恒河沙等國土諸佛彼
諸國土皆以頗梨為地寶樹寶衣以為莊嚴

BD15039號　妙法蓮華經（八卷本）卷四　（8–2）

樂說白佛言世尊我等亦願欲見世尊分身
諸佛礼拜供養尒時佛放白豪一光即見東
方五百万億那由他恒河沙等國土諸佛彼
諸國土皆以頗梨為地寶樹寶衣以為莊嚴
无數千万億菩薩充滿其中遍張寶幔寶網
羅上彼國諸佛以大妙音而說諸法及見无
量千万億菩薩遍滿諸國為衆說法南西北
方四維上下白豪相光所照之處亦復如是
尒時十方諸佛各告衆菩薩言善男子我今
應往娑婆世界釋迦牟尼佛所并供養多寶
如來寶塔時娑婆世界即變清淨琉璃為地
寶樹莊嚴黃金為繩以界八道无諸聚落村
營城邑大海江河山川林藪燒大寶香曼陁
羅華遍布其地以寶網幔羅覆其上懸諸寶
鈴唯留此會衆移諸天人置於他土是時諸
佛各將一大菩薩以為侍者至娑婆世界各
到寶樹下一一寶樹高五百由旬枝葉華菓
次第莊嚴諸寶樹下皆有師子之座高五由
旬亦以大寶而挍餝之尒時諸佛各於此座
結跏趺坐如是展轉遍滿三千大千世界而
於釋迦牟尼佛一方所分之身猶故未盡時
釋迦牟尼佛欲容受所分身諸佛故八方各
更變二百万億那由他國皆令清淨无有地
獄餓鬼畜生及阿脩羅又移諸天人置於他
土所化之國亦以琉璃為地寶樹莊嚴樹高
五百由旬枝葉華菓次第嚴餝樹下皆有寶
師子座高五由旬種種諸寶以為莊挍亦无
大海江河及目真隣陁山摩訶目真隣陁山
鐵圍山大鐵圍山須弥山等諸山王通為一

BD15039號　妙法蓮華經（八卷本）卷四　（8–3）

五百由旬枝葉華菓次第嚴飾樹下皆有寶
師子座高五由旬種種諸寶以為莊挍亦无
大海江河及目真隣陁山摩訶目真隣陁山
鐵圍山大鐵圍山須弥山等諸山王通為一
佛國土寶地平正寶交露幔遍覆其上懸諸
幡蓋燒大寶香諸天寶華遍布其地釋迦牟
尼佛為諸佛當來坐故復於八方各變二百
万億那由他國皆令清淨无有地獄餓鬼畜
生及阿修羅又移諸天人置於他土所化之
國亦以琉璃為地寶樹莊嚴樹高五百由旬
枝葉華菓次第莊嚴樹下皆有寶師子座高
五由旬亦以大寶而挍餝之亦无大海江河
及目真隣陁山摩訶目真隣陁山鐵圍山大
鐵圍山須弥山等諸山王通為一佛國土寶
地平正寶交露幔遍覆其上懸諸幡蓋燒大
寶香諸天寶華遍布其地尒時東方釋迦牟
尼佛所分之身百千万億那由他恒河沙等
國土中諸佛各各說法來集於此如是次第
十方諸佛皆悉來集坐於八方尒時一一方
四百万億那由他國土諸佛如來遍滿其中
是時諸佛各在寶樹下坐師子座皆遣侍者
問訊釋迦牟尼佛各賫寶華滿掬而告之言
善男子汝往詣耆闍崛山釋迦牟尼佛所如
我辭曰少病少惱氣力安樂及菩薩聲聞衆
悉安隱不以此寶華散佛供養而作是言彼
某甲佛與欲開此寶塔諸佛遣使亦復如是
尒時釋迦牟尼佛見所分身佛悉已來集各
各坐於師子之座皆聞諸佛與欲同開寶塔
即從座起住虛空中一切四衆起立合掌一

BD15039 號　妙法蓮華經（八卷本）卷四　（8–4）

悉安隱不以此寶華散佛供養而作是言彼
某甲佛與欲開此寶塔諸佛遣使亦復如是
尒時釋迦牟尼佛見所分身佛悉已來集各
各坐於師子之座皆聞諸佛與欲同開寶塔
即從座起住虛空中一切四衆起立合掌一
心觀佛於是釋迦牟尼佛以右指開七寶塔
戶出大音聲如却關籥開大城門即時一切
衆會皆見多寶如來於寶塔中坐師子座全
身不散如入禪定又聞其言善哉善哉釋迦
牟尼佛快說是法華經我為聽是經故而來
至此尒時四衆等見過去无量千万億劫滅
度佛說如是言歎未曾有以天寶華聚散多
寶佛及釋迦牟尼佛上尒時多寶佛於寶塔
中分半座與釋迦牟尼佛而作是言釋迦牟
尼佛可就此座即時釋迦牟尼佛入其塔中
坐其半座結跏趺坐尒時大衆見二如來在
七寶塔中師子座上結跏趺坐各作是念佛
座高遠唯願如來以神通力令我等輩俱處
虛空即時釋迦牟尼佛以神通力接諸大衆
皆在虛空以大音聲普告四衆誰能於此娑
婆國土廣說妙法華經今正是時如來不久
當入涅槃佛欲以此妙法華經付囑有在尒
時世尊欲重宣此義而說偈言
聖主世尊　雖久滅度　在寶塔中　尚為法來
諸人云何　不勤為法　此佛滅度　无鞅數劫
處處聽法　以難遇故　彼佛本願　我滅度後
在在所往　常為聽法　又我分身　无量諸佛
如恒沙等　來欲聽法　及見滅度　多寶如來
各捨妙土　及弟子衆　天人龍神　諸供養事

BD15039 號　妙法蓮華經（八卷本）卷四　（8–5）

聖主世尊　雖久滅度　在寶塔中　尚為法來
諸人云何　不勤為法　此佛滅度　无央數劫
處處聽法　以難遇故　彼佛本願　我滅度後
在在所往　常為聽法　又我分身　无量諸佛
如恒沙等　來欲聽法　及見滅度　多寶如來
各捨妙土　及弟子眾　天人龍神　諸供養事
令法久住　故來至此　為坐諸佛　以神通力
移无量眾　令國清淨　諸佛各各　詣寶樹下
如清淨池　蓮華莊嚴　其寶樹下　諸師子座
佛坐其上　光明嚴飾　如夜闇中　然大炬火
身出妙香　遍十方國　眾生蒙薰　喜不自勝
譬如大風　吹小樹枝　以是方便　令法久住
告諸大眾　我滅度後　誰能護持　讀誦斯經
今於佛前　自說誓言　其多寶佛　雖久滅度
以大誓願　而師子吼　多寶如來　及與我身
所集化佛　當知此意　諸佛子等　誰能護法
當發大願　令得久住　其有能護　此經法者
則為供養　我及多寶　此多寶佛　處於寶塔
常遊十方　為是經故　亦復供養　諸來化佛
莊嚴光飾　諸世界者　若說此經　則為見我
多寶如來　及諸化佛　諸善男子　各諦思惟
此為難事　宜發大願　諸餘經典　數如恒沙
雖說此等　未足為難　若接須彌　擲置他方
无數佛土　亦未為難　若以足指　動大千界
遠擲他國　亦未為難　若立有頂　為眾演說
无量餘經　亦未為難　若佛滅後　於惡世中
能說此經　是則為難　假使有人　手把虛空
而以遊行　亦未為難　於我滅後　若自書持
若使人書　是則為難　若以大地　置足甲上

BD15039號　妙法蓮華經（八卷本）卷四　（8–6）

无數佛土　亦未為難　若以足指　動大千界
遠擲他國　亦未為難　若立有頂　為眾演說
无量餘經　亦未為難　若佛滅後　於惡世中
能說此經　是則為難　假使有人　手把虛空
而以遊行　亦未為難　於我滅後　若自書持
若使人書　是則為難　若以大地　置足甲上
昇於梵天　亦未為難　佛滅度後　於惡世中
暫讀此經　是則為難　假使劫燒　擔負乾草
入中不燒　亦未為難　我滅度後　若持此經
為一人說　是則為難　若持八万　四千法藏
十二部經　為人演說　令諸聽者　得六神通
雖能如是　亦未為難　於我滅後　聽受此經
問其義趣　是則為難　若人說法　令千万億
无量无數　恒沙眾生　得阿羅漢　具六神通
雖有是益　亦未為難　於我滅後　若能奉持
如斯經典　是則為難　我為佛道　於无量土
從始至今　廣說諸經　而於其中　此經第一
若有能持　則持佛身　諸善男子　於我滅後
誰能護持　讀誦此經　今於佛前　自說誓言
此經難持　若暫持者　我則歡喜　諸佛亦然
如是之人　諸佛所歎　是則勇猛　是則精進
是名持戒　行頭陀者　則為疾得　无上佛道
能於來世　讀持此經　是真佛子　住淳善地
佛滅度後　能解其義　是諸天人　世間之眼
於恐畏世　能須臾說　一切天人　皆應供養

妙法蓮華經卷第四

BD15039號　妙法蓮華經（八卷本）卷四　（8–7）

為一人說　是則為難　若持八万　四千法藏
十二部經　為人演說　令諸聽者　得六神通
雖能如是　亦未為難　於我滅後　聽受此經
問其義趣　是則為難　若人說法　令千万億
无量无數　恒沙衆生　得阿羅漢　具六神通
雖有是益　亦未為難　於我滅後　若能奉持
如斯經典　是則為難　我為佛道　於无量土
從始至今　廣說諸經　而於其中　此經第一
若有能持　則持佛身　諸善男子　於我滅後
誰能受持　讀誦此經　今於佛前　自說誓言
此經難持　若暫持者　我則歡喜　諸佛亦然
如是之人　諸佛所歎　是則勇猛　是則精進
是名持戒　行頭陁者　則為疾得　无上佛道
能於來世　讀持此經　是真佛子　住淳善地
佛滅度後　能解其義　是諸天人　世間之眼
於恐畏世　能須臾說　一切天人　皆應供養

妙法蓮華經卷第四

BD15039號　妙法蓮華經（八卷本）卷四　　（8–8）

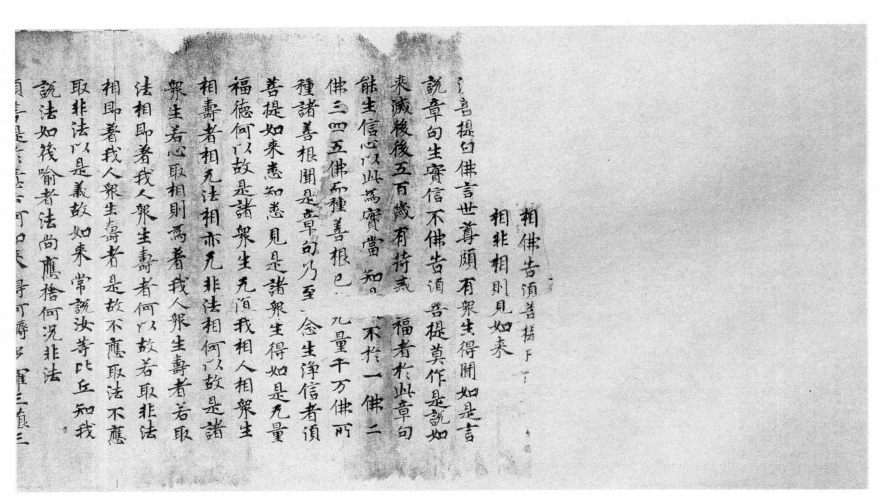

相佛告須菩提
相非相則見如來
須菩提白佛言世尊頗有衆生得聞如是言
說章句生實信不佛告須菩提莫作是說如
來滅後後五百歲有持戒修福者於此章句
能生信心以此為實當知是人不於一佛二
佛三四五佛而種善根已於无量千万佛所
種諸善根聞是章句乃至一念生淨信者須
菩提如來悉知悉見是諸衆生得如是无量
福德何以故是諸衆生无復我相人相衆生
相壽者相无法相亦无非法相何以故是諸
衆生若心取相則為著我人衆生壽者若取
法相即著我人衆生壽者何以故若取非法
相即著我人衆生壽者是故不應取法不應
取非法以是義故如來常說汝等比丘知我
說法如筏喻者法尚應捨何況非法
須菩提於意云何如來得阿耨多羅三藐三

BD15040號　金剛般若波羅蜜經　　（12–1）

法相即著我人衆生壽者何以故若取非法
相即著我人衆生壽者是故不應取法不應
取非法以是義故如來常説汝等比丘知我
説法如筏喻者法尚應捨何况非法
須菩提於意云何如來得阿耨多羅三藐三
菩提耶如來有所説法耶須菩提言如我解
佛所説義无有定法名阿耨多羅三藐三菩
提亦无有定法如來可説何以故如來所説
法皆不可取不可説非法非非法所以者何
一切賢聖皆以无爲法而有差別
須菩提於意云何若人滿三千大千世界七
寶以用布施是人所得福德寧爲多不須菩
提言甚多世尊何以故是福德即非福德性
是故如來説福德多若復有人於此經中受
持乃至四句偈等爲他人説其福勝彼何以
故須菩提一切諸佛及諸佛阿耨多羅三藐
三菩提法皆從此經出須菩提所謂佛法者
即非佛法
須菩提於意云何須陁洹能作是念我得須
陁洹果不須菩提言不也世尊何以故須陁
洹名爲入流而无所入不入色聲香味觸法
是名須陁洹須菩提於意云何斯陁含能作
是念我得斯陁含果不須菩提言不也世尊
何以故斯陁含名一往來而實无往來是名
斯陁含須菩提於意云何阿那含能作是念
我得阿那含果不須菩提言不也世尊何以

BD15040號　金剛般若波羅蜜經　（12–2）

何以故斯陁含名一往來而實无往來是名
斯陁含須菩提於意云何阿那含能作是念
我得阿那含果不須菩提言不也世尊何以
故阿那含名爲不來而實无來是故名阿那
含須菩提於意云何阿羅漢能作是念我得
阿羅漢道不須菩提言不也世尊何以故實
无有法名阿羅漢世尊若阿羅漢作是念我
得阿羅漢道即爲著我人衆生壽者世尊佛
説我得无諍三昧人中最爲第一是第一離
欲阿羅漢我不作是念我是離欲阿羅漢世
尊我若作是念我得阿羅漢道世尊則不説
須菩提是樂阿蘭那行者以須菩提實无所
行而名須菩提是樂阿蘭那行
佛告須菩提於意云何如來昔在然燈佛所
於法有所得不世尊如來在然燈佛所於法
實无所得須菩提於意云何菩薩莊嚴佛土
不不也世尊何以故莊嚴佛土者則非莊嚴
是名莊嚴是故須菩提諸菩薩摩訶薩應
如是生清淨心不應住色生心不應住聲香味
觸法生心應无所住而生其心須菩提譬如
有人身如須弥山王於意云何是身爲大不
須菩提言甚大世尊何以故佛説非身是名
大身須菩提如恒河中所有沙數如是沙等
恒河於意云何是諸恒河沙寧爲多不須菩
提言甚多世尊但諸恒河尚多无數何况其
沙須菩提我今實言告汝若有善男子善女

BD15040號　金剛般若波羅蜜經　（12–3）

恒河於意云何是諸恒河沙寧為多不須菩
提言甚多世尊但諸恒河尚多无數何況其
沙須菩提我今實言告汝若有善男子善女
人以七寶滿尒所恒河沙數三千大千世界
以用布施得福多不須菩提言甚多世尊佛
告須菩提若善男子善女人於此經中乃至
受持四句偈等為他人說而此福德勝前福
德復次須菩提隨說是經乃至四句偈等當
知此處一切世間天人阿脩羅皆應供養如
佛塔廟何況有人盡能受持讀誦須菩提當
知是人成就冣上第一希有之法若是經典
所在之處則為有佛若尊重弟子
尒時須菩提白佛言世尊當何名此經我等
云何奉持佛告須菩提是經名為金剛般若
波羅蜜以是名字汝當奉持所以者何須菩
提佛說般若波羅蜜則非般若波羅蜜須菩
提於意云何如來有所說法不須菩提白佛
言世尊如來无所說須菩提於意云何三千
大千世界所有微塵是為多不須菩提言甚
多世尊須菩提諸微塵如來說非微塵是名微
塵如來說世界非世界是名世界須菩提於意云
何可以三十二相見如來不不世尊不可以三十
二相得見如來何以故如來說三十二相即是非相
是名三十二相須菩提若有善男子善女人以恒
河沙等身命布施若復有人於此經中乃至
受持四句偈等為他人說其福甚多

BD15040號　金剛般若波羅蜜經　（12–4）

二相得見如來何以故如來說三十二相即是非相
是名三十二相須菩提若有善男子善女人以恒
河沙等身命布施若復有人於此經中乃至
受持四句偈等為他人說其福甚多
尒時須菩提聞說是經深解義趣涕淚悲泣
而白佛言希有世尊佛說如是甚深經典我
從昔來所得慧眼未曾得聞如是之經世尊
若復有人得聞是經信心清淨則生實相當
知是人成就第一希有功德世尊是實相者
則是非相是故如來說名實相世尊我今得
聞如是經典信解受持不足為難若當來世
後五百歲其有眾生得聞是經信解受持是
人則為第一希有何以故此人无我相人相眾
生相壽者相所以者何我相即是非相人
相眾生相壽者相即是非相何以故離一切
諸相則名諸佛
佛告須菩提如是如是若復有人得聞是經
不驚不怖不畏當知是人甚為希有何以故
須菩提如來說第一波羅蜜非第一波羅蜜
是名第一波羅蜜
須菩提忍辱波羅蜜如來說非忍辱波羅蜜
何以故須菩提如我昔為歌利王割截身體
我於尒時无我相无人相无眾生相无壽者
相何以故我於往昔節節支解時若有我相
人相眾生相壽者相應生瞋恨須菩提又念
過去於五百世作忍辱仙人於尒所世无我相

BD15040號　金剛般若波羅蜜經　（12–5）

何以故須菩提如我昔為歌利王割截身體
我於尒時无我相无人相无衆生相无壽者
相何以故我於往昔節節支解時若有我相
人相衆生相壽者相應生瞋恨須菩提又念
過去於五百世作忍辱仙人於尒所世无我相
无人相无衆生相无壽者相是故須菩提
菩薩應離一切相發阿耨多羅三藐三菩提
心不應住色生心不應住聲香味觸法生心
應生无所住心若心有住則為非住是故佛
說菩薩心不應住色布施須菩提菩薩為利
益一切衆生應如是布施如來說一切諸相
即是非相又說一切衆生則非衆生須菩提
如來是真語者實語者如語者不誑語者不
異語者須菩提如來所得法此法无實无虛
須菩提若菩薩心住於法而行布施如人入
闇則无所見若菩薩心不住法而行布施如
人有目日光明照見種種色須菩提當來之
世若有善男子善女人能於此經受持讀誦
則為如來以佛智慧悉知是人悉見是人皆
得成就无量无邊功德
須菩提若有善男子善女人初日分以恒河
沙等身布施中日分復以恒河沙等身布施
後日分亦以恒河沙等身布施如是无量百
千万億劫以身布施若復有人聞此經典信
心不逆其福勝彼何況書寫受持讀誦為人
解說須菩提以要言之是經有不可思議不
可稱量无邊功德如來為發大乘者說為發

BD15040 號　金剛般若波羅蜜經　（12–6）

千万億劫以身布施若復有人聞此經典信
心不逆其福勝彼何況書寫受持讀誦為人
解說須菩提以要言之是經有不可思議不
可稱量无邊功德如來為發大乘者說為發
最上乘者說若有人能受持讀誦廣為人說
如來悉知是人悉見是人皆得成就不可量
不可稱无有邊不可思議功德如是人等則
為荷擔如來阿耨多羅三藐三菩提何以故
須菩提若樂小法者著我見人見衆生見壽
者見則於此經不能聽受讀誦為人解說須
菩提在在處處若有此經一切世間天人阿
脩羅所應供養當知此處則為是塔皆應恭
敬作礼圍繞以諸華香而散其處
復次須菩提善男子善女人受持讀誦此經
若為人輕賤是人先世罪業應墮惡道以今
世人輕賤故先世罪業則為消滅當得阿耨
多羅三藐三菩提須菩提我念過去无量阿
僧祇劫於然燈佛前得值八百四千万億那
由他諸佛悉皆供養承事无空過者若復有
人於後末世能受持讀誦此經所得功德於
我所供養諸佛功德百分不及一千万億分乃
至筭數譬喻所不能及須菩提若善男子善
女人於後末世有受持讀誦此經所得功德我若
具說者或有人聞心則狂亂狐疑不信須菩
提當知是經義不可思議果報亦不可思議
尒時須菩提白佛言世尊善男子善女人發
阿耨多羅三藐三菩提心云何應住云何降

BD15040 號　金剛般若波羅蜜經　（12–7）

人於後末世有受持讀誦此經所得功德我若
具說者或有人聞心則狂亂狐疑不信須菩
提當知是經義不可思議果報亦不可思議
尒時須菩提白佛言世尊善男子善女人發
阿耨多羅三藐三菩提心云何應住云何降
伏其心佛告須菩提善男子善女人發阿耨
多羅三藐三菩提者當生如是心我應滅度
一切衆生滅度一切衆生已而无有一衆生
實滅度者何以故若菩薩有我相人相衆生
相壽者相則非菩薩所以者何須菩提實无
有法發阿耨多羅三藐三菩提者須菩提於
意云何如來於然燈佛所有法得阿耨多羅
三藐三菩提不不世尊如我解佛所說義
佛於然燈佛所无有法得阿耨多羅三藐三
菩提佛言如是如是須菩提實无有法如來
得阿耨多羅三藐三菩提須菩提若有法如
來得阿耨多羅三藐三菩提者然燈佛則不
與我受記汝於來世當得作佛号釋迦牟尼
以實无有法得阿耨多羅三藐三菩提是故
然燈佛與我受記作是言汝於來世當得作
佛号釋迦牟尼何以故如來者即諸法如義
若有人言如來得阿耨多羅三藐三菩提須
菩提實无有法佛得阿耨多羅三藐三菩提
須菩提如來所得阿耨多羅三藐三菩提於
是中无實无虛是故如來說一切法皆是佛
法須菩提所言一切法者即非一切法是故

BD15040號　金剛般若波羅蜜經　（12–8）

若有人言如來得阿耨多羅三藐三菩提須
菩提實无有法佛得阿耨多羅三藐三菩提
須菩提如來所得阿耨多羅三藐三菩提於
是中无實无虛是故如來說一切法皆是佛
法須菩提所言一切法者即非一切法是故
名一切法須菩提譬如人身長大須菩提言
世尊如來說人身長大則為非大身是名大
身須菩提菩薩亦如是若作是言我當滅度
无量衆生則不名菩薩何以故須菩提實无
有法名為菩薩是故佛說一切法无我无人
无衆生无壽者須菩提若菩薩作是言我
當莊嚴佛土是不名菩薩何以故如來說莊嚴
佛土者即非莊嚴是名莊嚴須菩提若菩薩
通達无我法者如來說名真是菩薩
須菩提於意云何如來有肉眼不如是世尊
如來有肉眼須菩提於意云何如來有天眼
不如是世尊如來有天眼須菩提於意云何
如來有慧眼不如是世尊如來有慧眼須菩
提於意云何如來有法眼不如是世尊如來
有法眼須菩提於意云何如來有佛眼不如
是世尊如來有佛眼須菩提於意云何恒河
中所有沙佛說是沙不如是世尊如來說是
沙須菩提於意云何如一恒河中所有沙有
如是等恒河是諸恒河所有沙數佛世界如
是寧為多不甚多世尊佛告須菩提尒所國
土中所有衆生若干種心如來悉知何以故
如來說諸心皆為非心是名為心所以者何

BD15040號　金剛般若波羅蜜經　（12–9）

沙須菩提於意云何如一恒河中所有沙有
如是等恒河是諸恒河所有沙數佛世界如
是寧為多不甚多世尊佛告須菩提尒所國
土中所有衆生若干種心如来悉知何以故
如来說諸心皆為非心是名為心所以者何
須菩提過去心不可得現在心不可得未来
心不可得須菩提於意云何若有人滿三千
大千世界七寶以用布施是人以是因緣得
福多不如是世尊此人以是因緣得福甚多
須菩提若福德有實如来不說得福德多以
福德無故故来說得福德多
須菩提於意云何佛可以具足色身見不不
世世尊如来不應以具足色身見何以故如来
說具足色身即非具足色身是名具足色身
須菩提於意云何如来可以具足諸相見不不
世世尊如来不應以具足諸相見何以故如
来說諸相具足即非具足是名諸相具足須
菩提汝勿謂如来作是念我當有所說法莫
作是念何以故若人言如来有所說法即為
謗佛不能解我所說故須菩提說法者无法
可說是名說法須菩提白佛言世尊佛得阿
耨多羅三藐三菩提為无所得耶如是如是
須菩提我於阿耨多羅三藐三菩提乃至无
有少法可得是名阿耨多羅三藐三菩提復
次須菩提是法平等无有高下是名阿耨多
羅三藐三菩提以无我无人无衆生无壽者脩
一切善法則得阿耨多羅三藐三菩提須

BD15040號　金剛般若波羅蜜經　　(12-10)

須菩提我於阿耨多羅三藐三菩提乃至无
有少法可得是名阿耨多羅三藐三菩提復
次須菩提是法平等无有高下是名阿耨多
羅三藐三菩提以无我无人无衆生无壽者脩
一切善法則得阿耨多羅三藐三菩提須
菩提所言善法者如来說非善法是名善法
須菩提若三千大千世界中所有諸須弥山
王如是等七寶聚有人持用布施若人以此
般若波羅蜜經乃至四句偈等受持讀誦為
他人說於前福德百分不及一百千萬億分乃
至筭數譬喻所不能及
須菩提於意云何汝等勿謂如来作是念
我當度衆生須菩提莫作是念何以故實无有
衆生如来度者若有衆生如来度者如来則
有我人衆生壽者須菩提如来說有我者則
非有我而凡夫之人以為有我須菩提凡夫
者如来說則非凡夫須菩提於意云何可以
三十二相觀如来不須菩提言如是如是以
三十二相觀如来佛言須菩提若以三十二
相觀如来者轉輪聖王則是如来須菩提白
佛言世尊如我解佛所說義不應以三十二
相觀如来尒時世尊而說偈言
若以色見我　以音聲求我　是人行邪道　不能見如来
須菩提汝若作是念如来不以具足相故得
阿耨多羅三藐三菩提須菩提莫作是念如
来不以具足相故得阿耨多羅三藐三菩提

BD15040號　金剛般若波羅蜜經　　(12-11)

三十二相觀如来不須菩提言如是如是以
三十二相觀如来佛言須菩提若以三十二
相觀如来者轉輪聖王則是如来須菩提白
佛言世尊如我解佛所說義不應以三十二
相觀如来尒時世尊而說偈言
若以色見我　以音聲求我　是人行邪道　不能見如来
須菩提汝若作是念如来不以具足相故得
阿耨多羅三藐三菩提須菩提莫作是念如
来不以具足相故得阿耨多羅三藐三菩提
須菩提汝若作是念發阿耨多羅三藐三菩
提者說諸法斷滅相莫作是念何以故發阿
耨多羅三藐三菩提者於法不說斷滅相須
菩提若菩薩以滿恒河沙等世界七寶布施
若復有人知一切法无我得成於忍此菩薩
勝前菩薩所得功德須菩提以諸菩薩不受
福德故須菩提白佛言世尊云何菩薩不受
福德須菩提菩薩所作福德不應貪著是故
說不受福德須菩提若有人言如来若来若
去若坐若卧是人不解我所說義何以故如

BD15040號　金剛般若波羅蜜經　（12–12）

妙法蓮華經法師品第十
尒時世尊因藥王菩薩告八万大士藥王汝
見是大衆中无量諸天龍王夜叉乾闥婆阿
脩羅迦樓羅緊那羅摩睺羅伽人與非人等
及比丘比丘尼優婆塞優婆夷求聲聞者求
辟支佛者求佛道者如是等類咸於佛前聞
妙法華經一偈一句乃至一念隨喜者我皆
與授記當得阿耨多羅三藐三菩提佛告藥
王又如来滅度之後若有人聞妙法華經乃
至一偈一句一念隨喜者我亦與授阿耨多
羅三藐三菩提記若復有人受持讀誦解說
書寫妙法華經乃至一偈於此經卷敬視如
佛種種供養華香瓔珞末香塗香燒香繒蓋
幢幡衣服伎樂乃至合掌恭敬藥王當知是
諸人等已曾供養十万億佛於諸佛所成就
大願愍衆生故生此人間藥王若有人問何
等衆生於未来世當得作佛應示是諸人等
於未来世必得作佛何以故若善男子善女
人於法華經乃至一句受持讀誦解說書寫
種種供養經卷華香瓔珞末香塗香燒香繒

BD15041號　妙法蓮華經（八卷本）卷四　（6–1）

諸人等已曾供養十万億佛於諸佛所成就
大願慜衆生故生此人間藥王若有人問何
等衆生於未來世當得作佛應示是諸人等
於未來世必得作佛何以故若善男子善女
人於法華經乃至一句受持讀誦解說書寫
種種供養經卷華香瓔珞末香塗香燒香繒
蓋幢幡衣服伎樂合掌恭敬是人一切世間
所應瞻奉應以如來供養而供養之當知此
人是大菩薩成就阿耨多羅三藐三菩提哀
慜衆生願生此間廣演分別妙法華經何況
盡能受持種種供養者藥王當知是人自捨
清淨業報於我滅度後慜衆生故生於惡世
廣演此經若是善男子善女人我滅度後能
竊為一人說法華經乃至一句當知是人則
如來使如來所遣行如來事何況於大衆中
廣為人說藥王若有惡人以不善心於一劫
中現於佛前常毀罵佛其罪尚輕若人以一
惡言毀呰在家出家讀誦法華經者其罪甚
重藥王其有讀誦法華經者當知是人以佛
莊嚴而自莊嚴則為如來肩所荷擔其所至
方應隨向礼一心合掌恭敬供養尊重讚歎
華香瓔珞末香塗香燒香繒蓋幢幡衣服
餚饌作諸伎樂人中上供而供養之應持天寶
而以散之天上寶聚應以奉獻所以者何是
人歡喜說法須臾聞之即得究竟阿耨多羅
三藐三菩提故尒時世尊欲重宣此義而說
偈言
若欲住佛道　成就自然智　常當勤供養　受持法華者
其有欲疾得　一切種智慧　當受持是經　并供養持者

BD15041號　妙法蓮華經（八卷本）卷四　（6–2）

人歡喜說法須臾聞之即得究竟阿耨多羅
三藐三菩提故尒時世尊欲重宣此義而說
偈言
若欲住佛道　成就自然智　常當勤供養　受持法華者
其有欲疾得　一切種智慧　當受持是經　并供養持者
若有能受持　妙法華經者　當知佛所使　慜念諸衆生
諸有能受持　妙法華經者　捨於清淨土　慜衆故生此
當知如是人　自在所欲生　能於此惡世　廣說无上法
應以天華香　及天寶衣服　天上妙寶聚　供養說法者
吾滅後惡世　能持是經者　當合掌礼敬　如供養世尊
上饌衆甘美　及種種衣服　供養是佛子　兾得須臾聞
若能於後世　受持是經者　我遣在人中　行於如來事
若於一劫中　常懷不善心　作色而罵佛　獲无量重罪
其有讀誦持　是法華經者　須臾加惡言　其罪復過彼
有人求佛道　而於一劫中　合掌在我前　以无數偈讚
由是讚佛故　得无量功德　歎美持經者　其福復過彼
於八十億劫　以最妙色聲　及與香味觸　供養持經者
如是供養已　若得須臾聞　則應自欣慶　我今獲大利
藥王今告汝　我所說諸經　而於此經中　法華最第一
尒時佛復告藥王菩薩摩訶薩我所說經典
无量千万億已說今說當說而於其中此法
華經最為難信難解藥王此經是諸佛秘要
之藏不可分布妄授與人諸佛世尊之所守
護從昔已來未曾顯說而此經者如來現在
猶多怨嫉況滅度後藥王當知如來滅後其
能書持讀誦供養為他人說者如來則為以
衣覆之又為他方現在諸佛之所護念是人
有大信力及志願力諸善根力當知是人與
如來共宿則為如來手摩其頭藥王在在處

BD15041號　妙法蓮華經（八卷本）卷四　（6–3）

滅度後藥王當知如來滅後其
能書持讀誦供養為他人說者如來則為以
衣覆之又為他方現在諸佛之所護念是人
有大信力及志願力諸善根力當知是人與
如來共宿則為如來手摩其頭藥王在在處
處若說若讀若誦若書若經卷所住之處皆
應起七寶塔極令高廣嚴飾不須復安舍利
所以者何此中已有如來全身此塔應以一
切華香瓔珞繒蓋幢幡伎樂歌頌供養恭敬
尊重讚歎若有人得見此塔礼拜供養當知
是等皆近阿耨多羅三藐三菩提藥王多有
人在家出家行菩薩道若不能得見聞讀誦
書持供養是法華經者當知是人未善行菩
薩道若有得聞是經典者乃能善行菩薩之
道其有眾生求佛道者若見若聞是法華經
聞已信解受持者當知是人得近阿耨多羅
三藐三菩提藥王譬如有人渴乏須水於彼
高原穿鑿求之猶見乾土知水尚遠施功不
已轉見濕土遂漸至泥其心決定知水必近
菩薩亦復如是若未聞未解未能修習是法
華經當知是人去阿耨多羅三藐三菩提尚
遠若得聞解思惟修習必知得近阿耨多羅
三藐三菩提所以者何一切菩薩阿耨多羅
三藐三菩提皆屬此經此經開方便門示真
實相是法華經藏深固幽遠无人能到今佛
教化成就菩薩而為開示藥王若有菩薩聞
是法華經驚疑怖畏當知是為新發意菩薩
若聲聞人聞是經驚疑怖畏當知是為增上
慢者藥王若有善男子善女人如來滅後欲

BD15041號　妙法蓮華經（八卷本）卷四　（6–4）

教化成就菩薩而為開示藥王若有菩薩聞
是法華經驚疑怖畏當知是為新發意菩薩
若聲聞人聞是經驚疑怖畏當知是為增上
慢者藥王若有善男子善女人如來滅後欲
為四眾說是法華經者云何應說是善男子
善女人入如來室著如來衣坐如來座尒乃
應為四眾廣說斯經如來室者一切眾生中
大慈悲心是如來衣者柔和忍辱心是如來
座者一切法空是安住是中然後以不懈怠
心為諸菩薩及四眾廣說是法華經藥王我
於餘國遣化人為其集聽法眾亦遣化比丘
比丘尼優婆塞優婆夷聽其說法是諸化人
聞法信受隨順不逆若說法者在空閑處我
時廣遣天龍鬼神乾闥婆阿脩羅等聽其
說法我雖在異國時時令說法者得見我身
若於此經忘失句逗我還為說令得具足尒時
世尊欲重宣此義而說偈言
欲捨諸懈怠　應當聽此經　是經難得聞　信受者亦難
如人渴須水　穿鑿於高原　猶見乾燥土　知去水尚遠
漸見濕土泥　決定知近水　藥王汝當知　如是諸人等
不聞法華經　去佛智甚遠　若聞是深經　決了聲聞法
是諸經之王　聞已諦思惟　當知此人等　近於佛智慧
若人說此經　應入如來室　著於如來衣　而坐如來座
處眾无所畏　廣為分別說　大慈悲為室　柔和忍辱衣
諸法空為座　處此為說法　若說此經時　有人惡口罵
加刀杖瓦石　念佛故應忍　我千萬億土　現淨堅固身
於无量億劫　為眾生說法　若我滅度後　能說此經者
我遣化四眾　比丘比丘尼　及清信士女　供養於法師

BD15041號　妙法蓮華經（八卷本）卷四　（6–5）

世尊欲重宣此義而說偈言
欲捨諸懈怠　應當聽此經　是經難得聞　信受者亦難
如人渴須水　穿鑿於高原　猶見乾燥土　知去水尚遠
漸見濕土泥　決定知近水　藥王汝當知　如是諸人等
不聞法華經　去佛智甚遠　若聞是深經　決了聲聞法
是諸經之王　聞已諦思惟　當知此人等　近於佛智慧
若人說此經　應入如來室　著於如來衣　而坐如來座
處衆无所畏　廣為分別說　大慈悲為室　柔和忍辱衣
諸法空為座　處此為說法　若說此經時　有人惡口罵
加刀杖瓦石　念佛故應忍　我千万億土　現淨堅固身
於无量億劫　為衆生說法　若我滅度後　能說此經者
我遣化四衆　比丘比丘尼　及清信士女　供養於法師
引導諸衆生　集之令聽法　若人欲加惡　刀杖及瓦石
則遣變化人　為之作衛護　若說法之人　獨在空閑處
寂漠无人聲　讀誦此經典　我尒時為現　清淨光明身
若忘失章句　為說令通利　若人具是德　或為四衆說
空處讀誦經　皆得見我身　若人在空閑　我遣天龍王
夜叉鬼神等　為作聽法衆　是人樂說法　分別无罣礙
諸佛護念故　能令大衆喜　若親近法師　速得菩薩道
隨順是師學　得見恒沙佛

BD15041 號　妙法蓮華經（八卷本）卷四　（6–6）

妙法蓮華經觀世音菩薩普門品第二十五
尒時无盡意菩薩即從座起偏袒右肩合掌
向佛而作是言世尊觀世音菩薩以何因緣名
觀世音佛告无盡意菩薩善男子若有无量
百千万億衆生受諸苦惱聞是觀世音菩薩
一心稱名觀世音菩薩即時觀其音聲皆得
解脫若有持是觀世音菩薩名者設入大火
火不能燒由是菩薩威神力故若為大水
所漂稱其名号即得淺處若有百千万億衆
生為求金銀琉璃車𤦲馬瑙珊瑚虎珀真珠等
寶入於大海假使黑風吹其船舫漂墮羅刹
鬼國其中若有乃至一人稱觀世音菩薩名
者是諸人等皆得解脫羅刹之難以是因
緣名觀世音若復有人臨當被害稱觀世音
菩薩名者彼所執刀杖尋段段壞而得解脫
若三千大千國土滿中夜叉羅刹欲來惱人
聞其稱觀世音菩薩名者是諸惡鬼尚不能
以惡眼視之況復加害設復有人若有罪若

BD15042 號　妙法蓮華經卷七　（20–1）

菩薩名者彼所執刀杖尋段段壞而得解脫
若三千大千國土滿中夜叉羅刹欲來惱人
聞其稱觀世音菩薩名者是諸惡鬼尚不能
以惡眼視之况復加害設復有人若有罪若
无罪杻械枷鎖檢繫其身稱觀世音菩薩名
者皆悉斷壞即得解脫若三千大千國土滿
中怨賊有一商主將諸商人賷持重寶經過
險路其中一人作是唱言諸善男子勿得恐
怖汝等應當一心稱觀世音菩薩名号是菩
薩能以无畏施於衆生汝等若稱名者於此
怨賊當得解脫衆商人聞俱發聲言南无
觀世音菩薩稱其名故即得解脫无盡意
觀世音菩薩摩訶薩威神之力巍巍如是若有
衆生多於婬欲常念恭敬觀世音菩薩便得
離欲若多瞋恚常念恭敬觀世音菩薩便得
離瞋若多愚癡常念恭敬觀世音菩薩便得
離癡无盡意觀世音菩薩有如是等大威神力
多所饒益是故衆生常應心念若有女人設
欲求男礼拜供養觀世音菩薩便生福德智
慧之男設欲求女便生端正有相之女宿植
德本衆人愛敬无盡意觀世音菩薩有如是
力若有衆生恭敬礼拜觀世音菩薩福不唐
捐是故衆生皆應受持觀世音菩薩名号无
盡意若有人受持六十二億恒河沙菩薩名
字復盡形供養飲食衣服臥具醫藥於汝意
云何是善男子善女人功德多不无盡意言

BD15042 號　妙法蓮華經卷七　（20–2）

力若有衆生恭敬礼拜觀世音菩薩福不唐
捐是故衆生皆應受持觀世音菩薩名号无
盡意若有人受持六十二億恒河沙菩薩名
字復盡形供養飲食衣服臥具醫藥於汝意
云何是善男子善女人功德多不无盡意言
甚多世尊佛言若復有人受持觀世音菩薩
名号乃至一時礼拜供養是二人福正等无異
於百千万億劫不可窮盡无盡意受持觀
世音菩薩名号得如是无量无邊福德之利
无盡意菩薩白佛言世尊觀世音菩薩云何遊
此娑婆世界云何而為衆生說法方便之力
其事云何佛告无盡意菩薩善男子若有國
土衆生應以佛身得度者觀世音菩薩即現
佛身而為說法應以辟支佛身得度者即現
辟支佛身而為說法應以聲聞身得度者即
現聲聞身而為說法應以梵王身得度者即
現梵王身而為說法應以帝釋身得度者即
現帝釋身而為說法應以自在天身得度者
即現自在天身而為說法應以大自在天身
得度者即現大自在天身而為說法應以
天大將軍身得度者即現天大將軍身而
為說法應以毗沙門身得度者即現毗沙門身而
為說法應以小王身得度者即現小王身而
為說法應以長者身得度者即現長者身
而為說法應以居士身得度者即現居士身
而為說法應以宰官身得度者即現宰官身

BD15042 號　妙法蓮華經卷七　（20–3）

爲說法應以沙門身得度者即現沙門身而
爲說法應以小王身得度者即現小王身而
爲說法應以長者身得度者即現長者身
而爲說法應以居士身得度者即現居士身
而爲說法應以宰官身得度者即現宰官身
而爲說法應以婆羅門身得度者即現婆羅
門身而爲說法應以比丘比丘尼優婆塞優婆
夷身得度者即現比丘比丘尼優婆塞優婆
夷身而爲說法應以長者居士宰官婆羅門
婦女身得度者即現婦女身而爲說法應以
童男童女身得度者即現童男童女身而
爲說法應以天龍夜叉乾闥婆阿脩羅迦樓
羅緊那羅摩睺羅伽人非人等身得度者
即皆現之而爲說法應以執金剛神得度者即
現執金剛神而爲說法无盡意是觀世音菩薩
成就如是功德以種種形遊諸國土度脫衆
生是故汝等應當一心供養觀世音菩薩是
觀世音菩薩摩訶薩於怖畏急難之中能施
无畏是故此娑婆世界皆号之爲施无畏者
无盡意菩薩白佛言世尊我今當供養觀世
音菩薩即解頸衆寶珠瓔珞價直百千兩金
而以與之作是言仁者受此法施珎寶瓔珞時
觀世音菩薩不肯受之无盡意復白觀世音
菩薩言仁者愍我等故受此瓔珞尒時佛告
觀世音菩薩當愍此无盡意菩薩及諸四衆
天龍夜叉乾闥婆阿脩羅迦樓羅緊那羅摩
睺羅伽人非人等故受是瓔珞即時觀世音

BD15042號　妙法蓮華經卷七　（20–4）

觀世音菩薩不肯受之无盡意復白觀世音
菩薩言仁者愍我等故受此瓔珞尒時佛告
觀世音菩薩當愍此无盡意菩薩及諸四衆
天龍夜叉乾闥婆阿脩羅迦樓羅緊那羅摩
睺羅伽人非人等故受是瓔珞即時觀世音
菩薩愍諸四衆及於天龍人非人等受其瓔
珞分作二分一分奉釋迦牟尼佛一分奉多寶
佛塔无盡意觀世音菩薩有如是自在神力
遊於娑婆世界尒時无盡意菩薩以偈問曰
世尊妙相具　我今重問彼　佛子何因緣　名爲觀世音
具足妙相尊　偈荅无盡意　汝聽觀音行　善應諸方所
弘誓深如海　歷劫不思議　侍多千億佛　發大清淨願
我爲汝略說　聞名及見身　心念不空過　能滅諸有苦
假使興害意　推落大火坑　念彼觀音力　火坑變成池
或漂流巨海　龍魚諸鬼難　念彼觀音力　波浪不能沒
或在須弥峯　爲人所推墮　念彼觀音力　如日虛空住
或被惡人逐　墮落金剛山　念彼觀音力　不能損一毛
或值怨賊繞　各執刀加害　念彼觀音力　咸即起慈心
或遭王難苦　臨刑欲壽終　念彼觀音力　刀尋段段壞
或囚禁枷鎖　手足被杻械　念彼觀音力　釋然得解脫
呪咀諸毒藥　所欲害身者　念彼觀音力　還著於本人
或遇惡羅刹　毒龍諸鬼等　念彼觀音力　時悉不敢害
若惡獸圍繞　利牙爪可怖　念彼觀音力　疾走无邊方
蚖虵及蝮蝎　氣毒烟火然　念彼觀音力　尋聲自迴去
雲雷鼓掣電　降雹澍大雨　念彼觀音力　應時得消散
衆生被困厄　无量苦逼身　觀音妙智力　能救世間苦

BD15042號　妙法蓮華經卷七　（20–5）

或遇惡羅刹　毒龍諸鬼等　念彼觀音力　時悉不敢害
若惡獸圍繞　利牙爪可怖　念彼觀音力　疾走无邊方
蚖蛇及蝮蝎　氣毒烟火然　念彼觀音力　尋聲自迴去
雲雷鼓掣電　降雹澍大雨　念彼觀音力　應時得消散
衆生被困厄　无量苦逼身　觀音妙智力　能救世間苦
具足神通力　廣脩智方便　十方諸國土　无刹不現身
種種諸惡趣　地獄鬼畜生　生老病死苦　以漸悉令滅
真觀清淨觀　廣大智慧觀　悲觀及慈觀　常願常瞻仰
无垢清淨光　慧日破諸闇　能伏災風火　普明照世間
悲體戒雷震　慈意妙大雲　澍甘露法雨　滅除煩惱焰
諍訟經官處　怖畏軍陣中　念彼觀音力　衆怨悉退散
妙音觀世音　梵音海潮音　勝彼世間音　是故須常念
念念勿生疑　觀世音淨聖　於苦惱死厄　能為作依怙
具一切功德　慈眼視衆生　福聚海无量　是故應頂礼
尒時持地菩薩即從坐起前白佛言世尊若有
衆生聞是觀世音菩薩品自在之業普門示
現神通力者當知是人功德不少佛說是普
門品時衆中八万四千衆生皆發无等等阿
耨多羅三藐三菩提心

妙法蓮華經陁羅尼品第二十六

尒時藥王菩薩即從座起偏袒右肩合掌向
佛而白佛言世尊若善男子善女人有能受
持法華經者若讀誦通利若書寫經卷得幾
所福佛告藥王若有善男子善女人供養八
百万億那由他恒河沙等諸佛於汝意云何
其所得福寧為多不甚多世尊佛言若善男
子善女人能於是經乃至受持一四句偈讀

持法華經者若讀誦通利若書寫經卷得幾
所福佛告藥王若有善男子善女人供養八
百万億那由他恒河沙等諸佛於汝意云何
其所得福寧為多不甚多世尊佛言若善男
子善女人能於是經乃至受持一四句偈讀
誦解義如說脩行功德甚多尒時藥王菩薩
白佛言世尊我今當與說法者陁羅尼呪以
守護之即說呪曰
安尒一　曼尒二　摩祢三　摩摩祢四　旨隸五　遮
梨第六　賒咩羊鳴音七　賒履因雉反　多瑋八　羶輸干反
帝九　目帝十　目多履十一　娑履十二　阿瑋娑履十三　桑
履十四　娑履十五　叉裔十六　阿叉裔十七　阿耆膩十八　羶
帝十九　賒履二十　陁羅尼二十一　阿盧伽婆娑蘇柰反
簸蔗毗叉膩二十二　祢毗剃二十三　阿便哆都餓反　邏
祢履剃二十四　阿亶哆波隸輸地途賣反二十五　漚究隸
二十六　牟究隸二十七　阿羅隸二十八　波羅隸二十九　首迦
差初几反三十　阿三磨三履三十一　佛馱毗吉利　袠帝
三十二　達磨波利差猜離反三十三　僧伽涅瞿沙祢
三十四　婆舍婆舍輸地三十五　曼哆羅三十六　曼哆邏
叉夜又三十七　郵樓哆三十八　郵樓哆憍舍略三十九
惡叉邏四十　惡叉冶四十一　阿婆盧四十二　阿摩若
荏蔗反　那多夜四十三
世尊是陁羅尼神呪六十二億恒河沙等諸
佛所說若有侵毀此法師者則為侵毀是諸
佛已時釋迦牟尼佛讚藥王菩薩言善哉善
哉藥王汝愍念擁護此法師故說是陁羅尼

反 非 [illegible] 三
世尊是陁羅尼神呪六十二億恒河沙等諸
佛所說若有侵毀此法師者則為侵毀是諸
佛已時釋迦牟尼佛讚藥王菩薩言善哉善
哉藥王汝愍念擁護此法師故說是陁羅尼
於諸眾生多所饒益尒時勇施菩薩白佛言
世尊我亦為擁護讀誦受持法華經者說
陁羅尼若此法師得是陁羅尼若夜叉若羅
剎若富單那若吉蔗若鳩槃茶若餓鬼等
伺求其短无能得便即於佛前而說呪曰
痤稚隸反 隸一 摩訶痤隸二 郁枳三 目枳四 阿
隸五 阿羅婆第六 涅隸第七 涅隸多婆第
八 伊緻猪履反 柅九 韋緻柅十 旨緻柅十一 涅
隸墀柅十二 涅犁墀婆底十三
世尊是陁羅尼神呪恒河沙等諸佛所說亦
皆隨喜若有侵毀此法師者則為侵毀是
諸佛已尒時毗沙門天王護世者白佛言世
尊我亦為愍念眾生擁護此法師故說是
陁羅尼即說呪曰
阿梨一 那梨二 㝹那梨三 阿那盧四 那履五
拘那履六
世尊以是神呪擁護法師我亦自當擁護
持是經者令百由旬内无諸衰患尒時持
國天王在此會中與千万億那由他乹闥婆
眾恭敬圍繞前詣佛所合掌白佛言世尊我
亦以陁羅尼神呪擁護持法華經者即說呪曰
阿伽祢一 伽祢二 瞿利三 乹陁利四 旃陁利五

BD15042號　妙法蓮華經卷七　（20–8）

持是經者令百由旬内无諸衰患尒時持
國天王在此會中與千万億那由他乹闥婆
眾恭敬圍繞前詣佛所合掌白佛言世尊我
亦以陁羅尼神呪擁護持法華經者即說呪曰
阿伽祢一 伽祢二 瞿利三 乹陁利四 旃陁利五
摩蹬耆六 常求利七 浮樓莎柅八 頞底九
世尊是陁羅尼神呪四十二億諸佛所說若
有侵毀此法師者則為侵毀是諸佛已尒時
有十羅剎女等一名藍婆二名毗藍婆三名曲
齒四名華齒五名黑齒六名多髮七名无厭
足八名持瓔珞九名睪帝十名奪一切眾生
精氣是十羅剎女與鬼子母并其子及眷屬
俱詣佛所同聲白佛言世尊我等亦欲擁護
讀誦受持法華經者除其衰患若有伺求
法師短者令不得便即於佛前而說呪曰
伊提履一 伊提泯二 伊提履三 阿提履四 伊
提履五 泥履六 泥履七 泥履八 泥履九 樓醯
十 樓醯十一 樓醯十二 多醯十三 多醯十四 多醯十五
兜醯十六 㝹醯十七
寧上我頭上莫惱於法師若夜叉若羅剎若
餓鬼若富單那若吉蔗若毗陁羅若揵馱若
烏摩勒伽若阿跋摩羅若夜叉吉蔗若人吉
蔗若熱病若一日若二日若三日若四日若至
七日若常熱病若男形若女形若童男形若
童女形乃至夢中亦復莫惱即於佛前而
說偈言

BD15042號　妙法蓮華經卷七　（20–9）

烏摩勒伽若阿跋摩羅若夜叉吉蔗若人吉
蔗若熱病若一日若二日若三日若四日若至
七日若常熱病若男形若女形若童男形若
童女形乃至夢中亦復莫惱即於佛前而
說偈言
若不順我呪 惱亂說法者 頭破作七分 如阿梨樹枝
如煞父母罪 亦如壓油殃 斗秤欺誑人 調達破僧罪
犯此法師者 當獲如是殃
諸羅剎女說此偈已白佛言世尊我等亦當
身自擁護受持讀誦脩行是經者令得安
隱離諸衰患消衆毒藥佛告諸羅剎女善
哉善哉汝等但能擁護受持法華名者福不
可量何況擁護具足受持供養經卷華香瓔
珞末香塗香燒香幡蓋伎樂然種種燈蘇燈
油燈諸香油燈蘇摩那華油燈瞻蔔華油燈
婆師迦華油燈優鉢羅華油燈如是等百千
種供養者睪帝汝等及眷屬應當擁護如是
法師說是陁羅尼品時六万八千人得无生法忍
妙法蓮華經妙莊嚴王本事品第二十七
尒時佛告諸大衆乃往古昔過无量无邊不
可思議阿僧祇劫有佛名雲雷音宿王華智
多陁阿伽度阿羅呵三藐三佛陁國名光明
莊嚴劫名憙見彼佛法中有王名妙莊嚴
其王夫人名曰淨德有二子一名淨藏二名淨
眼是二子有大神力福德智慧久脩菩薩所
行之道所謂檀波羅蜜尸羅波羅蜜羼提

BD15042號　妙法蓮華經卷七　（20–10）

其王夫人名曰淨德有二子一名淨藏二名淨
眼是二子有大神力福德智慧久脩菩薩所
行之道所謂檀波羅蜜尸羅波羅蜜羼提
波羅蜜毗梨耶波羅蜜禪波羅蜜般若波
羅蜜方便波羅蜜慈悲喜捨乃至三十七助
道法皆悉明了通達又得菩薩淨三昧日星宿
三昧淨光三昧淨色三昧淨照明三昧長莊
嚴三昧大威德藏三昧於此三昧亦悉通達
尒時彼佛欲引導妙莊嚴王及愍念衆生故
說是法華經時淨藏淨眼二子到其母所合
十指爪掌白言願母往詣雲雷音宿王華智佛
所我等亦當侍從親近供養礼拜所以者何
此佛於一切天人衆中說法華經宜應聽受母
告子言汝父信受外道深著婆羅門法汝
等應往白父與共俱去淨藏淨眼合十爪指
掌白母我等是法王子而生此邪見家母告
子言汝等當憂念汝父為現神變若得見
者心必清淨或聽我等往至佛所於是二子
念其父故踊在虛空高七多羅樹現種種神
變於虛空中行住坐臥身上出水身下出火身
下出水身上出火或現大身滿虛空中而復
現小小復現大於空中滅忽然在地入地如水
履水如地現如是等種種神通令其父王心
淨信解時父見子神力如是心大歡喜得
未曾有合掌向子言汝等師為是誰誰之弟
子二子白言大王彼雲雷音宿王華智佛今

BD15042號　妙法蓮華經卷七　（20–11）

淨信解時父見子神力如是心大歡喜得
未曾有合掌向子言汝等師為是誰誰之弟
子二子白言大王彼雲雷音宿王華智佛今
在七寶菩提樹下法座上坐於一切世間天
人衆中廣説法華經是我等師我是弟子
父語子言我今亦欲見汝等師可共俱往於
是二子從空中下到其母所合掌白母父王今
已信解堪任發阿耨多羅三藐三菩提心我
等為父已作佛事願母見聽於彼佛所出家
脩道尒時二子欲重宣其意以偈白母
願母放我等　出家作沙門　諸佛甚難值　我等隨佛學
如優曇波羅　值佛復難是　脱諸難亦難　願聽我出家
母即告言聽汝出家所以者何佛難值故於
是二子白父母言善哉父母願時往詣雲雷
音宿王華智佛所親近供養所以者何佛難
得值如優曇波羅華又如一眼之龜值浮木孔
而我等宿福深厚生值佛法是故父母當
聽我等令得出家所以者何諸佛難值時亦
難遇彼時妙莊嚴王後宮八万四千人皆悉
堪任受持是法華經淨眼菩薩於法華三昧
久已通達淨藏菩薩已於无量百千万億劫
通達離諸惡趣三昧欲令一切衆生離諸惡
趣故其王夫人得諸佛習三昧能知諸佛秘
密之藏二子如是以方便力善化其父令心信
解好樂佛法於是妙莊嚴王與羣臣眷屬
俱淨德夫人與後宮采女眷屬俱其王二子

BD15042號　妙法蓮華經卷七

（20-12）

趣故其王夫人得諸佛習三昧能知諸佛秘
密之藏二子如是以方便力善化其父令心信
解好樂佛法於是妙莊嚴王與羣臣眷屬
俱淨德夫人與後宮采女眷屬俱其王二子
與四万二千人俱一時共詣佛所到已頭面礼
足遶佛三帀却住一面尒時彼佛為王説法
示教利喜王大歡悦尒時妙莊嚴王及其
夫人解頸真珠瓔珞價直百千以散佛上於
虚空中化成四柱寶臺臺中有大寶床敷百
千万天衣其上有佛結跏趺坐放大光明尒
時妙莊嚴王作是念佛身希有端嚴殊特
成就第一微妙之色時雲雷音宿王華智佛
告四衆言汝等見是妙莊嚴王於我前合掌
立不此王於我法中作比丘精勤脩習助佛道
法當得作佛号娑羅樹王國名大光劫名
大高王其娑羅樹王佛有无量菩薩衆及
无量聲聞其國平正功德如是其王即時以國
付弟王與夫人二子并諸眷屬於佛法中出家
脩道王出家已於八万四千歳常勤精進脩行
妙法華經過是已後得一切淨功德莊嚴三
昧即昇虚空高七多羅樹而白佛言世尊此
我二子已作佛事以神通變化轉我邪心令
得安住於佛法中得見世尊此二子者是我
善知識為發起宿世善根饒益我故來生
我家尒時雲雷音宿王華智佛告妙莊嚴王
言如是如是如汝所言善男子善女人種

BD15042號　妙法蓮華經卷七

（20-13）

我二子已作佛事以神通變化轉我邪心令
得安住於佛法中得見世尊此二子者是我
善知識為發起宿世善根饒益我故來生
我家尒時雲雷音宿王華智佛告妙莊嚴王
言如是如是如汝所言若善男子善女人種
善根故世世得善知識其善知識能作佛事
示教利喜令發阿耨多羅三藐三菩提大王
當知善知識者是大因緣所謂化導令得見
佛發阿耨多羅三藐三菩提心大王汝見此
二子不此二子已曾供養六十五百千万億那
由他恒河沙諸佛親近恭敬於諸佛所受持
法華經愍念邪見衆生令住正見妙莊嚴
王即從虛空中下而白佛言世尊如來甚希
有以功德智慧故頂上肉髻光明顯照其
眼長廣而紺青色眉間毫相白如珂月齒白
齊密常有光明脣色赤好如頻婆果尒時妙
莊嚴王讚歎佛如是等無量百千万億功德
已於如來前一心合掌復白佛言世尊未曾有
也如來之法具足成就不可思議微妙功德
教戒所行安隱快善我從今日不復自隨心
行不生邪見憍慢瞋恚諸惡之心說是語已
礼佛而出佛告大衆於意云何妙莊嚴王豈
異人乎今華德菩薩是其淨德夫人今佛
前光照莊嚴相菩薩是哀愍妙莊嚴王及
諸眷屬故於彼中生其二子者今藥王菩薩
藥上菩薩是是藥王藥上菩薩成就如此諸大

礼佛而出佛告大衆於意云何妙莊嚴王豈
異人乎今華德菩薩是其淨德夫人今佛
前光照莊嚴相菩薩是哀愍妙莊嚴王及
諸眷屬故於彼中生其二子者今藥王菩薩
藥上菩薩是是藥王藥上菩薩成就如此諸大
功德已於无量百千万億諸佛所植衆德本
成就不可思議諸善功德若有人識是二菩
薩名字者一切世間諸天人民亦應礼拜佛
說是妙莊嚴王本事品時八万四千人遠塵
離垢於諸法中得法眼淨

妙法蓮華經普賢菩薩勸發品第二十八

尒時普賢菩薩以自在神通威德名聞與大
菩薩无量无邊不可稱數從東方來所經諸
國普皆震動雨寶蓮華作无量百千万億種
種伎樂又與无數諸天龍夜叉乾闥婆阿脩
羅迦樓羅緊那羅摩睺羅伽人非人等大
衆圍繞各現威德神通之力到娑婆世界耆
闍崛山中頭面礼釋迦牟尼佛右繞七帀白佛
言世尊我於寶威德上佛國遙聞此娑婆
世界說法華經與无量无邊百千万億諸菩
薩衆共來聽受唯願世尊當為說之若善男
子善女人於如來滅後云何能得是法華經佛
告普賢菩薩若善男子善女人成就四法於
如來滅後當得是法華經一者為諸佛護
念二者植衆德本三者入正定聚四者發救
一切衆生之心善男子善女人如是成就四法
於如來滅後必得是經尒時普賢菩薩白

子善女人於如來滅後云何能得是法華經佛
告普賢菩薩若善男子善女人成就四法於
如來滅後當得是法華經一者為諸佛護
念二者植衆德本三者入正定聚四者發救
一切衆生之心善男子善女人如是成就四法
於如來滅後必得是經尒時普賢菩薩白
佛言世尊於後五百歲濁惡世中其有受持
是經典者我當守護除其衰患令得安隱使
无伺求得其便者若魔若魔子若魔女若
魔民若為魔所著者若夜叉若羅剎若鳩
槃荼若毗舍闍若吉蔗若冨單那若韋陀羅
等諸惱人者皆不得便是人若行若立讀誦
此經我尒時乘六牙白象王與大菩薩衆俱
詣其所而自現身供養守護安慰其心亦為供
養法華經故是人若坐思惟此經尒時我復
乘白象王現其人前其人若於法華經有所忘
失一句一偈我當教之與共讀誦還令通利
尒時受持讀誦法華經者得見我身甚大歡
喜轉復精進以見我故即得三昧及陀羅
尼名為旋陀羅尼百千万億旋陀羅尼法音
方便陀羅尼得如是等陀羅尼世尊若後世後
五百歲濁惡世中比丘比丘尼優婆塞優婆
夷求索者受持者讀誦者書寫者欲修習
是法華經於三七日中應一心精進滿三七日
已我當乘六牙白象與无量菩薩而自圍繞
以一切衆生所憙見身現其人前而為說法

BD15042號　妙法蓮華經卷七

（20–16）

夷求索者受持者讀誦者書寫者欲修習
是法華經於三七日中應一心精進滿三七日
已我當乘六牙白象與无量菩薩而自圍繞
以一切衆生所憙見身現其人前而為說法
示教利喜亦復與其陀羅尼呪得是陀羅尼
故无有非人能破壞者亦不為女人之所惑
亂我身亦自常護是人唯願世尊聽我說
此陀羅尼即於佛前而說呪曰
阿檀地途賣反一 檀陀婆地二 檀陀婆帝三 檀陀
鳩舍隸四 檀陀修陀隸五 修陀隸六 修陀羅婆
底七 佛䭾波羶祢八 薩婆陀羅尼阿婆多尼九
薩婆婆沙阿婆多尼十 修阿婆多尼十一 僧伽
婆履叉尼十二 僧伽涅伽陀尼十三 阿僧祇十四 僧伽
波伽地十五 帝隸阿惰僧伽兜略 阿羅帝 波羅
帝十六 薩婆僧伽三摩地伽蘭地十七 薩婆達磨
修波利剎帝十八 薩婆薩埵樓䭾憍舍略阿㝹
伽地十九 辛阿毗吉利地帝二十
世尊若有菩薩得聞是陀羅尼者當知普
賢神通之力若法華經行閻浮提有受持者
應作此念皆是普賢威神之力若有受持讀
誦正憶念解其義趣如說修行當知是人行
普賢行於无量无邊諸佛所深種善根為諸
如來手摩其頭若但書寫是人命終當生忉
利天上是時八万四千天女作衆伎樂而來迎
之其人即著七寶冠於婇女中娛樂快樂何
況受持讀誦正憶念解其義趣如說修行

BD15042號　妙法蓮華經卷七

（20–17）

賢行於无量无邊諸佛所深種善根為諸
如来手摩其頭若但書寫是人命終當生忉
利天上是時八万四千天女作衆伎樂而来迎
之其人即著七寶冠於婇女中娛樂快樂何
況受持讀誦正憶念解其義趣如說修行
若有人受持讀誦解其義趣是人命終為千
佛授手令不恐怖不墮惡趣即往兜率天上
弥勒菩薩所弥勒菩薩有三十二相大菩薩衆
所共圍繞有百千万億天女眷屬而於中生
有如是等功德利益是故智者應當一心自
書若使人書受持讀誦正憶念如說修行世
尊我今以神通力守護是經於如来滅後閻
浮提內廣令流布使不斷絶尒時釋迦牟尼
佛讚言善哉善哉普賢汝能護助是經令
多所衆生安樂利益汝已成就不可思議功德
深大慈悲從久遠来發阿耨多羅三藐三菩
提意而能作是神通之願守護是經我當以
神通力守護能受持普賢菩薩名者普賢
若有受持讀誦正憶念修習書寫是法華經
者當知是人則見釋迦牟尼佛如從佛口聞此
經典當知是人供養釋迦牟尼佛當知是人佛
讚善哉當知是人為釋迦牟尼佛手摩其
頭當知是人為釋迦牟尼佛衣之所覆如是
之人不復貪著世樂不好外道經書手筆亦
復不喜親近其人及諸惡者若屠兒若畜豬
羊雞狗若獵師若衒賣女色是人心意質直
有正憶念有福德力是人不為三毒所惱亦

頭當知是人為釋迦牟尼佛衣之所覆如是
之人不復貪著世樂不好外道經書手筆亦
復不喜親近其人及諸惡者若屠兒若畜豬
羊雞狗若獵師若衒賣女色是人心意質直
有正憶念有福德力是人不為三毒所惱亦
不為嫉妬我慢邪慢增上慢所惱是人少欲
知足能修普賢之行普賢若如来滅後後五
百歲若有人見受持讀誦法華經者應作是
念此人不久當詣道場破諸魔衆得阿耨多
羅三藐三菩提轉法輪擊法鼓吹法螺雨法
雨當坐天人大衆中師子法座上普賢若於
後世受持讀誦是經典者是人不復貪著
衣服臥具飲食資生之物所願不虛亦於現
世得其福報若有人輕毀之言汝狂人耳空作
是行終无所獲如是罪報當世世无眼若有
供養讚歎之者當於今世得現果報若復見
受持是經者出其過惡若實若不實此人
現世得白癩病若輕咲之者當世世牙齒踈
缺醜脣平鼻手脚繚戾眼目角睞身體臭穢
惡瘡膿血水腹短氣諸惡重病是故普賢
若見受持是經典者當起遠迎當如敬佛說
是普賢勸發品時恒河沙等无量无邊菩薩
得百千億旋陀羅尼三千大千世界微塵等
諸菩薩具普賢道佛說是經時普賢等諸
菩薩舍利弗等諸聲聞及諸天龍人非人
等一切大會皆大歡喜受持佛語作礼而去

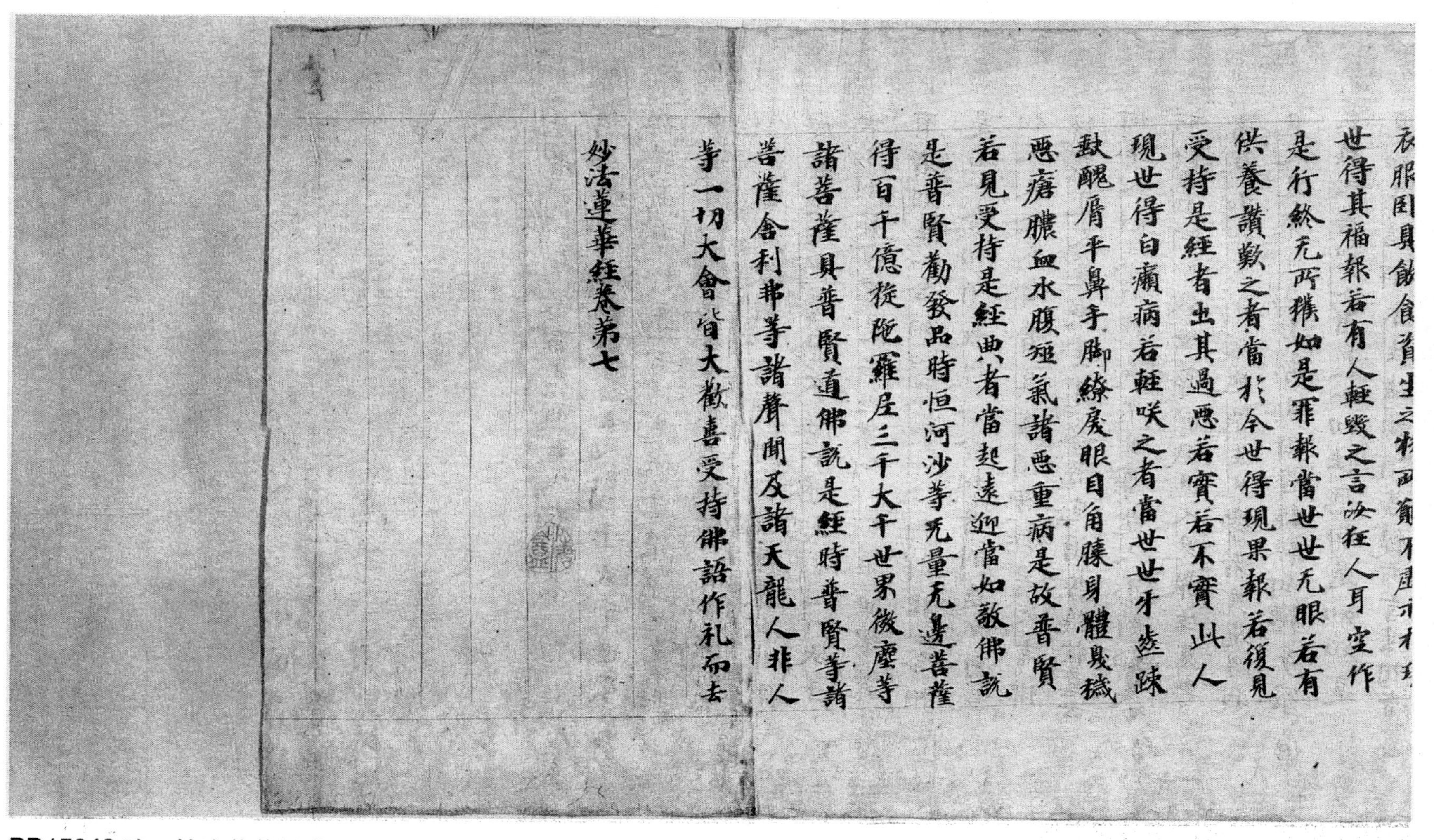

BD15042 號　妙法蓮華經卷七　（20–20）

BD15042 號背　藏文雜寫　（1–1）

来者无所從来亦无所去故名如来
須菩提若善男子善女人以三千大千世界
碎為微塵於意云何是微塵衆寧為多不甚
多世尊何以故若是微塵衆實有者佛則不
說是微塵衆所以者何佛說微塵衆則非微
塵衆是名微塵衆世尊如来所說三千大千
世界則非世界是名世界何以故若世界實
有者則是一合相如来說一合相則非一合相
是名一合相須菩提一合相者則是不可說
但凡夫之人貪着其事須菩提若人言佛
說我見人見衆生見壽者見須菩提於意云
何是人解我所說義不世尊是人不解如来
所說義何以故世尊說我見人見衆生見壽
者見即非我見人見衆生見壽者見是名我
見人見衆生見壽者見須菩提發阿耨多羅
三藐三菩提心者於一切法應如是知如是
見如是信解不生法相須菩提所言法相者

BD15043號　金剛般若波羅蜜經　（2–1）

是名一合相須菩提一合相者則是不可說
但凡夫之人貪着其事須菩提若人言佛
說我見人見衆生見壽者見須菩提於意云
何是人解我所說義不世尊是人不解如来
所說義何以故世尊說我見人見衆生見壽
者見即非我見人見衆生見壽者見是名我
見人見衆生見壽者見須菩提發阿耨多羅
三藐三菩提心者於一切法應如是知如是
見如是信解不生法相須菩提所言法相者
如来說即非法相是名法相須菩提若有人
以滿无量阿僧祇世界七寶持用布施若有
善男子善女人發菩薩心者持於此經乃至
四句偈等受持讀誦為人演說其福勝彼云
何為人演說不取於相如如不動何以故
一切有為法　如夢幻泡影　如露亦如電　應作如是觀
佛說是經已長老須菩提及諸比丘比丘尼
優婆塞優婆夷一切世間天人阿脩羅聞
佛所說皆大歡喜信受奉行

金剛般若波羅蜜經

BD15043號　金剛般若波羅蜜經　（2–2）

擔如來阿耨多羅三藐三菩提何以故須菩
提若樂小法者著我見人見衆生見壽者
見則於此經不能聽受讀誦為人解説須菩
提在在處處若有此經一切世間天人阿脩
羅所應供養當知此處則為是塔皆應恭
敬作禮圍遶以諸華香而散其處
復次須菩提善男子善女人受持讀誦此經
若為人輕賤是人先世罪業應墮惡道以今
世人輕賤故先世罪業則為消滅當得阿耨
多羅三藐三菩提須菩提我念過去无量阿
僧祇劫於然燈佛前得值八百四千万億那
由他諸佛悉皆供養承事无空過者若復
有人於後末世能受持讀誦此經所得功德於
我所供養諸佛功德百分不及一千万億分
乃至筭數譬喻所不能及須菩提若善男子
善女人於後末世有受持讀誦此經所得功
德我若具説者或有人聞心則狂亂狐疑不
信須菩提當知是經義不可思議果報亦不

BD15044 號　金剛般若波羅蜜經　（4–1）

有人於後末世能受持讀誦此經所得功德於
我所供養諸佛功德百分不及一千万億分
乃至筭數譬喻所不能及須菩提若善男子
善女人於後末世有受持讀誦此經所得功
德我若具説者或有人聞心則狂亂狐疑不
信須菩提當知是經義不可思議果報亦不
可思議
尒時須菩提白佛言世尊善男子善女人發
阿耨多羅三藐三菩提心云何應住云何降
伏其心佛告須菩提善男子善女人發阿耨
多羅三藐三菩提者當生如是心我應滅度
一切衆生滅度一切衆生已而无有一衆生
實滅度者何以故若菩薩有我相人相衆生
相壽者相則非菩薩所以者何須菩提實
无有法發阿耨多羅三藐三菩提者
須菩提於意云何如來於然燈佛所有法
得阿耨多羅三藐三菩提不不也世尊如我
解佛所説義佛於然燈佛所无有法得阿
耨多羅三藐三菩提佛言如是如是須菩提
實无有法如來得阿耨多羅三藐三菩提須
菩提若有法如來得阿耨多羅三藐三菩提
者然燈佛則不與我受記汝於來世當得作佛
号釋迦牟尼以實无有法得阿耨多羅三藐三
菩提是故然燈佛與我受記作是言汝於來
世當得作佛号釋迦牟尼何以故如來者即
諸法如義若有人言如來得阿耨多羅三藐三
菩提須菩提實无有法佛得阿耨多羅三藐
三菩提須菩提如來所得阿耨多羅三藐三

BD15044 號　金剛般若波羅蜜經　（4–2）

菩提是故然燈佛與我受記作是言汝於来
世當得作佛号釋迦牟尼何以故如来者即
諸法如義若有人言如来得阿耨多羅三藐三
菩提須菩提實无有法佛得阿耨多羅三藐
三菩提須菩提如来所得阿耨多羅三藐三
菩提於是中无實无虛是故如来說一切法
皆是佛法須菩提所言一切法者即非一切
法是故名一切法
須菩提譬如人身長大須菩提言世尊如来
說人身長大則為非大身是名大身
須菩提菩薩亦如是若作是言我當滅度无
量衆生則不名菩薩何以故須菩提實无有
法名為菩薩是故佛說一切法无我无人无
衆生无壽者須菩提若菩薩作是言我當莊
嚴佛土是不名菩薩何以故如来說莊嚴佛
土者即非莊嚴是名莊嚴須菩提若菩薩通
達无我法者如来說名真是菩薩
須菩提於意云何如来有肉眼不如是世尊
如来有肉眼須菩提於意云何如来有天眼
不如是世尊如来有天眼須菩提於意云何
如来有慧眼不如是世尊如来有慧眼須菩
提於意云何如来有法眼不如是世尊如来
有法眼須菩提於意云何如来有佛眼不如
是世尊如来有佛眼須菩提於意云何恒河
中所有沙佛說是沙不如是世尊如来說是
沙須菩提於意云何如一恒河中所有沙有
如是等恒河是諸恒河所有沙數佛世界如

BD15044 號　金剛般若波羅蜜經　（4–3）

有法眼須菩提於意云何如来有佛眼不如
是世尊如来有佛眼須菩提於意云何恒河
中所有沙佛說是沙不如是世尊如来說是
沙須菩提於意云何如一恒河中所有沙有
如是等恒河是諸恒河所有沙數佛世界如
是寧為多不甚多世尊佛告須菩提尒所國
土中所有衆生若干種心如来悉知何以故
如来說諸心皆為非心是名為心所以者何
須菩提過去心不可得現在心不可得未来
心不可得須菩提於意云何若有人滿三千
大千世界七寶以用布施是人以是因緣得
福多不如是世尊此人以是因緣得福甚多
須菩提若福德有實如来不說得福德多
以福德无故如来說得福德多
須菩提於意云何佛可以具足色身見不不
世尊如来不應以具足色身見何以故如
来說具足色身即非具足色身是名具足色
身須菩提於意云何如来可以具足諸相
見不不也世尊如来不應以具足諸相見何
以故如来說諸相具足即非具足是名諸相具足
須菩提汝勿謂如来作是念我當有所說法
莫作是念何以故若人言如来有所說法即
為謗佛不能解我所說故須菩提說法者
无法可說是名說法
須菩提白佛言世尊佛得阿耨多羅三藐
三菩提為无所得耶如是如是須菩提我於
阿耨多羅三藐三菩提乃至无有少法可

BD15044 號　金剛般若波羅蜜經　（4–4）

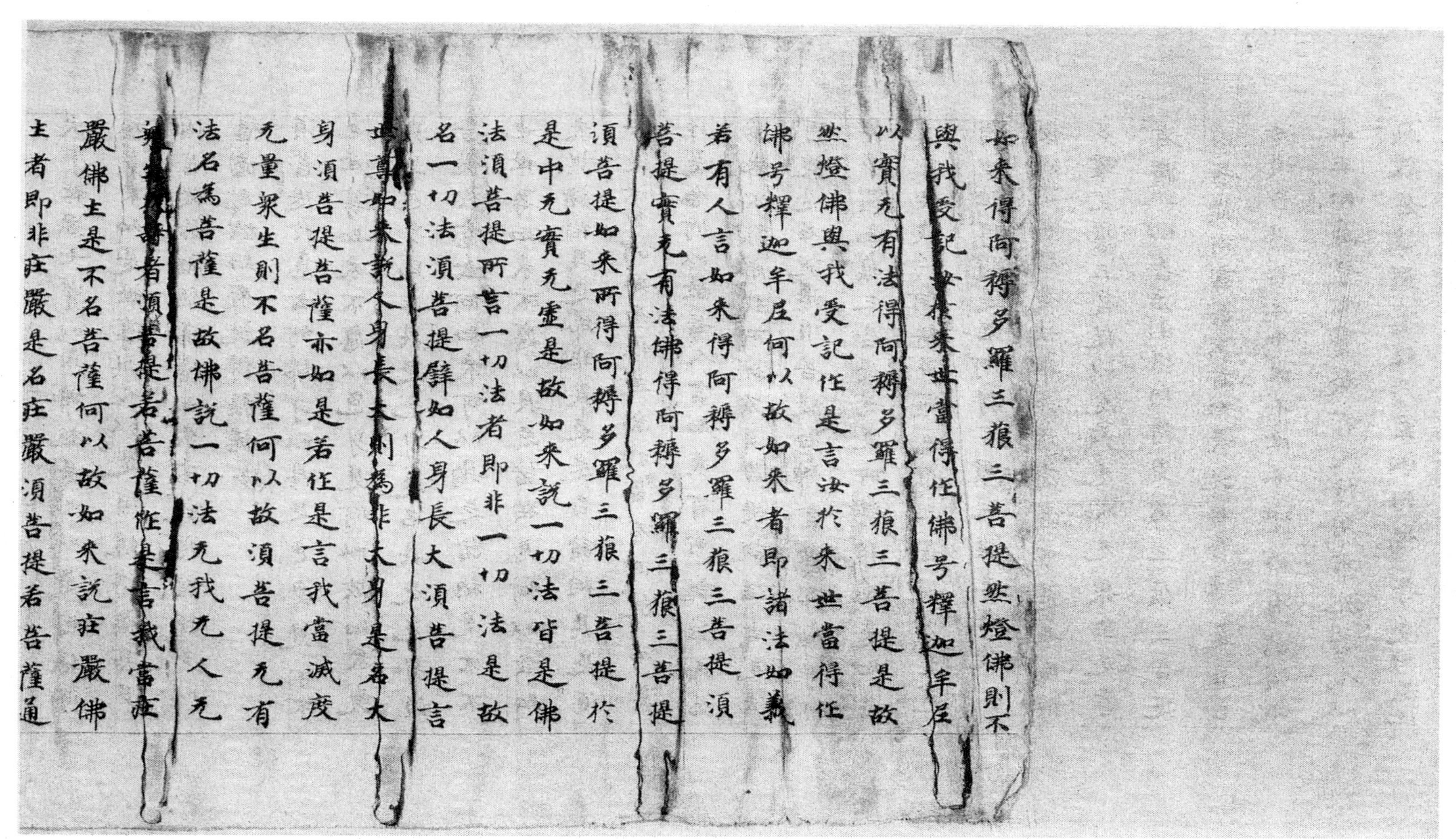

BD15045 號　金剛般若波羅蜜經　（6–1）

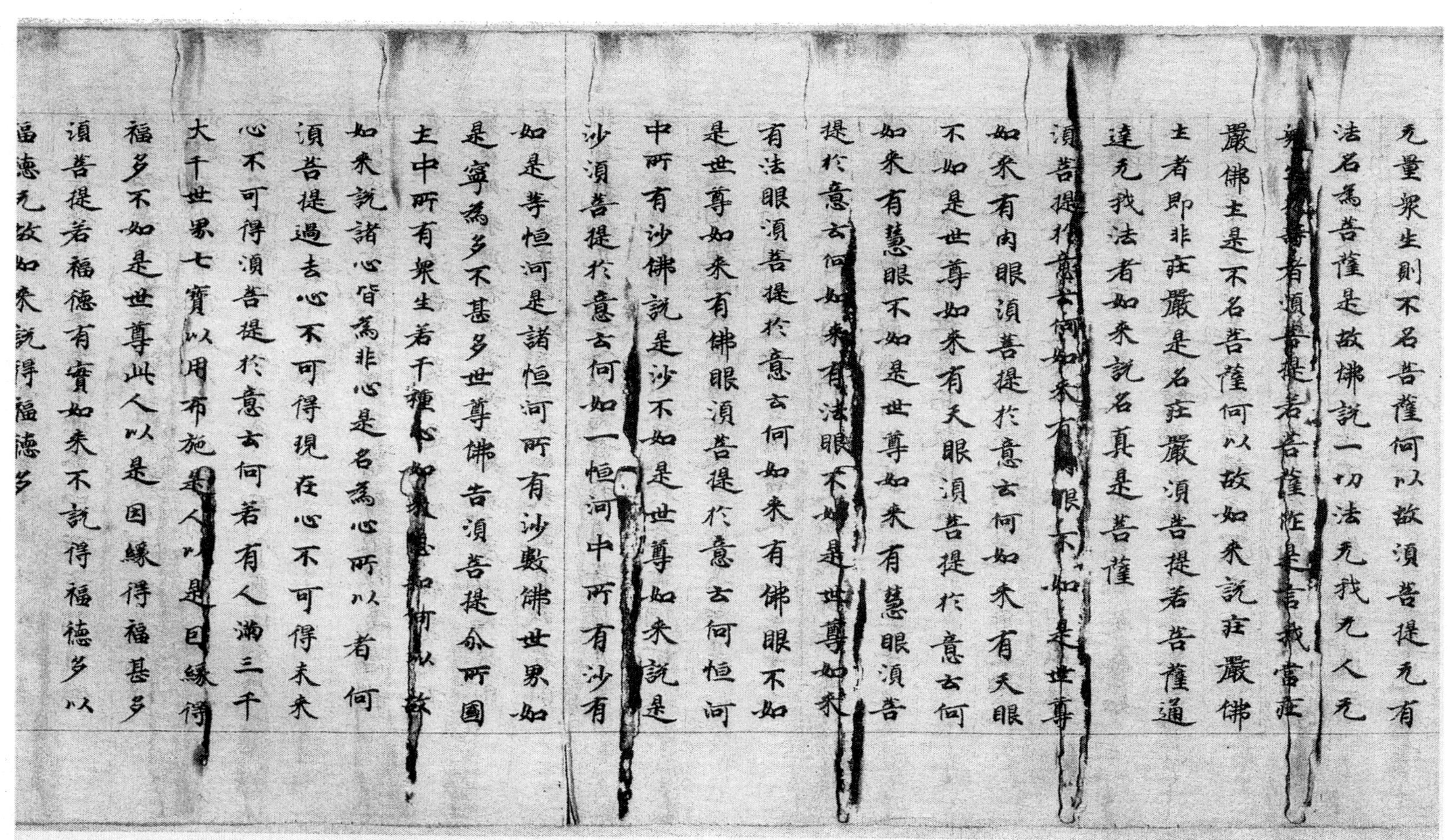

BD15045 號　金剛般若波羅蜜經　（6–2）

大千世界七寶以用布施是人以是因緣得
福多不如是世尊此人以是因緣得福甚多
須菩提若福德有實如來不說得福德多以
福德无故如來說得福德多
須菩提於意云何佛可以具足色身見不不
也世尊如來不應以色身見何以故如來說
具足色身即非具足色身是名具足色身須
菩提於意云何如來可以具足諸相見不不
也世尊如來不應以具足諸相見何以故如
來說諸相具足即非具足是名諸相具足須
菩提汝勿謂如來作是念我當有所說法莫
作是念何以故若人言如來有所說法即為
謗佛不能解我所說故須菩提說法者无法
可說是名說法須菩提白佛言世尊佛得阿
耨多羅三藐三菩提為无所得耶如是如是
須菩提我於阿耨多羅三藐三菩提乃至无
有少法可得是名阿耨多羅三藐三菩提
復次須菩提是法平等无有高下是名阿耨
多羅三藐三菩提以无我无人无衆生无壽
者修一切善法則得阿耨多羅三藐三菩提
須菩提所言善法者如來說非善法是名善
法須菩提若三千大千世界中所有諸須彌
山王如是等七寶聚有人持用布施若人以
此般若波羅蜜經乃至四句偈等受持為他

BD15045號　金剛般若波羅蜜經　（6–3）

法須菩提若三千大千世界中所有諸須彌
山王如是等七寶聚有人持用布施若人以
此般若波羅蜜經乃至四句偈等受持為他
人說於前福德百分不及一百千萬億分乃
至筭數譬喻所不能及
須菩提於意云何汝等勿謂如來作是念我
當度衆生須菩提莫作是念何以故實无有
衆生如來度者若有衆生如來度者如來則
有我人衆生壽者須菩提如來說有我者則
非有我而凡夫之人以為有我須菩提凡夫
者如來說則非凡夫須菩提於意云何可以
三十二相觀如來不須菩提言如是如是以
三十二相觀如來佛言須菩提若以三十二
相觀如來者轉輪聖王則是如來須菩提白
佛言世尊如我解佛所說義不應以三十二
相觀如來尒時世尊而說偈言
若以色見我　以音聲求我　是人行邪道　不能見如來
須菩提汝若作是念如來不以不是相故得
阿耨多羅三藐三菩提須菩提莫作是念如
來不以具足相故得阿耨多羅三藐三菩提
須菩提汝若作是念發阿耨多羅三藐三菩
提者說諸法斷滅相莫作是念何以故發阿耨
多羅三藐三菩提者於法不說斷滅相須菩
提若菩薩以滿恒河沙等世界七寶布施若

BD15045號　金剛般若波羅蜜經　（6–4）

來不以具足相故得阿耨多羅三藐三菩提
須菩提汝若作是念發阿耨多羅三藐三菩
提者說諸法斷滅相莫作是念何以故發阿耨
多羅三藐三菩提者於法不說斷滅相須菩
提若菩薩以滿恒河沙等世界七寶布施若
復有人知一切法无我得成於忍此菩薩勝
前菩薩所得功德須菩提以諸菩薩不受福
德故須菩提白佛言世尊云何菩薩不受福
德須菩提菩薩所作福德不應貪著是故說
不受福德須菩提若有人言如來若來若去
若坐若卧是人不解我所說義何以故如來
者无所從來亦无所去故名如來
須菩提若善男子善女人以三千大千世界
碎為微塵於意云何是微塵衆寧為多不甚
多世尊何以故若是微塵衆實有者佛則不
說是微塵衆所以者何佛說微塵衆則非微
塵衆是名微塵衆世尊如來所說三千大千
世界則非世界是名世界何以故若世界實
有者則是一合相如來說一合相則非一合
相是名一合相須菩提一合相者則是不可
說但凡夫之人貪著其事須菩提若人言佛
說我見人見衆生見壽者見須菩提於意云
何是人解我所說義不世尊是人不解如來
所說義何以故世尊說我見人見衆生見壽
者見即非我見人見衆生見壽者見是名我

BD15045號　金剛般若波羅蜜經　（6–5）

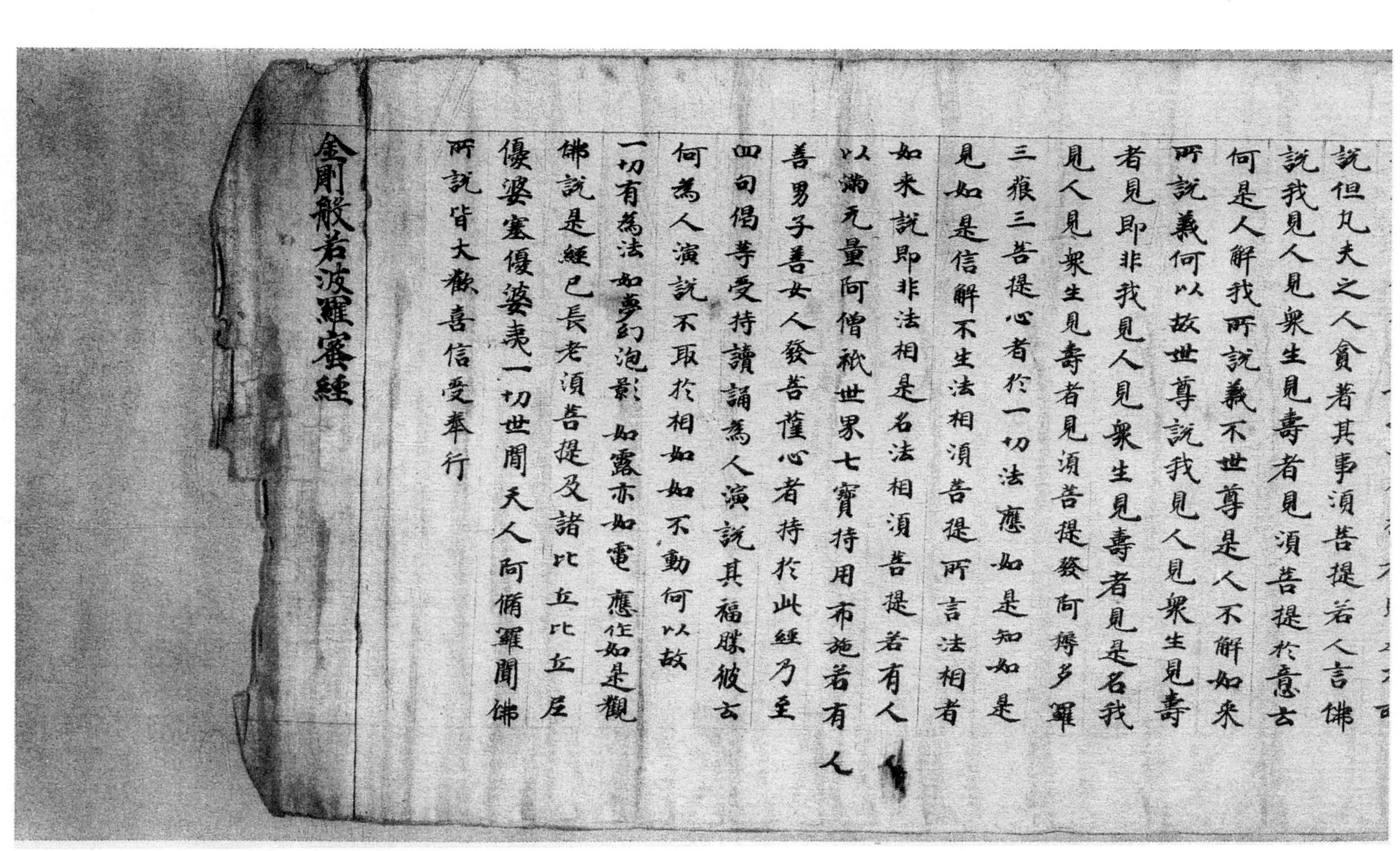
說但凡夫之人貪著其事須菩提若人言佛
說我見人見衆生見壽者見須菩提於意云
何是人解我所說義不世尊是人不解如來
所說義何以故世尊說我見人見衆生見壽
者見即非我見人見衆生見壽者見是名我
見人見衆生見壽者見須菩提發阿耨多羅
三藐三菩提心者於一切法應如是知如是
見如是信解不生法相須菩提所言法相者
如來說即非法相是名法相須菩提若有人
以滿无量阿僧祇世界七寶持用布施若有人
善男子善女人發菩薩心者持於此經乃至
四句偈等受持讀誦為人演說其福勝彼云
何為人演說不取於相如如不動何以故
一切有為法如夢幻泡影如露亦如電應作如是觀
佛說是經已長老須菩提及諸比丘比丘尼
優婆塞優婆夷一切世間天人阿脩羅聞佛
所說皆大歡喜信受奉行
金剛般若波羅蜜經

BD15045號　金剛般若波羅蜜經　（6–6）

若復有人得聞是經信心清淨則生實相當
知是人成就第一希有功德世尊是實相者
則是非相是故如來說名實相世尊我今得
聞如是經典信解受持不足為難若當來
世後五百歲其有眾生得聞是經信解受
持是人則為第一希有何以故此人無我相人
相眾生相壽者相所以者何我相即是
非相人相眾生相壽者相即是非相何以
故離一切諸相則名諸佛佛告須菩提如是
如是若復有人得聞是經不驚不怖不畏當
知是人甚為希有何以故須菩提如來說第一
波羅蜜非第一波羅蜜是名第一波羅蜜
須菩提忍辱波羅蜜如來說非忍辱波羅蜜
何以故須菩提如我昔為歌利王割截身體
我於尒時無我相無人相無眾生相無壽者

BD15046 號　金剛般若波羅蜜經　（5–1）

如是若復有人得聞是經不驚不怖不畏當
知是人甚為希有何以故須菩提如來說第一
波羅蜜非第一波羅蜜是名第一波羅蜜
須菩提忍辱波羅蜜如來說非忍辱波羅蜜
何以故須菩提如我昔為歌利王割截身體
我於尒時無我相無人相無眾生相無壽者
相何以故我於往昔節節支解時若有我相
人相眾生相壽者相應生瞋恨須菩提又
念過去於五百世作忍辱仙人於尒所世無
我相無人相无眾生相无壽者相是故須菩
提菩薩應離一切相發阿耨多羅三藐三
菩提心不應住色生心不應住聲香味觸法生
心應生无所住心若心有住則為非住是故佛
說菩薩心不應住色布施須菩提菩薩為利
益一切眾生應如是布施如來說一切諸相
即是非相又說一切眾生則非眾生須菩提
如來是真語者實語者如語者不誑語者不
異語者須菩提如來所得法此法無實無虛
須菩提若菩薩心住於法而行布施如人入
闇則无所見若菩薩心不住法而行布施如
人有目日光明照見種種色須菩提當來之
世若有善男子善女人能於此經受持讀誦
則為如來以佛智慧悉知是人悉見是人皆
得成就無量无邊功德須菩提若有善男子
善女人初日分以恒河沙等身布施中日分
復以恒河沙等身布施後日分亦以恒河沙

BD15046 號　金剛般若波羅蜜經　（5–2）

則為如來以佛智慧悉知是人悉見是人皆
得成就無量无邊功德須菩提若有善男子
善女人初𡆠分以恒河沙等身布施中𡆠分
復以恒河沙等身布施後𡆠分亦以恒河沙
等身布施如是無量百千万億劫以身布施
若復有人聞此經典信心不逆其福勝彼
何況書寫受持讀誦為人解說須菩提以要
言之是經有不可思議不可稱量無邊功德
如來為發大乘者說為發最上乘者說若
有人能受持讀誦廣為人說如來悉知是人悉
見是人皆得成就不可量不可稱无有邊不可思
議功德如是人等則為荷擔如來阿耨多羅
三藐三菩提何以故須菩提若樂小法者著
我見人見眾生見壽者見則於此經不能聽
受讀誦為人解說須菩提在在處處若有此
經一切世間天人阿修羅所應供養當知
此處則為是塔皆應恭敬作禮圍遶以諸
華香而散其處
復次須菩提善男子善女人受持讀誦此經
若為人輕賤是人先世罪業應墮惡道以今
世人輕賤故先世罪業則為消滅當得阿耨
多羅三藐三菩提須菩提我念過去无量阿
僧祇劫於然燈佛所得值八百四千万億
那由他諸佛悉皆供養承事无空過者若
復有人於後末世能受持讀誦此經所得功德
於我所供養諸佛功德百分不及一千万億分

僧祇劫於然燈佛所得值八百四千万億
那由他諸佛悉皆供養承事无空過者若
復有人於後末世能受持讀誦此經所得功德
於我所供養諸佛功德百分不及一千万億分
乃至筭數譬喻所不能及須菩提若善男子
善女人於後末世有受持讀誦此經所得功
德我若具說者或有人聞心則狂亂狐疑
不信須菩提當知是經義不可思議果報亦不
可思議
尒時須菩提白佛言世尊善男子善女人發
阿耨多羅三藐三菩提心云何應住云何降
伏其心佛告須菩提善男子善女人發阿耨
多羅三藐三菩提者當生如是心我應滅度
一切眾生滅度一切眾生已而无有一眾生實
滅度者何以故若菩薩有我相人相眾生相
壽者相則非菩薩所以者何須菩提實无有
法發阿耨多羅三藐三菩提者須菩提於
意云何如來於然燈佛所有法得阿耨多羅
三藐三菩提不不也世尊如我解佛所說義
佛於然燈佛所无有法得阿耨多羅三藐三
菩提佛言如是如是須菩提實无有法如來
得阿耨多羅三藐三菩提須菩提若有法如
來得阿耨多羅三藐三菩提然燈佛則不與
我受記汝於來世當得作佛号釋迦牟尼以
實无有法得阿耨多羅三藐三菩提是故然
燈佛與我受記作是言汝於來世當得作佛

佛於然燈佛所无有法得阿耨多羅三藐三
菩提佛言如是如是須菩提實无有法如来
得阿耨多羅三藐三菩提須菩提若有法如
来得阿耨多羅三藐三菩提然燈佛則不與
我受記汝於来世當得作佛号釋迦牟尼以
實无有法得阿耨多羅三藐三菩提是故然
燈佛與我受記作是言汝於来世當得作佛
号釋迦牟尼何以故如来者即諸法如義若
有人言如来得阿耨多羅三藐三菩提須菩
提實無有法佛得阿耨多羅三藐三菩提須
菩提如来所得阿耨多羅三藐三菩提於是
中无實无虚是故如来說一切法皆是佛法
須菩提所言一切法者即非一切法是故名
一切法須菩提譬如人身長大須菩提言世
尊如来說人身長大則為非大身是名大身
須菩提菩薩亦如是若作是言我當滅度无
量衆生則不名菩薩何以故須菩提无有法
名為菩薩是故佛說一切法无我无人无衆
生无壽者須菩提若菩薩作是言我當莊
嚴佛土是不名菩薩何以故如来說莊嚴佛
土者即非莊嚴是名莊嚴須菩提若菩薩通
達无我法者如来說名真是菩薩

BD15046 號　金剛般若波羅蜜經　（5–5）

是實際非一非二以是因緣故是人乃至轉身
終不向聲聞辟支佛地是菩薩摩訶薩諸法
自相空中不見法若生若滅若垢若淨須菩提
是菩薩摩訶薩乃至轉身亦不疑我當得阿
耨多羅三藐三菩提若不得何以故須菩
提諸法自相空即是阿耨多羅三藐三菩提須
菩提是菩薩摩訶薩住自證地中不隨他語
无能壞者何以故是阿鞞跋致菩薩摩訶薩
成就不動智慧故須菩提以是行類相貌當
知是阿惟越致菩薩摩訶薩復次須菩提是
菩薩摩訶薩若惡魔作佛身来語菩薩言汝
今於是間取阿羅漢道汝亦无阿耨多羅三
藐三菩提記汝亦未得无生忍法汝亦无是阿
鞞跋致行類相貌亦无是相得受阿耨多羅

BD15047 號　摩訶般若波羅蜜經卷一七　（3–1）

菩薩摩訶薩若惡魔作佛身来語菩薩言汝
今於是聞取阿羅漢道汝尒无阿耨多羅三
藐三菩提記汝尒未得无生忍法汝尒无是阿
鞞跋致行類相貌尒无是相得受阿耨多羅
三藐三菩提記須菩提若菩薩摩訶薩聞
是語心不異不沒不驚不怖不畏是菩薩應
自知我必從諸佛受阿耨多羅三藐三菩提
記何以故諸菩薩以是法受記我尒有是法
得受記須菩提若惡魔若為魔所使作佛形
像来與菩薩受聲聞辟支佛記須菩提是菩
薩作是念是惡魔若魔所使作佛形像来諸
佛不應教菩薩遠離阿耨多羅三藐三菩提
教住聲聞辟支佛道須菩提以是行類相貌
當知是名阿鞞跋致相復次須菩提惡魔復
作佛身来到菩薩所作是言汝所學經書非
佛所說尒非聲聞說是魔所說須菩提是菩
薩摩訶薩當作是知是惡魔若魔所使教我遠
離阿耨多羅三藐三菩提須菩提當知是菩
薩已為過去佛所受記住阿鞞跋致地何以
故諸菩薩所有阿鞞跋致行類相貌是菩薩
亦有是行類相貌是名阿鞞跋致菩薩相復
次須菩提阿鞞跋致菩薩摩訶薩行般若波
羅蜜時為護持諸法故不惜身命何況餘物
是菩薩護持法故作是念我不為護持一佛
法我為護持三世十方諸佛法故須菩提云
何菩薩摩訶薩護持法故不惜身命須菩提

BD15047號　摩訶般若波羅蜜經卷一七　（3–2）

羅蜜時為護持諸法故不惜身命何況餘物
是菩薩護持法故作是念我不為護持一佛
法我為護持三世十方諸佛法故須菩提云
何菩薩摩訶薩護持法故不惜身命須菩提
如佛說一切諸法真空是時有愚癡人破壞
不受作是言是非法非善非世尊教須菩提
菩薩護持如是法故不惜身命菩薩尒應作
是念未来世諸佛我尒在是數中在中受記
是法亦是我法以是故不惜身命須菩提菩
薩見是利益故護持法不惜身命須菩提
以是行類相貌知是阿鞞跋致相復次須菩
提阿鞞跋致菩薩摩訶薩聞佛說法不疑不
悔聞已受持終不忘失何以故得陁羅尼故
須菩提言世尊得何等陁羅尼聞佛所說諸
經而不忘失佛告須菩提菩薩得聞持等陁
羅尼故聞佛說諸經不忘不失不疑不悔須菩
提白佛言世尊但聞佛說法不忘不失不疑
不悔聲聞辟支佛說天龍鬼神阿脩羅緊
陁羅摩睺羅伽說尒復不忘不失不疑不悔
耶佛告須菩提所有言說衆事得陁羅尼菩
薩皆不忘不失不疑不悔須菩提如是行類
相貌成就故當知是阿鞞跋致菩薩摩訶薩

BD15047號　摩訶般若波羅蜜經卷一七　（3–3）

能生信心以此為實當知是人不於一佛
佛三四五佛而種善根已於无量千萬佛所
種諸善根聞是章句乃至一念生淨信者須
菩提如來悉知悉見是諸眾生得如是无量
福德何以故是諸眾生无復我相人相眾生
相壽者相无法相亦无非法相何以故是諸
眾生若心取相則為著我人眾生壽者若取
法相即著我人眾生壽者何以故若取非法
相即著我人眾生壽者是故不應取法不應
取非法以是義故如來常說汝等比丘知我
說法如筏喻者法尚應捨何況非法
須菩提於意云何如來得阿耨多羅三藐三
菩提耶如來有所說法耶須菩提言如我解
佛所說義无有定法名阿耨多羅三藐三菩

BD15048號　金剛般若波羅蜜經　（2–1）

說法如筏喻者法尚應捨何況非法
須菩提於意云何如來得阿耨多羅三藐三
菩提耶如來有所說法耶須菩提言如我解
佛所說義无有定法名阿耨多羅三藐三菩
提亦无有定法如來可說何以故如來所說
法皆不可取不可說非法非非法所以者何
一切賢聖皆以无為法而有差別
須菩提於意云何若人滿三千大千世界七
寶以用布施是人所得福德寧為多不須菩
提言甚多世尊何以故是福德即非福德性
是故如來說福德多若復有人於此經中受
持乃至四句偈等為他人說其福勝彼何以
故須菩提一切諸佛及諸佛阿耨多羅三藐
三菩提法皆從此經出須菩提所謂佛法者
即非佛法
須菩提於意云何須陁洹能作是念我得須
陁洹果不須菩提言不也世尊何以故須陁
洹名為入流而无所入不入色聲香味觸法
是名須陁洹須菩提於意云何斯陁含能作
是念我得斯陁含果不須菩提言不也世尊
何以故斯陁含名一往來而實无往來是名

BD15048號　金剛般若波羅蜜經　（2–2）

說法如筏喻者法尚應捨何況非法
須菩提於意云何如來得阿耨多羅三藐三
菩提耶如來有所說法耶須菩提言如我解
佛所說義無有定法名阿耨多羅三藐三菩
提亦無有定法如來可說何以故如來所說
法皆不可取不可說非法非非法所以者何
一切賢聖皆以無爲法而有差別
須菩提於意云何若人滿三千大千世界七
寶以用布施是人所得福德寧爲多不須菩
提言甚多世尊何以故是福德即非福德性
是故如來說福德多若復有人於此經中受
持乃至四句偈等爲他人說其福勝彼何以
故須菩提一切諸佛及諸佛阿耨多羅三藐
三菩提法皆從此經出須菩提所謂佛法者
即非佛法
須菩提於意云何須陁洹能作是念我得須

BD15049號　金剛般若波羅蜜經　（13–1）

持乃至四句偈等爲他人說其福勝彼何以
故須菩提一切諸佛及諸佛阿耨多羅三藐
三菩提法皆從此經出須菩提所謂佛法者
即非佛法
須菩提於意云何須陁洹能作是念我得須
陁洹果不須菩提言不也世尊何以故須陁
洹名爲入流而無所入不入色聲香味觸法
是名須陁洹須菩提於意云何斯陁含能作
是念我得斯陁含果不須菩提言不也世尊
何以故斯陁含名一往來而實無往來是名
斯陁含須菩提於意云何阿那含能作是念
我得阿那含果不須菩提言不也世尊何以
故阿那含名爲不來而實無來是故名阿那
含須菩提於意云何阿羅漢能作是念我得
阿羅漢道不須菩提言不也世尊何以故實
無有法名阿羅漢世尊若阿羅漢作是念我
得阿羅漢道即爲著我人衆生壽者世尊佛
說我得無諍三昧人中最爲第一是第一離
欲阿羅漢我不作是念我是離欲阿羅漢世
尊我若作是念我得阿羅漢道世尊則不說
須菩提是樂阿蘭那行者以須菩提實無所
行而名須菩提是樂阿蘭那行
佛告須菩提於意云何如來昔在然燈佛所
於法有所得不世尊如來在然燈佛所於法
實無所得須菩提於意云何菩薩莊嚴佛土
不不也世尊何以故莊嚴佛土者則非莊嚴

BD15049號　金剛般若波羅蜜經　（13–2）

佛告須菩提於意云何如來昔在然燈佛所
於法有所得不世尊如來在然燈佛所於法
實無所得須菩提於意云何菩薩莊嚴佛土
不不也世尊何以故莊嚴佛土者則非莊嚴
是名莊嚴是故須菩提諸菩薩摩訶薩應如
是生清淨心不應住色生心不應住聲香味
觸法生心應無所住而生其心須菩提譬如
有人身如須弥山王於意云何是身為大不
須菩提言甚大世尊何以故佛說非身是名
大身須菩提如恒河中所有沙數如是沙等
恒河於意云何是諸恒河沙寧為多不須菩
提言甚多世尊但諸恒河尚多無數何況其
沙須菩提我今實言告汝若有善男子善女
人以七寶滿尒所恒河沙數三千大千世界
以用布施得福多不須菩提言甚多世尊佛
告須菩提若善男子善女人於此經中乃至
受持四句偈等為他人說而此福德勝前福
德復次須菩提隨說是經乃至四句偈等當
知此處一切世間天人阿脩羅皆應供養如
佛塔廟何況有人盡能受持讀誦須菩提當
知是人成就最上第一希有之法若是經典
所在之處則為有佛若尊重弟子
尒時須菩提白佛言世尊當何名此經我等
云何奉持佛告須菩提是經名為金剛般若
波羅蜜以是名字汝當奉持所以者何須菩
提佛說般若波羅蜜則非般若波羅蜜須菩

尒時須菩提白佛言世尊當何名此經我等
云何奉持佛告須菩提是經名為金剛般若
波羅蜜以是名字汝當奉持所以者何須菩
提佛說般若波羅蜜則非般若波羅蜜須菩
提於意云何如來有所說法不須菩提白佛
言世尊如來無所說須菩提於意云何三千
大千世界所有微塵是為多不須菩提言甚
多世尊須菩提諸微塵如來說非微塵是名
微塵如來說世界非世界是名世界
須菩提於意云何可以三十二相見如來不
不也世尊何以故如來說三十二相即是非
相是名三十二相須菩提若有善男子善女
人以恒河沙等身命布施若復有人於此經
中乃至受持四句偈等為他人說其福甚多
尒時須菩提聞說是經深解義趣涕淚悲泣
而白佛言希有世尊佛說如是甚深經典我
從昔來所得慧眼未曾得聞如是之經世尊
若復有人得聞是經信心清淨則生實相當
知是人成就第一希有功德世尊是實相者
則是非相是故如來說名實相世尊我今得
聞如是經典信解受持不足為難若當來世
後五百歲其有衆生得聞是經信解受持是
人則為第一希有何以故此人無我相人相
衆生相壽者相所以者何我相即是非相人
相衆生相壽者相即是非相何以故離一切

後五百歲其有衆生得聞是經信解受持是
人則爲第一希有何以故此人無我相人相
衆生相壽者相所以者何我相即是非相人
相衆生相壽者相即是非相何以故離一切
諸相則名諸佛
佛告須菩提如是如是若復有人得聞是經
不驚不怖不畏當知是人甚爲希有何以故
須菩提如來說第一波羅蜜非第一波羅蜜
是名第一波羅蜜
須菩提忍辱波羅蜜如來說非忍辱波羅蜜
何以故須菩提如我昔爲歌利王割截身體
我於尒時無我相無人相無衆生相無壽者相
何以故我於往昔節節肢解時若有我相人
相衆生相壽者相應生瞋恨須菩提又念過
去於五百世作忍辱仙人於尒所世無我相
無人相無衆生相無壽者相是故須菩提菩
薩應離一切相發阿耨多羅三藐三菩提心
不應住色生心不應住聲香味觸法生心應
生無所住心若心有住則爲非住是故佛說
菩薩心不應住色布施須菩提菩薩爲利益
一切衆生應如是布施如來說一切諸相即
是非相又說一切衆生則非衆生須菩提如
來是真語者實語者如語者不誑語者不異
語者須菩提如來所得法此法無實無虛須
菩提若菩薩心住於法而行布施如人入闇
則無所見若菩薩心不住於法而行布施如

BD15049 號　金剛般若波羅蜜經　（13–5）

來是真語者實語者如語者不誑語者不異
語者須菩提如來所得法此法無實無虛須
菩提若菩薩心住於法而行布施如人入闇
則無所見若菩薩心不住於法而行布施如
人有目日光明照見種種色須菩提當來之
世若有善男子善女人能於此經受持讀誦
則爲如來以佛智慧悉知是人悉見是人皆
得成就無量無邊功德
須菩提若有善男子善女人初日分以恒河
沙等身布施中日分復以恒河沙等身布施
後日分亦以恒河沙等身布施如是無量百
千万億劫以身布施若復有人聞此經典信
心不逆其福勝彼何況書寫受持讀誦爲人
解說須菩提以要言之是經有不可思議不
可稱量無邊功德如來爲發大乘者說爲發
最上乘者說若有人能受持讀誦廣爲人說
如來悉知是人悉見是人皆成就不可量不
可稱無有邊不可思議功德如是人等則爲
荷擔如來阿耨多羅三藐三菩提何以故須
菩提若樂小法者著我見人見衆生見壽者
見則於此經不能聽受讀誦爲人解說須菩
提在在處處若有此經一切世間天人阿脩
羅所應供養當知此處則爲是塔皆應恭敬
作礼圍遶以諸華香而散其處
復次須菩提善男子善女人受持讀誦此經
若爲人輕賤是人先世罪業應墮惡道以今

BD15049 號　金剛般若波羅蜜經　（13–6）

羅所應供養當知此處則爲是塔皆應恭敬
作礼圍遶以諸華香而散其處
復次須菩提善男子善女人受持讀誦此經
若爲人輕賤是人先世罪業應墮惡道以今
世人輕賤故先世罪業則爲消滅當得阿耨
多羅三藐三菩提須菩提我念過去無量阿
僧祇劫於然燈佛前得值八百四千万億那
由他諸佛悉皆供養承事無空過者若復有
人於後末世能受持讀誦此經所得功德於
我所供養諸佛功德百分不及一千万億分
乃至筭數譬喻所不能及須菩提若善男子
善女人於後末世有受持讀誦此經所得功
德我若具說者或有人聞心則狂亂狐疑不
信須菩提當知是經義不可思議果報亦不
可思議
尒時須菩提白佛言世尊善男子善女人發
阿耨多羅三藐三菩提心云何應住云何降
伏其心佛告須菩提善男子善女人發阿耨
多羅三藐三菩提者當生如是心我應滅度
一切衆生滅度一切衆生已而無有一衆生
實滅度者何以故若菩薩有我相人相衆生
相壽者相則非菩薩所以者何須菩提實無
有法發阿耨多羅三藐三菩提者須菩提於
意云何如來於然燈佛所有法得阿耨多羅
三藐三菩提不不也世尊如我解佛所說義
佛於然燈佛所無有法得阿耨多羅三藐三

BD15049 號　金剛般若波羅蜜經　（13–7）

相壽者相則非菩薩所以者何須菩提實無
有法發阿耨多羅三藐三菩提者須菩提於
意云何如來於然燈佛所有法得阿耨多羅
三藐三菩提不不也世尊如我解佛所說義
佛於然燈佛所無有法得阿耨多羅三藐三
菩提佛言如是如是須菩提實無有法如來
得阿耨多羅三藐三菩提須菩提若有法如
來得阿耨多羅三藐三菩提者然燈佛則不與
我受記汝於來世當得作佛号釋迦牟尼以
實無有法得阿耨多羅三藐三菩提是故然
燈佛與我受記作是言汝於來世當得作佛
号釋迦牟尼何以故如來者即諸法如義若
有人言如來得阿耨多羅三藐三菩提須菩
提實無有法佛得阿耨多羅三藐三菩提須
菩提如來所得阿耨多羅三藐三菩提於是
中無實無虛是故如來說一切法皆是佛法
須菩提所言一切法者即非一切法是故名
一切法須菩提譬如人身長大須菩提言世
尊如來說人身長大則爲非大身是名大身
菩提菩薩亦如是若作是言我當滅度無量
衆生則不名菩薩何以故須菩提實無有法
名爲菩薩是故佛說一切法無我無人無衆
生無壽者須菩提若菩薩作是言我當莊嚴
佛土是不名菩薩何以故如來說莊嚴佛土
者即非莊嚴是名莊嚴須菩提若菩薩通達
無我法者如來說名真是菩薩

BD15049 號　金剛般若波羅蜜經　（13–8）

生無壽者須菩提若菩薩作是言我當莊嚴
佛土是不名菩薩何以故如來說莊嚴佛土
者即非莊嚴是名莊嚴須菩提若菩薩通達
無我法者如來說名真是菩薩
須菩提於意云何如來有肉眼不如是世尊
如來有肉眼須菩提於意云何如來有天眼
不如是世尊如來有天眼須菩提於意云何
如來有慧眼不如是世尊如來有慧眼須菩
提於意云何如來有法眼不如是世尊如來
有法眼須菩提於意云何如來有佛眼不如
是世尊如來有佛眼須菩提於意云何恒河
中所有沙佛說是沙不如是世尊如來說是
沙須菩提於意云何如一恒河中所有沙有
如是等恒河是諸恒河所有沙數佛世界如
是寧為多不甚多世尊佛告須菩提尒所國
土中所有衆生若干種心如來悉知何以故
如來說諸心皆為非心是名為心所以者何
須菩提過去心不可得現在心不可得未來
心不可得須菩提於意云何若有人滿三千
大千世界七寶以用布施是人以是因緣得
福多不如是世尊此人以是因緣得福甚多
須菩提若福德有實如來不說得福德多以
福德無故如來說得福德多
須菩提於意云何佛可以具足色身見不不
也世尊如來不應以色身見何以故如來說

BD15049 號　金剛般若波羅蜜經　(13-9)

須菩提若福德有實如來不說得福德多以
福德無故如來說得福德多
須菩提於意云何佛可以具足色身見不不
也世尊如來不應以色身見何以故如來說
具足色身即非具足色身是名具足色身須
菩提於意云何如來可以具足諸相見不不
也世尊如來不應以具足諸相見何以故如
來說諸相具足即非具足是名諸相具足須
菩提汝勿謂如來作是念我當有所說法莫
作是念何以故若人言如來有所說法即為
謗佛不能解我所說故須菩提說法者無法
可說是名說法須菩提白佛言世尊佛得阿
耨多羅三藐三菩提為無所得耶如是如是
須菩提我於阿耨多羅三藐三菩提乃至無
有少法可得是名阿耨多羅三藐三菩提
復次須菩提是法平等無有高下是名阿耨
多羅三藐三菩提以無我無人無衆生無壽者
修一切善法則得阿耨多羅三藐三菩提須
菩提所言善法者如來說非善法是名善法
須菩提若三千大千世界中所有諸須弥山
王如是等七寶聚有人持用布施若人以此
般若波羅蜜經乃至四句偈等受持為他人
說於前福德百分不及一百千万億分乃至
筭數譬喻所不能及
須菩提於意云何汝等勿謂如來作是念我

BD15049 號　金剛般若波羅蜜經　(13-10)

般若波羅蜜經乃至四句偈等受持爲他人
說於前福德百分不及一百千万億分乃至
筭數譬喻所不能及
須菩提於意云何汝等勿謂如來作是念我
當度衆生須菩提莫作是念何以故實無有
衆生如來度者若有衆生如來度者如來則
有我人衆生壽者須菩提如來說有我者則
非有我而凡夫之人以爲有我須菩提凡夫
者如來說則非凡夫須菩提於意云何可以
三十二相觀如來不須菩提言如是如是以
三十二相觀如來佛言須菩提若以三十二
相觀如來者轉輪聖王則是如來須菩提白
佛言世尊如我解佛所說義不應以三十二
相觀如來尒時世尊而說偈言
若以色見我　以音聲求我　是人行邪道　不能見如來
須菩提汝若作是念如來不以具足相故得
阿耨多羅三藐三菩提須菩提莫作是念如
來不以具足相故得阿耨多羅三藐三菩提
須菩提汝若作是念發阿耨多羅三藐三菩
提者說諸法斷滅莫作是念何以故發阿耨
多羅三藐三菩提者於法不說斷滅相須菩
提若菩薩以滿恒河沙等世界七寶布施若
復有人知一切法無我得成於忍此菩薩勝
前菩薩所得功德須菩提以諸菩薩不受福
德故須菩提白佛言世尊云何菩薩不受福德

BD15049號　金剛般若波羅蜜經　（13–11）

復有人知一切法無我得成於忍此菩薩勝
前菩薩所得功德須菩提以諸菩薩不受福
德故須菩提白佛言世尊云何菩薩不受福德
須菩提菩薩所作福德不應貪著是故說不
受福德須菩提若有人言如來若來若去若
坐若卧是人不解我所說義何以故如來者
無所從來亦無所去故名如來須菩提若善
男子善女人以三千大千世界碎爲微塵於
意云何是微塵衆寧爲多不甚多世尊何以
故若是微塵衆實有者佛則不說是微塵衆
所以者何佛說微塵衆則非微塵衆是名
微塵衆世尊如來所說三千大千世界則非
世界是名世界何以故若世界實有則是一
合相如來說一合相則非一合相是名一合
相須菩提一合相者則是不可說但凡夫之
人貪著其事須菩提若人言佛說我見人見
衆生見壽者見須菩提於意云何是人解我
所說義不世尊是人不解如來所說義何以
故世尊說我見人見衆生見壽者見即非我
見人見衆生見壽者見是名我見人見衆生
見壽者見須菩提發阿耨多羅三藐三菩提心
者於一切法應如是知如是見如是信解不生
法相須菩提所言法相者如來說即非法
相是名法相須菩提若有人以滿無量阿僧
祇世界七寶持用布施若有善男子善女人

BD15049號　金剛般若波羅蜜經　（13–12）

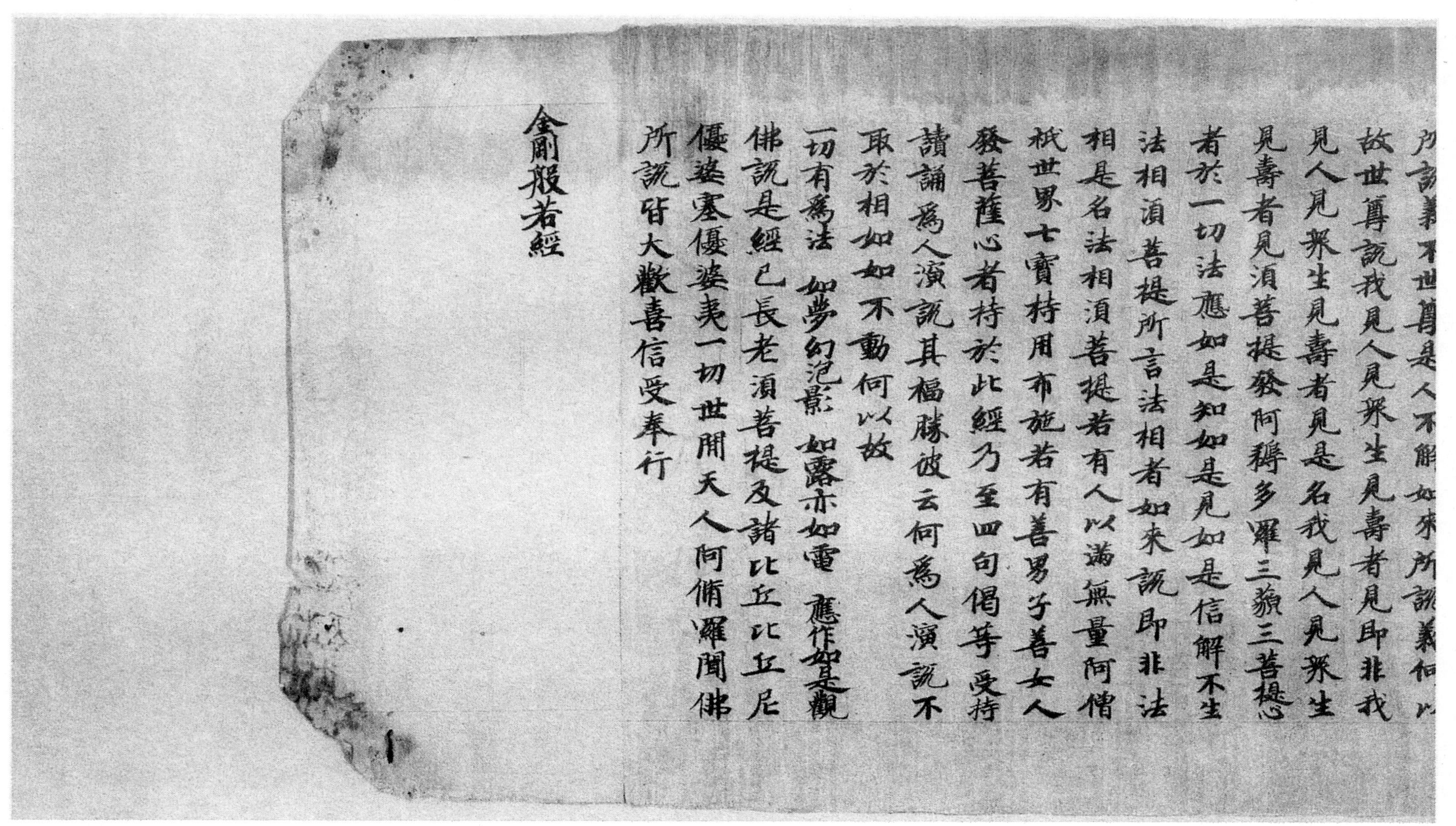

所說義不世尊是人不解如來所說義何以
故世尊說我見人見衆生見壽者見即非我
見人見衆生見壽者見是名我見人見衆生
見壽者見須菩提發阿耨多羅三藐三菩提心
者於一切法應如是知如是見如是信解不生
法相須菩提所言法相者如來說即非法
相是名法相須菩提若有人以滿無量阿僧
祇世界七寶持用布施若有善男子善女人
發菩薩心者持於此經乃至四句偈等受持
讀誦為人演說其福勝彼云何為人演說不
取於相如如不動何以故
一切有為法　如夢幻泡影　如露亦如電　應作如是觀
佛說是經已長老須菩提及諸比丘比丘尼
優婆塞優婆夷一切世間天人阿脩羅聞佛
所說皆大歡喜信受奉行

金剛般若經

BD15049號　金剛般若波羅蜜經　（13–13）

有雖多聞而增上慢由增上慢覆蔽心故自
是非他嫌謗正法為魔伴黨如是愚人自行
邪見復令无量俱胝有情墮大險坑此諸有
情應於地獄傍生鬼趣流轉无窮若得聞此
藥師瑠璃光如來名号便捨惡行脩諸善法
不墮惡趣設有不能捨諸惡行脩行善法墮
惡趣者以彼如來本願威力令其現前蹔聞
名号從彼命終還生人趣得正見精進善調
意樂便能捨家趣於非家如來法中受持學
處无有毀犯正見多聞解甚深義離增上慢
不謗正法不為魔伴漸次脩行諸菩薩行
速得圓滿
復次曼殊室利若諸有情慳貪嫉妬自讚毀
他當墮三惡趣中无量千歲受諸劇苦受劇
苦已從彼命終還生人間作牛馬駝驢恒被
鞭撻飢渴逼惱又常負重隨路而行或得為
人生居下賤作人奴婢受他驅使恒不自在

BD15050號　藥師瑠璃光如來本願功德經　（5–1）

復次曼殊室利若諸有情慳貪嫉妬自讚毀
他當墮三惡趣中无量千歲受諸劇苦受劇
苦已從彼命終還生人間作牛馬駝驢恒被
鞭撻飢渴逼惱又常負重隨路而行或得為
人生居下賤作人奴婢受他駈使恒不自在
若昔人中曾聞世尊藥師瑠璃光如来名号
由此善因今復憶念至心歸依以佛神力衆
苦解脱諸根聡利智慧多聞恒求勝法常遇
善友永斷魔羂破无明㲉竭煩惱河解脱一
切生老病死憂悲苦惱
復次曼殊室利若諸有情好憙乖離更相闘
訟惱亂自他以身語意造作增長種種惡業
展轉常為不饒益事互相謀害告召山林樹
塚等神殺諸衆生取其血宍祭祀藥叉羅刹
婆等書怨人名作其形像以惡呪術而呪咀
之厭媚蠱道呪起屍鬼令断彼命及壞其身
是諸有情若得聞此藥師瑠璃光如来名号
彼諸惡事悉不能害一切展轉皆起慈心利
益安樂无損惱意及嫌恨心各各歡悅於自
所受生於喜足不相侵淩互為饒益
復次曼殊室利若有四衆苾芻苾芻尼鄔波
索迦鄔波斯迦及餘淨信善男子善女人等
有能受持八分齋戒或經一年或復三月受
持學處以此善根願生西方極樂世界无量
壽佛所聽聞正法而未定者若聞世尊藥師
瑠璃光如来名号臨命終時有八菩薩乘神
通来示其道路即於彼界種種雜色衆寶

持學處以此善根願生西方極樂世界无量
壽佛所聽聞正法而未定者若聞世尊藥師
瑠璃光如来名号臨命終時有八菩薩乘神
通来示其道路即於彼界種種雜色衆寶
華中自然化生或有因此生於天上雖生天中
而本善根亦未窮盡不復更生諸餘惡趣天
上壽盡還生人間或為輪王統攝四洲威德
自在安立无量百千有情於十善道或生刹
帝利婆羅門居士大姓家多饒財寶倉庫盈
形相端嚴眷屬具足聡明智慧勇健威猛如
大力士若是女人得聞世尊藥師瑠璃光如来
名号至心受持於後不復更受女身
尒時曼殊室利童子白佛言世尊我當誓於
像法轉時以種種方便令諸淨信善男子善女
人等得聞世尊藥師瑠璃光如来名号乃
至睡中亦以佛名覺悟其耳世尊若於此經
受持讀誦或復為他演說開示若自書若使
人書恭敬尊重以種種華香塗香抹香燒香
花鬘瓔珞幡蓋伎樂而為供養以五色綵作
囊盛之掃灑淨處敷設高座而用安處尒時
四大天王與其眷屬及餘无量百千天衆皆
詣其所供養守護世尊若此經寶流行之處
有能受持以彼世尊藥師瑠璃光如来本願
功德及聞名号當知是處无復横死亦復不
為諸惡鬼神奪其精氣設已奪者還得如故
身心安樂
佛告曼殊室利如是如是如汝所說曼殊室利

四大天王與其眷屬及餘无量百千天衆皆
詣其所供養守護世尊若此經寶流行之處
有能受持以彼世尊藥師瑠璃光如來本願
功德及聞名号當知是處无復橫死亦復不
為諸惡鬼神奪其精氣設已奪者還得如故
身心安樂
佛告曼殊室利如是如是如汝所說曼殊室利
若有淨信善男子善女人等欲供養彼世
尊藥師瑠璃光如來者應先造立彼佛形像
敷清淨座而安處之散種種花燒種種香以
種種幢幡莊嚴其處七日七夜受八分齋戒
食清淨食澡浴香潔著新淨衣應生无垢濁
心无怒害心於一切有情起利益安樂慈悲
喜捨平等之心鼓樂歌讚右遶佛像復應念
彼如來本願功德讀誦此經思惟其義演說
開示隨所樂願一切皆遂求長壽得長壽求
富饒得富饒求官位得官位求男女得男女
若復有人忽得惡夢見諸惡相或怪鳥來集
或於住處百怪出現此人若以衆妙資具恭
敬供養彼世尊藥師瑠璃光如來者惡夢惡
相諸不吉祥皆悉隱沒不能為患或有水火
刀毒懸嶮惡象師子虎狼熊羆毒虵惡蝎
蜈蚣蚰蜒蚊虻等怖若能至心憶念彼佛恭
敬供養一切怖畏皆得解脫若他國侵擾盜
賊反亂憶念恭敬彼如來者亦皆解脫
復次曼殊室利若有淨信善男子善女人等
乃至盡形不事餘天唯當一心歸佛法僧受

BD15050號　藥師瑠璃光如來本願功德經　（5–4）

食清淨食澡浴香潔著新淨衣應生无垢濁
心无怒害心於一切有情起利益安樂慈悲
喜捨平等之心鼓樂歌讚右遶佛像復應念
彼如來本願功德讀誦此經思惟其義演說
開示隨所樂願一切皆遂求長壽得長壽求
富饒得富饒求官位得官位求男女得男女
若復有人忽得惡夢見諸惡相或怪鳥來集
或於住處百怪出現此人若以衆妙資具恭
敬供養彼世尊藥師瑠璃光如來者惡夢惡
相諸不吉祥皆悉隱沒不能為患或有水火
刀毒懸嶮惡象師子虎狼熊羆毒虵惡蝎
蜈蚣蚰蜒蚊虻等怖若能至心憶念彼佛恭
敬供養一切怖畏皆得解脫若他國侵擾盜
賊反亂憶念恭敬彼如來者亦皆解脫
復次曼殊室利若有淨信善男子善女人等
乃至盡形不事餘天唯當一心歸佛法僧受
持禁戒若五戒十戒菩薩四百戒苾芻二百
五十戒苾芻尼五百戒於所受中或有毀犯
怖墮惡趣若能專念彼佛名号恭敬供養者

BD15050號　藥師瑠璃光如來本願功德經　（5–5）

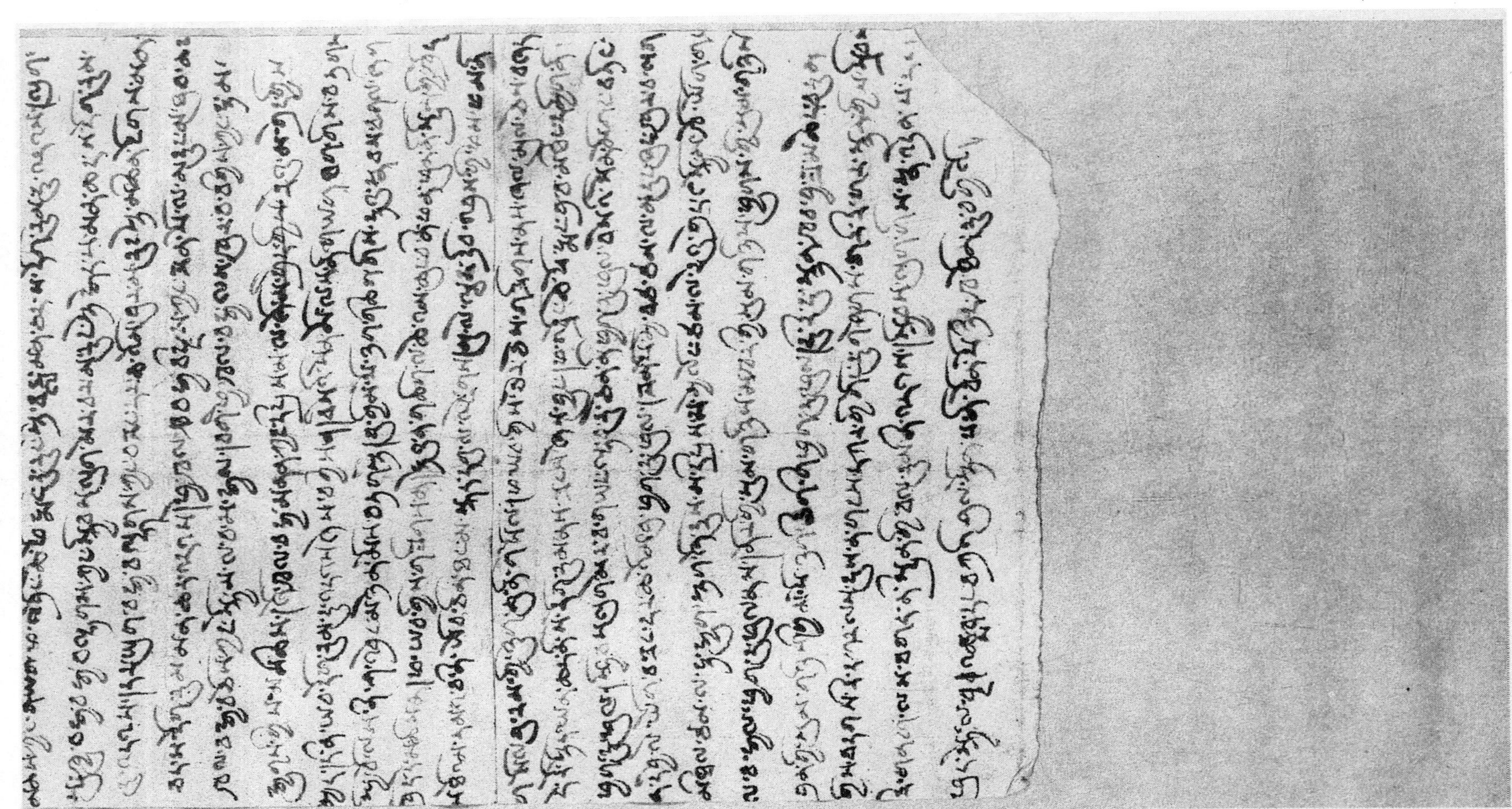

BD15050 號背　藏文文獻（擬）　　（4–1）

BD15050 號背　藏文文獻（擬）　　（4–2）

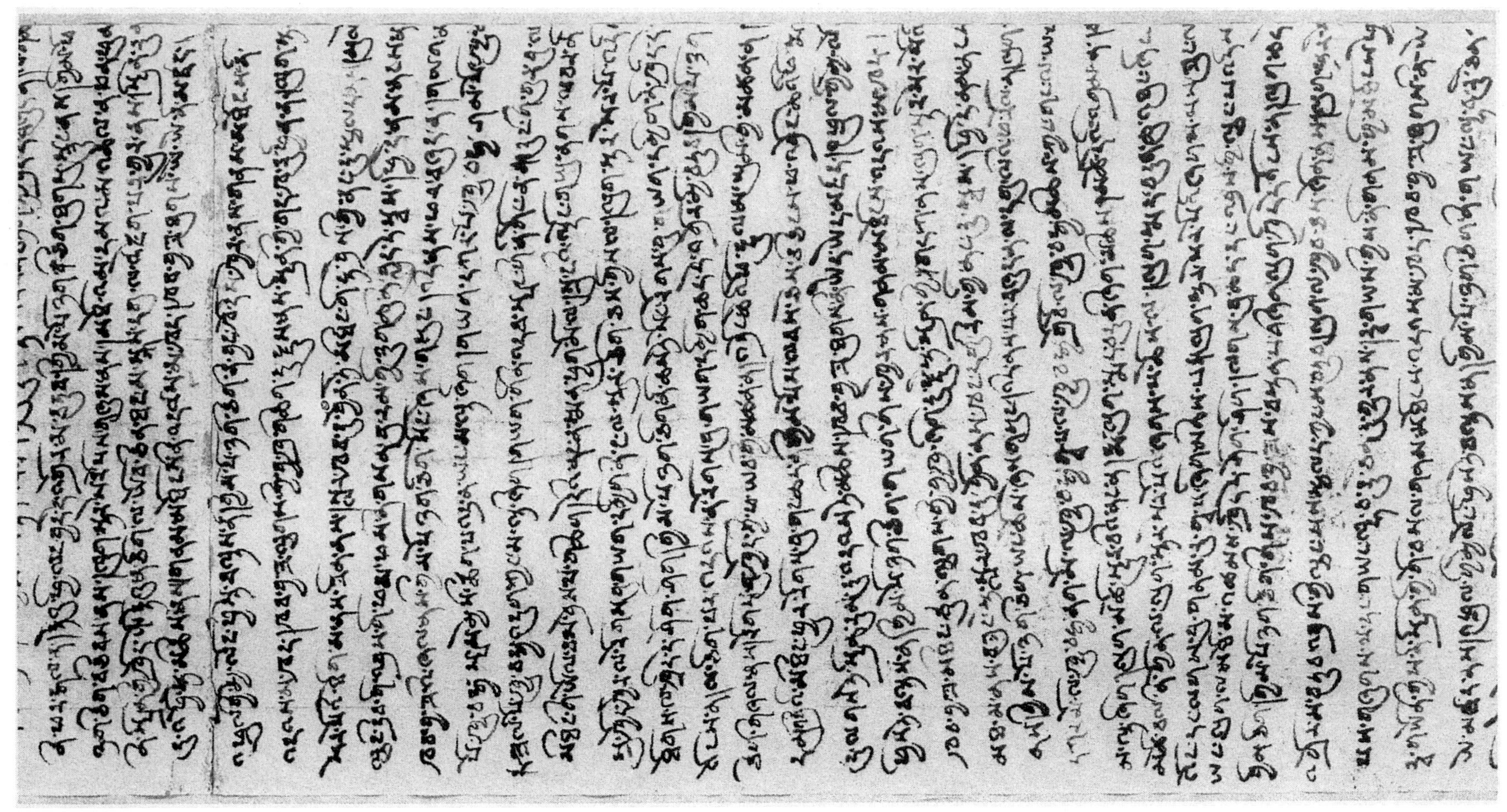

BD15050號背　藏文文獻（擬）　（4–3）

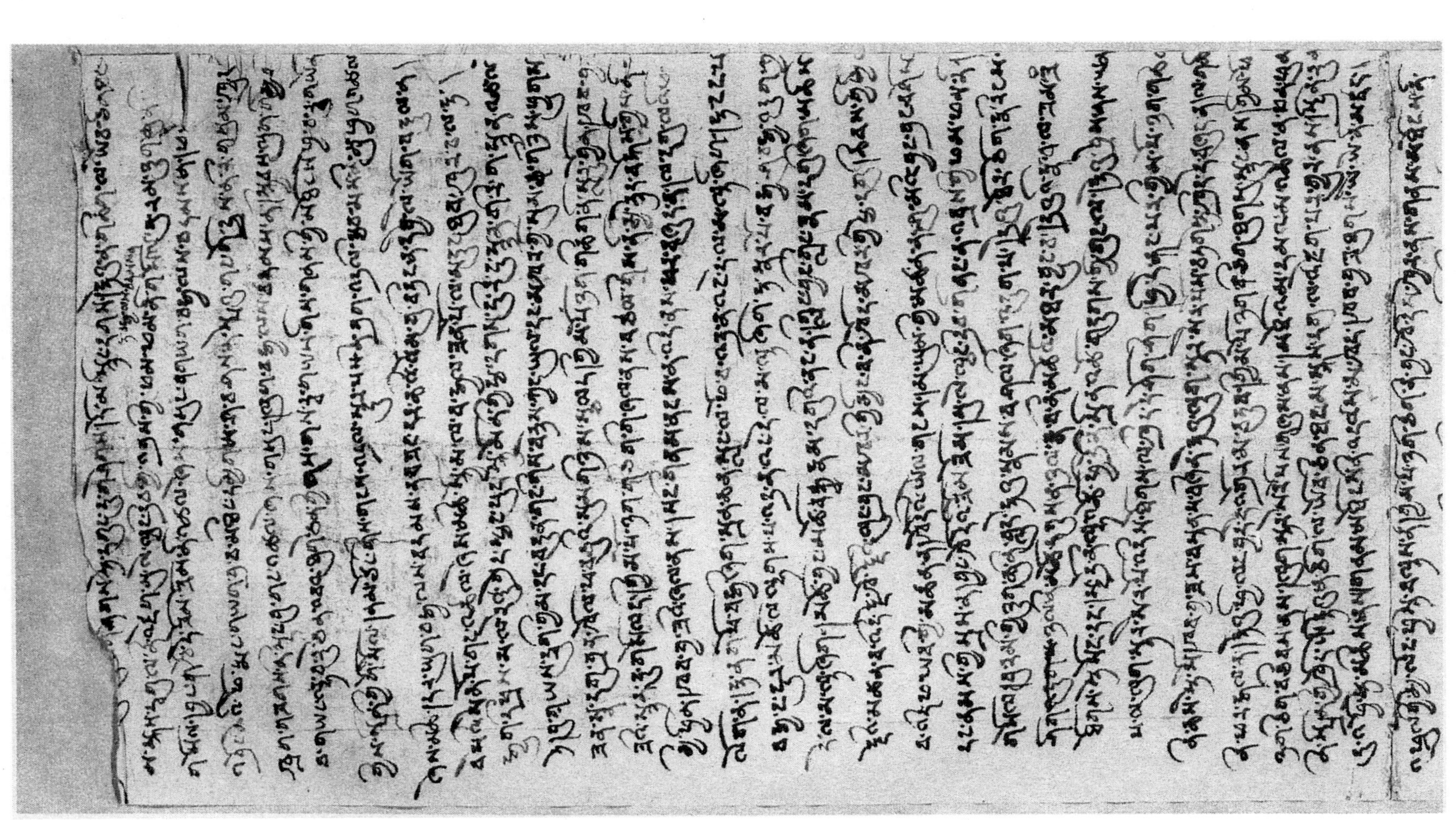

BD15050號背　藏文文獻（擬）　（4–4）

佛說天地八陽神呪經
聞如是一時佛在毗耶達摩城寥廓宅中
十方相隨四衆圍遶尒時无导菩薩在
大衆中即從座起合掌向佛而白佛言
世尊此閻浮提衆生遞代相生无始已
來相續不斷有識者少無智者多長
壽者少短命者多富貴者少貧賤者多
智慧者少愚癡者多温柔者少剛強者
多念佛者少求神者多正直者少曲諂
多清慎者少濁濫者多執使世俗淺薄
官法荼毒賦役煩重百姓窮苦所求難
得良由信邪倒見獲如是苦為能世尊
為諸邪見衆生說其正見之法令得悟
解免於衆苦
佛言善哉善哉无导菩薩汝大慈悲為
諸邪見衆生問於如來正見之法不可思

BD15051 號　天地八陽神呪經　（10–1）

官法荼毒賦役煩重百姓窮苦所求難
得良由信邪倒見獲如是苦為能世尊
為諸邪見衆生說其正見之法令得悟
解免於衆苦
佛言善哉善哉无导菩薩汝大慈悲為
諸邪見衆生問於如來正見之法不可思
議汝等諦聽善思念之吾當為汝分別
演說天地八陽之經此經過去諸佛已說
未來諸佛當說現在諸佛今說夫天
地之間為人最勝最上貴於一切万物
人者真也正也心无虛妄身行正真左
為正右為真常行正真故名為人是
諸人能弘道道以潤身依道依人皆成聖道
佛告无导菩薩一切衆生既得人身不
能脩福背真向偽造種種惡業命
將欲盡必沉苦海受種種罪若看聞
此經信心不逆即得解脫諸罪之難出
於苦海善神加護无諸鄣导延年益壽
而无橫夭以信力故獲如斯福
復次无导菩薩若有善男子善女人
信邪倒見即被邪魔外道魑魅魍魎鳥
鳴百怪是諸惡鬼竟來惱乱與其橫病
惡腫惡疰受其痛苦无有休息皆悉逢
善知識為讀八陽經三遍是諸惡鬼皆悉
消滅病即除愈身強力足讀經功德獲如斯
福若有衆生多於淫欲瞋恚愚癡慳貪
嫉妬若見此經信敬供養即讀三遍愚癡
等惡並皆消滅慈悲喜捨得佛法分
復次无导菩薩若有善男子善女人
等興有為法先讀此經三遍築墻動土

BD15051 號　天地八陽神呪經　（10–2）

福若有衆生多於淫欲瞋恚愚癡慳貪
嫉妒若見此經信敬供養即讀三遍愚癡
等惡並皆消滅慈悲喜捨得佛法分
復次无导菩薩若有善男子善女人
等興有為法先讀此經三遍築墻動土
安立家宅南廳北堂東序西序廚舍
客屋門戶井竈碓磑庫藏六畜蘭圂
日遊月殺將軍太歲黃幡豹尾五土地
神青龍白虎朱雀玄武六甲禁諱十二
諸神土府伏龍一切鬼魅皆悉隱藏遠迸他方
形消影滅不敢為害甚大吉利獲福无量
善男子興功之後堂舍永安屋宅牢固
冨貴吉昌不求自得若遠行從軍仕官
興生甚得宜利門興人貴百子千孫父慈
子孝男忠女貞兄恭弟順夫妻和睦信
義篤親所願成就若有衆生忽被縣官
拘繫盜賊牽挽暫讀此經三遍即得解脫
若有善男子善女人受持讀誦為他書
寫八陽經者設入水火不被焚漂或在山
澤一切虎狼屏跡不敢傳噬善神衛護成
无上道
若復有人多於妄語綺語兩舌惡口若
能受持讀誦此經永除四過得四无导辯
而成佛道
復次善男子善女人父母有罪臨終之日
應墮地獄受无量苦其子即為讀斯經
典七遍父母即離地獄而生天上見佛聞
法悟无生忍而證菩提
佛告无导菩薩毗婆尸佛時有優婆塞優
婆夷心不信邪敬崇佛法書寫此經受持

BD15051 號　天地八陽神咒經　（10–3）

復次善男子善女人父母有罪臨終之日
應墮地獄受无量苦其子即為讀斯經
典七遍父母即離地獄而生天上見佛聞
法悟无生忍而證菩提
佛告无导菩薩毗婆尸佛時有優婆塞優
婆夷心不信邪敬崇佛法書寫此經受持
讀誦所有興作須作即作一无所問以正信
故兼行布施平等供養得无漏身成菩
提道号曰普光如來應正等覺劫名
大滿國号无邊一切人民皆行菩薩无上
正法
復次善男子此八陽經行在閻浮提在
在處處有八陽菩薩諸梵天王一切明
靈圍遶此經香花供養如佛无異若
善男子善女人等為諸衆生講說此經
深解實相得甚深理即知身心佛身法心
所以能知即知慧眼常見種種无盡色色
即是空空即是色受想行識亦空即是妙
色身如來耳常聞種種无盡聲聲即是
空空即是聲是妙音聲如來鼻常嗅種
種无盡香香即是空空即是香是香積
如來舌常覺種種无盡味味即是空空
即是味是法喜如來身常覺種種无盡
觸觸即是空空即是觸是智明如來意常
相分別種種无盡法法即是空空即是法
是法明如來善男子此六根顯現人皆口
說其善法輪常轉得成聖道若說邪
語惡法常轉即墮惡趣善男子善惡之
理不得不信无礙菩薩人之身心是佛法
器亦是十二部大經卷

BD15051 號　天地八陽神咒經　（10–4）

說其八善法輪常轉得成聖道若說耶
語惡法常轉即墮惡趣善男子善惡之
理不得不信元礙菩薩人之身心是佛法
器亦是十二部大經卷也元始以來轉轉
不盡不損毫毛如來藏經唯識心見性
者之所能知非諸聲聞凡夫所能知也
復次善男子讀誦此經為他講說深解真
理者即知身心是佛法器若酲迷不醒不
了自心是佛法根本流浪諸趣墮於惡道
永沉苦海不聞佛法名字元身菩薩復
白佛言世尊人之在世生死為重生不
擇日時至即生死不擇日時至即死何
因殯葬即問良辰吉日然始殯葬殯葬
之後還有妨害貧窮者多滅門者不少
唯願世尊為諸耶見元知衆生說其因
緣令得正道除其八顛倒
佛言善哉善哉善男子汝實甚能問於
衆生生死之事殯葬之法汝等諦聽當
為汝說知慧之理大道之法夫天地廣大
清日月廣長明時年善善美實元有異
善男子人王菩薩甚大慈悲愍念衆生
皆如赤子下為人主作人父母順於俗民教於
俗法遣作曆日頒下天下令知時節為有
平滿成收開除之字執危破煞之文愚人
依字信用元不免於凶禍又使耶師鎮說
是道非道耶神拜餓鬼却招殃自受苦如
斯人輩反天時逆地理背日月之光明常
投闇室違正道之廣路恒尋耶徑顛倒之
甚也
復次善男子生時讀此經三遍兒則易生

是道非道耶神拜餓鬼却招殃自受苦如
斯人輩反天時逆地理背日月之光明常
投闇室違正道之廣路恒尋耶徑顛倒之
甚也
復次善男子生時讀此經三遍兒則易生
甚大吉利聰明利智福德具足而元中夭
死時讀此經遍一元妨害得福元量善男
子日日好日月月好月年年好年實元間隔
但辦即須殯葬殯葬之日讀此經典七遍
甚大吉利獲福元量門榮人貴延年益壽
命終之日並得成聖善男子殯葬之地不
問東西南北安穩之處人之愛樂鬼神愛
讀此經三遍便以終營安置墓田永元災
鄣家富人興甚大吉利尒時世尊欲重宣
此義而說偈言
營生善善日　休殯好好時　生死讀誦經　甚得大利益
月月善明月　年年大好年　讀經殯葬　榮華万代昌
尒時衆中七万七千人聞佛所說心開意
解捨耶歸正得佛法分永斷疑惑皆得阿
耨多羅三藐三菩提
元身菩薩復白佛言世尊一切凡夫皆
以婚嫁為親先問相宜後取吉日然始成
親成親已後富貴偕老者少貧窮生離死別
者多一種信耶如何而有差別唯願世尊
為決衆疑
佛言善男子汝等諦聽當為汝說天陰
地陽月陰日陽水陰火陽男陰女陽天
地氣合一切草木生焉日月交運四時八節
明焉水火相承一切万物熟焉男女允諧子
孫興焉皆是天之常道自然之理世諦之法

地陽月陰日陽水陰火陽男陰女陽天
地氣合一切草木生焉日月文運四時八節
明焉水火相承一切万物熟焉男女允諧子
孫興焉皆是天之常道自然之理世諦之法
善男子愚人无智信其邪師卜問望吉而
不脩善造種種惡業命終之後復得人身者
如指甲上土墮於地獄作餓鬼畜生者如大地
土善男子復得人身正信脩善者如指甲上
土信邪造惡業者如大地土善男子若結
婚親莫問水火相剋胎肥相屬唯看相命
即知福德多少以為眷屬呼迎之日讀此經
三遍即以成礼此乃善善相因明明相屬門
高人貴子孫興盛聡明利智多才多藝孝
敬相承甚大吉利而无中夭福德具足皆
成佛道時有八菩薩承佛威神得大惣持
常處人間和光同塵破邪立正度四生處
八難其名曰
跋陁和菩薩漏盡和　羅隣竭菩薩漏盡和
憍日兜菩薩漏盡和　須弥深菩薩漏盡和
那羅達菩薩漏盡和　因坻達菩薩漏盡和
和輪調菩薩漏盡和　无緣觀菩薩漏盡和
是八菩薩俱白佛言世尊我等於諸佛所
受得陁羅尼神呪而今說之擁護受持讀
誦八陽經者永无恐怖使一切不善之物不
得侵損讀經法師即於佛前而說呪曰阿佉尼
尼佉尼阿毗羅曼隸曼多隸
世尊若有不善者欲来惱法師聞我說
此呪頭破作七分如阿梨樹枝
是時无邊身菩薩白佛言世尊云何名為八

尼佉尼阿毗羅曼隸曼多隸
世尊若有不善者欲来惱法師聞我說
此呪頭破作七分如阿梨樹枝
是時无邊身菩薩白佛言世尊云何名為八
陽經唯願世尊為諸聽衆解脫其義令得醒
悟速達本心入佛知見永斷疑悔
佛言善哉善哉善男子汝等諦聽吾今為汝
解脫八陽之經八者分別也陽者明解也明解大
乘无為之理了能分別八識因緣空實无所
得又云八識為經陽明為緯經緯相投以成
經教故名八陽經八識者眼是色識耳是聲
識鼻是香識舌是味識身是觸識意是分
別識含藏識阿頼耶識是名八識明了分別
八識根源空无所有即知兩眼光明天光明天
中即現日月光明世尊兩耳聲聞天聲聞天中
即現无量聲如来兩鼻佛香天佛香天中即
現香積如来口舌是法味天法味天中即現法
喜如来身是盧舍那天盧舍那天中即現成
就盧舍那盧舍那鏡像盧舍那光明佛意
是无分別天无分別天中即現不動如来大光
明佛心是法界天法界天中即現空王如来含藏識
天演出阿那含經大涅槃經阿頼耶識天演
出大智度論經瑜伽論經善男子佛即是
法法即是佛合為一相即現大通智勝如来
佛說此經時一切大地六種震動光照天地无
有邊際浩浩蕩蕩而无所名一切幽冥皆
悉明朗一切地獄並皆消滅一切罪人俱得
離苦皆發无上菩提心
尒時衆中八万八千菩薩一時成佛号曰靈

佛說此經時一切大地六種震動光照天地无
有邊際浩浩蕩蕩而无所名一切幽冥皆
悉明朗一切地獄並皆消滅一切罪人俱得
離苦皆發无上菩提心
尒時衆中八万八千菩薩一時成佛号曰虛
空藏如来應正等覺刼名圓滿号无邊一切
人民无有彼此並證无諍三昧六万六千比丘
比丘尼優婆塞優婆夷得大揔持无數天龍
夜叉乾闥婆阿脩羅緊那羅摩睺羅伽人非人
等得法眼淨行菩薩道復次善男子若復
有人得官登位之日及新入宅之日即讀此經
三遍甚大吉利獲福无量善男子若讀此
經一遍者如讀一切經一遍能寫一卷者如
寫一切經一部其功德不可稱不可量无有
邊際如斯人等即成聖道
復次无邊身菩薩摩訶薩若有衆生不信
正法常生邪見忽聞此經即生誹謗言非佛
說是人現世得白癩病惡瘡膿血遍體交
流腥臊臭穢人皆憎嫉命終之日即墮阿鼻
无間地獄上火徹下下火徹上鐵叉遍身
穿穴五藏洋銅灌口筋骨爛壞一日一夜万
死万生受大苦痛无有休息謗斯經故獲
罪如是佛為罪人而說偈言
身是自然身　五體自然體　長乃自然長　老乃自然老
生則自然生　死則自然死　求長不得長　求短不得短
苦樂汝自當　邪正由汝己　欲作有為功　讀經莫問師
千千万万代　道得轉法輪
佛說此經已一切聽衆得未曾有心明意淨
歡喜踊躍皆見諸相入佛之見悟佛諸見
无入无悟无知无見不得一法即涅槃樂

BD15051 號　天地八陽神咒經　（10–9）

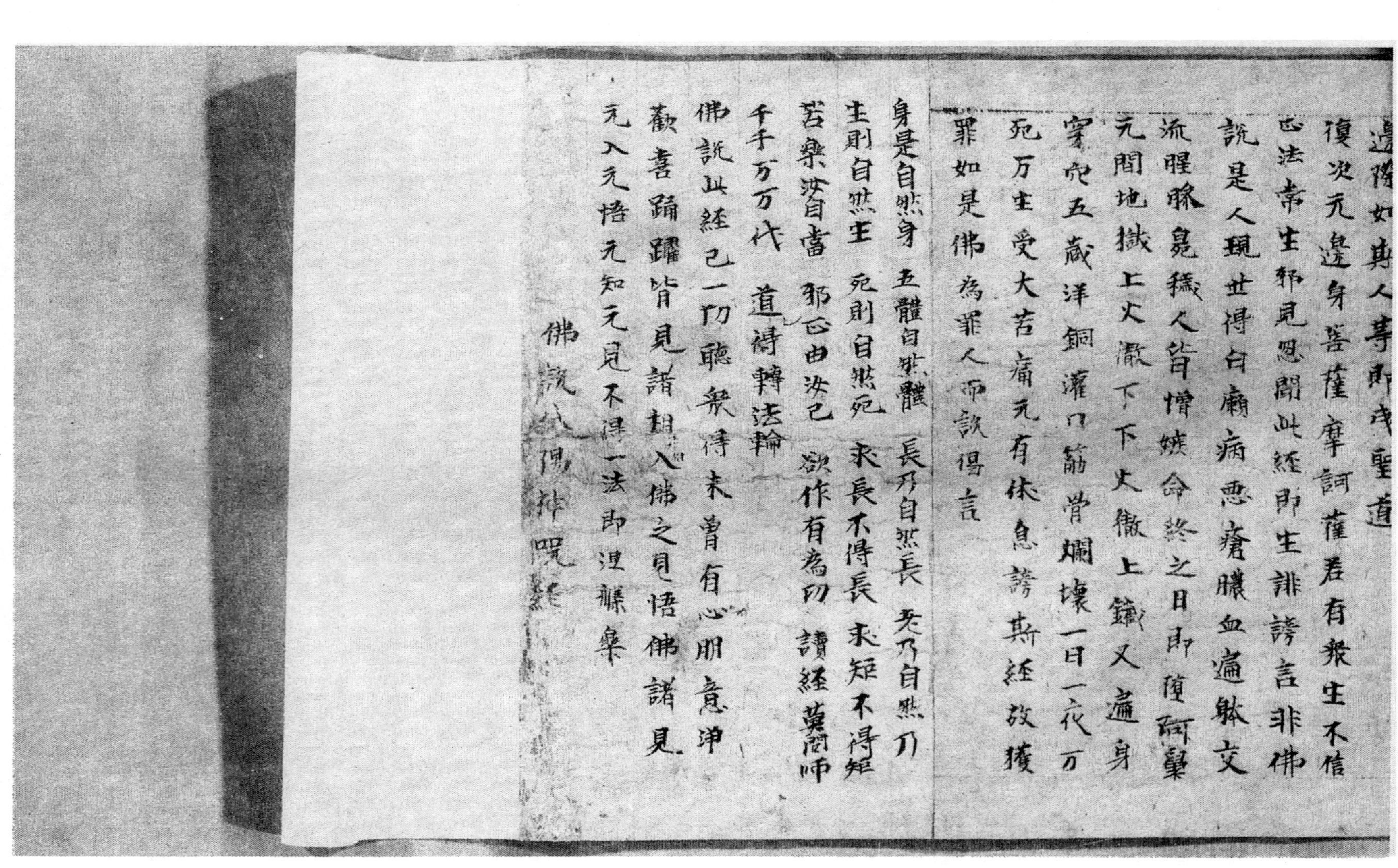

邊際如斯人等即成聖道
復次无邊身菩薩摩訶薩若有衆生不信
正法常生邪見忽聞此經即生誹謗言非佛
說是人現世得白癩病惡瘡膿血遍體交
流腥臊臭穢人皆憎嫉命終之日即墮阿鼻
无間地獄上火徹下下火徹上鐵叉遍身
穿穴五藏洋銅灌口筋骨爛壞一日一夜万
死万生受大苦痛无有休息謗斯經故獲
罪如是佛為罪人而說偈言
身是自然身　五體自然體　長乃自然長　老乃自然老
生則自然生　死則自然死　求長不得長　求短不得短
苦樂汝自當　邪正由汝己　欲作有為功　讀經莫問師
千千万万代　道得轉法輪
佛說此經已一切聽衆得未曾有心明意淨
歡喜踊躍皆見諸相入佛之見悟佛諸見
无入无悟无知无見不得一法即涅槃樂
佛說八陽神呪經

BD15051 號　天地八陽神咒經　（10–10）

著 錄 凡 例

本目錄採用條目式著錄法。諸條目意義如下：

1.1 著錄編號。用漢語拼音首字“BD”表示，意為“北京圖書館藏敦煌遺書”，簡稱“北敦號”。文獻寫在背面者，標註為“背”。一件遺書上抄有多個文獻者，用數字1、2、3等標示小號。一號中包括幾件遺書，且遺書形態各自獨立者，用字母A、B、C等區別。

1.2 著錄分類號。本條記目錄暫不分類，該項空缺。

1.3 著錄文獻的名稱、卷本、卷次。

1.4 著錄千字文編號。

1.5 著錄縮微膠卷號。

2.1 著錄遺書的總體數據。包括長度、寬度、紙數、正面抄寫總行數與每行字數、背面抄寫總行數與每行字數。如該遺書首尾有殘破，則對殘破部分單獨度量，用加號加在總長度上。凡屬這種情況，長度用括弧標註。

2.2 著錄每紙數據。包括每紙長度及抄寫行數或界欄數。

2.3 著錄遺書的外觀。包括：(1) 裝幀形式。(2) 首尾存況。(3) 護首、軸、軸頭、天竿、縹帶，經名是書寫還是貼簽，有無經名號，扉頁、扉畫。(4) 卷面殘破情況及其位置。(5) 尾部情況。(6) 有無附加物（蟲繭、油污、線繩及其他）。(7) 有無裱補及其年代。(8) 界欄。(9) 修整。(10) 其他需要交待的問題。

2.4 著錄一件遺書抄寫多個文獻的情況。

3.1 著錄文獻首部文字與對照本核對的結果。

3.2 著錄文獻尾部文字與對照本核對的結果。

3.3 著錄錄文。

3.4 著錄對文獻的說明。

4.1 著錄文獻首題。

4.2 著錄文獻尾題。

5 著錄本文獻與對照本的不同之處。

6.1 著錄本遺書首部可與另一遺書綴接的編號。

6.2 著錄本遺書尾部可與另一遺書綴接的編號。

7.1 著錄題記、題名、勘記等。

7.2 著錄印章。

7.3 著錄雜寫。

7.4 著錄護首及扉頁的內容。

8 著錄年代。

9.1 著錄字體。如有武周新字、合體字、避諱字等，予以說明。

9.2 著錄卷面二次加工的情況。包括句讀、點標、科分、間隔號、行間加行、行間加字、硃筆、墨塗、倒乙、刪除、兌廢等。

10 著錄敦煌遺書發現後，近現代人所加內容，裝裱、題記、印章等。

11 備註。著錄揭裱互見、圖版本出處及其他需要說明的問題。

上述諸條，有則著錄，無則空缺。

為避文繁，上述著錄中出現的各種參考、對照文獻，暫且不列版本說明。全目結束時，將統一編制本條記目錄出現的各種參考書目。

本條記目錄為農曆年份標註其公曆紀年時，未進行歲頭年末之換算，請讀者使用時注意自行換算。

條　記　目　錄

BD15001—BD15051

1.1　BD15001 號 A1
1.3　思益梵天所問經卷一
1.4　新 1201
2.1　963.2×26.5 厘米；112 紙 112 葉 223 個半葉；半葉 6 行，共 1328 行，行 29 字。
2.2　01：08.6，06+06；　02：08.6，06+06；
03：08.6，06+06；　04：08.6，06+06；
05：08.6，06+06；　06：08.6，06+06；
07：08.6，06+06；　08：08.6，06+06；
09：08.6，06+06；　10：08.6，06+06；
11：08.6，06+06；　12：08.6，06+06；
13：08.6，06+06；　14：08.6，06+06；
15：08.6，06+06；　16：08.6，06+06；
17：08.6，06+06；　18：08.6，06+06；
19：08.6，06+06；　20：08.6，06+06；
21：08.6，06+06；　22：08.6，06+06；
23：08.6，06+06；　24：08.6，06+06；
25：08.6，06+06；　26：08.6，06+06；
27：08.6，06+06；　28：08.6，06+06；
29：08.6，06+03；　30：08.6，06+06；
31：08.6，06+06；　32：08.6，06+06；
33：08.6，06+06；　34：08.6，06+06；
35：08.6，06+06；　36：08.6，06+06；
37：08.6，06+06；　38：08.6，06+06；
39：08.6，06+06；　40：08.6，06+06；
41：08.6，06+06；　42：08.6，06+06；
43：08.6，06+06；　44：08.6，06+06；
45：08.6，06+06；　46：08.6，06+06；
47：08.6，06+06；　48：08.6，06+06；
49：08.6，06+06；　50：08.6，06+06；
51：08.6，06+06；　52：08.6，05+00；
53：08.6，06+06；　54：08.6，06+06；
55：08.6，06+06；　56：08.6，06+06；
57：08.6，06+06；　58：08.6，06+06；
59：08.6，06+06；　60：08.6，06+06；
61：08.6，06+06；　62：08.6，06+06；
63：08.6，06+06；　63：08.6，06+06；
65：08.6，06+06；　66：08.6，06+06；
67：08.6，06+06；　68：08.6，06+06；
69：08.6，06+06；　70：08.6，06+06；
71：08.6，06+06；　72：08.6，06+06；
73：08.6，06+06；　74：08.6，06+06；
75：08.6，06+06；　76：08.6，06+06；
77：08.6，06+06；　78：08.6，06+06；
79：08.6，06+06；　80：08.6，06+06；
81：08.6，06+06；　82：08.6，06+06；
83：08.6，06+06；　84：08.6，06+06；
85：08.6，06+06；　86：08.6，06+06；
87：08.6，06+06；　88：08.6，06+06；
89：08.6，06+06；　90：08.6，06+06；
91：08.6，06+06；　92：08.6，06+06；
93：08.6，06+06；　94：08.6，06+06；
95：08.6，06+06；　96：08.6，06+06；
97：08.6，06+06；　98：08.6，06+06；
99：08.6，06+06；　100：08.6，06+06；
101：08.6，06+06；　102：08.6，06+06；
103：08.6，06+06；　104：08.6，06+06；
105：08.6，06+06；　106：08.6，06+06；
107：08.6，06+06；　108：08.6，06+06；
109：08.6，06+06；　110：08.6，06+06；
111：08.6，06+06；　112：08.6，06+00。
2.3　梵夾裝。首全尾全。應有 120 紙，每紙正面上邊有編號，從“一”至“百廿”，但漏抄第 16 紙，缺失第 35 紙到第 41 紙，實際保存 112 紙。每紙上部三分之一處有一供穿繩用孔洞，尾有木製夾板，第“百廿”紙粘貼在夾板内側，背面文字被遮掩。有烏絲欄。穿繩已佚，現穿繩為近年編目時所配，所用為敦煌藏經

洞古麻繩。
2.4　本遺書包括4個文獻：(一)《思益梵天所問經》卷一，345行，今編為BD15001號A1。(二)《思益梵天所問經》卷二，269行，今編為BD15001號A2。(三)《思益梵天所問經》卷三，360行，今編為BD15001號A3。(四)《思益梵天所問經》卷四，354行，今編為BD15001號A4。
3.1　首全→大正0586，15/0033A22。
3.2　尾全→大正0586，15/0040B20。
3.4　說明：

卷一共29紙29葉58個半葉，但上邊編號從"一"到"卅"。其中缺失第16紙。

第15紙正、背兩個半葉的經文不連接，缺漏經文："不得涅槃……是諸比丘於佛。"參見《大正藏》0586，15/0036C09～29。但第15紙背面經文與第17紙正面經文卻正相連接。故知抄寫者誤將原經第16紙背面的經文，抄寫到第15紙背面。

4.1　思益梵天所問經卷第一（首）。
4.2　思益梵天所問經卷第一（尾）。
5　與《大正藏》本相比，此本不分品。
8　8～9世紀。吐蕃統治時期寫本。
9.1　楷書。
10　木製夾板上貼有特藝公司宣武經營管理處紙簽："類別：雜、29。貨號：1398。品名：寫貝葉經，1本。定價：35.00。備註：購11898。"
13　從每葉上邊編號、紙質、抄寫風格看，本梵夾應同時包括BD15001號A之《思益梵天所問經》與BD15001號B之《大乘入楞伽經》等兩部經典。

本件遺書為現知唯一帶有夾板的唐代梵夾裝實物。1963年國家圖書館善本部接收時，此梵夾穿繩為原收藏者用一根從現代織物（可能為針織品）所撕下的細布條。20世紀90年代編目時，編目組捨棄該布條，從庫藏敦煌雜物（均為1910年隨敦煌遺書從敦煌運京）中挑選一根敦煌古麻繩作為穿繩，麻繩一頭打結，以防脫落。故現有穿繩狀態乃編目組所為，不能作為研究古代梵夾裝穿繩的依據。

1.1　BD15001號A2
1.3　思益梵天所問經卷二
1.4　新1201
2.4　本遺書由4個文獻組成，本文獻為第2個，269行。餘參見BD15001號1之第2項。
3.1　首全→大正0586，15/0040B23。
3.2　尾全→大正0586，15/0047A19。
3.4　說明：

卷一共23紙23葉46個半葉，但上邊編號從"卅一"到"六十"。其中缺失第35紙到第41紙，計缺失7紙。第60紙背面空白，未抄寫文字。

該7紙缺失的經文爲："名如來……無有二行而聽法也。"參見《大正藏》0586，15/0041B17～0043A10。

4.1　思益梵天問經卷之二（首）。
4.2　思益經卷第二（尾）。
5　與《大正藏》本相比，此本不分品。
8　8～9世紀。吐蕃統治時期寫本。
9.1　楷書。

1.1　BD15001號A3
1.3　思益梵天所問經卷三
1.4　新1201
2.4　本遺書由4個文獻組成，本文獻為第3個，360行。餘參見BD15001號1之第2項。
3.1　首全→大正0586，15/0047A23。
3.2　尾全→大正0586，15/0055A03。
3.4　說明：

卷三共30紙30葉60個半葉，上邊編號從"六十一"到"九十"。其中"七十七"到"八十八"等11葉正反兩面上邊均有編號。

4.1　思益梵天所問經卷第三（首）。
4.2　思益梵天所問經卷第三（尾）。
5　與《大正藏》本相比，此本不分品。
8　8～9世紀。吐蕃統治時期寫本。
9.1　楷書。
9.2　有行間校加字。

1.1　BD15001號A4
1.3　思益梵天所問經卷四
1.4　新1201
2.4　本遺書由4個文獻組成，本文獻為第4個，354行。餘參見BD15001號1之第2項。
3.1　首全→大正0586，15/0055A06。
3.2　尾殘→大正0586，15/0062A16。
3.4　說明：

卷四共30紙30葉60個半葉，上邊編號從"九十一"到"百廿"，但第百廿紙背面粘貼在夾板內側，文字亦被遮掩，實際留存59個半葉。

被遮掩的經文應為："何名此經……思益梵天所問經卷第四"，參見《大正藏》0586，15/0062A16～22。

4.1　思益梵天所問經卷第四（首）。
5　與《大正藏》本相比，此本不分品。
8　8～9世紀。吐蕃統治時期寫本。
9.1　楷書。

1.1　BD15001號B
1.3　大乘入楞伽經卷六
1.4　新1201
2.1　34.4×26.5厘米；4紙4葉8個半葉；半葉6行，共48行，行30字。

2.2 01：08.6，06+06； 02：08.6，06+06；
03：08.6，06+06； 04：08.6，06+06。

2.3 梵夾裝。首脱尾脱。全經應有梵夾數量不清，現存4紙，每紙正面上邊、下邊均有編號，從“百五十八”至“百六十一”。每紙上部三分之一處有一供穿繩用孔洞。有烏絲欄。餘參見BD15001號A。

3.1 首脱→大正0672，16/0628B20。

3.2 尾脱→大正0672，16/0630A18。

8 8~9世紀。吐蕃統治時期寫本。

9.1 楷書。

13 從每葉上邊編號、紙質、抄寫風格看，本梵夾應同時包括BD15001號A之《思益梵天所問經》與BD15001號B之《大乘入楞伽經》等兩部經典。

1.1 BD15002號

1.3 觀無量壽佛經疏（擬）

1.4 新1202

2.1 (7.3+336.3)×25.4厘米；7紙；共196行，行17字。

2.2 01：7.3+42，28； 02：49.3，28； 03：49.0，28；
04：49.0，28； 05：49.0，28； 06：49.0，28；
07：49.0，28。

2.3 卷軸裝。首殘尾脱。經黄打紙。卷首有殘缺，第5、6接縫下部開裂。有烏絲欄。

3.4 説明：

本文獻首4行中下殘，尾殘。内容為對《觀無量壽佛經》的註疏，現存文字為對傳統所謂“十六觀”的疏釋，但將傳統的第十四“上輩觀”、第十五“中輩觀”、第十六“下輩觀”合而為一，形成十四觀，此為本註疏的特點。

現存文字為第九“佛身觀”（前殘，存後部分）、第十“觀世音菩薩觀”、第十一“大勢至菩薩觀”、第十二“普想觀”、第十三“像觀”、第十四“往生莊嚴相”。在“往生莊嚴相”中，以“明往生因”、“辯往生人”以論述九品往生。

本文獻未為歷代大藏經所收。

8 7~8世紀。唐寫本。

9.1 楷書。

10 首上部尾端下各有1枚桃形陽文硃印，1.6×1.7厘米，印文為”悔盦”。卷背貼有特藝公司宣武經營管理處紙簽：“類別：雜。貨號：1255。品名：唐寫經1卷。購11900。”

1.1 BD15003號

1.3 金剛般若波羅蜜經

1.4 新1203

2.1 298×26厘米；7紙；共172行，行17字。

2.2 01：46.0，28； 02：46.0，28； 03：46.0，28；
04：46.0，28； 05：46.0，28； 06：46.0，28；
07：22.0，04。

2.3 卷軸裝。首殘尾全。經黄打紙。第1、2紙接縫處上部開裂。卷面多水漬。有烏絲欄。

3.1 首殘→大正0235，08/0750B19。

3.2 尾全→大正0235，08/0752C03。

4.2 金剛般若波羅蜜經卷（尾）。

5 與《大正藏》本對照，本號經文無冥司偈，參見《大正藏》，8/751C16~19。

7.1 卷尾有題記二條：

一、1行：“賈生寫。”

二、5行：“佛弟子張思寂，今為七世父母、先死後亡，並及/已身、合家大小，結意綢繆，廻心懺悔，敬造/《金剛般若經》一部。造經已後，永離沉淪，無/諸災害，同登正覺，盡心供養。/開元廿年（732）歲次壬申正月乙巳朔廿六日庚午功畢。/”

卷端背面有經名勘記“《金剛經》卷，第一部”。上有經名號。

8 732年。唐寫本。

9.1 楷書。

9.2 有刮改。

10 卷首尾均有桃形陽文硃印，1.6×1.7厘米，印文為“悔盦”。

卷尾背中部貼有特藝公司宣武經營管理處紙簽：“類別：雜。貨號：1253。品名：開元寫經1卷。備註：購11901。”

1.1 BD15004號

1.3 大般涅槃經（北本）卷一六

1.4 新1204

2.1 (6+493)×26.5厘米；11紙；共304行，行17字。

2.2 01：39.0，24； 02：46.0，28； 03：46.0，28；
04：46.0，28； 05：46.0，28； 06：46.0，28；
07：46.0，28； 08：46.0，28； 09：46.0，28；
10：46.0，28； 11：46.0，28。

2.3 卷軸裝。首殘尾脱。麻紙，未入潢。卷面有水漬，接縫處多有開裂。有烏絲欄。

3.1 首4行中下殘→大正0374，12/0457B20~24。

3.2 尾殘→大正0374，12/0461A15。

8 7~8世紀。唐寫本。

9.1 楷書。

10 卷首上方和卷尾下方均有桃形陽文硃印，1.6×1.7厘米，印文為“悔盦”。

卷首背上方貼有特藝公司宣武經營管理處紙簽：“類別：雜。貨號：1256。品名：唐寫經1卷。備註：購11902。”

1.1 BD15005號

1.3 妙法蓮華經（八卷本）卷七

1.4 新1205

2.1 224.4×26.8厘米；6紙；共123行，行17字。

2.2 01：36.0，21； 02：42.3，25； 03：42.3，25；

04：42.3，25；　05：42.0，25；　06：19.5，02。

2.3　卷軸裝。首斷尾全。打紙，砑光上蠟。卷首尾下邊有破裂。有燕尾。背有現代裱補。有烏絲欄。

3.1　首殘→大正 0262，09/0055A16。

3.2　尾全→大正 0262，09/0056C01。

4.1　妙法蓮華經妙音菩薩品第二十四（首）。

4.2　妙法蓮華經卷第七（尾）。

8　7～8 世紀。唐寫本。

9.1　楷書。

9.2　有塗抹。

10　卷首尾背下方均有陽文硃印，2×2 厘米，印文為“顧二郎”。

尾背有勘記“廿四”，上有塗抹。

卷首上方貼有特藝公司宣武經營管理處紙簽：“類別：雜。貨號：1345～3。寫經 1 卷。購：11903。大小 6 段。”

卷尾背下貼有紙簽，上寫蘇州碼子“唐經 40”。

1.1　BD15006 號

1.3　妙法蓮華經卷四

1.4　新 1206

2.1　149×25.5 厘米；3 紙；共 72 行，行 17 字。

2.2　01：50.0，28；　02：49.5，28；　03：49.5，16。

2.3　卷軸裝。首脫尾全。卷上部有水漬及黴斑，第 1、2 紙接縫處上部開裂。有烏絲欄。

3.1　首殘→大正 0262，09/0035C25。

3.2　尾全→大正 0262，09/0037A02。

4.2　妙法蓮華經卷第四（尾）。

7.1　尾有題記 1 行：“天寶元年（742）八月沙州佛弟子索元供養。”偽。

8　9～10 世紀。歸義軍時期寫本。

9.1　楷書。

10　卷首尾背均有陽文硃印，2×2 厘米，印文為“顧二郎”。

卷首背上方貼有特藝公司宣武經營管理處紙簽：“類別：雜，35。貨號：1345～5。品名：寫經 1 卷。備註：購 11904。”

卷尾背貼有紙簽，上有蘇州碼子“29 號”。卷首背貼有紙簽，亦有蘇州碼子，已殘。

1.1　BD15007 號

1.3　妙法蓮華經卷四

1.4　新 1207

2.1　168×26 厘米；4 紙；共 92 行，行 17 字。

2.2　01：15.0，08；　02：51.0，28；　03：51.0，28；
04：51.0，28。

2.3　卷軸裝。首斷尾脫。經黄打紙。首紙有横向破裂。有烏絲欄。

3.1　首殘→大正 0262，09/0032B16。

3.2　尾殘→大正 0262，09/0033B25。

8　7～8 世紀。唐寫本。

9.1　楷書。

10　卷首尾背下方均有陽文硃印，2×2 厘米，印文為“顧二郎”。各紙背接縫處和卷首尾背均有陽文硃印，1.3×2.2 厘米，印文為“趙永（?）”。

卷首背上方貼有特藝公司宣武經營管理處紙簽：“類別：雜，36。貨號：1345～4。品名：寫經 1 卷。購 11905。”

1.1　BD15008 號

1.3　佛名經（十六卷本）卷一六

1.4　新 1208

2.1　390.2×25 厘米；8 紙；共 216 行，行 16 字。

2.2　01：50.4，28；　02：50.4，28；　03：50.3，28；
04：50.3，28；　05：50.3，28；　06：50.3，28；
07：50.2，28；　08：38.0，20。

2.3　卷軸裝。首脫尾全。經黄打紙。有烏絲欄。現代配尾軸。

3.1　首殘→《七寺古逸經典研究叢書》，03/0825A06。

3.2　尾全→《七寺古逸經典研究叢書》，03/0839A12。

4.2　佛名經卷第十六（尾）。

5　與《大正藏》本對照，尾段前多 30 行文字。尾後多“罪業報應教化地獄經”19 行。

8　7～8 世紀。唐寫本。

9.1　楷書。

10　卷首背有陽文硃印，2×2 厘米，印文為“顧二郎”。每紙背接縫處有陰文硃印，1.3×2.2 厘米，印文為”趙永（?）”。

卷首背上方貼有特藝公司宣武經營管理處紙簽：“類別：雜。貨號：1345～2。品名：寫經 1 卷。備註：購 11906。”

1.1　BD15009 號

1.3　大般若波羅蜜多經卷二四七

1.4　新 1209

2.1　632.5×26 厘米；14 紙；共 357 行，行 17 字。

2.2　01：27.5，16；　02：48.0，28；　03：48.0，28；
04：48.0，28；　05：48.0，28；　06：48.0，28；
07：48.0，28；　08：48.0，28；　09：48.0，28；
10：48.0，28；　11：48.0，28；　12：48.0，28；
13：48.0，28；　14：29.0，05。

2.3　卷軸裝。首殘尾全。打紙，砑光上蠟。卷面多水漬，上下邊多有破裂殘缺，接縫處多有開裂。有燕尾。背有現代裱補。有烏絲欄。

3.1　首殘→大正 0220，06/0247A11～12。

3.2　尾全→大正 0220，06/0251A20。

4.2　大般若波羅蜜多經卷第二百卌七（尾）。

8　8～9 世紀。吐蕃統治時期寫本。

9.1　楷書。

9.2　有行間校加字。有刮改。

10　卷首背裱補紙上及卷尾背均有陽文硃印，2×2 厘米，印文

為“顧二郎”。

卷首背上方貼有特藝公司宣武經營管理處紙簽：“類別：雜。貨號：1345～1。品名：寫經1卷。定價：100.00，共5卷價。備註：購11907。”

1.1 BD15010號
1.3 妙法蓮華經卷三
1.4 新1210
2.1 98×25.5厘米；2紙；共54行，行17字。
2.2 01：47.5，26；　02：50.5，28。
2.3 卷軸裝。首全尾脱。首紙上下邊和中間有破裂，卷首有横向破裂。背有現代裱補。有烏絲欄。已修整。
3.1 首全→大正0262，09/0019A13。
3.2 尾殘→大正0262，09/0019C17。
4.1 妙法蓮華經藥草喻品第五，三（首）。
7.3 第2紙背有藏文雜寫1行：“kye－ri－bo－sta.”
8 7～8世紀。唐寫本。
9.1 楷書。
10 卷首尾背下方均有陽文硃印，2×2厘米，印文為“顧二郎”。

卷首背上方貼有特藝公司宣武經營管理處紙簽：“類別：雜，43。貨號：1463～3。品名：寫經1卷。購11908。”

卷首背貼有紙簽，上寫蘇州碼子“37號”。下壓一紙簽，字不清。

背面兩紙接縫有一紅色印章“清”。

1.1 BD15011號
1.3 大般若波羅蜜多經卷八四
1.4 新1211
2.1 95.1×26.5厘米；3紙；共57行，行17字。
2.2 01：07.4，04；　02：47.0，28；　03：40.7，25。
2.3 卷軸裝。首斷尾斷。有烏絲欄。
3.1 首殘→大正0220，05/0470C25。
3.2 尾殘→大正0220，05/0471B23。
8 8～9世紀。吐蕃統治時期寫本。
9.1 楷書。
10 卷背首尾下角各有一陽文硃印，2×2厘米，印文為“顧二郎”。

卷首背上方貼有特藝公司宣武經營管理處紙簽：“類別：雜，39。貨號：1463～4。品名：寫經1卷。備註：購11909。”

首背上方另貼有紙簽，上寫蘇州碼子“58號”。

1.1 BD15012號
1.3 大般若波羅蜜多經卷三一五
1.4 新1212
2.1 262×25.8厘米；6紙；共141行，行17字。
2.2 01：28.0，16；　02：49.0，28；　03：49.0，28；
04：49.0，28；　05：49.0，28；　06：38.0，13。
2.3 卷軸裝。首斷尾全。卷尾上下有水漬。有燕尾。有烏絲欄。
3.1 首殘→大正0220，06/0608C13。
3.2 尾全→大正0220，06/0610B07。
4.2 大般若波羅蜜多經卷第三百一十五（尾）。
8 7～8世紀。唐寫本。
9.1 楷書。
10 卷首尾背均有陽文硃印，2×2厘米，印文為“顧二郎”。

卷尾背上方貼有紙簽，上寫蘇州碼子“54號”。

卷首背上方貼有特藝公司宣武經營管理處紙簽：“類別：雜。貨號：1463～1。品名：寫經一卷。備註：購11910。”

1.1 BD15013號
1.3 妙法蓮華經卷三
1.4 新1213
2.1 185×26.2厘米；5紙；共107行，行17字。
2.2 01：34.2，20；　02：48.5，28；　03：48.5，28；
04：48.5，28；　05：05.3，03。
2.3 卷軸裝。首斷尾斷。有烏絲欄。
3.1 首殘→大正0262，09/0023A23。
3.2 尾殘→大正0262，09/0024C22。
8 9～10世紀。歸義軍時期寫本。
9.1 楷書。
10 卷首卷尾背面下端各有一陽文硃印，2×2厘米，印文為“顧二郎”。

卷尾背上方貼有紙簽，上寫蘇州碼子“53號”。

卷首背上方貼有特藝公司宣武經營管理處紙簽：“類別：雜，41。貨號：1463～5。品名：寫經1卷。備註：購11911。”

1.1 BD15014號
1.3 大般涅槃經（北本）卷二五
1.4 新1214
2.1 （2＋435）×25.5厘米；10紙；共247行，行17字。
2.2 01：32.0，18；　02：49.5，28；　03：49.5，28；
04：49.5，28；　05：49.5，28；　06：49.5，28；
07：49.5，28；　08：49.5，28；　09：49.5，28；
10：09.0，05。
2.3 卷軸裝。首殘尾斷。經黄打紙，砑光上蠟。有烏絲欄。
3.1 首行中殘→大正0374，12/0510C20～21。
3.2 尾殘→大正0374，12/0513C10。
8 7～8世紀。唐寫本。
9.1 楷書。
9.2 有硃筆行間校加字。
10 卷首尾背下方均鈐有正方形陽文硃印，2×2厘米，印文為“顧二郎”。

卷首背上方貼有特藝公司宣武經營管理處紙簽：“類別：雜。貨號：1463～6。品名：寫經1卷。備註：購11912。”

首背下方貼有紙簽，寫有蘇州碼子“42號”。

卷尾背下方貼2個紙簽，上寫蘇州碼子：一為：“219號”，一為：“23號”。

1.1 BD15015號
1.3 妙法蓮華經卷七
1.4 新1215
2.1 49.1×25.2厘米；1紙；共28行，行17字。
2.3 卷軸裝。首脫尾脫。卷首卷尾有橫向破裂，上下邊殘缺，背面有現代裱補。有烏絲欄。
3.1 首殘→大正0262，09/0057B26。
3.2 尾殘→大正0262，09/0058A15。
8 9~10世紀。歸義軍時期寫本。
9.1 楷書。
10 卷首裱補紙上及卷尾背面下端，各有正方形陽文硃印，2×2厘米，印文為“顧二郎”。

首背上方貼有特藝公司宣武經營管理處紙簽：“類別：雜。貨號：1463~2。品名：寫經1卷。備註：購11913。”

卷尾背中部貼有紙簽，寫有蘇州碼子“240號”。

1.1 BD15016號
1.3 摩訶般若波羅蜜經（宮本）卷二五
1.4 新1216
2.1 401.9×26厘米；10紙；共219行，行17字。
2.2 01：15.0，00； 02：47.5，27； 03：48.5，28；
04：48.8，28； 05：48.5，28； 06：28.0，16；
07：48.8，28； 08：49.0，28； 09：48.8，28；
10：19.0，28。
2.3 卷軸裝。首全尾全。經黃打紙，研光上蠟。有護首和竹質天竿。首紙中間有殘洞。有烏絲欄。
3.1 首全→大正0223，08/0383C09。
3.2 尾全→大正0223，08/0389C28。
4.1 摩訶般若波羅蜜經三次品第七十五，廿五（首）。
4.2 摩訶般若波羅蜜經第廿五（尾）。
5 與《大正藏》本對照，分卷不同。據《大正藏》校記，本件分卷與宋、元、明三本及宮內寮本同。
7.1 尾題後有題記1行：“菩薩戒弟子鄧元穆敬寫。”
7.4 護首有經名“摩訶般若經卷第廿五”。有經名號。
8 7~8世紀。唐寫本。
9.1 楷書。
10 卷首尾背下方均有陽文硃印，2×2厘米，印文為“顧二郎”。卷首尾下方和接縫處背均鈐有陽文硃印，1.3×2.3厘米，印文為“趙永（?）”。護首寫有“五”字。

卷首背中部貼有一個長條白紙，上寫“款鄧元穆”。首背下方貼有特藝公司宣武經營管理處紙簽：“類別：雜，45。貨號：1447~2。品名：寫經1卷。備註：購11914。”

卷尾背下方有2個紙簽，上寫蘇州碼子：一為“239號”，一為“2號”。

1.1 BD15017號
1.3 妙法蓮華經卷五
1.4 新1217
2.1 1081×26厘米；23紙；共624行，行17字。
2.2 01：47.5，27； 02：48.0，28； 03：48.0，28；
04：48.0，28； 05：48.0，28； 06：48.5，28；
07：48.0，28； 08：48.0，28； 09：48.0，28；
10：48.0，28； 11：50.5，29； 12：50.5，29；
13：50.5，29； 14：50.5，29； 15：50.5，29；
16：50.5，29； 17：50.5，29； 18：46.5，28；
19：46.5，28； 20：48.0，28； 21：46.5，28；
22：46.0，28； 23：14.0，01。
2.3 卷軸裝。首全尾全。經黃打紙，研光上蠟。卷面多水漬，卷首下部略殘，首尾上邊有殘破，第5、6紙接縫處下部開裂。有烏絲欄。尾紙紙色及其上字迹與前紙不同。已修整。
3.1 首全→大正0262，09/0037A03。
3.2 尾全→大正0262，09/0046B14。
4.1 妙法蓮華經安樂行品第十四，五（首）。
4.2 妙法蓮華經卷第五（尾）。
7.1 尾題後有題記：“大業三年佛弟子蘇七寶敬寫。”後補，偽。
8 7~8世紀。唐寫本。
9.1 楷書。
10 卷首尾背均有陽文硃印，2×2厘米，印文為“顧二郎”。

卷首背貼有特藝公司宣武經營管理處紙簽：“類別：雜，46。貨號：1447~1。品名：寫經1卷。購11915。”

卷尾貼有紙簽，寫有蘇州碼子“唐經18”。另一紙簽寫蘇州碼子“135號”。

1.1 BD15018號
1.3 金剛般若波羅蜜經
1.4 新1218
2.1 446.1×26.2厘米；12紙；共254行，行17字。
2.2 01：38.8，23； 02：38.5，23； 03：38.7，23；
04：38.8，23； 05：38.6，23； 06：38.6，23；
07：39.0；23； 08：38.6，23； 09：36.9，23；
10：38.8，23； 11：38.8，23； 12：22.0，02。
2.3 卷軸裝。首殘尾全。卷面多水漬，下邊有殘破，第11紙有殘洞。有燕尾。卷尾上下有蟲繭。有烏絲欄。
3.1 首殘→大正0235，08/0749C02。
3.2 尾全→大正0235，08/0752C03。
4.2 金剛般若波羅蜜經（尾）。
5 與《大正藏》本對照，本號經文無冥司偈，參見《大正藏》，8/751C16~19。
8 8世紀。唐寫本。
9.1 楷書。

10　首紙背端鈐有正方形陽文硃印，2×2 厘米，印文為“顧二郎”。

卷首背下方貼有特藝公司宣武經營管理處紙簽：“類別：雜，47。貨號：1447～4。品名：寫經 1 卷。備註：購 11916。”

首背上方貼有紙簽，寫有蘇州碼子，已殘。

1.1　BD15019 號
1.3　維摩詰所說經卷中
1.4　新 1219
2.1　160.3×26 厘米；4 紙；共 92 行，行 17 字。
2.2　01：41.8，24；　02：49.0，28；　03：49.0，28；
04：20.5，12。
2.3　卷軸裝。首斷尾斷。有烏絲欄。
3.1　首全→大正 0475，14/0546A03。
3.2　尾殘→大正 0475，14/0547A14。
8　8～9 世紀。吐蕃統治時期寫本。
9.1　楷書。
9.2　有行間校加字。
10　卷首背部下端及卷尾均有陽文硃印，2×2 厘米，印文為“顧二郎”。

首紙背貼有紙簽，上寫蘇州碼子“49 號”。

卷尾背上方貼有特藝公司宣武經營管理處紙簽：“類別：雜，48。貨號：1447～6。品名：寫經 1 卷。備註：購 11917。”

另貼紙簽，寫有“唐經卅”。

1.1　BD15020 號
1.3　父母恩重經（異本）
1.4　新 1220
2.1　119.9×25.2 厘米；4 紙；共 58 行，行 17 字。
2.2　01：09.9，00；　02：47.5，27；　03：48.5，28；
04：14.0，03。
2.3　卷軸裝。首全尾全。卷首右下殘缺一塊。第 1、3 紙有橫向破裂。有烏絲欄。通卷現代托裱。
3.1　首 4 行下殘→大正 2887，85/1403B21。
3.2　尾全→大正 2887，85/1404A23。
4.1　佛說父母恩重經（首）。
4.2　父母恩重經（尾）。
8　8 世紀。唐寫本。
9.1　楷書。
10　卷首尾背下方均有陽文硃印，2×2 厘米，印文為“顧二郎”。

卷首背上方貼有特藝公司宣武經營管理處紙簽：“類別：雜，49。貨號：1447～5。品名：寫經 1 卷。備註：購 11918。”

卷尾背貼有 2 個紙簽，上寫蘇州碼子：一為“149 號”，一為“唐經 14”。

1.1　BD15021 號
1.3　妙法蓮華經卷一
1.4　新 1221
2.1　（20＋403）×25.2 厘米；6 紙；共 240 行，行 17 字。
2.2　01：66.0，37；　02：76.0，43；　03：75.5，43；
04：74.0，42；　05：75.5，43；　06：56.0，32。
2.3　卷軸裝。首殘尾斷。首紙上下邊有殘損，右下殘缺。已修復。有烏絲欄。
3.1　首 11 行下殘→大正 0262，09/0001C22～0002A05。
3.2　尾殘→大正 0262，09/0005B23。
8　7～8 世紀。唐寫本。
9.1　楷書。
10　卷首背上方、卷尾背下方均有陽文硃印，2×2 厘米，印文為“顧二郎”。

卷首紙背上方貼有特藝公司宣武經營管理處紙簽：“類別：雜，50。貨號：1447～3。品名：寫經 1 卷。備註：購 11919。”

卷尾中部貼有紙簽，寫有蘇州碼子“174 號”，下方貼有 2 個紙簽，其一雙層紙，已殘，可見下層寫“唐經”2 字。另一紙簽寫有蘇州碼子“50”。

1.1　BD15022 號
1.3　大般若波羅蜜多經卷二九八
1.4　新 1222
2.1　（15＋799.5）×26 厘米；17 紙；共 445 行，行 17 字。
2.2　01：33.0，19；　02：49.0，28；　03：49.0，28；
04：49.0，28；　05：49.0，28；　06：49.0，28；
07：49.0，28；　08：49.0，28；　09：49.0，28；
10：49.0，28；　11：49.0，28；　12：49.0，28；
13：49.0，28；　14：49.0，28；　15：49.0，28；
16：49.0，28；　17：32.5，06。
2.3　卷軸裝。首殘尾全。上下邊多有破裂，接縫處多有開裂。有燕尾。有烏絲欄。
3.1　首行中下殘→大正 0220，06/0514B19～20。
3.2　尾全→大正 0220，06/0519B24。
4.2　大般若波羅蜜多經卷第二百九十八（尾）。
8　9～10 世紀。歸義軍時期寫本。
9.1　楷書。
9.2　有行間校加字。
10　卷尾有桃形陽文硃印，1.7×1.7 厘米，印文為“悔盦”。

卷首背下方貼有特藝公司宣武經營管理處紙簽：“類別：雜，51。貨號：1283～1。品名：唐人寫經 1 卷。備註：購 11920。”

1.1　BD15023 號
1.3　妙法蓮華經卷五
1.4　新 1223
2.1　（4＋431）×26 厘米；9 紙；共 231 行，行 17 字。
2.2　01：4＋47，28；　02：51.0，28；　03：51.0，28；

04：51.0，28；　05：51.0，28；　06：51.0，28；
07：51.0，28；　08：51.0，28；　09：27.0，07。

2.3　卷軸裝。首脫尾全。經黄打紙，砑光上蠟。卷首殘破，上下邊有破裂殘缺，下邊有等距離水漬。有燕尾。有烏絲欄。

3.1　首2行中上殘→大正0262，09/0042C09～10。

3.2　尾全→大正0262，09/0046B14。

4.2　妙法蓮華經卷第五（尾）。

8　7～8世紀。唐寫本。

9.1　楷書。

10　卷首背下方貼有特藝公司宣武經營管理處紙簽："類別：雜，52。貨號：1283～2。品名：唐人寫經1卷。購11921。"

1.1　BD15024號

1.3　大般若波羅蜜多經卷三三七

1.4　新1224

2.1　809.5×27.3厘米；18紙；共491行，行17字。

2.2　01：44.5，26；　02：45.0，28；　03：45.0，28；
04：45.0，28；　05：45.0，28；　06：45.0，28；
07：45.0，28；　08：45.0，28；　09：45.0，28；
10：45.0，28；　11：45.0，28；　12：45.0，28；
13：45.0，28；　14：45.0，28；　15：45.0，28；
16：45.0，28；　17：45.0，28；　18：45.0，17。

2.3　卷軸裝。首全尾全。首紙上下邊多有破裂。有等距離水漬。有烏絲欄。

3.1　首全→大正0220，06/0726C22。

3.2　尾全→大正0220，06/0732A27。

4.1　大般若波羅蜜多經卷第三百卅七，/初分巧便學品第五十五之一，三藏法師玄奘奉詔譯/（首）。

4.2　大般若波羅蜜多經卷第三百卅七（尾）。

7.1　卷首背有勘記1行："三百三十七（本號卷次），卅四（本號袟次）。"

8　8～9世紀。吐蕃統治時期寫本。

9.1　楷書。有武周新字"正"。

9.2　有行間校加字及刮改。

10　卷首尾均鈐有桃形1.7×1.7陽文硃印，印文"悔盦"。

卷首背下方貼有特藝公司宣武經營管理處紙簽："類別：雜，53。貨號：1283～3。品名：唐人寫經1卷。備註：購11922。"

1.1　BD15025號

1.3　妙法蓮華經卷三

1.4　新1225

2.1　796.5×26.5厘米；15紙；共453行，行17字。

2.2　01：13.5，08；　02：47.5，28；　03：48.0，28；
04：48.0，28；　05：48.0，28；　06：48.0，28；
07：48.0，28；　08：48.0，28；　09：48.5，28；
10：48.0，28；　11：48.0，28；　12：48.0，28；
13：48.0，28；　14：48.0，28；　15：48.0，28；
16：48.0，28；　17：47.5，25；　18：15.0，00。

2.3　卷軸裝。首斷尾全。上下邊有等距離水漬。尾有原軸。有烏絲欄。

3.1　首殘→大正0262，09/0020B25。

3.2　尾全→大正0262，09/0027B09。

4.2　妙法蓮華經卷第三（尾）。

8　8世紀。唐寫本。

9.1　楷書。

9.2　有刮改。

10　卷首尾下方均有桃形陽文硃印，1.6×1.7厘米，印文為"悔盦"。

卷首背上方貼有特藝公司宣武經營管理處紙簽："類別：雜，54。貨號：1283～4。品名：唐人寫經1卷。購11923。"

1.1　BD15026號

1.3　妙法蓮華經卷五

1.4　新1226

2.1　（400.8+2.5）×25.5厘米；10紙；共241行，行17字。

2.2　01：12.0，07；　02：43.3，26；　03：47.0，28；
04：47.0，28；　05：47.0，28；　06：47.0，28；
07：47.0，29；　08：47.0，28；　09：47.0，28；
10：19.0，11。

2.3　卷軸裝。首斷尾殘。經黄紙。卷下邊有破裂，卷面有油污，上下邊有水漬。有烏絲欄。

3.1　首殘→大正0262，09/0042A29。

3.2　尾行下殘→大正0262，09/0045C27。

8　7～8世紀。唐寫本。

9.1　楷書。

10　卷首尾下方均有桃形陽文硃印，1.6×1.7厘米，印文為"悔盦"。

卷首背下方貼有特藝公司宣武經營管理處紙簽："類別：雜，55。貨號：1283～5。品名：唐人寫經1卷。購11924。"

1.1　BD15027號

1.3　大般若波羅蜜多經卷六七

1.4　新1227

2.1　593.5×26.5厘米；14紙；共364行，行17字。

2.2　01：40.0，25；　02：45.0，28；　03：45.0，28；
04：45.0，28；　05：45.0，28；　06：45.0，28；
07：45.0，28；　08：45.0，28；　09：45.0，28；
10：45.0，28；　11：45.0，28；　12：45.0，28；
13：45.0，28；　14：13.5，03。

2.3　卷軸裝。首斷尾全。打紙，砑光上蠟。卷面有油污，前2紙上下邊有破損。卷背有現代裱補。有烏絲欄。

3.1　首殘→大正0220，05/0377B09。

3.2　尾全→大正0220，05/0382B05。

4.2 大般若波羅蜜多經卷第六十七（尾）。
8 8~9世紀。吐蕃統治時期寫本。
9.1 楷書。
9.2 有行間校加字及刮改。
10 卷首背下方貼有特藝公司宣武經營管理處紙簽："類別：雜。貨號：1283~6。品名：寫經1卷。備註：購11925。"

1.1 BD15028號
1.3 大般涅槃經（北本）卷一〇
1.4 新1228
2.1 710.5×27.1厘米；15紙；共393行，行17字。
2.2 01：47.6，27； 02：47.2，28； 03：47.4，28；
04：47.3，28； 05：47.7，28； 06：47.5，28；
07：47.3，28； 08：47.5，28； 09：47.5，28；
10：47.3，28； 11：47.0，28； 12：46.7，28；
13：46.7，28； 14：46.5，28； 15：49.3，02。
2.3 卷軸裝。首全尾全。打紙，砑光上蠟。卷面多水漬，有殘洞，地脚有殘損。尾有原軸，兩端塗黑漆，頂端點硃漆。有烏絲欄。
3.1 首全→大正0374，12/0422C02。
3.2 尾全→大正0374，12/0428B13。
4.1 大般涅槃經卷第十（首）。
4.2 大般涅槃經卷第十（尾）。
5 與《大正藏》本對照，此卷經文不分品次。
8 8世紀。唐寫本。
9.1 楷書。
10 卷首、尾均有桃形陽文硃印，1.7×1.8厘米，印文為"悔盦"2字。
卷首背下方貼有特藝公司宣武經營管理處紙簽："類別：雜。貨號：1283~7。品名：寫經1卷。備註：購11926。"
卷首背有花押。

1.1 BD15029號
1.3 金剛般若波羅蜜經
1.4 新1229
2.1 （6.5+310.5）×25厘米；7紙；共168行，行17字。
2.2 01：23.5，14； 02：48.5，28； 03：48.5，27；
04：48.0，28； 05：48.0，27； 06：70.0，39；
07：30.5，05。
2.3 卷軸裝。首殘尾全。卷面有油污及水漬，首紙碎損，脱落3塊殘片，已綴接。第1、2紙，第3、4紙接縫處脱開，接縫處上下多有開裂。有烏絲欄。已修整。
3.1 首3行上下殘→大正0235，08/0750B24~26。
3.2 尾全→大正0235，08/0752C03。
4.2 金剛般若波羅蜜經（尾）。
5 與《大正藏》本對照，本號經文無冥司偈，參見《大正藏》，8/751C16~19。
8 9~10世紀。歸義軍時期寫本。
9.1 楷書。
10 第2紙背下方貼有特藝公司宣武經營管理處紙簽："類別：雜，58。貨號：1283~8。品名：寫經1卷。備註：購11927。"

1.1 BD15030號
1.3 文殊師利所說般若波羅蜜經序偈釋（擬）
1.4 新1230
2.1 566.5×27厘米；14紙；共411行，行28~30字。
2.2 01：13.5，10； 02：45.0，34； 03：45.0，34；
04：45.0，34； 05：45.0，34； 06：45.0，34；
07：45.0，34； 08：45.0，34； 09：45.0，34；
10：45.0，34； 11：45.0，35； 12：42.5，32；
13：41.5，25； 14：19.0，02。
2.3 卷軸裝。首斷尾全。卷面有水漬及殘洞，上下邊有殘缺，接縫處多有開裂。尾有原軸，兩端軸頭脱落。背有古代及現代裱補。有烏絲欄。
3.1 首殘→《藏外佛教文獻》，10/117A14。
3.2 尾全→《藏外佛教文獻》，10/173A13。
4.2 文殊般若經（尾）。
8 8~9世紀。吐蕃統治時期寫本。
9.1 楷書。
9.2 有硃、墨筆行間校加字。有硃筆點標。
10 卷首尾均有桃形陽文硃印，1.6×1.7厘米，印文為"悔盦"。
卷首背下方有特藝公司宣武經營管理處紙簽："類別：雜，59。貨號：1283~9。品名：寫經1卷。備註：購11928。"

1.1 BD15031號
1.3 金剛般若波羅蜜經
1.4 新1231
2.1 （513+2）×25.8厘米；12紙；共286行，行17字。
2.2 01：08.0，07； 02：50.5，28； 03：50.5，28；
04：50.5，28； 05：50.5，28； 06：35.0，19；
07：30.5，17； 08：50.5，28； 09：50.5，28；
10：50.5，28； 11：51.0，28； 12：37.0，19。
2.3 卷軸裝。首斷尾全。經黄打紙，砑光上蠟。卷面有水漬及殘洞，卷前部接縫處多有開裂，卷尾有殘缺，尾題殘缺。有烏絲欄。背有現代裱補。
3.1 首殘→大正0235，08/0749A08。
3.2 尾行中殘→大正0235，08/0752C03。
4.2 金剛般若波羅蜜經（尾）。
5 與《大正藏》本對照，本號經文無冥司偈，參見《大正藏》，8/751C16~19。
8 7~8世紀。唐寫本。
9.1 楷書。
10 卷首尾均有桃形陽文硃印，1.6×1.7厘米，印文為"悔

盦”。

卷首背下方有特藝公司宣武經營管理處紙簽“類別：雜，60。貨號：1283～10。品名：寫經1卷。備註：購11929。”

1.1 BD15032號
1.3 大般涅槃經（北本　宮本）卷三四
1.4 新1232
2.1 884.5×25.3厘米；19紙；共482行，行17字。
2.2 01：23.6，00；　02：46.9，28；　03：49.1，28；
04：48.9，28；　05：49.2，28；　06：49.2，28；
07：49.2，28；　08：49.0，28；　09：49.2，28；
10：49.0，28；　11：49.0，28；　12：48.7，28；
13：48.9，28；　14：49.0，28；　15：49.1，28；
16：49.0，28；　17：49.1，28；　18：49.2，28；
19：29.2，08。
2.3 卷軸裝。首全尾全。有護首，有竹質天竿及黃色縹帶殘根。有烏絲欄。
3.1 首全→大正0374，12/0562C21。
3.2 尾全→大正0374，12/0568B21。
4.1 大般涅槃經迦葉菩薩品之二，卷卅四（首）。
4.2 大般涅槃經卷第卅四（尾）。
5 與《大正藏》本對照，分卷不同。據《大正藏》校記，本件分卷與宮內寮本同。此卷經文相當於卷三三後半部與卷三四大部。
7.1 扉頁有勘記“永同”，意為永安寺經本同。
7.4 護首有墨筆“四”，為本經袟次。
8 8世紀。唐寫本。
9.1 楷書。
10 第2紙前端下及卷尾均有桃形陽文硃印，1.7×1.8厘米，印文為“悔盦”。

卷首背上方貼有特藝公司宣武經營管理處紙簽：“類別：雜，61。貨號：1283～11。品名：寫經1卷。備註：購11930。”

1.1 BD15033號
1.3 無量壽宗要經
1.4 新1233
2.1 166.5×27.3厘米；4紙；共128行，行30餘字。
2.2 01：47.0，32；　02：46.5，32；　03：46.5，32；
04：46.5，32。
2.3 卷軸裝。首全尾全。有烏絲欄。
3.1 首全→大正0936，19/0082A03。
3.2 尾全→大正0936，19/0084C29。
4.1 大乘無量壽經（首）。
4.2 佛說無量壽宗要經（尾）。
8 8～9世紀。吐蕃統治時期寫本。
9.1 行楷。
9.2 有刮改。
10 尾題後有題跋“徐宗雲敬佛經壹卷”。

卷首尾均有桃形陽文硃印，1.6×1.7厘米，印文為“悔盦”。

卷首背貼有特藝公司宣武經營管理處紙簽：“類別：雜。貨號：1283～12。品名：寫經1卷。備註：購11931。”

1.1 BD15034號
1.3 大般若波羅蜜多經卷二〇三
1.4 新1234
2.1 732×26.2厘米；16紙；共430行，行17字。
2.2 01：47.0，28；　02：47.0，28；　03：47.0，28；
04：47.0，28；　05：47.0，28；　06：47.0，28；
07：47.0，28；　08：47.0，28；　09：47.0，28；
10：47.0，28；　11：47.0，28；　12：47.0，28；
13：47.0，28；　14：47.0，28；　15：47.0，28；
16：27.0，10。
2.3 卷軸裝。首脫尾全。打紙，研光上蠟。卷前、後部下邊有殘損。尾有原軸，兩端鑲亞腰形軸頭。有烏絲欄。
3.1 首殘→大正0220，06/0011B04。
3.2 尾全→大正0220，06/0016B05。
4.2 大般若波羅蜜多經卷第二百三（尾）。
7.1 尾題後有題記“唐再再寫”。
8 8～9世紀。吐蕃統治時期寫本。
9.1 楷書。
10 卷首尾均有桃形陽文硃印，1.7×1.7厘米，印文為“悔盦”。

卷首背上方貼有特藝公司宣武經營管理處紙簽：“類別：雜。貨號：1283～13。品名：寫經1卷。備註：購11932。”

1.1 BD15035號
1.3 大般若波羅蜜多經卷四二七
1.4 新1235
2.1 756×26厘米；19紙；共472行，行17字。
2.2 01：11.5，05；　02：34.0，22；　03：44.0，28；
04：44.0，28；　05：44.0，28；　06：44.0，28；
07：44.0，28；　08：44.0，28；　09：44.0，28；
10：44.0，28；　11：44.0，28；　12：44.0，28；
13：44.0，28；　14：44.0，28；　15：44.0，28；
16：44.0，28；　17：42.5，27；　18：43.0，26；
19：09.0，00。
2.3 卷軸裝。首全尾全。打紙，研光上蠟。首紙有破裂，脫落1塊殘片，已綴接。尾有原軸，兩端塗紫紅色漆。背有現代裱補。有烏絲欄。
3.1 首全→大正0220，07/0144B10。
3.2 尾全→大正0220，07/0149C23。
4.1 大般若波羅蜜多經卷第四百廿七，/第二分散花品第廿七之二，三藏法師玄奘奉詔譯/（首）。

4.2　大般若波羅蜜多經卷第四百廿七（尾）。
7.1　尾題後有題名"尼善惠"。
8　8世紀。唐寫本。
9.1　楷書。
10　卷首尾均有桃形陽文硃印，1.7×1.7厘米，印文為"悔盦"。
卷首背上方貼有特藝公司宣武經營管理處紙簽："類別：雜。貨號：1283～14。品名：寫經1卷。備註：購11933。"

1.1　BD15036號
1.3　灌頂章句拔除過罪生死得度經
1.4　新1236
2.1　420.2×25.6厘米；9紙；共249行，行17字。
2.2　01：44.9，27；　02：47.0，28；　03：47.0，28；
04：47.0，28；　05：47.0，28；　06：47.0，28；
07：46.9，28；　08：47.0，28；　09：46.4，26。
2.3　卷軸裝。首斷尾全。經黄紙。第2紙有殘洞及破裂。背有現代裱補，首尾各接素紙一段。
3.1　首殘→大正1331，21/0533B05。
3.2　尾全→大正1331，21/0536B05。
4.2　藥師經一卷（尾）。
8　7～8世紀。唐寫本。
9.1　楷書。
10　卷首背上方貼有特藝公司宣武經營管理處紙簽："類別：雜，65。貨號：1283～15。品名：寫經1卷。備註：購11934。"

1.1　BD15037號
1.3　金剛般若波羅蜜經
1.4　新1237
2.1　115×25.5厘米；3紙；共63行，行17字。
2.2　01：45.7，28；　02：45.5，28；　03：23.8，07。
2.3　卷軸裝。首脱尾全。經黄打紙。卷面有水漬及蟲蛀殘洞。有燕尾。有烏絲欄。
3.1　首殘→大正0235，08/0751C23。
3.2　尾全→大正0235，08/0752C03。
4.2　金剛般若波羅蜜經（尾）。
8　7～8世紀。唐寫本。
9.1　楷書。
10　尾題後有桃形陽文硃印，1.6×1.7厘米，印文為"悔盦"。

1.1　BD15038號
1.3　妙法蓮華經卷五
1.4　新1238
2.1　（4+46）×25.5厘米；2紙；共28行，行17字。
2.2　01：39.0，22；　02：11.0，06。
2.3　卷軸裝。首殘尾斷。上下邊有殘損，中間有破裂。已修整。有烏絲欄。
3.1　首2行下殘→大正0262，09/0040A22～24。
3.2　尾殘→大正0262，09/0040B24。
8　7～8世紀。唐寫本。
9.1　楷書。
10　卷首背上方貼有特藝公司宣武經營管理處紙簽："類別：雜，66。貨號：1283—16。品名：寫經1卷。備註：購11935。"

1.1　BD15039號
1.3　妙法蓮華經（八卷本）卷四
1.4　新1239
2.1　262.5×25.5厘米；7紙；共160行，行17字。
2.2　01：14.0，09；　02：44.0，28；　03：44.0，28；
04：44.0，28；　05：44.0，28；　06：44.5，28；
07：28.0，11。
2.3　卷軸裝。首斷尾全。經黄打紙。第5、6紙接縫處下部開裂。有燕尾。有烏絲欄。
3.1　首殘→大正0262，09/0032B16。
3.2　尾殘→大正0262，09/0034B22。
4.2　妙法蓮華經卷第四（尾）。
5　與《大正藏》本對照，分卷不同，屬於八卷本。
6.1　首→BD15041號。
8　7～8世紀。唐寫本。
9.1　楷書。
10　卷首背下方貼有特藝公司宣武經營管理處紙簽："類別：雜，67。貨號：1283～17。品名：寫經1卷。備註：購11936。"

1.1　BD15040號
1.3　金剛般若波羅蜜經
1.4　新1240
2.1　（5+417.7）×25.3厘米；9紙；共247行，行17字。
2.2　01：39.1，23；　02：48.0，28；　03：48.0，28；
04：48.0，28；　05：47.7，28；　06：48.0，28；
07：48.2，28；　08：48.0，28；　09：47.7，28。
2.3　卷軸裝。首殘尾脱。經黄打紙，研光上蠟。卷首有破裂殘缺，接縫處多有開裂。背有古代裱補。有烏絲欄。已修整。
3.1　首3行上下殘→大正0235，08/0749A23～26。
3.2　尾殘→大正0235，08/0752B04。
5　與《大正藏》本對照，本號經文無冥司偈，參見《大正藏》，8/751C16～19。
6.2　尾→BD15043號。
8　7～8世紀。唐寫本。
9.1　楷書。
10　卷首背上方貼有特藝公司宣武經營管理處紙簽："類別：雜，68。貨號：1283～18。品名：寫經1卷。備註：購11937。"
13　前後兩人書寫，筆跡不同。

1.1　BD15041號

1.3　妙法蓮華經（八卷本）卷四
1.4　新 1241
2.1　238.5×25.5 厘米；5 紙；共 123 行，行 17 字。
2.2　01：31.0，20；　02：44.5，28；　03：44.5，28；
04：44.5，28；　05：30.0，19。
2.3　卷軸裝。首斷尾脫。經黄打紙。第 3、4 紙接縫處下部開裂。有烏絲欄。
3.1　首殘→大正 0262，09/0030B28。
3.2　尾殘→大正 0262，09/0032B15。
6.2　尾→BD15039 號。
8　7～8 世紀。唐寫本。
9.1　楷書。
10　卷首背上方貼有特藝公司宣武經營管理處紙簽："貨號：1283～19。品名：寫經 1 卷。備註：購 11938。"下方有鋼筆寫"6375"。

1.1　BD15042 號
1.3　妙法蓮華經卷七
1.4　新 1242
2.1　722.4×26.5 厘米；16 紙；共 408 行，行 17 字。
2.2　01：26.0，15；　02：48.5，28；　03：48.8，28；
04：48.8，28；　05：48.8，28；　06：49.0，28；
07：48.8，28；　08：48.8，28；　09：49.0，28；
10：49.0，28；　11：49.0，28；　12：49.0，28；
13：47.0，27；　14：48.8，28；　15：48.8，28；
16：15.3，02。
2.3　卷軸裝。首斷尾全。打紙，砑光上蠟。卷面有水漬，下部有黴斑，接縫處下部多有開裂。有烏絲欄。
3.1　首殘→大正 0262，09/0056C02。
3.2　尾全→大正 0262，09/0062B01。
4.2　妙法蓮華經卷第七（尾）。
7.3　第 2 紙背有藏文雜寫。
8　7～8 世紀。唐寫本。
9.1　楷書。
9.2　有硃筆行間校加字及點標。
10　卷首尾下方均有桃形陽文硃印，1.6×1.7 厘米，印文為"悔盦"。

卷首背下方貼有特藝公司宣武經營管理處紙簽："類别：雜，70。貨號：1283～20。品名：寫經 1 卷。備註：購 11939。"

1.1　BD15043 號
1.3　金剛般若波羅蜜經
1.4　新 1243
2.1　47.9×25.2 厘米；1 紙；共 27 行，行 17 字。
2.3　卷軸裝。首脫尾全。經黄打紙，砑光上蠟。有烏絲欄。
3.1　首殘→大正 0235，08/0752B04。
3.2　尾全→大正 0235，08/0752C03。
4.2　金剛般若波羅蜜經（尾）。
6.1　首→BD15040 號。
8　7～8 世紀。唐寫本。
9.1　楷書。

1.1　BD15044 號
1.3　金剛般若波羅蜜經
1.4　新 1244
2.1　144×25.5 厘米；3 紙；共 84 行，行 17 字。
2.2　01：46.0，28；　02：46.0，28；　03：46.0，28。
2.3　卷軸裝。首脫尾脫。經黄打紙。卷面有水漬，有殘洞及破裂。有烏絲欄。已修整。
3.1　首殘→大正 0235，08/0750C17。
3.2　尾殘→大正 0235，08/0751C23。
5　與《大正藏》本對照，本號經文無冥司偈，參見《大正藏》，8/751C16～19。
8　7～8 世紀。唐寫本。
9.1　楷書。
10　卷首上方有桃形陽文硃印，1.6×1.6 厘米，印文為"悔盦"。

1.1　BD15045 號
1.3　金剛般若波羅蜜經
1.4　新 1245
2.1　（209.5+2）×25.8 厘米；5 紙；共 112 行，行 17 字。
2.2　01：51.2，28；　02：51.8，28；　03：51.7，28；
04：51.7，27；　05：05.1，01。
2.3　卷軸裝。首脫尾殘。經黄打紙，砑光上蠟。第 1、2 紙及第 3、4 紙接縫處下開裂，前部有等距離水漬，尾略殘，有燕尾。有烏絲欄。
3.1　首殘→大正 0235，08/0751A21。
3.2　尾全→大正 0235，08/0752C03。
4.2　金剛般若波羅蜜經（尾）。
5　與《大正藏》本對照，本號經文無冥司偈，參見《大正藏》，8/751C16～19。
8　7～8 世紀。唐寫本。
9.1　楷書。
10　卷端背有鋼筆寫數字"6375"。

1.1　BD15046 號
1.3　金剛般若波羅蜜經
1.4　新 1246
2.1　163.3×24.6 厘米；4 紙；共 94 行，行 16～18 字。
2.2　01：41.6，24；　02：42.0，24；　03：41.9，24；
04：37.8，22。
2.3　卷軸裝。首脫尾脫。經黄打紙。卷面污穢變色，卷首有破裂。有烏絲欄。

3.1　首殘→大正 0235，08/0750B01。
3.2　尾殘→大正 0235，08/0751B12。
8　7～8 世紀。唐寫本。
9.1　楷書。有武周新字“日”、“初”、“天”，使用周遍。
9.2　有行間校加字。

1.1　BD15047 號
1.3　摩訶般若波羅蜜經卷一七
1.4　新 1247
2.1　93.9×25.9 厘米；1 紙；共 54 行，行 17 字。
2.2　01：46.9，27；　02：47.0，27。
2.3　卷軸裝。首脫尾脫。打紙。有烏絲欄。
3.1　首殘→大正 0223，08/0343A14。
3.2　尾殘→大正 0223，08/0343C14。
5　與《大正藏》本對照，《大正藏》中的“阿惟越致”，本卷均作“阿鞞跋致”。
8　7～8 世紀。唐寫本。
9.1　楷書。

1.1　BD15048 號
1.3　金剛般若波羅蜜經
1.4　新 1248
2.1　（4＋54）×26 厘米；2 紙；共 31 行，行 17 字。
2.2　01：36.0，19；　02：22.0，12。
2.3　卷軸裝。首斷尾殘。經黄紙。上下邊有殘損，有烏絲欄。已修整。
3.1　首 2 行下殘→大正 0235，08/0749A29～B02。
3.2　尾殘→大正 0235，08/0749C03。
8　7～8 世紀。唐寫本。
9.1　楷書。

1.1　BD15049 號
1.3　金剛般若波羅蜜經
1.4　新 1249
2.1　469.2×25.5 厘米；11 紙；共 260 行，行 17 字。
2.2　01：14.1，08；　02：49.8，28；　03：48.7，28；
04：49.6，28；　05：49.7，28；　06：49.5，28；
07：49.4，28；　08：49.8，28；　09：50.1，28；
10：48.1，27；　11：10.4，01。
2.3　卷軸裝。首斷尾全。打紙，研光上蠟。卷面油污嚴重，前 2 紙有殘破。有燕尾。背有古代裱補。有烏絲欄。現代後配木軸。
3.1　首殘→大正 0235，08/0749B10。
3.2　尾全→大正 0235，08/0752C03。
4.2　金剛般若經（尾）。
5　與《大正藏》本對照，本號經文無冥司偈，參見《大正藏》，8/751C16～19。
8　7～8 世紀。唐寫本。
9.1　楷書。
10　尾有後配木軸。
卷首背下方貼有特藝公司宣武經營管理處紙簽：“貨號：534。品名：唐寫經 1 卷，定價：25.00。備註：購 11941。”

1.1　BD15050 號
1.3　藥師瑠璃光如來本願功德經
1.4　新 1250
2.1　（2.2＋138.6＋1.9）×24.4 厘米；4 紙；正面 85 行，行 17 字。背面 100 行；行約 39 字母。
2.2　01：42.0，25；　02：41.5，25；　03：42.3，25；
04：16.9，10。
2.3　卷軸裝。首脫尾殘。有烏絲欄。卷上邊被裁去。通卷背面有藏文。
2.4　本遺書包括 2 個文獻：（一）《藥師琉璃光如來本願功德經》，85 行，抄寫在正面，今編為 BD15050 號。（二）《藏文文獻》（擬），100 行，抄寫在背面，今編為 BD15050 號背。
3.1　首行下殘→大正 0450，14/0405C29～0406A01。
3.2　尾行上殘→大正 0450，14/0407A11～12。
8　7～8 世紀。唐寫本。
9.1　楷書。
10　卷首下方貼有特藝公司宣武經營管理處紙簽：“類別：雜。貨號：1472～2。品名：寫經 1 卷。備註：購 11942。背面有少數民族文。”卷上邊有個“九”字。

1.1　BD15050 號背
1.3　藏文文獻（擬）
1.4　新 1250
2.4　本遺書由 2 個文獻組成，本文獻為第 2 個，100 行，抄寫在背面。餘參見 BD15050 號之第 2 項。
3.4　說明：
本文獻為藏文，内容待考。
8　8～9 世紀。吐蕃統治時期寫本。
9.1　草書。

1.1　BD15051 號
1.3　天地八陽神咒經
1.4　新 1251
2.1　326×24 厘米；10 紙；共 216 行，行 17 字。
2.2　01：03.0，00；　02：24.0，15；　03：43.5，28；
04：43.0，28；　05：43.0，29；　06：43.0，28；
07：43.0，28；　08：43.5，28；　09：27.5，24；
10：12.5，08。
2.3　卷軸裝。首全尾全。有護首。有邊欄。通卷現代托裱，後配木軸。
3.1　首全→大正 2897，85/1422B14。
3.2　尾全→大正 2897，85/1425B03。

4.1　佛說天地八陽神咒經（首）。

4.2　佛說八陽神咒經（尾）。

5　與《大正藏》本對照，本卷卷尾缺“故此諸菩薩聖衆。天地神祇。皆悉歡喜奉行”1段。

8　9～10世紀。歸義軍時期寫本。

9.1　楷書。

9.2　有行間校加字及刮改。

10　卷首下方有正方形陰文硃印，1.8×1.8厘米，印文為“抱殘翁壬戌歲所得敦煌古籍”。

卷背貼有特藝公司宣武經營管理處紙簽：“類別：雜。貨號：1472～3。品名：寫經1卷，購11943。”

新舊編號對照表

新字頭號與北敦號對照表

新字頭號	北敦號
新 1201	BD15001 號 A1
新 1201	BD15001 號 A2
新 1201	BD15001 號 A3
新 1201	BD15001 號 A4
新 1201	BD15001 號 B
新 1202	BD15002 號
新 1203	BD15003 號
新 1204	BD15004 號
新 1205	BD15005 號
新 1206	BD15006 號
新 1207	BD15007 號
新 1208	BD15008 號
新 1209	BD15009 號
新 1210	BD15010 號
新 1211	BD15011 號
新 1212	BD15012 號
新 1213	BD15013 號
新 1214	BD15014 號
新 1215	BD15015 號
新 1216	BD15016 號
新 1217	BD15017 號
新 1218	BD15018 號
新 1219	BD15019 號
新 1220	BD15020 號
新 1221	BD15021 號
新 1222	BD15022 號
新 1223	BD15023 號
新 1224	BD15024 號
新 1225	BD15025 號
新 1226	BD15026 號
新 1227	BD15027 號
新 1228	BD15028 號
新 1229	BD15029 號
新 1230	BD15030 號
新 1231	BD15031 號
新 1232	BD15032 號
新 1233	BD15033 號
新 1234	BD15034 號
新 1235	BD15035 號
新 1236	BD15036 號
新 1237	BD15037 號
新 1238	BD15038 號
新 1239	BD15039 號
新 1240	BD15040 號
新 1241	BD15041 號
新 1242	BD15042 號
新 1243	BD15043 號
新 1244	BD15044 號
新 1245	BD15045 號
新 1246	BD15046 號
新 1247	BD15047 號
新 1248	BD15048 號
新 1249	BD15049 號
新 1250	BD15050 號
新 1250	BD15050 號背
新 1251	BD15051 號